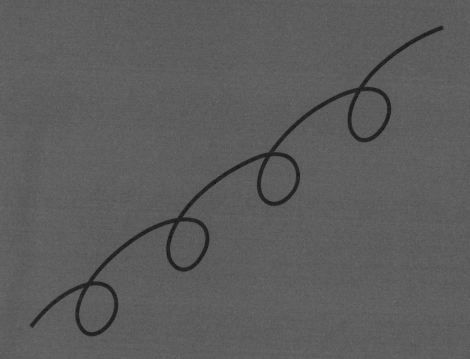

PRINCIPLES
RAY DALIO

옮긴이 고영태

서울대 국사학과를 졸업하고 연세대 국제학대학원에서 정치학 석사학위를 받았다. 이후 뉴욕주립대학과 캘리포니아대학에서 공부했다. KBS에 기자로 입사해 정치부, 경제부, 국제부, 방콕 특파원, 경인방송센터장을 거쳐 현재는 디지털 뉴스팀에서 일하고 있다. 〈포브스코리아〉 온라인판 번역에도 참여했으며, 한국생산성본부와 IGM세계경영연구원 등에 CEO 북클럽 강사로 출강했다.

옮긴 책으로 《커넥토그래피 혁명》, 《미래의 속도》, 《절대 가치》, 《10년 후 미래》, 《어떻게 성장할 것인가》 등이 있다.

원칙

초판 1쇄 발행 2018년 6월 18일
초판 60쇄 발행 2025년 1월 27일

지은이 레이 달리오 / **옮긴이** 고영태

펴낸이 조기흠
총괄 이수동 / **책임편집** 유소영 / **기획편집** 박의성, 최진, 유지윤, 이지은
마케팅 박태규, 임은희, 김예인, 김선영 / **제작** 박성우, 김정우
디자인 필요한 디자인 / **조판** 박정현

펴낸곳 한빛비즈(주) / **주소** 서울시 서대문구 연희로2길 62 4층
전화 02-325-5506 / **팩스** 02-326-1566
등록 2008년 1월 14일 제 25100-2017-000062호

ISBN 979-11-5784-263-6 03320

이 책에 대한 의견이나 오탈자 및 잘못된 내용은 출판사 홈페이지나 아래 이메일로 알려주십시오.
파본은 구매처에서 교환하실 수 있습니다. 책값은 뒤표지에 표시되어 있습니다.

⌂ hanbitbiz.com ✉ hanbitbiz@hanbit.co.kr 🅕 facebook.com/hanbitbiz
🅝 post.naver.com/hanbit_biz ▶ youtube.com/한빛비즈 ⦿ instagram.com/hanbitbiz

PRINCIPLES : Life and Work by Ray Dalio
Copyright © 2017 by Ray Dalio
This Korean edition was published by Hanbit Biz, Inc. in 2018 by arrangement with Ray Dalio c/o Levine Greenberg Rostan Literary Agency through KCC(Korea Copyright Center Inc.), Seoul.
이 책은 (주)한국저작권센터(KCC)를 통한 저작권자와의 독점계약으로 한빛비즈(주)에서 출간되었습니다.
저작권법에 의해 한국 내에서 보호를 받는 저작물이므로 무단전재와 복제를 금합니다.

지금 하지 않으면 할 수 없는 일이 있습니다.
책으로 펴내고 싶은 아이디어나 원고를 메일(hanbitbiz@hanbit.co.kr)로 보내주세요.
한빛비즈는 여러분의 소중한 경험과 지식을 기다리고 있습니다.

PRINCIPLES
RAY DALIO
원칙

레이 달리오 지음 | 고영태 옮김

HB 한빛비즈
Hanbit Biz, Inc.

✱ 일러두기

1. 이 책의 한국어판 번역은 레이 달리오와 브리지워터 어소시에이츠의 검수를 마쳤습니다.

2. 집필 의도를 바르게 전달하기 위해 저자 측에서 직역을 요청해 온 부분은 번역이 다소 매끄럽지 않더라도 그대로 반영하였습니다.

지난 40여 년 동안 나를 완전하게 만든

나의 반쪽 바버라에게

이 책을 바칩니다.

차례

제1부
나의 인생 여정

제2부
인생의 원칙

제3부
일의 원칙

당신의 조직을 만들고 발전시키기

들어가는 글

내 생각을 말하기에 앞서 나는 꼭 알아야만 하는 것을 잘 모르는 바보라는 사실을 먼저 밝히고 싶다. 내가 인생에서 이룩한 성공은, 그것이 무엇이든 간에, 아는 것보다는 알지 못하는 것에 어떻게 대응해야 하는지를 이해하는 것에서 비롯되었다. 내가 배운 가장 중요한 것은 무엇이 진실이고, 무엇을 해야 하는가를 발견하는 데 도움이 되는 원칙에 근거한 인생에 대한 접근법이다.

다른 사람들의 성공을 도와주는 인생의 단계에 들어선 나는 내가 성공에 이를 수 있었던 원칙들을 전하려고 한다. 이런 원칙들은 나의 인생에 큰 도움이 됐기 때문에 이 책을 통해 공유하고 싶은 것이다. 원칙들이 얼마나 가치가 있는지, 가치가 있다면 원칙을 활용해 무엇을 하고 싶은지 결정하는 것은 물론 당신의 몫이다.

원칙은 인생에서 원하는 것을 얻도록 만들어주는 행동의 기초가 되는 근본적인 진리이다. 이런 원칙들은 여러 비슷한 상황에서 목표 달성을 위해 반복적으로 적용될 수 있다. 우리는 날마다 대응해야 하는 수많은 상황과 마주친다. 원칙이 없다면 인생이 우리에게 던지는 모든 상황을 마치 처음 경험하는 일처럼 대응해야 할 것이다. 상황들을 유형으로 분류하고 그에 따른 대응 방식에 대한 훌륭한 원칙들을 가지고 있다면 우리는 더 빨리, 더 좋은 결정을 내릴 수 있다. 그리고 그 결과 더 좋은 삶을 살게 될 것이다. 훌륭한 원칙을 가지고 있다는 것은 성공을 위한 처방을 가지고 있는 것과 같다. 성공한 사람들은 성공 원칙에 따라 움직인다.

원칙에 입각한다는 것은 분명하게 설명할 수 있는 원칙에 따라 행동한다는 의미이다. 불행하게도 대부분의 사람은 그렇게 하지 못한다. 그리고 원칙을 기록해두고 공유하는 사람들도 거의 없다. 이것은 부끄러운 일이다. 나는 어떤 원칙들이 알베르트 아인슈타인, 스티브 잡스, 윈스턴 처칠, 레오나르도 다빈치 같은 사람들을 성공으로 이끌었는지 정말로 알고 싶다. 그런 원칙들을 알게 되면 그들의 목표가 무엇이고, 어떻게 목표를 달성했는지를 분명하게 이해하고, 그들의 접근법을 비교할 수 있을 것이다. 자신들에게 투표해주기를 바라는 정치인들이나 나의 결정에 영향을 미치는 사람들에게 어떤 원칙이 중요한지 알고 싶다. 가족, 공동체, 국가 그리고 국경을 초월하는 친구로서 우리를 하나로 묶어주는 공동의 원칙들이 있을까? 아니면 우리를 분열시키는 정반대의 원칙들도 있을까? 그런 원칙들은 무엇일까? 이제 원칙에 대해 구체적으로 이야기해보자. 지금 이 순간이 우리의 원칙을 명확하게 밝히는 매우 중요한 시점이기 때문이다.

나는 독자들이 이 책을 읽으면서 자신만의 원칙들을 발견하고 기록해두기를 바란다. 이를 통해 독자들은 무엇이 자신의 원칙인지에 대해 분명한 관점을 갖게 되고, 서로를 더 잘 이해하게 될 것이다. 그리고 더 많은 일을 경험하고, 그 경험을 성찰하면서 원칙들을 세부적으로 수정하게 될 것이다. 이런 과정을 통해 더 좋은 결정을 내리고, 다른 사람들에게 자신을 더 잘 이해시키게 될 것이다.

자신만의 원칙 만들기

우리는 다양한 방법으로 자신의 원칙들을 만들어간다. 자신의 경험과 생각을 통해 원칙을 얻거나, 때로는 부모나 다른 사람들의 원칙을 수용하기도 한다. 아니면 종교나 법과 같은 성스러운 원칙들을 그대로 따르기도 한다.

우리는 자신만의 목표와 본성을 지니고 있기 때문에 그에 맞는 원칙을 정해야 한다. 물론 다른 사람의 원칙을 활용하는 것이 나쁜 것은 아니다. 하지만 깊이 생각하지 않고 타인의 원칙을 그대로 따른다면 자신의 목표와 본성에 어울리지 않는 방식으로 행동할 위험에 노출될 수 있다. 또한 우리는 알아야 하는 모든 것을 다 알지 못하기 때문에 현명하게 이런 사실을 받아들여야 한다. 무엇이 최선인지 알아내기 위해 냉철한 머리와 열린 마음으로 스스로 생각하고, 그것을 실행할 용기를 낸다면 당신은 인생을 최대한 활용할 수 있을 것이다. 그렇게 할 수 없다면 그 이유를 곰곰이 생각해봐야 한다. 당신이 인생에서 많은 것을 성취하는 데 가장 큰 방해 요인이 바로 그것이기 때문이다. 나의 첫 번째 원칙은 여기서 출발한다.

● **1) 무엇을 원하는지**
   2) 진실은 무엇인지

그리고 3) 2)번의 관점에서 1)번을 달성하려면 무엇을 해야 하는지 스스로 생각하라.

그리고 겸손함과 열린 마음을 가지고 가능한 한 최고의 판단을 내릴 수 있는 방법에 대해 고려하라. 원칙은 하루에도 여러 번 삶의 다양한 측면에 영향을 미치기 때문에 자신의 원칙을 분명하게 해두는 것이 중요하다. 예를 들면 다른 사람과 관계를 맺을 경우 자신의 원칙과 그들의 원칙에 따라 서로 소통하는 방법을 결정할 것이다. 공동의 가치관과 원칙을 가진 사람들은 서로 잘 어울린다. 하지만 그렇지 못한 사람들은 오해와 갈등 때문에 힘들어한다. 당신과 가장 가까운 사람들에 대해 생각해보라. 그들의 가치관과 당신의 가치관은 일치하는가? 당신은 그들의 인생 원칙이 무엇인지 알고 있는가? 사람들과의 관계에서 원칙이 분명하지 않은 경우는 많다. 하지만 성공을 위해 공동의 원칙을 세워야 하는 조직에서는 큰 문제가 된다. 이 책 곳곳에서 나의 원칙을 분명하게 밝히려고 노력한 것도 바로 이 때문이다.

당신이 선택한 원칙이 진정으로 자신의 성격과 가치를 반영한 것이라면 어떤 것이든 좋다. 당신은 인생에서 수백만 번의 선택에 직면하게 될 것이고, 그때마다 자신의 원칙에 따라 선택할 것이다. 그렇다면 주변 사람들은 당신의 원칙을 이해하는 데 오랜 시간이 걸리지 않는다. 최악의 상황은 위선이다. 당신이 위선자라면 자존감과 사람들의 신뢰를 잃게 될 것이다. 따라서 당신은 원칙을 명확히 해야 하고, 말과 행동을 일치해야 한다. 언행이 불일치할 때는 그 상황을 설명해야 한다. 이때 설명은 문서로 하는 것이 가장 좋다. 글로 기록하는 과정에서 원칙을 수정하고 재정립할 수 있기 때문이다. 나는 독자들과 나의 원칙들을 공유할 것이다. 하지만 독자들이 무조건 나의 원칙을 따를 것이라고 기대하지 않는다는 점을 분명하게 밝히고 싶다. 오히려 반대로 자신에게 맞는 원칙만을 골라 나의 원칙들을 하나하나 검증한 후 선택하기를 바란다.

나의 원칙과 그것을 배운 방법

나는 평생 동안 수많은 실수를 했고, 이런 실수들을 성찰하는 데 많은 시간과 노력을 쏟아부었으며, 그를 통해 원칙들을 배웠다. 나는 어렸을 때부터 원대한 목표를 추구하는, 호기심 많고 독립적인 사고를 하는 아이였다. 나는 목표를 머릿속으로 상상하는 데 흥미를 느꼈다. 목표 달성에 실패하는 고통을 경험하고, 같은 실수를 다시 반복하지 않기 위한 원칙들을 배웠고, 다시 변화를 추구하고 발전했다. 이런 과정을 통해 나는 훨씬 더 대담한 목표를 추구하고, 오랫동안 성공과 실패의 과정을 반복했다. 그래서 나에게 인생은 다음 페이지의 그림처럼 실패, 변화, 성공 그리고 더 원대한 목표 추구의 연속선처럼 보였다.

나는 성공으로 가는 열쇠는 많은 것을 얻기 위해 고군분투하고, 잘 실패하는 방법을 배우는 데 있다고 생각한다. 잘 실패한다는 것은 게임에 참여하지 못할 정도로 크게 실패하지 않고, 고통스러운 경험을 함으로써 큰 교훈을 얻을 수 있다는 것을 의미한다.
나의 성격과 직업을 고려할 때 실패를 통해 배우고 발전하는 것은 나

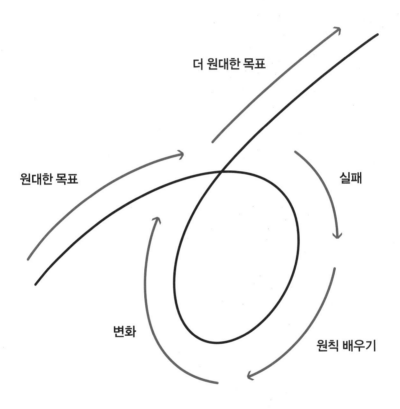

에게 가장 좋은 방법이었다. 나는 암기력이 좋지 않았고, 다른 사람들의 지시에 따르는 것을 싫어했다. 그래서 학교에 다니는 것을 끔찍하게 싫어했다. 하지만 스스로 문제의 해결책을 찾아내는 것을 좋아했다. 12살이 됐을 때 나는 주식 거래를 시작했다. 주식시장에서 돈을 벌려면 시장의 합의에 반대로 투자하고, 그것이 옳다고 생각하는 독립적인 사고를 할 수 있어야 한다. 왜냐하면 시장의 합의가 가격으로 반영되기 때문이다. 사람들은 불가피하게 틀릴 수밖에 없기 때문에 성공을 위해서는 잘 틀리는 방법을 배우는 것이 중요하다. 성공한 기업가가 되는 것도 마찬가지다. 합의된 의견과 반대의 결정을 내릴 수 있는 독립적인 사고를 할 수 있어야 한다. 이것은 고통스러운 실패에는 응분의 대가가 따른다는 뜻이다. 나는 투자자이자 기업가이기 때문에 잘못되는 것에 대한 건전한 두려움을 키웠고, 올바른 결정을 내릴 확률을 최고로 높일 수 있는 의사결정 방법을 찾아냈다.

● 신뢰도에 가중치를 두는 의사결정을 하라.

고통스러운 실수를 통해 나는 "내가 옳다는 것을 안다."에서 "내가 옳다는 것을 어떻게 아는가?"라는 관점을 갖게 되었다. 이런 실수들은 나의 대담함을 견제하는 데 필요한 겸손을 알려주었다. 내가 완전히 틀릴 수 있다는 것을 아는 것과 현명한 사람들이 사물을 다르게 보는 이유에 대한 호기심은 나 자신과 타인의 눈을 통해 사물을 보는 방법을 가르쳐 주었다. 이를 통해 나의 관점에만 의존할 때보다 더 다양한 측면에서 사물을 볼 수 있게 됐다. 가장 좋은 의견을 선택하기 위해(즉 신뢰도에 가중치를 두는 의사결정을 하기 위해) 다른 사람들의 견해에 대해 생각하는 방법을 배우는 것은 내가 올바른 선택을 할 수 있는 확률을 높였고, 나에게 큰 즐거움을 주었다. 동시에 나는 다음의 원칙을 배웠다.

● 원칙에 따라 운영하라.

원칙은 그 논리를 쉽게 평가할 수 있어야 하고, 다른 사람들이 내가 원칙을 지키는지 아닌지를 알 수 있도록 분명해야 한다. 나는 의사결정을 할 때마다 결정의 기준을 기록하고, 그것에 대해 다시 생각해보는 것이 얼마나 가치 있는지 경험을 통해 배웠다. 그리고 이것은 습관이 되었다. 시간이 흐르면서 내가 기록한 원칙들은 의사결정에 관한 방법들을 모아놓은 자료집이 되었다. 나는 브리지워터 직원들과 원칙들을 공유하고, 그 원칙들을 현실에서 검증하는 방식을 통해 지속적으로 수정하고 발전시켰다. 나는 원칙들을 계속해서 수정, 발전시킴으로써 의사결정을 체계화하는 것이 얼마나 중요한지 알게 되었다.

● 의사결정을 체계화하라.

나는 컴퓨터에 입력할 수 있도록 의사결정 기준들을 알고리즘의 형태로 표현하면 체계적인 의사결정을 할 수 있다는 것을 발견했다. 두 개의 의사결정 시스템(내 머릿속의 시스템과 컴퓨터에 있는 시스템)을 함께 운영하면서 컴퓨터가 나보다 더 좋은 결정을 내릴 수 있다는 사실을 알게 됐다. 컴퓨터는 나보다 더 많은 정보를 처리하고, 감정을 배제하고, 더 빠르게 결정을 내리기 때문이다. 체계적인 의사결정 시스템은 나와 동료들의 지식을 하나로 합쳐 집단의사결정의 수준을 향상시킬 수 있도록 만들었다.

나는 이런 의사결정 시스템이 (특히 신뢰도가 가중될 때) 믿을 수 없을 정도로 강력하다는 사실을 발견했다. 그리고 머지않아 전 세계 사람들의 의사결정 방법을 크게 변화시킬 것으로 생각했다. 원칙에 입각한 의사결정 접근법은 경제, 투자 그리고 경영과 관련된 결정들을 크게 개선시켰다. 그뿐만이 아니라 일상생활의 모든 측면에서 더 좋은 결정을 내릴 수 있도록 도움을 주었다.

당신의 원칙들이 체계화됐는지 아닌지는 부차적인 문제이다. 가장 중요한 것은 다른 사람들과 함께 일할 때 자신만의 원칙을 개발하고 그것을 문서로 기록하는 것이다.

나를 롱아일랜드 출신의 평범한 아이에서 성공한 사람으로 만든 것은 나 자신이 아니라 체계화된 의사결정 시스템이 만들어낸 접근법과 원칙들이다. 나는 침실이 두 개인 아파트에서 사업을 시작해 미국에서 다섯 번째로 중요한 개인 기업으로 성장시켰다(〈포천〉 기준). 세계 100대 부자 가운데 한 명이 됐으며(〈포브스〉 기준), 세계에서 가장 영향력 있는 100인 가운데 한 사람으로 선정되었다(〈타임〉 기준). 나의 원칙들은 내가 상상했던 것과 다른 관점에서 성공과 인생을 보고, 전통적인 성공보다 더 가치 있고 의미 있는 일과 관계를 만들 수 있도록 도와주었다. 이는 브리지워터와 나에게 내가 꿈꾸었던 것 이상을 가져다주었다.

최근까지 나는 이런 원칙들을 회사 밖에 알리고 싶지 않았다. 대중의 관심을 받는 것을 좋아하지 않았고, 다른 사람들에게 어떤 원칙을 가져야 한다고 말하는 것이 주제넘다고 생각했기 때문이다. 하지만 브리지워터가 2008년과 2009년의 금융위기를 성공적으로 예측한 후 나는 언론의 주목을 받았다. 그리고 나의 원칙들과 브리지워터의 독특한 운영 방식도 관심의 대상이 되었다. 하지만 대부분의 이야기는 왜곡됐고 선동적이었다. 그래서 2010년에 회사 홈페이지에 브리지워터의 원칙들을 공개해 사람들이 스스로 판단할 수 있도록 했다. 놀랍게도 브리지워터의 원칙은 300만 건이 넘는 다운로드 수를 기록했고, 세계 곳곳에서 감사의 편지를 보내왔다.

나는 브리지워터의 원칙을 두 부분으로 나눠 소개할 것이다. 첫 번째는 인생과 일의 원칙이고, 두 번째는 경제와 투자의 원칙이다.

이 책은 어떻게 구성되어 있는가

나는 인생의 절반 정도를 경제와 투자에 대해 생각하면서 보냈기 때문에 경제 원칙과 투자 원칙에 대한 글을 먼저 쓰려고 했다. 하지만 인생과 일의 원칙을 먼저 다루기로 결심했다. 이런 원칙들이 더 중요하고, 직업이나 경력에 상관없이 사람들에게 도움이 되기 때문이다. 인생과 일의 원칙은 서로 잘 어울리기 때문에 나의 성장 과정이라는 짧은 자서전 형식으로 통합했다.

제1부 나의 인생 여정

내가 살아오면서 의사결정의 지침이 되는 원칙들을 발견하도록 나를 이끌어준 몇 가지 경험들(가장 중요한 것들은 나의 실수이다.)을 공유할 것이다. 솔직히 말하면 나는 아직도 개인적인 이야기를 하는 것에 대해 약간 주저된다. 개인적 경험이 원칙과 시간에 구애받지 않는 보편적 인과관계로부터 다른 곳으로 관심을 돌리게 만들 우려가 있기 때문이다. 이런 이유로 독자들이 이 부분을 읽지 않아도 상관이 없다고 생각한다. 정말로 읽고 싶다면 나와 관련된 독특한 이야기는 제외하고 원칙의 가치와 타당성에만 관심을 갖기 바란다. 원칙에 대해 생각하고 더 많은 관심을 기울이면서 자신과 환경에 얼마나 많은 원칙을 적용할 수 있는지 결정하라. 특히 당신의 목표가 무엇이든 나의 원칙들이 목표를 달성하는 데 도움이 될 수 있는지 생각해보라.

제2부 인생의 원칙

모든 것에 대한 접근법의 기본이 되는 가장 중요한 원칙들은 인생의 원칙에 자세하게 설명돼 있다. 제2부에서는 나의 원칙들을 더 깊이 있게 설명하고 자연의 세계, 개인적인 생활과 관계, 기업과 정책결정 그리고 브리지워터에서 어떻게 적용되고 있는지에 대해 소개할 것이다. 또한 목표를 달성하고 효율적인 선택을 위해 내가 개발한 5단계 과정5-Step Process을 알려줄 것이다. 또 심리학과 신경과학 분야에서 얻은 통찰을 공유하고, 이것을 나의 사생활과 기업에 어떻게 적용했는지에 대해 설명할 것이다. 제2부는 인생의 원칙들이 거의 모든 경우에, 대부분의 사람에게 어떻게 적용될 수 있는지에 대해 알려주기 때문에 이 책에서 가장 중요한 부분이다.

제3부 일의 원칙

일의 원칙Work principles에서는 우리가 브리지워터에서 일하는 특별한 방법에 대해 자세하게 알게 될 것이다. 나는 브리지워터가 어떻게 일의 원칙들을 통합해 진실과 투명성으로 의미 있는 일과 관계를 만들어내려고 노력하는지, 그리고 어떻게 아이디어 성과주의Idea meritocracy를 구축했는지에 대해 설명하려고 한다. 이와 함께 아이디어 성과주의가 매우 세분

된 수준에서 어떻게 작동하는지, 그리고 더 효율적인 조직을 만들기 위해 어떻게 적용될 수 있는지를 알려줄 것이다. 주지하다시피 우리는 탁월한 업무 성과를 내려고 노력하고, 우리가 알아야 하는 것에 비해 많이 알지 못한다는 사실을 알고 있는 사람들이다. 우리는 독립적인 사고력을 지닌 사람들의 신중하고 냉정한 견해 차이가 더 현명하고 효율적인 신뢰도 가중치 기반의 집단의사결정으로 전환될 수 있다는 사실을 믿고 있다. 집단의 힘은 개인의 힘보다 더 크기 때문에 이런 일의 원칙들이 인생의 원칙들보다 훨씬 더 중요하다고 생각한다.

이 책의 출판 이후 계획

이 책 다음에는 앱App 형식의 대화형 책이 나올 것이다. 대화형 책은 동영상과 몰입식 경험을 제공해 더 경험적인 학습을 하도록 할 것이다. 앱에서는 상호작용을 통해 보다 개인화된 조언을 제공할 것이다.

이 책과 앱 다음에는 경제 원칙과 투자 원칙을 담은 또 다른 책이 이어질 것이다. 이 책은 나에게 도움이 됐고, 다른 사람들에게도 효과가 있을 것으로 생각되는 원칙들을 다룰 것이다. 이 두 권의 책 이후에는 내가 해줄 수 있는 조언은 더 이상 없고, 원칙을 소개하는 내 임무도 끝날 것이다.

혼자 생각해보라!

1) 당신이 원하는 것은 무엇인가?
2) 진실은 무엇인가?
3) 당신은 어떻게 할 것인가?

제1부

나의 인생 여정

시간은 끊임없이
결정을 요구하는 현실로
우리를 인도하는 강이다.
우리는 이 강을 따라
움직일 수밖에 없고,
현실과의 만남을 피할 수 없다.
우리는 가능한 한
최선의 방법으로
현실에 다가설 수 있을 뿐이다.

우리가 어린아이였을 때는 다른 사람들이, 보통은 부모님이 현실을 헤쳐 나가도록 이끌어준다. 성인이 되면서 우리는 스스로 선택하기 시작한다. 우리가 어떤 목표를 선택하면 그 목표가 인생 경로에 영향을 미친다. 의사가 되고 싶다면 의대를 가야 한다. 가정을 이루고 싶다면 배우자를 찾아야 한다. 이런 목표를 향해 나아가면서 우리는 여러 문제에 마주치고 실수를 하고 자신의 약점을 발견하게 된다. 그리고 자신과 현실에 대해 알게 되고 새로운 결정을 내린다. 우리는 살아가는 동안에 본질적으로 내기와 다름없는 수백만 개의 크고 작은 결정을 내린다. 이런 결정들이 삶의 질을 결정하기 때문에 의사결정을 내리는 방법에 대해 생각해보는 것은 많은 도움이 된다.

우리는 서로 다른 사고 능력을 가지고 태어난다. 하지만 의사결정에 대한 기술을 가지고 태어나는 것은 아니다. 의사결정 능력은 현실과 부딪히면서 배우는 것이다. 내가 걸어온 경로는 유일무이하지만(특정한 부모에게서 태어나고, 특정한 직업을 찾고, 특정한 동료들을 만나기 때문에) 인생을 통해 배운 원칙들은 대부분의 인생 경로에 동일하게 적용될 것이라고 생각한다. 독자들은 이 책을 읽으면서 인과관계의 근본, 즉 내가 내린 결정과 그 결과들, 내가 배운 교훈, 그리고 그 결과 내가 어떻게 의사결정 방식을 바꾸었는지를 살펴보려고 노력해야 한다. 스스로에게 무엇을 원하는지 물어보고, 원하는 것을 얻은 다른 사람들의 사례를 찾아보라. 그리고 그들의 성취 뒤에 있는 인과관계를 파악해 자신의 목표를 성취하는 데 도움이 될 수 있도록 적용하라. 나의 성장 배경을 이해하는 데 도움을 주기 위해 나의 인생과 경력을 가감 없이 보여줄 것이다. 특히 나의 실수와 약점 그리고 실패로부터 배운 원칙을 강조하려고 한다.

1장
모험을 향한 결단

1949-1967

1949년에 태어난 나는 롱아일랜드의 중산층 동네에서 자랐다. 재즈 음악가인 아버지와 전업 주부인 어머니의 외아들로 태어났다. 나는 평범한 가정의 평범한 아이였고, 보통 학생보다 조금 나쁜 학생이었다. 어렸을 때는 친구들과 놀기 좋아했고, 거리에서 미식축구를 하고, 동네 뒤뜰에서 야구를 했다. 그리고 좀 더 자라서는 여자들을 쫓아다녔다.

유전자는 우리에게 타고난 강점과 약점을 준다. 가장 눈에 띄는 나의 약점은 나쁜 암기력이다. 나는 전화번호나 왜 그런지 이유를 이해하지 못하는 사실들을 암기하지 못했고, 지금도 잘 외우지 못한다. 그리고 지시를 따르는 것을 좋아하지 않았다. 하지만 호기심이 많았고, 스스로 알아내는 것을 좋아했다. 그러나 당시에는 이런 특성이 분명하게 드러나지 않았다. 나는 학교에 가는 것을 좋아하지 않았다. 학교에서 너무 많은 암기력을 요구했기 때문이 아니라, 선생님이 중요하다고 생각하는 것들에 관심이 없었기 때문이다. 공부를 잘하는 것이 어머니의 칭찬을 제외하면 내 인생에 무슨 도움이 되는지 이해할 수 없었다.

어머니는 나를 사랑했고, 성적이 나쁜 것에 대해 걱정했다. 어머니는 내가 중학교에 다닐 때까지 밖으로 놀러 나가기 전에 두세 시간 동안 공부를 하라고 하셨다. 하지만 나는 그렇게 하지 않았다. 어머니는 언제나 내 곁에서 나를 지켜주셨다. 어머니는 내가 배달하는 신문을 접어서 고무 밴드로 묶어주셨고, 토요일 밤 공포 영화를 보러 갈 때에는 두 명이 먹을 과자를 구워주셨다. 어머니는 내가 19살 때 돌아가셨다. 그 당시 나는 앞으로 웃을 수 없을 것이라고 생각했다. 지금은 어머니를 생각할 때마다 미소를 짓는다.

아버지는 음악가셨는데 새벽 3시까지 일하시고, 주말에는 늦잠을 주무셨다. 내가 어렸을 때에는 아버지와의 관계가 좋지 않았다. 아버지는 나에게 잔디를 깎거나 나무의 가지 치는 일을 시키셨는데, 나는 이런 잡일이 너무 싫었다. 아버지는 무책임한 아이를 다룰 줄 아는 책임감이 강한 분이었다. 그때 우리가 서로 소통한 방식을 생각하면 너무 재미있다. 예를 들면 한번은 아버지가 나에게 잔디를 깎으라고 말씀하셨는데, 나는 앞마당만 먼저 깎고 뒷마당은 나중에 깎기로 했다. 하지만 그날부터 며칠 동안 비가 왔고 뒷마당 잔디가 너무 많이 자라는 바람에 낫으로 잔디를 잘라내야 했다. 뒷마당 잔디를 다 깎는 데 시간이 오래 걸렸고, 잔디 깎기를 마쳤을 때 앞마당 잔디도 잔디 깎기 기계를 사용할 수 없을 정도로 너무 많이 자라 있었다.

어머니가 돌아가신 후 아버지와 나는 매우 가까워졌다. 내가 가정을 꾸렸을 때에는 사이가 더 가까워졌다. 나는 아버지를 좋아하고 사랑했다. 아버지는 음악가로서 재미있는 끼를 지니고 있었다. 나는 아버지가 대공황을 이겨내고 제2차 세계대전과 한국전쟁을 경험하면서 생긴 것으로 보이는 그의 강한 개성을 존경했다. 70대의 아버지가 눈보라를 뚫고 거리낌 없이 운전하고, 눈에 갇혔을 때는 아무 일도 아닌 것처럼 삽으로 눈을 치우는 모습을 기억하고 있다. 대부분의 인생을 클럽에서 연주하고 음반을 내면서 보내셨던 아버지는 60대 중반에 고등학교와 2년제 대학에서 음악을 가르치면서 제2의 인생을 시작하셨다. 81세에 심장마비가 올 때까지 음악을 가르치셨다. 아버지는 심장마비가 온 이후 10년 정도를 더 사셨고, 정신도 또렷하셨다.

나는 하고 싶지 않은 일을 할 때는 저항하곤 했다. 하지만 무엇인가에 흥미를 느끼면 아무것도 나를 막을 수 없었다. 예를 들면 나는 집에서 잡일하는 것을 아주 싫어했지만, 돈을 벌기 위해 집 밖에서는 여러 가지 일을 열심히 했다. 8살에 신문 배달을 했고, 차량 진입로의 눈을 치우는 일이나 골프장 캐디, 동네 식당에서 식탁을 치우고 접시를 닦는 일 그리고 백화점에서 재고 정리하는 일도 했다. 부모님은 일을 하라고 시킨 적이 없다. 내가 어떻게 이런 일들을 하게 됐는지는 잘 기억나지 않는다. 하지만 어렸을 때부터 일을 하고, 독립적으로 돈을 관리하는 경험을 통해 학교나 놀이에서는 배울 수 없는 귀중한 교훈을 얻었다.

내가 유년기를 보낸 1960년대 미국의 정신은 위대하고, 고귀한 목표를 성취하도록 영감을 불러일으켰다. 어린 시절 존 F. 케네디 대통령에 대한 기억 가운데 하나는 세상을 더 좋게 만들기 위한 뚜렷한 미래상을 가진 똑똑하고, 사람을 사로잡는 매력이 있는 사람이라는 것이다. 그는 우주를 탐험하고, 평등권을 실현하고, 가난을 물리쳤다. 케네디와 그의 생각들은 나의 사고방식에 큰 영향을 미쳤다.

당시 미국은 세계의 다른 국가들과 비교해 최정상에 있었다. 지금 세계 경제에서 차지하는 비중은 20% 정도지만, 당시 미국 경제는 세계 경제의 40%의 비중을 차지했다. 미국달러는 세계의 화폐였고, 미국은 세계를 지배하는 군사대국이었다. 당시 진보주의자가 되는 것은 세계를 공정하고 빠르게 발전시키는 일에 헌신한다는 의미였고, 보수주의는 과거의 불공정한 방식에 얽매여 있다는 의미였다. 적어도 나와 내 주변 사람들은 그렇게 생각했다. 우리 모두가 알다시피 미국은 부유하고 진보적이며 국가 경영을 잘하는 나라였다. 그리고 모든 분야에서 올바른 방향으로 발전을 이끄는 임무를 맡은 국가였다. 내가 순진했을지 모르지만 나만 그렇게 생각한 것은 아니었다.

그 당시에 거의 모든 사람이 주식시장에 대해 이야기했다. 시장은 좋았고, 사람들이 주식 투자로 돈을 벌고 있었다. 내가 12살 때 캐디로 일했던 링크스Links 골프장에서 일하는 사람들도 주식에 대해 이야기했다. 그래서 나도 캐디로 일하면서 번 돈을 주식시장에 투자하기 시작했다. 나의 첫 번째 투자는 노스이스트항공Northeast Airlines이었다. 내가 들어본 회사 가운데 한 주의 가격이 5달러 이하로 거래되는 곳은 노스이스트항공이 유일했다. 그래서 그 주식을 샀고, 나는 주식을 더 많이 살수록 더 많은 돈을 벌 것이라고 생각했다. 이것은 어리석은 전략이었지만, 당시 나는 투자한 돈의 3배를 벌었다. 하지만 노스이스트항공은 파산 직전이었고, 다른 항공사가 노스이스트항공을 인수했다. 나는 그때 운이 좋았지만 당시에는 그 사실을 몰랐다. 주식시장에서 돈을 버는 것이 쉽다고 생각했고, 주식 투자에 빠져들었다.

당시 〈포천〉에는 포천 500대 기업의 연례 기업 보고서를 우편으로 무료로 받아볼 수 있는 쿠폰이 포함되어 있었다. 나는 모든 기업의 보고서를 신청했다. 아직도 우체국 집배원이 얼굴을 찌푸리면서 수많은 보고서를 힘들게 배달하던 모습을 기억한다. 나는 기업 보고서를 철저히 살펴봤고, 이를 계기로 투자에 관한 자료집을 만들기 시작했다. 주식시장이

노스이스트항공 주가

(달러)

1962   1963   1964   1965   1966   1967   1968 (년)

계속 상승하면서 제2차 세계대전과 대공황은 먼 기억 속으로 사라졌다. 그리고 투자는 무엇인가를 사서 가격이 오르는 것을 지켜보는 일이라고 생각되었다. 상식적으로 봤을 때 경제를 관리하는 일이 과학으로 발전함에 따라 주식시장은 상승할 것이다. 결과적으로 주식은 지난 10년 동안 4배로 올랐고, 일부 주식은 4배 이상 상승했다.

그 결과 평균분할투자법Dollar cost averaging(살 수 있는 주식의 수와 관계없이 매달 일정 금액을 주식에 투자하는 방법)은 대부분의 사람이 활용하는 투자 기법이 되었다. 물론 가장 좋은 주식을 선택하면 결과는 훨씬 더 좋았기 때문에 모두 좋은 종목을 찾으려고 노력했다. 신문의 마지막 면에는 모든 주식 종목이 가지런히 정리돼 있었고, 우리가 선택할 수 있는 종목은 수천 개에 달했다.

나는 주식 투자를 좋아했지만, 친구들과 함께 노는 것도 좋아했다. 어렸을 때는 동네에서 놀았고, 10대 때는 가짜 신분증을 만들어 술집에 가기도 했다. 지금은 음악 축제나 스쿠버다이빙 여행을 간다. 나는 보상을 위해 위험을 감수할 정도로 독립적으로 사고했다. 주식시장에서만이 아니라 거의 모든 것에 대해 그렇게 생각해왔다. 또 실패보다 지루함이나 평범함을 더 두려워했다. 나는 위대한 것이 형편없는 것보다 더 좋았고, 형편없는 것이 평범한 것보다 더 좋았다. 왜냐하면 형편없는 것은 적어도 인생의 묘미를 느낄 수 있도록 해주었기 때문이다. 친구들은 나의 고등학교 앨범에 넣을 문구로 수필가 헨리 소로의 글을 골라주었다. "친구가 동료들과 발을 맞추지 못하면 아마도 다른 북소리를 듣고 있기 때문일 것이다. 그 소리가 멀리서 들리거나, 느리더라도 그가 듣는 음악 소리에 발을 맞추어라."

고등학교 3학년이었던 1966년에 주식시장은 여전히 상승세였고, 나는 주식 투자로 번 돈으로 마음껏 재미를 보고 있었다. 가장 친한 친구인 필과 수업을 빼먹고 서핑surfing을 즐기거나, 다른 평범한 고등학생들이 하는 것들을 하고 놀았다. 나는 그 당시 미국 증시가 최고 정점에 달했다는 사실을 몰랐다. 그 이후 내가 주식시장에 대해 알고 있는 거의 모든 것이 틀린 것으로 입증됐다.

2장
한계를 넘어
1967–1979

나는 내 경험과 주변 사람들로부터 얻은 편견으로 이 시기를 시작했다. 1966년 자산 가격은 미래에 대한 투자자들의 낙관을 반영하고 있었다. 하지만 1967년에서 1979년 사이에 경제적 충격들이 예상치 못한 자산 가격의 하락을 야기했다. 경제와 시장뿐만 아니라 사회적 분위기도 악화 됐다. 이 시기를 통해 모든 사람이 현재와 비교했을 때 미래는 아주 조금 만 달라질 것이라고 기대하지만, 일반적으로는 완전히 달라진다는 사실 을 배웠다. 하지만 1967년에는 이런 사실을 몰랐다. 주식은 결국 오를 것 이라고 확신했기 때문에, 시장이 하락하고 있음에도 주식을 계속 매수했 다. 그리고 무엇이 잘못됐고 어떻게 대응해야 하는지를 깨달을 때까지 돈을 잃었다. 가격은 사람들의 기대를 반영하는 것이고, 그래서 실제 결 과가 기대보다 좋을 때 가격이 상승하고, 예상보다 나쁠 때 가격이 하락 한다는 것을 조금씩 깨닫게 되었다.

그해 가을, 나는 지역에 있는 C. W. 포스트C. W. Post라는 대학에 진학했 다. 고등학교 성적이 평균 C학점이어서 갈 만한 대학이 없었다. 하지만 고등학교와 달리 대학 생활은 좋았다. 반드시 해야만 하는 것이 아니라,

내가 관심이 있는 것을 배울 수 있었기 때문이다. 그 결과 학점도 좋았다. 독립해서 혼자 사는 것도 좋았고, 명상을 배운 것도 도움이 됐다. 1968년에 비틀스가 인도를 방문해 마하리시 마헤시 요기 아시람Ashram of Maharishi Mahesh Yogi에서 초월 명상법을 배웠을 때 나도 배워보고 싶다는 호기심이 발동했다. 그래서 요가를 배웠고, 좋아하게 됐다. 명상은 내 인생에 많은 도움이 됐다. 평온하고 열린 마음을 갖도록 함으로써 더 분명하고 창의적으로 생각하는 데 도움이 되었다.

나는 주식시장에 대한 관심과 필수 외국어를 배울 필요가 없다는 이유로 대학에서 재무학을 전공했다. 대학에서는 수업시간이든 수업 외 시간이든 관심 있는 것에 대해 배우고 공부할 수 있었다. 그 시절 재미있는 한 친구로부터 상품선물에 대해 많은 것을 배웠다. 베트남 전쟁 참전 군인이었던 그는 나보다 나이가 훨씬 많았다. 상품선물은 적은 증거금으로 거래할 수 있어서 매우 매력적이었다. 이것은 일정한 규모의 돈을 빌려서 투자할 수 있다는 의미였다. 내가 계획한 대로 이기는 결정을 할 수 있다면 더 많은 돈을 벌기 위해 더 많은 돈을 빌릴 수 있었다. 주식, 채권, 통화선물은 그 당시에는 존재하지 않았다. 상품선물은 옥수수, 콩, 소, 돼지 등 실제 상품으로 엄격하게 제한돼 있었다. 그래서 이런 선물시장에 대해 공부하고 거래를 시작했다.

나는 자유연애, 환각 상태로 빠뜨리는 마약, 전통적인 권위에 대한 거부가 상징이던 시대에 대학을 다녔다. 당시 경험들은 나와 그 시대를 함께했던 많은 동료에게 지속적인 영향을 미쳤다. 예를 들면 그 시대의 사상은 내가 존경하고 공감하는 스티브 잡스에게 큰 영향을 주었다. 스티브 잡스도 명상이 취미였고, 새로운 것을 고안하거나 머릿속으로 상상하는 것을 좋아했지만 제도권 교육에는 관심이 없었다. 그 시대는 기존의 방식에 의문을 품도록 가르쳤다. 스티브 잡스는 나의 마음을 움직인 애플의 상징적인 '1984'와 '미친 자들에게 건배를Here's to the Crazy Ones'의 TV 광고에서 그의 태도와 사고방식을 잘 보여주었다.

국가적으로 이 시대는 미국에게 어려운 시기였다. 베트남 전쟁으로 징병이 확대되고 시신으로 집에 돌아오는 젊은이들이 급증하면서 이 전쟁은 국가를 분열시켰다. 처음에 대학생들은 징병을 연기할 수 있었지만, 생일을 기준으로 징병 순서를 정하는 추첨제도가 도입되면서 불가능해졌다. 나도 친구들과 당구를 치면서 라디오에서 발표하는 추첨 번호에 귀를 기울였던 기억이 있다. 365개 날짜를 모두 호명했고, 첫 번째 불린 160여 개의 생일들이 징집 대상이 되었다. 내 생일은 48번째였다.

나는 전쟁터로 나가는 것을 두려워하지 않았다. 나에게는 나쁜 일들이 생기지 않을 것이라고 생각했기 때문은 아니다. 하지만 인생은 재미있었고, 이런 삶이 중단되는 2년이라는 시간이 마치 영원처럼 느껴졌기 때문에 군대에 가고 싶지 않았다. 제2차 세계대전과 한국전쟁에 참전했던 아버지는 전쟁을 단호하게 반대했고, 내가 참전하는 것을 결사적으로 막았다. 아버지는 나를 의사에게 데려갔고, 거기서 저혈당증 진단을 받아 징집에서 제외됐다. 지금 그 일을 생각해보면 석연치 않은 절차상의 문제로 군대에 가지 않은 것이었다. 즉 아버지가 징집 대상에서 빠지도록 도와준 것이다. 의무를 다하지 않은 것에 죄책감이 들지만, 전쟁에서의 끔찍한 고통을 경험하지 않은 것은 다행이라고 생각한다. 그리고 나를 보호하기 위한 노력 뒤에 숨겨진 아버지의 사랑에 고마움을 느낀다. 하지만 만일 지금 똑같은 상황에 처한다면 어떻게 해야 할지 잘 모르겠다.

미국의 정치와 경제가 나빠지면서 국민들의 사기도 저하됐다. 1968년

1월 베트남의 구정 공세 The Tet Offensive(1968년 1월)*는 미국이 전쟁에서 지고 있다는 사실을 국민들에게 알려준 것처럼 보였다. 같은 해에 린든 존슨 Lyndon Johnson 대통령은 두 번째 연임 선거에 나서지 않았고, 리처드 닉슨 Richard Nixon이 대통령으로 당선되면서 더 어려운 시대가 시작됐다. 동시에 프랑스의 드골 대통령은 미국이 전쟁 비용을 마련하기 위해 달러를 찍어내고 있다고 우려하며, 자국의 보유 달러를 금으로 교환하고 있었다. 뉴스와 시장의 움직임을 함께 지켜보면서 나는 전체적인 큰 그림을 보기 시작했고, 금과 달러 사이의 인과관계를 이해하기 시작했다.

1970년 아니면 1971년쯤 세계시장에서 금값이 상승하고 있다는 사실을 발견했다. 그때까지만 해도 통화체제가 안정적이었기 때문에 대부분의 사람처럼 나 또한 환율에 관심을 갖지 않았다. 하지만 통화 관련 뉴스가 자주 보도되면서 관심을 갖게 되었다. 나는 다른 국가의 통화가 달러화에 고정돼 있고, 달러는 금 가격에 고정돼 있다는 사실을 알게 됐다. 그리고 미국 사람들은 금을 소유할 수 없고(그 이유는 알지 못했지만), 다른 국가의 중앙은행들은 달러를 금으로 바꿀 수 있다는 것도 알게 됐다. 이 때문에 미국이 너무 많은 달러를 찍어낸다고 하더라도 다른 국가의 중앙은행들은 피해를 입지 않을 것이라고 안심하고 있었다. 나는 미국 정부 관리들이 달러와 금에 대한 우려를 일축하고 있다는 뉴스를 들었고, 달러는 안전하고 금은 고풍스러운 금속이라고 확신하게 됐다. 정부 관리들은 금값 상승의 배후에는 투기꾼들이 있고, 상황이 안정되면 곧 그들은 큰 손해를 보게 될 것이라고 말했다. 당시 나는 정부 관리들이 정직하다

---

* 북베트남(베트콩)이 남베트남의 100여 개 도시에 가한 동시다발적인 대규모 기습 공격

고 생각했다.

1971년 봄, 나는 거의 만점에 가까운 점수로 대학을 졸업했고, 하버드 경영대학원에 입학하게 되었다. 하버드 경영대학원에 입학하기 전 여름에 뉴욕증권거래소에서 사무원으로 일했는데, 그해 여름 중반에 달러 문제가 한계점에 도달했다. 유럽 사람들이 미국 관광객의 달러를 받지 않겠다는 뉴스가 보도됐다. 세계 통화체제가 붕괴되는 과정에 있었지만 당시에는 그것을 제대로 감지하지 못했다.

그리고 1971년 8월 15일 일요일, 닉슨 대통령은 TV 연설을 통해 미국은 달러를 금으로 바꿔주겠다는 합의를 파기할 것이라고 말했다. 달러는 폭락했다. 나는 놀라움으로 대통령의 연설을 듣고 있었고, 정부 관리들은 달러에 대한 평가절하는 없을 것이라고 약속했다. 닉슨 대통령은 달러에 대한 압력 이면의 근본적인 문제에는 대응하지 않은 채 계속해서 투기꾼들을 비난했다. 또한 달러의 가치를 유지하기 위한 조치를 취할 것처럼 말했지만, 그는 정반대의 조치를 취했다. 내가 듣기에도 달러를 연동제로 바꾸고 달러의 폭락을 허용하는 것은 거짓말처럼 들렸다. 이후 수십 년 동안 나는 달러에 대한 평가절하 직전에 정책결정자들이 이런 확신을 심어주는 것을 여러 번 목격했다. 그래서 정부 관리들이 달러의 가치 하락이 없을 것이라고 확언할 때 그들의 말을 믿지 말아야 한다는 사실을 알게 됐다. 정부 관리들이 달러에 대한 평가절하가 없다고 강하게 말할수록 상황은 더 긴박해지고, 달러 가치가 하락할 확률도 그만큼 더 높아질 것이다.

닉슨 대통령의 연설을 듣는 동안 나는 이런 사건들에 어떤 의미가 있는지 궁금했다. 우리가 지금까지 알고 있었던 돈(금과 바꿔주는 권리)이 더 이상 존재하지 않았다. 이것이 좋은 것일 리 없었다. 하지만 나에게는 케네디 대통령이 확실하게 보여주었던 약속의 시대가 펼쳐지는 것처럼 보였다. 월요일 아침, 대혼란을 예상하면서 뉴욕증권거래소에 들어섰다. 혼란은 있었지만 내가 예상한 혼란은 아니었다. 주식 가격이 폭락하는 대신 4%나 폭등했다. 하루 변동 폭으로는 상당히 큰 편이었다.

무슨 일이 벌어지고 있는지 이해하기 위해 그해 여름 동안 나는 과거의 통화 평가절하 사례들을 연구했다. 나는 모든 일(금과 화폐의 연동제 폐지, 달러 폭락, 주식시장의 상승)이 과거에도 일어났고, 논리적 인과관계로 볼 때 이런 일들은 발생할 수밖에 없다는 사실을 알게 됐다. 내가 이런 일을 예상하지 못했던 것은 과거에 발생한 것이고, 이런 일이 내 인생에서 지금 갑자기 일어났기 때문이라는 사실을 깨달았다. 현실이 나에게 전해준 메시지는 다른 시대, 다른 곳에 사는 사람들에게 일어났던 일들을 더 많이 공부하라는 것이었다. 그렇지 않으면 그런 일들이 일어날 수 있다는 사실도 모르고, 그런 일이 발생할 경우 어떻게 대응해야 하는지 알지 못할 것이기 때문이다.

그해 가을 나는 하버드 경영대학원에 등록했고, 세계 각국에서 유학 온 똑똑한 친구들과 만나는 일에 흥미를 느꼈다. 그곳의 생활은 내가 기대한 것 이상으로 좋았다. 나는 세계 각국에서 온 학생들과 함께 생활했고, 흥미롭고 다양한 환경에서 먹고 마시고 놀았다. 칠판 앞에 서서 우리에게 무엇을 외우라고 말하는 선생님도 없었고, 우리가 무엇을 암기했는지에 대한 시험도 없었다. 대신 우리에게는 읽고 분석해야 하는 사례 연구가 주어졌다. 그러면 조를 나눠서 우리가 어떤 특정한 상황에 처하게 되었을 때 무엇을 할지에 대해 논의하고 해결책을 찾았다. 이것이 내가 바라던 학교 생활이었다.

금본위제도의 폐지에 따른 달러 찍어내기 덕분에 경제는 좋아지고 주식시장은 상승했다. 1972년에 주식시장은 다시 급등했고, 당시에는 니프티피프티 Nifty Fifty (1970년대 미국 기관투자자들이 선호했던 50개의 대형 인기 주식_옮긴이)가 대세였다. 니프티피프티 종목은 빠르게 성장했고, 꾸준한 수익을 올렸으며, 가장 확실한 수익 종목으로 인정받았다.

주식시장에 대한 열기만큼 나는 여전히 상품시장 거래에도 관심이 많았다. 그해 봄 나는 메릴린치 Merrill Lynch의 상품시장 담당 임원에게 여름방학 동안 인턴으로 일하게 달라고 부탁했다. 일반적으로 하버드 경영대학원 학생들은 월스트리트 증권업계가 의붓자식처럼 생각하는 상품 거래에는 관심이 없었기 때문에 그는 나의 부탁에 적잖이 놀랐다. 내가 알기로는 그때까지 하버드 경영대학원 학생 가운데 상품선물 거래 분야에서 일했던 사람은 없었다. 또한 월스트리트에 있는 대부분의 증권사에는 상품선물 거래를 담당하는 부서가 없었다. 그리고 메릴린치의 선물 거래부서도 후미진 곳에 싸구려 금속 책상만이 놓여 있는 작은 사무실에 불과했다.

몇 달 뒤 내가 하버드 경영대학원에 복귀했을 때 첫 번째 오일쇼크가 발생했고, 수개월 만에 기름 가격이 4배로 상승했다. 미국 경제는 둔화됐고, 상품 가격은 급등했다. 1973년에 주식시장은 폭락했다. 나는 또다시 예상치 못한 사건으로 충격에 빠졌다. 하지만 그때 논리적으로 추론해봤다면 도미노가 무너질 것임을 알 수 있었을 것이다.

1973년 주식시장의 폭락은 1960년대 대출을 기반으로 발생한 과소비가 1970년대 초까지 지속된 것이 원인이었다. 미국연방준비제도 The Federal Reserve System의 대출 완화 정책이 과소비를 초래했지만, 금본위제도의 달러가 아니라 가치가 떨어진 종이로 빚을 갚도록 하면서 미국은 사실상 채무불이행에 빠졌다. 돈을 계속해서 찍어내다 보니 달러 가치가 떨어진 것은 당연했다. 달러를 찍어내면서 대출은 더 쉬워졌고, 이는 과소비로 이어졌다. 금본위 통화체제의 붕괴에 따른 물가 상승은 상품 가격을 더욱 치솟게 만들었다. 이에 따라 연방준비제도는 1973년에 통화긴축을 추진했다. 통화긴축은 물가와 경제성장률이 너무 높을 때 중앙은행이 펼치는 정책이다. 긴축정책은 최악의 주가 폭락과 대공황 이후 최악의 경기침체를 초래했다. 특히 니프티피프티 종목들이 심하게 영향을 받아 가격이 폭락했다.

이 사례를 통해 우리가 배운 교훈은 무엇일까? 모든 사람이 똑같은 생각(니프티피프티는 확실한 수익 종목이다.)을 할 때 이미 모든 것이 가격에 반영돼 있기 때문에 여기에 승부를 거는 것은 실패할 확률이 높다는 것이다. 나는 또 모든 행동(통화완화와 대출완화)에는 그에 비례하는 결과(이 사례의 경우 높은 인플레이션)가 있고, 동일하거나 정반대의 반응(통화와 대출의 긴축)으로 시장의 역작용을 초래한다는 것을 배웠다.

나는 이런 사건들이 반복적으로 여러 차례 발생하고 있다는 것을 파악하기 시작했다. 거의 대부분의 사건은 유사한 사건의 다른 버전이라는 것을 깨달았다. 논리적 인과관계에서 보면 대부분의 사건은 과거에도 반복해서 발생했다. 물론 그런 일들 가운데 어떤 일이 벌어질 것인가를 적절히 찾아내고, 그 이면의 인과관계를 이해하는 것은 여전히 어렵다. 되돌아보면 거의 모든 것이 불가피하고 논리적인 것처럼 보이지만, 그 당시에는 어떤 것도 분명해 보이지 않았다.

사람들은 가장 인기 있는 것을 따라가고, 그렇지 못한 것은 피하는 경향이 있다. 그래서 1973년 이후 주식 투자는 관심에서 멀어졌고, 상품 거래가 주목받게 되었다. 상품 거래 경험과 하버드 경영대학원에서 공부한 덕분에 나는 많은 기업이 탐내는 자질을 갖추게 되었다. 수백 년의 전통이 있는 중견 증권회사인 도미닉앤드도미닉Dominick & Dominick에서 연봉 2만 5,000달러에 상품 거래 책임자로 나를 채용했다. 내 생각으로는 그 당시 하버드 경영대학원 출신 가운데 가장 연봉이 높았다. 나의 새로운 상사는 연륜이 있고 상품 거래 경험이 많은 사람으로, 우리는 상품 거래 부서를 만드는 업무를 맡았다. 내 능력 이상의 업무였지만, 당시 나는 너무 교만해서 그런 사실을 깨닫지 못했다. 내가 도미닉앤드도미닉에서 계속 일했다면 아마도 더 고통스러운 교훈을 얻었을 것이다. 하지만 주식시장이 침체에 빠지면서 우리가 큰 성과를 내기도 전에 도미닉앤드도미닉은 파산했다.

경제가 서서히 침체에 빠져가는 와중에 워터게이트Watergate 스캔들이 터졌다. 이 스캔들로 나는 일반적으로 경제가 먼저 악화되지만, 정치와 경제가 어떻게 서로 얽히게 되는지 알게 됐다. 워터게이트 스캔들은 사람들을 비관적으로 만들었다. 모든 사람이 주식을 매도했고, 주식시장은 계속해서 하락했다. 상황이 더 이상 악화될 수 없었지만 모든 사람은 상황이 더 나빠질 것이라고 걱정했다. 이것은 시장이 최고점에 도달했던 1996년에 내가 목격했던 것과 똑같은 상황이었다. 그 당시에도 그랬던 것처럼 이번에도 시장의 추정은 틀렸다. 상황이 비관적일 때 사람들은 주식을 팔고 주가는 크게 하락한다. 그리고 시장 상황을 개선시키려는 대책들이 나온다. 당연히 연방준비제도는 통화정책을 완화했고, 1974년 12월 주가는 바닥에 도달했다.

당시 나는 뉴욕에서 혼자 살고 있었다. 하버드 친구들과 놀면서 연애도 많이 했다. 내 룸메이트는 쿠바 출신의 여학생과 연애 중이었는데, 자신의 여자 친구를 통해 나에게도 여자 친구를 소개시켜줬다. 바버라는 스페인 출신으로 영어를 거의 하지 못했지만, 우리는 다양한 방식으로 소통했기 때문에 언어는 문제가 되지 않았다. 그녀는 우리가 함께 살기 전까지 거의 2년 동안 나를 즐겁게 해주었다. 이후 결혼해서 4명의 자녀를 두었고 훌륭한 삶을 함께했다. 바버라는 여전히 나에게 큰 즐거움을 주지만 개인적인 이야기는 더 이상 하지 않겠다.

증권업계에서 일하는 동안 나는 나 자신의 계좌도 운영했다. 손해보다 이익을 본 적이 훨씬 많았지만, 지금은 손해 본 것만을 기억하고 있다. 시카고상품시장에서 삼겹살pork bellies 선물을 거래할 때 큰 손해를 보았다. 며칠 동안 삼겹살 선물시장에서 가격은 너무 크게 하락했고, 거래를 정지시켜야만 했다. 나중에 나는 《헤지펀드 시장의 마법사들Hedge Fund Market Wizards》의 저자인 잭 슈웨거Jack Schuwarger에게 이 사건에서 받은 충격을 다음과 같이 말했다.

당시에 우리는 가격이 변동할 때마다 '찰칵' 하고 소리로 알려주는 커다란 상품 거래 상황판을 가지고 있었다. 매일 아침 개장시간이 되면 시장이 1일 하한 폭인 200포인트 하락하지만, 가격은 그대로 변하지 않은 것을 목격했다. 그리고 잠재적인 추가 손실이 얼마인지 확정되지 않은 채 그만큼의 손해를 보았다는 것을 알게 되었다. 이것은 정말 실감 나는 경험이었다. 이 경험을 통해 나는 위험 관리의 중요성을 배우게 됐다. 그런 고통을 다시 경험하고 싶지 않았다. 시카고상품시장에서의 경험은 잘못된 판단에 대한 나의 두려움을 증대시켰고, 한 건의 투자나 심지어여러 건의 투자결정이 나에게 감당할 수 있는 규모 이상의 큰 손실을 초래하도록해서는 안 된다는 교훈을 확실하게 가르쳐주었다. 투자는 공격적인 동시에 방어적이어야 한다. 공격적이지 못하면 돈을 벌 수 없고, 방어적이지 않으면 돈을 지킬 수없다. 나는 투자에서 돈을 번 사람은 누구나 어느 시점에서 엄청난 고통을 경험했다는 것을 알고 있다. 투자는 전기를 사용하는 것과 같다. 잘못하면 전기에 감전될 수 있다. 삼겹살 선물 거래와 같은 몇몇 거래들을 통해 나는 감전의 충격과 그에 따른 공포를 경험했다.

도미닉앤드도미닉이 개인을 상대로 한 금융 투자 사업을 폐쇄한 후 나는 더 크고 더 성공적인 증권회사로 이직했다. 내가 재직했던 짧은 기간 동안 회사는 다른 많은 회사를 인수했고, 여러 번 회사 이름을 변경한 끝에 최종적으로 시어슨Shearson으로 결정됐다. 샌디 웨일Sandy Weil이 이 모든 과정을 주도했다.

시어슨은 나에게 상품선물과 금융선물을 포함하고 있는 선물헤지 업무를 맡겼다. 나는 가격 위험이 있는 거래를 하는 고객들이 선물을 이용해 가격 위험을 관리할 수 있도록 도와주는 역할을 했다. 나는 선물 거래를 담당하면서 서부 텍사스와 캘리포니아의 곡물 지대로 출장을 자주 다녔고, 덕분에 곡물과 가축시장에 대한 풍부한 전문지식을 쌓을 수 있었다. 시어슨에서 나와 거래했던 중개인, 가축 생산자 그리고 곡물 거래자들은 좋은 사람들이었다. 술집과 비둘기 사냥 그리고 바비큐 파티에 나를 데리고 다니면서 그들만의 세계를 보여주었다. 우리는 함께 일하고, 즐거운 시간을 보냈다. 시어슨에서 1년 남짓 일했지만 시어슨을 그만둔 이후에도 수년 동안 이들과 함께 제2의 삶을 설계했다.

선물 업무와 함께 일한 사람들은 마음에 들었지만, 시어슨의 조직은 나에게 맞지 않았다. 나는 너무 자유분방했다. 예를 들면 지금은 매우 어리석어 보이는 장난이지만, 나는 캘리포니아곡물사료연합회California Grain & Feed Association 연례 학술대회에서 강연하는 동안 스트립쇼를 하도록 했고, 상사의 얼굴을 때리기도 했다. 내가 해고당한 것은 놀라운 일이 아니었다. 하지만 중개인들과 그들의 고객 그리고 나를 해고한 사람들도 나를 좋아했고, 계속해서 내가 조언해주기를 원했다. 그들은 자문 비용을 기꺼이 지급했고, 그 결과 나는 1975년에 브리지워터Bridgewater Associates를 설립했다.

브리지워터의 출범

사실 나는 브리지워터를 다시 시작한 것이었다. 하버드 경영대학원을 졸업하고 도미닉앤드도미닉의 상품 거래부서에서 일한 직후 나는 동창인 밥 스콧과 작은 사업을 시작했다. 다른 국가 출신의 친구들과 함께 시험삼아 미국에서 다른 국가로 상품을 판매하는 사업을 시도했다. 실제로 우리는 바다를 건너 국가들을 연결하는 일을 하고 있었기 때문에 그 회사를 브리지워터라고 불렀다. 1975년에 이 작은 상품 거래 회사에는 기대할 것이 거의 없었다. 하지만 서류상에는 여전히 존재하고 있었기 때문에 그 이름을 활용했다.

나는 침실이 두 개가 있는 아파트에서 사업을 시작했다. 아파트를 함께 사용했던 하버드 동창생이 이사를 나가자 그가 사용하던 침실을 사무실로 만들었다. 함께 럭비를 하던 또 다른 친구와 함께 일했는데, 우리는 비서로 일할 훌륭한 젊은 여성을 채용했다.

나는 시장 흐름을 추적하고, 내가 고객이라면 시장의 위험에 어떻게 대응할지를 보여주기 위해 고객의 입장에서 생각하면서 대부분의 시간을 보냈다. 물론 내 계좌를 통해 거래를 계속했다. 친구들과 함께 고객들이 시장을 이길 수 있도록 돕는 일은 내 일을 하는 것보다 훨씬 더 재미있었다. 기본적인 생활비만 벌 수 있다면 나는 행복할 것이라고 생각했다.

1977년 바버라와 나는 아이를 갖기로 결심하고 결혼을 했다. 우리는 맨해튼에 있는 붉은 벽돌집으로 이사했고, 회사도 새로운 집으로 옮겼다. 그 당시 러시아 사람들이 많은 양의 곡물을 사들이고 있었는데, 나에게 자문을 요청했다. 그래서 바버라와 함께 소비에트연방으로 출장 겸 신혼여행을 갔다. 우리는 새해 전날에 모스크바에 도착했고, 공항에서 버스를 탄 후 눈보라를 뚫고 성 바실리 성당 St. Basil's Cathedral을 지나 놀기 좋아하는 친절한 러시아 친구들의 파티에 참석했다. 나의 사업은 언제나 나를 색다른 곳으로 이끌어주고, 흥미로운 사람들을 만날 수 있도록 해주었다. 여행도 하면서 돈까지 번다면 이것이야말로 금상첨화였다.

도구로서 시장 모형

나는 가축, 육류, 곡물 그리고 지방종자oilseed 시장에 대해 매우 잘 알고 있었다. 이런 상품들은 구체적인 형태가 있고, 주식보다 가치가 덜 왜곡되기 때문에 나는 상품 거래를 좋아한다. '더 멍청한 바보들'이 주식을 계속 사거나 팔기 때문에 주식 가격은 너무 높아지거나 너무 낮아질 수 있다. 하지만 가축은 소비자들이 얼마를 지불할 것인가에 근거해 육류 판매대에서 가격이 결정된다. 따라서 판매에 이르는 과정을 구체화하고, 거래를 뒷받침하는 다양한 관계들을 파악할 수 있었다. 가축은 곡물(주로 옥수수)과 대두 가루를 먹고, 옥수수와 콩은 재배 면적이 경쟁력이기 때문에 두 시장은 밀접하게 연결돼 있다. 나는 이 두 시장에 관해 상상할 수 있는 모든 것을 배웠다. 주요 곡물 지대에서 재배 면적과 생산량이 얼마나 되는지 그리고 수 주일에 걸친 재배 기간 동안의 강우량을 기준으로 어떻게 예상 생산량을 산출하는지를 배웠다. 또 곡물의 수확 규모, 운송비 그리고 가축의 체중, 사육 장소, 체중 증가율로 가축의 재고를 추정하는 방법은 물론, 정육으로 가공했을 때의 생산량, 소매점의 이익, 부위별 소비자의 선호도 그리고 각 계절에 따른 도축 수량 등을 추정하는 방법도 배웠다. 이것은 학문적으로 배우는 것이 아니었다. 현장 경험이 많은 사람들이 농업의 과정이 어떻게 진행되는지 알려주었고, 나는 그들이 알려준 것에 기초해 시간에 따른 각 과정의 상호작용을 그림으로 표현한 모형을 만들었다.

예를 들면 소, 닭, 돼지의 사육 두수를 파악하고, 얼마나 많은 사료를 먹는지 그리고 몸무게가 증가하는 속도를 파악함으로써 언제 얼마나 많은 육류가 시장에 나오고, 언제 얼마나 많은 옥수수와 대두 가루가 필요한지 추정할 수 있었다. 마찬가지로 경작 지대에서 얼마나 많은 옥수수와 콩을 재배하는지 파악하고, 강우량이 경작 지대의 생산량에 어떻게 영향을 미치는지에 대한 회귀분석 그리고 기상 예측과 강우량을 적용하는 방법을 통해 옥수수와 콩의 생산량과 수확 시기에 대한 추정도 가능했다. 이 모든 것이 논리적 인과관계가 있는 아름다운 기계처럼 보였다. 이런 관계를 이해함으로써 나는 모형으로 만들 수 있는 의사결정 규칙(또는 원칙)을 개발할 수 있었다.

초기의 모형들은 현재 우리가 사용하는 것과는 천지 차이였다. 이런 모형들은 대략적인 계산이었고, 당시에 사용할 수 있는 기술을 이용해 컴퓨터 프로그램에 입력됐다. 초창기에 나는 휴렛 팩커드의 HP-67 계산기를 이용해 회귀분석을 했고, 색연필을 가지고 손으로 그래프를 그렸다. 그리고 공책에 모든 거래를 하나하나 기록했다. 개인용 컴퓨터가 등장했을 때 나는 공책에 적어두었던 수치를 입력했고, 그 수치들이 스프

레드시트에서 예상 그래프로 바뀌는 것을 목격했다. 소, 돼지, 닭이 생산 단계에 따라 어떻게 성장하는지, 가격은 어떻게 형성되는지, 육류 소비자들이 왜 그리고 얼마나 소비할 것인지, 육가공업자와 소매점의 이익이 그들의 행동에 어떻게 영향을 미치는지(예를 들면 육가공업체나 소매점이 어떤 고기의 부위를 광고할 것인지)를 파악함으로써 내가 만든 모형을 통해 투자할 수 있는 소, 돼지, 닭의 가격을 산출하는 방법을 이해할 수 있었다.

초기 모형들은 아주 기본적인 형태였기 때문에 나는 모형을 설계하고 수정했다. 하지만 초기 모형이라도 돈을 벌기에는 충분히 훌륭했다. 내가 활용하는 가격결정에 대한 접근법은 공급과 수요가 모두 판매량으로 측정된다는 경제학 수업에서 배운 것과는 매우 달랐다. 나는 수요를 구매량 대신 소비량으로 측정하고, 누가 구매자이고 판매자인지 그리고 그들이 왜 구매하고 판매하는지를 살펴보는 것이 훨씬 실용적이라는 사실을 발견했다. 이런 접근법에 대해서는 경제와 투자의 원칙에서 자세히 설명할 것이다.

이런 접근 방식으로 다른 사람들이 간과한 경제와 시장의 움직임을 발견했다. 이런 관점을 통해 나는 어떤 시장을 관찰할 때(상품, 가축, 채권, 통화 등 무엇이든) 전통적인 방식으로 (서로 동일한 단위로서) 수요와 공급을 정의하는 사람들이 놓친 불균형을 이해할 수 있었다. 복잡한 시스템을 모형으로 시각화하고, 그 안에 있는 인과관계를 찾아내고, 인과관계에 대응하는 원칙들을 입력하고, 컴퓨터가 나 대신 결정을 내리도록 하는 것이 표준적인 절차가 되었다.

나의 접근 방법은 결코 완벽하지 않았다. 개인적으로 약 10만 달러의 손실을 초래한 '절대 손해 볼 수 없는' 거래를 지금도 생생하게 기억한다. 10만 달러는 당시 내 재산의 거의 전부였다. 더욱 고통스러운 것은 그 거래가 나의 고객들에게도 손실을 입혔다는 것이다. 지금도 계속 생각나는 가장 고통스러운 교훈은 아무것도 100% 확신할 수 없다는 것이다. 가장 안전한 투자처럼 보여도 큰 손실을 안겨줄 위험은 언제나 존재한다. 그래서 항상 무엇인가를 보지 못하고 있다고 가정하는 것이 최선이다. 이 교훈을 통해 나는 결정 방식에 대한 접근법을 바꾸었다. 내가 이룩한 성공의 대부분은 이 방법 덕분이고, 이 책에서 앞으로 계속 강조할 것이다. 하지만 내 행동 방식을 완전히 바꾸기까지 수많은 실수를 저질렀다.

비즈니스 구축하기

돈을 번다는 것은 좋은 일이었고, 의미 있는 일과 의미 있는 관계를 구축하는 일은 아주 좋았다. 나에게 의미 있는 일은 내가 몰두할 수 있는 일이었고, 의미 있는 관계는 내가 관심을 가지고 있고 나를 걱정해주는 사람들과의 관계를 말한다. 내재적 가치가 없는 돈을 버는 것을 당신의 목표로 설정하는 것은 무의미하다. 돈의 가치는 무엇을 살 수 있는가에서 나온다. 하지만 돈으로 모든 것을 살 수는 없다. 당신이 정말로 원하는 진정한 목표를 가지고 시작하는 것이 더 현명하다. 그리고 당신의 목표를 달성하기 위해 필요한 일을 하라. 돈은 당신에게 필요한 것들 가운데 하나지만, 유일한 목표가 되어서는 안 된다. 정말로 원하는 것을 얻기 위해 필요한 돈보다 더 많은 돈을 얻게 되면, 돈은 더 이상 가장 중요한 것이 아니게 된다.

당신이 정말로 원하는 것에 대해서는 상대적 가치를 생각해 적절하게 비중을 조절하는 것이 도움이 된다. 나는 의미 있는 일과 의미 있는 관계를 동일한 비중으로 생각했다. 기본적인 욕구를 충족시킬 정도의 돈만 있다면 돈은 의미 있는 일과 의미 있는 관계보다 중요도가 덜했다. 훌륭한 관계와 돈 사이의 상대적 중요성에 대해 생각하면서 관계가 중요하다는 생각이 더 분명해졌다. 의미 있는 관계는 내가 돈을 받고 팔 수도 없고, 만약 판다고 해도 그 돈으로 더 가치 있는 것을 살 수도 없다. 그래서 나에게 의미 있는 일과 의미 있는 관계들은 과거에도 그랬고 지금도 그렇지만, 가장 중요한 목표이다. 그리고 내가 하는 모든 일은 이 두 가지 목표를 달성하기 위한 것이다. 돈을 버는 일은 이런 목표에 따라오는 부차적인 결과이다.

1970년대 말에 고객들에게 시장 상황에 대한 나의 생각을 텔렉스로 보내주기 시작했다. 일일 보고서 Daily Observations(곡물과 지방종자, 가축과 육류, 경제와 금융시장)의 시작은 매우 단순했다. 우리의 주된 사업은 위험 노출을 관리하는 것이었지만, 고객들은 나에게 전화를 걸어 시장 상황에 대한 의견을 물어봤다. 그로 인해 고객들의 전화를 받고 대응하는 일에 시간을 너무 많이 빼앗기게 되었다. 나는 다른 사람들이 내 생각의 타당성을 이해하고, 이를 발전시키는 데 도움을 줄 수 있도록 매일 나의 생각을 기록하는 것이 효율적이라고 생각했다. 그렇게 하려면 내가 매일 연구하고 깊이 생각해야 하므로 이것은 훌륭한 훈련 방식이었다.

일일 보고서는 또 우리 사업의 중요한 소통 수단이 되었다. 거의 40년이 지나고 1만 개 이상의 보고서가 출간된 지금, 세계 각국의 정책결정자들과 고객들은 브리지워터의 일일 보고서를 읽고 우리 보고서에 관해 토론한다. 나는 지금도 브리지워터의 다른 동료들과 함께 일일 보고서를 쓰고 있다. 그리고 사람들이 더 이상 읽지 않게 되거나, 내가 죽을 때까지 계속해서 일일 보고서를 쓸 계획이다.

일일 보고서와 자문을 제공하는 일 외에도 나는 고객들을 대신해 구매와 판매를 담당하면서 위험에 대한 노출을 관리해주는 업무를 시작했다. 때로는 매달 고정 수수료를 받았고, 어떤 경우에는 이익의 일정 비율을 받기도 했다. 엄청난 규모의 소고기를 구매하는 맥도날드와 미국 최대 닭고기 생산업체인 레인 프로세싱 Lane Processing이 당시 나의 자문을 받는 고객에 포함돼 있었다. 나는 이 두 회사가 엄청난 돈을 벌 수 있도록 도와주었다. 특히 레인 프로세싱은 닭을 기르고 판매하는 일보다 곡물과 대두시장에 대한 투자로 훨씬 더 많은 돈을 벌었다.

그 당시 맥도날드는 치킨 맥너겟 Chicken McNugget이라는 새로운 상품을 계획하고 있었다. 하지만 닭고기 가격이 오르면 수익이 줄어들 것을 걱정했기 때문에 출시를 꺼리고 있었다. 레인 프로세싱과 같은 닭고기 생산업체는 비용이 상승하면 수익이 줄기 때문에 고정된 가격으로 판매하고 싶어 하지 않는다.

이 문제에 관한 해법을 고민하는 과정에서 경제적 관점으로 볼 때 닭도 병아리와 사료로 구성된 단순 모형으로 만들 수 있다는 생각이 떠올랐다. 닭고기 생산업체가 가장 걱정하는 변동성 비용은 사료 가격이었다. 나는 레인 프로세싱에 옥수수와 대두선물을 혼합해 비용을 고정시킬 수 있는 방법을 보여주었고, 맥도날드에 고정된 가격으로 닭고기를 공급할 수 있도록 했다. 가격 위험을 크게 줄인 맥도날드는 1983년에 맥너겟을 출시했고, 나는 맥너겟 출시를 도와준 일에 대해 자부심을 느낀다.

육류시장에서도 비슷한 형태의 가격 관계를 찾아냈다. 예를 들면 소 사육업체에게 육우, 옥수수, 대두 등 비용 요인들 사이의 가격 변동을 제한하는 방식으로 어떻게 수익을 고정할 수 있는지 그리고 6개월 후에 무엇을 판매할 수 있는지를 보여주었다. 또 냉동육보다 훨씬 싼 고정된 가격으로 미래에 신선한 고기를 부위별로 팔 수 있는 방법을 개발했고, 이를 통해 여전히 큰 수익을 내고 있다.

시장이 어떻게 움직이는지에 대한 나의 분석과 각각의 사업을 운영하는 방식에 대한 고객들의 깊은 지식을 결합하는 것은 모두에게 이득이 되었다. 그리고 시장을 전체적으로 보다 효율적으로 만들었다. 이런 복잡한 구조를 구체적으로 시각화하는 나의 능력은 충분히 생각하지 않고 성급하게 결정하는 사람들보다 경쟁력을 갖추게 되었다. 그리고 결과적으로 상품선물시장이 작동하는 방식을 변화시켰다. 늘 그렇듯이 내가 좋아하는 사람들과 함께 일하는 것은 재미있다.

1978년 3월 26일, 아내는 첫째 아들 데번Devon을 낳았다. 아이를 갖는 것은 가장 어려운 결정이었다. 그것이 어떤 경험인지 알 수 없었고, 돌이킬 수 없었기 때문이다. 하지만 아이를 갖기로 한 것은 생애 최고의 결정이었다. 이 책에서는 가족생활에 관한 이야기를 깊이 다루지 않을 것이다. 나는 경력만큼 가족생활도 중요하게 생각하고, 이 둘은 서로 긴밀하게 연결돼 있다. 첫째 아들의 이름을 데번으로 지은 것은 일과 개인 생활이 어떻게 서로 연결돼 있는지를 보여주는 한 가지 사례이다. 데번이라는 이름은 가장 오래된 송아지 품종 가운데 하나에서 따온 것이다. 데번은 미국에 수입된 최초의 송아지들 가운데 하나였고, 출산율이 높은 품종으로 유명하다.

3장
인생의 나락
1979-1982

1950년부터 1980년까지 부채, 인플레이션 그리고 경제성장은 과거의 어느 때보다 더 큰 등락을 보였다. 특히 1971년 금본위제도가 폐지된 이후 달러화의 변동성은 더 커졌다. 1970년대는 큰 등락이 세 번 발생했다. 첫 번째 충격은 달러화의 가치가 하락한 1971년이었다. 1974년과 1975년 사이에 발생한 두 번째 충격은 제2차 세계대전 이후 가장 높은 수준으로 물가를 끌어올렸다. 연방준비제도는 통화량을 축소했고, 금리는 사상 최고 수준으로 상승했다. 이로 인해 1930년대 이후 최악의 경기침체와 증시 폭락으로 이어졌다. 가장 규모가 큰 세 번째 충격은 1979년에서 1982년 사이에 발생했는데, 1929-1932년 이후 가장 큰 경기변동 가운데 하나였다. 금리와 물가는 급등했다가 폭락했다. 주식, 채권, 상품 그리고 통화가 역사상 가장 큰 변동성을 보인 시기였고, 실업은 대공황 이후 가장 높은 수준을 기록했다. 세계 경제와 시장 그리고 개인적으로도 극심한 변동성을 보인 시기였다.

1978년에서 1980년 사이(1970-1971년 그리고 1974-1975년처럼)에 각각의 시장들이 수요와 공급의 변화가 아니라, 돈의 흐름과 대출의 증가에 더 큰 영향을 받음으로써 같은 방향으로 움직였다. 이런 큰 움직임들은 이란의 샤Shah 왕조 몰락에 따른 오일쇼크의 여파로 더 악화됐다. 석유시장의 급격한 변동성은 최초의 석유선물 계약의 탄생으로 이어졌고, 이것은 나에게 또 다른 거래 기회를 제공했다(당시에는 금리와 통화선물시장이 존재했는데, 나는 두 시장에 모두 투자하고 있었다).

모든 시장이 금리와 통화량의 영향을 받고 있었기 때문에 나의 모형을 개선하기 위해 거시경제와 역사적 데이터(특히 금리와 통화 관련 데이터) 연구에 몰두했다. 1978년에 물가가 상승하기 시작하면서 나는 연방준비제도가 통화 공급을 축소할 것이라고 생각했다. 1979년 7월에 인플레이션이 걷잡을 수 없는 수준으로 상승했고, 지미 카터 대통령은 연방준비제도이사회 의장으로 폴 볼커Paul Volker를 임명했다. 몇 달 뒤 볼커는 연방준비제도가 통화량 증가를 5.5% 수준으로 제한할 것이라고 발표했다. 내 계산에 따르면 5.5% 수준의 통화량 증가는 인플레이션의 악순환을 깨뜨릴 것으로 보였지만, 경제와 시장을 압박해 대재앙 수준의 채무위기를 불러일으킬 것으로 생각했다.

은 가격의 급격한 변화

추수감사절 직전에 나는 댈러스의 석유클럽Petroleum Club에서 당시 세계 최고 부자였던 벙커 헌트Bunker Hunt를 만났다. 텍사스주에서 석유와 육우 산업 분야의 거물 고객이자 친구인 버드 딜라드Bud Dillard가 몇 년 전에 우리를 소개시켜주었다. 그 이후 우리는 정기적으로 경제와 시장, 특히 인플레이션에 관한 대화를 나눴다. 우리가 만나기 몇 주 전에 이란의 무장

단체가 테헤란에 있는 미국 대사관을 습격해 52명의 시민을 인질로 붙잡는 사건이 발생했다. 석유를 사려고 긴 줄을 서야 했고, 시장의 변동성은 최고 수준으로 높아졌다. 위기감이 팽배했고, 국민들은 혼란에 빠졌고, 좌절했으며 분노했다.

헌트는 채무위기와 인플레이션 위험을 예의주시하고 있었다. 그는 지난 몇 년 동안 종이돈이 아니라 다른 것으로 부를 축적하고 싶어 했다. 그는 원자재들 가운데 특히 은을 사들이고 있었다. 헌트는 인플레이션에 대한 위험회피 수단으로 1온스에 1.29달러를 주고 은을 매입하기 시작했다. 물가와 은 가격이 상승하는 와중에도 그는 은시장을 독점할 때까지 계속해서 은을 매수했다. 그 당시 은 1온스의 가격은 10달러였다. 나는 벙커에게 연방준비제도가 단기 금리가 장기 금리 수준보다 높아질 정도로 통화긴축에 나설 것이기 때문에(우리는 이것을 역수익률 곡선이라고 부른다.) 시장에서 빠져나오는 것이 좋겠다고 말했다. 이런 현상이 발생할 때마다 인플레이션 회피용 자산 가격은 떨어졌고, 경제는 침체됐다. 헌트는 석유 사업을 하고 있었는데, 중동의 산유국들은 달러의 가치 하락에 대해 걱정하고 있었다. 그래서 이들은 헌트에게 인플레이션에 대한 위험회피 수단으로 은을 살 것이라고 말했으며, 헌트는 가격이 계속 오를 것으로 예상해 은을 보유하고 있었던 것이다. 하지만 나는 은을 모두 처분했다.

1979년 12월 8일, 아내는 둘째 아들 폴Paul을 출산했다. 모든 것이 빠르게 변하고 있었고, 나는 이런 급격한 변화를 좋아했다. 1980년 초 은 가격은 50달러까지 상승했고, 헌트는 더 부자가 되었다. 나는 은 가격이 10달러로 올랐을 때 처분해 많은 돈을 벌었지만, 50달러까지 상승하는 기회를 놓친 것에 대해 자책하고 있었다. 하지만 시장에서 떠났기 때문에 돈을 잃지 않았다. 모든 투자자에게는 어떤 일이 벌어질 것이라는 예상과 실제 현실에서 벌어지는 현상은 일치하지 않는다. 그리고 좋은 기회를 목격하고 있는 것인지, 아니면 참담한 실패를 보고 있는 것인지 잘 모를 때 조바심이 나게 된다. 나는 남보다 앞서 정확하게 예측하고 싶은 경향이 강했기 때문에 적절한 선택이라고 생각하고 있었다. 하지만 가격이 40달러 더 상승한 기회를 놓친 것은 변명의 여지가 없었다.

1980년 3월 마침내 폭락이 시작됐고, 은 가격은 11달러 아래로 떨어졌다. 은 가격의 폭락으로 헌트는 파산했다. 그의 파산은 미국 경제 전체를 붕괴시킬 뻔했다.* 헌트의 파산에 따른 여파를 줄이기 위해 연방준비제도가 개입할 수밖에 없었다. 이 모든 사건은 "시기가 중요하다."는 잊을 수 없는 교훈을 각인시켜주었다. 은시장에서 빠져나온 나는 안심하고 있었다. 하지만 나와 같은 생각을 하고 있었던 세계 최고의 부자가 무너지는 과정을 지켜보는 것은 충격적이었다. 그러나 다음에 다가올 일과 비교하면 이것은 아무것도 아니었다.

팀을 확대하다

1980년 후반에 폴 콜맨Paul Colman이라는 훌륭한 친구가 브리지워터에 합류했다. 우리는 소와 육류 산업 분야의 거래를 통해 좋은 친구가 되었다. 나는 그의 지적 능력과 가치관을 존경했고, 그에게 우리가 함께 이 분야를 정복할 것이라는 확신을 심어주었다. 그는 오클라호마주 가이먼Guymon

---

* 헌트의 채무불이행, 특히 증권회사의 추가 증거금 요구를 이행하지 못한 것이 연쇄 부도 사태로 이어질 수도 있었다.

에서 아내와 아이들을 데려왔고, 우리 두 가족은 떨어질 수 없는 관계가 되었다. 우리는 단편적이고 직감에 의존하는 방식으로 회사를 운영했다. 우리가 생활하며 일하는 붉은 벽돌집의 사무실은 평소에 지저분했다. 전날 저녁부터 일하면서 먹고 남은 음식 쓰레기들이 널려 있었다. 우리는 하버드클럽Harvard Club에서 고객들과 회의를 했다. 폴은 지저분한 집에서도 깨끗한 푸른 셔츠와 타이를 잘 보관하고 있었고, 덕분에 나도 입을 옷이 있었다. 1981년에 우리는 더 전원적인 환경에서 가족과 살기로 결심했다. 그래서 코네티컷주의 윌튼Wilton으로 이사했고, 그곳에서 브리지워터를 운영했다.

  콜맨과 나는 서로의 생각을 검토하고, 최선의 답을 찾는 방식으로 일했다. 우리는 끊임없이 의견을 주고받았고, 해결해야 할 문제들이 많을 때 이런 토론을 즐겼다. 늦은 밤까지 시장과 그 이면에 있는 힘에 관해 토론했고, 잠자리에 들기 전에 컴퓨터에 데이터를 입력했다. 그리고 아침에 일어나서 어떤 결과가 나왔는지 살펴봤다.

나의 대단한 불황 예측

1979년에서 1981년까지 미국 경제는 2007년과 2008년의 금융위기보다 상황이 더 나빴고 변동성도 더 컸다. 어떤 사람들은 이때가 역사상 가장 변동성이 컸던 시기라고 말하기도 한다. 1940년까지 거슬러 올라간 다음 그래프를 보면 금리와 금 가격의 변동성이 잘 나타나 있다.

  그래프에서 보는 것처럼 1979년과 1982년 이전에는 이와 비슷한 상

미국 재무부 단기 채권 할인율

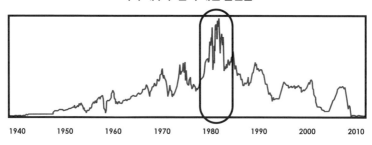

10년물 채권 수익률

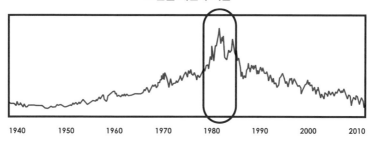

금 가격

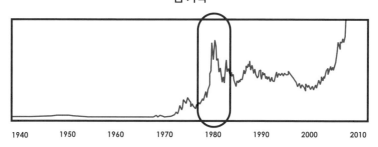

황이 발생하지 않았다. 1970년대 말과 1980년대 초는 지난 100년 동안 가장 중요한 시기였다. 정치적 중심이 오른쪽으로 이동하면서 마거릿 대처와 로널드 레이건 그리고 헬무트 콜이 정권을 잡았다. 이 당시 진보는 발전이 아니라, 일하지 않는 사람에게도 월급을 준다는 의미였다.

내가 생각하기에 연방준비제도는 진퇴양난에 빠져 있었다. 연방준비제도는 1) 채무 문제를 해결하고 경제를 움직이기 위해 계속 돈을 찍어내거나(통화 팽창으로 1981년에 인플레이션은 10%를 기록했고, 이 때문에 사람들은 채권 대신 인플레이션 위험을 방어하는 자산을 매입했다.) 2) 허리띠를 졸라매는 긴축정책으로 인플레이션의 고비를 넘겨야만 했다(채무가 대공황 이후 가장 높은 수준을 기록했기 때문에 이런 조치는 채무자들을 궁지로 몰아넣게 될 것이다).

더 심각한 문제는 점차적으로 더 높아지는 인플레이션과 점점 더 악화되는 경제활동 수준이었다. 인플레이션과 경기침체는 정점으로 치닫고 있었다. 부채는 소득보다 더 빠르게 증가했고, 미국 은행들은 신흥국가들에게 엄청난 자금(그들의 자본금보다 훨씬 큰 규모)을 빌려주었다. 1981년 3월 '비교 관점에서 본 다음 대공황'이라는 제목의 일일 보고서에서 나는 "엄청난 부채 규모는 이번 공황이 30년 전의 대공황만큼 심각하거나 더 나쁠 수 있다."고 결론 내렸다.

이런 주장은 큰 논란을 불러일으켰다. 대부분의 사람에게 공황이라는 단어는 선동주의자나 기이한 사람들이 사용하는 무서운 용어였고, 신중한 사람들이 사용하는 단어는 아니었다. 하지만 나는 1800년까지 거슬러 올라가 부채와 공황에 대해 연구했고, 내 추산에 따르면 신흥국가들에 의한 채무위기가 다가오고 있는 것이 확실했다. 나는 이런 의견을 고객들과 공유했고, 내 견해에 대해 많은 논란이 있었다. 그래서 다른 사람들에게 나의 추론을 검증해보고 어디가 잘못됐는지 알려달라고 부탁했다. 대부분이 내 결론을 인정하지는 않았지만, 어느 누구도 내 추론에서 결함을 발견하지 못했다.

나는 인플레이션의 가속화(인플레이션의 가속화에서도 수익을 낸다.)나 디플레이션deflation 공황(물가 하락에 따른 경기침체에서 수익을 낸다.) 사이의 선택이라고 생각했기 때문에 금과 채권을 모두 보유하고 있었다. 그때까지 금과 채권은 인플레이션 기대치가 상승하거나 하락하는 것과 반대 방향으로 움직였다. 금과 채권을 보유하는 것은 인플레이션에서 가치가 떨어지는 현금이나 디플레이션에서 가치가 폭락하는 주식 등 대체 투자 수단을 보유하고 있는 것보다 더 안전한 것처럼 보였다.

처음에 시장은 내 예상과 반대로 움직였다. 하지만 나는 은과 다른 상품 거래 경험을 통해 시점timing을 잘 맞추지 못하는 고질적인 문제가 있음을 배웠다. 그래서 내가 조금 앞서가고 있을 뿐 조만간 시장이 예상대로 움직일 것이라고 생각했다. 예상이 적중하기까지 오랜 시간이 걸리지 않았다. 1981년 가을 연방준비제도의 통화긴축정책은 충격적인 결과를 불러왔고, 채권 투자에서 성과를 내기 시작했다. 어리석은 것처럼 보이던 나의 예상이 적중하기 시작했다. 1982년 2월에 연방준비제도는 현금 경색을 막기 위해 일시적으로 유동성을 공급했다. 유동성에 대한 경쟁이 치열해지면서 연방준비제도는 6월에 또다시 돈을 찍어냈고, 폴 볼커가 연방준비제도이사회 의장으로 임명된 이후 가장 높은 수준으로 유동성을 공급했다. 하지만 시중의 유동성은 여전히 부족했다.

가장 큰 거짓 신호

1982년 8월에 멕시코는 국가 채무에 대한 불이행을 선언했다. 거의 모든 사람이 많은 나라가 멕시코의 뒤를 따를 것이라고 생각했다. 미국 은행들은 자기자본금의 250%를 멕시코처럼 위험한 국가들에게 대출해주고 있었기 때문에 이것은 매우 중대한 문제였다. 그리고 미국에서는 기업 대출이 중단됐다.

나는 이런 일을 예상한 몇몇 사람 가운데 하나였기 때문에 큰 주목을 받았다. 미국 의회는 경제위기에 대한 청문회를 개최하고 나에게 의회에서 증언해줄 것을 요청했다. 11월에는 시장관계자들이 반드시 시청하는 〈루이스 루케이저 월스트리트 위크Wall $treet Week with Louis Rukeyser〉TV 쇼에 특별 출연했다. 나는 의회 청문회와 TV 쇼에서 미국 경제가 공황을 향해가고 있다며 확실하게 단언했고, 그 이유를 설명했다.

멕시코가 채무불이행을 선언한 이후 연방준비제도는 더 많은 돈을 공급하는 방법으로 경제 붕괴와 채무불이행 사태에 대응했다. 이것이 주식시장을 기록적으로 상승하게 만들었다. 주식시장의 상승에 놀랐지만, 나는 주가 상승을 연방준비제도의 통화 공급 조치에 대한 반사적 반응으로 해석했다. 1929년에도 주식시장이 15%나 상승했지만, 결국에는 역사상 최악의 공황이 발생했다. 11월에 나는 경제에 대한 예측을 간단한 문서 형태로 기록했다. 내 예측에 따르면 연방준비제도의 노력이 효과가 없어 경제가 붕괴할 확률이 75%였다. 20%는 연방준비제도가 초기에 경제를 살려내는 데 성공하지만, 결과적으로 실패할 확률이다. 그리고 연방준비제도가 경제를 살리기 위해 충분한 부양책을 실행하지만, 하이퍼인플레이션Hyperinflation을 유발할 확률은 5%로 추정됐다. 최악의 가능성에 대비하기 위해 나는 금과 유로달러Euro-dollar에 대한 차익 거래로 미국 재무부 채권선물을 샀다. 이것은 신용 문제가 악화될 것이라는 예상에 대한 위험을 제한하기 위한 방법이었다.

나의 예상은 완전히 틀렸다. 약간의 시차가 있었지만, 경제는 연방준비제도의 노력에 반응하면서 인플레이션을 일으키지 않고 회복하기 시작했다. 다시 말하면 경제성장이 빨라지는 동안 물가는 하락했다. 주식 시장은 다시 크게 상승했고, 미국 경제는 이후 18년 동안 물가 상승을 동반하지 않은 성장을 지속했다.

어떻게 이런 일이 가능했을까? 마침내 나는 답을 찾았다. 채무 국가에서 흘러나온 돈이 미국으로 들어오면서 모든 것을 바꾸어놓았다. 미국으로의 달러 유입은 달러 가치를 상승시켰고, 이는 다시 미국의 물가 하락 압력으로 작용했다. 물가 하락 압력은 연방준비제도가 물가 상승을 초래하지 않고 금리를 내릴 수 있도록 했다. 이것이 경기 상승을 불러왔다. 은행들은 두 가지 방식으로 보호받았다. 연방준비제도가 현금을 빌려주었고, IMF와 국제결제은행 등 채권자위원회와 국제금융구조조정 기관들은 다양한 조치들을 통해 채무국들이 새로운 대출을 받아 빚을 갚을 수 있도록 도와주었다. 이런 방식으로 모든 국가는 아무 문제가 없는 것처럼 행동할 수 있었고, 여러 해에 걸쳐 채무를 탕감할 수 있었다.

이 시기에 나는 야구 방망이로 머리를 맞은 것 같았다. 예상이 완전히 틀리는 일(특히 공개적으로 틀리는 것)은 너무 창피했고, 내가 브리지워터에서 이룩한 모든 것을 잃게 만들었다. 나는 완전히 잘못된 관점에 대해 확신을 가진 오만한 바보였다는 사실을 깨달았다. 8년 동안이나 이 분야에서 일했지만 내세울 것이 아무것도 없었다. 예상이 틀린 경우보다 맞는 경우가 훨씬 더 많았지만, 나는 다시 원점으로 되돌아갔다.

어느 시기에는 너무 크게 손해를 봐서 함께 일하는 동료들에게 월급을 줄 수 없었다. 나는 그들을 해고할 수밖에 없었고, 콜맨과 나 두 사람만 남게 됐다. 결국에는 콜맨도 회사를 떠나야 했다. 콜맨의 가족이 오클라호마로 돌아갈 때 모두가 눈물을 흘렸다. 브리지워터의 직원은 나 혼자뿐이었다.

사랑하는 사람들과 나의 꿈을 잃는 것은 절망적이었다. 심지어 생활비를 충당하기 위해 두 번째 차를 팔 때까지 아버지에게 4,000달러를 빌렸다. 나는 인생의 갈림길에 서게 됐다. 월스트리트에 다시 취직을 해야 하는 것일까? 하지만 그것은 내가 원하는 일이 아니었다. 나에게는 부양해야 할 가족, 아내와 어린 두 아들이 있었다. 인생의 전환점에 직면해 있었고, 내 선택이 나와 내 가족의 미래에 중대한 영향을 미칠 것이라는 사실을 깨달았다.

통제하기 어려운 투자 문제의 해법

시장에서 돈을 버는 것은 어렵다. 똑똑한 증권거래인이자 투자자인 버나드 바루치Bernard Baruch는 "당신이 모든 것을 포기하고 상장기업의 역사와 배경에 대해 의대생이 해부학을 공부하는 것처럼 연구할 준비가 돼 있더라도 (이 모든 것을 할 수 있고, 추가로 도박사의 냉정한 배포와 미래를 내다보는 육감 그리고 사자의 용기를 가지고 있어도) 시장에서 이길 확률은 거의 없다." 라고 투자의 어려움을 표현했다.

돌이켜 생각해보면 나를 몰락시킨 실수들은 창피할 정도로 명확했다. 첫째, 나는 맹목적인 자신감에 가득 차 있었고, 감정에 휘둘렸다. 내가 아무리 많이 알고, 아무리 열심히 연구했어도 〈월스트리트 위크〉TV 쇼에서 말한 것처럼 그렇게 확신해서는 안 된다는 교훈을 또다시 배웠다. 나는 TV 쇼에서 "소프트 랜딩soft landing(호황 혹은 위기 이후 경제를 부드럽게 안착시키는 것을 의미)은 없을 것입니다. 나는 시장이 어떻게 움직이는지 알고 있기 때문에 절대적인 확신을 가지고 말할 수 있습니다."라고 단정했다. 그 당시 내가 얼마나 오만했는지를 생각하면 지금도 충격적이고 곤혹스럽다.

둘째, 나는 역사를 공부하는 가치를 알게 됐다. 지금 일어난 사건은 '과거에 일어났던 비슷한 사건 가운데 하나'라는 것이다. 나는 자국 통화로 표시된 부채는 정부의 도움으로 성공적인 구조조정이 가능하고, 중앙은행들이 동시에 부양정책을 실행하면(1932년 3월 대공황이 바닥을 쳤을 때 그리고 1982년에 중앙은행들이 경기 부양책을 실시했던 것처럼) 인플레이션과 디플레이션은 서로 상쇄되면서 균형을 유지할 수 있다는 사실을 알았어야 했다. 1971년과 마찬가지로 나는 역사의 교훈을 깨닫는 데 실패했다. 이런 깨달음을 통해 나는 100년 전의 시장과 국가의 모든 중요한 움직임을 연구하고, 시간에 관계없이 보편적으로 적용할 수 있는 신중하게 검증된 의사결정 원칙들을 만들기 위해 노력하게 되었다.

셋째, 시장에 대한 예측이 얼마나 어려운지 다시 알게 됐다. 시장의 균형에 대한 나의 장기 예측은 투자를 결정할 만큼 충분히 신뢰할 수 없었다. 내가 투자한 시점과 나의 예측이 실현되는 시점(만일 예측이 적중한다면) 사이에 수많은 사건이 발생할 수 있기 때문이다.

실패에 대해 반성하면서 파산하지 않고 성공하고 싶다면 나 자신을 객관적으로 보고 변해야 한다는 것을 깨달았다. 그래서 내가 원하는 것을 얻으려고 할 때 항상 드러나는 타고난 공격성을 조절하는 좋은 방법을 배우는 것으로 변화를 시작했다.

훌륭한 삶을 살기 위해 위험한 정글을 가로질러 가야 한다고 생각해보라. 당신은 지금 있는 곳에서 안전하게 머물면서 평범한 삶을 살거나, 멋진 삶을 살기 위해 밀림을 통과하는 위험을 감수해야 한다. 어떤 선택을 할 것인가? 이것은 어떤 형태로든 우리 모두가 결정해야 하는 선택의 종류이다. 그렇기 때문에 잠시 시간을 가지고 어떤 선택을 할지 생각해보자.

크게 실패한 이후 나는 모든 위험에도 불구하고 멋진 삶을 추구해야 한다고 생각했다. 문제는 죽지 않고 '어떻게 위험한 밀림을 통과할 것인가?'이다. 돌이켜보면 나의 몰락은 내 인생에서 가장 좋은 일들 중 하나였다. 나의 공격성을 조절하는 데 필요한 겸손을 가르쳐주었기 때문이다. 틀리는 것에 대한 커다란 두려움을 배우게 됐고, 사고방식도 '내가 옳다.'라고 생각하는 것에서 '내가 옳다는 것을 어떻게 알 수 있을까?'라고 물어보는 것으로 변했다. 그리고 이 질문에 답하는 가장 좋은 방법은 나와 같은 일을 하고 있지만, 다른 관점에서 독립적으로 사물을 보는 전문가들을 찾아가는 것이라는 사실을 명확하게 깨달았다. 다른 전문가들과 신중하게 의견을 주고받으면서 나는 그들의 이론을 이해하고, 그들은 나의 이론을 철저하게 검증할 수 있었다. 이런 방식을 통해 우리 모두는 옳게 판단할 가능성을 높일 수 있다. 바꾸어 말하면 옳은 답이 나한테서 나왔는지는 중요하지 않았고, 단지 정확한 답을 알고 싶었을 뿐이다. 그래서 내가 놓치고 있는 것을 다른 사람들에게서 듣기 위해서는 내가 극단적으로 개방적이 되어야 한다는 사실을 배웠다. 내가 성공할 수 있는 방법은 다음과 같은 것임을 알게 됐다.

1. 나의 생각에 동의하지 않는 가장 똑똑한 사람들을 찾아서 그들의 생각을 이해하려고 노력하라.
2. 의견을 밝히지 말아야 하는 때를 알아야 한다.
3. 시간에 구애받지 않는 보편적인 원칙들을 개발하고 시험하고 체계화하라.
4. 큰 이익을 지키고 손실을 줄이는 방법으로 위험의 균형을 유지하라.

이런 원칙들을 실천하면서 나는 위험 대비 수익을 크게 향상시켰고, 생활의 다른 측면에도 같은 원칙을 적용했다. 가장 중요한 것은 이런 경험이 내가 아이디어 성과주의에 기초한 브리지워터를 설립하도록 이끌었다는 점이다. 아이디어 성과주의는 내가 앞장서고 다른 사람들이 따라오도록 하는 독재가 아니고, 모든 사람이 동일한 투표권을 행사하는 민주주의도 아니다. 사려 깊은 반대 의견을 권장하고, 사람들의 능력에 비례해 의견의 중요성을 평가하는 능력주의이다.

반대 의견을 공개적으로 알리고 이에 대해 토론하면서 사람들의 사고방식에 대해 많은 것을 알게 됐다. 나는 사람들의 가장 큰 약점은 가장 큰 강점의 또 다른 면이라는 사실을 깨달았다. 예를 들면 어떤 사람들은 너무 큰 위험을 감수하는 경향이 있는 반면, 어떤 사람들은 지나치게 위험을 회피한다. 또 어떤 사람들은 세부적인 것에 집중하지만, 어떤 사람들은 큰 그림에만 집중한다. 대부분의 사람이 한쪽에만 치우쳐 다른 쪽을 충분히 보지 못한다. 일반적으로 우리는 자신의 본성에 따라 일을 하기 때문에 약점을 알아내지 못하고, 이것은 큰 실패로 이어진다. 하지만 실패한 다음에 무엇을 하느냐가 가장 중요하다. 성공한 사람들은 강점을 살리면서 약점을 보완하는 방식으로 발전하지만, 실패한 사람들을 그렇게 하지 못한다. 이 책의 후반부에서 나는 변화를 위한 구체적인 전략에 대해 자세히 설명할 것이다. 하지만 여기서 명심해야 할 것은 스스로 자신의 약점을 인정하고 포용할 때만 유익한 변화를 시작할 수 있다는 점이다.

이후 수년 동안 내가 만났던 크게 성공한 사람들 대부분이 고통스러운 실패를 경험했다는 사실을 알게 됐다. 이들은 큰 실패를 통해 자신들을 성공으로 이끄는 교훈을 배웠다. 스티브 잡스는 1985년에 애플에서 해고 당한 일을 되돌아보면서 "그것은 정말 먹기 싫은 약이었다. 하지만 환자에게 필요한 약이라고 생각한다. 때로는 삶이 당신의 머리를 벽돌로 내리치기도 한다. 하지만 신념을 잃어서는 안 된다. 지금까지 나를 버티게 해준 유일한 힘은 내가 한 일을 사랑한 것이다."라고 말했다.

무언가를 잘하기 위해서는 자신의 한계를 넘어서야 하고, 한계를 넘게 되면 실패라는 큰 고통을 얻게 될 수도 있다. 이때 당신은 모든 것이 끝났다고 생각할 것이다. 하지만 당신이 포기하지 않는다면 실패한 것이 아니다. 믿지 않을 수도 있지만, 당신의 고통은 서서히 사라질 것이고, 그 당시에는 보지 못했던 많은 기회가 당신 앞에 나타날 것이다. 당신이 할 수 있는 가장 중요한 일은 실패가 가져다주는 교훈들을 간직하고, 성공의 가능성을 높이기 위해 겸손함과 개방적인 사고방식을 배우는 것이다. 그리고 꾸준하게 그 방식을 지켜나가는 것이다.

나의 마지막 교훈은 내 인생 전반에 걸쳐 반복적으로 적용됐다는 점에서 아마도 가장 중요할 것이다. 처음에는 내가 모든 것을 얻거나, 모든 것을 잃는 선택에 직면한 것처럼 보였다. 높은 수익을 얻기 위해 큰 위험을 감수하거나(가끔은 내 자신을 망친다.) 아니면 위험을 낮추고 적은 이익에 만족해야 한다. 하지만 작은 위험으로 높은 수익을 거둬야 했다. 그렇게 할 수 있는 방법을 찾기 시작했고, 겉보기에 서로 상충되는 두 가지 선택에 직면했을 때 천천히 가야 한다는 사실을 배웠다.

이런 방식으로 당신은 양쪽에서 가능한 한 최대의 결과를 얻을 수 있는 방법을 찾을 수 있다. 아직까지 발견하지 못했을 뿐, 언제나 좋은 방법은 있게 마련이다. 당시에는 분명해 보이는 선택과 타협하는 대신, 좋은 방법을 발견할 때까지 계속 찾아라. 이것은 어려운 일이었지만, 두 가지 모두를 얻을 수 있는 방법을 발견했다. 나는 이것을 '투자의 성배Holy Grail of Investing'라고 부른다. 이 투자의 성배가 브리지워터의 성공 뒤에 감추어진 비밀이다.

4장
시련의 길
1983-1994

파산에서 벗어나고 있었지만, 나는 여전히 돈이 없었다. 항공 요금의 몇 배에 달하는 수수료를 받았지만, 유망한 고객을 만나기 위해 텍사스로 가는 항공권을 사기에 충분할 정도의 돈을 모으지 못했기 때문에 텍사스 출장을 포기해야 했다. 그래도 점차적으로 고객 수를 늘리면서 매출을 올렸고, 팀을 새롭게 확대했다. 시간이 지나면서 나의 상승세는 크게 좋아졌고, 실패는 견딜 만한 동시에 교훈이 되었다. 나는 내가 하는 일이 회사를 설립하는 것이라고 생각한 적이 없다. 단지 내가 하고 싶은 일을 하는 데 필요한 것들을 하나씩 준비하고 있었다.

이 가운데 가장 가치 있는 것은 내게 생각하는 법을 알도록 도와준 컴퓨터였다. 컴퓨터가 없었다면 브리지워터는 지금처럼 성공하지 못했을 것이다. 나중에 퍼스널 컴퓨터로 알려진 소형 컴퓨터는 1970년대 후반에 시장에 출시됐다. 나는 계량경제학자들처럼 컴퓨터를 활용했고, 경제가 어떻게 움직이는지 분석하기 위해 경제 데이터에 통계와 컴퓨터의 연산 능력을 활용했다. 1981년 12월에 한 논문에서 주장한 것처럼 나는 "이론적으로 세계의 모든 사실을 입력해 처리할 수 있는 컴퓨터가 있다면,

그리고 세계를 구성하는 모든 것 사이의 관계를 수학적으로 표현하는 완벽한 프로그램이 있다면 미래를 완벽하게 예측할 수 있다."고 믿었고, 지금도 그렇게 믿고 있다.

하지만 나에게는 아직도 갈 길이 멀었다. 초기 시스템은 가격이 어느 지점에서 균형에 도달할 것인가에 대한 가치 있는 통찰을 제공해주었지만, 강력한 거래 전략 개발에는 도움을 주지 못했다. 다만 특정한 포지션이나 거래에서 수익을 낼 것이라는 예측은 보여주었다. 예를 들면 나의 분석을 컴퓨터를 이용해 검증하면 컴퓨터는 어떤 상품의 가격이 75센트 정도가 될 것이라는 결과를 보여준다. 현재 가격이 60센트라면 나는 그 상품을 사고 싶다고 생각할 것이다. 하지만 75센트까지 가격이 다시 상승하기 전에 50센트까지 하락할 것이라는 예측은 할 수 없다. 그리고 언제 사고, 언제 팔아야 할지 모른다. 우리 시스템은 종종 완전히 틀린 예측을 내놓을 것이고, 나는 큰 손실을 보게 될 것이다.

나는 당시 "수정구슬(미래에 대한 예측)에 의존하는 사람은 유리가루(예측의 실패에 따른 고통)를 먹을 수밖에 없다."는 말을 자주 인용했다. 1979년에서 1982년 사이에 나는 많은 실패를 통해 미래를 아는 것이 중요하지 않다는 사실을 깨달았다. 중요한 것은 특정 시점에 활용할 수 있는 정보에 적절하게 대응하는 방법을 아는 것이다. 이를 위해서는 내가 분석할 수 있는 방대한 분량의 경제와 시장 데이터를 수집해야 했고, 실제로 그렇게 했다.

나는 시장에서 처음으로 특정 상품에 투자할 때마다 그 결정에 대한 기준을 기록하기 시작했다. 그리고 내가 거래를 끝낼 때 이런 기준들이 얼마나 도움이 됐는지 되돌아보았다. 이런 기준들을 공식으로 만들고(요즘에는 이것을 알고리즘이라고 부른다.) 과거의 데이터를 공식에 적용해보면 나의 규칙들이 과거에 얼마나 효과가 있었는지를 검증할 수 있다는 생각이 떠올랐다. 실제로 현실에서는 다음과 같이 적용했다. 늘 그랬던 것처럼 처음에는 직관으로 시작하지만, 의사결정 기준이 되도록 직관을 논리적으로 표현한다. 그리고 체계적으로 정리해 특정 상황에서 내가 무엇을 해야 하는지에 대한 심상지도mental map를 만든다. 그다음에 과거의 데이터를 이 시스템에 적용해서 나의 결정이 과거에 어떤 성과를 냈었는지 알아보고, 결과에 따라 결정의 기준을 적절히 수정하는 방식을 활용했다.

우리는 100년 이상, 가능한 한 가장 먼 과거로 돌아가 데이터 활용이 가능한 모든 국가를 상대로 새로 만든 시스템을 검증했다. 이런 검증을 통해 경제와 시장이 시간의 흐름에 따라 어떻게 작동했고, 어떻게 투자해야 하는지에 대한 훌륭한 통찰력을 얻었다. 이 과정에서 많은 것을 배웠고, 나의 기준이 시간에 상관없이 보편적이 되도록 수정하고 보완했다. 일단 이런 관계들을 점검한 이후에 실시간으로 들어오는 데이터를 시스템에 입력했고, 마치 나의 두뇌가 데이터를 처리하고 결정을 내리는 것처럼 컴퓨터를 작동시켰다.

그 결과 브리지워터의 금리, 주식, 통화 그리고 귀금속 분석 시스템이 탄생했다. 그리고 투자 포트폴리오를 관리하기 위해 우리는 모든 분야를 하나의 시스템으로 통합했다. 브리지워터의 시스템은 경제의 활력을 측정하는 심전도기와 같았다. 경제의 활력 신호가 바뀌면 투자 전략도 바꾸었다. 하지만 컴퓨터의 권고를 무작정 따르지 않고, 컴퓨터가 나의 분석을 참고하도록 한 후 나중에 두 가지를 비교했다.

컴퓨터의 결정이 나의 결정과 다를 경우 그 이유를 분석했다. 대부분은 내가 간과한 무엇 때문에 두 결과가 다르게 나타났다. 이 경우에는 컴퓨터가 나를 가르친 것이다. 하지만 가끔씩 컴퓨터 시스템이 놓쳤던 몇 가지 새로운 기준을 생각해내어 내가 컴퓨터를 가르치기도 했다. 컴퓨터와 나는 서로를 돕고 가르치는 관계였다. 엄청난 연산 능력을 가진 컴퓨터는 나보다 더 효율적으로 업무를 수행했다. 단지 논리적이라고 생각하는 기준에 따라 컴퓨터가 작동하는 것을 제외하면 우리의 시스템은 세계 최고의 체스 챔피언이 내가 체스를 두는 것을 도와주는 것과 같았기 때문에 정말 훌륭했다. 그래서 나와 컴퓨터 사이에 근본적인 견해 차이가 발생할 일은 없었다.

컴퓨터는 동시에 여러 가지를 생각한다는 측면에서 나의 두뇌보다 훨씬 뛰어나고 더 정확하고 더 빠르고 감정에 영향을 받지 않는다. 또 기억력이 좋기 때문에 내 지식과 함께 일하는 동료들의 지식을 합치는 일을 훨씬 잘했다. 나와 동료들은 결론에 대해 논쟁하는 대신 서로 다른 의사결정 기준에 대해 토론했다. 그리고 우리는 이런 기준들을 객관적으로 검증하는 방식으로 의견의 불일치를 해소했다. 급속하게 발전하는 컴퓨터의 능력은 신이 우리에게 끝없이 주는 선물과 같았다.

나는 라디오색RadioShack이 손에 들고 다닐 수 있는 저렴한 체스 컴퓨터를 출시했던 때를 기억한다. 그 당시 우리는 모든 고객에게 '브리지워터의 시스템 접근법A Systemized Approach from Bridgewater'이라는 메시지와 함께 체스 컴퓨터를 선물로 주었다. 이 작은 체스 컴퓨터는 전체 9단계의 레벨로 구성되어 있었는데, 항상 2단계 수준에서 나를 이겼다. 우리 고객들이 컴퓨터와 체스 대결을 하도록 한 것은 재미있는 일이었다. 고객들은 컴퓨터화된 의사결정 시스템을 이기는 것이 얼마나 어려운 일인지 알 수 있게 됐다.

물론 우리는 언제나 컴퓨터의 결정을 무시할 수 있는 자유를 가지고 있다. 하지만 컴퓨터의 결정을 받아들이지 않는 경우는 전체의 2% 이하였다. 대부분은 세계무역센터를 공격한 9·11 테러처럼 프로그램에 입력되지 않은 예외적인 사건이 발생해 자금을 회수하는 경우였다. 여러 측면에서 컴퓨터가 우리의 두뇌보다 훨씬 뛰어났지만 우리처럼 상상력, 이해력 그리고 논리를 가지고 있지 않았다. 컴퓨터와 우리의 협업은 매우 훌륭한 조합이었다. 이런 의사결정 시스템은 과거에 사용했던 예측 시스템보다 훨씬 더 뛰어났다. 의사결정 시스템이 다양한 사건들에 대한 우리의 대응을 하나로 통합해 더 많은 가능성에 대처할 수 있도록 해주었기 때문이다. 컴퓨터화된 의사결정 시스템은 시기 선택의 규칙도 입력할 수 있었다. 1987년 1월에 '이익 얻기 vs. 예측하기 Making Money vs. Making Forecasts'라는 글에서 나는 다음과 같이 설명했다.

사실을 말하면 예측은 큰 가치가 없고, 예측하는 사람들 대부분은 시장에서 돈을 벌지 못한다. 그 이유는 아무것도 확실한 것이 없기 때문이다. 예측을 할 때 미래에 영향을 미치는 모든 다양한 요인의 개연성을 무시할 경우 우리는 개연성이 높은 하나의 결과가 아니라 다양한 확률을 가진 광범위한 가능성을 얻게 된다. 우리는 시장의 움직임이 경제의 움직임을 반영한다고 믿고 있다. 경제 통계와 시장 움직임 사이의 관계를 연구함으로써 우리는 경제와 시장의 환경 그리고 우리의 투자 전략에서 중요한 변화를 찾아내기 위한 정확한 규칙을 개발했다. 다시 말하면 경제 환경의 변화를 예상하고 이에 따라 투자 전략을 바꾸는 대신, 우리는 발생하고 있는 변화를 찾아내어 변화하는 환경에서 가장 좋은 성과를 내는 시장에 우리의 돈을 투자하는 것이다.

시스템을 개발하는 지난 30년 동안 우리는 투자와 거래에 대한 모든 지침을 내릴 수 있도록 더 많은 유형의 규칙을 시스템에 입력했다. 지금은 모든 데이터가 실시간으로 공개되고, 우리의 컴퓨터 시스템은 1억 개 이상의 데이터 세트를 분석하여 논리적이고 합당한 방식으로 다른 컴퓨터들에게 세부적인 지시를 전달한다. 이런 시스템이 없었다면 나는 아마 파산했거나, 과로로 사망했을 것이다. 그리고 시장에서 우리가 이룩한 지금과 같은 성과도 얻지 못했을 것이 확실하다. 나중에 설명하겠지만, 나는 현재 경영에 대한 결정을 내리는 데 도움을 줄 시스템을 개발하고 있다. 의사결정 과정을 개선하기 위해 당신이 할 수 있는 가장 가치 있는 일 중 하나가 의사결정을 위한 원칙들에 대해 충분히 생각하고, 그 원칙들을 글과 컴퓨터 알고리즘으로 만든 다음 가능하다면 검증해보는 것이다. 그리고 그 결과를 당신의 의사결정과 실시간으로 비교해보는 것이다. 나는 지금 너무 생각만 앞서가고 있는 것 같다. 이제 다시 1983년으로 돌아가자.

브리지워터의 부활

1983년 말에 브리지워터에는 6명의 직원이 있었다. 그때까지 회사에 대한 영업홍보활동을 전혀 하지 않았다. 브리지워터의 비즈니스는 입소문, 나의 일일 보고서를 구독하는 사람들 그리고 TV와 신문 등 공개 석상에서 나를 본 적이 있는 사람들과의 거래가 대부분이었다. 하지만 우리 연구에 대한 수요는 점점 증가하고 있었고, 자문과 거래에서 올리는 수익을 보충하기 위해 연구 결과를 판매할 수 있다고 생각했다. 그래서 성경

책 방문 판매원이었던 롭 프리드Rob Fried를 일곱 번째 사원으로 채용했다. 우리는 프로젝터와 슬라이드 자료를 가지고 거리로 나가 일일 보고서, 주 1회 전화 회의, 격주와 분기별 연구 보고서 그리고 분기 1회 자문회의가 포함된 일괄 프로그램을 월 3,000달러에 판매한다는 홍보활동을 펼쳤다. 이후 1년 동안 롭은 제너럴 일렉트릭General Electric, 키스톤 커스터디언 펀드Keystone Custodian Funds, 세계은행World Bank, 브랜디와인Brandywine, 루미스 세일즈Loomis Sayles, 프로비던트 캐피털 매니지먼트Provident Capital Management, 싱어 컴퍼니Singer Company, 로우스Loess Corporation, GTEGTE Corporation, 웰링턴 매니지먼트Wellington Management 등 많은 기관과 기관투자자를 고객으로 확보했다.

그 당시 브리지워터는 수수료를 받는 자문 사업, 성과 보수를 받는 기업의 위험 관리 그리고 연구 프로그램 판매 등 3개의 사업 분야로 구성돼 있었다. 우리는 시장 위험에 노출된 금융기관과 정부기관 그리고 은행, 다양한 국제 기업, 원자재 생산업체, 식품 제조사, 전기와 가스 기업 등 모든 분야의 기업과 협력하고 있었다. 예를 들면 우리는 다국적 기업이 다양한 국가에서 영업활동을 하면서 직면하게 되는 환위험에 대응하는 계획을 세워주는 일을 했다.

나의 업무 방식은 우리가 제공하는 전략들이 내가 회사를 운영할 경우 사용하고 싶은 수준에 도달할 때까지 한 가지 일에 완전히 몰두하는 것이었다. 나는 각각의 회사를 확실한 논리적 구성 요소로 나눈 다음 다양한 금융 수단, 특히 파생상품을 이용해 각 부분을 관리하는 계획을 세웠다. 회사를 분리하는 가장 중요한 요소는 핵심 사업에서 나오는 수익과 가격 변동에서 발생하는 투기적 이익 그리고 손실이었다. 우리는 위험중립적 전략이 어떤 것인지 보여주기 위해 이 일을 할 계획이었다. 다시 말하면 시장에 대한 관점을 가지고 있지 않다면 사람들은 위험을 적절히 분산시키는 전략을 채택할 것이다. 고객들이 투기를 하고 싶을 경우에만 나는 위험회피 전략에서 벗어나도록 조언한다. 이는 고객들이 핵심 사업에 미치는 영향을 충분히 파악하고, 신중한 방식으로 투기해야 한다는 의미이다. 이런 접근법은 우리와 함께 일했던 대부분의 기업에게 놀라운 방식이었다. 우리의 접근법은 고객들에게 명쾌함과 통제력을 제공했고, 더 좋은 성과를 만들어냈다. 가끔씩 고객들은 수익의 일부를 나눠주는 조건으로 우리가 대신 투기해주기를 원했다.

위험중립적 벤치마크 포지션Risk-neutral benchmark position을 구축하고, 제한된 범위에서 벗어나는 접근법은 우리가 나중에 알파 오버레이Alpha overlay라고 부르는 투자 관리 방식의 시초였다. 알파 오버레이에서는 수동적인 위험 노출(베타)과 적극적인 위험 노출(알파)이 분리돼 있다. 시장의 수익률(예를 들면 주식시장 등)은 베타라고 불린다. 알파는 다른 사람들과 다른 방향으로 투자해 생기는 이익을 말한다. 예를 들면 어떤 사람들은 주식시장의 수익률을 앞서가고, 다른 사람들은 시장의 수익률에 못 미친다. 시장수익률을 웃돌면 포지티브 알파이고, 시장수익률보다 낮으면 네거티브 알파이다. 알파 오버레이를 통해 우리는 기본적으로 시장수익률과 관계없는 투자 방식을 제공한다. 알파 오버레이 방식을 이용한 시장접근법을 통해 나는 정말로 자신 있는 분야에만 투자하고, 투자 대상을 잘 분산시키는 것이 성공한 투자자가 되는 비결 가운데 하나라는 것을 배웠다.

1980년대 중반에 우리 고객 중에는 호주에서 가장 부자이자 대담한 기업가인 앨런 본드Alan Bond가 포함돼 있었다. 자수성가한 그는 아메리카

요트 대회의 132년 역사에서 미국인이 아닌 사람이 최초로 우승한 것으로도 유명하다. 하지만 벙커 헌트처럼 본드도 잘못된 투자를 했고, 결국 파산을 선언할 수밖에 없었다. 나는 그와 동료들이 성공할 때 조언을 했었고, 쇠락의 길에 있을 때도 그들과 함께했다. 그래서 그의 비극을 가까이서 지켜봤다. 그의 실패는 기업 운영과 투기를 혼동한 전형적인 사례였고, 위험분산에 나섰지만 너무 늦은 상황이었다.

본드는 미국달러를 빌려 호주에서 양조장 같은 자산을 매입했다. 미국 금리가 호주 금리보다 낮았기 때문에 미국달러를 빌린 것이다. 당시에는 몰랐지만, 그는 대출금을 상환해야 하는 미국달러의 가치가 오르지 않을 것이라고 생각했다. 1980년대 중반에 호주달러에 대한 미국달러의 가치가 상승하고, 호주에서의 맥주 판매 수익으로 채무를 상환하지 못하게 되자 우리에게 조언을 요청했다. 나는 본드의 회사가 통화에 대한 위험을 분산한다면 어떻게 될 것인지를 계산하고, 통화 헤지가 회사의 손실을 고정시킬 수 있다고 생각해서 그에게 기다리라고 조언했다. 그리고 호주달러의 가치가 상승했을 때 통화를 헤지하라고 충고했다. 하지만 그들은 통화 문제는 사라질 것으로 생각하고 통화를 헤지하지 않았다. 오래지 않아 호주달러가 최저 수준으로 폭락했고, 그들은 우리에게 비상회의를 요청했다. 엄청난 손실을 고정시키는 것 외에 그들이 할 수 있는 것이 많지 않았다. 하지만 그들은 이번에도 아무것도 하지 않았고, 호주달러는 상승하지 않았다. 세계에서 가장 성공한 인물 가운데 한 사람이 모든 것을 잃는 과정을 지켜보면서 나는 많은 생각을 했다.

우리는 또 시장과 관련된 일회성 자문 프로젝트를 추진했다. 1985년에 나는 좋은 친구이자 훌륭한 투자자인 폴 투도르 존스Paul Tudor Jones와 함께 뉴욕면화거래소New York Cotton Exchange에서 거래하는 미국달러 선물(외국 통화 바스켓에 대한 미국달러의 가격을 추종하는 거래지수) 계약을 만드는 일을 했다. 또 뉴욕선물거래소New York Futures Exchange와 함께 로이터상품조사국 선물CRB futures(상품 바스켓의 가격을 추종하는 거래지수) 계약을 설계하고 시장에서 판매하는 업무도 했다.

시장에서 일하는 대부분의 사람과 달리 나는 단지 잘 팔린다는 이유로 투자 상품, 특히 전통적인 투자 상품을 만들고 싶은 생각이 없었다. 내가 원하는 것은 고객의 입장에서 무엇을 할 것인지를 고객에게 서비스하면서 다양한 시장에 투자하고 관계를 구축하는 것이다. 하지만 나는 혁신적이고 훌륭한 것이라면 완전히 새로운 것을 만드는 것도 좋아한다. 1980년대 중반에 나는 브리지워터가 확실한 두 가지를 가지고 있다고 생각했다. 첫째로 우리는 금리와 통화시장에서 성과가 우수했고, 보고서를 유료로 구독하는 기관투자 관리자들도 돈을 벌기 위해 우리의 연구 성과를 활용하고 있었다. 둘째로 우리는 기업들의 금리와 통화 노출 위험을 성공적으로 관리하고 있었다.

이 두 가지가 잘 진행되고 있었기 때문에 나는 우리가 성공적인 기관투자 관리자가 될 수 있다고 생각했다. 그래서 세계은행의 연금펀드를 운영하는 사람들과 당시 세계은행의 최고투자책임자였던 힐다 오초아Hilda Ochoa에게 우리의 투자 전략을 설명했다. 우리는 운영하는 자산이 없고, 과거의 실적도 없었다. 하지만 오초아는 우리에게 500만 달러 규모의 미국 채권을 운영하는 계좌를 맡겼다.

세계은행의 채권 계좌 운영은 오늘날의 브리지워터를 만든 전환점이 되었다. 세계은행을 위해 우리가 채택한 전략은 현금 보유와 미 재무부 20년물 채권 보유 사이를 오가는 것이었다. 이런 전략은 금리의 방향에 따라 차입을 활용한 투자 기회를 주었다. 우리 시스템이 금리에 대한 압력이 하방으로 작용할 것이라는 신호를 보내면, 우리는 미 재무부 20년물 채권을 보유했다. 반대로 시스템이 금리가 오를 것이라는 신호를 보내면 우리는 현금을 보유했다. 우리 전략은 성과가 좋았고, 얼마 후 다른 대형 기관투자자들도 우리에게 자금 관리를 맡겼다. 모빌 오일Mobil Oil과 싱어Singer가 다음 고객이 되었고, 다른 기업들도 우리의 고객이 되었다. 이후 우리는 세계에서 가장 우수한 미국 채권 운용회사가 되었다.

폐쇄된 중국에서의 모험

투자 자문과 관련해 좋은 점 가운데 하나는 여행할 기회가 생긴다는 것이다. 특별한 곳일수록 그만큼 더 재미있었다. 1984년에 이런 호기심이 나를 베이징으로 이끌었다. 내가 자라면서 보았던 중국에 대한 유일한 사진은《마오쩌둥 어록》을 손에 들고 흔드는 대중들의 사진이었다. 폐쇄된 사회의 이면을 볼 수 있는 기회는 매우 매력적이었다. 나는 홍콩에 작은 사무소를 두고 있었다. 그 사무소의 소장은 외부 세계와 비즈니스를 허락받아 대외 창구 역할을 하는 유일한 회사인 중국국제신탁투자공사CITIC의 자문으로 일하고 있었기 때문에 초청을 받을 수 있었다. 베이징에는 중국 전통 방식으로 마오타이를 마시는 법을 알려주며 건배를 외치는 친절한 사람들이 많았고, 나는 대체로 즐거운 시간을 보냈다. 아내와 다른 몇몇 동료와 함께한 첫 번째 중국 여행은 우리에게 중대한 영향을 미쳤고, 30여 년에 걸친 보람 있는 여행의 시작이었다.

당시 중국에는 금융시장이 존재하지 않았다. 실제로 증권거래위원회 Stock Exchange Executive Council라고 알려진 9개 기업으로 구성된 소규모 중국기업단체(중국국제신탁투자공사도 포함돼 있었다.)가 금융시장을 만들기 시작하고 있었다. 증권거래위원회는 천안문 사태가 발발하기 직전인 1989년에 출범했다. 하지만 금융시장의 개설은 매우 자본주의적인 것으로 인식됐기 때문에 천안문 사태로 금융시장과 관련된 일들은 모두 지연됐다. 이들은 작은 호텔 방에서 일을 시작했고, 자금도 지원받지 못했다. 나는 그들의 사무실로 올라가는 철제 계단 아래 있던 커다란 쓰레기통을 지금도 기억한다. 나는 정치적으로 불안정한 시기에 금융시장과 관련된 일을 하면서 이들이 위험을 감수하는 태도를 정말로 높이 평가했다. 그래서 그들을 돕고자 약간의 기부금을 주었고, 내 지식을 그들과 즐거운 마음으로 공유했다. 이들은 아무것도 없는 상태의 중국에서 금융시장과 정부의 증권규제기구를 만들었다.

1994년에 나는 브리지워터 차이나 파트너스Bridgewater China Partners라는 회사를 설립했다. 그 당시 나는 중국이 21세기에 세계 경제대국이 될 것이라고 확신했다. 하지만 아무도 중국에 투자하지 않았고, 우리는 유리한 조건으로 계약을 성사시킬 수 있는 상황이었다. 나는 우리의 고객인 기관투자들에게 기회를 제공함으로써 그들에게 도움을 줄 수 있었고, 미국 기업들에게 중국의 기업들을 소개함으로써 정보를 제공할 수 있었다. 그 대가로 우리는 이런 기업들의 지분을 획득했다. 본질적으로 우리는 중국에서 최초로 미국에 본사를 둔 사모투자회사를 설립하고 있었다.

나는 약 700억 달러 규모의 자산을 관리하는 기관투자 고객들을 중국으로 초대하는 것을 시작으로 회사를 출범했다. 중국 방문을 마치고 돌아왔을 때 우리는 베이징에 공동 소유의 상업은행을 설립하자는 데 합의했다. 나는 과거에 기업들이 진출한 적이 거의 없는 지역에 진입하려면 많은 실험과 학습이 필요하다는 것을 알고 있었다. 얼마 지나지 않아 우리가 하려는 일의 복잡성과 일을 완수하는 데 걸리는 시간을 너무 과소평가했다는 사실을 깨닫게 되었다. 거의 매일 새벽 3시에 일어나 중국에 전화를 하고, 우리가 관심이 있는 기업의 위태로운 회계 상태와 의심스러운 규제들을 이해하려고 노력했다. 아침 해가 뜨면 브리지워터와 관련된 모든 일이 나를 기다리고 있었다.

이렇게 1년 정도가 지나자 나는 브리지워터와 브리지워터 차이나 파트너스 두 회사를 운영하는 것이 불가능하다는 사실을 깨달았다. 그리고 결국 브리지워터 차이나 파트너스의 문을 닫았다. 투자결정을 내리기에는 내가 경험한 일들이 만족스럽지 않았기 때문에 이익을 보거나 손해를 본 사람은 없었다. 내가 모든 시간을 쏟아부었다면 우리는 성공했을 것이라고 확신한다. 하지만 당시 브리지워터는 현재의 브리지워터가 아니었다. 훌륭한 기회를 놓쳐버렸지만 나의 선택을 후회하지 않는다. 나는 열심히 그리고 창의적으로 일하면 원하는 것을 거의 얻을 수 있지만, 모든 것을 얻을 수는 없다는 사실을 배웠다. 성숙함은 더 나은 대안을 추구하기 위해 좋은 대안을 거부할 수 있는 능력이다.

중국의 투자 기회에서는 멀어졌지만, 중국은 여전히 나와 내 가족의 중요한 한 부분으로 남아 있었다. 우리는 중국, 특히 중국인을 좋아했다. 1995년에 나와 아내 바버라는 11살이 된 아들 매트Matt가 우리 친구인 구Gu 여사와 함께 베이징에 살면서 1년 동안 중국 학교에서 공부하는 것이 좋겠다는 결정을 내렸다. 구 여사는 천안문 사태가 발생했을 때 미국에서 우리와 함께 지냈고, 매트가 3살 때 중국을 방문해 함께 지낸 적이 있었다. 중국의 생활수준은 매트에게 익숙한 코네티컷의 생활과 큰 차이가 있었다. 예를 들면 구 여사와 그녀의 남편이 살고 있는 아파트에는 샤워를 할 수 있는 뜨거운 물이 일주일에 두 번 공급됐다. 매트가 다니는 학교는 한겨울이 될 때까지 난방을 공급하지 않아 학생들은 교실에서 코트를 입고 있어야 했다. 매트는 중국어를 한마디도 못했고, 영어를 할 수 있는 친구들도 없었다.

이 모든 것이 매트에게는 단순한 모험이 아니었다. 매트의 중국 생활은 전례가 없었기 때문에 중국 정부의 특별한 허가가 필요했다. 나는 매트가 다른 세상을 보고 생각의 폭을 넓힐 수 있을 것이라는 기대감이 컸다. 하지만 바버라는 약간의 위안이 필요해 심리학자를 몇 차례 방문했다. 하지만 그녀는 세계 여러 곳에서 혼자 살았었고, 그것이 자신에게 얼마나 유익했는지를 알고 있었기 때문에, 아들과 떨어지는 것을 좋아하지 않았지만 내 생각을 받아들였다. 힘들지만 인생을 변화시킨 중국에서의 경험은 매트의 가치관과 목표에 큰 영향을 주었다.

매트는 중국과 사랑에 빠졌고(매트는 그 당시 자신의 일부는 중국인이 되었다고 말했다.) 물질적 부의 가치보다 공감의 가치를 배웠다. 매트는 16살이 되었을 때 특별한 도움이 필요한 중국의 고아들을 돕기 위해 차이나케어 China Care라는 자선 단체를 만들었다. 매트는 12년 동안 차이나케어를 운영했고, 지금은 깊이 관여하지는 않고 있지만 아직까지 차이나케어 운영을 돕고 있다. 매트는 신흥국가에서 컴퓨터 활용을 통해 무엇을 이룰 수 있는지에 대해 생각했고, 엔드리스 Endless라는 회사를 통해 자신의 생각을 실행에 옮기고 있다. 나는 매트로부터 많은 것을 배웠다. 특히 박애주의의 즐거움에 대해 배웠고, 훌륭한 인간관계의 기쁨에 대해서도 배웠다. 지난 수년 동안 나와 브리지워터는 많은 훌륭한 중국인과 의미 있는 관계를 만들었고, 중국의 금융기관들이 신생 기업에서 조직화된 거대

기업으로 성장하도록 도와주었다.

　브리지워터가 관계를 맺은 사람들과 정부는 중국만이 아니었다. 싱가포르, 아부다비, 호주 정부의 투자 펀드 그리고 러시아와 유럽의 정책결정자들이 대리인을 통해 브리지워터의 문을 두드렸다. 나의 경험, 나의 견해 그리고 내가 제공한 도움들이 모두 하나가 되어 인생의 다른 어떤 것보다 큰 보상으로 돌아왔다.

　싱가포르 국민과 기관들과의 만남도 나에게 큰 기쁨이었다. 나는 리콴유 수상을 존경했고, 아직까지 그보다 더 존경하는 지도자는 없다. 리콴유 수상은 싱가포르를 모기가 우글거리는 후진국가에서 모범적인 경제 국가로 발전시켰다. 여러 명의 세계 지도자를 알고 있고 그들을 존경하지만, 리콴유 수상은 의미가 남다르다.

　가장 기억에 남은 만남은 2015년 그가 사망하기 전 뉴욕의 우리 집에서 저녁을 함께할 때였다. 리콴유 수상은 세계 경제에 대해 이야기하고 싶어 나에게 저녁을 함께하자고 요청했다. 나는 전 연방준비제도이사회 의장인 폴 볼커(나의 또 다른 영웅), 전 재무장관 밥 루빈(루빈의 폭넓은 경험은 훌륭한 조언을 제공했다.) 그리고 찰리 로즈(내가 알고 있는 가장 호기심이 많고 통찰력이 뛰어난 인물)를 초대했다. 그의 질문에 답하는 것에 더해, 우리는 세계적인 문제들과 세계 지도자들에 대한 리콴유 수상의 생각을 들었다. 그는 지난 50여 년 동안 세계의 거의 모든 지도자를 잘 알고 있었기 때문에 우리는 위대한 지도자와 나쁜 지도자를 구별하는 자질과 당시 지도자들에 대한 그의 생각에 대해 질문했다. 그는 서방 세계에서는 독일의 앙겔라 메르켈 총리를 최고의 지도자로 평가했고, 러시아의 블라디미르 푸틴을 세계적으로 가장 훌륭한 지도자 가운데 한 사람으로 꼽았다.

리콴유 수상은 지도자는 자신이 직면한 환경 속에서 판단받아야 한다고 설명하면서, 러시아를 이끌어가는 것이 얼마나 어려운 일인지 그리고 왜 푸틴이 잘하고 있는지에 대해 설명했다. 그는 모든 지도자 가운데 최고로 생각하는 덩샤오핑과의 특별한 관계에 대해서도 이야기했다.

나는 흥미로운 곳에서 흥미로운 사람들을 알아가고, 그들의 눈을 통해 세계를 보는 것을 좋아한다. 그들이 부자이든 가난하든 상관없다. 파푸아 뉴기니에서 알게 된 원주민의 눈을 통해 인생을 보는 것도 정치 지도자와 경제 지도자 그리고 세계를 변화시킨 기업가와 첨단 분야 과학자들의 견해들 못지않게 나에게는 도움이 되었다. 나는 시리아의 한 이슬람 사원에서 만난 앞을 보지 못하는 성자를 잊지 못한다. 그는 나에게 쿠란Quran에 대해 그리고 자신과 신의 관계에 대해 설명해주었다. 이런 만남들은 나에게 인간의 위대함과 고통이 부유함이나 성공의 척도들과 관련이 없다는 것을 가르쳐주었다. 나는 또 그들의 눈을 통해 사물을 보기 전에 사람들을 평가하는 것(이것은 현명하지 못한 처사이다.)은 그들의 환경을 이해하는 데 방해가 된다는 사실을 배웠다. 나는 다른 관점으로 사물을 보는 사람들이 어떤 방식으로 생각하는지 이해하기 위해 깊은 호기심을 가지라고 충고하고 싶다. 이를 통해 얻게 된 흥미롭고 귀중하고 풍부한 생각은 당신이 무엇을 해야 하는지 결정하는 데 도움이 된다는 사실을 발견하게 될 것이다.

나의 가족과 동료들의 가족

우리 가족과 동료들의 가족 그리고 일 모두는 나에게 매우 중요하다. 나는 일과 가정이 모두 잘되기를 원했기 때문에, 이 둘의 조화는 다른 사람들에게도 그렇겠지만 나에게도 어려운 과제였다. 그래서 가능하다면 나는 이 두 가지를 병행하려고 했다. 예를 들면 나는 출장을 갈 때 아이들을 데리고 갔다. 처음에는 데번을 그리고 나중에는 매트를 중국 출장에 데려갔고, 우리를 초청한 중국인들은 언제나 친절했다. 그들은 과자와 우유를 아이들에게 주곤 했다. 아부다비 출장은 잊을 수 없는 추억이다. 나의 고객이자 친구들은 아들 폴과 나를 사막으로 데려갔고, 그곳에서 우리는 갓 잡은 염소고기 구이를 맨손으로 먹었다. 고객들이 선물한 아랍 전통 의상을 입고 있는 폴에게 얼마나 재미있는지 물어봤다. 그는 "잠옷을 입고 바닥에 앉아서 좋은 사람들과 맨손으로 음식을 먹는 것보다 더 재미있는 것이 있을까요?"라고 대답했다. 우리는 크게 웃었다. 또 데번이 10살 때 중국에서 1달러를 주고 산 비단 스카프를 한 쇼핑몰에서 20달러에 판 일은 아직도 기억이 생생하다. 이것은 그의 장사꾼 기질을 처음으로 보여준 사건이었다.

1980년대 중반에 브리지워터의 직원은 10명으로 늘어났고, 나는 오래된 농장을 임대했다. 브리지워터는 농장의 일부를 사용하고, 나와 가족들이 나머지 부분을 사용했다. 당시 브리지워터는 격식이 없고 가족 같은 분위기였다. 모든 직원이 농장 안에 있는 작은 도로에 주차했다. 우리는 식탁 주변에 둘러 앉아 회의를 했고, 아이들은 문을 열어놓고 화장실에서 볼일을 보곤 했다. 그러면 나의 동료들은 지나가면서 아이들에게 손을 흔들어주었다.

사실 이 농장은 팔려고 내놓았었는데, 이 농장을 임대해서 헛간을 개조했다. 아내와 아이들(실제로는 4명이다.)과 나는 헛간 내부의 작은 공간에서 살았고, 건초를 말리던 다락방의 벽 아래 부분에 전기 난방을 설치해 사무실로 만들었다. 그 당시에는 이런 난방 방식이 설치비가 가장 적게 들었다. 농장을 빌려서 만든 회사는 파티를 열기에 좋았고, 축구와 배구를 할 수 있을 정도로 넓었다. 그리고 야외 바비큐 파티도 할 수 있었다. 크리스마스에는 우리 가족과 직원들이 각자 먹을 것을 가져와 파티를 열었다. 술을 몇 잔 마신 후 산타가 나타났고, 우리는 산타의 무릎에 앉아 사진을 찍고 누가 못생겼고 누가 예쁜지 비교했다. 크리스마스 파티는 언제나 신나게 춤을 추는 것으로 끝났다. 우리는 또 1년에 한 번 누추한 옷을 입는 슬리즈 데이Sleaze Day 행사도 개최했다. 당시 브리지워터는 열심히 일하고, 파티도 좋아하는 친구들로 구성된 작은 공동체였다.

밥 프린스Bob Prince는 1986년에 20대였을 때 브리지워터에 입사했다. 이후 30여 년이 지났지만 우리는 여전히 동업자이자, 공동 투자책임자로 일하고 있다. 처음부터 밥과 나는 재즈 음악을 연주하면서 아이디어에 대해 토론했다. 우리는 아직도 함께 재즈 음악을 연주하는 것을 좋아하고, 죽을 때 그렇게 할 것이다. 밥은 동료들과 고객들에게 훌륭한 교사였다. 시간이 지나면서 밥은 친형제 같은 사이가 됐고, 브리지워터의 가장 중요한 기둥이자 오늘의 브리지워터를 건설한 핵심 인물 가운데 한 사람이다.

오래지 않아 브리지워터는 명실상부한 기업처럼 보이기 시작했다. 회사 규모가 커지자 우리는 사무실을 시내 쇼핑몰로 옮겼다. 1980년대 말에는 직원이 20명으로 늘었다. 회사가 성장했지만 나는 함께 일하는 사람들을 결코 고용원으로 생각해본 적이 없다. 나는 언제나 의미 있는 일과 의미 있는 관계로 가득한 삶을 원했고, 이런 관계를 원하는 사람들과 어울리고 싶었다. 나에게 의미 있는 관계는 서로에게 솔직할 수 있는 개방적이고 정직한 관계를 의미한다. 나는 공손함이라는 가면을 쓰고 실제로 자신이 무엇을 생각하고 있는지 말하지 않는 전통적이고 인간미가 없는 관계를 좋아하지 않는다.

모든 조직에는 기본적으로 두 종류의 사람들이 있다고 생각한다. 자신을 사명mission의 일부로 생각하고 일하는 사람과 월급을 받기 위해 일하는 사람이다. 나는 내가 필요로 하는 것을 똑같이 필요로 하는 사람들과 함께 일하고 싶다. 나는 주변 사람들에게 솔직하게 말하고, 그들도 나에게 가감 없이 말해주기를 바란다. 나는 내가 최선이라고 생각하는 것을 위해 투쟁하고, 다른 사람들도 그렇게 해주기를 바란다. 누군가가 어리석은 일을 했다고 생각할 때 나는 그들에게 어리석다고 말했고, 그들도 내가 어리석은 일을 할 때 솔직하게 말해주기를 원한다. 이러한 관계가 서로에게 더 유익하다. 나는 이것이 굳건하고 생산적인 관계라고 생각한다. 다른 방식으로 조직을 운영하는 것은 비생산적이고 비윤리적이다.

경제와 시장의 더 큰 우여곡절

1987년과 1988년은 인생과 투자에 대한 나의 접근법을 구체화하는 데 도움을 준 큰 변화들로 가득한 시기였다. 우리는 1987년 10월 19일 블랙 먼데이Black Monday에 앞서 하락을 예상하고 공매도한 소수의 투자회사 가운데 하나였다. 그 당시 주식시장 역사상 하루 기준으로 가장 큰 하락이 발생했다. 다른 사람들이 크게 손해를 봤을 때 우리는 22%의 수익을 올림으로써 큰 주목을 받았다. 언론은 우리를 '10월의 영웅들Heroes of October'이라고 불렀다.

당연히 1988년으로 향해 나아가는 것은 기분 좋은 일이었다. 나는 변동성이 높은 시기에 성장했고, 가장 좋은 투자 방법으로 큰 흐름을 파악하여 그 흐름에 올라타는 것을 배웠다. 가격의 변동이 각종 지표가 보여주는 암시와 일치하는지 확인하기 위해 우리는 경제기본지표fundamentals의 변화와 기술적 시장 추세-추적 필터trend-following filters를 활용했다. 이 두 가지가 모두 동일한 방향으로 움직일 때 우리는 강한 신호를 포착했다. 반면 두 신호가 서로 상충할 때에는 신호가 거의 없거나, 신호를 포착하지 못했다. 하지만 나중에 판명된 것처럼 1988년에는 변동성이 거의 없었다. 그러나 기술적 필터들은 우리에게 잘못된 신호를 보냈고, 결과적으로 1987년에 벌어들인 이익의 절반 이상을 잃었다. 우리는 큰 타격을 입었지만 대신 중요한 교훈을 얻었다. 밥과 나는 시장 추세-추적 필터를 더 개선된 가치측정지표와 위험통제지표로 대체했다.

그때까지 브리지워터의 시스템들은 완전히 분리된 개별 시스템이었다. 미리 설정해놓은 한계점을 넘어설 경우 우리는 매수에서 매도로 포지션을 완전히 반대로 변경했다(세계은행을 위해 채권에서 현금으로 보유 자산을 변경했던 것처럼). 하지만 우리는 언제나 우리의 판단에 대해 똑같은 자신감을 가지고 있지는 않았다. 그래서 양쪽의 한계점을 오가면서 지불하는 수수료 때문에 수익을 내지 못하기도 했다. 이 때문에 밥은 화가 머리끝까지 치솟았다. 나는 밥이 평온을 찾기 위해 사무실 건물 주위를 뛰어다녔던 장면을 아직도 기억한다. 1988년 말에 우리는 얼마나 자신 있는지에 따라 투자 판단을 내릴 수 있도록 조금 더 가변적인 시스템을 갖췄다. 시스템에 대한 밥의 개선 노력은 이후 여러 차례에 걸쳐 훌륭한 성과를 기록했다.

브리지워터의 모든 사람이 밥과 내가 생각하는 방식으로 사물을 판단하지는 않았다. 어떤 사람들은 시스템이 잘 작동하지 않을 때 우리의 시스템에 대해 의구심을 품었다. 이런 일은 정상적인 의사결정 과정과 마찬가지로 그때나 지금이나 늘 발생하는 일이다. 몇몇 동료가 시스템을 믿도록 설득하기 위해서는 많은 논리적 증거가 필요했다. 비록 내가 그들에게 확신을 심어주지는 못했지만, 그들은 내 생각을 바꿀 수 없었다. 그들은 이론을 구체화하고 검증하고 체계화하는 우리 접근법이 체계적이지 못한 방식으로 의사결정을 하는 기존의 방법보다 좋지 않은 이유를 제시하지 못했기 때문이다.

모든 투자 방법과 위대한 투자자들도 곤경에 처할 때가 있다. 이런 시기에 투자자와 투자 방법에 대한 믿음을 잃는 것은 성과가 좋을 때 과도하게 그들에게 의존하는 것과 같은 실수를 유발한다. 대부분의 사람은 논리적이기보다 감정적이기 때문에 단기 성과에 과도하게 반응하는 경향이 있다. 사람들은 경기가 좋지 않을 때 투자를 포기하거나 낮은 가격에 팔고, 경기가 좋을 때 너무 높은 가격에 산다. 나는 이것이 투자뿐만 아니라 인간관계에서도 동일하게 적용된다는 것을 깨달았다. 현명한 사람들은 오르내림에 관계없이 기본 원칙을 지킨다. 반면 경솔한 사람들은 감정적으로 반응하여 상황이 좋을 때 일에 뛰어들고, 그렇지 않으면 포기한다.

상대적으로 부진했던 투자 성과에도 불구하고, 1988년은 브리지워터에게 훌륭한 한 해였다. 부진한 성과를 반성하고 교훈을 얻음으로써 우리는 시스템에 대한 개선을 이룩했다. 나는 어려운 시기에 얻은 반성은 사업뿐만 아니라 인간관계에서도 훌륭한 교훈을 준다는 사실을 깨달았다. 상황이 나쁠 때보다 좋을 때 친구들이 더 많다. 대부분의 사람이 패배자를 피하고 승자와 함께 있고 싶어 하기 때문이다. 진정한 친구는 그 반대이다. 어려운 시절을 이겨내면서 나는 많은 것을 얻었다. 실수를 통해 교훈을 배웠을 뿐만 아니라, 좋을 때나 힘들 때나 나와 함께 있어 줄 진정한 친구가 누구인지 알게 됐다.

브리지워터를 위한 다음 도약

1980년대가 끝나가는 시점에서도 우리는 여전히 20여 명의 직원을 둔 작은 회사였다. 밥은 1988년에 나에게 지젤 와그너Giselle Wagner를 소개시켜 주었다. 그녀는 20년 동안 브리지워터의 비투자 부분을 운영하는 동업자가 되었다. 댄 번스타인Dan Berstein과 로스 월러Ross Waller는 각각 1988년과 1989년에 다트머스대학을 졸업한 후 브리지워터에 입사했다. 그때부터 오랫동안 나는 경험은 많지 않지만, 똑똑하고 결정력 있고 회사를 발전시키는 임무에 헌신할 수 있는, 대학을 갓 졸업한 사람들을 채용했다.

나는 사람의 특성과 창의성 그리고 상식만큼 경험을 높이 평가하지 않았다. 이것은 내가 대학을 졸업한 지 2년 만에 브리지워터를 창업했고, 문제해결 능력이 업무 실행에 대한 구체적인 지식보다 더 중요하다고 생각하는 나의 믿음 때문이다. 젊은 사람들이 흥미를 불러일으키는 뛰어난 혁신을 만들어내는 것처럼 보였고, 과거의 방식으로 일하는 나이 든 사람들은 매력이 없었다. 하지만 경험이 적은 사람들에게 책임을 맡기는 것이 항상 좋은 결과를 가져오는 것은 아니라는 사실도 알아야 한다. 책의 후반부에서 설명하겠지만, 나는 경험을 과소평가하는 것이 실수가 될 수 있다는 교훈을 어렵게 배웠다.

세계은행이 위탁한 500만 달러는 고객들을 위해 우리가 관리하는 상품에 투자함으로써 1억 8,000만 달러로 불어나 있었다. 하지만 우리는 기관투자 사업에서 더 큰 도약의 기회를 찾기 위해 노력하고 있었다. 우리는 코닥Kodak의 연금펀드 최고투자책임자인 러스티 올슨Rusty Olson이 투자 문제에 대한 해법을 찾기 위해 방문했을 때 새로운 도약의 기회를 잡았다. 러스티는 1954년에 코닥에 입사해 1972년에 연금펀드 운영책임자가 된 뛰어난 혁신가이자 덕망 있는 사람이었다. 그는 연금펀드 업계에서 선구자로 널리 알려져 있었다. 우리는 그에게 한동안 브리지워터의 연구 보고서를 보냈었는데, 1990년에 러스티가 투자 문제에 대한 의견을 구하는 서신을 보내왔다. 코닥의 포트폴리오는 주식 투자에 너무 치우쳐 있었고, 러스티는 주가가 폭락할 경우 어떤 일이 벌어질지에 대해 걱정하고 있었다. 그는 기대수익률을 낮추지 않고 위험을 분산하는 방법을 찾으려고 노력하고 있었다.

러스티의 팩스는 금요일 오후에 도착했고, 우리는 즉각 행동에 돌입했다. 러스티 같은 혁신적이고 유명한 고객을 확보하는 것은 우리에게 큰 의미가 있었다. 우리는 코닥을 위해 특별한 일을 할 수 있다고 생각했다. 금융공학과 채권에 대해 많은 것을 알고 있었고, 투자 업계에서 타의 추종을 불허하는 역사적 데이터와 분석력을 가지고 있었기 때문이다. 밥 프린스, 댄 번스타인과 나는 주말 동안 쉬지 않고 코닥의 포트폴리오와 러스티가 생각하고 있는 전략을 분석했다. 그리고 우리의 생각을 자세하게 설명하는 장문의 편지를 보냈다.

1970년대 닭고기 생산업체와 다른 많은 기업의 사업을 분석했던 것처럼 우리는 코닥의 연금펀드를 더 잘 이해하기 위해 연금펀드의 구성 요소들을 분리했다. 우리가 제시한 해법은 나중에 브리지워터의 독특한 자산 관리 기법의 핵심이 된 포트폴리오 공학Portfolio-engineering이라는 아이디어에 기반을 둔 것이었다. 러스티는 밥과 나를 뉴욕 로체스터에 있는 본사로 초대했고, 우리는 1억 달러의 계좌를 운영하게 됐다. 이것은 브리지워터의 운명을 바꿔놓은 역사적 사건이었다. 코닥의 연금펀드 운용은 브리지워터의 신용도를 높여주었을 뿐만 아니라, 우리가 필요한 시점에 안정적인 수익의 기반을 제공했다.

투자의 성배를 발견하다

나는 초기의 실패로부터 아무리 확실한 투자라고 생각해도 내가 틀릴 수 있다는 사실을 배웠다. 그리고 수익의 감소 없이 위험을 줄이는 방법의 핵심은 적절한 분산투자라는 것도 깨달았다. 적절히 분산된 안정적인 수익 흐름*(서로 간에 수익의 균형을 맞추는 방식으로 움직이면서)으로 구성된 포트폴리오를 만들 수 있다면, 고객들에게 다른 곳이 제공하는 것보다 훨씬 더 지속적이고 신뢰할 수 있는 포트폴리오로 수익을 제공할 수 있다고 생각했다.

　노벨 경제학상 수상자인 해리 마코위츠Harry Markowitz는 수십 년 전에 여

---

* 수익 흐름은 특정한 결정 규칙의 실행을 통해 얻는 수익을 의미한다. 수익의 흐름을 시간에 따라 투자 자산의 가치를 나타내는 그래프상의 선lines과 계속 보유할 것인지 아니면 팔 것인지에 대한 결정decision이라고 생각하라.

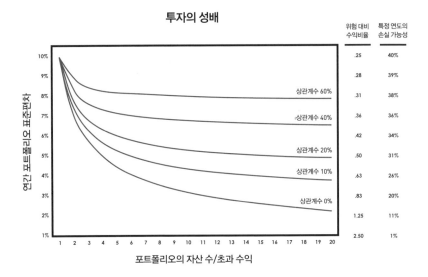

투자의 성배

	위험 대비 수익비율	특정 연도의 손실 가능성
	.25	40%
	.28	39%
상관계수 60%	.31	38%
상관계수 40%	.36	36%
	.42	34%
상관계수 20%	.50	31%
상관계수 10%	.63	26%
상관계수 0%	.83	20%
	1.25	11%
	2.50	1%

러 자산을 기대수익, 위험, 상관관계(과거에 자산들이 얼마나 유사한 성과를 냈는지)와 함께 입력하고 포트폴리오를 구성하는 자산의 '최적 조합optimal mix'을 결정하는 모델을 만들었다. 하지만 이 모델은 변수들 가운데 어떤 하나를 교체하는 경우의 효과나 가정assumptions에 대한 불확실성을 다루는 방법에 대해서는 알려주지 못했다. 그때까지 나는 가정이 틀리면 어떤 일이 벌어질 것인가에 대한 두려움을 가지고 있었다. 그래서 아주 단순한 방법으로 분산투자에 대해 알고 싶었다. 나는 다트머스대학에서 수학을 전공하고 1990년에 브리지워터에 입사한 브라이언 골드Brian Gold에게 서로 다른 상관관계를 가진 자산들을 투자 포트폴리오에 추가할 경우 포트폴리오의 변동성은 얼마나 줄어들고, 안정성은 얼마나 향상되는지를 (위험 대비 수익을 측정하는 방법으로) 보여주는 그래프를 만들어달라고 부탁했다. 이 그래프에 대해서는 경제와 투자의 원칙에서 더 자세하게 설명할 것이다.

왼쪽의 단순한 그래프는 아인슈타인이 $E=mc^2$(상대성이론, 질량-에너지 등가 공식)이라는 공식을 발견했을 때만큼 나에게는 충격적이었다. 나는 상관관계가 없는 15개에서 20개의 수익 흐름으로 기대수익을 낮추지 않고 위험을 줄일 수 있다는 사실을 알게 됐다. 이것은 매우 단순했지만, 이 이론이 그래프상에서만이 아니라 현실에서도 제대로 적용된다면 돌파구가 될 것으로 생각했다. 나는 돈을 버는 길을 보여주는 이 그래프를 '투자의 성배'라고 불렀다. 이는 배움 과정에서 얻게 된 또 다른 역사적 순간이었다.

우리가 발견한 원칙은 돈을 벌기 위한 모든 분야에 동일하게 적용된다. 호텔을 가지고 있거나, 기술 기업을 경영하거나 또는 다른 사업을 하더라도 사업은 수익 흐름을 만들어낸다. 상관관계가 없는 소수의 수익 흐름을 가지고 있는 것이 단지 하나의 수익 흐름을 가지고 있는 것보다 좋다. 수익 흐름을 어떻게 조합하는지를 아는 것은 좋은 투자 자산을 선택하는 것보다 훨씬 효율적이다(물론 당신은 이 두 가지를 모두 해야만 한다). 당시에는 (지금도 그렇지만) 대부분의 투자 자산을 운용하는 사람들은 투자의 성배를 활용하지 못했다.

그들은 하나의 자산군 안에서 투자를 관리했다. 주식 투자 매니저들은 주식만 운용했고, 채권 투자 매니저들은 채권만 운용했다. 고객들은 전체 자산군(예를 들면 S&P지수)의 수익에 더해 특정 자산들의 비중을 조정한 투자수익(예를 들면 지수보다 포트폴리오에 마이크로소프트의 주식을 더 많이 포함시키는 것)을 기대하고 돈을 맡겼다. 하지만 자산군 안에 있는 개별 자산들은 일반적으로 60%의 상관관계를 가지고 있다. 이는 절반 이상의 경우에 자산들의 가격이 같이 오르고 같이 내린다는 의미이다. 투자의 성배 그래프가 보여주는 것처럼 주식 매니저는 60%의 상관관계를 가진 1,000개 주식 종목을 포트폴리오에 포함시킬 수 있다. 그런데 이것은 5개 종목을 선택할 경우보다 그렇게 큰 분산투자 효과를 보이지 못하는 것으로 나타났다. 그래프가 보여주는 방식으로 투자 자산의 균형을 조정하면 다른 투자자들을 이기는 것은 어렵지 않다.

투자의 원칙과 이 원칙들이 산출하는 결과들을 체계적으로 기록하는 과정 덕분에 나는 상관관계가 없는 1,000여 개 정도의 수익 흐름을 확보하게 되었다. 우리는 수많은 자산군을 거래했기 때문에 각각의 자산군 안에서 기본적인 거래 규칙을 프로그램으로 만들어 검증했다. 그리고 소수의 자산군을 따라가면서 시스템 거래를 하지 않는 일반적인 자산 운용가보다 선택할 수 있는 고품질의 자산을 훨씬 더 많이 갖게 되었다.

나는 이런 자산군 조합에서 최선의 결정을 이끌어내기 위해 밥, 댄과 함께 연구했다. 최선의 자산 조합을 발견하면 우리는 장기간의 데이터를 검증하고, 우리의 시스템을 활용해 이런 의사결정 규칙들이 과거에 어떻게 작동했는지에 대해 모의실험을 했다.

실험 결과는 놀라웠다. 이론상으로 이 새로운 접근법은 하나의 위험 단위를 기준으로 3배에서 5배의 높은 수익 결과를 가져다주었다. 우리가 감수할 수 있는 위험에 기초해 원하는 수익의 정도를 정밀하게 조정할 수 있었다. 다시 말하면 이것은 투자에 완전히 실패하는 위험(내가 과거에 거의 망할 뻔했던 것처럼)을 낮추면서 다른 사람들보다 훨씬 더 많은 수익을 얻을 수 있다는 의미였다. 이 새로운 시스템은 우리와 고객들에게 결정적인 결과를 가져다주거나, 중요한 무엇인가를 놓쳤을 때 망하게 할 수 있기 때문에 '킬러 시스템killer system'이라고 불렀다.

이런 접근법의 성공은 내 인생의 모든 분야에 적용할 수 있는 원칙을 가르쳐주었다. 즉 제대로 균형이 잡히고 위험이 분산된 상관관계가 낮은 투자를 하는 것이 예측할 수 없는 위험에 노출되지 않고 수익을 올리는 가장 확실한 방법이라는 것이다. 우리는 새로운 접근법에 대해 큰 기대를 갖고 있었지만, 신중하게 투자에 적용했다. 초기 단계에는 새로운 시스템에 10%의 가중치를 주었는데, 20개월의 시험 기간 중 19개월 동안 수익을 기록했다.

점차 자신감을 갖게 되자 우리는 투자 전략에 대해 잘 알고 있는 소수의 선택된 투자자들에게 100만 달러의 시험 계좌를 통해 투자하는 방안을 제안하기로 했다. 우리는 기관투자자들에게 비교적 적은 금액의 투자를 유도함으로써 우리의 제안을 거절하기 어렵도록 만들었다. 새로운 투자 상품은 브리지워터의 의사결정 규칙 가운데 상위 5%의 결정으로 구성됐기 때문에 처음에는 '톱 5%'라고 불렀다. 그리고 나중에는 순수하게 시장 초과 수익Alpha으로 구성됐다는 의미에서 상품 이름을 '퓨어 알파Pure Alpha'로 바꿨다. 퓨어 알파는 시장의 상승과 하강에 따라 오르내리는 편향성을 배제했기 때문에, 시장에 대한 민감도beta가 없었다. 퓨어 알파의 수익은 오로지 우리가 다른 사람들보다 얼마나 더 좋은 성과를 내는가에 달려 있었다.

완전히 새로운 우리의 '알파 오버레이' 접근법은 투자자들이 선택한 자산(주식시장S&P지수, 채권지수, 원자재 상품 등 무엇이든)의 수익에 우리가 전 자산군에 걸쳐 투자한 포트폴리오에서 추가 수익을 얻도록 만든 투자 기법이다. 우리의 새로운 투자법은 전례가 없는 것이었다. 그래서 알파 오버레이가 왜 전통적인 투자법보다 덜 위험한지를 보여주면서 고객들에게 신중하게 우리의 이론을 설명했다. 또 누적 성과가 어떻게 발생할 것으로 예상하는지 그리고 예상 수익 범위는 어떻게 되는지에 대해서도 알려주었다. 알파 오버레이 접근법은 우리 고객들에게 과거에 타본 적이

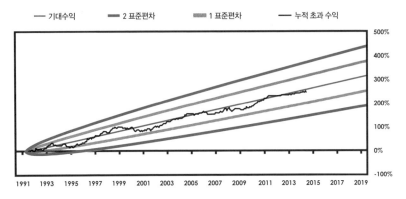

총 누적 초과 수익 vs. 기대수익

— 기대수익　　■ 2 표준편차　　▨ 1 표준편차　　— 누적 초과 수익

없지만 어떤 비행기보다 훨씬 좋아 보이는 항공기의 설계도를 보여주는 것과 비슷했다. 새로운 비행기에 탑승해보고 싶을 정도로 용기 있는 사람은 누구였을까?

어떤 고객들은 개념을 이해하고 규칙을 바꾸는 데 흥미를 느꼈다. 하지만 첨단 투자 기법에 대한 실험을 거부하는 기관을 위해 일하는 다른 고객들은 새로운 투자법을 이해하지 못했다. 솔직히 말하면 우리는 고객들 중 누군가가 기꺼이 시도해보자고 했을 때 너무 기뻤다. 지난 26년 동안 우리의 신형 항공기(투자 기법)는 우리가 예상한 경로에 따라 정확하게 비행했고, 23년 동안 수익을 냈다(3년 동안은 약간의 손실을 봤다). 그리고 다른 어떤 헤지펀드보다 고객들에게 더 많은 수익을 안겨주었다. 퓨어 알파의 토대가 된 투자 관리 개념이 투자 산업을 바꾸어놓았지만, 초기 구상에서 일반 고객들이 수용하기까지는 수많은 배움의 시간과 헌신적인 동업자들의 뼈를 깎는 노력이 있었다.

킬러 시스템을 세상에 내놓다

퓨어 알파는 적극적 전략으로 초과 시장수익률을 추구하기 위해 우리가 알고 있는 최선의 방법을 제시했다. 하지만 우리는 의미 있는 규모의 기관투자자들의 자금을 운용하고 싶다면, 소수의 혁신적인 고객들만이 퓨어 알파를 이용할 것이라는 현실을 받아들여야 한다는 것도 알고 있었다. 그래서 고객들에게 우리의 새로운 투자 기법을 채택하도록 설득했다. 하지만 1990년대 말과 2000년대 초반에 퓨어 알파의 비중은 우리가 운용하는 자산의 10% 정도에 불과했다.

순수한 채권 계좌를 통해 주식과 상품을 거래할 수 없었다. 하지만 우리는 채권 고객들에게 더 낮은 위험으로 더 높은 수익을 제공하기 위해 브리지워터가 개발한 포트폴리오 구성 원칙과 퓨어 알파를 함께 활용했다. 여기에는 외국 정부의 국채, 신흥시장 채권, 인플레이션 연계 채권, 회사채 그리고 해외 투자에서 발생하는 환위험 노출 상품이 포함돼 있었다. 우리의 혁신적인 채권 포트폴리오에는 전통적인 채권 매니저들이 거래하는 것보다 훨씬 많은 50개 정도의 상품 유형을 포함시켰다. 이를 통해 우리는 더 큰 경쟁력을 갖추게 됐고, 여러 해 동안 투자 성과 순위표에서 1등을 차지했다.

우리의 퓨어 알파 상품은 고객들에게 소개한 수많은 혁신적인 방안 가운데 첫 작품에 불과했다. 1991년에 우리는 외국 고객들을 위한 최초의 커런시 오버레이 Currency overlay (환위험을 기초 자산 또는 포트폴리오에서 분리해 관리하는 거래 전략 _옮긴이) 운용사가 되었다. 당시에 기관투자자들의 포트폴리오에는 외국 주식과 채권에 대한 투자가 많이 포함되어 있었다. 해외 투자는 다양성을 높여주지만, 동시에 통제가 어려운 환위험도 증가

시킨다. 환위험은 기대수익의 증가 없이 위험만 증가시키기 때문에 투자자들에게는 큰 문제였다. 우리는 오랫동안 통화를 거래했고, 포트폴리오 공학에서 전문성을 키워왔다. 그래서 이런 문제를 해결할 수 있는 유리한 위치에 있었다. 실질적으로 우리는 세계에서 가장 큰 액티브 외환 운용사active currency manager(액티브 운용은 매니저가 적극적으로 개입해 시장의 평균보다 높은 수익률을 추구하는 운용 방식을 말한다. _옮긴이)가 되었다.

우리는 또 설계한 대로 정확하게 움직이는 새롭고 효율적인 여러 개의 자금 운용 방식을 개발했다. 각각의 자금 운용 방식과 함께 우리는 누적 수익곡선과 수익의 편차를 명확하게 보여주는 예상수익 그래프를 고객들에게 제공했다. 브리지워터가 이런 서비스를 제공할 수 있었던 것은 체계화된 의사결정 과정을 통해 다양한 환경에서 의사결정 프로그램에 대한 스트레스 테스트stress-test가 가능했기 때문이다.

실수에서 배운 교훈을 체계화하다

모든 것이 예상 범위 안에서 움직였지만, 우리는 계속해서 실수를 저질렀다. 브리지워터의 장점은 실수를 학습과 개선의 기회로 생각하기 때문에 실수를 최대로 활용한다는 데 있다. 1990년대 초반에 가장 기억에 남는 실수가 발생했다. 당시 거래를 담당하던 로스Ross가 고객을 대신해 주문하는 것을 잊고, 현금을 그대로 보관하고 있었다. 실수가 발견됐을 때 손실은 수십만 달러에 달했다.

이것은 끔찍하고 큰 손실을 초래한 실수였고, 실수는 용납될 수 없다는 분위기를 만들기 위해 로스를 해고하는 극단적인 조치를 취할 수도 있었다. 하지만 실수는 언제나 발생하기 때문에 해고와 같은 조치는 다른 사람들이 실수를 숨기도록 만들 뿐이고, 나중에 더 큰 손해를 불러오는 실수로 이어질 수 있다. 나는 일을 더 잘하기 위해 무엇을 해야 하는지를 배우려면 모든 실수와 의견의 차이를 솔직하게 이야기해야 한다고 믿었다. 그래서 거래 부서에 '오류 기록error log' 시스템을 만들었다. 이후부터 어떤 것이든 잘못된 결과(거래가 실행되지 않았거나, 예상보다 훨씬 많은 수수료를 지불한 경우 등)가 발생할 때마다 거래 담당자는 기록을 남겼고, 우리는 그 기록을 분석했다. 우리는 문제점들을 지속적으로 추적하고 대응하면서 거래 시스템을 계속해서 개선시켰다. 문제들을 공개하고 근본적인 원인을 분석하는 절차를 확립하는 일은 지속적인 발전을 보장해준다.

나는 오류 기록 시스템을 회사 전체로 확대 실시해야 한다고 주장했다. 내 규칙은 간단했다. 무엇인가 잘못되면 그것을 기록으로 남기고, 문제의 중대성을 분석하고, 누가 책임자인지를 분명히 하는 것이다. 실수가 발생했을 때 기록을 남기면 문제가 되지 않는다. 하지만 기록으로 남겨두지 않으면 큰 문제가 될 수 있다. 이런 방식을 통해 관리자들이 실수를 보고받도록 하는 것이 실수를 찾아내려고 노력하는 것보다 훨씬 좋았다. 오류 기록(지금은 이슈 기록issue log으로 명칭을 바꾸었다.)은 우리의 첫 번째 관리 기법이었다. 결과적으로 나는 바람직한 행동을 강화시키는 데 관리 기법들이 얼마나 중요한 역할을 하는지 배웠다. 그리고 이는 나중에 설명하게 될 더 많은 관리 기법의 개발로 이어졌다. 문제와 의견 차이를 공개하는 기업 문화는 많은 불편함과 갈등을 유발시켰다. 사람들의 약점과 관련됐을 경우 특히 심각했다. 그리고 오래가지 않아 이런 문제들이 본격적으로 불거졌다.

다루기 힘든 사람들과의 문제

1993년 겨울 어느 날 밥과 지젤 그리고 댄은 '내가 직원들과 회사의 사기에 어떻게 영향을 미치는지에 대한 이야기'를 하기 위해 나를 저녁식사에 초대했다. 이들은 먼저 나에게 메모를 보여주었는데, 핵심 내용은 내가 회사를 운영하는 방식이 모든 사람에게 부정적인 영향을 미치고 있다는 것이었다. 메모의 내용은 다음과 같다.

레이가 잘하는 것은 무엇일까?

레이는 매우 똑똑하고 혁신적이다. 시장과 자금 관리에 대해 잘 알고 있다. 열정적이고 에너지가 넘친다. 레이는 매우 높은 기준을 가지고 있고, 주변 사람들에게 그 기준을 요구한다. 레이는 팀워크, 단체 소유권 구축, 유연한 근무 환경 그리고 직원들에 대한 훌륭한 보상 제공에 대해 좋은 의도를 가지고 있다.

레이가 잘하지 못하는 것은 무엇일까?

레이는 직원들이 무능하거나, 쓸모없거나, 창피하거나, 압도당하거나, 왜소하거나, 압박을 받도록 만들거나 다른 방식으로 기분이 나쁘게 만든다. 레이가 스트레스를 받을 때 이런 일이 일어날 확률이 높다. 이럴 경우에 다른 사람들에 대한 그의 말과 행동은 적대감을 불러일으키고 지속적으로 영향을 미친다. 이런 행동들은 직원들의 의욕을 꺾는 방향으로 작용한다. 또 생산성을 감소시키고 근무 의욕도 저하시킨다. 이런 결과는 직원 한 사람을 넘어 다른 사람들에게도 영향을 미친다. 회사 규모가 작고 의사소통이 개방적이라는 것은 한 사람이 근무 의욕을 상실하거나 부당한 대우를 받거나 존중받지 못할 때 모든 사람에게 영향을 준다는 의미이다. 브리지워터의 성공은 돈뿐만 아니라 사람을 관리하는 레이의 능력에 달려 있다.

레이가 사람을 잘 관리하지 못하면 회사의 성장이 방해받고, 우리 모두가 영향을 받을 것이다.

그들의 메모는 가슴 아프고 충격적이었다. 내가 사람들에게 이런 영향을 미치고 있다는 사실은 상상도 하지 못했다. 회사 사람들은 넓은 의미에서 나의 가족이었다. 나는 그들이 무능하고 쓸모없고 창피하고 압도당하고 왜소하고 압박받고 다른 방식으로 속상함을 느끼는 것을 바라지 않는다. 왜 나에게 직접 말하지 않았을까? 내가 무엇을 잘못하고 있는 것일까? 나의 기준이 너무 높은 것일까? 브리지워터가 수많은 회사 중에서 가장 훌륭한 회사로 발전하려면 최고의 인재를 보유해야 하고, 매우 높은 기준을 유지해야 한다. 내가 너무 많은 것을 요구하는 것일까?

이것은 나에게 겉보기에 필수적인 것처럼 보이지만 서로 배타적인 두 개의 선택 가운데 하나를 골라야 하는 양자택일의 문제처럼 보였다. 첫째, 우리가 모든 것을 솔직하게 다룰 수 있도록 문제와 약점을 모두 공개하는 것을 포함해 서로에게 극단적으로 진실해지는 것이다. 둘째, 직원들이 행복하고 만족감을 느끼도록 하는 것이다. 이것은 나에게 상충하는 두 가지 가운데 하나를 선택해야 하는 상황에 직면했을 때 가능한 한 가장 많은 것을 얻을 수 있는 방법을 찾기 위해 천천히 결정하라는 사실을 상기시켜주었다. 아직 발견하지 못했을 뿐이지, 언제나 좋은 방법은 있게 마련이다. 그래서 그 당시에 명백해 보이는 선택과 타협하지 말고, 더 좋은 방법을 찾기 위해 노력해야 한다.

나의 첫 번째 대책은 문제가 무엇인지를 알고, 대응 방법을 확실하게 파악하는 것이었다. 그래서 밥과 지젤 그리고 댄에게 무슨 일이 벌어지고 있는지 물었다. 나는 그들처럼 나를 잘 알고 있는 사람들은 내 진심이 무엇인지 알고 있기 때문에 다른 사람들처럼 의욕을 상실하지 않을 것임을 알고 있었다. 그렇지 않았다면 그들은 아마도 이런 모욕을 참을 정도로 내가 월급을 많이 주지 않는다고 말하면서 사표를 냈을 것이다.

그들은 내가 브리지워터를 위해 최선을 다하기를 바라는 것을 알고 있었고, 이를 위해서 나는 그들을 솔직하게 대해야 하고, 그들도 나를 그렇게 대해야 했다. 이런 방식이 더 좋은 결과를 만들어내기 때문만이 아니라, 솔직한 것이 서로를 대하는 기본적인 방식이라고 믿었기 때문이다. 우리는 서로에게 솔직한 것이 기본이라고 생각했지만, 이런 방식이 일부 사람들을 불편하게 만들었기 때문에 무엇인가를 바꾸어야 했다.

나를 자주 만나는 사람들은 나를 이해하고 좋아하고 때로는 사랑했다. 하지만 그렇지 않은 사람들은 나의 솔직함 때문에 상처를 받았다. 나를 더 잘 이해시키고 다른 사람들을 더 많이 이해하려는 노력이 필요하다는 사실이 분명해 보였다. 나는 사람들과 관계를 맺을 때 서로를 대하는 원칙을 분명하게 밝히는 것이 얼마나 중요한지 그때 깨달았다.

이것이 수십 년에 걸쳐 브리지워터의 원칙을 문서로 작성하기 시작한 단초였고, 이후에 일의 원칙으로 발전했다. 이런 원칙들은 서로를 대하는 방법에 대한 합의이고, 모든 상황에 대처하는 방법에 대한 나의 생각이었다. 대부분의 상황은 반복적으로 발생했지만 약간의 차이가 있었기 때문에 이런 원칙들은 지속적으로 수정, 발전됐다. 서로를 대하는 방식에 관한 합의에서 가장 중요한 것은 다음 세 가지이다.

1. 솔직한 의견을 말하라.
2. 사람들의 견해 차이를 이해할 경우 기꺼이 자신의 생각을 바꿀 수 있는 사려 깊은 반대 의견을 제시하라.

3. 견해 차이가 해소되지 않으면 적대감 없이 극복할 수 있도록 합의된 의사결정 방식을 정하라(예를 들면 투표로 결정하거나 분명한 권한을 주는 것이다).

어떤 조직이나 관계가 훌륭하게 발전하기 위해서 나는 이런 원칙들이 필요하다고 믿는다. 또 단체의 의사결정 시스템이 효율적이려면 원칙을 활용하는 사람들이 시스템이 공정하다고 믿어야 한다. 훌륭한 결과를 만들어낸 우리의 독특한 운영 방식(극단적 진실과 극단적 투명성)이 몇몇 사람에게는 반직관적이고 감정적으로 힘든 문제였다. 그 때문에 일의 원칙을 문서화하고 투자의 원칙과 동일한 방식으로 합의를 이끌어내는 것은 서로를 이해하는 데 반드시 필요한 과정이었다.

솔직함을 통해 의미 있는 일과 의미 있는 관계를 만들 수 있는 방법을 알아내기 위해 나는 지난 수십 년 동안 많은 신경과학자, 심리학자, 교육학자와 만났다. 그리고 많은 것을 배웠다. 그들에게 배운 내용을 요약하면 다음과 같다.

인간의 뇌는 두 부분으로 구성돼 있는데, 상위 수준인 논리적 부분과 하위 수준인 정서적 부분이다. 나는 이것을 '두 개의 자아two yous'라고 부른다. 두 개의 자아는 인간을 통제하기 위해 서로 싸운다. 이런 갈등을 어떻게 통제하느냐가 행동을 유발하는 가장 중요한 요인이다. 두 자아 사이의 싸움이 밥, 지젤, 댄이 제기한 문제들의 가장 큰 원인이다. 뇌의 논리적 부분은 자신의 약점을 아는 것이 좋은 것이라는 사실을 이해하고 있다(약점을 아는 것이 약점을 극복하는 첫 단계이기 때문이다). 반면 정서적 부분은 일반적으로 약점을 드러내는 것을 매우 싫어한다.

5장

최고의 선물

1995-2010

1995년에 브리지워터의 직원 수는 42명으로 늘었고, 41억 달러의 자산을 운용하는 회사로 성장했다. 10여 년 전에 직원이 나 혼자였던 어려운 시절을 생각하면 기대 이상의 성과였다. 회사의 사정은 훨씬 좋아졌고, 안정적이었다. 하지만 우리는 여전히 처음부터 내가 해왔던 것과 똑같은 방식으로 일하고 있었다. 시장과 싸우고, 어떻게 투자할 것인지에 대해 독립적이고 창의적으로 생각하고, 실수를 하면 공개하고, 근본 원인을 찾기 위해 실수를 분석한 다음 새롭고 더 좋은 방법을 고안하고, 체계적으로 변화를 실행하고 또 새로운 실수를 하는 과정의 반복이었다.* 우리는 이런 반복적이고 발전적인 접근법을 통해 내가 1982년에 시작했던 투자 시스템을 지속적으로 발전시켰다. 당시에 우리는 소수의 똑똑한 사람이 몇 대의 컴퓨터를 가지고 장비를 잘 갖춘 거대한 투자 회사를 이길 수 있다는 것을 보여주었다. 지금은 우리가 훌륭한 장비를 갖춘 거대한

---

* 이런 접근법을 나는 5단계 과정5-step process이라고 부른다. 5단계 과정에 대해서는 나중에 자세하게 설명할 것이다.

기득권 회사가 되었다.

의사결정 규칙의 수와 시스템에 입력된 데이터의 양이 늘어나고 복잡해지면서 우리의 지시를 프로그램으로 만드는 데 뛰어난 젊은 프로그래머들과 투자 연구를 도와줄 새로운 대졸 신입사원을 채용했다. 이들 가운데 한 명인 그레그 젠센Greg Jensen은 1996년에 대학생 인턴으로 브리지워터에 합류했다. 젠센의 능력이 탁월했기 때문에 그를 나의 연구 보조원으로 채용했다. 그는 회사에 큰 공헌을 했고, 밥 프린스와 나와 함께 공동 최고투자책임자로 승진했고, 지금은 공동 CEO가 되었다. 나에게 젠센은 대자godson 같은 존재였다.

우리는 또 더욱더 강력한 컴퓨터 시스템에 투자했다.** 강력한 컴퓨터 시스템을 갖추면서 우리는 매일 발생하는 시장의 움직임을 지켜보는 일에서 벗어났다. 그리고 고객을 위한 혁신을 창출하는 새롭고 창의적인 관계를 구축할 수 있도록 더 높은 수준의 사고를 할 수 있게 되었다.

물가지수연동채권의 발견

그즈음 나는 록펠러재단Rockefeller Foundation의 자금을 책임지고 있는 데이비드 화이트David White와 저녁식사를 함께했다. 데이비드는 나에게 미국의 물가상승률 5%보다 높은 수익을 거두려면 재단의 포트폴리오를 어떻게 구성해야 하는지에 대해 물었다. 나는 금리 차이를 이용한 물가지수

** 이 주제에 대해서는 2부 5장에서 컴퓨터 기반 의사결정 시스템으로 일하는 방식과 관련해 자세히 설명할 것이다.

연동 해외 채권에 미국달러로 통화 위험을 분산한 포트폴리오가 원하는 결과를 가져다줄 것이라고 답했다(당시 미국에는 물가지수연동채권이 없었기 때문에 해외 채권을 추천했고, 환위험을 없애기 위해 달러로 위험을 방어해야 했다).

나중에 이 방법에 대해 다시 생각해보는 과정에서 나는 새롭고 완전히 다른 자산 종류를 만들 수 있다는 사실을 발견했다. 그래서 댄 번스타인과 나는 이 포트폴리오에 대해 자세히 연구하기 시작했다. 우리의 분석에 따르면 새로운 자산군은 우리가 생각했던 것보다 훨씬 성과가 좋은 것으로 나타났다. 우리는 위험이 더 작으면서 장기적으로 채권이나 주식과 음의 상관관계negative correlation를 갖도록 함으로써, 주식과 동일한 기대수익이 나오는 포트폴리오를 구성할 수 있었다. 때문에 이것은 매우 독특하고 효율적인 자산군이 될 것으로 생각했다. 우리는 고객들에게 연구 결과를 보여주었고, 고객들의 반응도 좋았다. 그리고 오래지 않아 우리는 세계에서 처음으로 국제 물가지수연동채권을 운용하는 회사가 되었다. 1996년에 미 재무부의 래리 서머스Larry Summers 부장관은 미국이 물가지수연동채권을 발행하는 문제에 대해 검토하기 시작했다. 브리지워터가 물가지수연동채권 포트폴리오를 운용하는 유일한 회사였기 때문에 서머스는 전문가 자격으로 우리를 참여시켰다.

댄과 나는 서머스와 재무부 공무원 그리고 월스트리트 투자 회사를 대표하는 유명 인사들을 만나기 위해 워싱턴으로 떠났다. 우리는 회의에 늦었고(나는 약속시간을 정확하게 지키는 것을 잘 못한다.) 재무부 회의실의 커다란 문은 잠겨 있었다. 하지만 이것이 우리를 멈추게 할 수는 없었다. 나는 누군가가 문을 열어줄 때까지 계속 문을 두드렸다. 회의실 중앙에는 책상 하나가 있었고, 옆쪽에는 기자석이 있었다. 책상 앞에는 댄의 이름표가 붙은 의자 한 개가 놓여 있었다. 댄이 회의 준비 작업의 대부분을 했기 때문에 우리는 그가 회사를 대표해 발표하는 것을 합의했다. 하지만 나는 그런 사실을 잊어버리고 기자석에 가서 의자를 하나 가져와 댄의 옆자리에 놓고 앉았다. 댄은 재무부와의 회의가 우리 스스로 길을 개척해야 했던 1990년대 상황과 비슷했다고 말했다. 그 후 래리 서머스는 물가지수연동채권 시장을 개설하는 데 있어 우리의 조언이 가장 중요했다고 말했다. 재무부는 우리의 권고를 그대로 받아들여 물가지수연동채권을 발행했다.

위험균형의 발견

1990년대 중반에 나는 가족을 위한 신탁 계좌를 개설할 정도의 돈을 가지고 있었다. 그리고 여러 세대에 걸쳐 부를 보존할 수 있는 최고의 자산 배분 조합에 대해 생각하기 시작했다. 투자자로 일하면서 나는 거의 모든 종류의 경제 상황과 시장 환경을 목격했고, 부가 축적되고 사라질 수 있는 모든 과정을 지켜봤다. 나는 무엇이 자산 수익을 만들어내는지 알고 있었다. 하지만 어떤 자산을 보유하고 있더라도 가치가 사라지는 시기가 올 것이라는 사실도 알고 있었다. 가치가 사라지는 자산에 물가상승률과 세금을 감안하면 가치가 하락하기 때문에 시간이 지나면 최악의 투자 상품이 되는 현금도 포함돼 있었다. 그리고 이런 손실을 초래하는 변동을 예측하는 것이 얼마나 어려운 일인지도 잘 알고 있었다. 나는 일생 동안 이런 변화를 예측하기 위해 헌신했고, 잘못된 결정에 대한 대가도 치렀다. 다시 말해 변동성 예측은 내가 없는 상황에서 승부를 걸 만한 것이 아니었다. 모든 경제 환경(물가가 상승할 때, 물가가 하락할 때, 경제가 호황일 때, 경제가 불황일 때)에서 실적이 좋은 투자 전문가를 찾는 일은 건초 더미 속에서 바늘을 찾는 것과 같다. 영원히 살 수 있는 투자 전문가들도 없기 때문에 이것은 가능한 선택이 아니다. 나는 가족을 보호하기 위해 축적한 재산이 내가 사망한 후에 모두 사라지는 것을 바라지 않았다. 이 것은 모든 경제 환경 속에서 유효한 자산의 조합을 만들어야 한다는 의미였다.

나는 경제 환경의 어떤 변화가 어떤 자산의 가격을 변화시키는지 알고 있었고, 이런 관계는 수백 년 동안 반복될 것이라고 생각했다. 내가 우려하는 두 가지 요인은 성장과 인플레이션이었다. 이 두 가지 요인은 각각 오르고 내릴 수 있다. 이를 바탕으로 나는 네 가지 종류의 투자 전략(특정 환경, 즉 성장률이 높아지고 물가도 오르는 상황, 성장률이 높아지면서 물가는 하락하는 상황 등에서 각각의 전략이 성과를 내는 투자 전략)을 발견함으로써 자산 배분에 대한 조합을 구성할 수 있었다. 이 조합은 감당할 수 없는 손실로부터 자산을 보호하는 동시에, 시간이 흘러도 좋은 성과가 지속될 수 있도록 자산의 균형을 맞추는 것이다. 이 전략은 절대 변하지 않을 것이기 때문에 실질적으로 누구든지 실행에 옮길 수 있었다. 그래서 밥과 댄의 도움을 받아 나는 앞으로 100년 또는 그 이상 나의 신탁 자금을 안심하고 맡길 수 있는 포트폴리오를 만들었다. 이 포트폴리오는 모든 환경에서 훌륭한 성과를 낼 수 있기 때문에 나는 '전천후 포트폴리오All Weather Portfolio'라고 이름 붙였다.

1996년부터 2003년 사이에 전천후 포트폴리오의 고객은 나 혼자였다. 아직 상품으로 판매하지 않았기 때문이다. 하지만 2003년에 우리의 오랜 고객인 버라이즌Verizon의 연금펀드 책임자가 우리에게 모든 상황에서도 좋은 성과를 내는 투자 기법을 찾고 있다는 말을 했다. 전천후 포트폴리오에 버라이즌이 투자를 시작했고, 다른 기관들도 잇따라 투자했다. 그리고 10여 년 후에 우리는 800억 달러의 자금을 운용하게 되었다. 이것은 투자 업계의 판도를 바꾼 또 다른 개념의 투자였다. 현재는 이런 방식의 투자를 일반적으로 '위험균형 risk parity' 투자라고 부른다.

아름다운 작은 회사로 남을 것인가, 위대한 투자기관이 될 것인가?

투자 업계의 판도를 바꾼 상품을 개발하는 직원들과 기업 문화 덕분에 브리지워터는 비약적으로 발전했다. 2000년에 브리지워터가 관리하는 자산은 320억 달러로 5년 전보다 8배나 증가했다. 직원 수도 배로 늘어 사무실은 쇼핑몰에서 소가턱Saugatuck River 강가 자연보호구역에 위치한 더 넓은 공간으로 이전했다. 우리는 계속해서 성장하고 있었지만, 결코 순탄하지만은 않았다. 회사를 키우면서 투자를 관리하기 위해 나는 두 가지 도전적인 일을 하는 동시에, 전혀 다른 두 종류의 기술을 개발해야 했다. 또한 훌륭한 아버지이자 남편 그리고 친구가 되어야 했다. 시간이 흐르면서 이런 역할에 대한 요구도 바뀌었고, 내가 필요로 하는 기술과 능력도 변했다.

대부분의 사람은 큰 기업을 성장시키는 일이 작은 기업을 성장시키는 일보다 더 힘들다고 생각한다. 하지만 이것은 사실이 아니다. 인원이 5명인 조직에서 60명인 조직으로 성장시키는 것은 60명인 조직이 700명인 조직으로 성장시키는 것만큼 어렵다. 인원이 700명인 조직을 1,500명으로 키우는 것도 마찬가지다. 돌이켜 보면 나는 우리가 경험한 다양한 단계에서 어떤 도전들이 더 쉽고, 더 어려웠는지 말할 수 없다. 각각의 도전이 모두 달랐기 때문이다. 예를 들면 단 한 명의 직원도 없었을 때 나는 모든 것을 혼자 해결해야 했다. 직원들에게 급여를 줄 만큼 돈을 벌었을 때는 직원들을 관리하는 문제가 있었다. 마찬가지로 시장과 경제 상황의 변화와 씨름하는 문제도 끊임없이 변하고 있었다. 당시에는 그런 사실에 대해 잘 몰랐다. 시간이 지나면서 사람들은 일에 익숙해진다. 하지만 그들이 더 높은 수준으로 발전한다고 해도 일이 결코 더 쉬워지지 않는다는 사실을 지금은 분명하게 알고 있다. 올림픽에 출전하는 선수도 초보자와 마찬가지로 자신이 하는 운동 종목의 모든 것이 어렵다고 생각한다.

오래지 않아 우리는 브리지워터가 '어떤 기업이 될 것인가'라는 중요한 선택에 직면하게 됐다. 계속 성장할 것인가, 아니면 지금의 규모에 머무를 것인가? 2003년에 나는 브리지워터를 소규모의 자산 운용사가 아니라 진정한 투자기관으로 성장시킬 필요가 있다고 생각했다. 회사의 성장은 여러 측면(더 좋은 기술과 더 좋은 보안, 더 능력 있는 인재 확보 등)에서 브리지워터를 안정적이고 영속적인 기업으로 변화시킬 것이라고 생각했다. 이것은 기술과 기반시설 분야뿐만 아니라, 직원들을 교육시키고 지원하는 인사와 IT 분야에서도 추가 인원을 고용해야 한다는 의미였다.

지젤은 브리지워터가 더 성장해야 하다는 것에 강력하게 반대했다. 그녀는 사람을 많이 증원하면 브리지워터의 기업 문화가 위협받고, 이들을 고용하고 교육시키고 관리하는 데 필요한 시간과 노력이 우리가 지향하는 목표를 흐리게 할 것이라고 생각했다. 그녀의 주장도 일리가 있었다.

하지만 나는 최선을 다하지 못하도록 만드는 대안은 좋아하지 않는다. 나는 양자택일의 문제를 다른 방식으로 생각했다. 즉 우리가 양쪽을 모두 가질 수 있는지 없는지는 단지 우리의 창의성과 특성을 시험하는 것에 불과하다고 생각했다. 예를 들면 나는 기술을 활용해 직원들의 능력을 최대로 끌어낼 수 있도록 도와주는 방안을 구현할 수 있었다. 이런 문제들과 오랫동안 씨름한 끝에 우리는 회사 규모를 확장하기로 결정했다.

원칙을 구체화하다

밥, 지젤, 댄이 1990년대에 '레이를 위한 메모'를 전해준 이후 나는 투자의 원칙을 기록했던 것과 똑같은 방식으로 일의 원칙을 명확하게 기록하고 공유했다. 처음에는 공동의 철학을 담은 글과 같은 형식으로 전 직원에게 메일로 보냈다. 그리고 내 결정이 필요한 새로운 일들이 발생할 때마다 그 결정에 대한 기준을 다시 생각해보고, 그것을 원칙으로 기록했다. 그래서 직원들이 현재의 상황과 이에 대응하는 나의 원칙 그리고 나의 행동 사이의 연관관계를 이해할 수 있도록 했다. 우리는 점차 모든 것(채용, 해고, 보상에 대한 결정, 거짓을 대하는 방법과 같은 특정한 형태의 또 다른 상황)에 대해 '과거에 발생한 비슷한 상황들 가운데 하나'로 파악하고 대응하는 원칙들을 갖게 되었다. 또한 대응 원칙들을 분명하게 기록함으로써 우리 모두가 함께 원칙에 대해 생각하고, 개선해가는 아이디어 성과주의 문화를 성장시키고 이를 지켜나갈 수 있었다.

처음에는 원칙들이 많지 않았지만 시간이 지나면서 점점 늘어났다. 2000년대 중반쯤 브리지워터는 빠르게 성장했고, 우리의 독특한 문화를 배우고 적응하려는 새로운 관리자들도 늘어났다. 이들은 나에게 점점 더 많은 조언을 구했다. 브리지워터 외부 사람들도 어떻게 하면 아이디어 성과주의 회사를 만들 수 있는지 물어보기 시작했다. 그래서 2006년에 나는 60개의 업무 원칙들에 관한 대략적인 목록을 만들어 회사 관리자들에게 배포했다. 그리고 회사 관리자들이 일의 원칙들에 대해 평가하고 토론하여 스스로 이해할 수 있도록 했다. 나는 일의 원칙들을 배포하면서 표지에 '대략적인 초안이고 여러분의 의견을 듣기 위해 회람하는 것'이라고 메모해두었다.

이것은 수많은 상황에 부딪히고, 그에 대응하는 원칙을 만들고, 원칙에 관한 브리지워터의 리더들과 관리자들의 합의를 이끌어내는 지속적인 발전 과정의 시작이었다. 시간이 지나면서 나는 회사 경영에서 발생하는 모든 상황을 경험하게 되었고, 이에 대한 대처법을 포함하는 수백 개의 원칙들을 만들었다. 경영과 관련된 원칙들의 모음집은 투자의 원칙들처럼 의사결정에 관한 백과사전이 되었고, 이 원칙들은 업무 원칙의 기본이 되었다.

하지만 우리는 철학을 가르치고 규정을 만드는 것으로는 충분하지 않고 실천으로 옮겨야 했다. 회사 규모가 커지면서 어떻게 실천하고 발전시킬 것인가도 문제였다. 초창기 브리지워터의 직원들은 서로를 잘 알았고, 서로에게 투명하게 대하는 것이 쉬웠다. 직원들은 참여하고 싶은 회의에 참석하고, 비공식적으로 서로 의사소통을 할 수 있었다. 하지만 회사가 커지면서 이것은 이론적으로 불가능해졌고, 현실적인 문제가 대두되었다. 회사에서 무슨 일이 벌어지는지 모두 알지 못한다면 직원들이 어떻게 아이디어 성과주의에 생산적으로 참여할 수 있을까? 투명성이 보장되지 않으면 직원들은 자신에게 유리하도록 상황을 왜곡할 것이고,

때로는 닫힌 문 뒤로 숨을 것이다. 해법을 찾기 위해 문제를 공개하는 대신 문제를 숨기려고 할 것이다. 진정한 아이디어 성과주의 기업 문화를 만들기 위해서는 모든 것을 스스로 판단할 수 있도록 투명성이 반드시 유지되어야 한다.

투명성을 보장하기 위해 나는 모든 회의를 녹화해서 모든 사람이 볼 수 있도록 했다. 건강이나 거래, 의사결정에 관한 특허 등 개인적인 문제에 대한 논의를 제외하면 예외가 없었다. 처음에는 편집하지 않은 원본 녹화 테이프를 모든 직원에게 보냈다. 하지만 모든 테이프를 보는 것은 직원들에게 시간적으로 큰 부담이 됐다. 그래서 테이프를 편집하는 팀을 만들고, 가장 중요한 부분에 초점을 맞추어 편집하도록 했다. 그리고 교육에 활용될 수 있도록 가상현실Virtual reality의 사례 연구를 할 수 있게 질문들을 추가했다.* 이런 테이프는 신규직원들을 위한 교육은 물론이고, 대응 원칙과 관련해 현재 진행되고 있는 다양한 상황들을 소개하는 역할도 했다.

이런 개방성은 누가, 무엇을, 왜 했는지에 대한 솔직한 토론으로 이어졌고, 그 결과 우리는 다양한 사고방식에 대한 이해가 깊어졌다. 이것은 사람들의 뇌가 얼마나 다르게 작동하는지를 보여주었다는 점에서 우리에게 큰 도움이 되었다. 여기에 더해 사고방식의 차이를 이해하지 못하는 관리자들은 직원들이 다양한 상황에 대응하는 방식을 이해할 수 없다는 사실도 깨달았다. 이것은 현장 주임이 장비들이 어떻게 작동하는지 모르는 것과 같다. 이런 통찰 덕분에 우리는 사람들이 어떻게 서로 다르

---

* 디지털 기술의 발전에 따라 우리는 녹화 방법과 배포 방법을 지속적으로 혁신하고 있다.

게 생각하는지를 이해하는 하나의 방법으로 심리측정 검사에 관심을 갖게 되었다.

심리측정 검사의 발견

우리 아이들이 어렸을 때 나는 수 친란Sue Quinlan이라는 뛰어난 심리학자에게 아이들의 심리측정 검사를 의뢰했다. 그녀의 평가는 정확한 것으로 입증됐고, 이후 아이들이 어떻게 성격을 발전시킬지에 대해 훌륭한 길잡이가 되었다. 아이들에 대한 평가는 성공적이었기 때문에, 나는 함께 일하는 사람들의 특성을 파악하는 최고의 검사 방법을 찾기 위해 그녀와 함께 일했다. 2006년에 내가 처음으로 MBTI Myers-Briggs Type Indicator 성격 검사를 받을 때 나의 선호도에 관한 설명이 놀라울 정도로 정확하다는 사실을 발견했다.

큰 개념에 집중하는 경향이 있는 직관적인 사람들과 구체적인 사실이나 세부적인 것에 더 관심이 있는 감각적인 사람들의 차이처럼, MBTI 검사가 설명하는 다양한 성격 차이는 브리지워터에서 우리가 경험하는 갈등과 생각의 차이와 상당히 높은 연관관계를 보였다. 나는 서로에 대한 이해를 증진시키는 데 도움이 될 수 있는 다른 검사들을 찾아보기 시작했다. 내가 만난 대부분의 심리학자는 사람들의 차이점을 연구하는 일에 매우 까다로웠기 때문에 처음에는 진전 속도가 느렸다. 하지만 마침내 훌륭한 심리학자들을 만나게 되었고, 특히 밥 아이힝거Bob Eichinger라는 심리학자는 유용한 검사를 많이 알려주었다.

2008년 초에 브리지워터 관리자들에게 MBTI 검사를 받게 했는데, 검사 결과가 놀라웠다. 나는 관리자들 가운데 몇몇은 실제로 검사 결과가 설명한 방식대로 생각했다는 사실을 믿을 수가 없었다. 그들에게 검사 결과가 얼마나 자신들을 잘 설명하는지에 대해 1에서 5점으로 점수를 매기라고 했을 때 80% 이상이 4점이나 5점을 주었다.

야구카드Baseball Card 만들기

MBTI 검사와 다른 검사 자료들을 확보한 후에도 나는 우리 눈에 보이는 결과와 그 결과를 만들어낸 사람들에 관해 알고 있는 사실들 사이의 점dot들을 연결하는 데 여전히 어려움이 있다는 사실을 발견했다. 같은 사람들이 같은 회의에 참석하고, 같은 방식으로 일하면서 원인을 파악하지 않은 채 똑같은 결과를 얻는 일을 계속해서 반복했다(최근에 나는 한 사람이 다른 사람보다 어떤 일에 더 뛰어나다는 것을 간과하고, 두 사람의 능력이 모두 동일하다고 가정하는 인지적 편견을 보여주는 연구 결과를 발견했다. 우리가 회사에서 목격하는 현상이 바로 이것이었다). 예를 들면 창의적이지 않은 사람들을 창의력이 필요한 업무에 배치하거나, 작은 일에 관심을 기울이지 않는 사람들에게 세부적인 것이 중요한 업무를 맡기는 것이다. 우리는 사람들의 특성을 더 분명하게 보여주는 자료가 필요했다. 그래서 직원들에 관한 통계 자료를 기록한 야구카드를 만들기 시작했다. 업무를 맡길 때 야구카드를 참고하자는 생각이었다. 평균 1할6푼의 타율을 기록하고 있는 외야수에게 3번 타자를 맡기지 않는 것처럼, 큰 그림에 집중하는 직원을 세부적인 것이 중요한 업무에 배치해서는 안 된다.

이런 생각은 처음에 큰 저항에 부딪혔다. 직원들은 야구카드가 정확하지 않을뿐더러, 야구카드를 만드는 일은 시간 소모적인 작업이며, 사람들을 불공평하게 분류하게 될지도 모른다고 우려했다. 하지만 시간이 지나면서 사람들의 특성을 공개적으로 탐구하는 접근법에 대한 태도가 180도 바뀌었다. 대부분의 직원은 자신의 특성에 관한 정보를 모든 사람이 볼 수 있도록 공개하는 것이 구속이 아니라 더 자유롭게 만든다는 사실을 발견했다. 이런 접근법이 규칙이 되었을 때 직원들은 가족들과 함께 집에 있는 것처럼 직장에서도 편안함을 느꼈다.

이런 방식의 회사 경영은 매우 이례적이기 때문에 많은 행동 심리학자들이 야구카드 시스템을 평가하기 위해 브리지워터를 방문했다. 나는 심리학자들이 평가한 우호적인 글을 독자들이 꼭 읽어보기를 바란다.* 하버드대학의 심리학자 밥 케건Bob Kegan은 브리지워터에 대해 업무의 탁월성과 개인의 자아 추구가 서로 배타적이지 않고, 서로에게 필요한 것이라는 사실을 보여주는 증거라고 평가했다.

나는 당시 처했던 환경 때문에 심리학과 신경학에 관심을 갖게 됐다. 사생활 보호를 위해 이 책에서 가족 이야기를 되도록 하지 않으려고 하지만, 아들 폴에 대한 이야기는 해야 할 것 같다. 폴이 공개하는 것에 동의했고, 그의 이야기가 이 책에서 설명하는 브리지워터의 원칙들과 관련이 있기 때문이다.

폴은 뉴욕대학 티시영상대학원NYU's Tisch film school을 졸업한 후 로스앤젤레스에서 일자리를 구했다. 어느 날 그는 아파트를 구하기 전까지 머물

---

* 이 책의 참고문헌 목록에서 로버트 케건, 에드워드 헤스, 애덤 그랜트의 책들을 찾아볼 수 있다.

던 호텔에서 로비에 있던 컴퓨터를 모두 부숴버렸다. 그는 체포돼 투옥됐고, 교도관들에게 폭행당했다. 결국 폴은 조울증 진단을 받고 석방돼 정신병원에 입원했다.

이것이 3년에 걸친 우여곡절의 시작이었다. 바버라와 나는 정점에 이르렀을 때 폴의 광기와 깊이를 알 수 없는 우울을 모두 경험했다. 우리는 가장 똑똑하고 배려심이 깊은 몇 명의 심리학자와 정신과 의사 그리고 신경과학자들을 만났다. 필요와 고통은 우리를 배움으로 이끌었다. 나는 폴의 사건을 통해 이 두 가지를 느꼈다. 때로는 내가 벼랑 끝에 매달린 폴의 손을 잡고 있는 것처럼 느꼈다. 날마다 내가 계속 버틸 수 있을지, 아니면 폴의 손을 놓는 것은 아닌지 알 수 없었다. 나는 폴에게 무슨 일이 벌어지고 있고, 무엇을 해야 하는지 이해하기 위해 폴을 도와주는 사람들과 긴밀하게 협력했다. 의사들의 도움 덕분에 폴은 어려움을 잘 극복했다. 그리고 폴은 이 과정에서 과거에는 알지 못했던 여러 장점을 개발했다. 그 덕분에 조울증으로 인한 어려움을 겪지 않았을 때보다 훨씬 좋아졌다. 폴은 한때 자유분방했지만(온종일 집에 들어오지 않고, 정신이 산만하고, 대마초를 피우고 술을 마시고) 지금은 약을 잘 먹고, 명상을 하고, 일찍 잠을 자고, 마약과 술을 멀리한다. 폴은 창의력이 풍부한 반면 자제력이 없었지만, 지금은 두 가지를 모두 가지고 있다. 그 결과 과거보다 더 창의적이 되었고, 두 아들의 아버지로 행복한 결혼생활을 하고 있으며, 성공한 영화제작자가 되었다. 동시에 조울증과 싸우고 있는 사람들을 돕는 활동을 하고 있다.

조울증에 대한 폴의 투명한 태도와 다른 환자들을 돕는 그의 헌신적 태도는 나에게 영감을 주었다. 폴의 첫 번째 영화인 〈터치드 위드 파이어Touched with Fire〉는 많은 찬사를 받았다. 폴은 영화를 통해 조울증을 앓고 있는 사람들에게 희망을 주고, 그들이 가야 할 길을 알려주었다. 폴이 조증을 보일 때 내가 그를 설득하려고 노력했던 실제 대화를 기초로 영화의 한 장면을 찍던 모습이 생각난다. 나는 그 장면을 최선을 다해 연출하는 진짜 폴의 모습과 최악의 상황이었을 때의 폴을 연기하는 배우의 모습을 동시에 볼 수 있었다. 영화 촬영을 지켜보는 동안 내 머릿속에는 폴이 빠졌었던 깊은 나락, 지금 내 앞에 서 있는 영웅, 조울증 환자들을 돕는 일을 하는 모습 등 그가 겪었던 모든 일이 주마등처럼 스쳐 지나갔다.

지옥 같았던 여정을 경험하면서 나는 사람들이 왜 그리고 어떻게 다르게 생각하는지를 더 깊이 이해할 수 있게 됐다. 나는 사고방식의 상당 부분이 심리적인 것이고, 바뀔 수 있다는 것을 깨달았다. 예를 들면 폴의 방탕한 생활은 뇌 속에 있는 도파민과 다른 화학물질 분비의 부조화 때문이었다. 그래서 폴은 화학물질의 분비를 조절하고, 행동에 영향을 미치는 자극들을 통제하는 방법으로 성격과 사고방식을 바꿀 수 있었다. 창의적인 천재와 미치광이 사이에는 밀접한 연관성이 있다. 하지만 통찰력을 만드는 화학 성분이 왜곡을 유발할 수 있으며, 그런 화학 성분이 머릿속에 가득 차게 되면 매우 위험하다는 사실을 알게 됐다. 제정신이 아니었을 때 폴은 다른 사람들에게 이상하게 들리는, 비논리적인 자신만의 생각을 주장했다. 조울증에는 더 심한 증상도 있겠지만 내가 본 대부분의 환자는 이런 증상을 보였다. 또한 이보다 좋은 결과를 산출하기 위해 두뇌가 작동하는 방식을 어떻게 통제할 수 있는지도 배웠다. 이런 통찰력은 내가 사람들을 효율적으로 대하는 데 많은 도움을 주었다. 이 점에 대해서는 2부의 4장에서 더 자세하게 설명할 것이다.

브리지워터를 확고부동한 최첨단 조직으로 만들기

2008년 6월 연례 토론회에서 나는 내 관점에서 그 당시 브리지워터는 회사로서는 볼품없지만, 조직으로서는 매우 훌륭하다고 말했다. 브리지워터를 확고한 투자기관으로 만들기 위해 5년 동안 빠르게 성장하면서 우리는 새로운 문제들에 부딪혔다. 하지만 새로운 것은 아무것도 없었다. 브리지워터를 설립한 이후 우리는 항상 대담하게 새로운 일을 하고, 실수를 저지르고, 빨리 발전해왔기 때문에 언제나 문제들과 씨름해야 했다. 예를 들면 회사를 성장시키는 동안 기술이 너무 빨리 발전했기 때문에 우리는 슬라이드 사용에서 스프레드시트 소프트웨어로 그리고 첨단 인공지능 활용에 이르기까지 큰 변화를 경험했다. 많은 것이 너무 빠르게 변했고, 더 새롭고 더 좋은 것이 계속 등장했기 때문에 모든 것이 제대로 작동하도록 만드는 일에 집중하는 것은 의미 없어 보였다. 그래서 우리는 가볍고 유연한 방식으로 기술을 개발했다. 이런 방법은 당시에는 적합했지만 우리가 해결해야 하는 또 다른 많은 문제를 유발했다. 빠르고 유연하게 대응하는 접근법은 회사 전체에 적용됐고, 회사가 성장하면서 몇몇 부서는 과도한 부담을 지게 되었다. 첨단 기법을 도입하는 것은 언제나 흥미 있는 일이지만 우리는 투자를 제외한 다른 사업 부분에서 확고부동한 조직을 만드는 일에 어려움을 겪고 있었다. 다양한 측면에서 조직에 대한 혁신이 필요했지만 쉽지 않은 상황이었다.

2008년에 나는 투자 부분을 관리하고 회사를 경영하면서 일주일에 80시간 정도 일을 했다. 하지만 내 생각에는 둘 다 잘하지 못했다. 나 자신은 물론, 회사에서도 탁월함과 거리가 멀다고 생각했다. 처음부터 나는 투자 관리와 회사 경영이라는 두 가지 업무를 담당했다. 하지만 이제는 회사 규모가 더 커졌기 때문에 과거보다 경영에 더 많은 시간을 투자해야 했다. 나는 투자와 경영 업무에 대한 시간 동작 연구time-and-motion study를 실시했고, 그 결과 투자와 경영 두 분야에서 만족할 수준의 성과를 달성하려면 내가 일주일에 165시간을 일해야 하는 것으로 나타났다. 이것은 불가능한 일이었다. 나는 가능한 한 많은 권한을 위임하고 싶었다. 그래서 다른 사람들에게 내가 맡은 일들을 훌륭하게 해낼 수 있는지 물었다. 만일 그렇다면 누가 적임자인지도 알고 싶었다. 모든 사람이 내 업무 중 상당 부분을 다른 사람에게 위임할 수 없을 것이라고 생각했다. 결과적으로 나는 내 업무를 믿고 맡길 수 있는 사람을 찾아서 교육시키는 일을 제대로 수행하지 못했다.

책임자로서 최고의 성공은 자신이 없어도 다른 사람들이 일을 잘 처리될 수 있도록 만드는 것이다. 그다음은 자신이 일을 잘하는 것이다. 최악은 자신이 일을 못하는 것이다. 나 자신을 되돌아보면 브리지워터의 훌륭한 성과에도 불구하고 최고 수준의 성공을 이룩하지 못했다고 생각한다. 사실 브리지워터는 매우 성공했지만, 나는 여전히 두 번째 수준의 성공인 나 자신이 일을 잘하기 위해 노력하고 있었다.

당시 브리지워터에는 738명의 직원들과 14명의 부서장들이 있었다. 나는 경영위원회Management Committee와 함께 부서장들을 감독했다. 다른 사람들의 검증 없이는 나 자신을 믿을 수 없기 때문에 최고의 결정을 하기 위해 만든 조직이 경영위원회이다. 내가 경영위원회에 보고하고, 경영위원회가 회사에 대한 감독을 책임지도록 별도의 보고 절차를 만들었다. 나는 경영위원들도 탁월한 성과를 만들어내도록 책임을 다하기를 바랐고, 그들이 목표를 달성할 수 있도록 도울 준비가 돼 있었다. 2008년

5월에 5명의 경영위원회 위원들과 회사 직원들에게 메일을 보내 내 능력이 이미 한계에 도달했고, 업무의 질은 물론 일과 생활의 균형이 모두 악화되고 있다고 말했다.

2008년의 경제와 금융위기

내가 지쳤다는 사실에 대한 인정이 역사적인 변동성을 기록했던 시기의 투자 부분에서 나의 업무들을 줄여주지는 못했다. 나에게는 발생하지 않았지만 과거에 다른 사람들에게 일어났던 다양한 사건들이 나를 놀라게 하는 경우가 많았다(1971년의 달러 평가절하와 1980년대 초반의 채무위기 등). 때문에 나는 우리의 경제 원칙과 시장 원칙이 시간에 관계없는 보편적인 것이 되도록 만들었다. 다시 말해 투자를 위해 활용하는 우리의 원칙들이 과거 모든 시대, 모든 국가에서 효과가 있었다는 사실을 확인할 필요가 있었다. 그래서 우리에게 발생했던 사건들만이 아니라, 경제와 시장의 중요한 움직임을 알고 있어야 했다.

그 결과 2000년대 초에 '불황측정지수depression gauge'라는 것을 우리 시스템에 포함시켰다. 불황측정지수는 사건의 조합들이 채무위기나 불황의 위험이 높아지는 방향으로 전개되기 시작할 때 우리가 취해야 하는 행동들을 구체적으로 알려주었다. 2007년에 채무상환비용이 예상 현금흐름보다 증가하고 있었기 때문에, 불황측정지수가 채무의 거품이 터질 것 같다는 신호를 보냈다. 금리가 거의 0 수준이어서 중앙은행들은 과거의 경기침체 시기처럼 경기 하락을 막기 위해 통화정책을 완화할 여력이 없었다. 이것이 과거에 불황으로 이어진 공식이었다.

내 머릿속에는 1979-1982년의 경험이 떠올랐다. 나는 30년 동안 더 많은 지식과 경험을 쌓았지만, 자신감은 떨어져 있었다. 경제의 움직임은 분명히 불황을 예고했지만, 내가 옳다는 확신은 더 약해졌다. 나는 1982년에 내가 예측했던 채무위기가 경제를 침몰시킬 것이라고 얼마나 분명하게 확신했는지 그리고 그 결과가 얼마나 참담했었는지 기억하고 있었다.

이런 경험 때문에 나는 채무위기와 그것이 시장에 미치는 영향에 대해 많은 것을 배웠다. 1980년대 남미의 채무위기, 1990년대 일본의 채무위기, 1998년 롱텀 캐피털 매니지먼트Long-Term Capital Management의 파산, 2000년 닷컴dot-com 기업들의 거품 붕괴 그리고 2001년 세계무역센터와 미국 국방부에 대한 테러 공격에 따른 경제 여파 등 수많은 위기를 경험하면서 투자하고 연구했다. 브리지워터 직원들의 도움으로 역사책과 과거의 신문들을 찾아 대공황과 바이마르 공화국 시대를 날짜별로 조사했다. 그리고 그 당시 발생했던 일과 현재 일어나고 있는 일들을 분석했다. 이런 비교 분석은 내가 예측한 최악의 시나리오를 다시 확인시켜주었다. 수많은 개인, 기업 그리고 은행이 심각한 채무위기에 직면했지만, 연방준비제도는 1930-1932년의 대공황 사례처럼 충격을 완화하기 위한 금리 인하를 단행할 수 없을 것처럼 보였다.

예측이 틀릴 수 있다는 두려움 때문에 나는 현명한 사람들을 찾아가 내 예측에 대한 의견을 물어보았다. 또 내 생각을 핵심 정책결정자들에게 알려주고 내가 예측한 상황을 검증받고 싶었다. 그래서 나는 백악관과 재무부 관리들과 협의하기 위해 워싱턴으로 갔다. 그들은 공손하게 나를 대했지만, 모든 외형적 지표로 볼 때 경제가 호황인 것처럼 보이는 상황에서 그들에게 나의 예측은 설득력이 없었다. 그들은 우리의 추론이

나 계산 결과를 무시했고, 깊이 있게 생각하지 않았다. 하지만 딕 체니 부통령의 국내 정책 담당 부보좌관인 람센 베트파르하드Ramsen Betfarhad만은 예외였다. 그는 우리의 모든 수치를 검토해보고 우려를 표명했다.

모든 자료가 일정한 방향을 가리키고 있었고, 우리의 견해를 반박하는 사람들도 없었다. 그래서 우리는 예측이 옳다면 상당한 규모의 수익과 손실이 제한되도록 고객의 포트폴리오를 조정했다. 그리고 우리가 틀릴 경우를 가정한 예비 계획도 준비했다. 모든 준비를 잘하고 있다고 생각했지만, 우리는 예측이 틀리는 상황만큼이나 예측이 맞을 경우를 걱정하고 있었다. 세계 경제가 폭락할 것이라는 전망은 보호받지 못하는 사람들에게 어떤 위험이 될지 알고 있었기 때문에 우리 모두를 두렵게 만들었다.

1982년의 경우처럼 우리의 예측대로 경제 상황이 악화되자, 그제야 정책결정자들은 우리의 경고에 주의를 기울이기 시작했다. 베트파르하드는 나를 백악관으로 불렀고, 팀 가이트너Tim Geitner 뉴욕연방은행 총재도 나를 만나고 싶어 했다. 나는 밥, 그레그 그리고 밥 엘리엇이라는 젊은 분석가를 가이트너와의 점심 약속에 데리고 갔다. 가이트너에게 우리의 예측을 설명하자 그의 얼굴이 창백해졌다. 그는 자료를 어디에서 구했는지 물었고, 나는 모두 공개되어 있는 자료라고 말했다. 우리는 단지 자료를 종합하고 다른 시각으로 분석했을 뿐이다.

가이트너를 만나고 이틀 후에 베어스턴스Bear Sterns 은행이 파산했다. 베어스턴스의 파산은 시장과 사람들에게 큰 우려를 유발하지 않았지만 앞으로 다가올 일의 전조였다. 6개월이 지난 9월, 리먼브라더스Lehman Brothers 은행이 파산한 후에야 사람들은 상황을 이해했다. 도미노는 빠르게 무너졌고, 모든 손실을 방지할 수는 없었다. 하지만 정책결정자들, 특히 가장 중요한 인물인 연방준비제도의 벤 버냉키Ben Bernanke 의장은 '아름다운 디레버리징beautiful deleveraging'(경제성장을 유지하고 인플레이션을 낮추는 동시에 채무를 감소시키는 방식)이 실행될 수 있도록 탁월하게 사태에 대응했다.*

　간단히 말하면 시장의 움직임을 예측하고 손실을 회피한 우리는 이 시기를 잘 견뎌냈다. 2008년에 다른 투자자들은 30% 이상의 손실을 봤지만, 우리의 대표 펀드는 14%가 넘는 수익을 기록했다. 우리가 틀리는 것을 두려워하지 않았다면 훨씬 더 많은 수익을 올릴 수 있었을 것이다. 이런 두려움 때문에 우리는 오만하고 어리석게 더 많은 칩chips을 내기에 걸지 않았고, 포트폴리오의 균형을 유지했다. 하지만 나는 후회하지 않았다. 그렇게 모험적으로 투자하는 것이 현명하지 않다는 것을 실패를 통해 배웠기 때문이다. 포트폴리오의 균형을 유지하지 않았다면, 우리는 2008년 금융위기에서 훨씬 더 많은 돈을 벌었을 것이다. 하지만 오랫동안 성공하고 생존하지 못했을 것이라고 확신한다.

　2008년의 채무위기는 1982년 채무위기와 유사한 사례였다. 1982년의 채무위기는 그 이전의 많은 위기와 앞으로 다가올 다른 위기들과 비슷했다. 나는 과거 가슴 아픈 실패와 실패를 통해 배운 원칙들의 가치에 대해 생각하는 것을 좋아했다. 앞으로 약 25년 후 큰 위기가 올 때, 아니면 위기가 언제 올 것임을 알고 있는 경우에 원칙들이 적절한 알고리즘으로 컴퓨터에 입력돼 있지 않다면, 그 위기는 충격으로 다가와 큰 고통을 안겨줄 것이다.

---

* 정부의 돈을 중요한 은행들에게 체계적으로 공급한 행크 폴슨Hank Paulson 미 재무부 장관의 대응도 결정적인 역할을 했다.

정책결정자들 돕기

우리의 경제 원칙과 시장 원칙들은 다른 경쟁자들과 매우 달랐고, 이것이 다른 결과를 만든 원인이었다. 이 원칙들에 대해서는 경제와 투자 원칙을 다루는 부분에서 자세히 이야기할 것이다.

앨런 그린스펀 전 연방준비제도 의장은 다음과 같이 말했다.

"각종 경제 현상을 예측하고 설명하는 모형은 정작 우리가 필요할 때 제 기능을 발휘하지 못했다. J. P. 모건J.P. Morgan은 리먼브라더스가 파산하기 3일 전에도 미국 경제의 가속 페달을 밟고 있었다. J. P. 모건의 모형은 실패했고, 연방준비제도의 모형도 실패했다. IMF 모형도 마찬가지다. 그래서 '무슨 일이 일어난 것인가?'라고 자문했었다."

빌 더들디Bill Dudley 뉴욕연방은행 총재는 "경제학자들이 전망, 성장, 인플레이션을 분석하는 방식에 근본적인 문제가 있다고 생각한다. 거시 경제 모형을 살펴보면 금융 부분이 포함되어 있지 않다. 금융 부분이 붕괴해 정부의 통화정책이 완전히 효과가 없을 수 있다는 가능성을 인정하지 않고 있다. 금융 관련 분야의 사람들이 거시 경제학자들에게 이야기해서 더 견고한 모형을 만들도록 하는 것이 이번 금융위기의 교훈이라고 생각한다."라고 말했다.

더들리의 주장이 옳았다. 금융 분야에서 일하는 사람들은 경제학자들과 다른 관점에서 세계를 본다. 브리지워터의 성공으로 정책결정자들은 우리에게 더 많은 도움을 요청했고, 나는 미국과 전 세계의 고위 경제 정책결정자들과 더 많이 만나게 되었다. 개인 사생활 보호 측면에서 그들과의 대화 내용에 대해서는 더 이상 말하지 않겠다. 하지만 그들은 비전통적인 방식으로 시장과 경제를 바라보는 데 더 개방적이 되었고, 위기를 회피하거나 위기에 대한 신호를 보내지 못한 전통적인 경제 관점에 대해 회의적인 생각을 갖게 되었다.

정책결정자들과의 대화는 대부분 일방적이었다. 즉 나는 그들의 질문에 대답했고, 비밀 정보 유출에 대한 우려로 답변을 회피할 수밖에 없는 곤란한 상황을 만드는 질문은 거의 하지 않았다. 나는 특정 이데올로기에 대해 어떠한 판단도 하지 않고, 다양한 지도자들을 만났다. 나는 의사가 환자를 대하는 것처럼 그들과 만났고, 가장 도움이 되는 방향으로 영향력을 미치고 싶었다.

그들은 투자자로서 세계 경제에 대한 나의 관점이 정책결정자들과의 관점과 매우 달랐기 때문에 도움을 원했다. 우리 모두는 환경의 산물이다. 투자자들은 독립적으로 생각하고 아직 발생하지 않은 일을 예상한 후 자신들의 판단에 돈을 건다. 정책결정자들은 반대가 아니라 합의를 이끌어내는 환경에 익숙하다. 이런 환경은 이미 일어난 사건에 대응하여 승부를 거는 것이 아니라, 타협을 위한 준비를 하도록 정책결정자들을 교육시킨다. 이들은 투자자들처럼 자신들의 결정에 대해 지속적인 피드백을 받지 못하기 때문에 누가 좋은 정책결정자이고, 누가 나쁜 정책결정자인지가 분명하지 않다. 이들은 또 정치인이 되어야 한다. 가장 명석하고 능력 있는 정책결정자들도 상대방의 목표와 맞서 싸우기 위해 현재 다루고 있는 긴급한 문제로 주의가 분산될 수밖에 없다. 그래서 그들이 활동하는 정치체제는 제 기능을 못하는 경우가 많다.

장기적으로 경제체제가 그 어떤 정치체제보다 더 강력하지만(쓸모없는 정치인은 대체되고 무능한 정치체제는 바뀔 것이다.) 정치와 경제체제의 상호작용은 현실에서 경기순환과 변동을 만들어내는 원동력이다. 양자의 상호작용은 종종 아름답지 않은 경우가 많다.

막대한 수익을 거두다

2010년 브리지워터의 수익은 사상 최대였다. 두 개의 퓨어 알파 펀드는 약 45%와 28%의 수익률을 기록했고, 전천후 펀드의 수익은 18%에 가까웠다. 이 모든 것이 우리가 정보를 받아들이고 처리하도록 만든 시스템이 탁월하게 작동한 결과였다. 우리의 시스템은 인간의 두뇌보다 훨씬 더 뛰어났다. 이런 시스템들이 없었다면 우리는 모든 시장과 시장에 대한 영향력에 대해 토론하고, 그 결과를 포트폴리오에 반영하는 과거의 힘든 방식으로 투자했을 것이다. 또 많은 펀드 투자 매니저를 고용하고 감독해야만 했을 것이다. 펀드 매니저들을 전적으로 믿을 수 없었기 때문에, 우리는 각각의 펀드 매니저들이 결정을 내리는 방식을 파악해야만 했을 것이다.

이것은 사람들의 다양한 개성 문제에 대응하는 동시에, 우리가 그들에게 무엇을 기대하는지 알 수 있도록 그들이 무엇을 하고 있고, 왜 하는지를 지켜보아야 한다는 의미이다. 내가 이런 일을 하고 싶어 하는 이유가 무엇일까? 나에게는 기존의 방식으로 조직이나 투자를 관리하는 일이 GPS를 따라가는 대신 지도를 보는 것처럼 시대에 뒤떨어진 것으로 생각되었다. 물론 우리의 시스템을 개발하는 일은 30년 이상의 세월이 걸린 힘든 과제였다.

너무 많은 자금을 운용하는 것은 투자 성과에 악영향을 미칠 수 있다. 규모가 너무 크면 시장 자체를 움직일 수 있기 때문에 투자 전략과 상품을 바꾸는 비용이 많이 들게 된다. 2010년에 수익이 40%를 넘어서면서 우리는 더 많은 자금을 맡기고 싶어 하는 고객들에게 돈을 돌려주어야 하는 상황에 처했다. 우리는 규모가 너무 커져서 황금알을 낳는 거위를 죽이지 않도록 항상 조심스럽게 투자했다.

하지만 고객들은 돈을 돌려받지 않고 계속 운용해주기를 원했다. 그래서 투자 성과에 영향을 미치지 않고, 자금 규모를 최대화할 수 있는 방법을 찾아내야 하는 과제가 주어졌다. 우리는 과거에 많은 자금을 운용한 적이 없어서 이런 방법에 대해서는 연구하지 않았다. 하지만 우리는 곧 시스템을 수정해 퓨어 알파와 같은 방식으로 자금을 운용하지만, 가장 유동성이 큰 시장에만 투자하는 펀드를 개발한다면 기대수익은 비슷하고 위험(변동성)만 조금 더 높아질 것이라는 사실을 발견했다.

우리는 새로운 접근 방식을 컴퓨터 프로그램에 입력했고, 모든 국가와 시대에 관계없이 어떤 성과를 내는지 데이터를 통해 검증했다. 그리고 고객들이 완벽하게 이해할 수 있도록 결과를 자세하게 설명했다. 인공지능을 좋아하고 인공지능의 혜택을 많이 받았지만, 나는 사람만이 새로운 방식을 발견하고 프로그램을 통해 컴퓨터가 일하도록 만들 수 있다고 믿는다. 이것이 내가 서로의 협력과 컴퓨터를 활용하는 사람들이 성공의 핵심이라고 믿는 이유이다.

2010년이 끝날 무렵 우리는 퓨어 알파 메이저 마켓Pure Alpha Major Markets 이라는 상품을 출시했고, 고객들은 150억 달러의 자금을 투자했다. 이 투자 상품의 수익은 우리가 예상한 대로 퓨어 알파와 비슷한 수준을 유지했고(사실 퓨어 알파보다 아주 조금 더 높았다), 고객들은 만족했다. 실제로 이 상품은 인기가 매우 높아 2011년에는 새로운 투자 자금을 더 이상 받지 않았다.

레이더 아래에서 표면으로 부상

금융위기를 예측한 이후 나는 성공이 양날의 검이라는 것을 알게 되었다. 브리지워터와 나는 원하지 않는 대중의 관심을 받게 되었다. 우리의 뛰어난 성과, 경제와 시장을 보는 남다른 시각 그리고 우리만의 기업 문화가 지속적인 관심의 대상이 되었다. 나는 대중의 관심 밖에 머물고 싶었기 때문에 언론과의 교류를 피했다. 하지만 나와 브리지워터에 관한 기사를 멈추게 할 수는 없었다. 기사들은 기적을 만드는 슈퍼 히어로나 특정 문화의 교주, 아니면 두 가지를 모두 가진 사람처럼 나를 선정적으로 묘사했다.

성공에 대해 너무 많은 관심을 받는 것은 오히려 악영향을 미친다. 호주 사람들은 이것을 '키 큰 양귀비 증후군tall poppy syndrome'(재능이나 성과가 뛰어난 사람을 공격하고 깎아내리는 사회현상)이라고 부른다. 가장 크게 자란 양귀비의 꽃이 가장 먼저 꺾일 확률이 높은 것이다. 나는 이런 관심을 좋아하지 않았다. 특히 브리지워터의 문화를 마치 종교처럼 잘못 설명하는 것이 싫었다. 이런 기사들이 훌륭한 인재들을 채용하는 데 좋지 않은 영향을 미치기 때문이다. 동시에 언론에서는 브리지워터 내부에서 우리가 어떻게 일하는지 공개하지 않았기 때문에 선정적인 기사를 피할 수 없다는 사실도 알게 됐다.

그래서 2010년 연말쯤에 우리가 무엇을 하고, 왜 하는지를 정확하게 알려주는 나의 원칙들을 공개하기로 결심했다. 나는 우리의 원칙들을 브리지워터 웹사이트에 공개했고, 회사 밖 사람들이 자유롭게 읽고 공부하도록 했다. 이것은 어려운 결정이었지만, 결과적으로는 훌륭한 결정으로 입증됐다. 많은 사람이 우리의 원칙을 읽고 도움을 받았다. 300만 명 이상의 사람들이 브리지워터의 원칙들을 홈페이지에서 내려받았고, 일부는 스스로 비용을 지불하여 자신들의 언어로 번역까지 했다. 우리의 원칙들을 읽고 자신의 삶이 바뀌었다는 사람들로부터 수많은 감사의 편지를 받았다.

내가 없어도 브리지워터가 성공하도록 만들기

어렸을 때부터 나는 경험을 통해 배웠다. 하고 싶은 일에 뛰어들어 열심히 하고, 실수로부터 배워 살아남고, 발전시키려고 노력했다. 내가 무엇을 하든 그 분야에서 지속 가능하도록 빠르게 변하면 그것을 발판으로 성공할 것이다. 나는 나 자신이 무엇인가를 해결하는 능력을 갖고 있다고 믿었다. 그리고 시간이 지나면서 해법을 찾아내고 싶은 나의 욕구가 그 일을 더 잘하게 만들었다. 그래서 무조건 도전에 뛰어들고, 무엇을 해야 하는지 알아내어 그 해결책을 실행에 옮기는, 나와 비슷한 성향의 사람들을 채용하는 경향이 있다. 이런 사람들은 훌륭한 성품과 상식, 창의성을 가지고 있다. 그리고 공동의 목표 달성을 위한 동기를 부여받거나, 내가 올바른 결정 방법을 찾는 자유를 줄 경우 성공에 필요한 자질을 발견하게 될 것이라고 생각했다. 나는 세부적인 일까지 간섭하고 족쇄를 채우는 것은 어느 누구도 좋아하지 않기 때문에 효과가 없을 것이라는 사실을 알고 있었다. 내가 그들에게 무엇을 하라고 지시한다면 그들로부터 어떠한 도움도 받지 못했을 것이다. 그리고 무엇보다 그런 지시가 필요한 사람들과 함께 일하고 싶지 않았다.

하지만 1990년대부터 대부분의 사람이 자신의 문제와 약점을 솔직하게 바라보는 데 감정적으로 장벽이 있다는 사실을 깨닫기 시작했다. 사람들은 모호한 상황과 어려운 도전들을 받아들이는 대신, 문제에 직면할 때 불안감을 느끼는 경향이 강하다. 상식과 창의성 그리고 변화를 추구하는 특성이 적절하게 조합된 사람들은 매우 드물다. 이런 수준에 도달하기까지 거의 모든 사람은 도움을 받아야 한다. 그래서 나는 원칙이 좋다고 생각하는 사람들은 원칙을 따르고, 그렇지 않다고 생각하는 사람들은 원칙에 대해 공개적으로 토론하기를 바랐다. 그래서 원칙과 그에 대한 타당성을 문서로 기록하고 직원들과 공유했다. 나는 시간이 지나면서 특정한 상황에 대처하는 방식에 대해 우리 모두가 동의하게 될 것이라고 생각했다.

거의 모든 직원이 이성적으로는 원칙에 동의했지만, 대부분 효과적으로 실천하는 데 여전히 어려움을 겪었다. 이것은 이성보다 더 강하게 남아 있는 감정의 장벽 때문이다. 교육과 가상현실 테이프들이 많은 도움이 되었지만 충분하지 않았다.

새로운 직원을 선발하는 데 많은 노력을 기울이고, 아이디어 성과주의 문화 속에서 일하도록 열심히 교육시켰다. 하지만 이들 가운데 상당수가 기대에 미치지 못하는 것은 어쩔 수 없었다. 나의 신규직원 선발 방식은 채용하고 교육하고 검증한 다음 신속하게 해고하거나 승진시키는 것이었다. 그래서 훌륭한 인재들의 비중이 우리가 원하는 수준에 도달할 때까지 이런 과정을 반복하면서, 탁월한 사람들을 신속하게 발굴하고 평범한 사람들을 제거할 수 있었다.

하지만 이를 위해서는 요구 수준에 못 미치는 사람들을 주저 없이 해고할 수 있는 높은 기준을 가진 사람이 필요했다. 상당수의 신규사원은 사람들의 특성을 심층적으로 탐구하는 일을 하고 싶어 하지 않았고, 이 때문에 일이 더 어려워졌다. 사람들을 냉정하게 대하는 것은 힘든 일이다.

물론 브리지워터에 지원하는 사람들은 대부분 모험적인 성향이 강하다. 그들은 어떤 상황에 부딪히게 될지 알고 있다. 지원자들은 일이 잘 안 될 확률이 일반적인 수준보다 높지만, 실패할 때보다 성공할 경우의 혜택이 훨씬 더 크다는 사실을 알고 있다. 최악의 경우 많은 것을 배우고, 흥미로운 경험을 한 후 다른 직장을 찾아 떠나면 된다. 최선의 시나리오는 특별한 목표를 달성하는 탁월한 회사의 구성원이 되는 것이다.

새로운 직원들이 브리지워터 문화의 핵심인 진정성과 투명성에 익숙해질 때까지 약 18개월에서 24개월 정도의 적응기간이 걸린다. 특히 자신의 실수를 받아들이고, 어떻게 대응할 것인가에 관한 적응이 필요하다. 하지만 일부 사람들은 적응에 실패한다. 나는 브리지워터에 합류하는 것은 해군 특수부대Navy SEALs에 들어가는 것과 같다는 말을 들었다. 다른 사람들은 달라이 라마Dalai Lama가 운영하는 자아발견학교에 가는 것과 비슷하다고 말하기도 했다. 생존한 사람들은 적응기간 동안 어려웠지만, 그들이 이룩한 탁월한 성취와 인간관계 때문에 즐거웠다고 말한다. 적응에 실패했거나 적응할 수 없는 사람들은 탈락한다. 이것이 브리지워터를 탁월한 조직으로 유지하는 비결이다.

오랫동안 나는 브리지워터의 문화를 만들고, 높은 기준을 유지하는 임무를 맡아왔다. 앞으로 약 10년 정도는 더 유지할 수 있을 것 같다. 하지만 나는 에너지를 다른 곳에 쓸 계획을 하고 있다. 나는 항상 시장을 깊이 연구하고 싶었고, 동시에 더 많은 시간을 가족, 친구들과 보내기를 원했다. 또 정책결정자들에게 조언하거나 몇 가지 열정적인 취미(해양 탐사와 자선활동)뿐만 아니라 내가 관심 있는 것은 무엇이든 추구해보고 싶었다.

내 계획은 멘토로서 후계자를 도와주는 방식으로 CEO에서 물러나는 것이다. 투자 분야에서는 나의 역할을 계속할 것이지만, 회사 경영에서는 물러나면서 얻게 된 시간을 활용해 인생의 참맛을 느끼는 것이다.

다른 모든 조직과 마찬가지로 브리지워터의 성공 여부는 사람과 문화에 달려 있다. 기업을 경영하는 사람들은 매일 중요한 선택에 직면한다. 경영자들이 어떤 선택을 하느냐가 기업의 특성, 직원들 사이의 유대관계 그리고 기업의 성과를 결정짓는다. 내가 브리지워터를 경영할 때 거의 모든 중요한 결정에 대한 책임은 나에게 있었다. 이제 이런 중요한 결정은 다른 사람들의 몫이다. 브리지워터는 지난 수십 년 동안 효과가 입증된 확고한 기업 문화와 구성원들이 합의한 원칙들을 가지고 있다. 하지만 결과는 일단 두고 봐야 알 수 있을 것이다.

6장
혜택에 대한 보답

2011-2015

인생은 세 단계로 구성되어 있다고 생각한다. 첫 번째 단계는 내가 다른 사람들에게 의존하고 배우는 단계이다. 두 번째 단계는 다른 사람들이 나에게 의지하고 함께 일하는 것이다. 그리고 마지막 세 번째 단계는 다른 사람들이 더 이상 나에게 의존하지 않고, 나도 더 이상 일할 필요가 없는, 인생의 풍미를 맛보는 단계이다.

나는 두 번째에서 세 번째 단계로 넘어가는 과정에 들어서고 있다. 지적·정서적으로 나의 성공보다 내가 좋아하는 사람들이 나의 도움 없이 성공하도록 만드는 데 더 관심을 가지고 있다. 내가 물려주어야 하는 자리는 브리지워터를 경영하는 최고경영자CEO와 투자를 관리하는 최고투자책임자CIO라는 두 가지 직책이다. 나는 12살에 주식 투자를 시작했고, 죽을 때까지 계속 투자를 할 것이다. 때문에 주식 투자를 중단하지는 않을 것이다. 하지만 회사에 영향을 미칠 키맨 리스크keyman risk(경영진이나 핵심 인력의 변화로 발생하는 위험 _옮긴이) 때문에 CEO와 CIO의 직책을 계속해서 맡고 싶지 않았다.

나와 동업자들은 독특한 기업 문화가 있는 창업자 주도의 조직에서는 첫 세대에서 두 번째 세대로의 리더십 교체가 어렵다는 것을 잘 알고 있다. 창업 세대의 리더가 오랫동안 회사를 경영한 경우에 특히 더 어렵다. 2008년에 마이크로소프트의 빌 게이츠가 CEO에서 물러난 것이 최근의 세대교체 사례지만, 창업자 CEO가 물러난 경우는 많다.

나의 가장 큰 고민은 내가 경영에서 완전히 물러날 것인지, 아니면 멘토의 역할로 남아 있어야 하는지이다. 다른 한편으로는 내가 경영 일선에서 완전히 물러나는 것이 새로운 경영자들에게 나의 간섭이나 조언 없이 자신만의 성공 방식을 발견할 수 있는 자유를 주기 때문에 훌륭한 아이디어라고 생각했다. 친구들은 경영에서 완전히 손을 떼라고(카지노에서 승리를 선언하고 칩을 수거한 뒤 내 갈 길을 가라고) 충고했다. 하지만 과거에 경영권을 넘겨준 경험이 없다 보니 경영진의 세대교체가 잘 진행될 것인지 확신할 수 없었다.

나는 실수를 하고 잘못된 점을 찾아내고 새로운 원칙을 만들고 성공하는, 이른바 시행착오를 거치는 방식으로 일한다. 그래서 나의 경영권 승계 과정이 왜 달라야 하는지 이해할 수 없었다. 또 그동안 내가 짊어지고 온 무거운 짐을 최고경영자 자리를 물려받는 사람에게 떠넘기는 것이 공평하지 않다고 생각했다. 싱가포르를 독립시키고 41년 동안 통치한 리콴유 수상은 권력을 넘겨주고 멘토가 되었다. 나는 리콴유 수상의 권력 승계 과정이 순조롭게 진행되는 것을 잘 지켜봤다. 이런 모든 점을 고려해 나는 멘토로 남기로 결정했다. 이것은 내가 경영에 전혀 관여하지 않거나, 최종 결정권을 갖고 있겠다는 의미가 아니다. 즉 필요할 경우 언제나 조언할 준비가 돼 있다는 의미이다. 동업자들도 멘토로 남겠다는 나의 생각을 좋아했다.

우리는 나를 대신할 사람들이 경험을 쌓고, 필요할 경우 도움을 줄 수 있도록 가능한 한 빨리 경영권 승계 과정을 진행해야 한다는 데 합의했다. 또 경영권 승계에 관해 아는 것보다 모르는 것이 더 많기 때문에 신중하게 진행해야 한다는 것도 알고 있었다. 경영권 승계에는 상당한 시간(아마도 2-3년 또는 길게는 10년 정도)이 걸릴 것으로 예상했다. 우리는 오랜 세월 함께 일해왔기 때문에 2-3년 정도로 짧은 시간이 걸릴 것으로 낙관했다.

2011년 첫날 회사 직원들에게 나는 CEO 자리에서 물러나고, 그레그 젠센과 데이비드 맥코믹David McCormick이 나를 대신할 것이라고 선언했다. 그리고 7월 1일에 경영에 대한 모든 권한을 그레그, 데이비드 그리고 경영위원회 위원들에게 넘겨주었다. 동시에 고객들에게 10년에 걸친 브리지워터의 경영권 승계 계획에 대해 설명했다.

셰이퍼Shaper의 특성에 대해 배우기

당연히 새로운 경영팀은 처음 18개월 동안 어려움을 겪었다. 우리는 엔지니어들이 기계가 최적의 상태로 작동하지 않는 이유를 찾아내는 방식으로 원인을 진단하고, 새로운 경영진이 더 좋은 성과를 낼 수 있도록 개편했다. 사람들은 각자의 특성에 따라 다른 결과를 만들어낸다. 그렇기 때문에 우리는 목표 달성을 위해 새로운 팀을 만들 때 언제나 사람과 특성에 대한 최적의 조합을 추구한다. 그래서 나와 다른 사람들의 특성을 비교해 무엇이 빠졌는지를 살펴봤다. 우리는 이런 차이점들을 '레이 공백Ray Gap'이라고 불렀다. 조금 더 명확하게 말하면 내가 회사를 떠난 뒤에 발생할 업무 공백을 찾고 있었다. 밥, 데이비드, 그레그가 물러나야 할 사람들이었다면 우리는 그들이 떠난 뒤에 발생할 업무 공백에 대해 연구했을 것이다.

그레그와 데이비드는 나의 다양한 권한과 업무를 수행할 때 나와 그들이 요구하는 수준 사이에서 발생하는 격차를 세부적으로 기록했다. 우리 모두는 레이 공백이 이른바 '셰이핑 shaping'(어떤 분야의 기본적인 토대를 만드는 일 _옮긴이)이라는 데 동의했다. 셰이핑과 셰이퍼(특별한 비전을 가지고 어떤 분야에서 기반을 확립하는 선구자 _옮긴이)에 대해 이해하기 쉽게 스티브 잡스에 대해 생각해보자.

스티브 잡스는 그가 이룩한 성공과 업적으로 볼 때 우리 시대의 가장 위대하고 상징적인 셰이퍼였다. 셰이퍼는 특별하고 가치 있는 비전을 제시하고, 다른 사람들의 의심과 반대를 극복하면서 자신의 비전을 아름답게 구현하는 사람이다. 잡스는 아름답게 설계된 하나의 상품으로 컴퓨팅, 음악, 통신, 만화, 사진 분야에서 혁신을 이룩함으로써 세계에서 가장 크고 성공적인 기업을 만들었다.

테슬라 Tesla, 스페이스엑스 SpaceX, 솔라 시티 Solar City의 엘런 머스크 Elon Musk, 아마존의 제프 베조스 Jeff Bezos, 넷플릭스 Netflix의 리드 헤이스팅스 Reed Hastings는 기업 세계에서 위대한 셰이퍼들이다. 자선활동 분야에서는 그라민 은행 Grameen Bank의 무하마드 유누스 Muhamad Yunus, 할렘 칠드런스 존 Harlem Children's Zone의 제프리 캐나다 Geoffrey Canada, 티치 포 아메리카 Teach for America의 웬디 코프 Wendy Kopp 등이 셰이퍼에 속한다. 그리고 정치 분야에서는 윈스턴 처칠, 마틴 루터 킹 주니어, 리콴유, 덩샤오핑을 꼽을 수 있다. 빌 게이츠는 기업과 자선활동 분야에서 셰이퍼이고, 앤드류 카네기도 마찬가지다. 마이크 블룸버그 Mike Bloomberg는 기업, 자선활동 그리고 정치 분야의 셰이퍼이다. 아인슈타인, 프로이트, 다윈, 뉴턴은 과학 분야의 위대한 셰이퍼들이다. 예수, 무하마드, 부처는 종교계의 셰이퍼이다. 이들은 모두 독창적인 비전을 가지고 있었고, 성공적으로 비전을 실현했다.

이들은 가장 위대한 셰이퍼이지만 세계에는 다양한 유형의 셰이퍼들이 있다. 여러분도 개인적으로 몇몇 셰이퍼들을 알고 있을 것이다. 변화를 추진하고 지속적인 조직을 만든 기업가, 비영리단체 또는 지역의 리더일 수도 있다. 나의 목표는 나를 대신해 CEO 자리를 맡은 사람들이 셰이퍼가 되도록 도와주거나, 외부에서 영입하는 방식으로 앞으로 브리지워터의 셰이퍼가 될 사람을 찾아내는 것이다.

셰이퍼의 자질에 대해 생각하기 시작한 지 몇 개월이 지난 2011년 10월 5일 스티브 잡스가 사망했다. 나는 잡스를 자신의 꿈을 제시하고, 훌륭한 방법으로 꿈을 실현한 셰이퍼로서 존경했다. 그래서 브리지워터의 일일 보고서에 잡스에 관한 글을 썼다. 내가 투자와 관련 없는 내용의 글을 쓴 것은 매우 이례적인 일이었다. 얼마 지나지 않아 월터 아이작슨Walter Isaacson이 잡스의 전기를 출간했다. 잡스의 전기에서 월터가 잡스의 말들을 인용한 부분을 읽으면서 내가 잡스와 비슷한 점이 많다는 사실을 발견했다.

그의 전기가 출간된 이후 '레이 달리오는 투자 업계의 스티브 잡스인가?'라는 제목의 기사가 투자 분야의 유명한 잡지인 〈aiCIO〉에 실렸다. 이 기사는 나와 스티브 잡스의 비슷한 점을 지적했다. 예를 들면 나는 스티브 잡스처럼 아무것도 없는 상황에서 사업을 시작했고(잡스는 차고에서, 나는 내 아파트의 침실에서 시작했다.), 우리 둘 다 각자의 분야에서 일하는 방식을 바꾼 혁신적인 상품을 개발했다. 또 자신만의 독특한 경영 방식을 가지고 있었다. 브리지워터는 종종 투자 업계의 애플이라고 불렸다. 하지만 좀 더 정확하게 말하면 브리지워터와 나는 감히 애플과 잡스의 비교 대상이 될 수 없다고 생각한다.

아이작슨의 책과 기사는 출신 배경, 목표, 일에 대한 접근 방식 등에서 유사점들을 설명했다. 예를 들면 우리 두 사람 모두 혁신과 탁월함을 위해 끊임없이 노력하는 반항적이고 독립적인 사고의 소유자였다. 우리는 '우주에 흔적을 남기고 Put a dent in the universe' 싶은 명상가들이었고, 사람들에 대해 매우 엄격했다. 물론 중요한 차이점들도 많았다.

나는 잡스가 자신의 목표를 달성하기 위해 활용했던 원칙들을 공유했기를 바랐다. 나는 잡스와 그의 원칙에만 관심이 있었던 것이 아니다. 모든 셰이퍼의 원칙과 특징들을 알고 싶었다. 그래서 그들 사이의 유사점과 차이점을 이해하고, 전형적인 셰이퍼의 전형을 만들 수 있었다. 나는 지금까지 모든 것을 이해하기 위해 이런 접근법을 추구했다. 예를 들면 불황에 대한 광범위한 연구를 통해 시간과 관계없는 불황에 대한 전형적인 모형을 만들 수 있었고, 그것들 사이의 차이점을 파악했다. 이런 접근법은 사물의 이치를 이해하는 데 도움이 됐기 때문에, 나는 모든 시장과 경제의 움직임에 동일한 접근법을 적용했다. 그리고 거의 모든 것에 대해 똑같은 방식을 활용하고 싶었다. 그래서 셰이퍼를 이해하기 위해 이런 접근법을 선택하는 것은 너무도 당연했다.

나는 아이작슨과 함께 잡스와 다른 셰이퍼들의 특성을 연구하기 시작했다. 처음에는 아이작슨의 사무실에서 사적인 대화를 통해 시작했고, 나중에는 브리지워터의 공개 토론을 통해 연구했다. 아이작슨은 또 다른 두 명의 위대한 셰이퍼인 알베르트 아인슈타인과 벤저민 프랭클린의 전기도 집필했다. 때문에 그들의 공통적인 특성에 대해 알아내기 위해 아이작슨에게 그들에 관해 물어봤다.

그리고 나는 빌 게이츠, 앨런 머스크, 리드 헤이스팅스, 무하마드 유누스, 제프리 캐나다, 잭 도시, 데이비드 켈리 등 입증된 셰이퍼들과도 직접 이야기를 나눴다. 이들은 모두 훌륭한 생각을 구상하고, 이를 실현할 조직을 만들고, 오랜 시간에 걸쳐 지속적으로 실천했다. 나는 그들의 가치관과 능력 그리고 접근법을 찾아내기 위해 이들에게 약 1시간 정도 걸리는 성격평가 테스트를 받도록 부탁했다. 완벽하지는 않았지만 이런 평가들은 매우 소중한 것이었다(사실 직원 채용과 회사 경영에 도움이 되도록 평가 결과를 수정해 활용했다). 표준화된 질문에 대한 셰이퍼들의 답변은 그들의 유사점과 차이점에 대해 객관적이고 통계적으로 측정 가능한 증거들을 제공해주었다.

셰이퍼들은 많은 공통점을 가지고 있는 것으로 나타났다. 이들은 다른 사람이나 사물이 자신의 대담한 목표를 달성하는 데 방해가 되는 것을 허용하지 않는 독립적인 사고의 소유자이다. 이들은 일을 어떻게 추진해야 하는지에 대한 확고한 설계도를 머릿속에 가지고 있다. 그리고 동시에 현실 세계에서 이것을 시험하고 더 잘 실현될 수 있도록 일하는 방식을 바꾸려는 의지력을 가지고 있다. 셰이퍼들은 자신들의 꿈을 실현하려는 욕구가 목표를 달성하는 과정에서 경험하는 고통보다 훨씬 더 강하기 때문에 실패에서 회복하는 능력이 매우 뛰어나다. 가장 흥미로운 점은 셰이퍼들은 원래부터 통찰력을 가지고 있거나, 자신이 볼 수 없는 것을 보는 사람들에게서 통찰력을 얻기 때문에, 대부분의 사람보다 통찰력의 범위가 더 넓다. 셰이퍼들은 큰 그림과 세부적인 것 그리고 그 사이에 있는 각 단계의 모든 것을 볼 수 있고, 다양한 견해들을 종합할 수 있다. 반면 대부분의 사람은 하나 또는 다른 하나의 관점에서만 볼 수 있다. 동시에 이들은 창의적이고 체계적이며 실용적이다. 셰이퍼들은 자기주장이 강하지만 동시에 개방적이다. 이들은 무엇보다 자신이 하고 있는 일에 열정적이고, 일을 못 하는 사람들을 용납하지 않으며, 세계에 큰 영향력을 미치고 싶어 한다.

앨런 머스크를 예로 들어보자. 테슬라Tesla를 출시하고 나에게 자신의 차를 처음으로 보여주었을 때 그는 테슬라가 미래의 교통수단으로 적합한지 그리고 지구의 미래에 얼마나 중요한지 등 위대한 비전에 대해 많은 이야기를 했다. 나중에 스페이스X를 어떻게 시작하게 됐는지 물었을 때 그의 대담한 답변에 매우 놀랐다. 그는 "나는 인류가 화성처럼 다른 곳으로 이주해 새로운 삶을 시작해야 할 전 지구적인 재앙(전염병이나 유성 충돌)이 틀림없이 일어날 것이라고 생각해왔다. 어느 날 화성 프로그램에 어떤 발전이 있는지 알아보기 위해 미 항공우주국NASA 웹사이트를 방문했는데, 화성으로 갈 생각조차 하지 않고 있다는 사실을 알게 되었다. 내 동업자와 나는 페이팔Pay Pal을 매도해 1억 8,000만 달러를 가지고 있었다. 내가 9,000만 달러를 주고 과거 소련으로부터 ICBM(대륙간탄도미사일)을 사들여 화성으로 보낸다면 화성 탐사를 촉진시킬 수 있을 것이란 생각이 들었다."고 말했다. 로켓에 대한 배경 지식이 있느냐고 물었더니 그는 "배경 지식은 전혀 없었다. 단지 책을 읽는 것으로 시작했다."고 답했다. 이것이 셰이퍼들이 생각하고 행동하는 방식이다.

때로는 목표를 달성하려는 극단적인 투지가 사람들을 불편하게 만들거나, 배려심이 없는 것처럼 보이게 할 수도 있다. 이러한 경향은 성격 검사에서도 드러났다. 셰이퍼들은 어떤 것에도 만족하지 못한다. 그래서 비극이자 끊임없는 동기부여의 원천이 될 수도 있는, 현재와 실현 가능한 것 사이의 격차를 경험한다. 어느 누구도 목표를 달성하려는 이들의 노력을 막을 수 없다. 셰이퍼들은 다른 사람에 대한 배려라는 성격평가 항목에서 모두 낮은 점수를 기록했다. 하지만 이 같은 결과는 겉보기와는 다르다.

무하마드 유누스를 예로 들어보자. 훌륭한 자선가인 그는 다른 사람들을 돕는 데 일생을 헌신했다. 그는 소액금융지원microfinance과 무담보소액대출microcredit 제도를 만든 공로로 노벨평화상을 받았고, 의회명예훈장Congressional Gold Medal, 대통령 자유메달Presidential Medal of Freedom, 간디평화상Gandhi Peace Prize 등을 수상했다. 하지만 그는 다른 사람에 대한 배려 항목에서 낮은 점수를 받았다. 뉴욕의 할렘에서 불우한 환경에 있는 어린아이들을 돌보는 데 인생 대부분을 바친 제프리 캐나다도 남을 위하는 배려 항목의 점수가 낮았다. 대부분의 재산과 에너지를 생명을 구하고 삶을 개선하는 데 쏟아붓는 빌 게이츠도 낮은 점수를 기록했다. 유누스, 캐나다, 게이츠가 다른 사람들을 돌보는 일에 헌신했다는 것은 분명하다. 하지만 성격 검사에서는 점수가 낮았다. 왜 이런 결과가 나왔을까? 그들과 대화를 나누며, 낮은 점수를 기록한 질문들을 검토하는 과정에서 그 이유가 분명해졌다. 자신들의 목표 달성과 다른 사람을 기쁘게 만드는 것(또는 다른 사람들을 실망시키지 않는 것) 사이의 선택에 직면하게 될 때 이들은 언제나 목표 달성을 선택했기 때문이다.

이런 조사 과정을 통해 나는 세상에는 분명히 다른 유형의 셰이퍼들이 있다는 사실을 알게 됐다. 셰이퍼의 유형은 창의적인 형태, 관리적인 형태 또는 양쪽 모두를 포함하는 형태 가운데 어느 유형으로 나타나는가에 따라 중요한 차이가 발생한다. 예를 들면 아인슈타인은 창의적 유형의 셰이퍼여서 관리나 경영을 할 필요가 없었다. 제너럴일렉트릭을 이끌었던 잭 웰치Jack Welch와 IBM을 경영한 루 거스트너Lou Gerstner는 훌륭한 지도자이자 관리자여서 창의적일 필요가 없었다. 창의적인 선구자인 동시에 꿈을 실현하기 위해 거대한 조직을 경영하는 스티브 잡스, 앨런 머스크, 빌 게이츠, 제프 베조스 같은 사람들이 가장 희귀한 유형이다.

훌륭한 아이디어를 생각해내고, 거액을 받고, 아이디어를 팔 수 있다는 측면에서 생각하면 셰이퍼와 비슷한 사람들은 많다. 하지만 이들은 자신의 분야에서만 비전을 제시하고 실현하지 않는다. 이런 사람들은 실리콘밸리에 많다. 아마도 이들은 발명가로 불려야 할 것이다. 또 독창적인 아이디어를 제시하고 실현시키지 못했다는 점에서 전형적인 셰이퍼는 아니지만, 훌륭한 리더들이 많다는 사실도 알았다. 이들은 기존의 조직에 합류해도 조직을 잘 이끌어간다. 진정한 셰이퍼들만이 지속적으로 성공을 이룩하고, 수십 년에 걸쳐 성공을 유지한다. 이런 셰이퍼들이 바로 브리지워터로 데려오고 싶은 사람들이다.

셰이퍼들에 대한 연구와 나 자신의 능력에 대한 성찰을 통해 몇몇 사람은 다른 사람들보다 조금 더 시야가 넓다는 것을 알게 되었다. 하지만 성공에 필요한 모든 것을 다 아는 탁월한 사람은 없다는 사실을 분명하게 깨닫게 됐다. 시야도 넓고 모든 것을 다 아는 사람들은 스스로 넓게 보는 동시에, 자신과 다른 보완적 방식으로 사물을 파악하는 현명한 사람들과 의견을 주고받는다.

경영권 승계 과정에서 이런 깨달음은 매우 중요했다. 과거에는 내가 문제를 발견하고 원인을 파악하여 스스로 해결 방법을 찾아냈다. 하지만 나와 사고방식이 다른 사람들은 다른 진단과 해법을 고안해낼 것이다. 멘토로서 나의 임무는 문제를 발견하고 해결하여 성공할 수 있도록 그들을 도와주는 것이다. 이런 경험을 통해 나는 사람의 유형이 세상에 있는 사람들 수보다 훨씬 적고, 상황의 유형도 전체 상황의 수보다 훨씬 적기 때문에 적합한 유형의 사람들을 적합한 상황에 배치하는 것이 가장 중요하다는 것을 알게 되었다.

빌 게이츠와 스티브 잡스는 마이크로소프트와 애플을 떠났다. 때문에 내가 떠난 이후 브리지워터가 성공하도록 도울 수 있는 방법을 찾기 위해 두 회사를 면밀히 관찰했다. 두 회사와 브리지워터 사이의 가장 두드러진 차이는 기업 문화에 있었다. 즉 브리지워터의 성공은 문제와 약점을 공개하고, 솔직한 대응을 유도하는 극단적 진실과 극단적 투명성을 기본으로 하는 아이디어 성과주의 문화를 어떻게 활용하는가에 달려 있다.

아이디어 성과주의의 체계화

사람에 대한 연구를 더 많이 할수록 사람들의 유형은 서로 다르지만, 대체적으로 동일한 환경에 있는 동일한 유형의 사람들은 동일한 유형의 결과를 만들어낸다는 사실이 더욱 분명해졌다. 바꿔 말하면 어떤 사람의 특성을 파악함으로써 우리는 그 사람으로부터 무엇을 기대할 수 있는지에 대한 아이디어를 얻을 수 있다는 것이다. 그래서 나는 사람들에게 더 적합한 업무를 맡기는 데 도움이 되는 점묘화pointillist pictures를 그리기 위해 그 어느 때보다 열심히 사람들의 특성에 관한 데이터를 수집했다. 데이터 증거에 기반을 둔 특성 파악은 회사 업무를 사람들의 장점에 맞게 배정하는 아이디어 성과주의를 강화시킬 것이다.

나에게는 이 모든 과정이 분명하고 상식적인 것처럼 보였지만, 현실에서 이런 목표를 달성하는 일은 매우 어렵다. 경영권 승계가 시작된 이후

약 1년 정도가 지났을 때 나는 새로운 관리자들과 일부 나이 든 관리자들이 아직도 사람들의 행동 패턴을 이해하지 못하고 있다는 사실을 발견했다. 다시 말해 이들은 사람들의 특성과 그들이 만들어낸 결과 사이에 점dot들을 연결하지 못했다. 사람들의 특성을 파악하기 위해 열심히 연구하는 것을 꺼리는 태도가 상황을 더 어렵게 만들고 있었다.

하지만 나는 경영과 관련된 의사결정에서 발생하는 문제들이 투자와 관련된 결정에서는 발생하지 않는다는 사실에서 돌파구를 찾아냈다. 빅데이터 분석과 다른 알고리즘을 활용함으로써 컴퓨터는 우리가 할 수 있는 것보다 훨씬 더 효율적인 방법으로 점들을 연결할 수 있다는 사실을 발견했다. 이것은 컴퓨터가 시장에서 여러 점을 연결하도록 우리를 도와주는 것과 동일한 방법이었다. 빅 데이터 분석과 알고리즘을 활용하는 시스템은 우리가 극복해야 하는 개인적인 편견이나 정서적 장벽이 없다. 그래서 분석 대상이 되는 사람들은 컴퓨터의 데이터에 기초한 결론에 감정이 상할 일이 없다. 사실 분석 대상자들은 데이터와 알고리즘을 검토하고 스스로 평가한 다음 자신들이 원하면 변화를 제안할 수도 있다. 우리는 자신을 객관적으로 분석하기 위한 알고리즘과 검사 방법을 개발하기 위해 노력하는 과학자 같았다. 2012년 11월 10일 나는 전자우편으로 내 생각을 경영위원회에 알렸다. 주제는 '훌륭한 경영의 체계화에 대한 해법The Path Out: Systemizing Good Management'이었다.

브리지워터의 투자 부분이 지속적으로 잘 운영될 가능성이 높고, 다른 부분들은 그렇지 못할 가능성이 높은(현재 운영 방식을 바꾸지 않는다면) 중요한 이유가 분명하게 드러났다. 투자 부분의 의사결정 과정은 매우 체계화되어 있어 사람들이 마음대로 결정을 내리기가 어렵다(일반적으로 사람들은 시스템의 지시를 따르기 때문이다).

반면 브리지워터의 다른 부분들은 사람들의 능력과 그들의 의사결정에 의존한다. 의사결정 과정에 대해 생각해보자. 브리지워터의 투자 관련 의사결정이 경영 부분처럼(우리가 고용한 사람들과 이들이 자신들만의 방식으로 집단적 의사결정을 내리는 방법에 의존하는) 운영됐다면 어떤 일이 일어났을지 상상해보라. 아마도 큰 혼란이 있었을 것이다.

투자와 관련된 의사결정은 다음과 같은 과정으로 진행된다. 우선 시스템을 만든 소수의 투자 관리자가 시스템이 내린 결론과 근거를 검토한다. 동시에 우리도 결론을 내리고 추론을 검증한다. 시스템이 대부분의 일을 하고, 우리는 시스템과 상호 검증을 하는 것이다. 그래서 우리는 불완전한 사람에게 더 많은 것을 의존하지 않게 된다.

경영 부분과 어떻게 다른지 생각해보라. 경영 부분에는 원칙들이 있지만, 의사결정 시스템이 없다. 바꿔 설명하면 나는 투자 부분의 의사결정 과정은 투자 원칙들이 의사결정 규칙으로 만들어졌고, 사람들이 그 규칙을 따르기 때문에 효율적이라고 생각한다. 반면 경영 부분의 의사결정 과정은 경영 원칙들을 사람이 결정을 내릴 때 기준으로 삼을 수 있는 규칙으로 만들어놓지 않았기 때문에 덜 효율적이라고 생각한다. 경영 부분은 비효율적이어서는 안 된다. 나는 동료들과 함께 투자 시스템을 만들었고, 투자와 경영 모든 부분에서의 의사결정 과정을 알고 있다. 때문에 경영 부분도 투자 부분처럼 효율적으로 변할 수 있다고 확신한다. 우리가 원하는 만큼 빠르게 변할 수 있는지 그리고 그동안에 어떤 일이 벌어질 것인지가 유일한 문제일 뿐이다.

나는 경영 시스템을 개발하기 위해 예전에 그레그, 밥 등의 동료들과 함께 투자 시스템을 만들었던 것과 동일한 방법으로 그레그와 함께 일하고 있다. 여러분은 야구카드 Baseball Card, 도트 컬렉터 Dot Collector, 고통 버튼 Pain Button, 시험, 직무 설명 등의 개발 과정을 통해 이런 변화를 목격하게 될 것이다. 나에게 주어진 시간이 제한돼 있기 때문에 우리는 빨리 움직여야 한다. 동시에 우리는 무능력한 사람들을 정리하고, 탁월한 사람들을 고용하고, 승진시키기 위해 참호 속에서 육박전을 치러야 할 것이다.

알고리즘에 따른 의사결정과 관련해 가장 좋은 점 중 하나는 의사결정이 사람들에게 인과관계에 관심을 집중하도록 하고, 이를 통해 진정한 아이디어 성과주의를 발전시키는 데 도움을 준다는 것이다. 모든 사람이 알고리즘을 이용하는 기준을 이해하고, 알고리즘 개발에 참여할 수 있다면 시스템이 공정하다는 것과 컴퓨터가 증거를 기준으로 올바른 판단을 내려 업무를 배정한다는 데 동의할 수 있을 것이다. 알고리즘은 기본적으로 현재 적용되고 있는 우리의 원칙들이다.

경영 시스템이 투자 시스템만큼 자동화되려면 아직 갈 길이 멀다. 하지만 다양한 도구들, 특히 도트 컬렉터 Dot Collector(일의 원칙 부분에서 자세하게 설명된, 직원들에 관한 정보를 실시간으로 수집하는 앱)와 같은 도구들은 이미 우리가 일하는 방식에 엄청난 변화를 가져왔다. 이런 모든 업무 도구는 좋은 습관과 사고방식을 강화시킨다. 좋은 습관은 언어를 배우는 것처럼 원칙에 입각한 방식을 반복함으로써 익히게 된다. 좋은 사고방식은 원칙들을 만드는 근거를 분석하는 것에서 출발한다.

이 모든 것의 궁극적인 목표는 내가 좋아하는 사람들이 나의 도움 없이 성공할 수 있도록 도와주는 것이다. 인생의 이정표가 내가 인생의 어느 단계에 있는지를 상기시켜주면서, 이것은 점점 더 긴급한 문제가 되고 있다. 예를 들면 2013년 5월에 크리스토퍼 달리오 Chistoper Dalio가 태어나면서 나는 할아버지가 되었다. 또 추후에 문제가 없는 것으로 판명되기는 했지만, 2013년 여름에 나는 건강과 관련된 심각한 공포를 경험했다. 그리고 이 때문에 죽음에 대해 생각하게 되었다. 동시에 나는 여전히 주식 투자를 좋아하고 죽을 때까지 투자를 할 계획이다. 이 때문에 나는 인생의 2단계에서 3단계로의 전환을 더욱 열심히 서둘러야 한다고 생각했다.

유럽의 채무위기를 예측하다

2010년부터 나와 브리지워터의 동료들은 유럽에서 채무위기가 발생할 조짐을 발견했다. 우리는 여러 국가의 채권 발행 규모와 상환 규모를 조사했고, 남부 유럽의 많은 국가가 채권을 상환하지 못할 가능성이 높다는 결론을 내렸다. 유럽의 채무위기는 2008년과 2009년의 금융위기만큼 심각하거나 훨씬 더 심각할 수도 있었다.

1980년 그리고 2008년과 마찬가지로 우리 시스템은 채무위기 발생을 예고했다. 하지만 내가 틀릴 수 있다는 사실을 알고 있었다. 내가 옳다면 이것은 엄청난 사건이 되기 때문에 나는 정책결정자들에게 경고해야 했다. 그리고 내 생각이 틀렸다면 고치기 위해 우리의 예측에 대해 그들과 논의해야 했다. 하지만 나는 타당한 설명도 듣지 못한 채 2008년에 워싱턴에서 부딪혔던 똑같은 저항에 직면했다. 단지 이번에는 장소가 워싱턴이 아니라 유럽일 뿐이었다. 당시 경제 상황은 안정적이었기 때문에 채무위기가 발생할 것이라고 믿을 이유가 없다는 것을 알고 있었다. 하지만 내가 만난 사람들의 대부분은 나의 예측에 귀를 기울일 준비가 되어 있지 않았다. 나는 채무위기가 발생하기 전 폭풍 전야와 같은 시기에 국제통화기금IMF 총재와 만났다. 그는 겉보기에 황당한 나의 결론을 믿지 않았고, 근거로 제시한 수치들을 검토하는 데도 관심이 없었다.

2008년 금융위기 전에 미국의 정책결정자들이 그랬던 것처럼 유럽의 정책결정자들도 이전에 경험하지 못했던 것을 두려워하지 않았다. 당시에 경제 상황은 좋았고, 반면 나의 예측은 그들이 과거에 경험했던 어떤 것보다 더 참혹했다. 때문에 그들은 내가 예상하는 일이 발생하는 것은 불가능하다고 생각했다. 그들은 누가 채권자이고 채무자인지 그리고 그들의 대출과 여신 능력이 시장의 상황 변화에 따라 어떻게 바뀔 것인지에 대해 전혀 이해하지 못했다. 그들이 알고 있는 시장의 작동 원리는 경제학자들처럼 매우 단순했다. 예를 들면 유럽의 정책결정자들은 투자자들을 시장참여자들의 집합이 아니라, 그들이 시장이라고 부르는 하나의 개념으로 알고 있었다. 시장이 나빠졌을 때 그들은 시장의 신뢰도를 높이는 정책을 실행하고 싶어 했다. 시장의 신뢰도를 높이면, 돈이 들어오고 문제가 사라질 것이라고 생각했다. 그들은 시장의 신뢰도와 상관없이 일부 특정 기관들은 채권을 매입할 수 있는 충분한 자금과 신용이 부족하다는 사실을 모르고 있었다.

모든 인간의 신체가 기본적으로 동일하게 움직이는 것처럼, 다른 나라의 경제라는 기계도 동일한 원리도 작동한다. 신체적 질병이 국적에 상관없이 모든 사람을 감염시키는 것처럼 경제적 질병도 국가와 상관없다. 처음에 정책결정자들은 회의적이었지만, 나는 금융위기라는 질병의 생리를 살펴보는 방식으로 그들과 대화를 시작했다. 나는 그들이 앓고 있는 경제적 질병을 진단하고, 유사한 사례를 언급하면서 어떻게 증상이 발전하는가를 보여주었다. 그리고 각각의 단계에 따라 질병을 치료하는 최선의 방법을 설명했다. 우리는 경제적 질병에 관한 인과관계와 증거의 연관성에 대한 수준 높은 토론을 주고받았다.

유럽의 정책결정자들이 경제 관계의 연관성을 이해하도록 도와주는 것에는 성공했지만, 정치적 의사결정 체계는 제대로 작동하지 못했다. 유럽연합의 19개 국가들은 개별 국가로서 어떤 일을 할 것인지 결정을 내리지 못했다. 뿐만 아니라 행동에 나서기 전에 각 국가들의 동의(대부분의 경우 만장일치)를 받아야 했다. 화폐를 찍어 통화량을 늘리는 것에 반대하는 독일의 보수주의자들처럼 견해 차이를 해결할 명백한 방법이 없는 경우도 많았다. 유럽의 정치 지도자들이 오랫동안 비밀회의를 통해 해결책에 대해 고민하는 동안 채무위기는 폭발 직전까지 악화됐다. 이런 힘겨루기는 관련 당사자들의 담력을 시험하는 것이었다. 당시 정책결정자들이 국민들의 이익을 위해 참아야 했던 모욕적인 행동들은 말로 전할 수가 없을 정도이다.

예를 들면 새롭게 스페인의 대통령이 루이스 데 귄도스Luis de Guindos를 경제경쟁력부 장관에 임명한 후 몇 주가 지난 2011년 1월에 나는 귄도스 장관을 만났다. 그는 솔직함과 명석함 그리고 국민의 행복을 위해 자신을 희생하는 영웅적인 의지를 가진 존경할 만한 사람이었다. 스페인의 과거 정부는 퇴진했고, 은행들이 파산하기 직전에 새로운 정부가 들어섰다. 새로운 스페인의 정책결정자들은 즉각적으로 국제통화기금, 유럽연합 그리고 유럽중앙은행의 대표들과 협상에 들어가야 했다(당시 3개의 기관들을 트로이카troika라고 불렀다). 스페인 정부는 이른 새벽 시간에 협상에 들어갔고, 결국 금융 지원의 대가로 트로이카에게 스페인 은행 시스템에 대한 통제권을 넘기는 협정에 동의할 수밖에 없었다.

나는 가장 어려운 첫 번째 협상이 벌어진 날 아침에 귄도스 장관을 만났다. 눈은 충혈돼 있었고, 매우 긴장된 상태였다. 하지만 그는 나의 모든 어려운 질문에 솔직하고 참을성 있게 대답했고, 문제를 해결하기 위해 스페인이 어떻게 개혁해야 하는지에 대한 자신의 생각을 공유했다. 이후 2년 동안 상당한 반대에도 불구하고, 그와 스페인 정부는 논란이 많은 개혁 조치들을 추진했다. 그는 당연히 받아야 할 칭찬을 받지 못했다. 하지만 자신이 이룩한 성과를 보면서 만족감을 느꼈기 때문에 여론에는 신경을 쓰지 않았다. 나에게는 이런 사람이 영웅이다.

시간이 지나면서 유럽의 채무국들은 깊은 경기침체에 빠졌다. 이 때문에 마리오 드라기 Mario Draghi 유럽중앙은행 총재는 2012년 9월에 채권을 매입하는 대담한 결정을 내렸다. 이런 조치는 임박한 채무위기를 피하고 유로화의 폭락을 막았지만, 결과적으로 유럽중앙은행만 부자로 만들었다. 하지만 드라기의 대책은 경기침체에 빠진 국가들의 신용도를 높이고, 경제성장을 촉진하는 데 실패했다. 유럽중앙은행의 목표인 2% 수준의 인플레이션도 달성하지 못했고, 물가는 오히려 하락했다. 유럽중앙은행은 이 문제를 해결하기 위해 은행들에게 매력적인 조건으로 자금 지원을 제안했지만, 은행들은 이 제안을 받아들이지 않았다. 나는 유럽중앙은행이 돈을 찍어내고, 채권을 매입하는 방식으로 돈을 공급하지 않는다면 사태가 계속해서 악화될 것이라고 생각했다. 양적 완화를 위한 조치들이 필수적이고 당연한 것이라 생각했고, 드라기 총재와 유럽중앙은행 이사회를 방문해 나의 이런 우려를 전달했다.

유럽중앙은행과의 회의에서 나는 양적 완화 정책이 인플레이션을 유발하지 않는 이유에 대해 설명했다(소비와 인플레이션을 유발하는 것은 지출의 수준이다. 지출의 수준은 단지 돈의 양이 아니라 돈에 신용을 더한 것이다). 또 경제가 어떻게 작동하는지에 초점을 맞춰 설명했다. 우리가 채권 매입을 통해 돈이 어떻게 경제 시스템에 공급되는지를 이해할 수 있다면, 채권 매입이 인플레이션과 경제성장에 미치는 영향에 대한 합의를 이끌어낼 수 있다고 생각했다. 나는 이 회의를 비롯한 다른 모든 회의에서 우리의 예측뿐만 아니라 중요한 인과관계에 대한 의견을 전달했다. 그리고 채권 매입을 통한 통화 공급 조치가 큰 혼란을 유발하게 될 것인지 아닌지에 대해서 함께 평가했다.

이런 대책의 가장 큰 장애물은 유로존을 대표하는 채권시장이 없다는 것이다. 대부분의 중앙은행과 마찬가지로 유럽중앙은행도 특정 국가나 지역을 선호해 특혜를 주어서는 안 된다. 이런 조건들을 고려해 나는 회원국의 경제 규모에 비례해 채권을 매입하는 방법으로 규정을 위반하지 않고, 어떻게 양적 완화를 할 수 있는지에 대한 이론을 제공했다. 독일은 채권 매입을 통한 양적 완화 정책을 원하지 않았고, 필요하지도 않았다. 독일 경제는 상대적으로 양호했지만, 인플레이션에 대한 우려가 점점 커지고 있는 상태였다.

양적 완화를 실시하는 18개월 동안 나는 유럽의 고위 경제 정책결정자들을 만났다. 내 생각에는 매우 사려 깊고 이타적인 독일의 볼프강 쇼이블레Wolfgang Schauble 재무장관이 가장 중요한 인물이었다. 나는 독일과 유럽 내부에서 정치가 어떻게 작동하는지도 목격했다.* 결국 상황이 한계에 도달했을 때 유럽중앙은행은 유럽을 위한 최선의 정책, 즉 내가 제안한 방식으로 채권을 매입하고 돈을 찍어내는 정책을 실행할 수밖에 없을

---

* 다른 국가들과 마찬가지로 독일의 정치도 서로 권력을 잡기 위해 싸우는 반대 세력들이 있고, 정책은 힘과 협상의 조합을 통해 결정된다. 이 때문에 누가 어떤 힘을 가지고 있고, 누가 무엇에 관해 협상할 의지가 있는지를 아는 것이 중요하다. 다른 국가와 독일의 차이점은 독일 정치가 법적인 절차나 조항들에 대해 더 많은 관심을 기울인다는 것이다.

것이다. 이런 정책은 유럽중앙은행의 의무와 일치했고, 남부 유럽의 채무국들도 유럽중앙은행의 정책에 찬성하고 있었다. 그래서 독일이 투표에서 질 것이고, 유로존을 떠나야 하는 결정에 직면하게 될 수도 있을 것이다. 하지만 독일의 정치 지도자들은 독일을 유로존의 일부로 생각하는 강한 애착을 가지고 있기 때문에, 유로존을 떠나는 결정을 내리지 않을 것이라고 생각했다.

2015년 1월 드라기 총재는 마침내 양적 완화 정책을 발표했다. 정책의 효과는 훌륭했고, 필요하다면 앞으로도 추가적인 양적 완화를 실행할 것이라는 전례를 만들었다. 시장의 반응은 매우 긍정적이었다. 드라기 총재가 금융 완화 정책을 발표한 날 유럽의 주식은 1.5% 상승했고, 유럽 주요 국가들의 국채 수익률은 하락했다. 그리고 미국달러에 대한 유로화의 환율도 2% 하락하면서 유럽 경제의 활성화에 도움이 되었다. 수개월 동안 지속된 이런 조치들은 유럽 각국의 경제 회복과 성장을 견인하고 물가의 하락을 방지했다.

유럽중앙은행의 결정은 여러 가지 단순한 이유로 볼 때도 분명히 올바른 조치였다. 하지만 많은 논란을 불러일으키는 것을 보면서, 나는 경제가 작동하는 방식에 대해 전 세계에 설명할 필요가 있다는 생각이 들었다. 모든 사람이 경제의 기본을 이해한다면 경제 정책결정자들은 앞으로 큰 불안감 없이 더 빨리 올바른 대응에 나설 수 있을 것이기 때문이다. 이런 생각 때문에 나는 2013년에 〈경제는 어떻게 움직이는가〉라는 30분짜리 동영상을 제작해 배포했다. 이 동영상은 경제의 작동 원리를 설명하는 것 외에도 사람들이 경제를 평가하는 데 도움을 주고, 경제 위기 동안에 어떤 일이 일어나고, 무엇을 해야 하는지를 알려주는 지침을 제공하고 있다. 이 동영상은 예상보다 큰 반향을 불러일으켰고, 8개국 언어로 번역돼

500만 명이 시청했다. 많은 정책결정자가 나에게 개인적으로 경제를 이해하고, 유권자들을 상대하고, 미래를 향한 더 좋은 방법을 찾는 데 도움이 됐다고 말했다. 이것은 무척 보람 있는 일이었다.

여러 국가의 정책결정자들과의 만남을 통해 나는 국제 관계가 어떻게 움직이는지에 관해 많은 것을 배웠다. 국제 정치의 역학은 대부분의 사람이 생각하는 것과 상당히 달랐다. 국가는 개인들을 위해 좋다고 생각하는 것보다 국가의 이익을 위해 냉정하게 행동한다. 서로 협상할 때 국가들은 체스 게임에 나온 상대방이나 자신의 이익을 극대화하는 것이 유일한 목적인 시장의 상인처럼 행동한다. 현명한 지도자들은 자국의 약점을 알고 있고, 상대방의 약점을 이용한다. 그리고 상대 국가의 지도자들도 똑같이 행동할 것으로 예상한다.

자신의 국가나 다른 국가의 정치 지도자들을 직접 접할 수 없는 대부분의 사람은 언론의 보도에 의해 관점이 형성된다. 그리고 결과적으로 순진하고 부적절한 편견에 사로잡힌다. 극적인 소문에 근거한 기사들이 단순한 객관적 기사보다 더 많은 독자와 시청자를 끌어들이기 때문이다. 또 어떤 경우에 언론인들은 진보적이 되려고 노력하는 이데올로기적 편향성을 보인다. 그 결과 언론을 통해 세계를 보는 대부분의 사람은 무엇이 기득권이고, 상대적 권력인지 그리고 이것들이 어떻게 전개되는지보다 누가 선이고, 누가 악인지를 찾으려는 경향이 있다. 예를 들면 국가들이 최대화하고 싶은 다양한 이익을 가지고 있을 때 대부분의 경우 사람들은 자신들의 국가가 얼마나 도덕적인지 그리고 상대 국가는 얼마나 비도덕적인지에 관한 이야기들을 받아들이는 경향이 있다. 우리가 기대할수 있는 최선의 행동은 협력의 혜택을 중요하게 생각하고, 올해 받은 협력이라는 선물이 미래에 어떻게 혜택으로 돌아오는지 목격할 수 있는 충분한 시간을 가지고 있는 정치 지도자들로부터 나온다.

기득권과의 갈등은 국제적으로 전개되지 않지만, 국가 내부적으로는 심각해질 수 있다. 대부분의 정책결정자가 모든 사람의 이익을 위해 일하는 척하지만, 진실을 찾아내고 모든 사람을 위한 최선의 방법을 찾으려고 노력하는 경우는 거의 없다. 대부분의 정치인은 그들이 대표하는 유권자들의 이익을 지지하는 방향으로 행동한다. 예를 들면 소득이 높은 사람들을 대변하는 정치인들은 높은 세금이 성장을 억누를 것이라고 말하고, 저소득층을 대변하는 정치인들은 반대로 이야기한다. 전체의 이익을 위하는 것은 말할 것도 없고, 모든 사람이 객관적으로 전체적인 큰 그림을 보도록 만드는 것도 매우 어렵다.

그럼에도 불구하고 정책결정자들이 처했던 끔찍한 상황들 때문에 나는 함께 일했던 대부분의 사람을 존경하게 됐다. 그들은 비도덕적인 환경에서 어쩔 수 없이 일해야 하는 원칙을 고수하는 사람들이다. 정책결정자들의 업무는 최선의 환경에서도 힘든 일이고, 위기 상황에서는 거의 불가능한 일이다. 정치는 끔찍하고, 언론의 잘못된 정보는 상황을 더욱 악화시킨다. 내가 만난 정책결정자들(드라기, 데 귄도스, 쇼이블레, 버냉키, 가이트너 서머스 등)은 진짜 영웅이었다. 이것은 그들이 다른 사람과 그들이 헌신했던 일들을 자신보다 더 중요하게 생각했다는 의미이다. 불행하게도 대부분의 정책결정자는 이상주의자로서 직무를 시작했다가 환멸을 느끼고 떠난다.

이런 영웅들 가운데 운이 좋게도 내가 무엇인가를 배운 사람은 중국의 왕치산Wang Qishan이다. 왕치산은 지난 수십 년 동안 계속해서 놀라운 영향력을 행사한 인물이었다. 그가 어떤 사람이고, 중국의 최고 지도부에 오르기까지의 모든 과정을 설명하려면 이 책의 상당 부분을 할애해야 한다. 간단히 이야기하면 왕치산은 역사가이자 최고의 사상가인 동시에 매우 실용적인 인물이다. 나는 매우 현명한 동시에, 매우 실용적인 사람을 거의 보지 못했다. 지난 수십 년 동안 중국 경제를 이끌고 부패를 척결한 선각자인 왕치산은 믿고 일을 맡길 수 있는 진지한 사람으로 알려져 있다.

내가 중국을 방문할 때마다 우리는 한 시간에서 한 시간 반 정도 만났다. 우리는 현재 세계에서 일어나고 있는 일들과 이런 문제들이 수천 년의 역사 그리고 결코 변하지 않는 인간의 본성과 어떤 관계가 있는지에 대해 이야기했다. 우리는 물리학에서 인공지능에 이르는 다양한 주제에 대해 토론했다. 우리는 거의 모든 일이 어떻게 반복적으로 발생하는지, 반복적인 사건 발생의 이면에 어떤 힘이 있는지, 그리고 이런 문제들에 대응하는 과정에서 효과가 있는 원칙과 그렇지 않은 원칙들에 관해 지대한 관심을 가지고 있었다.

나는 왕치산에게 조지프 캠벨Joseph Campbell의《천의 얼굴을 가진 영웅The Hero with a Thousand Faces》이라는 책을 선물했다. 전형적인 영웅인 그에게 이 책이 도움이 될 것이라고 생각했기 때문이다. 나는 역사를 관통하는 중요한 힘의 핵심을 다룬 윌Will과 아리엘 두란트Ariel Durant가 쓴 104페이지 분량의《역사의 교훈The Lesson of History》과 진화가 어떻게 진행되는지를 설명한 리처드 도킨스Richard Dawkins의《에덴 밖의 강River Out of Eden》도 그에게 선물했다. 왕치산은 게오르기 플레하노프Georgi Plekhanov의《역사에서 개인의 역할On the Role of the Individual in History》을 나에게 주었다. 이 책들은 모두 역사에서 동일한 사건들이 어떻게 반복적으로 일어나는지를 설명하고 있다.

왕치산과의 대화 대부분은 원칙에 관한 것이었다. 그는 역사의 운율을 보면서 우리가 이야기하는 특별한 사건들을 역사의 문맥에 대입했다. 한 번은 그가 나에게 "영웅들에게는 이룰 수 없는 목표들이 매력적이다. 능력이 있는 사람들은 높은 곳에 앉아 미래를 걱정한다. 현명하지 못한 사람들은 아무것도 걱정하지 않는다. 갈등이 정점에 이르기 전에 해결된다면 영웅들이 존재하지 않았을 것이다."라고 말했다. 그의 충고는 내가 브리지워터의 미래를 계획할 때 많은 도움을 주었다. 예를 들면 왕치산에게 권력에 대한 견제와 균형에 대해 묻자 그는 카이사르Julius Caesar가 로마의 상원과 공화정을 폐지한 것은 어떤 한 사람도 체제system보다 강하지 않다는 것을 확실히 보여주는 매우 중요한 사건이라고 말했다. 나는 그의 충고를 가슴 깊이 새겨듣고 브리지워터의 지배구조를 개선하기 시작했다.

왕치산과 대화를 나눌 때마다 나는 우주의 법칙을 푸는 통일된 암호를 해독하는 데 더 가까워진다는 느낌을 받았다. 그는 시간을 넘나드는 관점을 통해 현재를 보고, 가능성 있는 미래를 더 분명하게 내다본다. 이런 사람들과 가까이 지내는 것은, 특히 내가 이들을 도울 수 있다면, 매우 즐거운 일이다.

위대한 선물에 대한 보답

내가 왕치산에게 선물한 책들 가운데 하나인《천의 얼굴을 가진 영웅》은 2014년 아들 폴이 소개해준 책이다. 폴은 나에게 영웅에 관한 많은 책을 소개해주었다. 30여 년 전에 TV에서 캠벨을 보고 깊은 인상을 받았지만, 그의 책을 사지는 않았었다. 이 책에서 캠벨은 다양한 문화 속의 영웅(일부는 실존 인물이고, 일부는 신화적인 인물이다.)들을 살펴보고, 그들의 전형적인 인생 여정을 설명하고 있다. 영웅들이 어떻게 영웅이 되는지에 관한 캠벨의 설명은 셰이퍼에 대한 나의 생각과 일치했다. 캠벨의 책은 내 삶의 유형과 내가 알고 있는 영웅들에 관해 큰 통찰력을 제공해주었다.

캠벨에게 있어 영웅은 언제나 옳은 일을 하는 완벽한 사람이 아니다. 오히려 완벽한 사람과는 거리가 멀다. 영웅은 정상적인 업적을 뛰어넘어 무엇인가를 성취하거나 발견한 사람이다. 그리고 자신보다 더 큰 어떤 것이나, 자신보다 다른 사람들을 위해 인생을 헌신한 사람이다. 나는 인생을 살면서 이런 사람들을 많이 만났다. 캠벨의 책에서 가장 흥미로운 부분은 영웅들이 어떻게 영웅이 되었는지에 대한 설명이었다. 영웅들은 영웅으로 태어난 것이 아니다. 이들은 하나의 사건이 또 다른 사건으로 이어지는 과정을 통해 영웅이 된 것이다. 오른쪽 페이지의 그림은 전형적인 영웅의 길을 보여주고 있다.

영웅들은 평범한 세계에서 평범한 삶을 살다가 모험에 대한 부름을 받는다. 이것이 싸움, 유혹, 성공 그리고 실패로 가득한 시련의 길로 영웅들을 이끈다. 이 길을 따라가면서 영웅들은 종종 자신보다 먼저 여정을 떠난 사람들과 멘토들의 도움을 받는다. 또 자신들보다 뒤처진 사람들을 다양한 방법으로 도와준다. 영웅들은 또 적과 연합군을 만나고, 흔히 관습에 맞서 싸우는 방법을 배운다. 도중에 유혹에 마주치고, 아버지나 아들과 싸우거나 화해한다. 이들은 자신들의 목표를 달성하고 싶은 강한 투지를 통해 싸움에 대한 두려움을 극복한다. 그리고 다른 사람들로부터 받은 선물(충고 등)과 그들을 단련시키고 교훈을 알려준 '전투battle'에서 '특별한 힘special powers(기술)'을 얻는다. 시간이 지나면서 영웅들은 성공

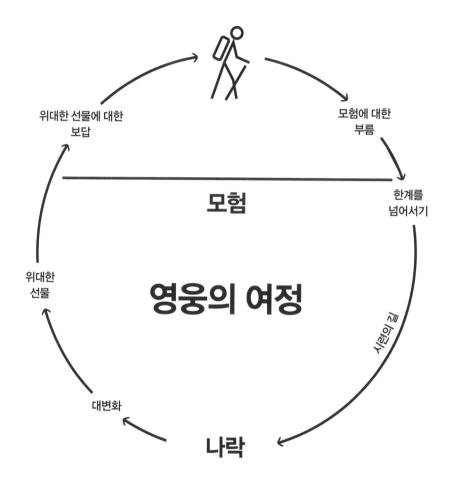

위대한 선물에 대한
보답

모험에 대한
부름

모험

한계를
넘어서기

위대한
선물

영웅의 여정

시련의 길

대변화

나락

조지프 캠벨의 영웅의 여정
출처: 《천의 얼굴을 가진 영웅》(뉴 월드 라이브러리)

도 하고 실패도 한다. 하지만 이들은 더 강해지고 더 많은 것을 성취하기 위해 계속해서 노력하기 때문에 점차 실패보다 더 많은 성공을 이룩한다. 이것이 더 크고 더 힘든 전투로 영웅들을 이끈다.

불가피하게 영웅들은 더 현명하고 결연하게 싸울 강인한 의지가 있는지를 시험하는 큰 실패를 한 차례 이상 경험한다(캠벨은 이것을 '나락abyss' 또는 '고래의 뱃속belly of the whale' 경험이라고 부른다). 실패를 극복하면서 영웅들은 앞으로 나아가는 진취성을 얻게 되고, 두려움을 극복하는 경험을 통해 대변화를 이루게 된다. 그리고 승리와 함께 보상이 주어진다. 전투를 벌이고 있을 때는 모르지만 영웅들의 가장 큰 보상은 캠벨이 말하는 '위대한 선물the ultimate boon'이다. 이것은 영웅들이 시련의 여정을 통해 힘들게 얻은 성공하는 방법에 관한 특별한 지식이다.

인생의 후반기에 영웅들은 전투에서 승리하고, 더 많은 보상을 받는 것보다 자신만의 특별한 지식을 다른 사람들에게 전해주는 것(캠벨이 말한 위대한 선물을 돌려주는 것)에 더 흥미를 느낀다. 일단 지식을 전수해준 다음 영웅들은 자유롭게 살다가 죽거나, 내가 생각하는 것처럼 인생의 두 번째 단계에서 세 번째 단계로 넘어간다(세 번째 단계에서 사람들은 자유롭게 인생의 풍미를 즐기다 죽는다).

캠벨의 책을 읽으면서 나는 영웅들도 셰이퍼처럼 다양한 모습(위대한 영웅도 있고, 작은 영웅도 있듯이)으로 나타난다는 것을 알게 됐다. 그리고 영웅들도 평범한 사람이고, 이들 가운데 일부는 우리가 알고 있는 사람이라는 것을 깨달았다. 또 영웅이 된다는 것은 일반적인 사람이 생각하는 것처럼 좋은 것이 아니라는 사실을 알게 되었다. 영웅들은 승리한 이후에도 공격당하여 수치심을 느끼거나 살해당하기도 한다. 나는 왜 사람들이 영웅의 역할을 선택하는지 그 이유를 모르겠다. 하지만 나는 특정 유형의 사람이 어떻게 영웅의 역할을 시작하고, 그 길을 계속 가는지 이해할 수 있었다.

영웅의 일생에 대한 캠벨의 설명은 내가 셰이퍼라고 부르는 사람들의 인생 여정과 내 인생의 본질에 대해 잘 파악할 수 있었다. 하지만 영웅이라는 단어는 나를 설명하는 데 사용하기에는 부적절했다. 나의 성공은 캠벨이 책에서 설명한 영웅들의 업적과는 거리가 멀다.* 하지만 영웅의 일생에 대해 배우는 것은 인생에서 내 위치가 어디쯤이고, 다음에 내가 무엇을 해야 하는지를 분명하게 이해하는 데 도움이 되었다. 위대한 선물을 돌려주는 부분은 내가 무엇에 대해 고민하고 있는지 정확히 알고 있는 것처럼, 캠벨이 개인적으로 나에게 직접 이야기해주는 것 같았다. 나는 캠벨의 책을 읽으면서 내 인생이 상대적으로 짧은 시간에 끝나고, 내가 세상에 남긴 것이 중요하고 더 오래 지속되며, 브리지워터의 직원들과 가족보다 더 많은 사람에게 영향을 미칠 수 있다는 사실을 깨달았다. 그래서 내가 가지고 있는 것 중 후대 사람들에게 도움이 되는 것을 물려줘야 한다는 사실이 더욱 분명해졌다. 가장 중요한 것은 이 책에 있는 원칙들이고, 돈도 마찬가지이다.

속담에서 말하듯 죽을 때 돈을 가지고 갈 수는 없다. 누가 무엇을 가져가야 하는가에 대해 생각하기 시작한 것은 단지 나의 나이와 그 일을 잘

---

* 나는 영웅들이나 셰이퍼들이 더 훌륭한 사람들이거나 더 좋은 인생 경로에 있었다고 생각하지 않는다는 점을 분명하게 밝히고 싶다. 영웅의 길을 가고 싶은 욕구를 가지고 있지 않다는 것이 지극히 상식적이다. 나는 자신의 타고난 본질을 알고, 지속적으로 그에 따라 행동하는 것이 가장 중요하다고 믿고 있다.

마무리하는 데 걸리는 시간 때문만은 아니다. 본능적인 원인도 있다. 시간이 지나면서 내가 관심을 갖는 사람과 사물의 범위가 어렸을 때는 나뿐이었지만, 부모가 되어서는 나와 가족으로 넓어졌다. 그리고 더 성숙해졌을 때는 지역사회로, 지금은 지역사회 밖의 사람들과 전체 국가로까지 넓어졌다.

자선활동에 대한 고민

내가 처음으로 자선활동*을 접하게 된 것은 50세가 되던 1990년대 말이었다. 당시 16살이었던 매트는 중국어 구사 능력이 뛰어났고, 도움을 주기 위해 중국의 고아원을 방문했었다. 매트는 그곳에서 500달러로 누군가의 생명을 구하거나, 삶을 크게 바꾸어놓을 수 있다는 사실을 배웠다. 우리와 친구들은 매트에게 자선활동에 필요한 돈을 주었다. 내 친구 폴 튜더 존스는 매트에게 비영리재단을 만드는 방법을 가르쳐주었고, 매트는 2000년에 차이나케어재단China Care Foundation을 설립했다. 매트는 우리 가족을 고아원에 데려갔고, 우리는 특별한 배려가 필요한 아이들과 가까이 지내면서 아이들을 좋아하게 됐다. 우리는 모든 아이를 구할 수 있을 만큼 돈이 충분하지 않았다. 그 때문에 매트가 어떤 아이들이 살고, 어떤

---

* 우리가 하는 일을 설명하는 데 자선활동이라는 단어는 잘 어울리지 않는다. 우리는 친구를 도와줄 때의 즐거움처럼 그것이 주는 기쁨 때문에 남을 도와주는 것이다. 나에게 자선활동은 조금 더 공식적인 의미를 가진다. 예를 들면 일부 사람들은 세법에서 어느 수준을 자선활동으로 규정하는지를 판단한다. 하지만 우리는 자선활동을 할 때 우리가 도움을 주는 데 즐거움을 느끼는 사람들과 대상에 대해 생각한다.

아이들이 죽게 될 것인지에 대해 고민하는 것을 지켜봤다. 아이들의 생명을 구하는 것과 밤새 재미있게 노는 것 가운데 하나를 선택하는 상황에 직면해 있다고 상상해보라. 이것은 우리가 끊임없이 마주치는 기본적인 선택이다. 이런 경험을 통해 자선활동에 더 많은 관심을 갖게 됐고, 우리는 더 체계적으로 자선활동을 지원하기 위해 2003년에 재단을 설립했다. 우리는 가족활동의 일환으로 자선활동을 함께하기를 원했다. 가족들이 함께하는 자선활동은 굉장히 멋진 일이었다.

돈을 기부하는 가장 좋은 방법을 찾는 것은 돈을 버는 방법을 찾는 것만큼 복잡하다. 처음 시작했을 때보다 기부하는 방법에 대해 더 많은 것을 알고 있지만, 우리는 아직도 언제나 최선의 선택을 내릴 수 있다고 생각하지 않는다. 그래서 나와 가족은 그 방법에 대해 여전히 고민하고 있다. 우리가 씨름하고 있는 문제들과 이에 대한 우리의 생각이 어떻게 발전했는지에 관한 몇 가지 사례를 소개할 것이다. 우리는 멀리 떨어져 있지만 절실하게 도움이 필요한 사람들에게 기부해야 할 돈과 가족을 위한 돈은 얼마나 많이 저축해야 하는가라는 질문으로 시작했다.

부자가 되기 전에 나는 두 아들이 좋은 건강보험에 가입하고, 좋은 교육을 받고, 사회에 첫발을 내디디는 데 발판이 될 정도로 충분한 돈을 벌고 싶었다. 이런 생각은 빈털터리에서 부자가 된 내 인생 여정에 많은 영향을 주었다. 어려움이 나를 강하게 만들었고, 투쟁하는 방법을 알려주었다. 나는 사랑하는 사람들도 어려움을 극복하고 강해지기를 바란다. 그래서 많은 돈을 벌고 부자가 됐을 때 재산의 상당 부분을 다른 사람들에게 나눠주어야 한다고 생각했다.

시간이 흐르고 다양한 분야에서 도움을 주는 경험이 쌓여가면서 나는 돈이 매우 빨리 없어지고, 우리가 관심을 가지고 있는 모든 분야를 다 도 와줄 수 있을 만큼 돈이 충분하지 않다는 것을 알게 됐다. 또 첫 손자가 태어났을 때 얼마나 많은 후손까지 내가 재정적으로 보호해야 하는지에 대해 생각하게 되었다. 나와 비슷한 상황에 있는 사람들과 이야기하면서 나는 가장 부유한 사람들조차 하고 싶은 일을 하는 데 필요한 돈이 부족 하다고 느낀다는 사실을 알게 되었다. 그래서 나는 다른 사람들은 가족을 위해 얼마나 많은 돈을 저축하고, 남들을 위해서는 어느 정도의 돈을 쓰 는지 그리고 그에 관한 문제를 어떻게 해결하는지에 대해 연구했다. 우리 가족에게 이런 문제에 명확하게 답하지 않았지만, 나는 개인적으로 내 돈 의 절반 이상을 가족이 아닌 사람들에게 기부할 것이라고 생각하고 있다.

어떤 목적을 위해 기부할 것인가는 또 다른 문제였다. 바버라의 가장 큰 관심사는 코네티컷주에서 가장 낙후된 지역의 공립학교 학생들을 돕 는 것이었다. 특히 소외되고 교육을 받지 못한disengaged and disconnected* 학 생들에게 관심이 많았다. 한 연구에 따르면 고등학교 학생들의 22%가 소외되거나 교육을 받지 못하는 범주에 속한 것으로 나타났다. 이것은 이들 대부분이 사회에 기여하는 사람이 아닌, 사회에 부담이 되거나 사 회에서 어려움을 겪을 성인이 될 확률이 높다는 점에서 충격적인 결과였 다. 바버라는 이런 아이들과 교사들을 직접 만나고 있었기 때문에 그들 에게 무엇이 필요한지 잘 알고 있었다. 그녀는 1만 명의 학생들이 겨울 외투가 없다는 사실을 알았을 때 그들에게 외투를 지원해야 한다고 생각 했다. 그녀가 나에게 보여준 자료는 내 눈을 휘둥그레지게 만들었다. 기

---

* disengaged students는 학교를 다니지만 학교활동에 참여하지 않는 학생들이고, disconnected students는 학교를 다니지 않아 공교육 체계에서 분리된 학생들을 말한다.

회의 땅이라는 곳에서 어떻게 옷과 음식이 부족할 수 있을까? 우리 가족은 인간의 가장 기본적 권리 중 하나인 기회의 균등은 평등한 교육 기회라고 알고 있지만, 교육의 기회는 균등하지 못했다. 범죄와 투옥의 형태로 나타나는 경제적 비용뿐만 아니라, 이런 상황을 개선하는 데 투자하지 않는 것에 따른 사회적 비용은 막대하다. 우리는 도움을 주어야 한다고 생각했지만, 문제의 중요성에 비해 의미 있는 영향력을 미치는 것이 어렵다는 사실을 발견했다.

나는 자연, 특히 바다와 깊이 연결돼 있다는 느낌을 받는다. 지구의 가장 위대한 자산인 바다는 지구 표면의 72%를 차지하고, 생물이 거주하는 공간의 99%를 구성하고 있다. 바다를 연구하는 과학자들과 놀라운 자연 환경을 보여주는 미디어를 지원하는 일은 나에게 큰 기쁨을 준다. 나는 바다에 대한 연구가 우주에 대한 연구보다 훨씬 더 중요하고 흥미롭다는 사실을 분명하게 알려, 지구의 바다가 더 많은 지원을 받고 더 현명하게 관리되도록 해야 한다는 사명감을 갖고 있다. 나의 이런 즐거움에 더해 내 아들 마크Mark는 나와 비슷한 열정을 가진 야생동물 영화 제작자이다. 그래서 우리는 함께 같은 목표를 추구하고 있다.

매트의 관심은, 교육과 보건 문제를 개선하는 방법의 일환으로, 개발도상국들에게 저렴하고 효율적으로 컴퓨터를 보급하는 데 있다. 폴은 정신 건강에 관심이 많고, 그의 아내는 기후 변화 문제와 싸우고 있다. 데번은 현재 자선활동보다 자신의 일에 더 집중하고 있지만, 그의 아내는 동물복지 문제에 깊은 관심을 가지고 있다. 우리 가족은 도움이 필요한 중국의 어린이들을 계속 지원하고 있고, 중국의 자선활동가들에게 가장 훌륭한 지원 사례들을 교육시키는 단체를 지원하고 있다. 우리는 또 정신적 스트레스를 받는 환경에 있는 어린이들과 외상후스트레스장애를 앓고 있는 참전용사들에게 명상 교육을 지원하고 있다. 또 첨단 심장 연구, 소액금융지원과 다른 사회적 기업 등 많은 곳을 지원하고 있다.

우리는 기부를 투자로 생각하고 있고, 우리가 지원하는 자선활동에서 확실하게 좋은 성과를 거두기를 원한다. 그래서 우리는 자선활동의 성과를 측정하는 방법에 대해 또 다른 고민을 하고 있다. 기업에서는 비용보다 수익이 얼마나 더 많은지를 측정함으로써 효율성을 평가한다. 이런 방법으로 우리는 지속적으로 발전 가능한 사회적 기업들에 대해 관심을 갖게 됐다. 나는 자선활동에 대한 많은 기부가 경제적으로뿐만 아니라 사회적으로도 성과를 낼 수 있다는 것을 알고 있다. 때문에 우리 사회가 이런 기회를 포기하는 것이 안타까웠다.

우리는 또 어떤 규모로 조직을 운영할 것인지 그리고 자선활동과 관련된 의사결정의 효율성을 높이기 위해 어떤 지배구조를 갖추어야 하는지에 대해서도 고민했다. 나는 일의 원칙에서 설명한 방식, 즉 의사결정을 위한 공식적인 원칙과 정책을 만드는 방법으로 자선활동과 관련된 문제들을 결정했다. 예를 들면 우리에게는 이성적으로 검토할 수 있는 범위를 넘어설 정도로 수많은 기부 요청이 들어오고 있다. 때문에 나는 불필요한 요청을 검토하지 않는다는 원칙을 세워 직원들이 우리가 집중적으로 지원하고 싶은 분야를 자세히 살펴볼 수 있도록 했다. 우리는 지속적으로 원칙과 정책을 개선하고 있고, 비록 지금은 나의 능력 밖의 일이지만, 자선활동을 위한 의사결정 알고리즘을 만드는 것을 꿈꾸고 있다.

이미 알고 있을지도 모르지만 우리는 가능하면 경험이 많고 존경받는 사람들에게서 조언을 구한다. 빌 게이츠와 멜린다 게이츠 재단을 통해 만난 사람들 그리고 워런 버핏의 기부서약Warren Buffet's Giving Pledge은 우리에게 큰 깨달음을 주었다. 무하마드 우누스, 폴 존스Paul Jones, 제프 스콜Jeff Skoll, 오미디야르 관계자들(이베이의 창업자 오미디야르Pierre Omidyar가 설립한 자선 투자를 전문으로 하는 기관 _옮긴이) 그리고 TED(테드)의 사람들도 많은 도움을 주었다. 우리가 배운 가장 중요한 것은 자선활동에 있어 잘못된 방법은 많지만, 올바른 방법이 하나만 있는 것은 아니라는 점이다. 일생 동안 번 돈을 기부하는 것(그리고 올바른 방법으로 잘 기부하는 것)은 즐거움이자 도전이고, 현재 내 인생의 단계에 어울리는 일이다.

브리지워터 창립 40주년

2015년 6월 브리지워터의 창립 40주년을 맞아 우리는 성대한 파티를 열어 역사적인 날을 기념했다. 투자업계의 어떤 회사도 우리만큼 성공적이 못했기 때문에 우리는 축하할 일들이 많았다.* 회사 창립부터 지금까지 40년을 함께 해온 주요 인물들이 연설했다. 각자가 자신들의 눈을 통해 본 브리지워터의 발전 과정(어떤 것들은 나쁘게 변한 반면, 어떤 것들은 변하지 않고 그대로 있었다. 그리고 가장 중요한 것은 서로에게 진실하고 투명하게 대함으로써 관계와 업무에서 최고를 추구하기 위해 노력하는 문화)에 대해 이야기했다. 이들은 우리가 어떻게 새로운 것들을 시도했고, 실패했으며, 실패에서 무엇을 배워 발전시키고 또다시 시도하면서 발전의 순환 고리를 반

---

* 2015년 1월에 우리는 10년 만에 새로운 옵티멀 포트폴리오Optimal Portfolio라는 새로운 상품을 출시했다. 이것은 기준금리가 거의 제로 수준인 세계 거시경제 환경에 적합하도록 퓨어 알파 전략과 전천후 전략을 결합한 상품이다. 새로운 상품은 헤지펀드 역사상 가장 큰 성공을 거두었다.

복해왔는지에 대해 자세하게 말했다. 내 차례가 됐을 때 나는 항상 브리지워터의 사람들에게 주고 싶었던 것과 내가 떠난 후 미래에 그들이 성취하기를 바라는 것에 대해 이야기했다.

공동체에서 여러분은 원칙을 이해하고, 의견 차이를 해소하는 과정(즉 제대로 작동하는 아이디어 성과주의)을 만들 권리와 의무를 가지고 있다. 나는 여러분이 틀릴 수도 있고, 약점도 있다는 사실을 알고 있다. 여러분이 나의 뒤를 따라오지 말고 독립적으로 생각하기를 바란다. 나는 개인적으로 최선의 답이 아니라고 생각하더라도 가장 가능성이 높은 최선의 해결책을 찾도록 도와주고 싶다. 나는 극단적으로 개방적인 사고방식과 아이디어 성과주의를 여러분에게 선물하고 싶다. 이 두 가지를 통해 여러분은 머릿속에 갇혀 있는 자신을 끌어내 자신과 공동체를 위해 최선의 결정을 내리게 될 것이다. 또 여러분 모두가 어려움을 잘 이겨내고 인생을 최대한 가치 있게 살도록 돕고 싶다.

여전히 해야 할 중요한 일들이 많이 남았지만, 그 당시에 나는 경영권 승계 과정이 잘 마무리되고 있다고 생각했다. 그다음 해에 얼마나 어려운 일이 발생할지 전혀 모르고 있었다.

7장
마지막 해 그리고 가장 위대한 도전
2016-2017

브리지워터 창립 40주년 기념일 훨씬 이전부터 우리는 경영권 승계가 바라던 것처럼 수월하게 진행되지 않고 있다는 것을 알고 있었다. 이후 몇 달 동안 브리지워터의 문제점들이 심각하게, 전혀 예상하지 못한 방식으로 불거졌다. 브리지워터의 투자 사업 부분은 그 어느 때보다 성과가 좋았지만, 기술과 신규 인력 채용 등 다른 부분들에서는 조금씩 나빠지고 있었다.

나는 CEO에서 물러났기 때문에 기업 경영은 더 이상 내 임무가 아니었다. 회장으로서 내가 하는 일은 CEO들을 감독하고 회사를 잘 경영하고 있는지 확인하는 것이다. 당시 CEO였던 그레그 젠센과 에일린 머레이Eileen Murray 두 사람은 과도한 업무에 시달리고 있었다. 모두 브리지워터가 제대로 운영되지 않고 있다는 점에 동의했지만, 무엇을 해야 하는가에 대해서는 의견이 엇갈렸다. 브리지워터에서는 모든 사람이 독립적으로 생각하고, 자신의 생각이 최선이라고 주장하기를 바라기 때문에 이런 견해 차이는 예상된 것이었다. 우리가 문제를 해결하는 과정과 원칙을 만든 것도 바로 이 때문이다.

그래서 수 주일에 걸쳐 우리는 각자의 생각과 의견에 대해 이야기했다. 그리고 핵심 당사자들이 경영위원회와 주주위원회(실질적으로 브리지워터의 이사회이다.) 위원들에게 자신의 생각과 권고 방안을 제안했다. 그리고 경영위원회와 주주위원회 위원들은 각각의 대안들에 대해 생각한 후 투표로 결정했다. 이런 과정을 통해 2016년 3월에 발표된 최종 결정은 그레그가 공동 최고투자책임자CIO 임무에 집중할 수 있도록 공동 CEO 자리에서 물러나는 것이었다(그레그는 밥 프린스와 나와 함께 공동 CIO 자리를 맡았다). 그리고 내가 떠난 후에도 브리지워터의 성공적인 경영을 위해 필요한 구조적 변화를 추진하는 동안, 나는 임시로 에일린과 공동 CEO를 맡기로 했다.

이것은 내가 CEO 자리에서 물러나면서 다른 동료들에게 경영권을 넘겨줄 때 어느 누구도 바라던 결과가 아니었다. 하지만 전혀 예상하지 못했던 것도 아니었다. 당분간 우리가 힘들게 노력해야 한다는 것이 분명해졌고, 과거에 시도했던 일들을 또다시 반복해야 했다. 우리는 경영권 승계가 결코 쉽지 않을 것이고, 시도하고 실패하고 진단한 후 다시 계획하고 또다시 시도해야 한다고 생각했다. 이것이 우리가 해야 하는 일이었고, 지금은 리더십의 변화가 필요한 시기였다.

하지만 경영권 승계의 실패는 그레그와 나에게 고통스러운 문제였다. 나는 CEO와 CIO의 역할을 모두 잘 수행할 것이라는 기대 속에 그레그에게 너무 큰 짐을 맡겼다는 것을 깨달았다. 경영권 승계 문제가 회사와 우리 두 사람을 힘들게 했다는 점에서 브리지워터를 경영하면서 내가 저지른 그 어떤 실수보다 이 문제를 가장 후회하고 있다. 나는 그레그의 멘토였고, 그는 지난 20여 년 동안 나에게 아들 같은 존재였다. 우리는 그레그가 브리지워터를 경영하기를 바랐고, 그렇게 되기를 기대했다. 특히 그레그는 언론의 선정적이고 부정확한 보도 때문에 이번 실패의 아픔을 훨씬 더 크게 느꼈다. 언론에서는 경영권 승계를 사실에 입각해서 보도한 것이 아니라, 후계 구도를 둘러싼 두 거물 사이의 진흙탕 싸움으로 묘사했다. 사실 우리 두 사람은 아이디어 성과주의 방식으로 견해 차이를 해결하는 브리지워터의 문화를 사랑하고 있었다. 이 사건은 그레그가 영웅이 되는 과정에서 나락으로 떨어진 경험이었다. 단지 그레그를 고통스럽게 했기 때문이 아니라, 브리지워터를 발전시킨 대변화로 우리를 이끌었기 때문이다. 그리고 나와 브리지워터의 다른 리더들에게도 비슷한 경험이었다.

그레그는 나보다 25살이나 어렸다. 나는 종종 내가 그레그 나이였을 때 무엇을 하고 있었는지 그리고 그 이후 지금까지 얼마나 많은 것을 배웠는지에 대해 생각한다. 나는 그레그가 자신의 방식으로 크게 성공할 것이라는 사실을 알고 있다. 나는 우리 모두가 더 강해졌고, 특히 문제를 찾아내고 해결하는 브리지워터의 시스템이 잘 작동했다는 것이 자랑스러웠다. 우리 두 사람은 서로 다른 견해를 가지고 있지만, 이번 사건은 브리지워터의 집단적 아이디어 능력주의에 입각한 의사결정 과정이 한 사람의 결정보다 더 좋은 결과를 가져올 것이라는 믿음을 다시 확인시켜주었다. 우리를 단결시킨 것은 깊은 유대관계만이 아니라 문제를 해결하는 절차였다.

나는 또 한 번 내가 아는 것보다 모르는 것이 훨씬 많다는 것을 깨달았다. 이번 경우에는 설립자-리더의 역할에서 벗어나 어떻게 경영권을 넘겨주어야 하는지 몰랐다. 그래서 나는 조언을 얻을 수 있는 가장 훌륭한 전문가들에게 도움을 요청했다. 경영 전문가인 짐 콜린스Jim Collins의 조언이 가장 훌륭했다. 그는 우리에게 "성공적인 경영권 승계를 위해서 해야 할 일은 단 두 가지이다. 유능한 CEO를 자리에 앉히거나, CEO가 능력이 없다면 그를 대신하는 훌륭한 지배구조 체계를 만드는 것이다."라고 말했다. 나는 훌륭한 지배구조를 만드는 일에 실패했고, 성공을 위해 지금 두 번째 시도를 하고 있다. 그래서 나는 과거에 시도하지 않았던 방식으로 지배구조에 대해 생각하기 시작했다.

간단하게 말하면 지배구조는 특정 시점에 조직을 이끄는 어떤 사람보다 조직이 더 강한 힘을 갖도록 보장해주는 견제와 균형의 시스템이다. 나는 창업자이자 경영자였기 때문에 나를 견제하는 공식적인 규정 없이 35년 동안 브리지워터를 경영해왔다(내가 내린 결정에 대한 견제 장치로 경영위원회에 보고하도록 만드는 비공식적인 통제 장치를 만들기는 했다).

이런 비공식적 견제 기구는 나에게는 효과가 있었지만, 내가 없다면 잘 작동하지 않을 것이다. 그래서 누가 최고경영자가 되든 브리지워터만의 존재 방식을 보존하고, 타협하지 않는 기준을 유지하기 위해 새로운 지배구조 체계를 만들어야 한다는 것이 분명해졌다. 그리고 필요하다면 회사의 경영진이 바뀌어도 지속적으로 유지될 수 있는 지배구조를 만들어야 했다. 나는 다른 사람들의 도움을 받아 이 일을 지속적으로 해왔고, 지금도 계속하고 있다.

나는 한 가지 역할을 맡은 사람이 다른 역할도 성공적으로 잘해나가거나, 한 사람의 일하는 방식이 다른 사람에게도 효과가 있을 것이라고 추정하는 것이 잘못됐다는 사실도 배웠다. 어려움이 많았던 2016년에 나는 주변 사람들에 대해 많은 것을 알게 됐다. 특히 데이비드 맥코믹과 에일린 머레이는 우리의 공동 목표를 달성하기 위해 헌신적으로 일했다. 안타까운 실패들도 있었지만, 시행착오를 통해 배우는 독특한 문화를 고려할 때 충분히 예상 가능한 것이었다. 우리가 이룩한 변화 덕분에 나는

1년 뒤인 2017년 4월에 임시 CEO 직책에서 물러날 수 있었다.

2017년에 이 글을 쓰면서 나는 올해를 내 인생의 2단계에서 3단계로 넘어가는 마지막 해라고 생각하고 있다. 인생의 3단계에서 내가 쌓아온 지식을 모두 물려준 후 조지프 캠벨의 말처럼 나는 자유롭게 살다가 자유롭게 죽을 것이다. 하지만 지금은 죽음에 대해 생각하지 않는다. 대신 어떻게 자유롭게 살 것인가를 생각하고 있다. 나는 자유로운 삶을 정말 기대하고 있다.

8장

높은 수준에서 되돌아보다

과거의 경험을 돌아보면서 나의 생각이 어떻게 변했는지 생각해보는 것은 흥미로운 일이다.

내가 브리지워터를 처음 시작했을 때 시장에서든 인생에서든 내가 경험했던 성공과 실패는 빠르게 다가오는 삶과 죽음처럼 심각하고 극적인 문제들처럼 보였다.

시간이 지나고 경험이 쌓이면서 나는 정글에서 위험한 동물을 만난 생물학자가 조용히 그 동물을 분석하며 접근하는 것처럼, 각각의 사건을 '여러 사건 가운데 하나'로 볼 수 있게 되었다. 즉 생물학자는 먼저 어떤 종류의 동물인지 파악하고 예상되는 행동에 관한 지식에 근거해 적절한 방법으로 대응한다. 과거에 경험했던 유형의 상황에 직면했을 때 나는 비슷한 상황에 대처하면서 배웠던 원칙들에 의존했다. 하지만 이전에 본 적이 없는 상황에 마주치면 적잖이 놀랄 것이다. 나는 처음으로 마주친 힘들었던 경험들을 연구하면서 이런 일들이 나에게는 일어나지 않았지만, 다른 시기에 다른 장소에 있는 사람들에게는 일어났다는 사실을 알게 됐다. 이를 통해 역사에 대한 존경심과 현실이 어떻게 작동하는지에 대해 이해하고 싶은 갈망 그리고 이런 상황에 대처하기 위해 시간과 장소에 구애받지 않는 보편적인 원칙들을 만들고 싶다는 욕망을 갖게 됐다.

같은 일들이 반복적으로 일어나는 것을 지켜보면서 나는 현실을 원인이 결과가 되고 결과가 새로운 결과의 원인이 되는, 영원히 작동하는 멋진 기계장치로 생각하기 시작했다. 비록 완벽하지는 않겠지만, 나는 우리가 현실에 대응할 수 있다는 사실을 깨달았다. 그래서 내가 현실에서 경험한 어떤 문제나 좌절도 불평하기보다는 효율적으로 대처해 생산적인 방향으로 이끌어야 한다는 사실을 깨달았다. 내가 마주쳤던 문제들이 나의 특성과 창의성에 대한 시험이었다는 것도 이해하게 되었다. 나는 시간이 지나면서 이런 놀라운 시스템에서 내가 얼마나 작은 부분인지 그리고 시스템과 제대로 소통하는 방법을 아는 것이 얼마나 유익한지 알게 됐다.

현실에 대한 이런 관점을 갖게 되면서 고통스러운 순간들을 완전히 다른 방식으로 경험하기 시작했다. 고통에 좌절하거나 압도당하는 대신, 내가 배워야 할 중요한 무엇인가가 있다는 사실을 알려주는 자연의 신호로 받아들였다. 어려움을 경험하고 그것이 주는 교훈을 찾아내는 일은 나에게 일종의 게임이 됐다. 게임을 많이 할수록 그만큼 더 잘하게 되고, 그 상황이 덜 고통스러워지고, 원칙을 개발하고 성찰하는 과정도 더 보람 있었다. 그리고 이런 원칙들을 활용하는 데 따른 보상도 뒤따랐다. 운동을 좋아하는 법을 배우는 것처럼(아직까지 운동을 좋아하지 않는다.) 나는 어렵고 힘든 일을 사랑하는 법을 배웠다. 내 생각에 이것은 매우 건전한 사고방식이다.

유년기에 나는 성공한 사람들을 존경했고, 그들이 매우 뛰어나기 때문에 성공했다고 생각했다. 이들을 개인적으로 알게 된 후 나는 그들도 다른 사람들처럼 실수를 하고, 자신들의 약점과 싸우며, 자신들이 특별하다고 생각하지 않는다는 것을 알게 됐다. 그들도 우리보다 더 행복하지 않고, 평범한 사람들만큼 힘들어하거나 더 힘들어한다. 성공한 사람들은 꿈을 이룬 후에도 영광보다는 더 많은 어려움을 경험한다. 나도 마찬가지였다. 수십 년 전에 나는 꿈을 달성했지만, 여전히 힘들게 고군분투하고 있다. 세월이 흐르면서 나는 성공에 대한 만족은 목표를 달성하는 것에서 나오는 것이 아니라, 어려운 일을 잘 헤쳐 나가는 데서 온다는 사실을 발견했다. 내 말의 의미를 이해하기 위해 당신의 가장 위대한 목표에 대해 생각해보라. 많은 돈을 버는 것, 아카데미상을 수상하는 것, 위대한 기업을 경영하는 것, 위대한 운동선수가 되는 것 등 무엇이든 상관없다. 그리고 이제 그 목표를 달성했다고 상상해보라. 처음에는 행복하지만 그 행복은 오래가지 못할 것이다. 당신은 곧 무엇인가를 얻으려고 애쓰는 자신을 발견하게 될 것이다. 젊은 스타, 복권 당첨자, 시작하자마자 정상에 오른 운동선수 등 자신의 꿈을 빨리 이룩한 사람들을 보라. 더 원대한 목표를 위해 노력하지 않는다면 이들은 행복을 느끼지 못할 것이다. 인생에서는 좋은 일과 나쁜 일이 모두 일어난다. 때문에 힘든 일을 잘 극복하는 것은 좋은 일을 더 좋게 만들지 못하지만, 나쁜 일을 덜 힘들게 만든다. 나는 아직도 열심히 노력하고 있고, 죽을 때까지 그럴 것이다. 내가 어려움을 피하려고 노력해도 어려움은 나를 찾아올 것이기 때문이다.

인생의 투쟁과 배움 덕분에 나는 원하는 모든 것을 해봤고, 가고 싶은 곳을 갔으며, 만나고 싶은 사람들을 만났고, 갖고 싶은 것을 소유했고, 아주 재미있는 일을 했다. 그리고 가장 보람 있는 것은 훌륭한 관계를 많이 만들었다는 점이다. 나는 빈털터리에서 부자가 되었고, 평범한 사람에서 유명인이 되는 큰 변화를 경험했기 때문에 그 모든 차이점을 잘 알고 있다. 나는 위에서 아래가 아니라, 아래에서 위로 향하는 변화를 경험했다 (이런 변화가 더 바람직하고 나의 가치관에 영향을 미쳤을 것이다). 하지만 부자가 되고 정상에 오르면서 늘어나는 혜택은 사람들이 생각하는 것만큼 훌륭하지 않다. 가장 중요한 것은 잠자기에 좋은 침대, 좋은 관계, 좋은 음식, 좋은 성관계와 같은 기본적인 욕구를 해결하는 것이다. 이런 것들은 돈이 많아도 더 좋아지지 않고, 조금 더 가난하다고 크게 나빠지지 않는다. 정상에서 만나는 사람들도 바닥이나 중간에 있을 때 만나는 사람들보다 반드시 더 특별한 것도 아니다.

더 많이 가지는 것의 한계효용은 매우 빨리 사라진다. 사실 훨씬 더 많이 가지고 있는 것은 큰 부담이 되기 때문에, 적당히 소유하는 것보다 더 나쁘다. 정상에 있는 것은 선택의 폭을 넓혀주지만, 당신에게 더 많은 것을 요구한다. 모든 것을 고려할 때 아마 유명해지는 것은 익명으로 지내는 것보다 더 나쁠 것이다. 유명해지면 다른 사람들에게 미치는 좋은 영향력은 커지겠지만, 넓은 시야에서 보면 여전히 아주 보잘것없다. 이런 이유로 성공적이지만 치열한 인생을 사는 것이 즐거움이 가득한 여유로운 인생보다 더 좋다고 말할 수 없다. 하지만 강한 것이 약한 것보다 좋고, 고군분투하는 것이 힘을 내게 한다고 말할 수 있다. 내가 타고난 그대로 살았다면 내 인생을 변화시키지 못했을 것이다. 나는 당신에게 무엇이 최선인지 알려줄 수 없다. 그것은 당신이 선택해야 하는 문제이다. 내가 알고 있는 것은 행복한 사람들은 자신의 본성을 발견하고 본성에 어울리는 삶을 산다는 것이다.

나는 내가 성공하고 싶은 욕구보다 다른 사람들이 성공할 수 있도록 돕고 싶은 욕구가 더 크다. 그리고 이것이 내가 추구하는 목표이다. 지금 나의 목적은 나와 당신 그리고 모든 것이 발전하는 것이고, 나의 방식이 비록 사소하지만 발전에 공헌하는 것이다. 처음에 나는 이런 것에 대해 생각하지 않고 원하는 것을 추구했다. 하지만 지금은 발전 과정을 거친 나의 원칙들을 공유하고 다른 사람들이 발전하는 것을 돕고 싶다. 나는 지식을 전수하는 것이 유전자를 물려주는 것과 비슷하다는 것을 깨달았다. 지식은 개인의 인생보다 훨씬 오래 지속되기 때문에 사람보다 더 중요하다. 이 책은 역경을 극복하는 방법에 관해 내가 배운 지식을 전수함으로써 여러분이 성공하도록 돕기 위한 나의 노력이다. 아니면 적어도 여러분이 쏟아부은 하나하나의 노력들을 최대한 활용할 수 있도록 돕기 위한 시도이다.

레이 달리오의
원칙들

훌륭한 원칙은
현실에 대응하는
효과적인 방법이다.
나만의 원칙을 배우기 위해
나는 오랜
성찰의 시간을 보낸다.
그래서 나는 단지
나의 원칙을 전하는 것보다
그 이면에 있는 성찰의 결과를
공유할 것이다.

나는 모든 일이 시간이 흐르면서 반복되고 발전하는 인과관계를 통해 발생한다고 믿고 있다. 우주 대폭발이 있었을 때 우주의 모든 법칙과 힘들이 생성됐다. 은하계의 구조, 지구의 지형과 생태계, 경제와 시장 그리고 함께 작동하는 복잡한 일련의 기계들처럼 우리는 서로 상호작용을 통해 발전해왔다. 우리는 순환계와 신경계 등 다양한 구동 장치들로 구성된 기계이다. 구동장치들이 우리의 생각, 꿈, 감정 그리고 남들과 다른 뚜렷한 개성을 만들어낸다. 그리고 이런 기계들이 우리가 매일 마주하는 현실을 만들어내기 위해 함께 발전하고 있다.

● **현실에서 발생하는 일에 효과적으로 대응하고, 그 일의 인과관계를 이해하려면 당신에게 영향을 미치는 일의 유형을 파악하라.**

유형을 파악함으로써 당신은 '여러 사건 가운데 또 다른 하나'를 뒷받침하고 있는 기계가 어떻게 작동하는지 이해하고, 그 일에 대응하는 심상지도를 만들기 시작할 것이다. 인과관계에 대한 이해도가 높아지면서 당신에게 발생하는 수많은 일의 본질적 요소가 눈에 들어올 것이다. 즉 당신은 여러 사건 가운데 어떤 일에 직면하고 있는지 알게 되고, 직감적으로 그 일을 해결하는 데 도움이 되는 올바른 원칙들을 적용하게 될 것이다. 그다음에 현실은 보상이나 벌을 통해 당신의 원칙들이 얼마나 제대로 작동하고 있는지에 대해 강력한 신호를 보낼 것이다. 그리고 당신은 원칙들을 조금씩 조정하는 방법을 배울 것이다.

우리가 직면하는 현실에 대처하는 훌륭한 원칙들을 가지고 있다는 사실은 현실의 문제들을 얼마나 잘 다루는가를 결정하는 가장 중요한 요인이다. 물론 사람들이 모두 동일한 현실 문제에 직면하는 것은 아니다. 세계 곳곳에 있는 각양각색의 사람들은 다양한 도전에 직면하고 있다. 하지만 우리가 마주치는 문제들은 대부분 한 가지 범주나 또 다른 범주에 속하고, 이런 범주의 종류는 그렇게 많지 않다. 당신이 문제에 마주칠 때마다 그 유형을 기록하고(예를 들면 출산, 실업, 개인적 불화 등), 목록으로 만들어놓는다면 모두 합쳤을 때 아마 수백 개 정도가 될 것이다. 그러나 그중 몇 가지만이 당신의 특별한 유형이 될 것이다. 이 방법을 한번 시도해보라. 내 말이 사실이라면 당신 스스로 깨닫게 될 뿐만 아니라, 생각해야 할 일들의 목록을 만들고 그에 대한 원칙들을 만들기 시작할 것이다.

내가 이룩한 성공이 무엇이든 그것은 나에게만 있는 독특함 때문이 아니라 내가 지켰던 원칙들 덕분이다. 그래서 나는 이런 원칙을 따르는 사람은 대체적으로 비슷한 결과를 산출할 것이라고 예상한다. 다시 말하면 나는 당신이 나의 원칙들을 맹목적으로 따라 하기를 바라지 않는다. 그보다는 다양한 근거를 통해 얻을 수 있는 가능한 한 모든 원칙에 대해 생각해보라. 그리고 현실이 '여러 사건 가운데 또 다른 하나'를 당신에게 보내줄 때마다 활용할 수 있는 원칙들을 준비해두라고 제안하고 싶다.

인생의 원칙과 일의 원칙은 세 단계로 정리돼 있어 주어진 시간과 관심 정도에 따라 슬쩍 훑어볼 수도 있고, 깊게 연구할 수도 있다.

1 각 장의 제목인 상위 원칙들 앞에는 하나의 숫자가 붙어 있다.

1.1 중위 원칙들은 각 장 안에 소개돼 있고, 두 개의 숫자로 구성돼 있다. 첫 번째 숫자는 중위 원칙이 속한 상위 원칙을 나타내고, 두 번째 숫자는 각 장에서 소개하는 순서를 보여주는 것이다.

a. 하위 원칙들은 중위 원칙의 아래에 있고 알파벳으로 표시돼 있다.

세 단계의 원칙은 모두 숫자로 제시돼 있다. 빠르게 살펴볼 수 있도록 인생의 원칙 마지막 부분과 일의 원칙 첫 부분에 각각의 원칙들을 요약, 정리해두었다. 상위 원칙들과 그에 대한 설명을 읽어본 후, 중위와 하위 원칙들의 제목을 살펴보기를 권한다. 인생의 원칙들은 모두 읽어야 하지만, 일의 원칙들은 참고서의 의미를 띠고 있다.

제2부

인생의 원칙

1 현실을 수용하고 대응하라

현실이 어떻게 작동하고, 그 현실에 어떻게 대응해야 하는지를 이해하는 것보다 더 중요한 것은 없다. 현실에 대응하는 자신의 정신 상태가 모든 것을 바꾸어놓는다. 나는 인생이 내가 직면한 문제들을 풀어야 하는 수수께끼와 같다고 생각하는 것이 도움이 된다는 사실을 발견했다. 수수께끼를 풀면서 미래에 일어날 수 있는 동일한 문제를 피할 수 있도록 도와주는 원칙이라는 보석을 얻었다. 이런 보석들을 계속해서 모아두면 나의 의사결정 과정이 발전하고, 점점 더 높은 수준의 수수께끼를 풀 수 있는 단계로 올라간다. 높은 단계에서는 수수께끼도 어려워지고, 이해관계도 훨씬 복잡해진다.

수수께끼를 푸는 동안 모든 종류의 감정이 나타난다. 이런 감정들은 도움이 될 수도 있고, 해가 될 수도 있다. 나의 감정과 이성이 충돌하지 않고 일치할 경우에만 행동할 수 있다면 더 좋은 결정을 내릴 수 있다. 현실이 어떻게 움직이는지 알고, 내가 만들고 싶은 것을 상상하고 구현하는 것은 나에게 정말 신나는 일이다. 원대한 목표를 달성하기 위해 노력하는 과정에서 실패의 위험도 있고, 앞으로 나아가기 위해 새로운 것을 배우고 발명해야 할 수도 있다. 나는 빠른 학습의 피드백 순환고리feedback loop에 갇혀 있는 것은 즐거운 일이라고 생각한다. 마치 파도타기 하는 사람이 가끔 위험한 상황에 처하기도 하지만, 여전히 파도타기를 좋아하는 것과 같다. 내 말을 오해해서는 안 된다. 나는 아직도 실패가 두렵고 고통스럽다. 하지만 실패를 긴 관점에서 보면 나는 실패를 극복할 것이고, 대부분의 배움이 실패의 원인에 대해 곰곰이 생각해보는 것에서 나온다는 것을 알고 있다.* 마라톤 선수가 고통을 이겨내고 운동 후 도취감runner's high을 경험하는 것처럼, 나는 실패의 고통을 넘어 실패가 가져다주는 교훈을 즐긴다. 나는 연습을 통해 습관을 바꿀 수 있고, '실패를 통한 배움의 기쁨'을 경험할 수 있다고 믿는다.

1.1 극사실주의자가 돼라.

현실을 수용하고, 현실을 이해하고, 현실에서 함께 일하는 것은 실용적이고 아름답다. 나는 극사실주의자가 되어 고통까지 포함해 현실의 모든 아름다움을 감상하는 방법을 배웠다. 그리고 실용적이지 못한 이상주의를 경멸하게 됐다. 내 말을 오해해서는 안 된다. 나는 꿈이 실현될 것을 믿는다. 나에게 꿈을 이루는 것보다 더 좋은 것은 없다. 꿈을 추구하는 것은 인생에 풍미를 더한다. 중요한 것은 위대한 업적을 이룩한 사람들은 게으른 몽상가가 아니라는 점이다. 그들은 철저히 현실에 기초하고 있다. 극사실주의자가 되는 것은 현명하게 꿈을 선택하고, 꿈을 실현하는

---

* 약 반세기 동안 규칙적으로 실시해온 초월 명상은 내가 여러 문제에 대해 평정심을 갖고 접근할 수 있게 했다.

데 도움을 줄 것이다. 다음에 설명하는 내용들은 거의 모든 경우에 진실로 드러났다.

a. 꿈 + 현실 + 결단력 = 성공적 인생

성공하거나 발전하는 사람들은 현실을 지배하는 인과관계를 잘 이해하고, 원하는 것을 얻기 위해 인과관계를 활용하는 원칙들을 가지고 있다. 정반대 또한 진실이다. 즉 현실에 기반을 두지 않은 이상주의자들은 문제만 일으키고 발전하지 못한다.

성공한 인생은 무엇일까? 우리 내면 깊은 곳에는 욕망이 있기 때문에 성공이 무엇인지 스스로 결정해야 한다. 나는 당신이 우주의 주인이나 집에서 TV만 보는 실업자 또는 다른 어떤 사람이 되고 싶은지에 대해 관심도 없고, 알고 싶지도 않다. 어떤 사람들은 세상을 바꾸고 싶어 하고, 어떤 사람들은 세상과 조화를 이루며 인생을 즐기고 싶어 한다. 어떤 것이든 상관없다. 자신이 가장 가치 있게 생각하는 것이 무엇인지 결정하고, 그것을 성취하기 위한 방법들을 선택해야 한다.

잠깐 시간을 내서 다음 그림을 보며 당신이 어디쯤에 있는지 생각해보라. 이것은 당신이 생각하고 선택할 단순한 문제이다. 당신 자신을 어디에 위치시키고 싶은가?

인생의 풍미를
즐긴다.

영향을
미친다.

문제는 얼마나 많은 선택을 하느냐가 아니라, 가능한 한 많은 것을 성취하기 위해 얼마나 열심히 일하는가이다. 나는 인생의 풍미를 즐기고, 영향력을 미치는 것 모두를 열광적으로 원했다. 그리고 가능한 한 많은 것을 얻기 위해 열심히 일하는 것이 재미있었다. 나는 이 두 가지는 대략 적으로 하나가 될 수 있고, 서로를 강화시켜준다는 사실을 발견했다. 시간이 흐르면서 나는 인생에서 더 많은 것을 성취하기 위해 더 열심히 일해야 하는 것은 아님을 배웠다. 그것은 효율적으로 일하는 문제에 더 가까웠다. 효율적으로 일하는 것이 내 능력을 수백 배 더 향상시킬 수 있기 때문이다. 나는 당신이 원하는 것이 무엇인지 또는 그것을 얻기 위해 얼마나 열심히 일하는지에 대해서는 관심이 없다. 그것은 당신이 결정할 일이다. 나는 그저 무엇이 나의 노력과 시간을 가장 잘 활용하도록 도와주었는지에 대해 알려주려고 노력할 뿐이다. 가장 중요한 것은 다음과 같은 사실에서 벗어날 수 없다는 점이다.

1.2 진실(보다 정확하게는 현실에 대한 날카로운 이해)이 좋은 결과를 만들어내는 가장 중요한 토대이다.

사람들은 자신이 원하는 것이 진실이 아닐 때 다른 진실을 찾기 위해 노력한다. 이것은 나쁜 것이다. 좋은 일은 자연스럽게 해결되기 때문에 나쁜 일을 이해하고 대응하는 것이 더 중요하다. 이런 나의 주장에 동의하는가? 그렇지 않다면 앞으로 내가 설명하는 내용이 도움이 되지 않을 것이다. 동의한다면 계속해서 읽기를 바란다.

1.3 극단적으로 열린 생각을 갖고 극단적으로 투명해져라.

어느 누구도 태어날 때부터 무엇이 진실인지 알지 못한다. 우리는 스스로 무엇이 진실인지 발견하거나, 아니면 다른 사람을 믿고 따라야 한다. 중요한 것은 어느 길이 더 좋은 결과를 만들어낼 것인가이다.* 나는 다음에 설명하는 내용이 진실이라고 믿고 있다.

a. 극단적으로 개방적인 사고와 극단적인 투명성은 빠른 학습과 효과적인 변화에 매우 유용하다.

학습은 우리가 결정을 내리고 결과를 얻은 후 현실에 대한 이해를 발전시키는, 실시간으로 지속되는 피드백 순환고리의 산물이다. 개방적인 사고는 당신이 무엇을, 왜 하고 있는지를 자신과 다른 사람들에게 명확하게 알려 오해가 없도록 만들기 때문에 피드백 과정의 효율성을 높인다. 당신이 더 개방적이 될수록 그만큼 자신을 덜 속이게 된다. 그리고 다른 사람들이 솔직한 피드백을 줄 확률이 더 높아지게 된다. 그들이 믿을 수 있는 사람들이라면(누가 믿을 수 있는 사람들인지 아는 것은 매우 중요하

---

* 당신이 언제나 최선의 결정을 내리는 사람이라고 가정해서는 안 된다. 당신도 종종 틀린다. 원하는 것을 알아내는 것은 자신의 책임이지만, 다른 사람들이 그것을 얻는 방법을 당신보다 잘 알고 있을지도 모른다. 자신의 약한 부분이 그들에게는 강점이거나 관련 지식과 경험이 더 많을 수도 있다. 예를 들면 건강에 문제가 있을 때 당신은 자신이 아니라 의사의 조언을 따르는 것이 더 좋다. 이 책의 후반에서 우리는 사람들의 뇌가 작동하는 여러 방식을 살펴볼 것이다. 그리고 뇌의 의사결정 구조를 이해하는 것이 우리가 어떤 선택을 하고, 다른 사람들에게 어떤 선택을 위임해야 하는지와 관련해 어떤 영향을 미치는지 살펴볼 것이다. 언제 당신이 결정을 내려서는 안 되는지 아는 것도 당신이 개발할 수 있는 가장 중요한 기술들 가운데 하나이다.

다.*) 당신은 그들로부터 많은 것을 배울 것이다.

극단적으로 투명해지고 철저하게 개방적이 되는 것은 학습 과정을 더 빠르게 만든다. 극단적으로 투명해지는 것은 나를 사람들의 비판에 노출시키기 때문에 힘들 수 있다. 따라서 극단적인 투명성을 두려워하는 것은 자연스러운 일이다. 하지만 나 자신을 투명하게 공개하지 않는다면 배우지 못할 것이다.

b. 다른 사람들이 당신을 어떻게 생각하는지에 대한 두려움이 당신을 가로막지 못하도록 하라.

당신이 생각하기에 가장 좋은 방식으로 일을 하고, 불가피하게 일어난 결과에 대한 피드백에 대해 열린 마음으로 깊이 생각해봐야 한다. 극단적으로 투명하게 되는 방법을 배우는 것은 대중 연설을 하는 것과 비슷하다. 처음에는 어색하지만 많이 할수록 더 익숙해진다. 나도 처음에는 어색했지만 곧 익숙해졌다. 예를 들면 관심이나 비판을 받을 수 있는 개인적인 자료들을 대중에게 공개하는 것이기 때문에, 나도 이 책에서 소개하는 방식이 극단적으로 투명해지는 것이 본능적으로 불편하다. 하지만 극단적 투명성이 가장 좋다는 것을 배웠기 때문에 그렇게 하고 있다. 두려움이 나를 가로막게 내버려둔다면 나 자신에 대해 부끄러움을 느낄 것이다. 이제 나는 극단적 투명성의 긍정적 효과를 오랫동안 경험했기 때문에 내 스스로 투명해지지 않으면 불편함을 느낀다.

---

* 믿을 수 있다는 개념에 대해서는 이 장의 마지막 부분에서 설명할 것이다. 하지만 간단하게 설명하면 다음과 같다. 믿을 수 있는 사람들은 무엇인가를 반복적으로 그리고 성공적으로 완수하는 사람들이다. 그리고 그 일을 성취한 방법에 대해서도 잘 설명할 수 있다.

극단적 투명성은 나 자신이 가장 나답게 될 수 있는 자유를 주는 것은 물론, 내가 다른 사람들을 이해하고 그들이 나를 이해하도록 도와준다. 이것은 투명성에 대한 이해가 없는 것보다 훨씬 더 즐겁고 효율적이다. 자신의 생각을 숨기는 대신 공개적으로 알린다면 오해가 줄어들고 세상이 얼마나 더 효율적이 될지 그리고 우리 모두가 진실을 파악하는 데 얼마나 더 가까워질지 생각해보라. 나는 깊이 간직하고 있는 개인적인 비밀이 아니라 서로에 대한 생각과 세상이 돌아가는 방식에 대한 의견의 투명성에 대해 이야기하는 것이다. 여러분도 곧 알게 되겠지만, 나는 극단적 진실과 극단적 투명성이 의사결정과 관계 개선에 얼마나 큰 영향력을 미쳤는지 직접 체험으로 배웠다. 그래서 선택에 직면할 때마다 나의 본능은 투명해진다. 나는 투명성을 원칙으로 실천하고 있고, 여러분도 똑같이 실천해보기를 바란다.

c. 극단적 진실과 극단적 투명성을 받아들이면 더 의미 있는 일과 더 의미 있는 관계를 가져온다.

나는 수천 명의 사람들이 이런 접근법을 시도하는 것을 지켜봤다. 대부분의 사람은 연습을 통해 익힌 나의 접근법이 매우 유익하고 즐겁기 때문에, 다른 방식으로 일하는 것이 힘들다고 했다. 극단적 투명성은 연습과 습관의 변화를 요구한다. 일반적으로 극단적 투명성과 극단적 진실을 수용하는 데 18개월 정도가 걸린다. 이것은 대부분의 습관을 바꾸는 데 필요한 시간이다.

1.4 현실이 어떻게 작용하는지 알려면 자연을 살펴보라.

현실의 모든 법칙은 자연에 의해 주어진 것이다. 인간은 자연의 법칙을 만들지 않았지만, 그 법칙을 이해함으로써 발전을 추구하고 목표를 달성하는 데 활용할 수 있다. 예를 들면 하늘을 날 수 있는 능력이나 전 세계 휴대전화에 신호를 보내는 능력은 현실에 존재하는 규칙(자연을 지배하는 물리적 법칙이나 원칙)을 이해하고 적용하는 것에서 시작한다.

나는 가장 직접적으로 영향을 미치는 현실(경제, 시장 그리고 내가 만나는 사람들)을 연구하는 데 대부분의 시간을 보내고 있다. 자연에서 시간을 보내면서 관찰과 독서 그리고 각 분야 전문가들과의 대화를 통해 자연이 작용하는 방식에 대해 깊이 생각하는 것이다. 인간이 자연의 나머지 부분과 어떤 법칙들을 공통적으로 가지고 있고, 어떤 법칙들이 서로 다른지를 관찰하는 것은 흥미롭고 가치 있는 일이라는 사실을 발견했다. 자연에 대한 관찰은 인생에 대한 나의 접근법에 큰 영향을 미쳤다.

먼저, 뇌가 진화하면서 우리에게 세상이 어떻게 움직이는지에 대해 생각할 수 있는 능력이 생긴 것이 정말 멋진 일임을 알게 됐다. 인간의 가장 두드러진 특성은 한 차원 더 높은 곳에서 현실을 조망하고, 현실에 대한 이해를 종합하는 능력이다. 다른 동물들은 본능에 따라 행동하지만 인간은 자신을 뛰어넘어 환경과 시간(자신이 존재하기 이전과 이후를 포함해) 안에서 자신을 살펴볼 수 있다. 예를 들면 우리는 하늘을 나는 것, 수영을 하는 것 그리고 아주 작은 것에서부터 우주에 이르기까지 수십억 개의 생물들이 서로 상호작용을 통해 진화하는 방법에 대해 깊이 생각할 수 있다. 이것은 두뇌가 진화하면서 인간이 추상적이고 논리적으로 생각하는 능력을 가진 더 발전된 신피질neocortex을 갖게 됐기 때문이다.

높은 수준의 사고방식은 생물들 가운데 인간을 뛰어난 존재로 만들었지만, 동시에 혼란스럽게 만들기도 한다. 다른 생물들은 인간처럼 무엇이 좋고 나쁜지 생각하지 않고, 단순하고 직선적인 삶을 살아간다. 다른 생물들과 달리 인간은 감정과 본능(뇌의 동물적 영역에서 나온다.)을 이성(보다 발전한 인간의 뇌에서 나타난다.)과 조화시키려고 노력한다. 이런 노력들 때문에 인간은 진실이 되기를 바라는 것과 실제로 진실인 것 사이에서 혼란을 느낀다. 현실이 어떻게 작용하는지 이해하기 위해 감성과 이성의 딜레마에 대해 알아보자. 경제, 시장, 기후 등 어떤 것을 이해하려고 노력할 때 우리는 다음 두 가지 관점에서 주제에 접근할 수 있다.

1. **하향** top down **방식:** 모든 것의 원인이 되는 하나의 규칙이나 법칙을 발견하려고 노력하는 것이다. 예를 들면 시장의 경우 우리는 경제와 시장에 영향을 미치는 수요와 공급 같은 보편적인 법칙을 연구할 수 있다. 또한 동물의 경우 우리는 유전자가 모든 동물에 어떻게 작용하는지를 알아내는 데 집중할 수 있다.

2. **상향** bottom up **방식:** 각각의 사례와 그 사례에 적용되는 규칙이나 법칙을 연구하는 것이다. 예를 들면 밀 시장에 적용되는 규칙이나 다른 동물과 오리를 차별화하는 유전자 서열처럼 특정한 규칙과 법칙을 찾으려고 노력하는 것이다.

하향 방식으로 사물을 보는 것은 보편적 법칙의 맥락에서 현실의 법칙과 우리 자신을 이해하는 가장 좋은 방법이다. 이것은 상향 방식의 관점이 가치가 없다는 뜻은 아니다. 사실 세계를 더 정확하게 이해하려면 두 가지 방법이 모두 필요하다. 각각의 사례를 살펴보는 상향 방식의 관점을 취함으로써 우리는 각 사례들을 지배한다고 예상되는 법칙에 대한 우리의 이론들과 상향 방식의 관점이 어떻게 일치하는지 알 수 있다. 양자가 모두 일치한다면 우리는 성공한 것이다.

하향 방식으로 자연을 관찰함으로써 우리는 인간의 본성이라고 부르는 것의 상당 부분이 실제로는 동물의 본성이라는 것을 알 수 있다. 이것은 인간의 뇌가 다른 동물들과 공통으로 가지고 있는 수백만 년에 걸친 유전자 학습이라는 과정을 통해 길들여졌기 때문이다. 인간과 다른 동물들은 공동의 뿌리와 법칙을 공유하고 있기 때문에 비슷한 속성과 한계를 가지고 있다. 예를 들면 동물의 세계에서는 암수의 생식 과정, 지각력을 높이기 위한 두 눈의 활용 그리고 다른 많은 유사한 체계를 공유하고 있다. 이와 마찬가지로 우리의 뇌에는 인류의 역사보다 훨씬 오래된, 진화론적 용어로 '동물적인' 부분이 있다. 우리가 공통으로 가지고 있는 이런 법칙들은 중요하다. 하지만 우리 자신을 그냥 단순하게 보기만 한다면 이런 법칙들은 분명하게 보이지 않는다.

당신이 보편적인 법칙을 이해하기 위해 한 종류의 동물(예를 들면 오리)을 관찰했다면 실패할 것이다. 마찬가지로 보편적인 법칙을 이해하기 위해 인간만을 관찰한다고 해도 똑같이 실패할 것이다. 인간은 천만 종의 생물 가운데 하나이고, 원자를 합치고 분리하는 힘이 만들어낸 수십억 개의 존재 가운데 하나일 뿐이다. 하지만 대부분의 사람은 자기 자신과 자신이 쌓아올린 탑에만 집중하는 개미들과 비슷하다. 즉 사람들은 우주가 자신을 중심으로 돌고 있다고 믿고 있으며, 모든 생물에게 적용되는 보편적 법칙에 관심을 기울이지 않는다.

나는 자연의 관점에서 사물을 바라보는 것이 현실에 대한 보편적 법칙과 현실에 대응하는 원칙들을 찾아내려고 노력하는 데 도움이 된다는 것을 발견했다. 인간은 다른 동물들과 비교해 아주 영리하지만, 전체 자연과 비교하면 바위에서 자라는 이끼 정도의 지능을 가지고 있을 뿐이다. 우리는 우주에 있는 사물들과 생물들은 말할 필요도 없고, 모기 한 마리도 만들어낼 능력이 없다. 그래서 자연이 나보다 더 똑똑하다는 전제를 받아들이고, 자연을 통해 현실의 작용 법칙을 배우려고 한다.

a. 사물들이 어떻게 되어야 한다는 당신의 관점에 집착해서는 안 된다. 그러면 실제 사물들이 어떤 것인지 배울 기회를 놓칠 수 있기 때문이다.

우리의 편견이 객관성을 방해하지 않도록 해야 한다. 좋은 결과를 얻기 위해서 우리는 감정적이 아니라 분석적이 될 필요가 있다. 나는 자연에 있는 어떤 것이 잘못됐음을 관찰할 때마다 내가 틀렸다고 가정한다. 그리고 왜 자연이 하는 일이 합리적인지를 알아내려고 노력한다. 이것은 나에게 많은 것을 가르쳐주었다. 1) 무엇이 좋고 무엇이 나쁜지, 2) 내 인생의 목적이 무엇인지, 3) 가장 중요한 선택에 직면했을 때 내가 무엇을 해야 하는지에 대한 나의 사고방식을 변화시켰다. 간단한 사례를 통해 그 이유를 설명하겠다.

오래전 아프리카를 방문했을 때 한 무리의 하이에나들이 어린 영양을 공격해 잡아먹는 광경을 목격했다. 나의 반응은 본능적이었다. 영양에 대해 동정심을 느꼈고, 내가 목격한 것이 끔찍하다고 생각했다. 하지만 나의 이런 반응은 그 광경이 끔찍했기 때문이었을까, 아니면 실제로는 멋있는 것인데 끔찍한 것이라고 믿는 편견 때문이었을까? 나는 생각에 잠겼다. 내가 목격한 일이 발생하지 않았다면 세계가 더 좋은 곳이 됐을까, 아니면 더 나쁜 곳이 됐을까? 이런 관점은 2차, 3차 결과에 대해 생각하도록 이끌었고, 나는 세계가 더 나빠질 것이라는 사실을 알 수 있었다. 자연은 개인이 아니라 전체를 위해 최적화되어 있다. 하지만 대부분의 사람은 자신에게 어떤 영향을 미치는가에만 초점을 맞춰 좋고 나쁨을 판단한다. 내가 본 것은 자연이 작동하는 하나의 과정이었고, 이것은 인간이 발명한 그 어떤 절차나 과정보다 전체를 발전시키는 데 훨씬 더 효율적이다.

대부분의 사람은 어떤 것이 자신에게 나쁘거나 자신이 나쁘다고 공감한다면 더 좋은 것임에도 이를 무시하고 나쁘다고 말한다. 이런 경향은 집단의 경우에도 마찬가지다. 한 종교는 교인들이 옳은 일을 한다는 상호 확신 속에서 서로를 죽일 수 있을 정도로 자신들의 믿음은 좋은 것이고, 다른 종교는 나쁘다고 생각한다. 일반적으로 사람들은 상충하는 믿음이나 이해관계 때문에 객관적으로 사물을 볼 수 없다. 이것은 좋지 않을뿐더러 합리적이지도 않다. 사람들이 자신에게 도움이 되는 것을 좋아하고 해를 입히는 것을 싫어하는 것은 이해할 수 있다. 하지만 개인에게 어떤 영향을 미치는가라는 절대적인 기준에만 입각해 어떤 것이 좋거나 나쁘다고 말하는 것은 이해할 수 없다. 이렇게 생각하는 것은 개인이 원하는 것이 전체를 위한 선보다 더 중요하다고 전제하는 것이다. 내 생각에 자연은 전체를 위해 최적화돼 있고, 전체에 좋은 것이 선이라고 정의한다. 그래서 나는 다음과 같은 일반적인 규칙을 믿게 되었다.

b. 어떤 것이 좋다는 것은 전체의 발전에 기여하고 현실의 법칙들과 일치하는 방향으로 작용해야 한다. 이것이 가장 큰 보상이다.

예를 들어 당신이 세계를 가치 있게 평가하는, 기존과 다른 무엇인가를 발명한다면, 당신에게 보상이 주어질 것이다. 반대로 현실은 제 기능을 하지 못하고, 진화의 경로에서 벗어나는 사람들이나 동물들 그리고 사물들에게 벌을 주려는 경향이 있다.* 모든 것에 대해 무엇이 진실인지를 살펴보는 과정에서 나는 진화에 대한 다음과 같은 믿음을 가지게 되었다.

c. 진화는 우주에서 가장 위대한 힘이다. 진화는 유일하게 영원한 것이고, 모든 것의 원동력이다.**

물질을 구성하는 기본 입자인 원자에서부터 전체 우주까지 모든 것이 진화하고 있다. 시간이 지나면 모든 것이 죽고 사라지지만, 진실은 진화의 형태로 재구성된다. 에너지는 파괴될 수 없고, 단지 재구성될 수 있을 뿐이라는 사실을 기억하라. 그래서 동일한 것은 계속해서 해체되고, 다른 형태로 합쳐지는 것이다. 이런 과정 뒤에 있는 힘이 바로 진화이다.

예를 들면 살아 있는 모든 것의 1차 목적은 시간이 지남에 따라 진화하는 유전자를 전수하는 운반수단에 있다. 개별 생물체 안에 존재하는 유전자는 아주 오래전부터 있었고, 유전자를 전해주는 개체들이 죽은 이후에도 유전자는 점점 더 진화한 형태로 계속해서 살아남을 것이다.*** 진화에 대해 생각하면서 나는 진화는 생명 이외의 형태로도 존재하고, 유

---

* 세상에는 친절하거나 사려 깊다는 점에서 사람들이 좋다고 생각하는 것들이 많다. 하지만 '능력에 따라 일하고 필요에 따라 분배한다.'는 공산주의적 정의처럼 원하는 것을 가져다주지 못하는 경우가 많다. 자연은 이것을 나쁜 것으로 생각하는 것 같고 나도 자연에 동의한다.
** 진화를 제외한 모든 것이 사실상 와해되고 있다. 우리뿐만 아니라 다른 모든 것도 진화를 위한 도구이다. 예를 들면 우리는 자신을 개인으로 보지만 본질적으로 우리는 지난 수백만 년 동안 생존해온 유전자를 전하는 그릇일 뿐이다. 하지만 우리는 신체를 우리의 것처럼 이용하고 버린다.
*** 리처드 도킨스Richard Dawkins와 E. O. 윌슨E. O. Wilson의 책을 읽어보라고 권하고 싶다. 단 하나만을 골라야 한다면 도킨스의 《에덴 밖의 강River Out of Eden》을 추천한다.

전자 외에 다른 전달 체계를 통해서도 진행된다는 것을 깨달았다. 기술, 언어 그리고 다른 모든 것은 진화한다. 예를 들어 지식은 한 세대에서 다른 세대로 전수되고 발전한다는 점에서 유전자와 비슷하다. 수 세대에 걸쳐 인간에 대한 지식의 영향력은 유전자 암호만큼 또는 그보다 더 클 수 있다.

진화는 일반적으로 발전적인 방향으로 움직이는 적응 과정이기 때문에 좋은 것이다. 상품, 조직, 인간의 능력 등 모든 것이 시간을 통해 비슷한 방향으로 진화한다. 진화는 만물이 적응해서 발전하거나 아니면 죽는 과정이다. 나는 진화 과정이 다음의 그림들과 비슷하다고 생각한다.

진화는 가치가 하락하는 것들에 혜택을 제공하는 적응과 발명으로 구성돼 있다. 고통스러운 쇠퇴는 새로운 상품과 조직 그리고 인간의 능력을 더 높은 수준의 발전으로 이끄는 새로운 적응과 발명으로 이어지거나(202페이지 첫 번째 그림처럼), 아니면 마지막 그림(202페이지 두 번째 그림)처럼 쇠퇴나 죽음으로 이어진다.

당신이 알고 있는 어떤 상품이나 조직 또는 사람에 대해 생각해보면 이것이 사실이라는 것을 알게 될 것이다. 이 세상에는 한때 훌륭했지만 나빠지거나 실패한 것들이 많다. 단지 소수만이 지속적인 개혁을 통해 새로운 수준의 위대함으로 발전한다. 모든 기계는 결국에는 고장 나거나 분해되어 새로운 기계를 만들기 위한 부품으로 재활용된다. 인간도 마찬가지다. 인간도 이 세상의 일부이기 때문에 이런 사실은 가끔씩 우리를 슬프게 한다. 하지만 한 차원 더 높은 관점에서 본다면, 진화라는 기계가 어떻게 작동하는지 관찰하는 것은 정말 멋진 일이다.

진화의 관점에서 보면 완벽함이라는 것은 존재하지 않는다는 것을 알

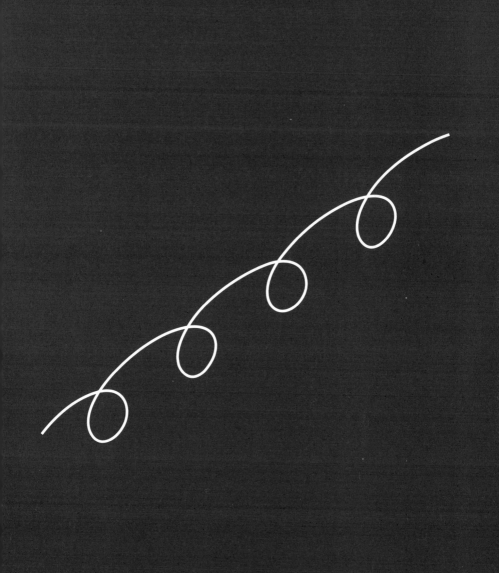

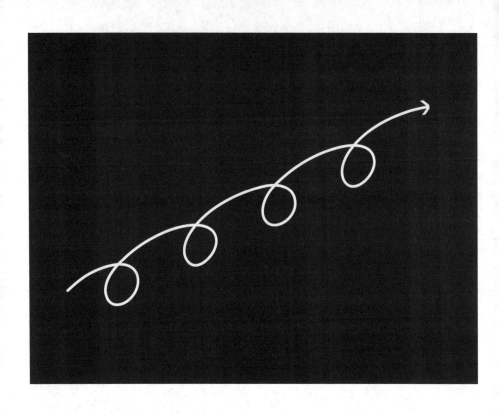

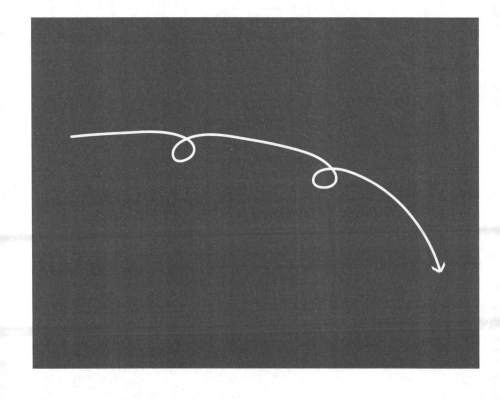

수 있다. 완벽함은 지속되는 적응의 과정을 촉진시키는 것이 목표이다. 자연이든 또는 다른 어떤 것이든 완벽하다면 진화할 필요가 없다. 유기체, 조직, 개인들은 언제나 불완전했지만 진화할 능력이 있었다. 그래서 우리가 실수를 숨기고 완벽한 척하는 것보다 불완전함을 발견하고 대응하는 것이 더 합리적이다. 당신은 실수로부터 매우 귀중한 교훈을 배우고, 계속해서 발전해 성공을 위한 만반의 준비를 갖추게 될 것이다. 그렇지 않으면 당신은 실패할 것이다.

d. 진화하지 않으면 죽는다.

진화의 주기는 사람뿐만 아니라 국가, 기업, 경제 등 모든 것에 적용된다. 진화의 주기는 부분이 아니라 전체로서 자기 수정self-correction의 과정이다. 예를 들면 시장에 공급이 넘치거나 낭비 요소가 많다면 가격은 내려간다. 기업들은 도산하고, 생산 능력은 공급이 수요와 비슷해질 때까지 감소한다. 이때가 되면 경제 주기는 다시 반대 방향으로 움직이기 시작한다. 이와 비슷하게 경제가 나빠지면 경제를 책임지는 사람들은 경제 회복에 필요한 정치적 변화와 정책적 변화를 추진해야 한다. 그렇지 않으면 그들은 살아남을 수 없고, 후임자들을 위해 자리를 비워두어야 할 것이다. 이런 주기들은 지속적이고 논리적인 방법으로 전개되는 자기 강화적인self-reinforcing 경향이 있다. 가장 중요한 것은 실패하고 배우고 빠르게 발전하는 것이다. 지속적으로 배우고 발전한다면 진화 과정은 위로 향하게 될 것이다. 하지만 그렇지 못하면 다음 그림(204페이지)처럼 되거나 더 나빠질 것이다.

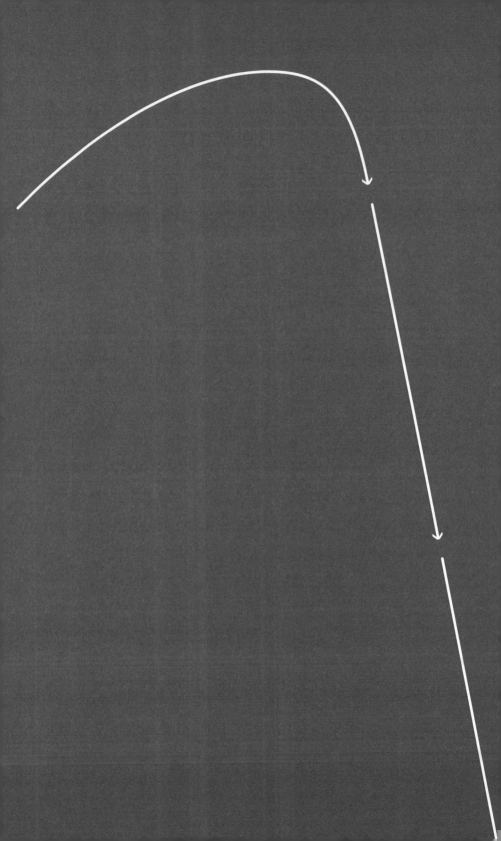

1.5 진화는 인생의 가장 위대한 성취이자, 가장 큰 보상이다.

우리는 대부분 본능적으로 진화에 이끌린다. 다시 말하면 우리는 본능적으로 더 잘하고 싶고, 우리를 도와줄 기술을 만들고 발전시키고 싶어 한다. 시간이라는 제한된 창문을 통해 모든 것을 다 알기는 어렵지만, 역사는 모든 생물이 소멸하거나 다른 종으로 진화할 것이라는 사실을 보여준다. 하지만 우리는 인간이 약 20만 년 전에 새로운 형태로 진화한 유전자의 결과물이었다는 것을 분명히 알고 있다. 그리고 인간은 소멸되거나, 더 높은 단계로 발전할 것이라는 사실을 알고 있다. 나는 개인적으로 인간이 방대한 데이터를 분석하고, 빠르고 정확하게 생각하는 기술의 도움으로 더 빠른 속도로 진화할 확률이 높다고 믿는다. 인류가 스스로를 파멸시키지 않는다면 우리가 지금보다 전지적인 수준에 가까워지는, 더 높은 단계로 진화하는 데 몇백 년이 걸릴지 정말 궁금하다.

자연의 놀라운 점 가운데 하나는 자신의 이익에 따라 행동하면서, 어떤 일이 벌어지고 있는지 모르는 각각의 유기체들이 아름답게 작동하도록 하여 진화하는 전체를 창조한다는 것이다. 나는 이 분야의 전문가는 아니지만 이것은 진화가 a) 자신의 이익을 추구하고 전체의 발전으로 이어지는 보상과 상호작용, b) 자연의 선택 과정, 그리고 c) 신속한 실험과 적응을 만들어냈기 때문인 것으로 보인다.

a. 개인의 보상은 단체의 목표와 일치해야 한다.

자신의 이익 추구가 전체의 발전이라는 결과로 이어지는 보상을 만드는 자연의 사례는 섹스와 자연 선택이다. 섹스의 목적은 유전자의 발전에 공헌하지만, 자연은 우리에게 섹스에 대한 보상으로 큰 즐거움을 준다. 이를 통해 우리는 개인적으로 원하는 것을 얻는 동시에 전체의 진화에 공헌하고 있는 것이다.

b. 현실은 당신이 아니라 전체를 위해 최적화되어 있다.

전체를 위해 공헌하면 보상을 받게 된다. 자연 선택은 더 좋은 품질(예를 들면 더 좋은 유전자, 뛰어난 양육 능력, 더 좋은 상품 등)을 물려주는 것으로 이어진다. 결과는 전체를 위한 지속적인 발전의 순환 과정이다.

c. 시행착오를 통한 빠른 적응은 매우 가치 있다.

자연 선택의 시행착오 과정은 아무도 모르는 사이에 발전을 가져다준다. 이것은 우리가 학습하는 방법에도 적용될 수 있다. 진화를 촉진하는 학습 방법은 대략적으로 다음 세 가지가 있다. 즉 기억력에 기초한 학습(의식을 통해 들어온 정보를 저장하고 나중에 이를 기억할 수 있도록 하는 것), 잠재의식 학습(우리의 의사결정에 영향을 미치지만 의식에 입력되지 않는 경험을 통해 습득한 지식) 그리고 종의 적응이 암호화돼 있는 유전자의 변화처럼 생각을 통하지 않고 발생하는 학습이다. 나는 기억력에 기초한 의식적인 학습이 가장 강력하다고 생각했다. 하지만 실험과 적응보다 발전이 느리다는 것을 알게 됐다.

자연이 어떻게 생각이라는 과정 없이 발전하는지에 대한 사례는 바이러스(바이러스는 뇌가 없다.)를 이기려는 인간의 노력(인간은 모든 생각을 쏟아붓는다.)을 보면 알 수 있다. 바이러스들은 체스 게임에서 똑똑한 상대 선수와 같다. 바이러스들은 빠른 진화(다른 유전자 물질을 결합함으로써)를 통해 세계 보건학계에서 가장 똑똑한 사람들이 바이러스를 통제할 방법을 찾기 위해 바쁘게 움직이도록 만든다. 무엇이 효과가 있고, 효과가 없는지 판단할 수 있도록 진화 과정을 모방한 수많은 실험이 가능한 시대에서, 이런 과정에 대한 이해는 우리에게 특히 도움이 된다.

다음 장에서 나는 빠르게 발전할 수 있도록 도움이 되었던 과정에 대해 설명할 것이다. 나는 이 과정이 여러분에게도 도움이 될 것이라고 믿는다. 하지만 당신에게 무엇이 중요하고, 무엇을 추구해야 하는지 결정하는 데 있어 당신의 관점이 얼마나 중요한지를 먼저 강조하고 싶다.

d. 당신은 모든 것인 동시에 아무것도 아니라는 사실을 깨달아라. 그리고 무엇이 되고 싶은지 결정하라.

우리 개개인은 모든 것인 동시에 아무것도 아니라는 것은 굉장한 모순이다. 우리의 시각에서 보면 우리는 모든 것이다. 우리가 죽으면 전 세계가 사라진다. 그래서 대부분의 사람 그리고 대부분의 생물에게 있어 죽음은 최악이고, 가능한 한 삶을 지속하는 것이 최선이다. 하지만 자연의 눈을 통해 보면 우리는 거의 의미 없는 존재이다. 개개인은 현재 살아 있는 70억 명 가운데 한 사람일 뿐이고, 인간은 지구에 있는 천만 종류의 생명체 중 한 종류에 불과하다. 지구는 은하계에 있는 천억 개의 행성 가운데 하나이고, 우리 은하계는 우주에 있는 2조 개의 은하계 가운데 하나이다. 우리의 인생은 인류 존재 기간의 3,000분의 1이고, 인류의 존재 기간은 지구 존재 기간의 2만분의 1에 불과하다. 다시 말해 우리는 믿을 수 없을 정도로 미미한 존재이며, 생존 기간도 짧다. 우리가 무엇을 성취하든 우리의 영향력은 미미하다. 동시에 우리는 본능적으로 중요한 존재로 진화하기를 원한다. 우리는 아주 약간 중요해질 수 있다. 이런 작은 중요한 것들이 쌓여서 우주 진화의 원동력이 되기 때문이다.

문제는 우리가 얼마나 중요한 존재이고, 어떻게 진화하는가이다. 우리가 (더 넓은 관점에서 볼 때 중요하지 않은) 다른 사람들에게 중요한 존재일까? 아니면 좀 더 넓은 의미에서 우리가 결코 목표를 성취하지 못할 존재라는 사실이 중요할까? 우리가 중요한 존재라면, 이런 문제를 잊고 살아 있는 동안 인생을 즐기는 것이 좋지 않을까?

e. 당신이 어떤 사람이 될 것인가는 당신의 관점에 달려 있다.

인생에서 당신이 어디로 향해 가는지는 당신이 어떻게 사물을 보고, 누구 또는 무엇(당신의 가족, 지역사회, 국가, 인류, 전체 생태계, 모든 것)과 연결돼 있다고 느끼는지에 따라 달라진다. 당신은 자신의 이익보다 다른 사람들의 이익을 어느 정도까지 중요하게 생각할 것인지 그리고 어떤 사람들을 위해 그렇게 할 것인지를 결정해야 한다. 왜냐하면 그러한 선택을 하도록 만드는 상황과 지속적으로 마주치게 될 것이기 때문이다.

이런 결정들은 너무 철학적이어서 취향에 맞지 않을 수도 있다. 하지만 당신은 의식적이든 무의식적이든 결정을 내릴 것이고, 그 결정은 매우 중요할 것이다. 개인적으로 나는 현실을 수용하고, 자연의 관점에서 나를 보면서 전체의 아주 작은 일부라는 사실이 매우 신나는 일이라는 것을 알고 있다. 나의 본능적이고 지적인 목표는 내가 존재하는 동안 진화하고, 작은 방식이라도 진화에 공헌하고 싶은 것이다. 동시에 내가 가장 좋아하는 것들(나의 일과 관계)을 통해 나는 힘을 얻고 있다. 나는 나와 모든 것이 어떻게 분해돼 사라지고, 다시 만들어지는지를 포함해 현실과 자연이 얼마나 아름답게 작동하는지 알고 있다. 하지만 내가 좋아하는 것들과의 이별을 받아들이는 것은 정서적으로 어렵다.

1.6 자연의 실용적 가르침을 이해하라.

나는 자연과 진화가 어떻게 기능하는지 이해하는 것이 여러 측면에서 도움이 된다는 것을 발견했다. 가장 중요한 것은 자연에 대한 이해가 현실에 보다 효과적으로 대응하고, 어려운 결정을 내리는 데 도움이 됐다는 점이다. 현실이 달라져야 한다는 생각 대신 현실이 실제로 어떻게 기능하는지를 이해하려는 관점에서 현실을 보기 시작했다. 그러면서 나쁘게 보던 것(비오는 날, 약점 그리고 죽음까지도)이 나의 선입견 때문이라는 것을 깨달았다. 시간이 지나면서 나의 이런 반응들이 현실은 내가 아닌 전체를 위해 최적화되도록 만들어져 있다는 맥락에서 접근하지 않았기 때문이라는 사실도 알게 됐다.

a. 진화를 최대한 활용하라.

앞에서 나는 논리적·추상적 그리고 한 차원 더 높은 수준에서 생각하는 독특한 능력은 뇌의 신피질에서 이뤄진다고 말했다. 신피질은 인간의 뇌에서 더 진화된 부분이고, 자신을 성찰하고 발전 방향을 지시하는 역할을 한다. 우리는 의식과 기억에 기초한 학습 능력이 있기 때문에 세대를 건너뛰지 않고 우리 생애 동안에 다른 어떤 종보다 더 빨리 그리고 더 멀리 진화할 수 있다.

학습과 발전을 향한 이런 지속적인 욕구는 좋아하는 것을 더 즐겁고 신나는 것으로 만든다. 대부분의 사람이 자신을 행복하게 만들어주는 것들(장난감, 더 큰 집, 돈, 사회적 지위 등)을 얻기 위해 노력하고 있다. 하지만 이런 것들은 우리에게 장기적인 만족감을 주지는 못한다.* 갈망하는 것을 일단 얻고 난 이후에는 그것에 대한 만족감이 유지되지 않는다. 이런 것들은 단지 미끼일 뿐이다. 원하는 것을 추구하는 것은 우리를 발전하도록 만든다. 우리와 주변 사람들에게 중요한 것은 보상 자체가 아니라 발전이다. 이것은 대부분의 사람에게 성공이란 가능한 한 효과적으로 노력하고 발전하는 것이라는 뜻이다. 즉 자신과 자신이 속한 환경을 빨리 파악하고 발전하기 위해 변화하는 것을 의미한다.

수확체감의 법칙(자본과 노동 등 생산요소가 한 단위 추가될 때마다 이로 인해 늘어나는 한계생산량은 점차 줄어듦을 의미) 때문에 보상 자체가 오래가지 못하는 것은 당연하다.** 돈을 버는 것에 대해 생각해보라. 돈을 많이 벌었지만 한계효용을 거의 느끼지 못하는 사람들은 과식한 것과 같이 지나침으로 인해 생긴 부정적인 결과들을 경험하게 된다. 그들이 지적으로 건전하다면 새로운 어떤 것을 추구하거나, 아니면 오래된 것에서 새로운 깊이를 추구할 것이다. 그리고 그 과정에서 더욱 강해질 것이다. 프로이트가 말한 것처럼 "사랑과 일은 인간다움의 근본이다Love and work are the cornerstones of our humanness."

일이 직장에서 하는 일이면 더 좋다고 생각하지만, 자신이 하는 일이 꼭 직업이 될 필요는 없다. 일은 개인적 발전을 향한 장기간의 도전이 될 수도 있다. 나는 의미 있는 일을 하고 싶은 욕구가 발전하려는 인간의 내적인 욕구와 연결돼 있다고 생각한다. 그리고 관계는 서로에게 그리고 더 넓게는 사회에 대해 우리를 의미 있게 만드는 자연스러운 연결이다.

---

* 물론 우리는 관계나 경력 등 앞서 언급한 것들로부터 종종 만족감을 느끼지만, 이런 경우는 일반적으로 변화에서 오는 새로운 즐거움 때문이다.
** 부족함에서 풍부함으로 이동하면서 한계효용은 감소한다.

b. "고통 없이는 얻는 것도 없다 No pains, no gains.**"는 것을 기억하라.**

우리가 선천적으로 발전하고 싶어 한다는 사실을 깨달았기 때문에 (그리고 우리가 추구한 것들도 행복을 유지시키지 못할 것이라는 사실을 알았기 때문에) 나는 나만의 작은 방식으로 발전에 공헌하고 싶은 목표에 집중할 수 있었다. 우리는 고통을 좋아하지 않지만, 자연이 창조한 모든 것에는 목적이 있다. 자연은 그 목적을 위해 우리에게 고통을 준다. 그렇다면 자연의 목적은 무엇일까? 자연은 우리에게 경고를 보내고 우리에게 방향을 알려준다.

c. 강해지기 위해서 고통스러운 한계를 경험하는 것이 자연의 근본적인 법칙이다.

카를 융의 말처럼 "인간에게는 어려움이 필요하다. 어려움은 건강을 위해서도 필요한 것이다." 하지만 대부분의 사람은 본능적으로 고통을 피한다. 우리가 신체(근력운동을 통한 몸 만들기)나 정신(좌절, 정신적 고통, 수치심, 당황함)에 관해 이야기할 때도 마찬가지다. 특히 사람들은 자신의 불완전성이라는 가혹한 현실에 직면할 때에도 고통을 피하고 싶어 한다.

1.7 고통 + 자기성찰 = 발전

당신이 야심 찬 목표를 추구하고 있다면 고통을 피할 방법은 없다. 믿을 수도 있고, 믿지 않을 수도 있다. 하지만 고통에 올바르게 접근한다면 그런 고통을 느끼는 것은 운이 좋은 것이다. 고통은 당신이 해법을 찾아야 한다는 신호이자, 그 결과를 통해 발전할 수 있다는 신호이기 때문이다. 정신적 고통을 피하는 대신, 고통에 대해 깊이 생각하게 만드는 자기

성찰을 하게 된다면 고통은 빠른 학습과 발전으로 이어질 것이다.* 당신의 문제와 실수 그리고 약점이 유발한 고통스러운 현실을 직시하는 것이 얼마나 효과적인지 알고 나면 당신은 다른 방법으로 일하지 않으려고 할 것이다. 이것은 단지 습관의 문제이다.

대부분의 사람은 고통을 당할 때 자기성찰을 하면서 힘든 시간을 보내지만, 고통이 지나가면 다른 일에 관심을 가진다. 그래서 교훈을 주는 반성의 기회를 놓친다. 고통을 경험할 때 자신을 잘 되돌아볼 수 있다면(당신에게 너무 많은 것을 요구하는 것일 수도 있다.) 그것은 정말 훌륭한 일이다. 하지만 고통이 지나간 후에 자신을 성찰할 수 있다면 그것도 가치 있는 경험이다(나는 이를 돕기 위해 고통 버튼Pain Button이라는 앱을 만들었다. 고통 버튼에 대해서는 부록에서 자세하게 설명했다).

당신이 직면하는 도전은 당신을 시험하고 강하게 만들 것이다. 실패하지 않는다면 한계에 도달한 것이 아니다. 한계까지 밀고 나가지 않는다면 당신은 잠재력을 최대로 이용하지 않고 있는 것이다. 당신의 한계를 시험하고, 때로는 실패하고 돌파구를 찾는 과정(실패와 성공으로부터 교훈을 배우는 것)은 모든 사람이 경험하는 것이 아니다. 이것이 당신을 위한 것이라면 그 과정은 매우 흥미롭고, 또 경험해야 하는 것일 수도 있다. 당신은 인생에서 불가피하게 이런 순간에 마주치게 될 것이다. 그리고 더

---

* 당신만의 자기성찰 능력(당신 자신, 당신 주변의 세계 그리고 당신과 세계 사이의 관계를 살펴보는 능력)은 당신이 학습과 현명한 선택을 하는 데 필요한 일들에 대해 깊이 생각하고 비교할 수 있는 능력이다. 당신의 성찰 능력을 향상시키기 위해 믿을 수 있는 사람들에게 고통의 근본 원인에 대해 물어보는 것이 큰 도움이 된다. 특히 반대 의견을 가지고 있지만, 진실을 찾는 데 관심을 가지고 있는 사람들에게 물어보면 좋다. 당신이 문제들에 대해 깊이 생각할 수 있다면 문제에 정면으로 맞서지 않을 때보다 더 좋은 해결 방법을 찾아내기 때문에 문제는 언제나 줄어들거나 사라진다.

많은 어려움에 도전할 것인지는 당신이 결정해야 한다.

당신이 고통스러운 발전 과정을 경험할 것을 선택한다면 점점 더 높은 단계로 올라가게 될 것이다. 더 높은 수준으로 올라가면서 주변을 둘러싸고 있는 수많은 일들이 가까이에서 볼 때 실제보다 더 크게 보인다는 사실을 깨닫게 될 것이다. 인생에서 벌어지는 대부분의 사건은 '여러 사건 가운데 또 다른 하나'일 뿐이다. 당신이 더 높이 올라갈수록 목표를 달성하기 위해 보다 효율적으로 현실에 대응하게 된다. 또한 한때 불가능할 정도로 복잡하게 보였던 것도 단순해진다.

a. 고통을 피하지 말고, 고통에 다가가라.

자신에게 너그럽지 않고, 어느 정도 수준의 고통을 감내하는 것이 편안해지면 당신은 더 빠른 속도로 발전할 것이다. 힘든 상황에 직면할 때마다 당신은 인생의 중요한 선택의 기로에 서 있는 것이다. 즉 건전하고 힘든 진실을 선택하거나, 편안하지만 해로운 망상을 선택할 기회에 직면하고 있는 것이다. 당신이 건전하고 힘든 길을 선택하면 고통은 곧 기쁨으로 바뀐다는 것은 매우 역설적이다. 고통은 변화의 신호이다. 고통을 수용하고, 고통에서 배우는 습관을 만드는 것은 운동을 하지 않다가 운동을 시작하는 것처럼 당신을 변화시킬 것이다. 변화시킨다는 것은 다음과 같은 일들을 일상적으로 하게 된다는 의미이다.

- 자신의 약점을 발견하고 있는 그대로 받아들이면 약점에 대처하는 방법을 알게 된다.
- 주변 사람들이 당신에 대한 부정적인 생각을 숨기는 것보다 당신에게 솔직하게 말하는 것을 더 좋아하게 된다.

- 당신이 취약한 부분에 대해 강한 척 행동하지 않고, 있는 그대로 자연스럽게 행동하게 된다.

b. 엄격한 사랑을 받아들여라.

내가 살아오면서 사람들에게, 특히 내가 좋아하는 사람들에게 주고 싶었던 것은 원하는 것을 얻기 위해 현실에 대응하는 능력이다. 그들에게 강력한 능력을 주고 싶다는 목표를 추구하는 과정에서 나는 종종 그들이 원하는 것을 주지 않으려고 할 것이다. 이를 통해 그들은 원하는 것을 얻기 위해 힘들게 노력하는 기회를 얻고, 혼자 힘으로 원하는 것을 얻는 능력을 개발할 수 있을 것이다. 사람들은 어려움을 극복하는 과정은 강해지기 위해 필요한 연습이고, 원하는 것을 주는 것이 자신들을 약하게 만들어 궁극적으로 더 많은 도움을 원하게 만든다는 것을 이성적으로 이해하고 있다. 하지만 이러한 과정은 사람들에게 정서적으로 힘든 일이 될 수 있다.*

물론 대부분의 사람은 약점이 없는 것을 더 좋아한다. 우리는 세상에 약점이 노출되면 당황스러워하고, 그 약점을 숨기도록 길러졌다. 하지만 사람들은 있는 그대로의 자신이 될 때 가장 행복하다. 약점을 공개할 수 있다면 당신은 더 자유로워지고, 약점에 더 잘 대처할 수 있게 된다. 그래

---

* 조금 더 정확하게 말하면 나는 사람들이 도움을 받아서는 안 된다고 이야기하는 것이 아니다. 사람들은 그들에게 주어지는 기회와 그 기회를 충분히 활용할 정도로 강해지기 위해 필요한 교육으로 도움을 받아야 한다는 것이다. '하늘은 스스로 돕는 자를 돕는다.'라는 속담처럼 말이다. 하지만 이것을 당신이 좋아하는 사람들에게 적용하는 것은 쉽지 않다. 고통스러운 경험을 통해 배우는 것을 효과적으로 돕기 위해 당신은 하고 있는 일에 대한 근거를 명확히 그리고 반복적으로 설명해야 한다. 1부에서 설명한 것처럼 이것은 나의 원칙들을 설명하는 데 있어 많은 부분을 차지하고 있다.

서 모든 사람이 약점을 가지고 있다는 사실을 받아들이고, 자신의 약점에 위축되지 말라고 충고하고 싶다. 약점을 공개하는 것은 나쁜 습관을 없애고 좋은 습관을 개발하는 데 도움을 준다. 또한 진정한 능력과 타당성 있는 낙관론을 갖게 될 것이다.

생산적인 적응과 진보의 발전 과정(더 원대한 목표를 찾고, 달성하고, 추구하는 과정)은 단지 개인과 사회가 어떻게 발전하는가에만 적용되는 것이 아니다. 발전 과정은 불가피한 실패에 대응할 때도 의미가 있다. 인생의 어느 시점에서 당신은 크게 실패할 것이다. 직장이나 가족과의 문제일 수도 있고, 사랑하는 사람을 잃거나, 심각한 질병이나 사고로 고통받을 수도 있다. 그리고 생각했던 삶과 영원히 멀어질 수도 있다. 당신은 다양한 방식으로 실망하게 될 것이다. 이런 시기에 당신은 고통받고, 앞으로 나아갈 힘이 없다고 생각할지도 모른다. 하지만 언제나 길은 있게 마련이다. 비록 당시에는 보이지 않을 수도 있지만, 당신의 궁극적인 성공은 어려움을 극복할 수 있다는 사실을 깨닫는 것에서 시작된다.

이것이 절망적인 실패를 견뎌낸 사람들이 실패에 성공적으로 대응한 이후에 원래 그랬던 것처럼 행복해지는 이유이다. 인생의 가치는 어려운 순간에 당신이 어떤 선택을 했는가에 달려 있다. 적절한 방식으로 더 빠르게 대응할수록 더 좋다.** 인생에서 무엇을 원하든 개인적 발전 과정을 통해 빠르게 적응하고 효과적으로 대응하는 능력이 당신의 성공과 행복을 결정할 것이다. 이 과정을 잘해낸다면 고통은 당신이 갈망하는 것을 얻을 수 있는 기회라고 생각하게 될 수 있다.

** 환경 변화에 적응하는 당신의 능력은 빠르게 학습하고 처리하는 능력보다 인지하고 추론하는 기능에 더 가깝다.

1.8 2차와 3차 결과를 생각하라.

자연이 한 차원 높은 수준의 결과에 최적화돼 있다는 사실을 인정함으로써 나는 결정의 1차 결과만 중요하게 생각하고 후속 결과들을 무시하면 목표를 달성하지 못한다는 것을 깨달았다. 이것은 종종 1차 결과가 바람직한 2차 결과와 반대되는 경우가 발생해 의사결정 과정에서 실수를 범하기 때문이다. 예를 들면 운동의 1차 결과(고통과 시간 소모)는 일반적으로 바람직하지 않지만, 2차 결과(더 좋은 건강과 매력적인 외모)는 바람직하다. 마찬가지로 맛이 좋은 음식은 건강에 나쁘고, 맛없는 음식이 건강에 좋은 경우가 많다.

1차 결과들이 우리가 정말로 원하는 것을 빼앗아가는 유혹인 경우도 많고, 때로는 우리를 방해하기도 한다. 자연은 두 가지 결과를 가진 까다로운 선택을 하게 한 후 1차 결과만을 근거로 결정을 내리는 사람들을 벌하는 방식으로 우리를 선택하는 것 같다. 이와 반대로 정말로 원하는 것을 선택하고, 유혹을 피하고, 원하는 것을 빼앗기는 고통을 극복한 사람들은 성공적인 인생을 살아갈 확률이 훨씬 높다.

1.9 결과에 대해 책임져라.

인생은 당신이 선택해야 할 많은 결정과 실패에서 회복할 수많은 기회를 주기 때문에 이를 잘 활용하면 훌륭한 삶을 살 수 있다. 물론 우리가 통제할 수 없는 환경들(우리가 태어난 환경, 사고, 질병 등)이 인생에 큰 영향을 미친다. 하지만 대부분, 심지어 최악의 환경들도 올바른 접근법을 통해 개선될 수 있다. 예를 들면 내 친구 한 명은 수영장에서 다이빙을 하다

머리를 다친 후 팔다리가 마비됐다. 하지만 그는 상황을 잘 대처해 어느 누구 못지않게 행복해졌다. 행복으로 가는 길은 매우 다양하다.

나의 핵심은 단순하다. 인생이 당신을 어떤 환경으로 이끌더라도 통제할 수 없는 것에 대해 불평하는 대신, 당신이 내린 결정에 대해 책임을 진다면 성공하고 행복해질 확률이 더 높다는 것이다. 심리학자들은 이것을 내적 통제위 Internal locus of control (자신이 수행할 과업에 대해 자신이 통제할 수 있다고 여기는 수준)라고 부르는데, 많은 연구에서 내적 통제위가 높은 사람들이 그렇지 않은 사람들보다 더 좋은 결과를 만들어낸다는 사실을 보여주고 있다.

따라서 당신이 지금 처한 환경을 좋아하는지 싫어하는지에 대해 걱정할 필요가 없다. 인생은 당신이 무엇을 좋아하는지에 대해 전혀 관심이 없다. 당신이 원하는 것과 그것을 얻기 위해 당신이 해야 할 일을 연결하고, 실행할 용기를 내는 것은 당신에게 달려 있다. 다음 장에서 나는 현실에 대해 배우고 발전하는 데 도움을 준 5단계 과정5-Step Process에 대해 설명할 것이다.

1.10 한 차원 높은 단계에서 기계의 작동 방식을 관찰하라.

한 차원 더 높은 단계에서 전체를 관찰하는 인간의 능력은 단지 현실과 그 이면의 인과관계를 이해하는 데만 적용되는 것이 아니다. 자신과 주변 사람들을 한 단계 더 높은 수준에서 내려다보는 데도 적용된다. 자신과 다른 사람들의 환경을 뛰어넘어 객관적으로 바라보는 이런 능력을 고차원적 사고higher-level thinking라고 한다. 고차원적 사고는 인생에 영향을 미치는 인과관계를 연구하고, 자신이 원하는 결과를 얻기 위해 인과관계를 활용할 수 있는 능력을 부여한다.

a. 자신을 큰 기계 안에서 작동하는 기계로 생각하라. 그리고 더 좋은 결과를 산출하기 위해 그 기계를 고치는 능력이 있다는 사실을 깨달아라.

당신은 목표를 가지고 있다. 나는 당신이 목표를 달성하기 위해 일하는 방식을 기계machine라고 부를 것이다. 당신의 기계는 설계design(목표를 달성하는 데 필요한 것들)와 사람people(목표 달성을 위해 필요한 일을 할 사람들)으로 구성돼 있다. 여기서 말하는 사람은 당신과 당신을 도와주는 사람들을 포함한다.

예를 들어 당신의 목표가 적군으로부터 고지를 빼앗는 군사적인 것이라고 생각해보라. 당신의 기계를 위한 설계에는 정찰병 2명, 저격수 2명, 보병 4명 등이 포함될 것이다. 전투를 위해 정확한 설계는 필수지만, 전체에서 설계는 절반만을 차지한다. 올바른 사람들을 올바른 위치에 배치하는 것도 중요하다. 임무를 잘 수행하기 위해서는 각각의 능력이 필요하다(정찰병은 빨리 달릴 수 있어야 하고, 저격병은 명사수여야 한다). 그래야 기계가 당신이 원하는 결과를 만들어낸다.

b. 목표와 결과를 비교함으로써 기계를 어떻게 고칠 것인지 결정할 수 있다.

이런 평가와 개선의 과정은 앞에서 설명한 발전 과정을 그대로 반영하고 있다. 이것은 목표를 달성하기 위해 설계와 사람을 어떻게 바꾸고 개선할 것인가를 살펴본다는 의미이다. 그 과정은 다음 그림(219페이지)과 같은 피드백의 순환고리이다.

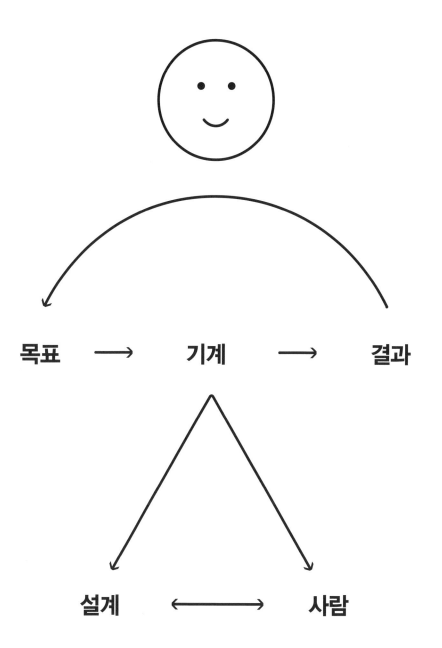

c. 기계 설계자로서의 당신과 기계와 함께 일하는 노동자로서의 당신을 구별하라.

사람들이 어려워하는 일 가운데 하나는 기계의 설계자와 관리자로서 행동하도록 속한 환경(그들의 기계) 안에서 자신을 객관적으로 성찰하는 것이다. 대부분의 사람은 기계 안에서 일하는 노동자의 관점에 갇혀 있다. 두 역할의 차이점을 인식하고, 노동자가 아니라 인생의 훌륭한 설계자와 관리자가 되는 것이 더 중요하다는 것을 깨닫게 되면 성공을 향한 올바른 경로에 들어서게 된다. 성공하기 위해서는 '설계자와 관리자로서의 당신'은 '노동자로서의 당신'이 어떤 특징을 가지고 있는지 객관적으로 볼 수 있어야 한다. '노동자로서의 당신'을 그 이상으로 신뢰해서 감당이 안 되는 일을 맡겨서는 안 된다. 대부분의 사람은 이런 전략적 관점이 아니라 그때마다 감정적으로 대처한다. 이런 사람들의 인생은 다음 단계로의 목표가 불분명해지고, 감정적인 경험의 연속이 된다. 당신의 인생을 돌아보면서 원하는 것을 성취했다고 느끼고 싶다면 그렇게 행동해서는 안 된다.

d. 대부분의 사람이 저지르는 가장 큰 실수는 자신과 다른 사람들을 객관적으로 보지 못하는 것이다. 이 때문에 사람들은 계속해서 자신과 타인의 약점에 마주치게 된다.

자신과 타인을 객관적으로 보지 못하는 사람들은 자신의 머릿속에 갇혀 있기 때문에 계속 실패한다. 이것을 극복할 수 있다면 잠재력을 발휘할 수 있다. 성공하기 위해 고차원적 사고가 필요한 것도 이 때문이다.

e. 성공하는 사람들은 자신을 뛰어넘어 사물을 객관적으로 볼 수 있고, 변화하기 위해 상황을 관리할 수 있다.

성공하는 사람들은 편견에 사로잡혀 자신의 머릿속에 갇혀 있지 않고, 다른 사람의 관점을 받아들인다. 이들은 자신과 다른 사람들을 객관적으로 볼 수 있고(강점과 약점을 파악할 수 있고), 목표를 달성하기 위해 올바른 사람에게 적합한 역할을 맡긴다. 일단 사람과 사물을 객관적으로 보는 방법을 터득하게 되면 성취할 수 없는 것이 거의 없다는 사실을 알게 된다. 현실에 대응하는 방법과 가용 자원을 최대로 활용하는 방법만 배우면 된다. 예를 들면 설계자와 관리자로서의 당신이 노동자로서의 당신이 어떤 일을 잘하지 못한다는 사실을 알게 된다면, 노동자로서의 당신을 해고하고 대신할 다른 사람을 찾아야 한다. 그리고 인생의 설계자와 관리자로서의 역할을 유지해야 한다. 당신이 무엇인가를 잘하지 못한다는 사실을 발견하더라도 화낼 필요가 없다. 오히려 약점을 발견한 사실에 기뻐해야 한다. 무엇을 못하는지 알고 이에 대응한다면, 당신이 원하는 것을 얻을 가능성이 더 커진다.

혼자서 모든 것을 다 해내는 최고의 사람이 될 수 없다. 그렇기 때문에 자신에게 실망한다면 당신은 정말로 순진한 사람이다. 어느 누구도 모든 것을 다 잘할 수 없다. 당신의 농구 팀에 아인슈타인을 포함시키고 싶은가? 아인슈타인이 골을 넣지 못한다고 그를 나쁘게 평가할 것인가? 아인슈타인은 창피함을 느껴야 할까? 아인슈타인이 무능했던 분야를 생각해보라. 또 그가 가장 잘하는 분야에서도 남들보다 뛰어나기 위해 얼마나 힘들게 노력했는지 생각해보라.

사람들이 노력하는 과정을 보거나 당신이 노력하는 과정을 다른 사람들도 지켜보도록 함으로써 공감, 연민, 창피함, 분노, 방어적 태도 등과 같은 자기중심적인 감정들을 제거할 수 있다. 당신은 이 모든 것을 극복하기 위해 고군분투하는 과정을 부정적인 것으로 봐서는 안 된다. 인생에서 가장 좋은 기회의 대부분은 노력하고 애쓰는 과정에서 얻어진다. 창의성과 개인의 특성에 대한 시험들을 최대한 활용할 수 있느냐는 당신에게 달려 있다. 약점과 마주칠 때 당신은 다음과 같은 네 가지 선택을 할 수 있다.

1. 약점을 거부한다(대부분의 사람이 이렇게 한다).
2. 약점을 받아들이고 강점으로 만들기 위해 약점을 연구한다(변하고자 하는 당신의 능력에 따라 효과가 있을 수도 있고, 없을 수도 있다).
3. 약점을 받아들이고 우회하는 방법을 찾는다.
4. 목표를 바꾼다.

어떤 방법을 선택하느냐가 인생의 방향을 결정한다. 최악의 방법은 첫 번째이다. 약점에 대한 부정은 계속해서 약점과 부딪히게 하고, 고통을 겪게 만들어 어떤 목표도 성취할 수 없게 한다. 두 번째(약점을 받아들이는 동시에 그것을 강점으로 바꾸려고 노력하는 것)는 효과가 있다면 최선의 방법이다. 하지만 이것은 당신이 결코 잘할 수 없을 것 같은 방법이고, 변화에 많은 시간과 노력이 필요할 수도 있다. 이 방법을 따라야만 하는지 아닌지에 대한 가장 좋은 판단의 근거는 당신이 성취하려고 노력하는 것이 본성, 즉 타고난 능력과 일치하는가이다. 세 번째(약점을 수용하는 동시에 우회적인 방법을 찾는 것)는 가장 쉽고, 일반적으로 가장 실행 가능성이 높다. 하지만 따라가서는 안 되는 방법이다. 목표를 바꾸는 네 번째 방법도 훌륭하다. 하지만 당신의 선입견을 넘어 새롭게 발견한 적성을 즐길 수 있는 유연성이 필요하다.

f. 당신이 약한 분야에 강점이 있는 사람들에게 도움을 요청하는 기술을 반드시 개발해야 한다. 이것은 당신이 해서는 안 되는 일을 하지 않도록 방지하는 보호 난간guardrails**을 만드는 것이다.**

성공한 모든 사람은 다른 사람에게 도움을 요청하는 일을 잘한다.

g. 자신을 객관적으로 보기는 어렵기 때문에, 다른 사람들의 조언과 전체적인 증거에 의존해야 한다.

내 인생은 수많은 실수와 훌륭한 피드백으로 가득하다. 실수를 성찰하고 내가 원하는 것을 추구할 수 있었던 것은 더 높은 수준에서 이런 증거들을 살펴볼 수 있었기 때문이다. 이런 방법을 실천하는 동안에도 나 자신을 객관적으로 보기 어렵다는 사실을 알고 있다. 내가 계속해서 다른 사람들의 조언에 의존하는 것도 이 때문이다.

h. 충분히 개방적이고 결정력이 있다면 사실상 당신이 원하는 거의 모든 것을 성취할 수 있다.

나는 당신이 원하는 것은 무엇이든 좇아가라고 설득하고 싶다. 동시에 당신이 추구하는 목표가 타고난 본성과 일치하는지에 대해 깊이 생각해보라고 말하고 싶다. 당신의 본성이 어떠하든, 당신에게 어울리는 경로는 많기 때문에 한 가지 경로를 고집할 필요는 없다. 어떤 경로가 닫혀 있다면 당신이 할 일은 좋아하는 것과 일치하는 또 다른 좋은 경로를 찾는 것이다(당신이 좋아하는 것을 어떻게 결정하는가에 대해서는 이 책의 다른 부분에서 배우게 될 것이다). 하지만 대부분의 사람은 자신의 약점에 정면으로 맞서 이런 과정이 요구하는 힘든 결정을 내릴 용기를 내지 못한다. 그럼에도 당신이 용기를 내야 하는 결정은 다음 다섯 가지로 요약된다.

1. 당신이 진실이기를 바라는 것과 진짜 진실을 혼동해서는 안 된다.

2. 남에게 잘 보이려고 걱정하지 마라. 그 대신 목표를 달성하는 것에 대해 걱정하라.

3. 2차, 3차 결과와 비교해 1차 결과에 너무 큰 비중을 두지 마라.

4. 고통이 발전을 가로막게 해서는 안 된다.

5. 당신 이외에 다른 어느 누구에게도 나쁜 결과의 책임을 돌려서는 안 된다.

나쁨
'가혹한 현실'과
마주치는 것을 회피한다.

좋음
'가혹한 현실'에
정면으로 마주한다.

나쁨
좋게 보이는 것에 대해
걱정한다.

좋음
목표 달성에 관해
걱정한다.

나쁨

1차 결과를 근거로

결정을 내린다.

좋음

1차, 2차, 3차 결과를 근거로

결정을 내린다.

나쁨

발전에 방해되도록
고통을 내버려둔다.

좋음

발전하기 위해 고통을
관리하는 방법을 이해한다.

나쁨

자신과 다른 사람들에게

책임을 묻지 않는다.

좋음

자신과 다른 사람들에게

책임을 묻는다.

2 인생에서 원하는 것을 얻기 위해 5단계 과정을 활용하라

개인의 발전 과정은 확실하게 구분되는 5단계의 과정을 거쳐 진행된다. 당신이 이 5단계를 잘 수행한다면 성공할 것이 거의 확실하다. 그 과정을 간단하게 요약하면 다음과 같다.

1. **분명한 목표를 설정하라.**

2. **목표를 달성하는 데 방해가 되는 문제를 찾아내고 용인하지 마라.**

3. **근본적 원인을 찾아내기 위해 문제들을 정확하게 진단하라.**

4. **문제를 해결할 계획을 세워라.**

5. **계획을 완수하고 성과를 이루기 위해 필요한 것을 실천하라.**

이 5단계는 다음의 그림처럼 순환 과정으로 구성돼 있다. 이 과정을 조금 더 세밀하게 살펴보자.

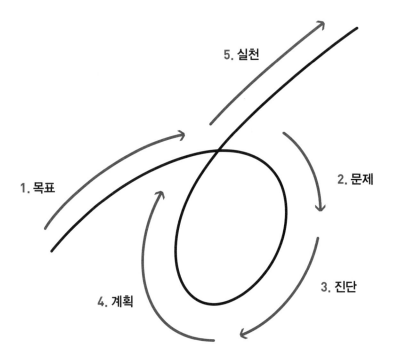

먼저, 당신의 **목표를** 설정하라. 목표를 설정하면 방향이 결정될 것이다. 목표를 향해 나아갈 때 당신은 **문제를** 만나게 될 것이다. 일부 문제들은 당신의 약점과 정면으로 부딪히게 될 것이다. 문제들이 유발하는 고통에 어떻게 대응하는지는 당신에게 달려 있다. 목표에 도달하고 싶다면 냉정하고 분석적이 되어야 한다. 그리고 문제를 정확하게 **진단하고** 해결하기 위해 **계획을 세우고**, 성과를 이룩하기 위해 필요한 조치를 **실천해야 한다.** 그리고 당신이 이룩한 결과를 살펴보고, 전 과정을 검토한다. 더 빨리 발전하려면 이 과정을 빠르게 지속적으로 실천하고, 목표를 지속적으로 높게 잡아야 한다.

이 5단계를 모두 잘 실천하고 순서대로 한 번에 하나씩 실행한다면 성공할 수 있다. 예를 들면 목표를 세울 때에는 목표만 정해야 한다. 어떻게 목표를 달성할 것인지 또는 잘못되면 어떻게 할 것인지에 대해 생각하지 마라. 문제를 진단할 때에는 어떻게 문제를 해결할 것인가에 대해 생각하지 않아도 된다. 그냥 문제를 진단하라. 각각의 단계가 분명하지 않으면 진정한 문제를 밝혀내는 데 방해가 되기 때문에 최적의 결과를 얻지 못한다. 이 과정을 반복한다. 각 단계를 철저하게 실천함으로써 당신은 다음 단계로 나아가는 데 필요한 정보를 얻고, 잘 실행하게 될 것이다.

집중력을 높이고 효과적으로 실행하는 데 도움을 얻고 싶다면 인생이 무술이나 게임과 비슷하다고 생각하라. 게임의 목표는 도전하고, 문제를 해결하고, 목표를 달성하는 것이다. 게임의 규칙을 습득한 이후에는 지속적인 좌절이 동반하는 고통에 익숙해질 것이다. 모든 것에 완벽하게 대처할 수는 없다. 실수는 불가피하고, 그런 사실을 받아들이고 인정하는 것이 중요하다. 모든 실수가 당신에게 무엇인가 가르침을 준다는 것은 좋은 점이다. 그래서 배움에는 끝이 없는 것이다. "그것은 쉽지 않다." 거나 "공정하지 않다." 또는 "나는 할 수 없다."와 같은 변명들은 의미가 없고, 끝까지 실천해서 성공해야 가치가 있음을 깨닫게 될 것이다.

그렇다면 성공에 필요한 모든 기술을 가지고 있지 않다면 어떻게 할까? 모든 사람이 마찬가지이기 때문에 걱정할 필요는 없다. 당신은 단지 언제 그런 기술이 필요하고, 어디에서 그런 기술을 배울 수 있는지만 알면 된다. 역경에 직면할 경우 계속적인 연습을 통해 냉정함과 집중력을 가지고 게임에 임할 수 있다. 목표를 달성하는 능력이 당신에게 큰 기쁨을 줄 것이다. 이제 각각의 단계에 대한 접근법을 살펴보자.

2.1 분명한 목표를 설정하라.

a. 우선순위를 정하라. 당신은 원하는 것을 가질 수 있지만, 원하는 모든 것을 가질 수는 없다.

인생은 당신이 맛볼 수 있는 것보다 더 맛있는 음식들이 차려진 거대한 뷔페와 같다. 목표를 선택하는 것은 당신이 원하거나, 훨씬 더 필요한 것들을 얻기 위해 다른 것들을 거절한다는 의미이기도 하다. 어떤 사람들은 시작하기도 전에 이미 이 단계에서 실패한다. 더 좋은 것을 위해 좋은 선택을 거절하는 것을 두려워하는 사람들은 동시에 너무 많은 목표를 추구하려고 노력한다. 이들은 아무것도 이루지 못하거나, 겨우 몇 가지 목표만 달성할 뿐이다. 낙담해서도 안 되고, 모든 것을 선택함으로써 당신 자신을 무기력하게 만들어서도 안 된다. 당신은 행복해지는 데 필요한 것보다 훨씬 더 많은 것을 가질 수 있다. 선택하고 열심히 추진하라.

b. 목표와 갈망을 혼동해서는 안 된다.

목표는 당신이 정말로 달성해야만 하는 것이다. 갈망은 당신이 원하는 것으로, 목표 달성을 방해할 수 있다. 일반적으로 갈망은 1차적 결과이다. 예를 들면 당신의 목표는 신체적 건강이지만, 갈망은 맛이 좋지만 건강에 좋지 않은 음식을 먹는 것이다. 소파에 누워 과자를 먹으면서 TV를 보는 게으름뱅이가 되고 싶다면, 나도 상관하지 않겠다. 당신은 원하는 목표가 무엇이든 그것을 추구할 수 있다. 하지만 TV나 보는 게으름뱅이가 되고 싶지 않다면 과자 봉지를 뜯지 않는 것이 좋다.

c. 목표와 갈망을 조화시킴으로써 인생에서 당신이 정말로 원하는 것이 무엇인지 결정하라.

열정을 가져라. 열정이 없다면 인생은 무미건조할 것이다. 당신은 열정 없는 인생을 살고 싶지 않을 것이다. 하지만 중요한 것은 열정을 가지고 무엇을 할 것인가이다. 열정이 당신을 지배해서 비이성적으로 행동하게 할 것인가? 아니면 열정을 이용해 동기를 부여하고, 당신의 진짜 목표를 추구할 것인가? 당신이 궁극적으로 완수할 것은 갈망과 목표 두 가지를 모두 만족시키는 것이다.

d. 성공의 부수적 결과를 성공 자체로 착각하지 마라.

성공을 지향하는 것은 중요하다. 하지만 1,200달러짜리 신발이나 멋진 자동차 등에 집착하는 사람들은 행복하지 않다. 이들은 자신이 정말로 원하는 것이 무엇인지 모르고, 무엇이 만족을 주는지도 모른다.

e. 성취할 수 없다는 생각 때문에 결코 목표를 배제해서는 안 된다.

담대해져라. 언제나 최선의 길은 있게 마련이다. 그 길을 찾는 것이 당신의 임무이다. 용기를 가지고 그 길을 따라가라. 성취할 수 있다는 생각은 단지 그 순간에 당신이 가진 지식이 작용한 것일 뿐이다. 일단 목표를 추구하기 시작하면 당신은 많은 것을 배울 것이다. 특히 다른 사람들의 의견을 통해 많은 것을 배우게 될 것이다. 그리고 이전에 본 적이 없는 새로운 길이 등장할 것이다. 물론 키가 작은 사람이 프로 농구팀에서 센터로 활동하거나, 70살에 1,600미터를 4분에 주파하는 것 같은 불가능하거나 불가능에 가까운 일들도 있다.

f. 훌륭한 목표가 훌륭한 능력을 만든다.

당신이 성취할 수 있다고 생각하는 것으로만 목표를 제한한다면, 기준을 너무 낮게 잡는 것이다.

g. a) 유연성과 b) 자신에 대한 책임감이 있다면 당신의 성공을 막을 수 있는 것은 아무것도 없다.

유연성은 당신이 현실(또는 학식 있는 사람들)이 가르쳐주는 것을 받아들이도록 도와준다. 자신에 대한 책임감은 반드시 필요하다. 목표를 달성하지 못한 것이 개인적인 실패라고 믿는다면, 당신이 창의적이거나 유연하지 못했기 때문에 실패했다고 생각한다. 아니면 필요한 것을 실천할 정도로 단호하지 못했다는 암시로 인식하게 될 것이다. 그리고 당신은 방법을 찾기 위해 그만큼 더 많은 동기를 부여받게 될 것이다.

h. 실패에 대처하는 법을 아는 것은 앞으로 나아가는 법을 아는 것만큼 중요하다.

당신이 폭포 아래로 떨어지려고 하는데, 이를 피할 방법이 없음을 알게 되는 경우도 있다. 인생은 힘든 도전을 던져주고, 당시에는 절망적인 것처럼 보이게 만들기도 한다. 어려운 시기에 당신의 목표는 가지고 있는 것을 지키거나, 손실 비율을 최소화하거나, 회복할 수 없는 손실에 단순히 대응하는 것일 수도 있다. 당신의 임무는 언제나 가능한 한 최선의 선택을 하는 것이다. 그리고 최선의 선택에는 그에 따른 보상이 주어진다는 것을 알아야 한다.

2.2 문제를 찾아내고 용인하지 마라.

a. 고통스러운 문제들을 당신에게 소리치는 발전의 기회로 인식하라.

처음에는 그렇게 느끼지 않겠지만, 당신이 마주치는 모든 문제는 기회이다. 이런 이유로 모든 문제를 공개하는 것이 반드시 필요하다. 대부분의 사람은 자신의 약점이나 자신이 좋아하는 사람의 약점이 노출된다고 생각되면 문제를 공개하기 싫어한다. 하지만 성공한 사람들은 문제를 공개해야 한다는 것을 알고 있다.

b. 보기에 불편한 가혹한 현실에 뿌리를 두고 있다는 이유로 문제들과 부딪치는 것을 피해서는 안 된다.

해결하기 어려운 문제들에 대한 생각은 당신을 힘들게 한다. 하지만 문제에 대해 생각하지 않는 것(그 결과 문제에 대응하지 않는 것)은 당신을 더욱 불안하게 만든다. 자신의 능력이나 기술 부족 때문에 문제가 발생하면 사람들은 대부분 수치심을 느낀다. 부끄러움을 극복하라. 이 점은 아무리 강조해도 지나치지 않다. 당신의 약점을 인정하는 것은 약점에 항복하는 것이 아니라, 약점을 극복하는 첫걸음이다. 당신이 느끼는 고통은 당신의 자질을 시험하고, 어려움을 극복했을 때 보상을 얻는 '성장통'과 같다.

c. 당신의 문제를 구체적으로 파악하라.

문제가 다르면 해법도 다르기 때문에 문제에 대한 진단은 정확해야 한다. 부적합한 기술 때문에 문제가 발생한다면 추가적인 교육과 훈련이 필요하다. 타고난 약점 때문에 문제가 발생한다면 다른 누군가로부터 도움을 구하거나, 당신의 역할이나 임무를 바꿔야 할 수도 있다. 당신이 회계에 약하다면 회계사를 고용하라. 다른 누군가의 약점 때문에 문제가 발생한다면 그 분야에 강한 사람으로 교체하라. 일은 원래 그렇게 하는 것이다.

d. 문제의 원인을 진짜 문제와 착각해서는 안 된다.

"나는 잠을 충분히 잘 수가 없다."는 문제가 아니다. 이것은 문제의 잠재적인 원인이다. 분명하게 판단하기 위해 "내 업무 성과가 좋지 않아."와 같은 나쁜 결과를 먼저 찾아내려고 노력하라. 잠을 충분히 자지 못하는 것이 문제의 원인일 수도 있고, 아니면 다른 것이 문제의 원인일 수도 있다. 하지만 원인이 어떤 것인지를 알려면 문제가 무엇인지 정확하게 알아야 한다.

e. 큰 문제와 작은 문제를 구별하라.

당신에게는 충분한 시간과 에너지가 있다. 제대로 해결된다면 큰 보상을 받게 될 문제들을 해결하는 데 시간과 에너지를 투자하라. 하지만 동시에 작은 문제들이 더 큰 문제의 증상이 아니라는 것을 확인하기 위해 작은 문제를 해결하는 데도 시간을 할애하라.

f. 문제를 찾았으면 용인하지 마라.

문제를 용인하는 것은 문제를 찾아내지 못한 것과 같다. 해결할 수 없다고 믿기 때문인지, 아니면 문제 해결에 충분한 관심을 갖지 않기 때문인지 또는 문제를 해결하는 데 필요한 자원을 충분히 동원할 수 없기 때문에 문제를 용인하는 것인지 모른다. 하지만 무엇보다 당신이 성공할 의지가 없다면 상황은 절망적이다. 당신은 나쁜 것은 무엇이든 용인하지 않는 지독한 편협성을 키워야 한다.

2.3 근본 원인을 찾기 위해 문제를 진단하라.

a. '어떻게 할 것인가'를 결정하기 전에 '무엇이 문제인가'에 집중하라.

매우 짧은 시간에 어려운 문제를 찾아내고, 그에 대한 해결책을 제시하는 것은 흔한 실수이다. 전략적 사고에는 진단과 계획이 필요하다. 훌륭한 진단은 문제가 얼마나 복잡하고, 얼마나 진단을 잘하는가에 따라 다르지만 일반적으로 15분에서 1시간 정도 걸린다. 여기에는 관련된 사람들과 대화하고 근본 원인을 찾아내기 위해 증거들을 함께 살펴보는 과정이 포함되어야 한다. 원칙과 마찬가지로 근본 원인들은 겉보기에 다른 것처럼 보이는 상황에서 반복적으로 드러난다. 원인을 찾아 대처하는 일에는 계속해서 배당금을 지불한다.

b. 근접 원인과 근본 원인을 구별하라.

근접 원인들은 일반적으로 문제로 이끄는 행동(또는 행동의 부재)이기 때문에 동사로 설명된다(예를 들어 기차 시간을 확인하지 않았기 때문에 기차를 놓쳤다). 근본 원인은 더 깊은 곳에 있어서 일반적으로 형용사로 설명된다(나는 잘 잊어버리기 때문에 기차 시간을 확인하지 못했다). 문제는 근본 원인을 제거해야만 해결될 수 있다. 근본 원인을 제거하려면 질병과 증상을 구별해야 한다.

c. 누가 어떤 사람인지 파악하는 것은 그들에게서 무엇을 기대할 수 있는지를 알려준다는 사실을 인식하라.

주변에 당신이 원하는 자질을 가진 사람들을 두고 싶다면, 그들이 어떤 사람들인지 평가하는 것에 대한 거부감을 극복해야 한다. 이것은 당신 자신에게도 적용된다. 사람들은 언제나 자신의 실수와 약점을 찾아내고 인정하는 것을 어렵게 생각한다. 실수와 약점을 모르기 때문일 수도 있지만, 대부분의 경우 자존심이 방해하기 때문이다. 당신에게 상처를 주고 싶지 않기 때문에 동료들도 당신의 실수를 지적하는 것을 똑같이 꺼릴 것이다. 당신이 해야 할 일은 이것을 극복하는 것이다. 잠재력을 발휘하는 사람들과 그렇지 못한 사람들을 차별화시키는 것은 자신과 다른 사람들을 객관적으로 성찰하고, 방해가 되는 근본 원인들을 알아내려는 의지이다.

2.4 계획을 세워라.

a. 앞으로 나아가기 전에 뒤를 돌아보라.

현재의 위치로 이끌어준 당신의 과거와 업적에 대해 돌아보고, 미래에 무엇을 해야 할 것인가에 대해 구체적인 그림을 그려보라. 그렇게 하면 당신의 목표에 도달할 것이다.

b. 당신의 문제를 기계가 만든 결과물이라고 생각하라.

당신의 기계를 한 단계 아래에 있다고 생각하라. 그리고 더 좋은 결과를 산출하기 위해 기계를 어떻게 바꿀 수 있는지에 대해 생각함으로써 고차원적 사고를 실천하라.

c. 일반적으로 목표를 달성하는 방법은 많다는 것을 기억하라.

당신은 이 가운데 효과가 있는 한 가지만 찾아내면 된다.

d. 당신의 계획을 시간에 따라, 누가 무엇을 할 것인가를 보여주는 영화 시나리오라고 생각하라.

처음에는 대략적으로 계획을 세우고, 그다음에 세밀하게 수정하라. 큰 그림에서 시작해 구체적인 업무와 예상 시간으로 좁혀가라(예를 들면 "다음 2주 동안 훌륭한 사람들을 찾아줄 헤드 헌터를 선택한다."라는 식으로). 계획을 세우는 과정에서 비용, 시간 그리고 사람과 같은 현실 세계의 문제들이 나타날 것이다. 그리고 이런 문제를 통해 당신은 기계 안에 있는 톱니바퀴들이 잘 돌아갈 때까지 계획을 더 세밀하게 조정하면 된다.

e. 모든 사람이 당신의 발전을 보고 측정할 수 있도록 계획을 기록하라.

여기에는 누가, 언제, 무슨 일을 해야 하는지에 대한 매우 세밀한 부분들도 포함된다. 과제tasks, 설명narratives 그리고 목표goals는 서로 다르기 때문에 뒤섞여서는 안 된다. 과제는 설명과 당신의 목표를 연결시킨 것이라는 점을 기억하라.

f. 좋은 계획을 세우는 데 많은 시간이 걸리지 않는다.

단지 몇 시간 안에 대략적인 계획을 세우고 수정할 수 있다. 하지만 계획을 사람들에게 전파하는 데는 며칠이나 몇 주가 걸릴 수 있다. 그럼에도 계획을 세우는 과정은 당신이 해야 할 일을 효과적으로 만들기 때문에 반드시 필요하다. 너무도 많은 사람이 실천에만 몰두해서 계획을 수립하는 데 거의 시간을 할애하지 않는 실수를 저지른다. 계획이 실천에 선행한다는 점을 기억하라.

2.5 끝까지 임무를 완수하라.

a. 아무리 훌륭한 계획이라도 실천하지 않으면 성공하지 못한다.

당신은 임무를 완수해야 한다. 이를 위해서는 계획에 따라 실행하기 위한 자기 수련이 필요하다. 달성해야 할 목표와 업무 사이의 연관관계를 기억하는 것이 중요하다. 양자의 연관관계를 잊어버렸을 경우 일을 중단하고 "왜?"라고 스스로에게 물어보라. 그 이유를 모르면 틀림없이 목표를 잃게 될 것이다.

b. 좋은 업무 습관은 매우 과소평가돼 있다.

일을 성공적으로 완수하는 사람들은 합리적으로 우선순위를 정해놓은 '해야 할 일의 목록to-do lists'을 가지고 있다. 이들은 순서에 따라 각 항목이 제대로 처리됐는지 확인한다.

c. 계획을 따라가고 있다는 것을 확인할 수 있는 측정지표를 만들어라.

당신을 제외한 누군가가 당신의 발전에 대해 객관적으로 평가하는 것이 이상적이다. 목표를 달성하지 못하고 있다면 이것은 진단을 받고 해결해야 할 또 다른 문제이다. 계획을 잘 실행하지 못하지만, 성공한 창의적인 사람들은 많이 있다. 그 이유는 이들은 믿을 수 있는 실행가와 공생의 관계를 맺었기 때문이다.

이제 더 이상 할 이야기가 없다! 5단계 과정은 당신의 가치관에 따라 진행된다는 사실을 기억하라. 가치관이 당신이 원하는 것, 즉 당신의 목표를 결정한다. 그리고 5단계 과정이 반복적이라는 사실을 명심하라. 하나의 단계를 완수하면 다른 단계를 수정할 수 있는 정보를 얻을 수 있다. 5단계를 모두 마치면 새로운 목표를 가지고 다시 5단계 과정을 시작해야한다. 이 과정이 효과가 있다면 당신의 목표는 계획보다 더 천천히 변하고, 당신의 계획도 업무보다 느리게 변할 것이다.

마지막으로 중요한 한 가지는 이 모든 과정을 잘 종합하고 구체화해야한다는 것이다. 처음 3단계(목표를 정하고, 문제를 찾아내고, 진단하는 것)는 종합하는 과정이다(이것은 당신이 어디로 가고 싶고, 실제로 무슨 일이 벌어지고 있는지를 알고 있다는 의미이다). 해결책을 고안하고 계획이 잘 실행되는지 확인하는 것은 성과를 만들어내는 구체화 과정이다.

2.6 해법을 찾으면 약점은 중요하지 않다는 것을 기억하라.

십중팔구 당신은 이 모든 단계를 잘할 수는 없을 것이다. 각 단계마다 다른 사고방식이 필요하고, 사실상 어느 누구도 각 단계에 적합한 방식대로 생각할 수 없다. 예를 들면 목표를 설정하는 일(어떤 인생을 살고 싶은지 결정하는 것)에는 우선순위 결정과 목표의 시각화와 같은 고차원적 사고가 필요하다. 문제를 찾아내고 용인하지 않는 것은 직관력이 있어야 하고, 높은 기준을 유지하고 통합하는 능력이 필요하다. 진단을 잘하려면 논리적이고 다양한 가능성을 볼 수 있어야 하며, 다른 사람들과 기꺼이 어려운 대화를 할 수 있어야 한다. 계획 세우기에는 구상하는 능력과 현실성이 필요하다. 그리고 무엇인가를 시작하려면 자기 훈련과 좋은 업무 습관 그리고 결과를 중요하게 생각하는 성향이 필요하다.

당신은 이런 모든 자질을 갖추고 있는 사람이 누구인지 알고 있는가? 아마도 그런 사람은 없을 것이다. 하지만 정말로 성공하기 위해서는 5단계 과정을 모두 잘해야 한다. 그렇다면 당신은 무엇을 해야 할까? 먼저 가장 중요한 것은 다른 사람들로부터 당신이 필요한 것을 얻을 수 있도록 겸손해야 한다. 모든 사람에게는 약점이 있다. 약점은 사람들이 하는 반복적인 실수를 통해 드러난다. 당신의 약점이 무엇인지 알고 직시하는 것이 성공으로 가는 첫걸음이다.

a. 당신이 저지르는 실수의 양상을 보고 5단계 과정 중 어느 단계에서 실수를 하는지 파악하라.

다른 사람들에게 조언을 구하라. 자기 자신에 대해 완벽하게 객관적일 수 있는 사람은 없다.

b. 모든 사람이 성공에 방해가 되는 하나의 큰 문제를 가지고 있다. 당신의 문제를 찾아내고 해결하라.

당신의 가장 큰 문제가 무엇인지(문제를 찾아내는 것, 해결책을 계획하는 것, 끝까지 일해 결과를 만들어내는 것 등) 그리고 이유가 무엇인지(감정이 실수를 유발하거나, 충분한 가능성을 구현하지 못하거나)에 대해 기록하라. 당신뿐만 아니라 대부분의 사람은 아마도 하나 이상의 중대한 방해 요인을 가지고 있을 것이다. 하지만 걸림돌이 되는 큰 문제를 해결하게 되면 인생은 빠르게 발전할 것이다. 문제 해결을 위해 계속 노력한다면 당신은 가장 큰 장애물을 극복하게 될 것이다. 문제를 해결하거나, 문제에 잘 대처하기 위해 다른 사람들의 도움을 얻을 수 있다. 성공으로 가는 길은 다음 두 가지이다. 1) 필요한 것을 당신이 직접 구하거나, 2) 다른 사람들로부터 구하는 것이다. 두 번째 길은 겸손함을 요구한다. 겸손은 스스로 갖춰야 하는 능력인 만큼 더 중요하다. 이 두 가지 길 모두를 추구하는 것이 가장 좋다.

2.7 당신과 다른 사람들의 심상지도와 겸손을 이해하라.

어떤 사람들은 무엇을 해야 하는지 스스로 잘 파악한다. 이들은 훌륭한 심상지도를 가지고 있기 때문이다. 배움을 통해 이런 능력을 얻었거나, 특별히 상식이 풍부하도록 축복받았을지도 모른다. 어떤 경우이든 이들은 다른 사람들보다 자신 내부에 더 많은 해답을 가지고 있다. 마찬가지

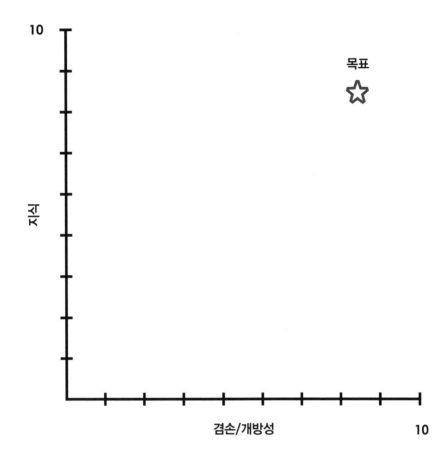

로 어떤 사람들은 다른 사람들보다 더 겸손하고, 생각이 더 열려 있다. 겸손이 혼자 힘으로 얻을 수 있는 답보다 더 좋은 답을 찾도록 당신을 이끌어준다면, 좋은 심상지도를 갖고 있는 것보다 훨씬 더 가치가 있다. 열린 사고방식과 좋은 심상지도를 모두 가지고 있다면 가장 강력하다.

　이런 단순한 개념을 설명하기 위해 위 그래프를 보자. 어떤 사람의 심상지도가 얼마나 좋은가를 1에서 10까지 점수로 평가한 것이 Y축이고, 겸손과 개방적인 사고의 정도를 나타낸 것이 X축이다.

모든 사람은 심상지도와 개방적 사고의 점수가 낮은 왼쪽 하단에서 시작한다. 그리고 대부분의 사람은 비참하게 그곳에 갇혀 빠져 나가지 못한다. 당신은 심상지도의 축을 따라 올라가거나(일을 더 잘하는 방법을 배워서), 개방적 사고 축에서 오른쪽으로 나아감으로써 발전할 수 있다. 양쪽 방향 모두 무엇을 해야 하는지에 대해 당신에게 더 좋은 지식을 제공할 것이다. 당신이 좋은 심상지도를 가지고 있는데, 개방적 사고 능력이 낮다면 훌륭하지는 않더라도 좋다고 할 수 있다. 하지만 당신은 여전히 가치 있는 많은 것을 놓치고 있는 것이다. 마찬가지로 개방적 사고 능력은 좋지만, 심상지도가 나쁘다면 당신이 따라가야 하는 사고방식을 선택하는 데 어려움을 겪게 될 확률이 크다. 좋은 심상지도와 개방적 사고를 갖춘 사람은 둘 다 갖추지 못한 사람을 언제나 이길 것이다.

잠시 시간을 내서 당신이 보다 효율적이 되기 위한 방법에 대해 생각해보자. 이 그래프에서 당신의 위치는 어디쯤인가? 다른 사람들에게 당신을 어디에 위치시키고 싶은지도 물어보라. 일단 당신이 놓치고 있는 것이 무엇인지 알고, 다른 사람들로부터 도움을 얻을 수 있는 열린 사고를 가졌다면 당신은 사실상 거의 모든 것을 성취할 수 있게 된다. 대부분의 사람은 대체적으로 이를 실천하지 못한다. 다음 장에서는 왜 실천을 못 하고, 어떻게 잘못을 바로잡을 수 있는지 알아보도록 하자.

3 극단적으로 개방적인 생각을 가져라

이 장은 사람들이 인생에서 성취하고 싶은 것을 얻는 방식에 방해가 되는 두 가지 장애물을 극복하는 방법을 설명하고 있다. 그렇기 때문에 가장 중요하다고 할 수 있다. 이런 장벽은 우리의 뇌가 작동하는 방식에서 발생한다. 그래서 거의 모든 사람이 이런 장벽에 부딪힌다.

3.1 두 개의 장벽을 인식하라.

좋은 의사결정을 내리는 데 있어 가장 큰 두 개의 장벽은 자아와 사각지대blind spots이다. 이 두 개의 장애물이 자신과 환경에 대해 무엇이 진실인지를 객관적으로 파악하기 어렵게 만든다. 그리고 다른 사람들의 도움을 최대한 활용해서 최선의 결정을 내리는 것도 어렵게 만든다. 인간의 두뇌라는 기계가 어떻게 작동하는지 이해할 수 있다면, 당신은 이런 장벽이 존재하는 이유와 자신의 행동을 교정하는 방법을 이해할 수 있을 것이다. 그리고 이를 통해 더 행복하고, 더 효율적이 되어 다른 사람들과 더 잘 소통할 수 있게 될 것이다.

a. 자아라는 장벽을 이해하라.

내가 말하는 '자아 장벽ego barrier'은 실수와 약점을 받아들이기 어렵게 만드는 잠재적인 방어기제를 말한다. 깊은 곳에 자리 잡은 욕구와 두려움(사랑받고 싶은 욕구와 사랑을 잃는 것에 대한 두려움, 생존하고 싶은 욕구와 생존하지 못하는 두려움, 중요한 존재가 되고 싶은 욕구와 중요하지 않게 되는 것에 대한 두려움 등)은 편도체와 같은 뇌의 원초적인 부분에 존재한다. 뇌의 원초적 부분은 감정을 다루는 측두엽의 일부이다. 당신의 의식은 뇌의 이런 부분에 접근할 수 없다. 때문에 뇌가 무엇을 원하고, 자신을 어떻게 통제하는지에 대해 이해하는 것은 사실상 불가능하다.

감정을 다루는 뇌의 원초적 부분은 상황을 과도하게 단순화시키고 본능적으로 반응한다. 뇌는 칭찬을 갈망하기 때문에 뇌의 이성적인 부분에서 건설적인 비판이 좋다는 것을 이해한다고 해도 비판을 공격으로 받아들인다. 특히 자신이 얼마나 훌륭한가와 같은 주제와 관련됐을 때 뇌의 원초적 부분은 스스로를 방어적으로 만든다.

동시에 높은 수준의 의식은 뇌의 신피질, 조금 더 구체적으로 말하면 전두엽 피질에 존재한다. 이것이 뇌에서 가장 두드러진 인간적 특징을 보여주는 곳이다. 신피질은 뇌의 나머지 부분과 비교해 더 크고, 인간이 다른 동물보다 더 크다. 의사결정(이른바 '집행기능executive function')에 대한 의식을 감지하고, 논리와 추리를 적용하는 부분이 바로 신피질이다.

b. 당신을 통제하기 위해 두 개의 자아가 싸우고 있다.

고차원의 자아higher-level you는 저차원lower-level you의 자아를 알지 못하며, 두 개의 자아는 '지킬 박사와 하이드'와 유사하다. 두 자아의 충돌은 보편적인 것이다. 충분한 관심을 기울인다면 당신은 실제로 언제, 뇌의 어떤 부분들이 서로 다투는지 알 수 있다. 예를 들면 자신에 대해 화가 났을 때 당신의 전두엽 피질과 편도체(또는 뇌의 저차원적인 부분*)는 싸우고 있는 것이다. 만약 당신이 "내가 왜 케이크를 다 먹도록 그냥 두었을까?"라고 물어보면 정답은 "저차원의 자아가 고차원의 자아를 이겼기 때문이다."

a) 논리적이고 의식적인 자아와 b) 감정적이고 무의식적인 자아가 어떻게 싸우는지를 이해하면 두 종류의 자아가 자신과 다른 사람을 어떻게 대하는지 상상할 수 있다. 한마디로 표현하면 엉망진창이다. 저차원의 자아는 고차원의 자아가 해결 방법을 찾으려고 할 때에도 투견처럼 싸움을 원한다. 일반적으로 사람들은 저차원의 자아가 모든 사람의 행동을 장악하려고 시도한다는 사실은 고사하고 그것의 존재조차 모르기 때문에, 이것은 사람들을 혼란스럽게 만든다.

어떤 사람이 당신의 말에 동의하지 않고, 당신의 생각에 대해 설명하라고 요구할 때 어떤 일이 벌어지는지 생각해보자. 당신은 이런 도전을 공격이라고 생각하도록 프로그램되어 있기 때문에, 다른 사람의 생각에 관심을 갖는 것이 더 논리적이지만 화를 낸다. 특히 그들이 아는 것이 많아도 화를 낸다. 이런 상태에서 당신이 자신의 행동을 설명하려고 노력해도 당신의 해명에는 설득력이 없다. 이것은 저차원의 자아가 고차원의 자아를 통해 설명하기 때문이다. 깊은 곳에 자리 잡은 당신의 감춰진 욕

---

* 뇌는 우리의 생각, 감정, 행동을 책임지는 수많은 다른 부분과 상호 연결된 기관이다. 뇌의 작용에 대해 설명할 때 정확한 뇌의 신경구조는 더 복잡하지만, 전통적인 설명을 차용하여 나는 투쟁-도피 반응 Flight - or - fight reaction의 유일한 원인으로 편도체에 대해 설명했다. 다음 장에서 이 부분에 대해 조금 더 상세하게 설명할 것이다.

구들이 당신을 통제하고 있기 때문에, 당신이 하고 있는 일을 논리적으로 설명하는 것이 불가능하다.

가장 지적인 사람들조차 이런 방식으로 행동한다는 것은 안타까운 일이다. 효율적이 되고 싶다면, 진실을 알고 싶은 당신의 욕구가 올바르고 싶은 욕구보다 더 중요하도록 만들어야 한다. 당신이 알고 있는 것이나, 당신이 잘하는 것에 대해 지나치게 자부심을 갖고 있다면 당신은 많은 것을 배우지 못할 것이다. 그리고 결국 더 나쁜 결정을 내리게 되어 당신의 잠재력을 모두 발휘하지 못하게 될 것이다.

c. 사각지대라는 장벽을 이해하라.

모든 사람에게는 자아라는 장애물 외에도 자신의 사고방식이 사물을 정확하게 인식하지 못하도록 만드는 사각지대가 있다. 각자가 들을 수 있는 소리의 범위와 볼 수 있는 색깔의 범위가 다른 것처럼, 사물을 이해하고 보는 범위도 각각 다르다. 우리는 자신의 방식으로 사물을 이해한다. 예를 들면 어떤 사람들은 큰 그림을 잘 보지만 작은 것들을 못 보는 반면, 어떤 사람들은 미세한 것을 잘 보지만 큰 그림을 놓친다. 어떤 사람들은 직선적 사고를 하고, 어떤 사람들은 수평적 사고를 한다.

자신이 보지 못하는 것을 이해할 수 없는 것은 당연하다. 정형화된 유형을 찾아내서 통합하지 못하는 사람은 유형을 발견하고 종합하는 것이 어떤 것인지 모른다. 색맹인 사람이 색깔을 보는 것이 어떤 것인지 모르는 것과 마찬가지다. 뇌가 작용하는 방식에서 발견되는 이런 차이들은 신체가 움직이는 방식의 차이보다 덜 분명하다. 색맹인 사람들은 실제로 자신이 색맹인 것을 알지만, 대부분의 사람은 자신의 사고방식이 자신의 눈을 멀게 만들고 있다는 사실을 모른다. 설상가상으로 우리 모두에게 사각지대가 존재하지만, 우리는 그 사각지대를 보고 싶어 하지 않는다. 그래서 당신이 다른 사람의 심리적 약점을 지적할 때 일반적으로 잘 드러나는 신체적 약점을 언급한다.

당신이 다른 사람들과 비슷하다면 그들이 사물을 어떻게 이해하고, 무슨 생각을 하고 있는지 이해하려고 노력하지 않는다는 사실을 모른다. 왜냐하면 당신도 그들에게 자신의 생각이 옳다고 말하는 것에 집착하고 있기 때문이다. 다시 말하면 당신의 사고방식은 닫혀 있고, 억측을 하고 있는 것이다. 이런 폐쇄된 사고방식 때문에 치러야 하는 대가는 크다. 모든 훌륭한 가능성을 놓치거나, 위협을 보지 못하고 지나치게 된다. 또 건설적이고, 심지어 생명을 구하는 비판도 듣지 않는다.

일반적으로 이런 두 장벽으로 인한 마지막 결과는 의견이 충돌하는 당사자들이 서로 자신이 옳다고 확신하며 타협하지 않는 것이다. 그리고 종종 서로에게 화를 내고 끝을 낸다. 이것은 비논리적이고, 최선의 의사결정을 내리지 못하도록 만든다. 두 사람이 반대의 결론에 도달할 경우에 누군가는 잘못된 것이다. 당신은 그 누군가가 자신이 아니라고 확인하고 싶은 것 아닌가?

다른 사람의 생각에서 도움을 얻지 못하는 실패는 단지 의견이 서로 다를 경우에만 발생하는 것이 아니라, 해결하려고 노력하는 문제들에 직면했을 때도 발생한다. 해결책을 찾으려고 할 때 대부분의 사람은 이용할 수 있는 모든 훌륭한 생각을 받아들이지 않고, 자신들의 머릿속으로만 생각한다. 그 결과 자신들이 보는 것을 향해 계속 달려가고, 안 보이는 것과는 지속적으로 충돌한 후에야 적응하게 된다. 적응력이 좋은 사람들은 a) 자신의 타고난 뇌와 다른 방식으로 작동할 수 있도록 가르치거나 (예를 들면 창의적인 사람이 자기 훈련과 연습을 통해 체계적이 되는 것을 배우는 것처럼), b) 보상 구조를 활용(프로그램화된 조언)하거나, c) 자신의 취약한 분야에 강점을 가진 다른 사람의 도움에 의존하는 방식으로 사각지대를 극복한다.

사고방식의 차이는 파괴적인 것이 아니라, 공생적이고 상호보완적이 될 수 있다. 예를 들면 창의적인 사람들에게 공통적인 수평적 사고는 이들을 믿을 수 없다고 생각하도록 만드는 반면, 직선적인 사고를 하는 사람들이 종종 더 신뢰를 받는다. 또 어떤 사람들은 정서적이고, 어떤 사람들은 논리적이다. 하지만 어느 누구도 상호보완적인 강점을 갖고 있는 사람들의 도움 없이 복잡한 과제를 성공적으로 완수할 수 없다.

아리스토텔레스는 비극을 개인의 치명적 결점에서 발생하는 끔찍한 결과라고 말했다. 이런 약점을 보완한다면 놀라운 결과로 이어질 수도 있다. 내 생각에 지금까지 설명한 두 종류의 장벽(자아와 사각지대)은 똑똑하고 열심히 일하는 사람들이 잠재력을 발휘하지 못하도록 만드는 치명적인 결함이다. 이것을 극복하는 방법을 배우고 싶은가? 당신은 할 수 있고, 다른 사람들도 마찬가지다. 이제 그 방법에 대해 살펴보자.

3.2 극단적으로 개방적인 사고를 연습하라.

당신이 사각지대를 가지고 있다는 사실을 알고 있다면, 그것을 보는 방법을 찾을 수 있다. 하지만 사각지대가 있다는 것을 모르면 자신이 가지고 있는 문제에 계속해서 부딪히게 될 것이다. 바꿔 말하면 당신이 볼 수 없는 사각지대가 있다는 사실을 인정하고, 다른 사람들이 당신보다 무엇인가를 더 잘 볼 수 있다는 가능성에 대해 열린 마음을 갖고 있다면 (다른 사람들이 알려주는 위협과 기회가 정말로 존재하는 것을 인식하고 있다면),

좋은 결정을 내릴 확률이 높다.

극단적으로 개방적인 사고는 당신이 최적의 선택을 할 수 없을지도 모른다는 순수한 걱정에서 비롯된다. 열린 사고는 자아나 사각지대가 자신을 방해하지 않도록 다른 관점과 다른 가능성을 효율적으로 탐구하는 능력이다. 개방적 사고를 위해서는 당신이 언제나 옳다는 애착을, 무엇이 진실인지를 배우는 기쁨으로 대체해야 한다. 개방적인 사고를 통해 당신은 저차원의 자아가 당신을 통제하는 것에서 벗어나야 한다. 그리고 고차원의 자아가 훌륭한 선택에 대해 생각하고 최선의 결정을 내리도록 도와줘야 한다. 이런 능력을 얻을 수 있다면(연습을 통해 습득할 수 있다.) 현실에 더 효과적으로 대응할 수 있고, 나아가 인생을 근본적으로 발전시킬 수 있다.

대부분의 사람은 극단적으로 개방적이라는 의미를 이해하지 못한다. 사람들은 잘못된 것을 받아들이는 개방적인 태도가 개방적인 사고라고 설명한다. 하지만 사람들은 그것이 어떤 것이든 자신의 의견에 집착하고, 다른 의견의 이면에 있는 타당성을 이해하지 않으려고 한다. 극단적으로 열린 생각을 갖기 위해서 당신이 해야 할 일은 다음과 같다.

a. 당신이 최선의 방법을 알지 못할 수 있다는 사실을 진심으로 믿어라. 그리고 모르는 것에 잘 대응하는 능력이 당신이 알고 있는 어떤 것보다 더 중요하다는 것을 인정하라.

대부분의 사람들은 자신이 옳다고 확신하기 때문에 더 좋은 대안을 보지 못하고, 그 결과 나쁜 결정을 내린다. 극단적으로 개방적 사고를 하는 사람들은 올바른 질문을 생각해내고, 현명한 사람들에게 어떻게 생각하는지에 대해 물어보는 것이 답을 찾는 것만큼 중요하다고 생각한다. 개방적인 사고를 가진 사람들은 알지 못하는 상태로 어느 정도 방황하지 않으면 훌륭한 결정을 내릴 수 없다는 것을 알고 있다. 이것은 미지의 영역 안에 존재하는 무엇인가가 우리가 알고 있는 그 어떤 것보다 더 훌륭하고 흥미롭기 때문이다.

b. 의사결정은 두 단계 과정이라는 것을 이해하라. 우선 모든 관련 정보를 받아들인 다음에 결정한다.

대부분의 사람은 이미 결정을 내린 것과 일치하지 않는 정보를 받아들이고 싶어 하지 않는다. 그 이유를 물어보면 대부분은 "스스로 결정을 내리고 싶다."라고 답한다. 이런 사람들은 반대 의견이 스스로 결정하는 자신의 능력을 위협할 것이라고 생각한다. 어느 것도 진실과 무관하지 않다. 다른 사람들의 의견을 받아들이는 것은 독립적으로 생각하고, 스스로 결정을 내리는 당신의 자유를 위축시키지 않는다. 결정을 내리는 과정에서 당신의 시야를 더욱 넓혀줄 것이다.

c. 좋게 보이는 것에 대해 걱정하지 말고, 목표 달성에 대해 걱정하라.

사람들은 일반적으로 답을 모를 때조차 해결책을 갖고 있음을 입증하려고 노력한다. 이렇게 비생산적으로 행동하는 이유는 무엇일까? 사람들은 일반적으로 훌륭한 사람들은 모든 답을 가지고 있고, 약점이 없다고 생각하기 때문이다. 이런 생각은 현실과 배치될 뿐만 아니라 발전에 방해가 된다. 최선의 결정을 내리는 데 관심 있는 사람들은 자신이 최고의 해법을 가지고 있다고 생각하지 않는다. 이들은 자신에게 약점과 사각지대가 있다는 것을 잘 알고 있고, 그래서 이를 극복하기 위해 항상 더 많은 것을 배우려고 노력한다.

d. 받아들이지 않으면 생산할 수 없다는 것을 알아야 한다.

사람들은 받아들이는 것(배우는 것)보다 생산하는 일(생각을 전달하고 생산적이 되는 것)을 더 열심히 하는 것처럼 보인다. 사람들의 기본적인 목표가 생산하는 것이라 해도 이것은 잘못된 것이다. 잘 받아들이거나 배우지 못하면 잘 생산할 수가 없기 때문이다.

e. 다른 사람의 눈을 통해 사물을 보는 균형감각을 얻기 위해 당신은 잠시 동안 판단을 유보해야 한다. 단지 공감하는 것만으로도 다른 사람의 견해를 제대로 평가할 수 있다.

열린 사고는 당신이 믿지 않는 것에 동의하라는 의미가 아니다. 당신의 생각을 비논리적으로 고집스럽게 주장하지 말고, 다른 사람들의 논리에 대해 생각해보라는 뜻이다. 열린 생각을 갖기 위해서는 자신이 틀릴 수도 있다는 가능성을 받아들이고, 다른 사람들도 그렇게 말할 수 있도록 권장할 수 있어야 한다.

f. 단순히 혼자 생각해낼 수 있는 최고의 답이 아니라, 최선의 해법을 찾고 있다는 것을 기억하라.

반드시 당신의 머릿속에 답이 있을 필요는 없다. 당신은 자신 밖에 있는 세상을 볼 수 있다. 사물을 정말로 객관적으로 보고 있다면 당신이 언제나 최고의 답을 가지고 있을 가능성은 낮다. 그리고 최고의 답을 가지고 있다고 해도 다른 사람들이 검증하기 전까지는 확신할 수 없다는 점을 인정해야 한다. 그래서 자신이 무엇을 모르는지를 아는 것이 매우 중요하다. '내가 나의 관점으로만 보고 있는 것은 아닐까?'라고 자신에게 물어보라. 만일 그렇다면 당신은 사물을 객관적으로 보지 못하는 장애가 있다는 사실을 알아야 한다.

g. 자신의 생각을 주장하려는 것인지, 아니면 이해하려는 것인지를 분명히 하라. 그리고 다른 사람들의 신뢰도를 근거로 어느 태도가 가장 적절한지 생각해보라.

당사자들이 동료라면 자신의 생각을 말하는 것이 적절하다. 하지만 한 사람이 다른 사람보다 아는 것이 더 많다면 아는 것이 적은 사람은 지식이 많은 사람에게 학생 같은 태도로 접근하고, 아는 것이 많은 사람은 교사처럼 행동하는 것이 적합하다. 이것을 잘하려면 신뢰성의 개념을 먼저 이해해야 한다. 신뢰할 수 있는 사람은 논란이 많은 문제를 계속해서 (최소한 3번의 성공적인 업무 완수 기록이 있는 사람) 성공적으로 완료하며, 어떤 사람들이 캐물어도 자신의 접근법에 대해 훌륭하게 설명할 수 있다.

논란이 되는 주제에 대해 믿을 수 있는 누군가(아니면 최소한 당신보다 더 믿을 수 있는 사람, 예를 들면 건강에 대해 의사와 이야기하고 있다면)와 다른 견해를 가지고 있다면, 당신은 질문을 통해 명확하게 밝혀야 한다. 당신은 그들의 생각을 이해하려고 노력하기 때문이다. 반대로 당신이 더 신뢰할 수 있는 사람이라면 상대방에게 정중하게 이 사실을 알려주고, 당신에게 질문해야 한다는 것을 넌지시 암시할 수도 있다. 극단적으로 개방적인 사고를 추구하고 있다면 이런 모든 전략은 두 가지 연습을 통해 하나로 합칠 수 있다.

3.3 사려 깊게 반대하는 기술을 이해하라.

두 사람이 서로 반대되는 것을 믿을 경우 그중 한 사람은 틀릴 가능성이 있다. 그 사람이 당신인지 아닌지를 알아내는 것은 유익한 일이다. 사려 깊은 반대의 기술을 이해하고 개발해야 하는 것도 이 때문이다. 사려 깊은 의견의 충돌은 상대방에게 당신이 옳다는 것을 확인시키는 것이 목표가 아니다. 어떤 의견이 진실이고, 무엇을 해야 하는지 찾아내는 것이다. 사려 깊은 논쟁에서 당사자들은 중요한 점을 놓치고 있다는 진정한 두려움에 의해 동기를 부여받는다. 당신이 다른 사람이 알고 있는 것을 이해하고, 상대방도 당신이 알고 있는 것을 이해하고 있다는 생각을 교환하는 것(두 고차원의 자아가 모두 진실을 알려고 노력하는 것)은 큰 도움이 된다. 그리고 아직 개발되지 않은 잠재력의 거대한 원천이 된다.

사려 깊은 반대를 잘하려면 당신이 이해하려고 노력하고 있다는 사실을 상대방에게 전달하는 방식으로 대화해야 한다.* 주장하는 것보다 질문을 활용하라. 조용하고 차분한 방식으로 토론을 진행하고, 상대방에게도 그렇게 하도록 촉구하라. 당신은 지금 언쟁을 하는 것이 아니라 무엇이 진실인지를 탐구하고 있다는 사실을 기억하라. 합리적으로 행동하고, 상대방도 그렇게 행동하기를 기대하라. 상대방을 존중한다면 조용하고 학생 같은 태도를 취할 수 있을 것이다. 이러한 태도는 연습을 통해 더 좋아질 것이다.

서로 의견이 충돌할 때 화를 내는 것은 의미가 없다. 의견 충돌은 위협이 아니라 배우는 기회이다. 승자는 무엇인가를 배운 후 생각을 바꾼 사

---

* 한 가지 방법은 다음과 같은 질문을 하는 것이다. 내 생각과 질문에 대해 개방적인가, 아니면 나 혼자만 간직하고 있는가? 우리는 서로에게 자신이 옳다는 것을 확인시키려고 하는가, 아니면 무엇이 진실이고 어떻게 할 것인가를 알아내려고 서로의 의견을 열린 마음으로 듣고 있는가? 또는 당신은 나와 논쟁을 하는가, 아니면 나의 생각을 이해하려고 노력하고 있는가?

람이다. 하지만 다른 사람의 결론을 무조건 받아들이라는 뜻은 아니다. 열린 사고를 하지만 동시에 자신의 주장을 펼쳐야 한다. 즉 당신의 마음 속에 상충하는 가능성들을 탐구하고, 당신이 배운 것에 기초해 진실일 가능성이 높은 방향으로 유연하게 움직여야 한다. 어떤 사람들은 이것을 쉽게 할 수 있지만, 어떤 사람들은 그렇게 하지 못한다. 개방적인 사고를 잘할 수 있는 확실한 훈련 방법은 당신과 의견이 다른 사람들에게 그들의 생각을 다시 설명하는 것이다. 만일 그들이 제대로 이해했다면 당신은 잘하고 있는 것이다. 또 양측이 '2분 규칙'을 준수하기를 권장한다. 2분 동안 어느 누구도 상대방이 말하는 동안 끼어들지 않는 것이다. 그래서 양쪽 모두 자신의 생각을 말할 수 있도록 하는 것이다.

어떤 사람들은 이런 방식으로 일하는 것은 시간 낭비라고 걱정한다. 의견 충돌에서 해법을 찾는 것은 원래 시간이 많이 걸린다. 하지만 시간을 이용하는 것이 가장 좋은 방법이다. 당신이 무엇에 시간을 사용하고, 누구와 시간을 사용할지 우선순위를 결정하는 것이 중요하다. 당신의 의견에 동의하지 않는 사람들은 많다. 그래서 그들의 모든 의견에 대해 생각하는 것은 비생산적이다. 모든 사람을 열린 마음으로 대하는 것은 도움이 되지 않는다. 대신 당신이 접근할 수 있는 가장 신뢰할 수 있는 사람들과 아이디어를 검토하는 데 시간을 활용하라.

교착 상태에 빠졌다면 양측이 모두 존경하는 사람을 찾아서 토론을 중재해달라고 요청하라. 정말로 비생산적인 것은 현재 일어나는 일들을 자신의 머릿속에서만 생각하거나, 계속 논쟁에만 시간을 허비하다 수확체감 시점 point of diminishing returns을 넘기는 것이다. 이런 일이 발생하면 상호 이해에 도달할 수 있는 더 생산적인 방법을 찾아야 한다. 그 방법이 반드시 합의일 필요는 없다. 예를 들어 당사자들이 의견의 차이를 좁히지 못했다고 동의하는 것도 한 방법이다.

이런 사려 깊은 논쟁이 벌어지지 않는 전형적인 이유는 무엇일까? 사람들은 본능적으로 반대하는 것을 꺼리기 때문이다. 예를 들어 두 사람이 식당에 갈 경우 한 사람이 "나는 이것이 좋겠어요."라고 말하면 다른 사람도 "나도 그것으로 주세요."라고 말할 확률이 높다. 또는 진실이 아닐 경우에 사람들은 전혀 말을 하지 않을 가능성이 크다. 의견 충돌을 기피하는 것은 저차원의 자아가 의견 충돌을 갈등으로 잘못 해석하기 때문이다. 이것이 개방적 사고가 쉽지 않은 이유이다. 당신은 이런 반응을 불러일으키지 않는 방식으로 생각을 주고받는 기술을 개발해야 한다. 이것이 밥, 지젤 그리고 댄이 나에게 사람들을 위축시킨다고 말했을 때 얻은 교훈이었다. 사려 깊은 논쟁 대신 잘못된 생각을 고집하면서 그로 인해 나쁜 결정을 내리는 것은 인간의 가장 큰 비극 가운데 하나이다. 사려 깊은 반대를 할 수 있는 능력은 공공정책, 정치, 의학, 과학, 자선활동, 대인관계 등 모든 분야에서 크게 개선된 의사결정으로 이어질 것이다.

3.4 기꺼이 반대 생각을 말하는
신뢰할 수 있는 사람들과 당신의 생각을 비교하라.

나는 전문가들에게 개별적으로 질문하고, 그들에게 듣고 질문할 수 있는 사려 깊은 논쟁을 하도록 권장함으로써 내가 올바를 가능성을 높인다. 그리고 동시에 훨씬 더 많은 것을 배우게 된다. 이것은 전문가들이 내 의견에 동의하지 않거나, 서로의 견해 차이를 해소하지 못할 경우에도 적용된다. 사려 깊은 반대 의견을 가진 현명한 사람들은 가장 훌륭한 스승이다. 이들은 칠판 앞에 서서 강의하는 교수들보다 훨씬 더 훌륭하다. 내가 얻은 지식은 일반적으로 미래에 일어날 유사한 사건들에 대비하는 원칙을 개발하고, 그 원칙을 조금씩 고쳐나가는 일로 이어진다.

주제가 너무 복잡해서 정해진 시간 안에 이해할 수 없는 경우에는 신뢰할 수 있고 많은 것을 알고 있는 사람에게 의사결정을 맡긴다. 하지만 나는 여전히 그들의 사려 깊은 논쟁을 들어보고 싶다. 대부분의 사람은 다른 사람에게 의사결정을 맡기지 않는다. 사람들은 판단을 내릴 자격이 없을 때조차 직접 결정하는 것을 선호한다. 이것은 저차원의 자아에 굴복하는 것이다.

믿을 수 있는 사람들의 견해를 서로 비교 분석하는 접근법은 인생에 커다란 영향을 미칠 수 있다. 나는 이것이 삶과 죽음의 차이를 만들어낸 경험을 했다.

2013년에 나는 해마다 하는 정기 검진을 받으러 존스홉킨스대학 병원에 갔다. 그때 나는 암으로 발전될 가능성이 높은 고도 형성이상Dysplasia이 있는 바렛식도Barrett's esophagus라는 질병에 걸렸음을 알게 됐다. 형성이상은 암의 발전 단계 가운데 초기이고, 식도암으로 발전할 확률이 비교적 높다. 연간 발병 사례 가운데 15%가 암으로 발전했다. 그래서 치료하지 않으면 3년에서 5년 내에 암으로 발전해 사망할 가능성이 높았다. 나와 유사한 경우에 일반적인 치료는 식도를 제거하는 것이다. 하지만 나는 수술을 통한 치료를 하지 않았다. 의사는 상태가 어떻게 진행되는지 지켜보라고 조언했다. 나는 몇 주 동안 생존을 위해 싸우는 동시에, 죽음에 대비한 계획을 세우기 시작했다. 나는 다음과 같은 것을 하고 싶었다.

a. 가능한 한 좋은 결과를 얻기 위해 최악의 상황을 대비한 계획을 세워라.

이 진단 결과로 나는 가장 좋아하는 사람들이 나 없이도 잘 지낼 수 있도록 준비하고, 남은 몇 년 동안 인생의 풍미를 즐기기에 충분한 시간을 가질 수 있었기 때문에 운이 좋다고 생각했다. 이제 막 태어난 첫째 손자를 알아갈 시간은 있었지만, 그렇게 긴 시간은 아니었다.

하지만 주지하다시피 나는 전문가가 내린 최선의 진단일지라도 그대로 받아들이기보다 신뢰할 수 있는 사람들의 의견과 비교해보고 싶었다. 그래서 개인 주치의인 글레이저 Glazer 박사에게 바렛식도에 대해 권위 있는 전문가들을 만날 수 있도록 부탁했다.

가장 먼저 대형 암 병원의 흉부외과 과장을 만났다. 그녀는 나의 상태가 빠르게 진행되고 있어서, 첫 번째 의사의 말과 달리 수술을 통해 치료해야 한다고 설명했다. 식도와 위장을 제거하고 소장과 식도의 남은 부분을 연결하는 수술이었다. 그녀는 내가 수술대에서 사망할 확률이 10% 정도이고, 심각한 장애를 경험할 확률이 70%라고 말했다. 하지만 내가 생존할 확률이 높기 때문에 그녀의 권고는 충분히 고려할 만한 가치가 있었다.

나는 그녀가 처음에 나를 진단한 존스홉킨스 대학 병원의 의사와 이야기를 나눠보기를 원했다. 그리고 그 자리에서 나는 의사들이 서로 다른 견해에 대해 어떻게 말하는지 지켜보았다. 이것은 놀라운 경험이었다. 내가 만난 두 명의 의사는 나에게 완전히 다른 이야기를 했다. 그러나 두 사람이 전화로 이야기할 때에는 논쟁을 최소화하고, 상대방을 존중하기 위해 노력하면서 최선의 답을 찾기 위해 논의하는 것보다 직업적인 예의를 중시했다. 하지만 그들의 견해 차이는 분명했고, 그들의 대화를 들으면서 나는 많은 것을 이해하게 되었다.

그다음 날 또 다른 유명한 병원에서 세계적으로 권위 있는 연구자이자 전문가인 세 번째 의사를 만났다. 그는 나에게 3개월마다 병원을 방문해 내시경 검사를 받으면 기본적으로 문제가 일어나지 않을 것이라고 말했다. 그는 나의 병은 피부암과 유사하고, 단지 내부에 있다는 것의 차이라고 설명했다. 계속 관찰하면서 혈관으로 전이되기 전에 새로 생긴 조직을 잘라내면 괜찮을 것이라고 말했다. 그에 따르면 이렇게 관찰한 환자들의 결과와 식도를 제거한 환자들의 결과는 차이가 없었다. 간단히 말하면 그들은 암으로 죽지 않았다. 정기적인 검사와 치료를 제외하면 사람들은 정상적인 생활을 하고 있었다. 다시 정리해보면 지난 48시간 동안 나는 사형선고에서 식도를 제거하는 수술로 그리고 마지막으로 증상을 살펴보다 암으로 발전하기 전에 제거하는 단순하지만 조금 불편한 치료 방법까지 도달했다. 이 의사가 틀렸을까?

글레이저 박사와 나는 세 명의 세계적인 의사들을 만났고, 그들은 내시경을 통해 증상을 관찰하면서 지켜보는 치료법이 문제가 없을 것이라는 데 동의했다. 그래서 나는 내시경을 통한 치료를 받기로 결정했다. 내시경 치료를 하는 동안 의사들은 식도에서 세포 조직을 잘라내 검사실로 보냈다. 64번째 생일 일주일 전에 검사 결과가 나왔는데, 정말로 충격적이었다. 세포 조직을 분석해보니 고도 형성이상은 전혀 발견되지 않았다.

전문가들조차 실수를 한다. 중요한 것은 극단적으로 개방적인 사고를 하고 똑똑한 사람들과 의견을 주고받는 것은 그만한 가치가 있다는 것이다. 다른 의사들의 견해를 물어보지 않았다면 내 인생은 완전히 달라졌을 것이다. 열린 마음으로 신뢰할 수 있는 사람들과 의견을 교환하는 것은 올바른 결정을 내릴 가능성을 크게 높일 수 있다는 점에서 중요하다.

3.5 당신이 경계해야 할
폐쇄적 사고와 개방적 사고의 신호를 알아차려라.

개방적 생각을 가진 사람과 폐쇄적 사고를 하는 사람은 행동 방식이 다르기 때문에 이들을 구별하는 것은 쉽다. 당신이나 다른 사람들이 폐쇄적인지 아닌지를 구별하는 몇 가지 요령이 있다.

1. **폐쇄적 사고를 하는 사람들**은 자신의 생각에 반대하는 것을 좋아하지 않는다. 폐쇄적인 사람들은 다른 사람들이 자신의 생각에 반대하는 이유를 알고 싶어 하지 않고, 다른 사람들을 자신의 의견에 동의하도록 만들지 못했다는 사실에 좌절한다. 이들은 무엇인가가 잘못됐다는 것에 실망하고, 질문을 통해 다른 사람들의 생각을 알아내는 것보다 자신들이 옳다는 것을 입증하는 일에 관심이 더 많다.

   개방적 사고를 하는 사람들은 왜 의견 충돌이 발생하는지에 관심이 많다. 이들은 다른 사람이 동의하지 않을 때 화를 내지 않는다. 개방적인 사람들은 자신이 틀릴 가능성이 있다는 사실을 이해하고 있다. 또한 실수를 하거나 무엇인가를 놓치고 있는 것은 아닌지 확인하기 위해 다른 사람들의 견해를 듣고 생각하는 시간을 갖는 것이 가치가 있다고 생각한다.

2. **폐쇄적 사고를 하는 사람들**은 질문을 하는 것보다 의견을 말하는 것을 좋아한다. 어떤 상황에서는 자신의 신뢰도에 따라 발언권이 주어질 때 개방적인 사고를 하는 사람들(내가 아는 가장 신뢰할 수 있는 사람들조차)은 언제나 많은 질문을 한다. 믿음이 가지 않는 사람들은 자신의 발언이 신뢰도가 낮은 주장일지라도 사실상 암시적인 질문이라고 말하곤 한다. 가끔씩 그런 경우도 있지

만 내 경험에 비추어보면 대개는 그렇지 않은 경우가 더 많다.

개방적 사고를 하는 사람들은 자신들이 틀릴 수 있다는 것을 진심으로 믿는다. 그들이 하는 질문에는 진정성이 있다. 이들은 또 자신의 기본적 역할이 학생인지 교사인지 아니면 동료인지를 결정하기 위해 상대적 신뢰도를 평가한다.

3. **폐쇄적 사고를 하는 사람들**은 다른 사람들을 이해하는 것보다 자신들을 이해시키는 데 더 초점을 맞춘다. 이들은 사람들이 동의하지 않을 때 자신이 다른 사람들의 견해를 이해하지 못한다고 생각한다. 때문에 다른 사람이 자신의 생각을 이해하지 못한다고 추정하는 경향이 있다.

개방적 사고를 하는 사람들은 언제나 다른 사람들의 시각을 통해 사물을 봐야 한다고 생각한다.

4. **폐쇄적 사고를 하는 사람들**은 "내가 틀릴 수도 있지만… 내 생각은 이렇다."라고 말한다. 이것은 자신이 언제나 다른 사람의 의견을 듣고 있다는 진부한 표현일 뿐이다. 즉 자신의 의견을 고집하고 있지만, 개방적인 사고를 하고 있다고 스스로에게 확신시키는 피상적인 표현이다. 당신의 표현이 "내가 틀릴 수도 있다." 또는 "신뢰할 수 있는 것은 아니다."라고 시작한다면 그다음에는 주장이 아니라 질문이 뒤따라야 한다.

개방적 사고를 하는 사람들은 언제 주장을 하고, 언제 질문을 해야 하는지 알고 있다.

5. **폐쇄적 사고를 하는 사람들**은 다른 사람들의 말을 가로막는다. 다른 사람이 대화에 참여할 여지를 주지 않는 것처럼 보인다면 대화를 방해하고 있을 가

능성이 높다. 이것을 극복하려면 내가 앞에서 언급한 '2분 규칙'을 실행하라. **개방적 사고를 하는 사람들**은 언제나 말하는 것보다 듣는 것에 관심이 많다. 이들은 다른 사람들이 의견을 말하도록 적극적으로 장려한다.

6. **폐쇄적 사고를 하는 사람들**은 동시에 마음속에 두 가지 생각을 가지고 있는 것을 힘들어한다. 이들은 자신의 생각이 다른 사람들의 생각을 밀어내도록 만든다.

   개방적 사고를 하는 사람들은 사고하는 능력을 잃지 않고 다른 사람들의 생각을 받아들인다. 이들은 마음속에 두 개 또는 그 이상의 상충하는 생각들을 가지고 있으며, 상대방의 장점들을 평가하기 위해 두 생각 사이를 오간다.

7. **폐쇄적 사고를 하는 사람들**은 겸손함이 없다. 겸손함은 일반적으로 실패의 경험에서 나온다. 실패의 경험은 우리가 무엇을 모르는지 알아내는 것에 집중하게 한다.

   개방적 사고를 하는 사람들은 자신들이 틀릴지도 모른다는 깊은 두려움을 가지고 모든 것에 접근한다.

폐쇄적인 생각을 하는 사람과 개방적인 생각을 하는 사람을 구별할 수 있다면, 당신은 주변에 개방적 사고를 하는 사람들을 두고 싶을 것이다. 이들을 통해 당신은 더 효율적으로 의사결정을 내릴 수 있을 뿐만 아니라 많은 것을 배우게 될 것이다. 효율적으로 협력하는 의사결정자들은 혼자 일하는 의사결정자보다 압도적으로 좋은 성과를 이룩한다. 최고의 의사결정자조차 다른 훌륭한 의사결정자들의 도움을 받아 자신의 의사결정 능력을 크게 향상시킬 수 있다.

3.6 어떻게 하면 극단적으로 개방적인 사고를 할 수 있는지 이해하라.

당신이 현재 아무리 개방적인 사고방식을 가지고 있다 해도 배울 수 있는 무엇인가는 있게 마련이다. 개방적인 사고를 연습하기 위해 다음을 실천하라.

a. 고통을 당신의 자질을 성찰하는 지침으로 활용하라.

정신적 고통은 당신의 생각에 도전하는 사람이나 사건이 발생하는 상황에서 그 생각에 너무 집착할 경우에 나타난다. 제기된 문제들이 당신의 약점을 포함하고 있을 경우에 특히 그렇다. 이런 종류의 정신적 고통은 잠재적으로 당신이 잘못됐고, 그 문제에 대해 깊이 있게 생각해봐야 한다는 신호이다. 이를 위해 당신은 우선 평정심을 찾아야 한다. 하지만 당신은 아마도 편도체가 머릿속에서 조여오거나 몸에 긴장감이 생겨 짜증, 분노, 초조함이 생기는 것을 느끼기 때문에 평정심을 유지하는 것이 어려울 수 있다.

이런 감정이 발생할 때 느낌에 주목하라. 폐쇄적 사고의 신호를 감지함으로써 당신은 이런 신호들을 자신의 행동을 통제하고, 개방적인 사고로 이끄는 단초로 활용할 수 있다. 정기적으로 이런 연습을 하면 고차원의 자아가 당신을 통제하는 능력을 강화할 수 있다. 더 많이 연습할수록 당신은 더욱 강해질 것이다.

b. 개방적인 사고를 습관으로 만들어라.

아주 단순하게 말하면 당신이 살아갈 인생은 습관의 결과물이다. 감정을 가라앉히고 속도를 늦추고 문제에 대해 신중하게 접근하는 신호로서 분노와 절망을 활용할 수 있다면, 부정적인 감정을 훨씬 적게 느끼고 개방적인 사고를 하는 습관을 얻게 될 것이다. 물론 저차원 자아의 감정은 너무 강하기 때문에 그 순간에 개방적인 사고를 하는 것이 매우 어려울 수 있다. 하지만 매번 자신을 통제하는 데 어려움이 있다 하더라도 '편도체 납치 amygdala hijacking'* 현상은 오래 지속되지 않는다. 그리고 시간이 흐른 뒤에 고차원의 자아에게 성찰할 여유를 줄 수 있다. 먼저 당신이 존경하고, 당신을 도와줄 수 있는 사람들을 찾아라.

c. 당신의 사각지대를 파악하라.

폐쇄적인 사고의 소유자인 당신이 모르는 분야에 대해 의견을 내놓을 때 그것은 치명적이 될 수 있다. 다른 사람들이 보는 것을 보지 못하기 때문이다. 그러므로 지속적으로 잘못된 결정을 내리는 환경을 기록하는 시간을 가져라. 다른 사람들, 특히 당신이 놓친 것을 보는 사람들에게 도움을 요청하라. 목록을 만들어 벽에 붙여놓고 잘 살펴보라. 당신이 볼 수 없는 사각지대에서 다른 사람들의 조언을 구하지 않고 결정을 내리는 자신을 발견한다면, 큰 위험을 무릅쓰고 있는 것이다. 그로 인해 당신이 예상하는 결과를 얻지 못할 것이다.

---

* 심리학자이자 과학 전문 기자인 대니얼 골먼Daniel Goleman이 《EQ 감성지능Emotional Intelligence》에서 이 용어를 처음으로 만들어 사용했다.

d. 신뢰할 수 있는 사람들이 당신이 잘못된 일을 하고 있고 당신만 그것을 모른다고 말하면, 당신은 편견에 사로잡혀 있을 가능성이 높다고 생각하라.

객관적이 돼라. 당신이 옳고 그들이 틀릴 수 있다. 하지만 당신은 언쟁이 아니라 질문하는 태도를 취함으로써 당신과 그들의 신뢰도를 비교해야 한다. 그리고 필요하다면 교착에서 벗어나기 위해 모두가 존경하는 중립적인 사람을 참여시키는 데 합의하라.

e. 명상하라.

나는 초월 명상을 생활화하고 있다. 명상이 나의 개방적인 생각과 고차원적인 시각, 평정심 그리고 창의성을 향상시킨다고 믿는다. 초월 명상은 일을 천천히 진행하도록 도와줌으로써 혼란에 직면했을 때 침착하게 행동할 수 있다. 그렇다고 이런 관점을 갖기 위해 당신도 초월 명상을 해야 한다고 주장하는 것은 아니다. 단지 명상이 나와 다른 사람들에게 도움이 됐기 때문에, 당신도 진지하게 명상에 대해 생각해보라고 알려주는 것이다.

f. 증거에 기초를 두고 다른 사람들에게도 똑같이 하라고 권장하라.

사람들은 사실을 주의 깊게 살펴본 후, 증거에 대해 객관적으로 생각하지 않고 결론을 내리는 경향이 있다. 깊이 내재된 잠재의식이 원하는 것을 근거로 결정을 내리고, 그런 결론에 일치하도록 증거를 걸러낸다. 당신을 사로잡는 잠재의식이 이런 과정으로 진행되고 있음을 알아내거나, 다른 사람들이 그런 잠재의식을 따라가고 있는 당신을 발견하는 것은 가능하다.

어떤 결정을 내리려고 할 때 "당신의 견해를 이끌어낸 명백한 사실들

(당신이 신뢰할 수 있는 사람들이 논쟁을 벌이지 않는 사실)에 대해 설명할 수 있는가?"라고 자신에게 물어보라. 사실들을 명확하게 설명할 수 없다면, 당신은 증거에 기초해 결론을 내리지 않을 가능성이 높다.

g. 다른 사람들도 열린 생각을 갖도록 최선을 다해 도와라.

차분하고 합리적으로 당신의 의견을 제시하는 것은 다른 사람들의 '투쟁-도피 반응Fight or flight reaction'을 예방하는 데 도움이 된다. 스스로도 합리적이 되고, 다른 사람들도 합리적으로 행동하기를 기대하라. 그리고 다른 사람들에게 견해를 뒷받침하는 증거를 제시하도록 요구하라. 하지만 이것은 논쟁이 아니라, 진실에 대한 공개적인 탐구라는 점을 기억하라. 당신이 다른 사람들의 이야기를 받아들이고 있다는 것을 보여주면 도움이 된다.

h. 증거에 기초한 의사결정 도구를 활용하라.

증거에 기초한 의사결정 원칙들은 동물적인 저차원의 자아를 통제하고, 고차원의 자아가 의사결정을 책임질 수 있도록 도와준다. 만일 당신이 뇌의 저차원 부분을 분리한 후, 우리의 투자 시스템처럼 논리적으로 유추된 지침을 제공하는 의사결정 컴퓨터에 연결한다면 어떤 일이 벌어질까?

컴퓨터는 논리적이고, 정보를 더 빨리 처리하고, 감정의 흔들림 없이 결정을 내린다. 때문에 컴퓨터에 기초한 의사결정 체계가 당신보다 훨씬 더 좋은 성과를 낸다고 가정해보라. 당신은 이 시스템을 이용할 것인가? 이런 도전 과제에 직면하면서 나는 컴퓨터에 기반을 둔 의사결정 도구들을 개발했고, 이런 시스템이 없었다면 성공하지 못했을 것이라고 확신한다. 앞으로도 이런 '기계적 사고'를 활용하는 도구들은 발전할 것이고, 현명한 의사결정자들은 기계적 사고 시스템을 자신의 사고와 통합하는 방법을 배울 것이라고 믿고 있다. 나는 여러분도 이런 방법에 대해 배우고 활용하기를 바란다.

i. 언제 싸움을 멈추고, 당신의 의사결정 과정을 신뢰하는 것이 최선인지 파악하라.

독립적으로 생각하고, 당신이 믿는 것을 위해 싸우는 것은 중요하다. 하지만 당신의 생각을 관철하기 위한 투쟁을 멈추고, 신뢰할 수 있는 사람들이 최선이라고 생각하는 것을 받아들이는 것이 더 현명할 때가 있다. 이렇게 하는 것 자체는 매우 힘들 수 있다. 하지만 열린 생각을 갖고 신뢰할 수 있는 사람들과의 합의가 자신의 생각보다 더 좋다고 믿는 것이 현명하며, 궁극적으로 자신에게 더 유익하다. 그들의 생각을 이해할 수 없다는 것은 그들의 사고방식을 모르기 때문이다. 모든 증거와 신뢰할 수 있는 사람들이 반대하는 상황에서도 당신이 생각하는 것을 계속 추진한다면, 당신은 위험할 정도로 오만한 것이다.

대부분의 사람은 극단적으로 개방적인 사고를 할 수 있다. 하지만 어떤 사람들은 자신이 틀렸음에도 옳다고 확신함으로써 실패했던 고통을 반복적으로 경험한 후에도 개방적 사고를 하지 못한다.* 극단적으로 개방적인 사고를 배우지 못한 사람들은 훨씬 더 좋은 성과를 낼 수 있도록 자

---

* 이 가운데 일부는 더닝 크루거 효과Dunning kruger effect의 결과이다. 더닝 크루거 효과는 실제로 무능력한 개인이 뛰어나다고 믿는 인지적 편향이다.

신을 바꾸는 큰 변화를 경험하지 못한다.

나는 여러 번의 실패, 특히 1982년의 큰 실패를 통해 그런 겸손함을 배웠다. 열린 사고방식을 갖는다는 것은 자신의 주장을 잃어버린다는 의미가 아니다. 실제로 열린 사고방식은 자신이 올바른 결정을 내릴 확률을 높이기 때문에 신뢰도를 높일 수 있다. 나는 큰 실패를 경험한 이후 이것이 진실이라는 것을 알게 됐다. 그리고 이것이 내가 작은 위험으로 큰 성공을 거둘 수 있었던 이유이다.

진정으로 개방적인 사고를 습득하려면 시간이 걸린다. 현실 세계의 모든 배움과 마찬가지로 개방적인 사고도 습관의 문제이다. 일단 많이 실천할수록 본능적인 것이 되고, 그렇게 되면 다른 방식으로 사고하는 것을 참을 수 없게 될 것이다. 앞서 이야기한 것처럼 일반적으로 개방적인 사고방식을 습득하기까지 18개월 정도가 걸린다. 전체 인생 여정에서 18개월은 그리 긴 시간이 아니다.

당신은 도전할 준비가 되어 있는가?

내가 인생에서 진정으로 결정해야 하는 중요한 선택은 하나뿐이다. "진실을 찾기 위해 기꺼이 투쟁할 것인가?" "진실을 발견하는 것이 행복을 위해 필요하다고 진심으로 믿고 있는가?" "목표 달성을 방해하는 잘못된 일을 하고 있는 것은 아닌지에 대해 진정으로 알고 싶은 욕구가 있는가?"

이런 질문들 가운데 어느 하나에 대해서 "아니요"라고 대답한다면 당신은 결코 잠재력을 발휘하지 못할 것이라는 사실을 받아들여라. 반대로 당신이 극단적으로 개방적인 사고에 도전할 준비가 되어 있다면 첫 번째 단계는 자신을 객관적으로 성찰하는 것이다.

다음 장에서는 자신을 객관적으로 성찰하는 방법에 대해 살펴볼 것이다.

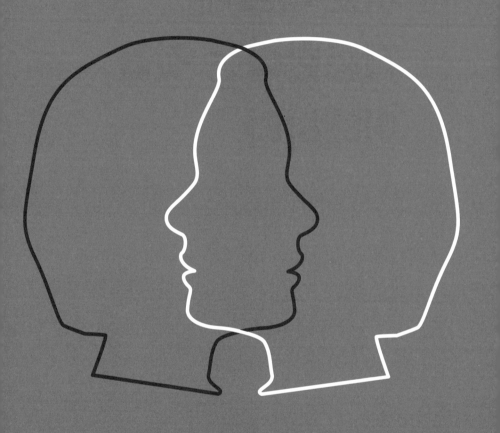

4 사람들의 뇌는 서로 다르게 작동한다는 것을 이해하라

뇌가 작동하는 방식이 다르기 때문에 우리는 모두 다른 방식으로 현실을 경험한다. 그래서 어떤 하나의 방식은 기본적으로 현실을 왜곡한다. 우리는 이 점을 인정하고 대응해야 한다. 따라서 무엇이 진실이고, 무엇을 해야 하는지 알고 싶다면 자신의 뇌를 이해해야 한다.

이런 생각 때문에 나는 많은 심리학자, 정신과의사, 신경과학자, 성격 분석가 그리고 관련 분야의 전문가들과 이야기를 나눴고 많은 책을 읽었다. 우리는 상식, 창의성, 기억력, 통합력, 세부적인 것에 대한 관심 등 다양한 분야에서 강점과 약점을 가지고 태어난다. 나는 이런 차이점을 객관적으로 검증하는 것이 과학자들을 불편하게 만든다는 것을 발견했다. 하지만 이것이 객관적인 검증의 필요성을 약화시키지 못했고, 나는 지난 수십 년에 걸쳐 연구를 계속해왔다.

그 결과 나 자신과 독자들에게 모두 도움이 될 수 있는 많은 것을 배웠다. 경제와 투자에 대한 지식 덕분에 성공한 것처럼, 내 성공의 상당 부분은 뇌에 관해 배운 지식 때문이다. 이번 장에서는 내가 배운 놀라운 것들 가운데 일부를 공유할 것이다.

신경과학에 의존하는 이유

경영대학원을 졸업한 지 2년 만에 브리지워터를 설립했을 때 나는 인생에서 처음으로 사람들을 관리하는 일을 해야 했다. 처음에는 똑똑한 사람을 고용하는 것(예를 들면 일류 대학을 나온 최고의 학생들)이 능력 있는 직원을 뽑는 것이라고 생각했다. 하지만 결과가 좋지 않은 경우가 많았다. 공부를 잘하는 사람들은 대체적으로 내가 원하는 형태의 능력 있는 인재가 아니었다.

나는 창의적이고 아이디어가 넘치며 상식이 풍부하고 독립적인 사고를 하는 사람들과 함께 일하고 싶었다. 하지만 그런 인재를 찾는 데 상당한 어려움을 겪었다. 그리고 막상 그런 사람들을 발견했을 때는 이들의 뇌가 작동하는 방식이 매우 다르다는 사실에 충격을 받았다. 우리는 서로 다른 언어로 말하는 것 같았다. 예를 들면 아이디어가 많고 모호한 사람과 융통성이 없지만 정확한 사람은 서로를 이해하지 못했다. 처음에 우리는 이것이 의사소통의 문제라고 생각했다. 하지만 그들 사이의 차이는 생각보다 훨씬 더 심각했다. 우리가 함께 큰 목표를 달성하려고 노력할 때 이런 문제들은 큰 고민거리였다.

수년 전에 우리가 추진했던 한 프로젝트(세계 채권시장에 대한 우리의 지식을 체계화하기 위한 야심 찬 시도)를 기억한다. 밥 프린스가 프로젝트를 운영하고 있었는데, 그는 우리가 추진하려는 일에는 합의했지만 프로젝트는 성과를 내지 못했다. 우리는 밥과 그의 팀원들을 만나 목표 달성을 위한 방법을 설명했다. 그리고 프로젝트에 착수했지만 아무런 발전이 없었다. 상상력이 풍부한 사람들이 애매한 방식으로 목표를 설정해놓고, 고지식하고 융통성이 없는 사람들에게 목표를 달성하는 방법을 찾아내기를 기대한 것이 문제였다. 목표 달성을 위한 실행 방법을 찾지 못하자, 상상력이 풍부한 사람들은 융통성이 없는 사람들을 상상력이 부족하다고 생각했다. 그리고 융통성이 없는 사람들은 상상력이 풍부한 사람들이 엉뚱한 상상을 한다고 생각했다. 더 심각한 문제는 그들 가운데 어느 누구도 누가 상상력이 풍부하고, 누가 고지식한 사람인지 구별하지 못했다는 것이다. 고지식한 사람들은 자신들이 상상력이 있다고 생각했고, 상상력이 풍부한 사람들은 그 반대로 생각했다. 간단히 말하면 우리는 교착 상태에 빠졌고, 모든 사람이 다른 누군가가 잘못하고 있다고 생각했다. 사람들은 자신과 대립하고 있는 상대방을 맹목적이고 완고하거나, 아니면 그냥 어리석다고 생각했다.

이런 회의는 모두에게 고통스러웠다. 누구도 자신이 잘하는 것과 못하는 것에 대해 명확하게 말하지 않았기 때문에, 모든 사람이 모든 것에 대해 의견을 이야기했다. 그리고 각자의 생각을 정리할 합리적인 방법이 없었다. 우리는 밥의 팀이 성과를 내지 못하는 이유에 대해 토론했다. 그 결과 밥이 팀을 구성하면서 팀원들의 역할에 자신의 장점과 약점을 그대로 반영했다는 것을 알게 되었다. 이런 과정은 솔직함과 개방적 사고를 필요로 하며, 발전을 위한 중요한 단계이다. 하지만 이 과정을 기록하지 않았고, 그 결과 체계적으로 적절한 변화로 이어지지 않았다. 그래서 동일한 실수가 계속해서 반복되었다.

이것은 서로 다른 사고방식, 정서적 반응 그리고 이에 대응하는 방법을 모르는 것이 우리의 능력을 저하시킨다는 사실을 분명하게 보여주는 사례가 아닐까? 이런 문제들에 부딪히지 않으려면 우리는 무엇을 해야 할까?

여러분도 분명히 과거에 논쟁적인 의견 충돌(사람들이 다른 견해를 가지고 있고, 무엇이 옳은 것인지에 대해 합의할 수 없는)을 경험했을 것이다. 좋은 의도를 가진 좋은 사람들도 감정적이 되어 화를 내기도 한다. 이 때문에 사람들은 좌절하고 종종 사적인 문제로 발전하기도 한다. 대부분의 기업은 공개적인 토론을 거부하고, 권위 있는 사람들이 결정을 내리는 방식으로 이런 상황을 피해간다. 나는 브리지워터가 이런 기업이 되는 것을 바라지 않았다. 그래서 효율적으로 일하지 못하게 만드는 원인이 무엇인지 함께 찾아내고, 문제를 공개한 뒤 탐구해야 한다고 생각했다.

약 1,500명의 브리지워터 직원들은 다양한 일을 하고 있다. 어떤 사람들은 세계 시장을 이해하려고 노력하고, 어떤 사람들은 기술을 개발한다. 또 다른 사람들은 고객을 응대하는 일을 하거나, 직원들을 위해 건강보험 등의 혜택들을 관리한다. 그리고 법률적인 도움을 제공하거나 IT와 시설을 관리한다. 최고의 아이디어를 채택하고 최악의 아이디어를 걸러내는 방식으로 함께 일하려면 이런 모든 업무를 맡아줄 다양한 사람들이 필요하다. 사람들이 강점을 살리고 약점을 보완하도록 조직을 구성하는 일은 오케스트라를 지휘하는 것과 같다. 잘되면 훌륭하지만 잘못되면 끔찍해진다.

뇌에 대한 연구를 시작하기 전에 오랫동안 생각했던 기본 원칙은 "너 자신을 알라."와 "너 자신에게 진실하라."였다. 하지만 사람들이 어떻게 서로 다르게 생각하는지에 대해 알기 전까지 관련 지식을 어떻게 얻는지 그리고 어떻게 실천하는지에 대해 전혀 알지 못했다. 이제는 우리 자신에 대해 더 잘 알수록 우리는 무엇이 바뀔 수 있고, 어떻게 변화시킬 수 있는지 그리고 무엇이 변할 수 없고, 그것을 위해 무엇을 할 수 있는지를 더 잘 안다. 어떤 일을 시작하든지 (혼자 힘으로 하든, 조직의 일원으로 하든 아니면 조직의 책임자로 하든) 당신은 다른 사람들이 어떻게 다르게 생각하는지를 먼저 이해해야 한다.

4.1 당신과 다른 사람의
사고방식 차이를 이해하라.

사람들의 생각하는 방식이 다르다는 것을 알게 된 첫 번째 돌파구는 수 친란 박사가 우리 아이들의 성격을 검사했을 때였다. 그녀는 우리 아이들의 사고방식에 대한 나의 생각을 확인시켜주었을 뿐만 아니라, 미래에 아이들이 어떻게 발전할 것인지를 예측해주었기 때문에 검사 결과가 정말 놀랍다고 생각했다. 예를 들면 아이들 중 한 명은 수학을 배우는 것을 힘들어했다. 하지만 수리적 추리 분야에서 검사 결과가 좋았기 때문에 초등학교에서 요구하는 기계적 암기의 따분함을 견뎌낸다면 이후 만나게 될 고차원적인 개념들을 좋아할 것이라고 말했다. 이런 통찰력을 통해 나는 새로운 가능성에 대해 눈을 떴다. 몇 년 후 나의 동료들과 직원들의 서로 다른 사고 유형을 파악하려고 노력할 때도 그녀와 다른 전문가들의 도움을 받았다.

처음에 전문가들은 나에게 좋은 조언과 나쁜 조언을 모두 해주었다. 사람들은 진실을 밝히는 것보다 기분 좋게 느끼도록 하는 데 더 많은 관심을 가지고 있는 것처럼 보였다. 훨씬 더 놀라운 것은 대부분의 심리학자가 신경과학에 대해 잘 모르고 있었고, 상당수의 신경과학자도 심리학에 대해 잘 알지 못했다는 것이었다. 모두가 사람의 뇌에 있는 심리적 차이를 태도와 행동의 차이와 연결시키는 것을 꺼렸다. 그때 나는 심리측정검사라는 세계를 알려준 밥 아이힝거 Bob Eichinger 박사를 만났다. 그리고 우리는 마이어스-브릭스 Myers-Briggs 검사와 다른 검사들을 활용해 사람들의 다양한 사고 유형을 이해할 수 있는 명확한 방법을 개발했다.

우리의 문제는 소통 부족의 산물이 아니라 그 반대였다. 사고방식의 차이 때문에 소통이 원활하지 못했던 것뿐이었다. 전문가들과의 대화와 스스로의 관찰을 통해서 나는 정신적 차이의 상당 부분이 육체적인 것과 관계가 있다는 사실을 알게 되었다. 우리의 신체적 특징이 우리가 육체적으로 할 수 있는 것의 한계(어떤 사람은 키가 크고 어떤 사람들은 작고, 어떤 사람들은 힘이 세고 어떤 사람들은 약한 것처럼)를 결정하는 것처럼, 우리의 뇌도 태어날 때부터 정신적 한계가 다르게 정해지는 것이다. 우리의 신체처럼 우리 뇌의 어떤 부분은 외적인 경험에 영향을 받지 않는다(우리의 골격이 운동을 통해 변하지 않는 것과 같다). 반면 뇌의 다른 부분들은 훈련을 통해 강해질 수 있다(이 장의 후반부에서 뇌의 가소성에 대해 자세히 설명할 것이다).

이러한 생각은 내 아들 폴이 조울증으로 어려움을 겪었던 3년 동안 나에게 더욱 분명해졌다. 폴의 행동은 너무도 끔찍하고 절망적이었지만, 나는 그의 행동이 뇌의 화학작용, 조금 더 구체적으로 세로토닌과 도파민의 분비 때문이라는 것을 알게 됐다. 폴과 함께 고통스러운 경험을 하면서 나는 제대로 생각하지 못하는 사람과 논리적으로 이야기하려는 노력이 얼마나 힘든 것인지 경험했다. 폴의 왜곡된 이성은 생리적인 것이기 때문에 화를 내서는 안 된다고 나 자신에게 지속적으로 상기시켰다. 그리고 의사들이 생리적인 방식을 통해 폴을 명료하게 생각할 수 있는 상태로 돌려놓는 과정을 지켜보았다. 이 경험은 나에게 뇌가 어떻게 작용하는지에 관해 많은 것을 가르쳐주었다. 그뿐만 아니라 왜 천재들이 거의 정신병 직전 단계에 있는지를 알게 됐다. 생산적이고 창의적인 사람들의 상당수가 조울증으로 고통받았다. 어니스트 헤밍웨이, 베토벤, 차이코프스키, 빈센트 반 고흐, 잭슨 폴락, 버지니아 울프, 윈스턴 처칠 그리고 《요동치는 마음unquiet mind》에서 조울증에 관한 자신의 경험을 솔직하게 기록한 심리학자 케이 레드필드 재미슨Kay Redfield Jamison은 조울증을 앓고 있었다. 이를 통해 나는 뇌라는 기계가 작동하는 방식이 다르기 때문에 우리 모두가 다르다는 사실을 깨달았다. 그리고 미국인 5명 가운데 1명은 의학적으로 하나 또는 그 이상의 정신질환을 가지고 있다는 것도 알게 됐다.

이 모든 것이 생리적 원인 때문이라는 사실을 알게 된 이후 많은 것이 보다 분명해졌다. 그들이 한 선택 때문에 내가 사람들에게 화를 내거나 실망하지 않고, 그들이 고의로 비생산적인 방식으로 행동하지 않는다는 것을 알게 됐다. 사람들은 자신의 뇌가 작동하는 방식에 기초해 일을 실행한다. 또 내가 사람들이 틀렸다고 생각하는 것처럼, 그들도 나를 똑같이 생각한다는 사실도 깨달았다. 서로를 정중하게 대하는 합리적인 방법은 상호이해심을 가지고 스스로를 겸손하게 성찰하고, 사물에 대한 객관적인 감각을 키우는 것이다. 이런 방식은 의견 충돌에 따른 실망감을 감소시켜주었을 뿐만 아니라 효율성도 높여주었다.

모든 사람은 각자의 특성을 가진 레고 블록 세트와 같다. 각각의 레고 블록들은 두뇌의 다른 부분의 작용을 반영하고 있다. 이런 모든 조각이 하나로 합쳐져 한 사람이 되는 것이다. 그리고 당신이 한 사람의 특성을 파악한다면, 그에게 무엇을 기대할 수 있는지에 관한 좋은 아이디어를 얻을 수 있을 것이다.

a. 우리는 어떻게 활용하는가에 따라 도움이 될 수도 있고, 해가 될 수도 있는 특성을 가지고 태어난다.

대부분의 특성은 잠재적 혜택과 잠재적 손실을 불러올 수 있는 양날의 검과 같다. 극단적일수록 그 특성이 만들어내는 좋은 결과와 나쁜 결과도 그만큼 극단적이다. 예를 들면 새로운 아이디어를 잘 떠올리는 상상력이 풍부하고 창의적이고 목표 지향적인 사람은 일상생활의 작은 것들을 중요하게 생각하지 않을지도 모른다. 그는 자신의 장기적인 목표를 추구하는 데 너무 몰입해 일상생활의 작은 것들에 집중하는 사람들을 경멸할 수도 있다. 마찬가지로 세부적인 일을 잘하는 업무 중심적인 사람은 창의성을 높게 평가하지 않을 수 있다. 그리고 효율성을 위해 창의성을 억누를 것이다. 이 두 유형의 사람들은 훌륭한 팀을 만들 수도 있다. 하지만 서로를 보완하는 방식으로 일하는 데 어려움을 겪을 확률이 높다. 뇌가 작동하는 방식이 달라 그들이 서로 다른 사고방식의 가치를 알아내는 것이 어렵기 때문이다.

사람들이 어떤 특성을 가지고 있는지 모른 채 그들에게 기대만 하면 십중팔구 곤란한 상황에 빠진다. 나는 수년 동안에 걸친 힘든 대화와 선천적으로 능력이 안 되는 사람들로부터 성과를 기대하는 데서 오는 고통을 경험한 후 어렵게 이런 교훈을 배웠다. 나도 틀림없이 그들에게 큰 고통을 주었을 것이다. 세월이 지나면서 나는 차이점을 알아내고 기록하기 위한 체계적인 접근법이 필요하다는 것을 깨달았다. 그 결과 브리지워터에서 직원들에게 임무를 부여할 때 그런 차이를 고려하게 되었다.

이런 과정을 통해 나는 제1부에서 언급한 가장 가치 있는 인재 관리 도구인 야구카드Baseball Cards를 개발하게 되었다. 팬들은 선수가 무엇을 잘하고, 무엇을 못 하는지 알 수 있도록 야구카드에 선수와 관련된 데이터를 기록한다. 이처럼 우리도 브리지워터의 직원들에 대한 카드를 만들면 도움이 될 것이라고 생각했다.

야구카드에 기록할 특성을 개발하면서 나는 '상상력이 있는', '믿을 수 있는', '창의력이 있는', '단호한' 등과 같은 사람의 특성을 설명하는 데 사용하는 형용사들과 '다른 사람들에게 책임을 묻기', '임무를 끝까지 완수하기'와 같은 사람들이 취하는 행동 그리고 '외향적인'이나 '판단하는'과 같은 성격 검사에서 활용하는 단어들을 조합해 활용했다. 일단 카드가 완성된 후 각 분야에서 가장 높은 점수를 받은 사람들이 그 분야의 다른 사람들을 평가하는 데 가중치를 주는 방법으로 사람들이 서로를 평가하는 절차를 만들었다. 특정 분야에서 검증된 기록이 있는 사람들은 그 분야에서 더 높은 신뢰도와 의사결정에서 가중치를 받게 된다.

직원들의 야구카드에 이런 자질을 기록함으로써 과거에 그들과 일해본 적이 없는 다른 사람들은 그들로부터 무엇을 기대할 수 있는지를 알게 되었다. 사람들이 변한다면 그들에 대한 평가도 변할 것이다. 반면 사람들이 변하지 않았다면, 그들에게 기대할 수 있는 것을 더 확실하게 알게 될 것이다.

야구카드를 처음 도입했을 때 사람들은 회의적이거나 여러 가지 이유로 제도의 도입을 두려워했다. 어떤 사람들은 카드가 부정확할 것이라고 걱정했고, 어떤 사람들은 자신의 약점을 너무 분명하게 드러내는 것을 불편해하거나, 낙인찍혀서 발전을 방해할 것이라고 생각했다. 또 다른 사람들은 야구카드가 너무 복잡해 실용적이지 않다고 생각했다. 당신이 창의성, 결단력 또는 신뢰성에 대해 모든 동료를 강제로 평가하도록 요청받았다면 어떤 기분을 느꼈을지 상상해보라. 처음에는 대부분의 사람이 그런 상상을 두려워한다.

나는 여전히 사람들의 특성을 파악하고 기록하는 것에 대해서는 극단적으로 개방적이 되어야 한다고 생각한다. 우리가 이런 제도에 합리적으로 접근한다면 결과적으로 사람들의 우려도 해소될 것이다. 현재 브리지워터의 거의 모든 사람은 야구카드가 반드시 필요하다고 생각한다. 우리는 사람들이 어떤 특성을 가지고 있는지 그리고 누구에게 무엇을 믿고 맡길 수 있는지를 알고 싶은 욕구를 충족시켜주는 도구들을 개발했다. 이런 도구들에 대해서는 일의 원칙을 설명하는 부분에서 자세하게 설명할 것이다.

나는 이미 우리의 독특한 조직 운영 방식과 누적된 데이터들이 세계적으로 유명한 조직심리학자와 연구가의 관심을 끌었다고 설명했다. 하버드대학의 로버트 케건Robert Kegan, 와튼경영대학원의 애덤 그랜트Adam Grant 그리고 버지니아대학의 에드 헤스Ed Hess 교수는 브리지워터에 대한 심도 깊은 글을 썼고, 나도 그들로부터 많은 것을 배웠다. 나의 의도와 상관없이 시행착오를 통한 발전 과정은 조직 내부에서 개인의 발전에 관련된, 학계에서 가장 앞서가는 이론이 되었다. 케건 교수는 《에브리원 컬쳐An Everyone Culture》에서 "일대일 면담을 통해 탐구하는 개인들의 경험에서부터 야구카드와 각종 문제에 대한 토론을 위한 기술적으로 통합된 절차 그리고 최신 정보와 사례들에 대한 전사적인 일일 보고서 관행 등 브리지워터는 개인의 발전을 지원하는 생태계를 건설했다. 이 생태계는 회사의 모든 사람이 다른 사람들은 어떤 특성을 가지고 있는가에 대한 진실을 얻을 수 있도록 도와준다."라고 말했다.

사람의 특성에 관한 우리의 발견 과정은 영상 과학과 빅 데이터를 수집하고 처리하는 능력의 발전 덕분에 뇌에 대한 연구가 급격하게 발전한 신경과학의 발전 과정과 일치했다. 모든 과학 분야의 약진과 함께 나는 현재 진실이라고 생각되는 것의 상당 부분이 급격하게 발전될 것임을 알고 있다. 하지만 뇌의 작동 방식을 이해하는 것은 정말로 훌륭하고 많은 도움이 된다고 확신한다. 내가 배운 것을 정리하면 다음과 같다.

뇌는 우리가 상상하는 것보다 훨씬 더 복잡하다.

뇌는 축색돌기와 신경접합부라 불리는 수조 개의 선들을 통해 890억 개의 작은 컴퓨터(신경세포)들과 연결된 것으로 알려졌다. 데이비드 이글면David Eagleman은 자신의 명저 《인코그니토Incognito》에서 뇌에 대해 다음과 같이 설명하고 있다.

당신의 뇌는 수천억 개의 신경세포neuron와 교질세포glia로 만들어져 있다. 각각의 세포는 하나의 도시처럼 복잡하다. 각각의 신경세포들은 엄청나게 복잡한 네트워크로 연결돼 있어 인간의 언어로는 소통이 불가능하고, 새로운 수학이 필요하다. 일반적으로 하나의 신경세포는 1만 개 정도의 주변 세포들과 연결망을 구성하고 있다. 신경세포가 수십억 개에 달한다는 점을 고려하면 이것은 1세제곱미터의 뇌세포 안에는 은하계에 존재하는 별의 수만큼 많은 연결이 존재한다는 뜻이다.

우리가 태어날 때 뇌에는 지난 수억 년 동안 축적된 학습 내용이 미리 프로그램돼 있다.

예를 들면 버지니아대학의 연구진은 사람들이 뱀에 대해서는 본능적인 두려움이 있는 반면, 꽃에 대해서는 본능적인 두려움을 가진 사람이 없다는 사실을 밝혀냈다. 우리가 태어날 때부터 뇌는 뱀이 위험한 동물이지만, 꽃은 그렇지 않다는 것을 알고 있다는 것이다. 여기에는 다 그럴 만한 이유가 있었다.

모든 포유류, 어류, 새, 양서류, 파충류의 뇌를 위한 하나의 큰 설계도가 있다.

이 설계도는 3억 년 전에 만들어졌고, 이후 계속해서 진화해왔다. 자동차가 동일한 부품을 기본으로 다양한 형태(승용차, SUV, 스포츠카 등)로 발전해온 것처럼 모든 척추동물의 뇌는 비슷한 일을 담당한다. 하지만 각각 종species의 필요에 따라 다르게 적응되었다. 예를 들어 조류는 높은 곳에서 먹이를 찾아야 하기 때문에 뇌의 후두엽 부분이 발달돼 있다. 인간은 장점을 과도하게 강조함으로써 자신을 우월하다고 생각하지만, 다른 종의 생물들도 각자의 입장에서 똑같은 주장을 펼칠 수 있다(새들은 비행 능력, 시력, 자기장을 이용하는 본능적인 항해 능력이 있고, 대부분의 동물은 냄새를 잘 맡는다. 그리고 몇몇 종류의 동물들은 특별히 즐거운 짝 짓기 능력이 있는 것처럼 보인다).

뇌는 보편적으로 아랫부분부터 진화한다. 즉 뇌의 아랫부분은 진화적인 측면에서 가장 오래됐고, 윗부분이 가장 최근에 발전한 부분이다.

뇌간은 인간과 다른 동물들을 살아 있게 만드는 심장박동, 숨쉬기, 신경체계, 자극, 각성 등 무의식적인 과정들을 통제한다. 그다음 윗부분인 소뇌는 감각을 통해 들어오는 모든 것과 근육의 움직임을 조정해 팔과 다리를 통제한다. 그리고 대뇌는 습관을 통제하는 기저핵과 감정적인 반응과 일부 행동을 통제하는 변연계 그리고 기억력, 사고력과 의식이 자리 잡고 있는 대뇌피질 등을 포함하고 있다. 창자처럼 보이는 회백

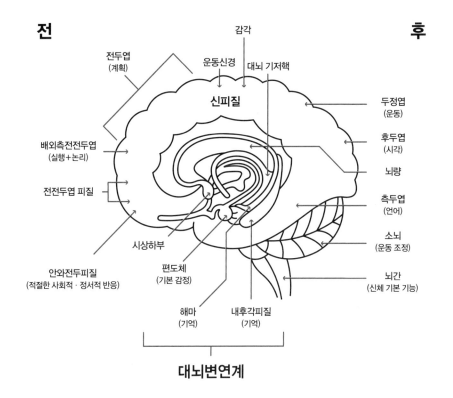

전　　　　　　　　　　　　　　　　　　　후

감각

전두엽
(계획)　　　운동신경　　대뇌 기저핵

신피질

두정엽
(운동)

후두엽
(시각)

뇌량

배외측전전두엽
(실행＋논리)

전전두엽 피질

측두엽
(언어)

소뇌
(운동 조정)

시상하부

안와전두피질
(적절한 사회적·정서적 반응)

편도체
(기본 감정)

뇌간
(신체 기본 기능)

해마
(기억)

내후각피질
(기억)

대뇌변연계

질로 구성된 가장 새롭고 진보된 대뇌피질 부분은 신피질이라고 불린
다. 신피질은 학습, 계획, 상상력 그리고 다른 고차원적인 사고를 담당한
다. 인간의 신피질은 다른 동물보다 회백질에서 차지하는 비중이 훨씬
더 크다.

4.2 의미 있는 일과 의미 있는 관계는
우리가 선택한 것이 아니라,
유전적으로 우리에게 프로그램돼 있는 것이다.

신경과학자, 심리학자 그리고 진화론자들은 인간의 뇌가 사회적 협력의 즐거움과 필요성에 맞게 프로그램돼 있다는 데 동의한다. 우리의 뇌는 사회적 협력을 원하고, 필요할 경우 협력을 증진시킨다. 사회적 협력을 통해 얻은 의미 있는 관계는 우리를 더 행복하고 건강하고 생산적으로 만든다. 또 사회적 협력은 효과적인 일처리를 위해서도 반드시 필요하다. 사회적 협력은 인간을 정의하는 특성 가운데 하나이다.*

레오나르드 플로디노프Leonard Mlodinow는 명저 《새로운 무의식Subliminal》에서 "우리는 일반적으로 다른 동물과 인간을 구별하는 것이 IQ라고 생각한다. 하지만 인간을 구별하는 중요한 자질은 사회적 IQ이다."라고 주장했다. 그는 인간은 다른 사람들이 어떤 특성을 가지고 있고, 어떻게 행동할 것인지를 이해하는 독특한 능력을 가지고 있다고 설명한다. 뇌는 이런 능력을 발전시키도록 프로그램돼 있다는 것이다. 태어난 후 4년 정

---

* 많은 자료에서 관계가 가장 훌륭한 보상이라는 것을 증명한다. 관계는 다른 어떤 것보다 당신의 건강과 행복에 중요하다. 예를 들면 다양한 사회경제적 배경을 가진 성인 남성들에 대한 75년간에 걸친 하버드대학의 그랜트 글루크 연구Harvard's seventy-five-year Grant and Glueck study의 책임자인 로버트 월딩거Robert Waldinger 교수는 "당신이 원했던 모든 돈을 가질 수 있고, 성공한 직업 그리고 육체적 건강을 훌륭한 상태로 유지할 수 있다. 하지만 사랑스러운 관계가 없다면 당신은 행복하지 못할 것이다. 좋은 인생은 좋은 관계로 만들어진다."라고 말했다.

도가 지나면 대부분의 어린이는 다른 사람의 정신 상태를 읽을 수 있는 능력을 갖게 된다. 이런 특유의 이해력과 협력이 인간을 가장 뛰어난 종으로 만들었다. 플로디노프의 설명처럼 자동차를 만들기 위해서는 다양한 지역에서, 다양한 일을 하는, 다양한 기술을 가진 수천 명의 사람들이 필요하다. 철광석 같은 금속은 땅에서 채굴하고, 가공 과정을 거쳐야 한다. 유리, 고무 그리고 플라스틱은 수많은 화학처리 과정을 통해 만들어지고 금형 작업을 거친다. 전지, 라디에이터 그리고 수많은 부품도 생산해야 한다. 전기와 기계적인 구조도 설계해야 한다. 그리고 넓은 지역에 걸쳐서 생산된 이 모든 것이 하나의 공장으로 모여 자동차로 조립된다. 오늘 아침에 출근하면서 당신이 먹고 마시는 빵과 커피도 전 세계 사람들의 노력으로 만들어진 결과물이다.

퓰리처상을 수상한 작가인 에드워드 윌슨Edward O. Wilson은 《인간 존재의 의미 The Meaning of Human Existence》에서 약 100만 년에서 200만 년 전 인간이 침팬지와 호모사피엔스의 중간 단계에 있을 때 인간의 뇌는 협력을 지지하는 방식으로 진화하기 시작했으며, 그 결과 인간이 사냥이나 다른 행동을 할 수 있게 됐다고 정리했다. 이 때문에 기억과 논리를 관장하는 전전두엽 피질이 다른 영장류보다 더 발전하게 됐다. 집단이 개인보다 더 강력했기 때문에, 우리의 뇌는 더 큰 집단을 관리하는 방향으로 발전한 것이다. 그리고 집단들 간의 경쟁이 개인들 간의 경쟁보다 더 중요해졌다. 또한 더 협력적인 집단이 그렇지 않은 집단보다 성과가 더 좋았다. 이런 진화가 이타심, 도덕성, 양심과 명예의식의 발전으로 이어졌다.

윌슨은 인간은 '죄를 유발하는 개인의 선택과 선을 촉진하는 집단의 선택'이라는 두 힘 사이에서 영원히 떠돈다고 설명한다. 어떤 조직에서 두 가지 힘(개인의 이익 또는 집단의 이익) 가운데 어느 쪽이 승리하는지에 따라 그 조직의 문화를 형성하고, 조직의 문화가 구성원의 역할을 결정한다. 일의 원칙에서 설명하겠지만 파이를 더 크게 만들기 위해 협력하는 것에 대한 보상은 개인이 얻는 파이의 크기라는 관점에서뿐만 아니라, 더 행복하고 건강하게 만드는 심리적인 면이 훨씬 더 크다.

인간의 뇌가 지금까지 어떻게 진화했는지에 대해 알아봄으로써 미래에 뇌가 어떻게 발전할 것인지 추론할 수 있을지도 모른다. 분명한 것은 여태 우리는 뇌는 생각하지 않고 자기 중심적인 상태에서 더 추상적이고 보편적인 것을 지향하는 방향으로 발전해왔다는 것이다. 예를 들면 뇌의 진화는 한 차원 높은 전체적 관점에서 우리 자신과 주변 환경을 성찰하는 능력을 부여했다. 또 어떤 경우에는 우리 자신보다 우리가 한 부분을 구성하고 있는 전체를 훨씬 더 가치 있게 생각하는 능력을 주었다.

몇 년 전에 나는 달라이 라마와 대화를 나눌 기회가 있었다. 나는 그에게 인간의 생각과 감정은 생리적 원인(기계처럼 작동하는 우리 뇌 내부의 화학물질, 전기, 생리작용 등)에 의해 생겨난다는 현대 신경과학의 이론을 설명했다. 이것은 영적인 것이 하늘에서 오는 것이 아니라, 생리적인 작용 때문이라는 의미였다. 나는 달라이 라마에게 이에 대해 어떻게 생각하는지 물었다. 그는 한치의 망설임도 없이 그렇다고 대답했고, 다음 날 위스콘신대학의 신경과학 교수와 만나 뇌의 작용에 대해 배울 예정이라고 말했다. 그는 나에게 함께 만날 수 있는지 물었다. 아쉽게도 나는 동행할 수 없었고, 대신《영적인 뇌 The Spiritual Brains》라는 책을 추천했다. 우리는 영적인 것과 종교적인 것 사이의 유사점과 차이점에 대해 토론했다. 달라이 라마는 기도와 명상이 뇌에서 영적인 감각을 생성하는 효과를 가지고 있다고 생각했다. 그리고 각각의 종교는 공통적인 영적 감각에 특정 종교만의 미신이나 우상을 추가한 것이라고도 말했다. 그의 생각을 이 책에서 억지로 정리하는 대신 더 많은 것을 알고 싶다면 달라이 라마의 《종교를 넘어서 Beyond Religion》를 읽어볼 것을 권한다.

우리의 사고방식이 어떻게 변할 것인가를 상상하는 과정에서 자신의 뇌가 작용하는 방식을 어떻게 변화시킬 것인가에 대해 생각하는 것도 흥미롭다. 우리는 약과 기술을 이용해 뇌의 작동 방식을 바꿀 것이 확실하다. 유전자 공학의 발전을 고려할 때 언젠가 유전공학자들이 특정 목적을 위해 다른 종의 특징을 조합할 것이라고 예상할 수 있다. 당신이 더 높은 시력을 원한다면 유전공학자들은 인간의 뇌를 조작해 시각 정보를 처리하는 후두엽을 새처럼 크게 성장시킬 수 있을지도 모른다. 하지만 이런 일이 지금 당장 일어나지는 않을 것이다. 때문에 뇌 작용 방식이 우리가 서로를 어떻게 더 잘 대하도록 도와주는지에 대한 실질적인 질문을 다루도록 하자.

4.3 뇌에서 벌어지는 위대한 전투를 이해하고, 원하는 것을 성취하기 위해 이를 통제하는 방법을 습득하라.

이번에는 자신에 대한 통제권을 얻기 위해 뇌가 서로 싸우는 방식을 알아볼 것이다. 나는 신경생리학자들이 구체적인 생각과 감정을 담당한다고 생각하는 뇌의 각 부분에 대해 이야기할 것이다. 하지만 실제 생리학은 훨씬 더 복잡하다. 그리고 과학자들은 이제 막 뇌를 이해하기 시작했을 뿐이다.

a. 의식은 무의식과 전투하고 있다는 사실을 깨달아라.

이 책의 초반부에서 두 개의 자아에 대해 설명했다. 그리고 저차원의 자아가 고차원의 자아가 원하는 일을 거부하지 않도록 만들기 위해 고차원의 자아가 저차원의 자아를 어떻게 통제할 수 있는지에 대해 설명했다. 나는 우리 안에서 이런 두 개의 자아가 어떻게 행동하는지 몰랐지만, 그들의 존재 이유를 알고 나서야 두 개의 자아를 이해했다.

동물들과 마찬가지로 우리의 의사결정 가운데 상당수가 표면 아래에서 이뤄진다. 우리가 무엇을 해야 하는지 선택하는 것처럼 동물은 날거나 사냥하거나 자거나 싸우는 것을 '결정'하지 않는다. 동물은 단순히 뇌의 무의식을 관장하는 부분에서 나오는 지시를 따른다. 우리 뇌에 있는 동일한 부분도 이런 지시를 내보낸다. 이런 지시는 때로는 진화론적 측면에서 좋기도 하고 해가 되기도 한다. 우리의 잠재적인 두려움과 욕구는 사랑, 공포 그리고 영감 같은 감정을 통해 동기를 유발하고 행동하게 한다. 이것은 생리적인 현상이다. 예를 들면 사랑은 뇌하수체에서 분비되는 옥시토신_{oxytocin} 같은 화학물질 혼합의 결과이다.

나는 항상 뇌에 대한 새로운 지식을 갖춘 논리적인 대화가 사람들이 진실을 발견하는 최고의 방법이라고 생각했다. 하지만 우리 뇌의 상당 부분은 논리적인 일을 하지 않는다는 사실을 알게 됐다. 예를 들면 나는 사람들이 이야기하는 '감정_{feelings}'("당신이 나에게 불공정하게 대하는 느낌이 든다."라는 식으로)이 일반적으로 뇌의 감정적이고 무의식적인 부분에서 보내는 메시지라는 것을 알았다. 또 우리 뇌의 무의식적인 부분들은 위험하게 동물적인 반면, 다른 부분들은 우리의 의식보다 더 현명하고 빠르다는 사실도 배웠다. 가장 위대한 영감의 순간들은 종종 무의식에서 갑자기 나타난다. 우리가 편안할 때 그리고 뇌의 신피질에 접근하려는 노력을 하지 않을 때 이런 창의적인 돌파구들을 경험한다. "내가 방금 무엇인가를 생각해냈어."라고 말할 때 당신은 무의식이 의식에게 무엇인가를 말하고 있다는 사실을 알아차린 것이다. 훈련을 통해 이런 소통의 흐름을 개방하는 것이 가능하다.

사람들은 단지 의식만을 보기 때문에, 의식과 무의식의 연결에서 얻는 혜택을 알지 못한다. 그들은 더 많은 것을 성취하는 방법이 의식에 더 많은 것을 투입하여, 더 열심히 일하게 하는 것이라고 생각한다. 하지만 이것은 종종 부작용을 유발한다. 반직관적인 것처럼 보일지도 모르지만, 당신의 머리를 비우는 것이 발전을 위한 가장 좋은 방법이 될 수도 있다.

이런 사실을 알게 되면서 왜 내가 편안할 때(예를 들면 샤워할 때) 창의적이 되고, 어떻게 명상이 의식과 무의식을 연결하는 데 도움이 되는지 이해하게 되었다. 이것은 생리적인 것이기 때문에 나는 실제로 창의적인 생각이 다른 곳에서 나의 의식으로 들어오는 것을 느낄 수 있다. 당신도 의식과 무의식의 작용 방식을 이해하면 이런 쾌감을 느낄 수 있을 것이다.

하지만 주의해야 할 것이 있다. 나는 무의식이 생각과 지시를 보낼 때 이를 즉각적으로 행동에 옮기기보다 논리적인 의식이 무의식의 지시를 검증하게 하는 습관을 가지고 있다. 이런 습관은 내가 어떤 생각이 유효한지 이해할 수 있도록 돕는 것 외에도 의식과 무의식 사이의 소통을 더 개방적으로 만든다는 사실을 발견했다. 이런 과정의 결과를 기록하면 많은 도움이 된다. 나의 원칙들은 바로 이런 방법을 통해 만들어졌다.

이번 장에서 배운 다른 것은 잊더라도 무의식에 관한 것들은 잘 이해하라. 무의식이 어떻게 당신에게 손해를 끼치고, 어떻게 당신에게 도움이 될 수 있는지를 말이다. 그리고 다른 사람들의 도움을 받아 무의식에서 나오는 것들을 의식적으로 성찰함으로써 당신이 더 행복해지고 더 효율적이 될 수 있다는 사실을 깨달아라.

b. 감정과 생각 사이에서 지속적으로 싸움이 발생하고 있다는 사실을 알라.

우리의 감정(무의식을 관장하는 편도체에 의해 통제되는)과 이성적 생각(의식이 작용하는 우리의 전전두엽 피질) 사이에 벌어지는 싸움보다 더 중대한 전투는 없다. 이런 싸움이 어떻게 발생하는지 알고 있다면, 당신은 무의식에서 나온 것과 의식에서 나온 것을 조화시키는 것이 왜 중요한지 이해할 수 있을 것이다.

대뇌 깊은 곳에 위치한 아몬드 모양의 편도체는 뇌에서 가장 강력한 기관 중 하나이다. 우리는 의식하지 못하지만 편도체는 우리의 행동을 지배한다. 편도체는 어떻게 작용하는 것일까? 무엇인가가 당신을 화나게 만들면(소리, 시각 또는 직감 등 어떤 것이든) 편도체는 신체에 싸울 준비를 하도록 하거나, 아니면 도망가도록 신호를 보낸다. 이때 심장박동이 빨라지고 혈압이 상승하고 호흡이 가빠진다. 논쟁을 하는 동안에는 종종 당신이 공포에 반응하는 방법과 유사한 신체적 반응을 느낀다(예를 들면 빠른 심장박동 수와 근육의 긴장 등). 이런 반응을 인지한 당신의 의식(의식은 전전두엽 피질에 존재한다.)은 편도체의 지시를 거부할 수 있다. 일반적으로 이런 편도체 납치는 매우 끔찍한 사건이나 일련의 사건들을 통해 외상후 스트레스 장애가 발생하는 경우를 제외하면 빠르게 나타나고, 신속하게 사라진다. 일단 편도체 납치의 작동 방식을 이해한다면 스스로 자발적으로 반응하도록 내버려둘 경우 과잉반응을 하는 경향이 나타남을 알 수 있다. 또 당신이 경험하는 심리학적 고통도 오래가지 않고 사라질 것이라는 사실을 알기 때문에 편안해질 수 있다.

c. 감정과 생각을 조화시켜라.

대부분의 사람에게 인생은 뇌에 있는 두 부분, 즉 편도체와 전전두엽 피질 사이의 영원히 끝날 것 같지 않은 전쟁이다. 편도체의 반응은 한꺼번에 왔다가 진정되지만, 전전두엽 피질의 반응은 점진적이고 지속적이다. 개인의 발전을 이끌고 목표를 달성하는 사람들과 그렇지 못한 사람들 사이의 가장 큰 차이는 발전을 이룩하는 사람들은 편도체 납치를 유발하는 원인에 대해 깊이 생각한다는 것이다.

d. 습관을 잘 선택하라.

습관은 뇌의 공구함에 있는 공구들 가운데 가장 강력한 것이다. 습관은 대뇌의 아랫부분에 있는 기저핵이라 불리는 골프공만 한 크기의 조직에서 형성된다. 기저핵은 매우 깊은 곳에 있고 본능적이어서 행동을 통제하지만 우리는 감지할 수 없다.

어떤 것이든 오랜 시간에 걸쳐 자주하게 되면 그것은 자신을 통제하는 습관이 된다. 좋은 습관은 고차원의 자아가 원하는 것을 하도록 도와준다. 반면 나쁜 습관은 저차원의 자아에 의해 통제되고, 고차원의 자아가 원하는 것을 얻지 못하도록 방해한다. 습관을 관장하는 뇌가 어떻게 작용하는지 이해하면 당신은 더 좋은 습관을 만들 수 있다. 예를 들면 당신은 체육관에서 운동을 할 수밖에 없는 습관을 만들 수 있다.

이런 기술을 개발하려면 어느 정도 노력이 필요하다. 첫 단계는 처음에 습관이 어떻게 만들어지는지에 대해 이해하는 것이다. 습관은 본질적으로 타성, 즉 당신이 해오던 것을 계속하려는 강한 경향이다(또는 하지 않던 것을 하지 않으려는 경향). 한 연구에 따르면 대략 18개월 정도 한 가지 행동을 지속하면 그 행동을 영원히 하려는 강력한 경향을 갖게 된다고 한다.

오랫동안 나는 습관이 사람들의 행동을 어느 정도까지 통제하는지를 이해하지 못했다. 브리지워터에서 나는 일의 원칙에 대략적으로 동의하지만, 이를 실천하는 데 어려움을 겪는 사람들을 통해 습관의 통제력을 경험했다. 또 무엇을 성취하고 싶지만 계속해서 자신을 위한 최선의 이익에 반대되는 행동을 하는 친구들과 가족에게서도 이런 사실을 목격했다.

이후에 찰스 두히그Charles Duhigg의 베스트셀러인《습관의 힘The Power of Habit》을 읽으면서 새로운 사실에 눈을 뜨게 됐다. 여기서 설명하는 내용을 보다 깊이 알고 싶다면 두히그의 책을 읽어보기를 권한다. 두히그의 핵심 아이디어는 단계로 구성된 습관의 순환고리Habit loop이다. 두히그에 따르면 첫째 단계는 신호cue, 즉 뇌에게 자동작동 상태로 전환해 어느 습관을 사용하라고 알려주는 방아쇠 같은 것이다.

두 번째 단계는 일상화routine이다. 이것은 신체적·정신적 또는 정서적인 것이 될 수 있다. 마지막 세 번째 단계는 특정 습관의 순환고리를 뇌가 기억하도록 도와주는 보상이다. 반복은 시간이 흐르면서 자동적인 행동으로 변할 때까지 이런 습관의 순환고리를 강화시킨다. 이런 기대와 갈망은 동물 조련사들이 말하는 조작적 조건화Operant conditioning(행동주의 심리학의 이론으로, 어떤 반응에 대해 선택적으로 보상함으로써 그 반응이 일어날 확률을 증가시키거나 감소시키는 방법_옮긴이)의 핵심이다.

조작적 조건화는 긍정적 강화를 활용하는 훈련 방법 중 하나이다. 예를 들면 개 조련사들은 행동을 강화하기 위해 소리를 이용한다. 조련사들은 개가 특정 소리를 듣게 한 후 원하는 행동을 할 때까지 그 소리와 바람직한 보상(일반적으로 음식)을 하나로 묶는 방법으로 행동을 강화시킨다. 두히그에 따르면 사람의 경우 보상은 신체적 자극을 유발하는 음식이나 약물에서부터 칭찬이나 자기만족을 동반하는 자부심 같은 정서적 보상까지 어느 것이든 가능하다.

습관은 당신의 뇌를 자동항법장치로 만든다. 신경과학적 용어로 대뇌기저핵이 대뇌피질을 대신하기 때문에 당신은 생각할 필요 없이 행동으로 실행할 수 있다. 두히그의 책을 읽으면서 정말로 변하고 싶다면 최선의 방법은 어떤 습관을 만들고 어떤 습관을 버릴지 선택하고, 그것을 실천하는 것이라는 사실을 배웠다.

지금 당장 자신에게 가장 해로운 습관 세 가지를 적어보라. 그리고 이런 습관 가운데 한 가지를 선택한 다음 그 습관을 버리는 데 집중하라. 이것을 실천할 수 있다면 당신에게 엄청난 영향력을 미칠 것이다. 세 가지 습관을 모두 깨뜨린다면 인생의 궤도가 완전히 바뀔 것이다. 아니면 체득하고 싶은 습관 세 가지를 정하고, 그 습관을 만들기 위해 노력하라.

내가 습득한 가장 가치 있는 습관은 자아성찰을 유발하기 위해 고통을 이용하는 것이다. 이런 습관을 스스로 체득할 수 있다면 무엇이 고통을 유발하고, 어떻게 고통에 대처할 수 있는지 알게 될 것이다. 그리고 당신의 효율성을 높이는 데도 큰 도움이 될 것이다.

e. 올바른 습관을 기르기 위해 끈기와 친절함을 가지고 저차원의 자아를 훈육하라.

나는 고차원의 자아가 통제권을 가지려면 저차원의 자아와 싸워야 한다고 생각했다. 하지만 시간이 지나면서 어린아이들에게 내가 원하는 행동을 하도록 가르치는 것과 같은 방식으로 무의식과 정서적인 자아를 훈련시키는 것이 효율적이라는 것을 배웠다. 즉 사랑을 담은 친절함과 끈기로 올바른 습관을 기를 때까지 교육시키는 것이다.

f. 우뇌와 좌뇌의 사고방식의 차이를 이해하라.

뇌가 의식적인 부분과 무의식적 부분으로 나뉘는 것처럼 반구라고 불리는 두 부분으로 구성돼 있다.* 여러분도 어떤 사람은 좌뇌형이고, 어떤 사람은 우뇌형이라고 말하는 것을 들어본 적이 있을 것이다. 이것은 단지 주장이 아니다. 캘리포니아공과대학의 로저 스페리Roger Sperry 교수는 우뇌와 좌뇌 사이의 사고방식 차이를 발견해 노벨 의학상을 수상했다. 내용을 간단히 요약하면 다음과 같다.

1. 대뇌의 좌측 반구는 순차적으로 추론하고, 세부적인 것을 분석하고, 직선적 분석에 뛰어나다. 분석에 뛰어난 좌뇌형 또는 직선적 사고를 하는 사람들은 통상적으로 똑똑하다고 bright 말한다.

---

* 이 문제에 관한 좋은 책은 다니엘 핑크Daniel H. Pink의 《새로운 미래가 온다A Whole New Mind》이다. 그리고 로버트 리 하츠Robert Lee Hotz가 월스트리트저널에 쓴 〈통찰력으로 이어지는 잡생각A Wandering Mind Heads Straight Toward Insight〉도 좋은 논문이다. 뇌의 대부분은 두 개의 반구에 속해 있지만, 뇌의 4분의 3을 차지하는 부분은 더 최근에 진화한 대뇌피질이다. 대뇌피질은 오른쪽과 왼쪽 사이의 기능적인 차이를 보여준다.

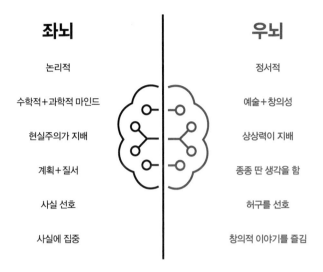

좌뇌	우뇌
논리적	정서적
수학적+과학적 마인드	예술+창의성
현실주의가 지배	상상력이 지배
계획+질서	종종 딴 생각을 함
사실 선호	허구를 선호
사실에 집중	창의적 이야기를 즐김

2. 대뇌의 우측 반구는 범위를 넘어 생각하고, 주제를 인식하며, 큰 그림을 잘 그린다. 세상 물정에 밝은 우뇌형 또는 수평적 사고를 하는 사람들은 통상적으로 현명하다고 smart 말한다.

다음 그림은 우뇌형 사고와 좌뇌형 사고의 차이를 간단하게 요약한 것이다.

대부분의 사람은 한쪽 뇌에서 더 많은 지시를 받는다. 그래서 자신과 다른 쪽 뇌의 지시를 받는 사람들을 이해하는 데 어려움을 겪는다. 우리의 경험에 따르면 좌뇌형 사람들은 우뇌형 사람들을 멍청하거나 추상적이라고 보는 경향이 있다. 반면 우뇌형 사람들은 좌뇌형 사람들을 상상력이 부족하고 편협하다고 생각한다. 나는 자신과 다른 사람들의 성향을 파악하고, 두 가지 사고방식이 모두 가치 있다는 사실을 깨닫고, 그에 따라 업무를 부여할 때 놀라운 결과가 나오는 사실을 직접 목격했다.

g. 뇌가 어느 정도까지 변할 수 있고, 변할 수 없는지 이해하라.

이것은 우리에게 중요한 의문을 불러일으킨다. 과연 우리가 변할 수 있을까?* 우리는 새로운 사실과 기술을 배울 수 있다. 하지만 사고방식을 바꾸는 방법을 배울 수 있을까? 답은 어느 정도까지는 가능하다는 것이다.

뇌의 가소성은 당신의 뇌가 '소프트와이어링softwiring(조직의 문화, 노하우와 역량을 통합시킬 수 있는 과정)'의 변화를 허용하는 것이다. 과학자들은 유아기의 특정 시기가 지난 후에는 뇌의 신경학적 연결 대부분이 고정되고, 변화가 거의 불가능하다고 생각해왔다. 하지만 최근의 연구들은 다양한 훈련(신체적 훈련에서부터 명상에 대한 연구까지)이 사고력과 기억력에 영향을 미치는 뇌의 생리적 변화로 이어질 수 있다는 사실을 암시하고 있다. 만 시간 이상 명상을 한 스님들에 대한 연구에서 위스콘신대학의 연구원들은 상당히 높은 수준의 감마파를 측정했다. 감마파는 자각과 문제 해결과 관련이 있다.**

이것은 뇌가 무한하게 유연하다는 의미는 아니다. 당신이 특정한 방식으로 사고하는 것을 좋아한다면 다른 방식으로 작동하도록 자신을 훈련하고, 시간이 지나면서 그것이 더 쉬워지는 것을 발견할 수 있다. 하지만 자신의 기본적인 선호도를 변화시키는 것은 매우 어렵다. 마찬가지로 더

---

* 이것은 중요한 문제이다. 모든 전문가가 이 문제의 해결을 위해 전력을 기울이고 있지만 누구도 권위 있는 답을 내놓고 있지 못했다. 나의 대답도 마찬가지이다. 하지만 무엇이 변할 수 있는지를 아는 것은 자신과 다른 사람들을 관리하려고 노력하는 데 중요하기 때문에 나는 뇌의 유연성 문제에 대해 비교적 깊이 탐구했다. 내가 배운 것은 내 경험과 일치했고, 나는 그 결과를 여기서 독자들에게 알려주는 것이다.

** 매사추세츠 종합병원에서 하버드대학과 연계해 뇌 영상을 연구하는 사람들은 8주 동안의 명상 수업 이후 뇌의 물리적인 변화를 발견했다. 연구원들은 학습, 기억, 자의식, 연민 그리고 자아인식과 관련된 분야에서 활동이 증가하는 것을 발견했을 뿐만 아니라, 편도체의 활동이 감소하는 것을 찾아냈다.

창의적이 되도록 자신을 훈련시킬 수 있지만, 창의적으로 타고나지 않았다면 자신이 할 수 있는 것은 제한적일 수밖에 없다. 이것이 현실이다. 그래서 우리는 현실을 받아들이고 대응하는 방법을 배워야 한다.

우리가 활용할 수 있는 대처 방법이 있다. 예를 들면 시간 개념이 없는 체계적이지 못한 사람들은 알람을 활용하는 습관을 들이고, 특정 방식의 사고를 잘하지 못하는 사람은 자신보다 그런 방식으로 사고를 잘하는 사람의 도움을 받을 수 있다. 정신적 훈련이 변화를 위한 가장 좋은 방법이다. 신체적 훈련과 마찬가지로 정신적 훈련도 보상과 행동을 연결하는 습관의 순환고리를 동반하지 않으면 고통스러울 수 있다. 습관의 순환고리는 뇌가 학습과 유익한 변화를 받아들이도록 만드는 것이다.

자신의 약점을 받아들이는 것은 자신이 완벽하다는 환상에 집착하고 싶은 뇌의 특정 부분의 본능과 반대된다는 것을 기억하라. 자신의 방어 본능을 감소시키는 것들을 실천하려면 연습이 필요하고, 개방적인 사고를 강화하는 환경에서 활동하는 것이 필수적이다.

일의 원칙에서 설명할 예정이지만, 나는 개인과 조직의 이런 저항을 극복하는 데 도움을 주는 기술과 도구들을 개발했다. 나는 자신과 다른 사람들이 변하기를 기대하는 대신, 자신의 약점을 인정하고 그에 대한 분명한 보호난간을 만드는 것이 효율적인 경우가 많다는 것을 발견했다. 이것이 성공으로 가는 더 빠르고 가능성이 높은 방법이다.

4.4 자신과 다른 사람들의 특성을 파악하라.

우리는 편견을 가지고 있기 때문에 자기 자신에 대한 평가(그리고 다른 사람들에 대한 평가)는 매우 부정확한 경향이 있다. 심리측정평가는 훨씬 더 신뢰도가 높다. 심리측정평가는 채용 과정과 고용 이후에도 사람들이 어떻게 생각하는지를 연구하는 데 도움을 주었다. 심리측정평가가 사람들과의 대화나 자라온 배경, 과거 경력을 살펴보는 과정을 완전히 대체할 수 없다. 하지만 전통적인 인터뷰나 평가 과정보다 훨씬 더 강력하다. 사람들의 특성을 알기 위해 심리측정평가와 전통적인 인터뷰 가운데 하나를 선택해야 한다면, 나는 심리측정평가를 선택할 것이다. 다행히 우리는 그런 선택을 할 필요가 없다.

우리가 사용하는 4개의 중요한 성격평가는 마이어스-브릭스 성격유형검사Myers-Briggs Type Indicator, 직장인성검사Workplace Personality Inventory, 팀관리프로파일Team Dimensions Profile, 계층체계이론Stratified System Theory이다.* 하지만 우리는 지속적으로 실험을 하고 있기 때문에(예를 들면 기본적인 다섯 가지 성격 특성 요인Big Five도 포함해) 이런 성격 검사의 조합은 틀림없이 바뀔 것이다. 검사 방법을 어떻게 조합하든 성격검사들은 사고와 행동에 대한 사람들의 선호도를 나타낸다. 다양한 성격검사는 또 우리가 자체적으로 발견한 특성들을 명확하게 하고, 더 자세하게 설명하는 단어들을 제공한다. 나는 이 가운데 몇 가지에 대해 설명하려고 한다. 하지만 이것은 나 자신의 경험과 학습에 기초한 것으로 평가회사들이 이용하는 공식적인 설명과 여러 측면에서 다르다.**

---

* 이런 검사들은 사람들이 어떻게 각 단계를 극복하고, 어느 단계에 자연스럽게 안착할 수 있는지를 알아내는 데 도움이 된다.

** 당신 자신에 대해 평가를 해보고 그 결과를 보고 싶다면 assessments.principles.com을 방문해보라.

a. 내향성 vs. 외향성

내향적인 사람은 내부 세계에 집중하고 아이디어, 기억 그리고 경험으로부터 에너지를 얻는다. 반면 외향적인 사람은 외부에 집중하고 사람들과 함께 있는 것에서 에너지를 얻는다. 내향성과 외향성은 소통 방식의 차이와도 연관돼 있다. 자신의 아이디어를 다른 사람들에게 이야기하는 친구가 있다면 그 사람은 외향적일 확률이 높다. 내향적인 사람은 그런 대화를 힘들어하고, 혼자 생각하고 혼자 힘으로 계획한 후에 아이디어를 공유하는 것을 좋아한다. 나는 그들이 가장 편안한 방식으로 소통하도록 돕는 것이 중요하다는 것을 발견했다. 예를 들면 내향적인 사람들은 종종 단체 환경에서 말로 하는 것보다 이메일처럼 글로 소통하는 것을 선호한다. 그리고 자신들의 비판적인 생각을 공개하는 것을 별로 좋아하지 않는다.

b. 직관 vs. 감각

어떤 사람들은 큰 그림(숲)을 보고, 어떤 사람들은 세부적인 것(나무)을 본다. 마이어스-브릭스 성격검사MBTI의 관점에서 보면 사물을 보는 방식은 직관에서 감각에 이르는 연속선으로 가장 잘 표현된다. 당신은 사람들이 무엇에 집중하는지를 관찰함으로써 그들의 선호도에 관한 아이디어를 얻을 수 있다. 예를 들어 독서를 할 때 작은 것에 집중하는 사람은 'their(그들의)'를 'there(그곳)'로 잘못 표기한 철자 때문에 책을 읽지 않을 수도 있다. 반면 직관적 사고를 하는 사람들은 이런 작은 실수를 알아차리지 못한다. 직관적인 사람의 관심은 전체 맥락에 먼저 초점을 맞추고, 그 후에 세부적인 것에 관심을 두기 때문이다. 당연히 당신은 직관적인 사람보다 감각적인 사람에게 법률 문서를 준비하도록 할 것이다. 법률적인 서류에는 모든 'i'에 빠짐없이 점이 찍혀 있어야 하고 모든 't'에 가로선이 있어야 하기 때문이다.

c. 생각 vs. 감정

어떤 사람들은 객관적 사실 분석에 기초해 결정을 내린다. 이들은 특정 상황에 중요한 요인들을 고려하고 최선의 행동을 결정하기 위해 논리를 활용한다. 이런 접근법은 사고에 대한 선호도를 나타내는 것이고, 당신의 의사가 진단을 내릴 때 활용하기를 바라는 방법이다. 다른 사람들(감정을 선호하는 사람들)은 사람들 사이의 조화를 중시한다. 이들은 인사나 고객 서비스처럼 공감, 사람들 사이의 접촉, 관계 형성을 요구하는 역할에 더 잘 어울린다. 이런 차이를 발견하기 위한 평가를 실시하기 전에 사고 중심적인 사람과 감정 중심적인 사람들 사이의 대화는 정말로 절망적이었다. 하지만 이제는 그들이 어떤 사람이며, 그들의 전형적인 행동 방식을 알 수 있기 때문에 우리는 각자의 차이점을 경험하더라도 웃으며 대화한다.

d. 계획 vs. 인식

어떤 사람들은 잘 계획되고 질서 있는 방식을 좋아하고, 어떤 사람들은 유동적이고 즉흥적인 것을 좋아한다.* 계획가들planners(마이어스-브릭스 용어로는 판단하는 사람)은 계획에 초점을 맞추고 지키는 것을 좋아한

---

* 마이어스-브릭스 성격검사에서는 판단judging vs. 인식perceiving으로 설명한다. 나는 판단에는 다른 의미도 포함하고 있어 계획planning이라는 용어를 선호한다. 마이어스-브릭스 성격검사에서 판단은 판단을 잘한다는 의미가 아니고, 인식도 직관력이 있다는 의미가 아니다.

다. 반면 인식자들perceivers은 주변에서 일어나는 일을 중요하게 생각하고 그것에 적응하는 경향이 있다. 인식을 중요하게 생각하는 사람들은 외부로부터 내부를 향해 일한다. 즉 외부의 상황을 파악하고 원인을 이해하고 대응 방법을 찾는 방향으로 일한다. 이들은 또 비교하고 선택할 수 있는 많은 가능성을 검토한다. 종종 너무 많은 가능성을 검토하다가 오히려 혼란에 빠지는 경우도 있다. 이와 반대로 계획가들은 내부에서 시작해 외부로 향하는 방식으로 일한다. 먼저 목표를 정하고 일이 어떻게 전개될지를 파악한다.

계획가와 인식자들은 서로를 이해하고 평가하는 데 문제가 생긴다. 인식자들은 새로운 것을 보고 방향을 자주 바꾼다. 이것은 의사결정에서 전례를 중요하게 생각하고, 과거에 특정 방식으로 진행됐기 때문에 같은 방식으로 정해야 한다고 생각하는 계획가들을 불편하게 만든다. 마찬가지로 계획가들도 완고하고 너무 느리게 적응하는 것처럼 보이기 때문에 인식자들을 불편하게 만든다.

e. 창조자, 추진자, 개선자, 실행자, 순응자

사람들이 특정 방식으로 느끼는 재능과 선호도를 파악함으로써 자신의 능력을 발휘할 수 있는 업무에 배치할 수 있다. 우리는 브리지워터에서 사람들과 선호하는 업무를 연결하기 위해 팀관리프로파일을 활용한다. 팀관리프로파일에 의해 구별되는 다섯 유형은 창조자creator, 추진자advancer, 개선자refiner, 실행자executor, 순응자flexor이다.

- **창조자**는 새로운 아이디어와 독창적인 개념을 만들어낸다. 이들은 조직화되지 않고 추상적인 활동을 선호하고 비전통적인 관행과 혁신을 즐긴다.

- **추진자**는 새로운 아이디어들을 전파하고 실행에 옮긴다. 이들은 감정과 관계를 즐기고 인간적인 요인들을 관리한다. 일에 대한 열의를 만드는 데 탁월하다.
- **개선자**는 아이디어에 도전한다. 이들은 프로젝트의 잘못된 점을 찾아내고 객관성과 분석을 중심으로 오류를 수정한다. 사실과 이론을 좋아하고 체계적인 접근법에 입각해 일한다.
- **실행자**는 일을 수행하는 사람으로 생각할 수 있다. 이들은 중요한 활동들이 실행되고 목표가 달성되도록 책임진다. 또 세부적인 것과 최종 결과에 집중한다.
- **순응자**는 네 가지 유형을 모두 합친 것이다. 이들은 특정한 목적에 스타일을 맞추고 다양한 관점에서 문제들을 볼 수 있다.

각각의 검사에서 배운 것들을 비교해보면서 나는 머릿속에서 떠오르는 사람들에 대한 그림에 의문을 갖게 됐다. 예를 들면 사람들의 마이어스-브릭스 성격검사 결과가 S(세부적인 것에 집중하는 유형)와 J(계획적인 유형)에 대한 선호도가 있는 것으로 나타나고, 팀관리프로파일에서는 실행자로 분류될 때 이들은 상상력이 풍부하고 우뇌를 활용하는 사람이 아니라 세부적인 것에 집중하는 사람일 가능성이 높다. 이 사람은 모호하지 않고 체계적이며 명확한 일에 더 잘 어울릴 확률이 높다는 의미이다.

f. 업무 중시 vs. 목표 중시

어떤 사람들은 일상의 업무에 집중하는 반면, 어떤 사람들은 목표와 그 목표를 달성하는 방법을 중요하게 생각한다. 나는 이런 차이들이 직관적인 사람과 감각적인 사람 사이의 차이점과 매우 비슷하다는 사실을 발견했다. 목표를 중시하고 목표를 구체화하는 경향이 있는 사람들은 시간이 지나면서 큰 그림을 볼 수 있고, 의미 있는 변화를 만들고, 미래의 일들을 예측할 가능성이 높다. 이런 목표 지향적인 사람들은 일상 업무에서 한발 물러나 자신이 무엇을 어떻게 하고 있는지에 대해 성찰할 수 있다. 이들은 새로운 일(조직이나 프로젝트 등)을 창조하고, 변화가 많은 조직을 관리하는 데 가장 적합하다. 일반적으로 폭넓은 시야와 큰 그림을 보는 능력을 갖추고 있는 목표 지향적인 사람들은 선견지명이 있는 리더가 될 수 있다.

반대로 일상 업무에 집중하는 경향이 있는 사람들은 변화가 많지 않거나, 확실하게 완수하는 과정이 필요한 업무를 관리하는 일을 더 잘한다. 업무 지향적인 사람들은 이미 존재하는 것을 기준으로 점진적인 변화를 추진하는 경향이 있다. 이들은 현재 상태에서 벗어나는 것에 느리고, 갑작스럽게 발생하는 일에 허를 찔리는 경우가 많다. 다른 한편으로 이들은 신뢰도가 높은 사람들이다. 한 차원 높은 생각을 하는 사람들보다 시야가 더 좁은 것처럼 보이지만, 이들이 하는 역할의 중요성이 떨어지는 것은 아니다. 내가 세부적인 일을 잘하는 사람들과 일하지 않았다면, 이 책을 출판하지 못하거나 다른 것들도 성취하기 힘들었을 것이다.

g. 직장인성검사

우리가 사용하는 또 다른 평가 방식은 미국노동부의 자료에 근거한 직장인성검사이다. 이 평가는 행동과 직무적성, 직무 만족도를 예측하고 인내심, 독립성, 스트레스 저항성, 분석적 사고력 등 특정한 핵심 성격과 자질을 찾아낸다. 이 검사는 우리가 사람들이 무엇을 가치 있게 생각하고, 그 가치들 사이에서 어떻게 균형을 찾을 것인지를 이해하는 데 도움을 준다. 예를 들면 성취 성향이 낮고 다른 사람에 대한 배려심이 높은 사람은 자신의 목표를 달성하기 위해 다른 사람을 해치려 하지 않을 것이다. 마찬가지로 규정을 잘 지키지 않는 사람은 독립적으로 생각할 확률이 높다.

우리는 25개에서 50개 정도의 특성들을 통해 한 사람의 특성을 잘 설명할 수 있음을 발견했다. 각각의 특성은 색조처럼 다양한 농도로 표시된다. 다양한 농도의 특성들을 올바르게 조합하면 상당히 완벽하게 한 개인의 그림을 그릴 수 있다. 우리의 목표는 검사와 다른 정보를 이용해 개인의 특성을 파악하는 것이다. 우리는 이것이 보다 정확한 동시에 사람들을 객관적으로 파악하는 데 도움을 주기 때문에 피검사자와 협력해 특성을 파악하는 것을 선호한다.

어떤 특성들은 종종 하나로 합쳐 쉽게 눈에 띄는 전형을 만들기도 한다. 잘 생각해보면 당신은 인생에서 지속적으로 만나는 몇 명의 전형적인 사람들을 떠올릴 수 있을 것이다. 비현실적인 예술가, 깔끔한 완벽주의자, 일을 완수하기 위해 난관을 돌파하는 사람, 갑자기 훌륭한 아이디어를 생각해내는 공상가 등이다. 시간이 지나면서 나는 셰이퍼Shaper, 떠들썩하게 이야기하는 사람Chirper, 미세조정자Tweaker, 개방적인 학습자Open Minded Learner, 추진자advancer, 창조자Creator, 고양이 목동Cat-Herder, 험담꾼Gossiper, 충성스러운 실천가Loyal Doer, 현명한 심판자Wise Judge 등 다양한 성격 유형들의 리스트를 만들게 되었다.

보다 명확하게 말하면 이런 전형적인 유형들은 평가를 통해 만들어진 구체적인 유형들보다 효용성이 떨어진다. 전형적인 유형들은 정확하지 않고, 단순하게 특징을 묘사한 인물화에 더 가깝다. 하지만 팀을 구성할 때는 유용하다. 개인들은 전형적인 유형보다 더 복잡하고, 특성을 설명하는 데는 하나 이상의 유형을 적용해야 한다. 예를 들면 비현실적인 예술가는 완벽주의자일 수도 있고 아닐 수도 있다. 또 난관을 돌파하는 사람일 수도 있다. 나는 이 모든 유형에 대해 설명하는 대신 셰이퍼(나를 가장 잘 설명하는)에 대해 조금 더 깊게 설명할 것이다.

h. 셰이퍼는 심상을 현실로 만들 수 있는 사람들이다.

나는 앞서 셰이퍼라고 불리는 사람들에 대해 자세히 설명했다. 셰이퍼를 독특하고 가치 있는 꿈을 가지고 다른 사람들의 의심에도 불구하고 그 꿈을 멋지게 펼치는 사람이라고 말이다. 셰이퍼들은 큰 그림을 잘 보고 세부적인 것에도 강하다. 나에게 셰이퍼는 선각자visionary + 실용적 사상가Practical Thinker + 결단력Determined과 같다.

나는 셰이퍼들이 강한 호기심, 사물을 이해하려는 강박적인 욕구, 반항에 가까운 독립적인 사고, 큰 꿈을 꾸고 싶은 욕망, 목표를 달성하기 위해 장애물을 돌파하는 실용성과 결단력 그리고 자신과 다른 사람들의 강점과 약점에 대한 파악 등과 같은 공통적인 특성들을 가지고 있다는 사실을 발견했다. 그 결과 이들은 팀을 잘 조직하고 이끌면서 목표를 달성한다. 이보다 더 중요한 것은 이들은 상반된 생각들을 동시에 가지고 있어서 다른 관점에서 볼 수 있다는 점이다. 셰이퍼들은 똑똑한 사람들과 만나는 것을 좋아하고, 큰 그림과 세부적인 것을 번갈아 생각하면서 두 가지를 똑같이 중요하게 생각한다. 세상에서 셰이퍼로 활동할 수 있는 사고방식을 가진 사람들은 매우 드물다. 셰이퍼들은 선천적으로 모든 일에 적합하지만, 그 일에 필요한 사고방식과 행동 방식을 가진 사람들과 함께 일하지 않으면 결코 성공할 수 없다.

인생 여정에 있어 필수적인 첫 번째 단계는 자신이 어떤 특성을 가졌는지 파악하는 것이다. 자신의 본성과 욕구에 일치하는 일을 하고 있다면 지금 어떤 일을 하고 있는지는 중요하지 않다. 나는 세계에서 가장 영향력 있고, 가장 존경받고, 가장 부자인 사람들을 만났다. 그리고 세계에서 가장 알려지지 않은 곳에 있는 가장 가난하고 혜택받지 못하는 사람들도 만나봤다. 그 결과 행복의 수준과 전통적 의미에서 성공한 사람들 사이의 상관관계는 기본 수준을 넘어서지 않았다. 나무로 작업하는 일에 큰 만족을 느끼는 목수는 미국의 대통령만큼 훌륭하거나 더 좋은 삶을 살 수 있다.

나는 이 책을 통해 모든 사람이 강점과 약점을 가지고 있고, 인생에서 중요한 역할이 있다는 것을 배우기를 바란다. 자연은 목적을 가지고 모든 사물과 사람을 창조했다. 당신에게 가장 필요한 것은 다른 사람을 이기려는 용기가 아니라, 진정으로 자아에 충실해지는 용기이다. 다른 사람들이 당신에게 바라는 것은 그것이 무엇이든 중요하지 않다.

4.5 목표 달성을 위해
사람을 적재적소에 배치하는 것이
당신이 원하는 것을 성취하는 비결이다.

개인 생활이든 직장 생활이든 업무를 위해서는 개인들의 최선의 특성을 조합하기 위해 다른 사람들과 상호보완적인 방식으로 일하는 것이 가장 좋다.

a. 원하는 것을 얻기 위해 자신을 관리하고, 다른 사람들을 잘 지휘하라.

당신의 가장 큰 과제는 생각이 깊은 고차원의 자아가 감정적인 저차원의 자아를 관리하도록 만드는 것이다. 가장 좋은 방법은 당신이 좋은 것을 상습적으로 할 수 있는 습관을 키우는 것이다. 다른 사람들을 관리하는 문제에 있어 내가 생각할 수 있는 비유는 훌륭한 오케스트라이다. 책임자는 행동을 하지 않고(악기에 대해 많이 알고 있지만 악기를 연주하지 않는), 결과를 제시하고, 구성원이 목표를 달성하도록 감독하는 예리한 지휘자이다. 지휘자는 구성원 각자가 무엇을 잘하고, 무엇을 못 하는지 그리고 그들의 책임이 무엇인지를 확실히 알도록 해야 한다. 단원들은 개인적으로 최선을 다할 뿐만 아니라 오케스트라가 부분의 합보다 더 좋아지도록 협력해야 한다. 지휘자가 하는 가장 어려운 일 중 하나는 개인적으로 연주를 못 하거나, 다른 사람들과 합주를 못 하는 사람들을 제거하는 일이다. 지휘자는 자신의 머릿속에 그려두었던 악보가 정확하게 연주되도록 하는 것이 가장 큰 목표이다. "그 부분은 이렇게 들려야 돼." "베이스 주자들은 곡의 구조를 잘 살려야 해. 여기가 연결 부분이고 여기가 곡의 핵심 부분이다."라고 지시하고, 그렇게 연주되는지 확인해야 한다. 오케스트라에는 각 부분의 리더들(악장, 수석)이 있고, 이들은 작곡가나 지휘자의 생각을 잘 표현하도록 도와준다.

이런 접근 방식은 나에게 큰 도움이 되었다. 예를 들면 새로운 접근법은 채권 거래 시스템 프로젝트를 추진할 때 우리가 가진 자원과 필요한 것 사이의 격차를 분명하게 볼 수 있게 해주었다. 밥은 우리가 해결하고 싶은 큰 문제를 잘 이해하는 똑똑한 협력자였지만, 해결책을 끌어내는 데 필요한 과정을 제시하는 일에는 취약했다. 밥의 주변에는 그 일에 적합한 사람들이 없었다. 그는 자신과 비슷한 사람들과 일하고 싶어 하는 경향이 있었다. 프로젝트의 부책임자는 흰색 칠판에 전체적인 아이디어를 그리는 일에는 좋은 협력자였지만, 아이디어를 실현하기 위해 누가 무엇을, 언제 해야 하는지를 구체화하는 업무를 잘하지 못했다. 부책임자는 밥이 원하는 방향으로 잘 나아갔지만, 밥을 궤도에 올라서게 하는 데 필요한 분명하고 독립적인 관점이 부족했다.

몇 차례의 실패 후 우리는 사람들을 이해하는 새로운 방법을 활용하는 대응책을 강구했다. 그래서 전체적인 큰 아이디어와 세부적 업무 사이에 있는 여러 단계의 업무를 능숙하게 처리하는 새로운 부책임자를 밥의 부서에 배치했다. 새로운 부책임자의 야구카드와 원래 부책임자의 야구카드를 비교해보니 새로운 부책임자는 독립적이고 체계적인 사고에서 탁월한 능력을 가진 것으로 나타났다. 이런 능력은 밥의 전체적인 아이디어를 어떻게 구현할 것인가에 대한 분명한 그림을 그리는 데 필수적이었다. 새로운 부책임자는 개념보다는 구체적 업무와 마감시간 등에 관한 세부적인 일들을 중요하게 생각하는 프로젝트 관리자를 포함해 다양한 지원 대책을 마련했다. 새로운 팀의 야구카드를 살펴보았을 때 우리는 밥의 약점인 계획하고 구체화하고 일을 완수하는 분야에 탁월한 사람들이 포함된 것을 한눈에 알 수 있었다. 새로운 팀이 제자리를 찾으면서 프로젝트는 활기차게 진행됐다. 우리는 목표를 달성하는 데 필요한 '레고 블록 세트'를 어렵게 찾아냄으로써(그리고 빠진 블록을 발견함으로써) 프로젝트를 완성할 수 있었다.

새로운 채권 거래 시스템은 사람들의 특성을 이해하는 솔직하고 개방적인 접근법을 통해 우리가 혜택을 본 수많은 프로젝트 가운데 하나일 뿐이다. 보다 분명하게 말하면 나는 뇌가 작동하는 방법에 대해 우리가 알아야 하는 것을 수박 겉핥기식으로 다뤘다고 말해야 한다.

　다음 장에서는 지금까지 살펴본 모든 것을 통합해 의사결정의 핵심적인 요인들을 하나하나 짚어볼 것이다. 어떤 결정들은 당신이 혼자 내려야 하고, 어떤 결정들은 더 신뢰할 수 있는 사람들에게 위임해야 한다. 당신이 어떤 일을 하는가와 관계없이 각각의 것들을 구별하는 자기인식self-knowledge을 활용하는 것이 성공으로 가는 열쇠이다.

5 효율적으로 결정하는 방법을 배워라

전문적인 의사결정자로서 나는 어떻게 하면 효율적으로 결정을 내릴 수 있는지에 대해 평생 동안 연구했다. 그리고 지속적으로 내가 추구하는 것을 더 많이 성취하고, 내가 옳을 확률을 높이는 시스템과 규칙을 찾아왔다.

내가 이해한 가장 중요한 것 중 하나는 매일 내리는 의사결정 과정의 대부분이 일반적으로 알고 있는 것보다 무의식적이고 더 복잡하다는 것이다. 예를 들면 운전을 할 때 당신 앞에 있는 차와의 안전거리를 결정하고 유지하는 방법에 대해 생각해보라. 그리고 지금까지 자동차를 운전해본 적이 없는 사람이 당신만큼 운전을 잘할 수 있도록 그 과정을 충분히 자세하게 설명하거나, 무인자동차를 통제하는 컴퓨터 프로그램을 만들 수 있도록 설명해보라. 나는 당신이 할 수 없을 것이라고 확신한다.

이제 체계적으로 그리고 반복적으로 모든 결정을 잘 내리는 문제에 대해 생각해보라. 그리고 누구나 동일한 환경에서 동일한 결정을 내릴 수 있도록 분명하고 정확하게 과정을 설명할 수 있는지 생각해보라. 이것이 내가 갈망하는 일이고, 비록 불완전하지만 매우 가치 있는 일이라는 것을 알았다. 결정을 내리는 가장 좋은 유일한 방법은 없지만, 좋은 결정을 내리는 몇 가지 보편적인 규칙들은 있다.

5.1 1) 좋은 의사결정을 방해하는 가장 큰 위협은 해로운 감정이다.
2) 의사결정은 두 단계 과정(첫째가 학습이고, 그다음이 결정)을 거친다.

학습은 결정에 앞선다. 1장에서 설명한 것처럼 당신의 뇌는 무의식, 기계적 암기 그리고 습관 등 다양한 형태의 학습을 저장한다. 하지만 어떻게 지식을 습득하든, 지식을 어디에 저장하든 가장 중요한 것은 당신의 지식이 결정에 영향을 미칠 현실에 대한 사실적이고 다채로운 그림을 그린다는 것이다. 이것이 학습을 통해 극단적으로 개방적인 사고방식을 갖고, 신뢰할 수 있는 다른 사람들을 찾는 것이 언제나 도움이 되는 이유이다. 사람들은 이것을 실천하는 데 감정적인 어려움을 겪음으로써 더 좋은 결정을 내리도록 도울 수 있는 학습을 차단한다. 반대되는 의견을 들어보는 것은 적어도 해가 되지 않는다는 사실을 스스로에게 상기시켜라.

결정은 어떤 지식(특정한 현실에 관한 사실과 그 사실을 뒷받침하는 인과관계의 구조에 대한 폭넓은 이해)에 의존할 것인지를 선택하고, 무엇을 할 것인가라는 일련의 행동을 정하기 위한 심사숙고의 과정이다. 여기에는 당신이 원하는 결과를 어떻게 성취할 것인가를 보여주는 시간에 따른 행동 계획을 만드는 것도 포함된다. 이것을 잘하려면 1차 결과와 2차, 3차 결과를 비교하고, 단기간의 결과가 아니라 시간이 지나면서 나타나는 결과에 근거해 결정을 내려야 한다.

2차와 3차 결과에 대해 생각하지 못하는 것은 잘못된 결정의 원인이다. 첫 번째 잘못된 선택이 자신의 편견이라는 사실을 확인시켜줄 경우 그 결과는 매우 치명적이다. 첫 번째 선택이 아무리 좋아도 질문하고 연구하기 전에는 절대로 첫 번째 선택을 붙잡지 마라. 나 자신도 이런 함정에 빠지는 것을 방지하기 위해 나 스스로에게 다음과 같은 질문을 한다. "내가 배우고 있는가? 충분히 배워서 이제 결정할 시간이 되었다는 것을 알고 있는가?" 오래지 않아 당신은 자연스럽게 열린 마음으로 모든 관련 정보를 얻게 될 것이다. 이렇게 함으로써 당신은 무의식적으로 먼저 결정을 내리고, 나중에 결정을 뒷받침하는 자료를 구하는 첫 번째 잘못된 선택의 함정을 피하게 될 것이다. 하지만 어떻게 하면 잘 배울 수 있을까?

잘 배우기

나는 현실에 대한 정확한 그림을 얻는 것을 두 가지로 요약한다. 정확하게 종합하고, 각 단계에 대처하는 방법을 아는 것이다. 종합Synthesis은 많은 데이터를 정확한 그림으로 전환하는 과정이다. 상황을 종합하는 능력이 의사결정의 질을 좌우한다. 스스로 종합하는 능력이 있다고 생각하더라도 종합하는 능력이 뛰어난 다른 사람들에게 언제나 당신의 생각에 대한 견해를 물어보는 것이 중요한 것도 이 때문이다. 지각이 있는 사람이라면 틀리는 것에 대한 두려움이 없는, 신뢰할 수 있는 사람의 생각을 거절해서는 안 된다. 잘 종합하기 위해서는 1) 현재 상황을 종합하고, 2) 시간에 따라 상황을 종합하고, 3) 각 단계를 효율적으로 대응해나가야 한다.

5.2 현재 상황을 종합적으로 판단하라.

매일 당신은 무수히 많은 사건에 직면하게 된다. 이런 사건들을 점_{dots}이라고 부르도록 하자. 효율적이 되려면 당신은 어느 점이 중요하고, 어느 점이 중요하지 않은지를 구별할 수 있어야 한다. 어떤 사람들은 단지 필요한 것만을 수용하는 대신, 모든 종류의 논평과 의견을 들으면서 삶을 살아간다. 이들은 아주 작은 것까지 신경을 쓰고 중요하지 않은 것에 대해 걱정한다. 때로는 작은 것들이 중요할 수 있다. 예를 들면 자동차 엔진에서 나는 작은 소음이 헐거워진 플라스틱 조각 때문일 수도 있지만, 타이밍 벨트가 끊어지기 직전의 신호일 수도 있다. 중요한 것은 작은 것에 깊이 빠지지 않고, 무엇이 현실적 위험인지 빠르고 정확하게 판단하는 한 차원 높은 관점을 갖는 것이다. 이를 위해서는 다음을 기억하라.

a. 당신이 할 수 있는 가장 중요한 결정 가운데 하나는 누구에게 질문을 하는가 이다.

그들의 정보가 풍부하고 신뢰할 수 있는지 확인하라. 당신이 알고 싶은 것에 대해 누가 책임지고 있는지를 알아내고, 그들에게 질문하라. 정보가 없는 사람에게 물어보는 것은 답을 전혀 모르는 것보다 더 나쁘다.

b. 들은 것을 모두 믿지 마라.

의견은 중요하지 않다. 거의 모든 사람이 자신의 의견을 말해줄 것이다. 많은 사람이 마치 사실인 것처럼 자신의 의견을 주장할 것이다. 이러한 의견을 사실로 오인해서는 안 된다.

c. 가까이서 보면 모든 것이 더 커 보인다.

인생의 모든 측면에서 현재 일어나고 있는 사건들은 훗날 돌이켜 생각할 때보다 훨씬 더 커 보인다. 그렇기 때문에 한발 뒤로 물러나 전체적인 관점에서 보는 것이 도움이 된다. 때로는 어느 정도 시간이 지날 때까지 결정을 미루는 것이 좋다.

d. 새로운 것은 훌륭한 것과 비교해 과대평가된다.

예를 들면 어떤 영화를 보고 어떤 책을 읽을 것인지를 선택할 때 당신은 검증된 고전을 선택하는가, 아니면 최근에 나온 인기 있는 것을 선택하는가? 내 생각에는 새로운 것보다 훌륭한 것을 선택하는 것이 더 현명하다.

e. 점(사건)들을 너무 많이 찍지 마라.

점은 한 시점에서 발생한 하나의 사건일 뿐이다. 점을 전체적인 관점에서 바라보면서 종합하라. 사소한 것에서 중요한 것을 구분해내고, 전체적인 유형에서 지금 벌어지고 있는 사건에서 분리하는 것처럼 특정한 사건을 과대평가하지 말아야 한다. 또 하나의 점(사건)에서 얼마나 많은 것을 배울 수 있는지 알아야 한다.

5.3 시간의 경과에 따라 상황을 종합하라.

시간에 따라 점들을 연결하는 방법을 알기 위해 당신은 다른 유형의 정보를 수집하고 분석하고 분류해야 한다. 예를 들어 하루에 8개의 결과가 발생했다고 가정해보자. 어떤 것은 좋고 어떤 것은 나쁘다. 그 결과를 우측의 그림과 같이 표시하도록 하자. 사건의 유형은 문자로 그리고 결과의 품질은 높이로 나타냈다.

하루를 이런 방식으로 분석하기 위해 당신은 결과를 유형(문자는 유형을 의미)과 품질(높을수록 더 좋음)에 따라 분류해야 한다. 여기에는 각각의 결과에 대한 대략적인 평가를 종합하는 과정이 필요하다(보기를 더 구체적으로 만들기 위해 당신이 아이스크림 가게를 운영하고 있다고 가정하자. W는 매출, X는 고객평가 점수, Y는 매체의 보도와 논평, Z는 직원의 참여도를 나타낸다). 우리의 사례는 하루에 단지 8개의 사건을 대상으로 했기 때문에 상대적으로 단순하다는 것을 명심하라.

우측의 그림을 보면 매출이 좋았고(W가 가장 높이 있기 때문), 고객 경험의 평가는 나쁘다는 것을 알 수 있다(X가 가장 아래에 위치하고 있다). 사람이 많아서 매출이 좋았지만, 줄이 길었기 때문에 고객의 평가가 낮을지도 모른다고 이유를 추정할 수 있다.

좋음

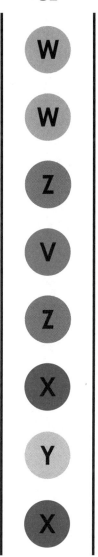

나쁨

이제 한 달 동안 근무일의 결과가 어떤지 살펴보자.
혼란스럽지 않은가?

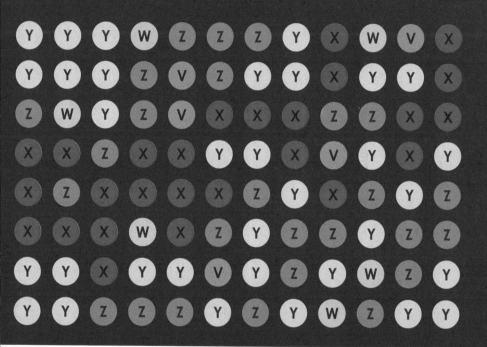

시간

다음 그래프는 X 점만을 표시한 것이다.
결과가 좋아지는 것을 볼 수 있다.

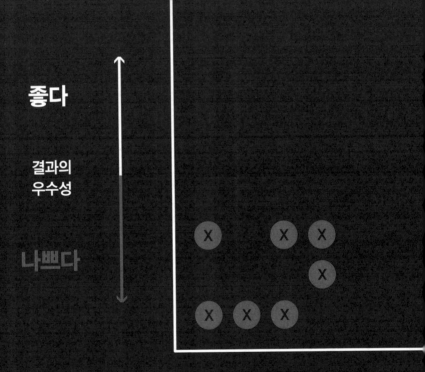

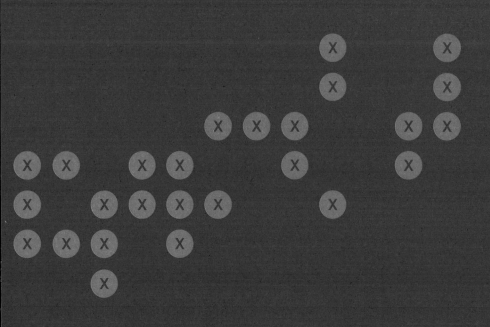

시간

사건들의 유형을 잘 찾아내는 능력을 가진 사람들은 매우 드물지만, 반드시 필요한 인재들이다. 하지만 대부분의 능력과 마찬가지로 시간의 경과에 따라 상황을 종합하는 능력은 부분적으로 타고난 것이다. 종합하는 능력이 떨어진다고 해도 연습을 통해 좋아질 수 있다. 다음의 원칙들을 준수하면 이런 능력을 개발하는 데 성공할 확률을 높일 수 있다.

a. 변화 속도와 변화의 수준 그리고 양자 사이의 관계를 잊지 마라.

어떤 것이 개선되기 위한 적합한 속도를 결정할 때 중요한 것은 변화의 속도에 대한 변화의 수준이다. 사람들은 흔히 양자의 관계를 고려하지 않는다. 이들은 현재 상황이 기준보다 얼마나 낮은지 그리고 변화의 속도가 적절한 시간 안에 기준 이상으로 상황을 개선시킬 수 있는지에 대한 고려를 하지 않은 채 "좋아지고 있다."라고 말한다. 시험에서 30점대와 40점대의 점수를 받은 학생이 몇 달 사이에 점수를 50점대로 올렸다면 좋아지고 있다고 말할 수 있다. 하지만 그래도 그 점수는 여전히 낮다. 당신의 인생에서 중요한 모든 것이 기준을 넘어 적절한 속도로 탁월함을 향해 나아가기 위해서는 궤도에 올라서야 한다. 오른쪽 그래프의 선들은 시간에 따라 어떻게 점들이 연결되는지를 보여준다. A의 궤도는 적당한 시간 안에 기준 위로 끌어 올린다. 하지만 B는 그렇지 못하다. 훌륭한 결정을 내리기 위해서는 이 두 가지 사례 가운데 어느 것이 현실에서 벌어지고 있는지 이해해야 한다.

b. 대략적이 돼라.

'대략by and large'의 개념을 이해하고 근사치를 활용하라. 우리의 교육 체계는 정확성에 의존하기 때문에 대략적인 것들을 잘하는 기술은 인

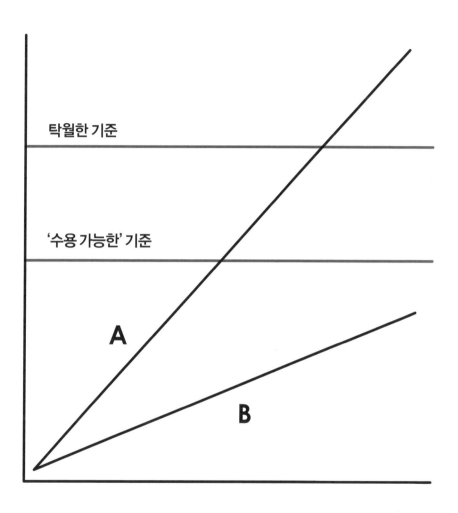

탁월한 기준

'수용 가능한' 기준

A

B

정받지 못한다. 이것은 개념적인 사고를 방해한다. 예를 들어 38 곱하기 12라는 문제를 받으면 대부분의 사람은 38을 40으로 올리고 12를 10으로 줄여 답이 대략 400이라고 말하는 대신, 천천히 힘들게 계산한다. 아이스크림 가게의 사례를 살펴보고 점들 사이의 대략적인 관계를 빨리 파악하는 것과 시간을 들여 좋아진 점들을 전부 살펴보는 것의 가치에 대해 생각해보라. 모든 점을 다 찾아보느라 시간을 허비하는 것은 어리석은 일이다. 하지만 대부분의 사람은 그렇게 한다.

대략이라는 개념은 효율적인 결정을 내리기 위해 당신이 이해하는 수준을 말한다. 대략적인 큰 그림에 대한 설명을 하는데 누군가가 "항상 그런 것은 아니다."라고 반박할 때마다 나는 본능적으로 복잡하고 사소한 문제에 빠질 것 같다고 생각한다. 즉 규칙이 아니라 예외에 대한 토론에 빠지면서 이 과정에서 규칙을 잃게 될 것이다. 브리지워터 직원들이 이런 시간 낭비적인 토론을 피할 수 있도록, 대학을 갓 졸업한 신입사원 중 한 사람이 내가 자주 활용하는 다음과 같은 격언을 만들었다.

"당신이 누군가에게 어떤 것이 진실인지 아닌지를 물어보는데 그들이 그것은 완전한 진실이 아니라고 답할 경우에는 아마도 대체적_{by and large}으로 진실일 것이다."

c. 80/20의 규칙을 기억하고, 핵심이 되는 20%가 무엇인지 파악하라.

80/20 규칙은 정보나 노력의 20%에서 80%의 가치를 얻어내는 것을 말한다(20%의 가치를 얻기 위해 당신 노력의 80%를 쏟아부을 확률이 높다는 것도 사실이다). 일단 훌륭한 결정을 내리는 데 필요한 대부분의 학습을 받고 난 이후에 80/20의 규칙을 이해하면 불필요한 세부적인 것들에 얽매여 시간을 낭비하지 않게 된다.

d. 불완전주의자가 돼라.

완벽주의자는 중요한 것을 희생하면서 중요하지 않은 작은 것들에 너무 많은 시간을 할애한다. 일반적으로 결정을 내릴 때 고려하는 중요한 요인들은 5개에서 10개 정도이다. 이런 요인들을 정말 잘 이해하는 것이 중요하다. 특정 시점이 지난 후에 중요한 것을 연구하는 데서 얻는 한계 이익은 제한돼 있다.

5.4 각 단계를 효율적으로 헤쳐나가라.

현실은 다양한 단계로 존재하고, 각각의 단계는 서로 다르지만 가치 있는 관점을 제공한다. 다양한 단계의 현실을 종합하고 결정을 내릴 때 이런 사실을 명심하고 각각의 단계들을 통과하는 방법을 아는 것이 중요하다. 예를 들어 당신이 구글 지도에서 고향 마을을 찾고 있다고 가정해 보자. 건물들이 보일 정도로 지도를 확대하면 중요한 정보인 고향의 전체 지역을 볼 수 없다. 당신의 고향이 물과 인접해 있을 수도 있다. 하지만 지도를 너무 확대하면 물과 인접한 선이 강을 따라 있는지, 호수를 따라 있는지, 아니면 바다의 해안선인지 알 수 없다. 그러므로 당신은 어느 단계가 결정에 적합한 수준인지 알아야 한다.

알고 있든 모르든, 잘하든 못 하든 그리고 대상이 물리적인 것이나 아이디어 또는 목표이든 우리는 끊임없이 다른 수준에서 사물을 보고 각각의 단계에 대응해나간다. 예를 들면 당신은 가치관을 실현하기 위해 매일 그것을 행동으로 옮기는 각각의 단계를 실천할 수 있다. 이 과정을 대략적으로 설명하면 다음과 같다.

1 높은 단계의 큰 그림: 배움으로 가득한 의미 있는 일을 하고 싶다.

  1.1 종속 개념: 의사가 되고 싶다.

    ● **하위 관점:** 나는 의대에 가야 한다.

      ● **하위-하위 관점:** 과학에서 좋은 점수를 받아야 한다.

        ● **하위-하위-하위 관점:** 오늘 밤에는 집에서 공부해야 한다.

인생에서 이러한 단계를 잘 진행하는지 살펴보려면 당신의 대화에 관심을 기울여라. 우리는 말할 때 각각의 단계 사이를 오가는 경향이 있다.

a. 대화가 어느 수준인지 알 수 있도록 '수준 이상above the line**'과 '수준 이하**below the line**'라는 용어를 활용하라.**

수준 이상의 대화는 중요한 핵심에 대해 이야기하는 것이고, 수준 이하의 대화는 하위 쟁점들에 대해 이야기하는 것이다. 일련의 추론들이 뒤죽박죽되고 혼란스러운 것은 말하는 사람이 논점을 중요한 핵심에 연결시키지 않고, 수준 이하의 세부적인 사항에 얽매여 있기 때문인 경우가 많다. 수준 이상의 대화는 질서 있고, 정확한 방식으로 결론을 향해 이어져야 한다. 중요한 핵심에 관해 어떤 것을 설명할 필요가 있을 경우에만 수준 이하의 대화를 진행해야 한다.

b. 결정은 적절한 단계에서 내려져야 한다는 점을 기억하라. 하지만 모든 단계에 걸쳐 일관성이 있어야 한다.

예를 들면 건강한 삶을 살고 싶다면 매일 아침 식사로 맥주를 마시거나, 12개의 소시지를 먹어서는 안 된다. 다시 말해 당신은 어떤 일이 벌어지고 있는지에 대한 완전한 그림을 그리기 위해 각각의 단계에서 수집한 데이터를 맞추어보고 지속적으로 연결시켜야 한다. 전체적으로 종합하는 능력을 갖춘 사람들은 다른 사람들보다 이 일을 자연스럽게 더 잘한다. 하지만 어느 정도 수준까지는 누구든지 적절한 단계에서 결정을 내리는 것을 배울 수 있다. 이것을 잘하려면 다음을 명심해야 한다.

1. 모든 사안은 다양한 단계로 존재한다는 것을 기억하라.

2. 주어진 대상을 어떤 단계에서 검토하는지 파악하라.

3. 무작위로 탐색이 가능한 분류되지 않은 사실로 사안을 보기보다는 의식적으로 단계를 파악하라.

4. 다음 페이지에 예시되어 있는 본보기를 활용해 사고 과정의 흐름을 그래프로 나타내라.

이 모든 과정을 극단적으로 개방적인 사고를 가지고 실행할 때 당신은 단지 보고 있는 것뿐만 아니라 보지 못하는 것과 다른 사람들이 보는 것까지 알게 될 것이다. 이것은 재즈 음악가들의 즉흥적인 합주와 비슷하다. 당신이 어떤 수준인지 알고 있으면 모든 사람이 같은 음조로 연주할 수 있다. 자신이 사물을 보는 방식을 알고 다른 사람들의 방식에 대해서도 개방적일 때 서로에게 언성을 높이지 않고 훌륭하게 연주를 할 수 있다. 이제 수준을 한 단계 더 높여 의사결정 과정에 대해 살펴보자.

좋은 사고의 흐름

A → B → C → D → E → F → G → 종합적

1	1	1	1	1	1	1
2	2	2	2	2	2	2
3	3	3	3	3	3	3
4	4	4	4	4	4	4
5	5	5	5	5	5	5

효과적이면서 더 큰 사고의 흐름

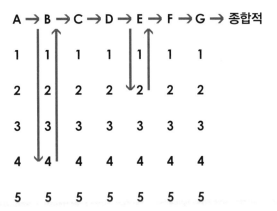

구체적 사례를 탐구하면서 효과적인 사고의 흐름

나쁜 사고의 흐름

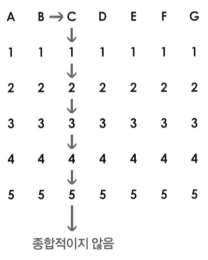

핵심에서 벗어난 무작위적인 이야기

잘못된 곳으로 빠져버린 이야기

잘 결정하라

장기적으로 최선인 결과를 산출하는 의사결정 논리를 활용하는 것은 그 자체가 과학이 되었다. 의사결정 논리는 확률, 통계, 게임 이론 그리고 다른 도구들을 활용하고 있다. 이런 도구들은 도움이 많이 되지만, 효율적인 의사결정의 기본은 상대적으로 단순하고 시간이 흘러도 변하지 않는다. 사실 의사결정의 토대는 유전적으로 우리의 뇌에 다양한 수준으로 프로그램되어 있다. 야생에 있는 동물들을 관찰해보면 먹이를 찾기 위해 소비하는 에너지를 최적화하기 위해 본능적으로 기대가치를 계산한다는 것을 알 수 있다. 이것을 잘하는 동물들은 번성하고, 자연 선택의 과정을 통해 유전자를 후대에 물려준다. 하지만 그렇지 못한 동물들은 멸종한다. 이런 것을 잘하지 못한다고 사람이 멸종하지는 않겠지만, 경제적 선택이라는 과정을 통해 불이익을 보게 될 것이다. 앞에서 설명한 것처럼 의사결정에는 두 가지 접근법이 있다. 고차원적인 뇌에서 나오는 증거/논리에 기초한 접근법과 저차원의 동물적인 뇌에서 나오는 무의식/감정에 기초한 접근법이다.

5.5 논리, 이성 그리고 상식은 현실을 종합하고, 어떻게 대처할 것인가를 이해하는 최고의 도구들이다.

다른 것에 의존하는 것을 조심하라. 하지만 유감스럽게도 심리학자들의 수많은 실험에 따르면 사람들은 대부분 저차원의 뇌가 내리는 명령을 따르는 것으로 나타났다. 이것은 우리가 깨닫지 못하는 사이에 나쁜 결정으로 이어진다. 카를 융은 "무의식을 의식으로 만들 때까지 무의식이 당신의 인생을 좌우하고, 우리는 그것을 운명이라고 부른다."고 말했다. 사람들이 단체로 협력해서 일할 경우 증거와 논리에 기초한 의사결정은 매우 중요하다. 그렇지 않다면 의사결정 과정은 가장 통찰력이 있는 사람이 아니라, 가장 영향력이 있는 사람에 의해 지배될 수밖에 없다. 이것은 불공정할 뿐만 아니라 최적화되지 못한 것이다. 성공적인 조직은 증거에 기초한 의사결정이 예외가 아니라 표준이 되는 문화를 가지고 있다.

5.6 기대가치에 따라 결정하라.

모든 결정을 예상이 적중할 확률과 보상 그리고 잘못될 확률과 불이익이 걸린 내기로 생각하라. 일반적으로 이기는 결정은 그 기대가치가 양의 값을 가진다. 이것은 보상 확률의 발생 횟수가 불이익을 받을 확률의 횟수보다 더 많다는 의미이다. 기대가치가 가장 높은 것이 최선의 결정이다.

올바른 결정에 대한 보상이 100달러이고, 그 확률이 60%라고 가정하자. 반면 잘못될 경우 벌금도 100달러이다. 보상 금액에 확률을 곱하면 당신의 결정이 맞을 경우 60달러를 획득한다. 반면 결정이 잘못될 경우 (40% 확률) 당신은 40달러의 벌금을 내야 한다. 이때 보상에서 벌금을 뺀 20달러가 양의 기대가치이다.

기대가치를 이해했다면 당신은 가장 확률이 높은 곳에 내기를 거는 것이 최선이 아니라는 것을 알게 될 것이다. 예를 들어 20%의 성공 확률을 가진 어떤 일이 실패할 경우 내야 할 벌금인 100달러의 10배인 1,000달러의 수익을 돌려준다고 가정해보자. 이 경우 기대가치는 120달러이다. 비록 확률이 당신에게 불리하지만, 당신이 손실을 감당할 수 있다면 이것은 현명한 결정이다. 이런 확률이 지속적으로 반복되면 시간이 지나면서 이기는 결과를 가져다줄 것이다.

우리는 대부분 이런 계산을 명쾌하게 하지 못하지만, 직감적으로 하고 있다. 예를 들어 비가 올 확률이 40%이지만 우산을 가지고 나가거나 또는 가는 길을 거의 확실하게 알지만 방향을 확인하기 위해 스마트폰으로 다시 확인하는 경우 당신은 기대가치를 계산하고 있는 것이다.

때로 잘못될 경우의 비용이 잘될 확률이 낮은 보상과 비교해 무시할 정도로 작다면, 확률이 현저하게 불리하다고 해도 모험을 하는 것이 현명할 때가 있다. 물어본다고 손해 보는 것은 아니라는 속담처럼 말이다.

내 인생에서도 이런 원칙이 큰 차이를 만들었다. 몇 년 전 나는 결혼을 하면서 모든 면에서 우리 가족에게 완벽한 집을 발견했다. 문제는 집이 시장에 나와 있지 않았고, 내가 물어보는 사람마다 집주인은 팔 생각이 없을 것이라고 말했다는 것이다. 설상가상으로 나는 적정 수준의 주택담보대출을 받지 못할 것이 거의 확실했다. 하지만 나는 집주인에게 전화를 걸어 이 문제에 대해 협의해볼 수 있는지 물어보는 것이 나에게 손해가 되지 않는다고 생각했다. 전화를 걸었을 때 집주인은 팔 생각이 있었고, 나에게 돈까지 빌려주었다.

결과가 불리할 경우에도 같은 원칙이 적용된다. 예를 들면 당신이 암에 걸릴 확률이 낮더라도 특별한 증상이 있으면 확인하기 위해 검사를 받는 것이 좋다. 기대가치 계산을 잘하기 위해서는 다음을 기억하라.

a. 당신의 기존 적중 확률이 어느 정도이든 적중 확률을 높이는 것은 가치 있는 일이다.

사람들은 적중 확률이 50% 이상일 때 결정을 내린다. 하지만 확률을 더 높인다면 얼마나 더 좋아질 것인가에 대해서는 간과한다(당신은 거의 모든 경우에 더 많은 정보를 얻음으로써 적중 확률을 높일 수 있다). 적중 확률을 51%에서 85%로 올려 기대가치를 34%p 높이는 것은 적중 확률을 49%에서 51%로 높이는 것의 17배에 해당한다. 확률을 당신이 얼마나 자주 틀릴 가능성이 있는지 측정하는 것으로 생각하라. 적중 확률을 34%p 향상시키는 것은 3번의 내기 가운데 한 번은 승리할 것이라는 의미이다. 당신이 옳다고 확신하는 경우에도 당신의 생각을 다시 검증하는 것이 도움이 되는 것도 이 때문이다.

b. 언제 내기를 하지 말아야 하는지 아는 것은 무엇이 내기를 걸 만한 것인지 아는 것만큼 중요하다.

가장 확실하게 이길 것 같은 내기만 한다면 당신의 실적을 크게 향상시킬 수 있다.

c. 가장 훌륭한 선택은 반대가 전혀 없는 선택이 아니라, 반대보다 찬성이 많은 선택이다.

모든 이해득실에 대해 생각하지 않고 어떤 것이 잘못됐다는 것을 발견할 때마다 그것에 반대하는 사람들을 조심하라. 이런 사람들은 형편없는 의사결정자이다.

5.7 결정하지 않았을 때의 비용과 추가 정보의 가치를 비교함으로써 우선순위를 정하라.

어떤 결정은 더 많은 정보를 얻은 이후에 내리는 것이 가장 좋다. 하지만 즉각적으로 최선의 결정을 내리는 사안들도 있다. 현재 진행되는 일들을 종합적으로 판단할 때 중요한 것과 사소한 것을 지속적으로 분류하는 것처럼, 결정을 미뤘을 때의 한계이익과 더 많은 정보를 얻을 때의 한계이익을 지속적으로 비교·분석해야 한다. 우선순위를 잘 결정하는 사람들은 다음과 같은 사항을 잘 이해하고 있다.

a. 하고 싶은 일을 하기에 앞서, 모든 해야 할 일은 일정 기준을 충족시키는 것이어야 한다.

하고 싶은 일과 해야 하는 일을 구별한다. 그리고 실수로 하고 싶은 일을 해야 하는 일의 목록에 슬쩍 끼워 넣어서는 안 된다.

b. 중요하지 않은 일을 처리할 시간이 없는 경우가 있다. 이것은 중요한 일을 처리할 시간이 없는 것보다 낫다.

종종 사람들이 "이렇게 하거나 저렇게 하는 게 좋지 않을까?"라고 말하는 것을 듣는다. 이 경우 사람들은 잘 처리해야 하는 더 중요한 일에 집중하지 못하고 있을 가능성이 높다.

c. 가능성을 확률과 혼동해서는 안 된다.

모든 것이 가능하다. 중요한 것은 어떤 일이 벌어질 가능성이 큰 확률이다. 모든 것은 확률과 우선순위 관점에서 고려해야 한다. 가능성과 확률을 명확하게 구별하는 사람들은 일반적으로 현실적인 사고에 강하다. 이들은 수많은 가능성 속에서 길을 잃는 경향이 있는 철학적인 사람들과는 반대 유형이다.

훌륭한 의사결정자가 되는 지름길

훌륭한 의사결정자는 이 모든 단계를 암기하듯이 외우지 않고 기계적으로 실행하지 않는다. 그들은 다음과 같은 과정을 따른다. 야구선수가 높이 날아오는 공을 어떻게 할지 고민하지 않고 잡는 것처럼, 이들은 시간과 경험을 통해 대부분의 의사결정을 반사적으로 내리는 방법을 터득했다. 훌륭한 의사결정자들이 각각의 원칙들을 기억해낸 후 속도가 느린 의식적 사고를 통해 실행한다면 밀려드는 모든 일에 대응하지 못할 것이다. 하지만 이들이 의식적으로 실천하는 몇 가지 가운데 다음과 같은 원칙들은 따라 하는 것이 좋다.

5.8 단순화하라.

관련이 없는 세부적인 것들을 제거한 후 핵심적인 것들과의 관계가 드러날 수 있도록 하라. 피트 시거Pete Seeger의 말처럼 "바보는 문제를 복잡하게 만든다. 문제를 간단하게 만들려면 천재가 필요하다." 피카소에 대해 생각해보라. 그는 젊은 시절부터 아름다운 구상주의 그림들을 그릴 수 있었다. 그러다가 경력이 쌓이면서 그림을 단순화했다. 피카소처럼 모든 사람이 단순화시키는 사고방식을 가지고 있는 것이 아니다. 하지만 무엇인가를 자연스럽게 할 수 없다는 것이 그것을 할 수 없다는 의미는 아니다. 단지 당신에게 필요한 것은 창의성과 결단력이다. 필요하다면 다른 사람들에게 도움을 요청할 수도 있다.

5.9 원칙을 활용하라.

원칙을 활용하는 것은 당신의 의사결정을 단순화시키고 발전시킨다. 지금까지 이 책을 읽었다면 원칙에 관한 문제가 분명하게 보일 것이다. 하지만 거의 모든 문제가 단지 여러 문제 가운데 하나이고, 그것이 여러 문제 가운데 어떤 것인지 찾아낸 후 세심하게 계획된 원칙을 적용하라고 반복해서 강조하는 것은 그럴 만한 가치가 있기 때문이다. 이런 원칙을 적용하면 당신이 내려야 하는 결정의 수가 크게 줄고(10만분의 1 정도로 줄어들 것으로 예상된다.) 더 좋은 결정을 내리는 데 도움이 될 것이다. 원칙을 잘 활용하는 핵심은 다음과 같다.

1. 결정을 내리는 데 활용할 기준을 기록할 수 있도록 시간을 가지고 천천히 생각하라.
2. 기준들을 원칙으로 기록하라.
3. 결과를 평가할 때 적용된 기준들에 대해 생각한 다음에 또 다른 유사 사례가 발생하기 전에 기준을 세밀하게 조정하라.

각각의 사건이 어떤 사례에 해당되는지 식별하는 것은 동물이 어떤 종인지 구별하는 것과 비슷하다. 각각의 사례를 분류하고 적절한 원칙들에 연결하는 것은 게임을 하는 것과 유사해서 재미도 있고 도움도 된다. 물론 이 과정은 상당히 도전적이다. 많은 사례에는 다양한 요인들이 섞여 있다. 현재 다루는 한 가지 사례가 몇 가지 다른 사례의 요인들을 포함할 경우 각각의 요인에 적용할 원칙들을 비교해보고, 다른 유형들을 어떻게 다루어야 하는지에 대해 심상지도를 이용해야 한다. 나는 사람들이 원칙을 활용하는 것을 돕기 위해 코치 Coach라고 불리는 도구를 개발했다. 코치에 대해서는 이 책의 부록에서 자세히 설명했다.

당신은 자신만의 원칙을 활용하거나 다른 사람들의 원칙을 활용할 수 있다. 가능한 한 가장 좋은 원칙들을 활용하면 된다. 지속적으로 이런 방식으로 생각할 수 있다면 당신은 원칙에 입각한 훌륭한 사고를 하게 될 것이다.

5.10 신뢰도가 당신의 의사결정에 중요도를 더한다.

나는 사려 깊은 반대 의견을 가진 믿을 만한 사람들과 의견을 주고받음으로써 더 많은 것을 배우고, 의사결정의 질이 높아졌음을 발견했다. 일반적으로 신뢰도가 높은 사람들의 의견을 참고하는 것은 그렇지 않을 때보다 더 좋은 의사결정을 내리는 데 도움이 되었다. 그리고 흥미로운 학습의 기회도 제공해주었다. 여러분도 해보기를 권한다.

이 과정을 잘하기 위해서는 1) 자신의 신뢰도를 논리적인 것보다 더 높이 평가하는 위험과 2) 누가 더 신뢰성이 높고 낮은지를 구별하지 못하는 공통적인 위험을 반드시 피해야 한다.

다른 사람과 의견이 충돌할 경우 결정을 내리는 데 적용하는 원칙들에 동의할 수 있는지 아닌지를 알아보는 것으로 시작하라. 이런 대화에는 다른 원칙들의 이면에 있는 논리적 장점을 알아보는 것도 포함되어야 한다. 당신이 원칙들에 동의한다면 현재의 문제에 적용하라. 그러면 모든 사람이 동의하는 결론에 도달하게 될 것이다. 원칙에 동의하지 않는다면 각자의 신뢰도에 기초해 의견의 불일치를 해소하는 방법을 찾아보려고 노력하라. 이 부분에 대해서는 일의 원칙을 다룰 때 더 자세하게 설명할 것이다.

원칙과 신뢰도에 가중치를 두는 의사결정 방식은 아주 매력적이고, 일반적인 의사결정과 완전히 다른 훨씬 더 훌륭한 의사결정으로 연결된다. 예를 들면 대통령을 선출하기 위해 이런 접근법을 사용한다면 어떻게 될지 상상해보라. 훌륭한 대통령이 되는 데 필요한 자질이 무엇인지 결정하는 것뿐만 아니라, 그런 결정을 내리는 데 가장 믿을 수 있는 사람이 누구인지를 결정하기 위해 우리가 어떤 원칙을 만들 것인지 살펴보는 것은 흥미진진할 것이다. 우리는 1인 1표 방식으로 결론을 내릴까, 아니면 다른 것으로 결론을 내릴까? 다른 것이라면 어떤 방식이 될까? 방법에 따라 결과가 완전히 달라질 것이라는 점은 확실하다. 다음 선거에서 이런 방식을 적용하면 결과의 차이를 볼 수 있을 것이다.

신뢰도에 가중치를 두는 의사결정 방식은 복잡하게 들릴 수 있지만, 이미 일상적으로 하고 있을 가능성도 있다. "내가 누구의 의견을 들어야 할까?"라고 자문할 때마다 당신은 이런 의사결정 방식을 따르고 있는 것이다. 하지만 당신이 조금 더 많은 생각을 한다면 신뢰도에 기초한 의사결정을 훨씬 더 잘할 수 있을 것이라 확신한다.

5.11 원칙을 알고리즘으로 만들고 컴퓨터와 함께 결정을 내려라.

당신이 이렇게 할 수 있다면 의사결정을 완전히 다른 차원으로 만드는 능력을 갖게 될 것이다. 많은 경우에서 당신은 과거에 이런 원칙들이 어떻게 작동했는지 검증하거나, 원칙을 수정하는 데 도움이 되도록 다양한 상황에서 시험할 수 있을 것이다. 모든 경우에서 컴퓨터의 도움을 받는 의사결정은 컴퓨터가 없으면 불가능한 수준으로 당신의 이해력을 증강시킬 것이다. 또 이런 의사결정 방식은 상황에서 감정을 배제하게 해줄 것이다. 알고리즘은 당신이 하고 싶었던 것을 말로 설명하지만, 컴퓨터가 이해할 수 있는 언어로 기록돼 있다는 점이 다르다. 그래서 이를 이해하기 위해서는 컴퓨터 언어를 배우거나 통역하는 사람을 가까이 두어야 한다. 컴퓨터 언어가 머지않아 다른 어떤 언어보다 더 중요해지거나 그만큼 중요해질 것이기 때문에 당신의 아이들이나 아이의 친구들에게는 컴퓨터 언어를 배우게 해야 한다.

컴퓨터라는 또 다른 자아와 서로 가르치고, 각자가 가장 잘하는 것을 담당하여 협력관계를 구축함으로써 당신은 혼자서 의사결정을 할 때보다 훨씬 더 강력한 힘을 갖게 될 것이다. 컴퓨터는 또 훌륭한 집단의사결정과 당신을 연결해주는 역할을 할 것이다. 집단의사결정은 개인의 의사결정보다 더 강력하고 인류의 발전을 촉진할 것이다.

체계화되고 컴퓨터화된 의사결정

미래에 인공지능은 우리 생활의 모든 측면에서 의사결정 방법에 커다란 영향을 미칠 것이다. 특히 새로운 극단적인 투명성의 시대와 결합하면 그 영향력은 더 커질 것이다. 지금은 싫든 좋든 당신이 어떤 사람인지 알기 위해 누구나 방대한 분량의 디지털 데이터에 쉽게 접근할 수 있다. 그리고 이 데이터는 당신이 무엇을 구매할 가능성이 높은지부터 인생에서 무엇을 가치 있게 생각하는지에 대해 예측하는 것까지 모든 것을 할 수 있도록 컴퓨터에 입력된다. 무서운 이야기처럼 들릴 것이다. 하지만 브리지워터에서는 30년 이상 완전한 투명성과 알고리즘에 입각한 의사결정을 결합해왔고, 이것은 늘 훌륭한 결과를 만들어냈다. 나는 머지않아 이런 종류의 컴퓨터화된 의사결정이 인간의 두뇌와 비슷한 방식으로 우리를 안내할 것이라고 믿고 있다.

인공지능의 개념은 새로운 것이 아니다. 내가 처음 컴퓨터화된 의사결정을 실험했던 1970년대에도 20년 정도 지난 개념이었다(인공지능은 다트머스대학의 한 학술회의에서 1956년에 처음으로 소개됐다). 그 이후 많은 것이 변했지만, 기본적인 개념들은 여전히 동일하다.

컴퓨터화된 의사결정이 어떻게 작동하는지에 대한 단순한 사례를 살펴보자. 당신의 집에 난방을 공급하는 두 가지 원칙이 있다고 가정해보자. 기온이 20도 이하로 떨어지면 난방이 가동되고, 자정과 새벽 5시 사이에는 난방이 꺼지도록 하고 싶다. 두 기준 사이의 관계를 단순한 의사결정 공식으로 만들면 다음과 같다. 만일 기온이 20도 아래로 떨어지고 시간이 자정과 새벽 5시 사이가 아니라면 난방을 켜라. 이런 공식들을 수

사고

원칙

알고리즘

훌륭한 결정

집함으로써 정보를 받아들이고, 관련 기준을 검토해 적용하거나, 결정을 추천하는 의사결정 시스템을 만드는 것이 가능하다.

투자 의사결정의 기준을 알고리즘으로 구체화하고 과거의 데이터를 적용하거나, 일의 원칙을 알고리즘으로 만들어 경영과 관련된 의사결정에 도움이 되도록 활용하는 것은 자동 온도조절장치보다 훨씬 더 중요하고 복잡한 문제다. 이런 문제들은 더 많은 정보에 기초를 두고 감정이 개입되지 않은 신속한 의사결정을 요구한다.

나는 사람들이 점점 더 컴퓨터에 의존하는 의사결정을 할 것이고, 컴퓨터 프로그래밍이 글쓰기처럼 필수적이 될 것이라고 믿는다. 우리가 현재 정보를 수집하기 위해 컴퓨터를 사용하는 것처럼, 시간이 지나면서 의사결정에도 그만큼 컴퓨터를 더 많이 사용하게 될 것이다. 우리를 돕는 과정에서 컴퓨터는 우리의 특성을 학습하게 되고(우리가 무엇을 가치 있게 평가하고 우리의 장점과 약점이 무엇인지), 우리가 취약한 분야에 강점을 가지고 있는 사람들에게 자동으로 도움을 요청하는 방식으로 맞춤 조언을 할 것이다. 우리의 컴퓨터 비서들이 다른 사람들의 컴퓨터 비서들과 접속하면서 이런 방식으로 협력하기까지 그렇게 오랜 시간이 걸리지 않을 것이다. 사실은 이미 이뤄지고 있다.

현재 당신이 맞닥뜨린 문제를 입력하여 무엇을 하고, 왜 해야 하는지에 대해 세계 최고의 사상가와 의견을 교환하는 시스템에 접속하는 기술을 이용할 수 있다고 상상해보라. 머지않아 이런 것을 할 수 있을 것이다. 조만간 당신이 직면한 거의 모든 문제에 대해 최고 수준의 사고를 활용하고, 다양한 관점을 비교하는 컴퓨터화된 시스템의 안내를 받게 될 것이다. 예를 들면 당신의 특성을 고려할 때 어떤 라이프스타일과 직업을 선택해야 하는지, 또는 특정한 사람들과 잘 교류하는 방법에 대해 물어볼 수 있을 것이다. 이런 혁신들은 사람들이 자신의 머릿속을 벗어나 놀라울 정도로 강력한 형태의 집단사고를 할 수 있도록 도와줄 것이다. 현재 브리지워터는 이런 집단적 사고를 하고 있고, 전통적인 방식보다 훨씬 더 훌륭하다는 것을 발견했다.

이런 관점들은 종종 인공지능과 인간지능의 경쟁에 관한 이야기로 이어진다. 내 생각으로는 인간과 인공지능은 함께 협력할 가능성이 크다. 인간과 컴퓨터의 협력이 최고의 결과를 산출할 것이기 때문이다. 컴퓨터가 상상, 종합, 창의성 측면에서 인간의 두뇌가 할 수 있는 많은 것을 똑같이 하려면 수십 년이 걸리거나 절대로 할 수 없을지도 모른다. 인간의 뇌는 진화를 통해 수백만 년에 걸쳐 갈고 닦은 능력이 유전적으로 프로그램되어 있기 때문이다. 많은 컴퓨터 시스템의 기초가 되는 의사결정의 '과학'은 '예술'보다는 가치가 덜하다. 아직도 가장 중요한 결정은 컴퓨터보다 사람들이 더 잘 내린다. 이것을 확인해보려면 멀리서 찾을 필요 없이 독특한 방식으로 성공한 사람들을 보면 된다. 소프트웨어 개발자, 수학자 그리고 게임 이론 제작자들이 모든 보상을 독차지하는 것은 아니다. 가장 성공한 사람들은 가장 풍부한 상식과 상상력 그리고 결단력을 가진 사람들이다.

인간의 지능만이 컴퓨터에 적절한 입력 값을 제공하는 데 필요한 해석을 할 수 있다. 예를 들면 컴퓨터는 당신이 사랑하는 사람과 함께 보낸 시간의 가치와 직장에서 보낸 시간의 가치를 비교하는 방법을 알려줄 수 없다. 또 일과 사랑에 대한 최고의 한계효용을 제공하는 최적의 시간 배분을 알려줄 수도 없다. 당신이 가장 가치 있게 생각하는 것이 무엇인지, 당신이 인생을 함께하고 싶은 사람이 누구인지, 어떤 환경에서 살고 싶은지 그리고 궁극적으로 이런 것들을 얻기 위한 최선의 선택을 하는 방법이 무엇인지는 오직 당신만이 알고 있다. 더구나 우리의 생각 중 상당 부분은 무의식에서 우리가 이해하지 못하는 방식으로 나온다. 그래서 우리가 이런 사고방식을 완벽하게 모형화할 수 있다고 생각하는 것은 추상적 사고를 경험해본 적이 없는 동물이 우리의 사고를 복제하는 것만큼 가능성이 작다.

하지만 동시에 다양한 측면에서 인간의 뇌는 컴퓨터와 경쟁할 수 없다. 컴퓨터는 24시간 1년 내내 일할 수 있기 때문에 어떤 사람보다 더 훌륭한 결정력을 가지고 있다. 컴퓨터는 당신이 생각하는 것보다 훨씬 더 방대한 정보를 훨씬 더 신속하고 믿을 수 있게 그리고 객관적으로 처리할 수 있다. 또 당신이 결코 생각할 수 없는 수백만 개의 가능성을 고려할 수 있다. 아마도 가장 중요한 차이점은 컴퓨터는 편견이 없고 대중의 합의에 따른 사고를 하지 않는다는 것이다. 즉 컴퓨터는 자신의 분석이 호응을 얻지 못해도 개의치 않고, 결코 당황하지 않는다. 미국 전체가 정서적으로 큰 충격에 빠졌던 9·11 테러 직후 끔찍했던 며칠 동안, 또는 다우존스지수가 3,600포인트 하락했던 2008년 9월 19일과 10월 10일 사이 몇 주 동안 나는 컴퓨터를 껴안아주고 싶다는 생각이 들었다. 컴퓨터는 어떤 일이 일어나도 냉정함을 유지한다.

인간과 기계의 이런 조합은 훌륭하다. 기술을 활용하는 인간의 사고방식은 능력을 향상시킨다. 즉 기계를 활용하는 인간의 능력은 농사를 짓던 시대에서 오늘날 정보화 시대로 인간을 이끌어주었다. 상식과 상상력, 결단력이 있는 사람들, 자신이 원하는 것과 가치 있는 것을 하는 사람들 그리고 컴퓨터와 수학, 게임 이론을 활용하는 사람들이 최고의 의사결정자들인 것도 바로 이 때문이다. 브리지워터에서 우리는 운전기사가 GPS를 이용하는 것처럼 컴퓨터 시스템을 활용한다. 이것은 우리의 운전 능력을 대신하는 것이 아니라 보완하는 것이다.

5.12 깊은 이해가 없다면
인공지능을 믿는 것에 주의하라.

나는 사용자들이 인공지능을 깊이 이해하지 못한 채 기계학습machine learing이 만들어낸 알고리즘이 추정한 인과관계를 받아들이는 (더 나쁜 것은 그에 따라 행동하는) 경우에 인공지능의 위험성에 대해 걱정하고 있다. 그 이유를 설명하기에 앞서 용어들을 분명하게 정리하고 싶다. 인공지능과 기계학습은 완전히 다른 용어인데, 일반적으로 유사어로 받아들여진다. 나는 컴퓨터를 활용하는 의사결정의 세계에서 벌어지는 일들을 전문가 시스템expert system, 모방mimicking, 데이터 수집data mining이라는 세 가지 유형으로 폭넓게 분류하고 있다(이것은 기술 세계에서 통용되는 것이 아니라 나만의 분류 방식이다).

전문가 시스템은 브리지워터에서 사용하는 것이다. 인과관계에 대한 논리적 이해에 기초한 기준들을 구체적으로 설계하고, 다른 환경에서 각각의 시나리오들이 어떻게 전개되는지 살펴보는 것이다.

하지만 컴퓨터들은 유형을 관찰한 다음 그 이면에 있는 논리를 전혀 고려하지 않은 채 의사결정에 적용할 수도 있다. 나는 이것을 모방이라고 부른다. 모방은 변하지 않는 규칙이 지배하는 게임처럼, 동일한 일이 반복적으로 일어나면서 잘 변하지 않을 때 효과적이다. 하지만 현실 세계에서는 상황은 늘 변하고, 그 결과 모방 시스템은 쉽게 현실과 괴리된다.

최근 기계학습의 핵심은 데이터 수집의 방향으로 나아가고 있다. 데이터 수집은 강력한 성능의 컴퓨터들이 방대한 양의 데이터를 소화하고, 유형을 찾아내는 것이다. 이런 접근법은 인기가 있지만, 미래가 과거와 다를 때 위험에 노출된다. 기계학습에 대한 깊은 이해력 없이 만들어진 투자 시스템은 위험하다. 어떤 규칙이 널리 받아들여질 경우 그 규칙이 보편적으로 활용되고, 가격에 영향을 미치기 때문이다. 다시 말하면 널리 알려진 통찰력의 가치는 시간이 지나면서 사라진다는 것이다. 깊은 지식이 없다면 당신은 과거에 발생했던 일이 정말로 가치 있는 것인지도 알지 못할 것이다. 설사 가치가 있다고 해도 그 가치가 사라졌는지, 그렇지 않은지도 알 수 없을 것이다. 일부 의사결정 규칙이 널리 알려지면서 가격을 너무 상승시키게 됨으로써, 반대로 하는 것이 더 현명한 경우가 흔히 발생한다.

컴퓨터는 상식이 없다는 것을 기억하라. 예를 들면 컴퓨터는 사람들이 아침에 일어난 다음에 아침식사를 한다는 사실을, 아침에 일어나는 것이 사람들을 배고프게 만든다고 잘못 해석할 수 있다. 나는 자신이 없는 결정을 더 많이 내리는 것보다 자신 있는 소수의 결정을 내릴 것이다. 그리고 내 결정을 뒷받침하는 논리를 주장할 수 없다면, 그 결정을 용납하지 않을 것이다. 많은 사람이 기계학습에 맹목적인 믿음을 가지고 있다. 깊은 지식을 쌓는 것보다 기계학습을 믿는 것이 더 쉽기 때문이다. 하지만 내가 하는 일에는 반드시 깊은 이해가 필요하다.

그렇다고 모방이나 데이터 수집 시스템이 쓸모없다고 말하는 것이 아니다. 사실 나는 어떤 일들의 미래 환경과 범위가 과거와 비슷하다면 모방 시스템과 데이터 수집 시스템은 의사결정 과정에 매우 효과적이라고 생각한다. 막강한 컴퓨터 처리 능력을 감안하면 가능한 모든 변수를 고려할 수 있다. 예를 들면 훌륭한 체스 선수들이 특정 환경에서 말을 어떻게 움직였는지 분석하거나, 외과의사의 탁월한 수술 방법을 연구함으로써 체스 게임이나 수술에 활용되는 가치 있는 프로그램을 만들 수 있다.

1997년에 딥 블루Deep Blue라는 컴퓨터 프로그램이 이런 기계학습을 활용해 세계 최고의 체스 선수인 가리 카스파로프Garry Kasparov를 이겼다. 하지만 이런 접근법은 미래가 과거와 다른 경우 그리고 당신이 인과관계를 충분히 이해하지 못한 경우에는 실패한다. 이런 인과관계에 대한 이해 때문에 다른 사람들이 실수할 때 나는 실수를 하지 않았다. 2008년 금융위기가 가장 대표적이다. 거의 모든 사람이 미래가 과거와 비슷할 것이라고 가정했다.

철저하게 논리적 인과관계에 초점을 맞추면 우리는 실제로 무슨 일이 벌어지고 있는지 알 수 있다. 논리적 인과관계에 집중하면 기본적으로 우리의 뇌는 데이터를 받아들이고 지시하는 방식으로 프로그램된 컴퓨터가 된다. 우리는 머릿속에 있는 컴퓨터와 도구로 사용하는 컴퓨터 양쪽에 논리 프로그램을 입력하고, 두 컴퓨터가 함께 일하고 서로를 이중으로 확인하도록 한다. 이것은 정말 환상적인 조합이다.

예를 들면 우리가 시간에 따른 종의 변화를 설명하는 보편적 법칙을 찾아내려고 노력하고 있다고 가정해보자. 이론적으로는 충분한 처리 능력과 시간이 있다면 가능하다. 보편적 법칙이 인과관계가 전혀 없는 상관관계를 기초로 한 이해할 수 없는 이론이 되지 않도록 하려면 우리는 컴퓨터가 만들어내는 공식들을 이해해야 한다. 이렇게 하면 오류가 없을 때까지 규칙들을 지속적으로 단순화하는 방식을 통해 법칙을 발견할 수 있을 것이다.

물론 우리 뇌의 제한된 능력과 처리 속도를 감안할 때 진화에 관여하는 모든 변수를 깊이 있게 이해하려면 매우 오랜 시간이 걸릴 것이다. 우리가 전문가 시스템에 활용하는 모든 단순화 과정과 이해 과정이 정말로 필요한 것일까? 그렇지 않을지도 모른다. 검증된 데이터에는 포함되지 않는 변화가 발생할 위험성도 확실히 존재한다. 하지만 데이터 수집에 기반을 둔 공식이 모든 시대, 모든 종의 변화를 설명할 수 있다면 향후 10년, 20년 또는 50년 동안 이 공식에 의존하는 것은 효과가 있는 것으로 보일 것이다. 완전하게 이해할 수 없는 공식이 가지고 있는 위험성은 이 점과 비교해 상대적으로 낮다고 주장할 수도 있다(그리고 최소한 과학자들이 유전병을 치료하는 데 유용하다고 입증될지도 모른다).

사실 우리가 이해하는 것에 너무 집착하는 것일 수도 있다. 의식적인 사고는 이해의 한 부분일 뿐이다. 변화를 위한 공식을 만들고, 이것을 앞으로 일어날 일을 예측하기 위해 활용하는 것만으로 충분할지도 모른다. 나는 이해하지 못하는 알고리즘에 의존하는 것보다 인과관계를 깊이 있게 이해하는 교육적 가치와 즐거움이 훨씬 더 매력적이라고 생각한다. 나를 이런 방향으로 끌고 가는 것이 낮은 수준의 선호도와 습관일까, 아니면 나의 이성과 논리일까? 잘 모르겠다. 나는 인공지능 분야의 최고 전문가들이 이 문제에 대해 탐구하기를 기대하고 있다(나에 대해 연구하는 것도 환영한다).

경쟁적인 본성 때문에 우리는 컴퓨터가 발견한 이해할 수 없는 인과관계에 점점 더 중요한 결정을 의존할 수밖에 없게 될 것이다. 이 가운데 일부는 성공하겠지만 다른 것들은 역효과가 발생할 것이다. 나는 인공지능이 우리를 엄청나게 빠르고 놀라운 발전으로 이끌 것이라고 생각하지만,

우리를 망하게 할 수도 있다는 두려움도 느낀다.

우리는 흥미진진하고 위험한 새로운 세계를 향해 나아가고 있다. 이것이 우리의 현실이다. 늘 그런 것처럼 나는 이런 현실이 사실이 아니기를 바라는 것보다 새로운 세계에 대처하기 위한 준비를 하는 것이 더 낫다고 믿는다.

가능한 한 최고의 인생을
살기 위해서 당신은

1) 무엇이 최선의 결정인지
알아야 하고,
2) 결정을 내릴
용기가 있어야 한다.

인생의 원칙: 종합 정리

인생의 원칙에서 나는 최선의 결정을 내리는 데 도움이 됐던 몇 가지 원칙들을 설명했다. 동일한 일들은 계속해서 반복적으로 일어난다. 그렇기 때문에 비교적 세심하게 만들어진 원칙들이 현실에서 부딪히는 문제들에 잘 대처하도록 도움을 줄 것이라고 생각한다. 이런 원칙들을 어디에서 배우는가는 원칙을 가지고 있고, 지속적으로 원칙을 활용하는 것만큼 중요하지 않다. 그 원칙들을 끊임없이 수정하고 개선하는 것이 더 중요하다.

도움이 되는 원칙들을 만들기 위해서는 현실을 수용하고 잘 대처하는 것이 필수적이다. 현실에 다르게 적응하거나 자신의 현실은 다를 것이라고 생각하는 함정에 빠져서는 안 된다. 그보다는 현실을 수용하고 효과적으로 대처해야 한다. 결국 인생이란 자신의 환경을 최대로 활용하는 것이다. 여기에는 자신의 생각을 투명하게 하고 열린 마음으로 다른 사람의 피드백을 받아들이는 것도 포함한다. 이렇게 하면 많은 것을 배우게 될 것이다.

당신은 인생을 살아가면서 필연적으로 고통스러운 실패를 경험하게 될 것이다. 실패는 어떻게 대응하는가에 따라 개인적 발전의 추진력이 될 수도 있고, 파멸시킬 수도 있다는 것을 깨닫는 것이 중요하다. 나는 발전이 우주에서 가장 위대한 힘이고, 우리 모두는 기본적으로 동일한 방식으로 발전한다고 믿고 있다. 개념적으로 발전 방향은 위를 향해 지속적으로 상승하거나, 수평을 유지하거나, 아니면 파멸을 향해 아래로 향하는 일련의 순환고리라고 생각한다. 발전의 모습이 어떻게 보이는지는 당신이 결정하게 될 것이다.

발전 과정은 원하는 것을 얻는 5단계의 과정으로 설명할 수 있다. 5단계 과정은 목표를 설정하고, 문제를 찾아내 용인하지 않고, 진단하고, 문제를 해결할 계획을 세운 다음, 필요한 해결책을 실천하는 것으로 구성돼 있다. 어느 누구도 이 모든 과정을 다 잘할 수 없다. 그렇기 때문에 다른 사람들의 도움에 의존할 수 있다는 점을 명심하라. 서로 다른 능력을 가진 다양한 사람들이 협력하는 것은 목표를 달성하는 가장 강력한 기계를 만드는 것이다.

기꺼이 현실과 직면할 의지가 있고, 고통을 받아들이고, 5단계 과정을 따라 목표를 향해 나아가면 당신은 성공의 길로 들어선 것이다. 하지만 대부분의 사람은 이 과정을 실천하지 못한다. 자신의 상황을 객관적으로 파악하고, 다른 사람들이 그것을 어떻게 생각하는지에 매달려 쉽게 바로잡을 수 있는 잘못된 생각을 고집하기 때문이다. 이것이 극단적으로 개방적인 사고를 받아들여야 하는 이유이다.

극단적으로 개방적인 사고의 가장 큰 장애물은 자아와 사각지대 장벽이다. 자아 장벽은 자신이 능력이 있고, 다른 사람들도 그것을 인정해주기를 바라는 타고난 욕망이다. 사각지대 장벽은 자신의 주관적 렌즈를 통해 사물을 보는 결과이다. 두 장벽 모두 우리가 사물의 실제 모습이 어떤지 보지 못하게 할 수 있다. 이런 장벽에 대한 가장 중요한 해결책은 자신의 선택이 가장 적합하지 않을 수도 있다는 진정한 우려에서 나오는 극단적으로 개방적인 사고이다. 개방적인 사고는 자아나 사각지대의 방해를 받지 않고 다양한 관점과 다른 가능성들을 효과적으로 탐구하는 능력이다.

개방적 사고를 잘하기 위해서는 사려 깊은 반대에 대한 연습이 필요하다. 사려 깊은 반대를 연습하는 과정은 상대방의 관점에서 사물을 보고, 더 심오한 지식을 얻기 위해 자신의 생각에 동의하지 않는 똑똑한 사람들을 찾아나서는 과정이다. 사려 깊은 반대는 훌륭한 결정을 내릴 가능성을 높여주고, 멋진 교육의 기회를 제공할 것이다. 극단적으로 개방적인 사고를 배우고, 사려 깊은 반대를 연습한다면 당신의 학습 능력은 크게 향상될 것이다.

마지막으로 극단적으로 개방적인 사고를 위해서는 자신의 강점과 약점에 대한 정확한 자기평가가 필요하다. 여기에는 뇌가 어떻게 작용하는지 그리고 자신의 뇌가 어떤 특성을 가지고 있는지를 발견하는 데 도움을 줄 수 있는 심리측정평가에 대한 이해가 필수이다. 또 최선의 결과를 얻기 위해서 사람들의 뇌가 매우 다르게 프로그램되어 있다는 사실을 이해해야 한다.

간단히 말하면 최선의 의사결정을 내리고, 그런 의사결정을 내릴 용기를 얻는 방법은 a) 원하는 것을 추구하고, b) 실패한 후 극단적으로 개방적인 사고를 통해 성찰하며, c) 훨씬 더 유능해지고 두려움을 덜 느끼도록 변화하고 발전하는 것을 통해 배울 수 있다. 인생의 원칙 마지막 장에서는 올바른 결정을 내리기 위해 앞에서 설명한 모든 것을 실천하고, 구체적인 상황들에서 선택하는 방법에 대해 세부적인 몇 가지 원칙들을 소개했다.

물론 당신은 이 모든 과정을 혼자서 할 수 있다. 하지만 극단적으로 개방적인 사고의 개념을 이해했다면 혼자 힘으로 실천하는 것이 매우 힘들 것이라는 사실을 분명하게 알게 됐을 것이다. 우리 모두는 최선의 결정에 도달하도록 도와주고, 약점을 객관적으로 파악해 보완해줄 사람들이 필요하다. 당신의 인생은 주변에 있는 사람들과 소통하는 방법에 의해 가장 큰 영향을 받는다.

같은 것을 원하는 사람들과 함께 일할 때 원하는 것을 성취하는 당신의 능력은 홀로 일할 때보다 훨씬 더 커진다. 하지만 집단이 가장 효율적이 되기 위해서는 어떻게 운영되어야 하는지에 대해서는 아직 이야기하지 않았다. 이것은 일의 원칙에서 다룰 것이다.

일의 원칙은 함께 일하는 사람들에 대한 것이다. 집단의 힘은 개인의 힘보다 훨씬 더 크기 때문에 일의 원칙은 지금까지 우리가 다뤘던 원칙들보다 훨씬 더 중요하다. 사실 나는 다른 사람들이 브리지워터 경영에 적용하고 있는 다양한 접근법을 이해하도록 일의 원칙에 관한 글을 먼저 쓰고 인생의 원칙에 대해서는 나중에 썼다. 일의 원칙은 인생의 원칙이 집단에 적용된 것이다. 나는 실질적이고 실용적이며 신뢰성에 입각한 의사결정 시스템이 어떻게 독립적인 사고를 효율적인 집단의사결정으로 변화시키는지 각각의 원칙에 따라 설명할 것이다. 나는 이 시스템이 어떤 조직(기업, 정부, 자선 단체)이라도 더 효율적이고 더 만족감을 주는 조직으로 변화시키는 데 효과가 있다고 믿는다.

나는 이런 원칙들이
당신이 열심히 고군분투하고
인생에서 얻을 수 있는
모든 즐거움을 성취하는 데
도움이 되기를 바란다.

인생의 원칙에 관한
요약과 차례

인생의 원칙 서문

제2부 인생의 원칙

제3부

일의 원칙

일의 원칙에 관한
요약과 차례

모든 목차를 훑어보거나, 가장 관심 있는 부분을 찾아보거나,
아니면 이 부분을 건너뛰고 다음 장으로 넘어가는 선택을 할 수 있도록
일의 원칙에 대한 요약과 차례를 담았다.

제3부 일의 원칙

올바른 문화 만들기

적합한 인재 구하기

당신의 조직을 만들고 발전시키기

574

어떤 단체나 조직이
잘 기능하기 위해서는
일의 원칙이
조직원들의 인생 원칙과
일치해야 한다.

일의 원칙들이 모든 일에 잘 일치해야 한다고 주장하는 것은 아니다. 하지만 일의 원칙들은 조직원들에 맡겨진 임무와 사람들이 서로를 대하는 방식 같은 중요한 일들과 잘 어울려야 한다. 조직에서 사람들이 이런 일치감을 느끼면 관계를 중요하게 생각하고 조화롭게 협력할 것이다. 조직 문화는 사람들이 하는 모든 일에 스며들어야 한다. 그렇지 못하면 사람들은 서로 다른 목표나 종종 상충하는 목표를 위해 일하고 서로를 어떻게 대해야 하는지 혼란을 겪게 될 것이다. 이런 이유로 모든 조직(기업, 정부, 재단, 학교, 병원 등)은 원칙과 가치를 분명하고 명쾌하게 설명하고, 지속적으로 원칙에 따라 운영하는 것이 효과적이다.

원칙과 가치는 "언제나 고객이 우선이다." 또는 "업계 최고가 되려고 노력해야 한다."처럼 모호해서는 안 된다. 누구나 이해할 수 있고, 함께 지지하고 실천할 수 있는 구체적 지침이어야 한다. 이번 장에서는 브리지워터에서 일의 원칙에 대해 구성원들의 지지를 어떻게 얻어냈고, 성과에 어떤 영향을 미쳤는지 설명할 것이다. 하지만 이에 앞서 조직에 관한 나의 생각을 먼저 밝히고 싶다.

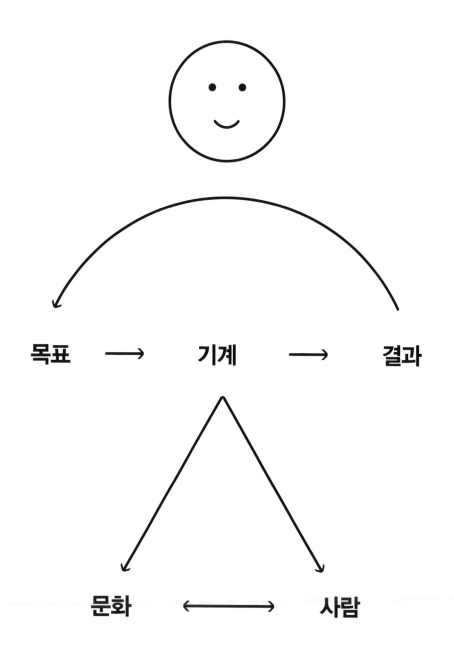

목표 → 기계 → 결과

문화 ←→ 사람

● 조직은 문화와 사람이라는 두 개의 중요한 부품으로 구성된 기계이다.

문화와 사람은 각각 서로에게 영향을 미친다. 조직을 구성하는 사람들이 조직의 문화를 결정하기 때문이다. 그리고 조직의 문화는 어떤 종류의 사람들이 조직에 어울리는지를 결정한다.

a. 훌륭한 조직에는 훌륭한 사람과 훌륭한 문화가 있다.

시간이 지나면서 점진적으로 좋아지는 기업들은 이 두 가지를 모두 가지고 있다. 올바른 문화와 올바른 사람을 확보하는 것보다 더 중요하거나 어려운 일은 없다.

b. 좋은 인재는 훌륭한 인성과 훌륭한 능력을 가지고 있다.

훌륭한 인성은 극단적으로 진실하고, 극단적으로 투명하며, 조직의 임무에 헌신하는 것을 의미한다. 훌륭한 능력은 자신의 일을 탁월하게 수행하는 능력과 기술을 가지고 있다는 뜻이다. 두 가지 가운데 한 가지만 지니고 있는 사람은 위험하기 때문에 조직에서 떠나야 한다. 두 가지를 모두 가진 사람은 매우 드물기 때문에 높이 평가받아야 한다.

c. 훌륭한 문화는 문제와 의견 충돌을 표면화시키고 잘 해결될 수 있도록 한다. 그리고 예전에 없었던 훌륭한 것들을 만들고 상상하는 것을 좋아한다.

훌륭한 문화는 조직의 발전을 유지시킨다. 브리지워터에서는 극단적 진실과 극단적 투명성을 통해 의미 있는 일과 의미 있는 관계를 위해 노력하는 아이디어 성과주의를 실천함으로써 기업 문화를 발전시키고 있다. 의미 있는 일이란 사람들이 흥미를 가지고 몰두할 수 있는 일을 말하고, 의미 있는 관계는 가족처럼 서로에 대한 진정한 배려가 있는 관계를 뜻한다. 이 두 가지는 관계를 강화시키고, 진실하고 극단적으로 투명하게 서로를 대하는 것은 일과 관계를 더 좋게 만든다.

관리자는 지속적으로 조직을 관찰함으로써 조직이 생성하는 결과와 자신의 목표를 객관적으로 비교할 수 있다. 결과가 목표와 일치한다면 조직이 제대로 작동하고 있는 것이다. 하지만 결과가 목표와 일치하지 않는다면 조직 설계나 조직을 구성하는 사람들에게 문제가 있는 것이다. 이 경우 조직을 개선할 수 있도록 문제를 찾아 진단해야 한다. 인생의 원칙을 다룬 2부에서 설명했듯이 이것은 5단계 과정을 거친다. 1) 분명한 목표를 설정하고, 2) 목표 달성을 방해하는 문제들을 찾아내고, 3) 기계의 어떤 부품(설계 또는 사람)이 제대로 작동하지 않는지 진단하고, 4) 변화를 계획하고, 5) 필요한 일을 하는 것이다. 이것이 조직이 발전하는 가장 효율적이고 빠른 방법이다.

나는 문제를 발전으로 변화시키는 이 과정을 순환고리 looping라고 부르고, 그 과정을 다음과 같은 그림으로 표현했다.

첫 번째 그림은 당신을 목표에서 벗어나게 하고 계획보다 상황을 악화시키는 문제가 발생하는 것을 표현한 것이다. 퇴보를 발견하면 근본적인 원인을 제거할 수 있도록 문제를 진단하라. 새로운 계획을 세우고 끝까지 추진하라. 그러면 두 번째 그림처럼 순환고리의 곡선이 제자리로 돌아와 오른쪽 위로 상승하는 모습이 될 것이다.

문제를 찾아내지 못한다면 차선의 해법을 계획하라. 차선의 대책을 실행하는 데 실패하면 곡선은 세 번째 그림처럼 아래로 하락할 것이다.

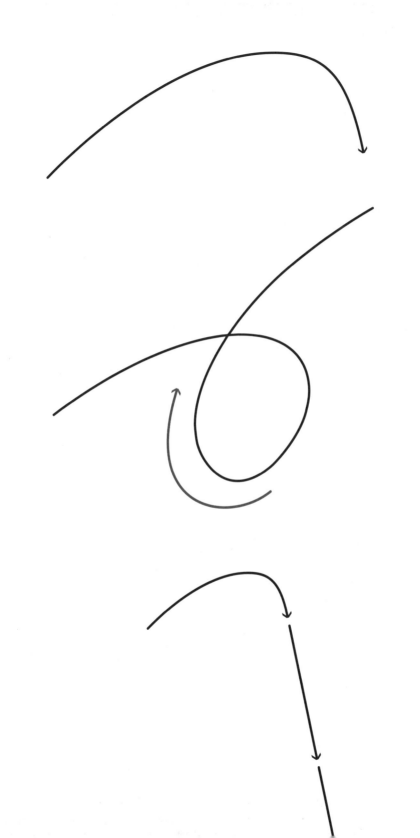

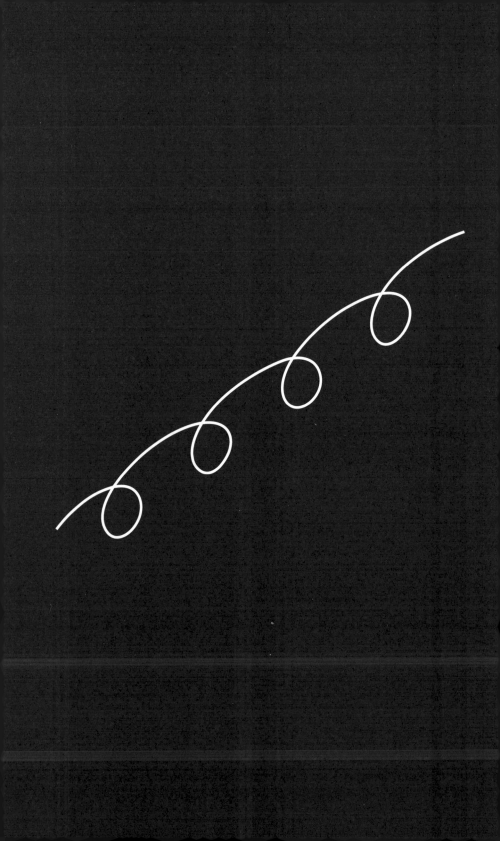

결과가 목표와 일치하지 않을 때 이것을 인지하고, 계획을 수정하고, 사람들을 조직해 목표를 조정하는 관리자의 능력은 엄청난 차이를 만들어낸다. 관리자가 더 자주, 더 효과적으로 이 과정을 실행할수록 마지막 그림(402페이지)처럼 곡선의 궤도는 더 가파르게 위를 향해 상승한다.

인생의 원칙에서 설명한 것처럼 나는 모든 유기체와 조직을 위한 발전은 마지막 그림처럼 되어야 한다고 믿는다. 세계는 예상할 수 없는 방식으로 빠르게 변하기 때문에 발전하는 조직과 사람을 가지고 있는 것은 매우 중요하다. 제때 문제를 발견하고 대응하지 못해서 영원히 쇠퇴한 기업들(블랙베리와 팜)의 사례는 상당히 많다. 지속적으로 선순환하는 기업들은 매우 드물고, 대부분의 기업이 실패한다. 예를 들면 브리지워터가 출범했던 40년 전에 다우존스30을 구성했던 기업들 가운데 현재는 6개 기업만이 남아 있다. 이들 가운데 상당수 기업들(아메리칸 캔, 아메리칸 토바코, 베슬리헴 스틸, 제너럴 푸드, 인코, F. W. 울워스)은 이미 사라져버렸다. 몇몇 기업들(시어스 로벅, 존스 맨빌, 이스턴 코닥)은 거의 알아볼 수 없을 정도로 변했다. 그리고 현재 다우존스30에서 두각을 나타내는 많은 기업(애플, 시스코)은 그 당시에는 존재하지도 않았다.

지난 수십 년 동안 발전할 수 있었던 소수의 기업들은 발전을 위한 선순환 과정을 성공적으로 수행했다. 브리지워터도 지난 40년 동안 이 과정을 통해 발전했다. 내가 후대에 전해주고 싶은 것도 브리지워터의 성공적인 발전 과정이다.

앞서 설명한 것처럼 올바른 기업 문화와 인재를 확보하는 것보다 더 중요하고 어려운 것은 없다. 브리지워터가 이룩한 성공은 모두 올바른 문화를 만들고, 올바른 사람을 채용한 결과이다. 그리고 실패는 이것을 제대로 실행하지 못했기 때문에 발생했다. 사람들이 세계 거시경제에 대한 투자자로서 내가 무엇보다 경제를 잘 알고 제대로 투자했다고 생각할 수도 있다. 그렇기 때문에 이런 주장이 이상하게 보일지도 모른다. 물론 투자를 잘한 것도 사실이다. 하지만 경제를 이해하고 투자를 잘하기 위해서는 먼저 올바른 사람을 뽑고, 올바른 기업 문화를 만들어야 한다. 그리고 이런 일을 잘하도록 나에게 열의를 불어넣기 위해서는 의미 있는 일과 의미 있는 관계가 반드시 필요하다.

브리지워터의 창업자이자 기업가로서 나는 조직이 나의 가치관과 원칙에 일치하도록 만들었다. 함께 일하고 싶은 사람들과 가장 하고 싶은 일을 내게 가장 잘 어울리는 방식으로 추구했고, 우리는 브리지워터와 함께 발전했다. 브리지워터를 시작했을 때 나의 목표가 무엇인지 물었다면, 내가 좋아하는 사람들과 재미있게 일하는 것이라고 말했을 것이다. 일은 내가 열정을 가지고 즐기는 게임이고, 내가 좋아하고 존경하는 사람들과 함께 게임을 하면서 즐겁게 보내고 싶었다. 나는 투자 경험이 전혀 없는 럭비 친구와 우리가 업무 보조원으로 고용한 또 다른 친구와 함께 나의 아파트에서 브리지워터를 출범시켰다. 그 당시에는 경영에 대해 생각하지 않았다. 경영은 회색 정장을 입은 사람들이 프레젠테이션을 하는 것이라고 생각했다. 나는 회사를 경영하는 것은 물론, 일과 경영에 관한 원칙을 만들 생각도 하지 않았다.

인생의 원칙을 읽으면서 여러분은 내가 이전에 존재하지 않았던 새롭고 실용적인 개념들을 상상하고 만드는 것을 좋아한다는 사실을 알게 됐을 것이다. 나는 특히 나와 동일한 사명감을 가지고 있는 사람들과 일하는 것을 좋아한다. 나는 이들과의 의견 충돌을 좋은 결정을 내릴 확률을 높여주고 무엇인가를 배우는 기회로 소중하게 생각한다. 함께 일하는 모든 사람이 직원이 아니라 나의 동반자가 되기를 바란다. 간단히 말하면 나는 의미 있는 일과 의미 있는 관계를 찾고 있었다. 그리고 이것을 성취하는 가장 좋은 방법은 훌륭한 사람들과 좋은 동반자 관계를 맺는 것이라는 점을 알게 됐다.

나에게 있어 훌륭한 동반자 관계는 공동의 가치관과 관심을 가지고 있고, 비슷한 방법으로 가치관을 추구하고, 서로를 합리적으로 대하면서 배려하는 것에서 시작된다. 동시에 동반자는 기꺼이 서로에게 높은 기준을 요구하고, 의견 충돌을 해소할 수 있어야 한다. 훌륭한 동반자 관계에 대한 중요한 시금석은 동반자들 사이에 의견 충돌이 발생하는지, 발생하지 않는지가 아니라(건강한 관계에 있는 사람들은 서로 의견이 일치하지 않는다.) 의견의 차이를 공개하고 이를 잘 해소하는가이다. 의견 차이를 효율적으로 해결하는 명확한 절차는 기업의 협력관계, 결혼 그리고 모든 다른 동반자 관계에 반드시 필요하다.

내가 원하는 이런 것들이 동일한 것을 바라는 다른 사람들의 관심을 끌었고, 이것이 우리가 함께 브리지워터를 만들고 이끌어온 방법이다.* 직원이 5명일 때와 50명일 때는 전혀 달랐고, 500명이나 1,000명으로 직원이 증가할 때마다 브리지워터는 이전과 크게 달라졌다. 회사가 성장하면서 우리의 핵심 가치와 원칙을 제외하고 거의 모든 것이 우리가 알 수

---

* 우리는 이런 조직의 운영 방식을 투자 사업과 경영 부분에 적용했다. 투자 과정에서 나는 무엇이 기업과 경제를 성공으로 이끄는지에 대한 실용적인 이해를 발전시켰고, 기업을 경영하는 과정에서 기업을 잘 관리하는 방식에 대한 실질적인 이해 방법도 개발했다. 나는 이런 주제에 대한 나의 이해가 기업의 실적뿐만 아니라 투자 성과를 통해 객관적으로 측정될 수 있다는 사실을 좋아한다.

없을 정도로 변했다.

브리지워터가 작은 기업이었을 때 우리가 준수하는 원칙들은 분명하기보다는 함축적이었다. 하지만 점점 더 많은 새로운 직원이 합류하면서 그들이 원칙들을 이해하고 지킬 것이라는 것을 당연하게 받아들일 수 없었다. 나는 원칙을 분명하게 기록하고, 원칙의 배경에 대해 설명할 수 있어야 한다는 사실을 깨달았다. 이런 변화가 일어났던 순간을 지금도 생생하게 기억한다. 그것은 브리지워터의 직원 수가 67명을 넘어섰을 때였다. 그 전까지 나는 직원들의 휴가 선물을 직접 골랐고, 장문의 글을 쓴 카드를 보냈다. 하지만 그해부터 이 일을 하는 것이 너무 힘들었다. 나와 긴밀하게 일하지 않는 사람들이 점점 더 많이 입사하기 시작한 때였다. 그래서 이들이 내가 걸어온 길이나 내가 성취하고 싶은 것을 이해할 수 없다고 생각했다. 내가 성취하고 싶은 것은 엄격한 사랑에 기초한 아이디어 성과주의이다.

● 엄격한 사랑은 훌륭한 일과 훌륭한 관계를 달성하는 데 효과적이다.

엄격한 사랑의 의미를 설명하기 위한 가장 전형적인 사례는 빈스 롬바르디Vince Lombardi 감독이다. 내가 10살에서 18살이 될 때까지 롬바르디는 그린베이 패커스Green Bay Packers의 감독이었다. 그는 한정된 자원을 가지고 그린베이 패커스를 5번이나 NFL 우승으로 이끌었다. 롬바르디는 올해의 NFL 감독상을 2번이나 수상했고, 많은 사람이 여전히 그를 NFL 역사상 최고의 감독이라고 말한다. 롬바르디는 선수들을 사랑했고 위대한 선수가 되도록 강하게 다그쳤다. 나는 롬바르디의 엄격한 기준을 높이 평가했고, 지금도 존경한다. 그의 접근법은 선수, 팬 그리고 그 자신에게 도움이 되었다. 나는 롬바르디가 자신의 원칙을 기록해두었다면 더 큰 도움이 됐을 거라고 생각한다.

a. 위대해지려면 타협할 수 없는 것과 절충해서는 안 된다.

나는 사람들이 불편해지지 않으려고 타협하는 것을 자주 목격한다. 이것은 거꾸로 가는 것일 뿐만 아니라 역효과를 낳는다. 안락함을 성공보다 앞세우는 것은 모든 사람에게 더 나쁜 결과를 가져온다. 나는 함께 일하는 사람을 사랑하고, 그들이 위대해지도록 강요한다. 나는 그들도 나에게 똑같이 해주기를 바란다.

처음부터 나는 브리지워터에서 함께 일하는 사람들을 가족이라고 생각했다. 직원들이나 그들의 가족이 아플 때 보살핌을 받을 수 있도록 개인 주치의와도 연결시켜주었다. 주말에 직원들을 모두 초청해 버몬트에 있는 집에서 함께 머물렀고, 직원들이 나를 초대하는 것도 좋아했다. 그들의 결혼과 아이들의 탄생을 축하했고, 사랑하는 사람들의 죽음을 함께 슬퍼했다. 하지만 조금 더 분명하게 말하면 이것은 사랑의 축제가 아니었다. 우리는 서로에게 엄격했고, 그래서 최대한 훌륭해질 수 있었다. 서로에게 더 애정을 쏟을수록 우리는 서로에게 더 엄격해질 수 있었다. 서로에게 더 엄격해질수록 그만큼 성과가 좋아졌고, 우리가 나누는 보상도 더 커졌다. 이런 과정은 자기 강화적이다. 나는 이런 방식으로 조직을 운영하는 것이 최저치를 덜 낮아지게 하고, 최고치를 더 높아지게 만든다는 사실을 발견했다. 몇몇 중요한 측면에서는 나쁜 시기를 좋은 시기보다 더 좋게 만들기도 했다.

인생에서 가장 힘들었던 경험을 생각해보라. 내가 좋아하는 사람들과 나를 좋아하는 사람들 그리고 동일한 임무를 위해 나만큼 열심히 일하는 사람들과 함께 어려움을 견뎌내는 것은 보람 있는 일이었다. 나는 당신도 마찬가지일 거라고 확신한다. 그런 경험들이 힘들었던 만큼 우리는 어려 웠던 시기를 가장 좋았던 순간으로 회상한다. 공동의 임무를 추진하는 훌 륭한 공동체의 일부가 되는 경험은 돈보다 훨씬 더 큰 보상을 가져다준 다. 수많은 연구에서 개인의 행복과 돈 사이에는 상관관계가 지극히 낮거 나 거의 없지만, 개인의 행복과 인간관계의 질 사이에는 상관관계가 높다 는 것을 보여주었다. 나는 1996년에 브리지워터 직원들에게 보낸 메모에 서 다음과 같이 설명했다.

브리지워터는 중간 수준의 기준을 느릿느릿 따라가는 것에는 관심이 없다. 매우 높 은 기준을 달성하기 위해 열심히 일하고, 탁월한 성과에 따라오는 만족감을 얻는 것이 목표이다. 우리의 최우선 목표는 탁월함, 조금 더 정확하게 표현하면 지속적 인 발전과 모든 면에서 뛰어나고 계속해서 발전하는 기업이다. 탁월함을 추구하는 과정에서 갈등은 좋은 것이다. 나이나 경력에 근거한 서열은 필요 없다. 권력은 개 인의 위치가 아니라 생각에서 나온다. 누가 아이디어를 냈든 가장 좋은 아이디어가 승리한다. 스스로 하는 비판과 다른 사람들에 의한 비판은 개선 과정에서 필수적인 요소이다. 하지만 부정확한 비판은 파괴적이 될 수 있다. 비판은 객관적으로 다뤄 져야 한다. 비판하거나 비판을 받아들이는 데 있어 서열이 있어서는 안 된다.

기준보다 낮은 성과를 용인하지 않는 것을 포함한 협동과 단체정신은 반드시 필요 하다. 이것은 1) 팀이 공동의 목표를 달성하는 것을 도와주도록 책임을 인식하고, 2) 단체 안에서 일하는 사람들이 공동의 목표를 향해 나아가도록 도와주는 의지를 일컫는다. 우리의 운명은 서로 엮여 있다. 우리는 다른 사람에게 의존할 수 있다는 것을 알아야 한다. 당연한 결과로 기준 이하의 성과는 모든 사람에게 해가 되기 때문에 어떤 곳에서도 용인될 수 없다.

장기적인 관계는 a) 본질적으로 만족감을 주고, b) 효율적이며, 의도적으로 구축되어야 한다. 직무를 바꾸는 것은 재교육이 필요하기 때문에 차질이 발생한다. 돈은 목표가 아니라 탁월함의 부산물이다. 브리지워터의 최우선 목표는 탁월함과 지속적인 발전이다. 명확하게 말하면 우리의 목표는 돈을 많이 버는 것이 아니다. 그렇다고 돈 없이 행복하기만 하면 된다는 의미로 받아들여서는 안 된다. 반대로 돈을 많이 벌 것이라고 기대해야 한다. 이런 철학으로 지속적으로 일한다면 우리는 생산적이 되고, 회사는 재정적으로 풍족해질 것이다. 나이나 경력에 근거한 서열은 필요 없다.

브리지워터에서 개인은 이런 방식으로 조직을 운영할 책임이 있고, 다른 사람들에게도 이런 방식으로 기업을 운영하도록 책임을 물어야 한다. 즉 기업의 주인처럼 행동해야 한다.

● 신뢰도에 가중치를 주는 아이디어 성과주의는 효율적인 결정을 내리는 최선의 시스템이다.

선수들의 성공을 위해 자신의 지시를 따르도록 했던 롬바르디 감독과 달리, 나는 우리 직원들이 다른 견해들을 주장하고 우리의 결론보다 더 좋은 결론에 도달할 수 있는 독립적인 사고 능력을 가진 사람들로 만들어야 했다. 그래서 모든 사람이 혼자 힘으로 사물을 이해하고 자신의 생각이 최선이라고 공개적으로 주장할 수 있는 (그리고 최고의 생각이 승리하는) 권리와 책임이 있는 환경을 만들어야 했다. 나는 이론이 아니라 현실적인 아이디어 성과주의가 필요했다. 왜냐하면 아이디어 성과주의(똑똑하고 독립적인 사고를 하는 사람들이 함께 모여 가능한 한 최고의 집단사고를 제시하기 위해 생산적으로 토론하고, 신뢰도에 가중치를 주는 방식으로 의견 차이를 해소하는 시스템)가 다른 어떤 의사결정 시스템보다 더 좋은 성과를 만들어낼 것이기 때문이다.

우리의 아이디어 성과주의 시스템은 수십 년에 걸쳐 발전해왔다. 처음에 우리는 무엇이 최선인지에 대해 치열하게 논쟁했다. 그리고 개별적으로 결정을 내렸을 때보다 의견 차이를 철저하게 논의하는 방식이 더 좋은 성과를 거뒀다. 하지만 브리지워터가 성장하면서 의견 충돌의 범주와 이에 대한 해결책의 필요성이 커졌다. 때문에 우리는 아이디어 성과주의가 작동하는 방식을 더욱 분명하게 밝혀야 했다. 우리에게는 최선의 결정을 내리기 위해 다른 사람들의 신뢰도에 효과적으로 가중치를 부여하고, 모든 사람이 공정하다고 받아들이는 방식으로 의사결정을 내리는 시스템이 필요했다. 나는 이런 시스템을 만들지 못하면 훌륭한 아이디어와 독립적인 사고를 할 수 있는 사람들을 잃어버리고, 아첨하거나 견해 차이에 대한 분노를 혼자 속으로 간직하는 불만 세력들만 남게 될 것이라는 사실을 알고 있었다. 이 모든 것이 효율적으로 작동하려면 우리가 서로에게 극단적으로 진실하고 투명해야 한다고 믿었다. 그리고 지금도 그 믿음에는 변함이 없다.

극단적 진실과 극단적 투명성

극단적 진실은 자신의 생각과 의문, 특히 비판적인 것들을 걸러내지 않는 것을 의미한다. 문제들을 공개적으로 이야기하지 않고 해결책을 찾지 못하면 우리는 성과를 공유하지 못한다. 극단적 투명성이란 모든 사람에게,

거의 모든 것을 볼 수 있는 능력을 제공하는 것을 의미한다. 사람들에게 완전한 투명성을 주지 못하면 다른 사람들의 의견에 흔들리게 되며, 스스로 상황을 파악하는 능력을 갖지 못하게 된다. 극단적 투명성은 남을 해치려는 회사 내부의 정치와 나쁜 행동을 감소시킨다. 나쁜 행동은 공개적인 장소보다 폐쇄된 곳에서 발생할 확률이 높기 때문이다.

어떤 사람들은 이런 조직 운영 방식을 극단적인 정직성이라고 불렀다. 나는 극단적 진실과 극단적 투명성이 회사 전체에 적용되지 않는다면 회사는 두 계층의 사람들(정보에 밝은 권력이 있는 사람들과 그렇지 못한 사람들)을 만들어낼 것이라고 생각했다. 그래서 나는 최대한 극단적 진실과 극단적 투명성의 원칙을 추진했다. 나는 널리 보급될 수 있는 아이디어 성과주의는 '극단적 진실+극단적 투명성+신뢰도에 가중치를 두는 의사결정'이라고 생각한다.

우리는 무엇이 진실이고, 어떻게 해야 하는지에 대해 격의 없이 논쟁하는 작은 집단에서 출발해 지난 40년 동안 완전히 다른 수준으로 끌어올린 다양한 접근법과 기술 그리고 도구들을 개발했다. 새로운 세계에 대해 눈을 뜨게 해주는 이런 접근법과 도구들에 대한 설명은 이 책의 마지막 부분의 부록에서 볼 수 있다. 우리는 언제나 이런 환경을 제공하는 데 주저하지 않았고, 이런 문화를 좋아하지 않는 사람들은 자신의 선택으로 회사를 떠날 수 있었다.

극단적으로 진실하고 투명해짐으로써 우리 모두는 불완전하거나, 왜곡된 생각이나 관점을 가지고 있다는 사실을 알게 되었다. 이것은 브리지워터에만 있는 독특함이 아니다. 자신의 주변에 있는 사람들의 사고방식을 잘 살펴보면 똑같은 것을 발견하게 될 것이다. 앞에서 설명한 것처

아이디어 성과주의

=

극단적 진실

+

극단적 투명성

+

신뢰도 가중치
의사결정

럼 뇌가 어떻게 작용하는가에 따라 사람들은 같은 상황을 매우 다르게 인식하는 경향이 있다.

이런 사실을 이해하면 당신의 발전에 도움이 될 것이다. 처음 대부분의 사람은 자신의 머릿속에 갇혀 자신의 생각이 최고이고, 자신의 생각에 동의하지 않는 사람들은 틀렸다고 생각한다. 하지만 "당신이 틀리지 않았다는 것을 어떻게 아는가?" 그리고 "최선의 결정을 내리기 위해 이런 다양한 관점을 참고하려면 어떤 과정을 활용해야 하는가?"라는 질문에 반복적으로 노출되면 자신의 신뢰도 문제와 마주치게 된다. 그리고 자신의 눈이 아니라 다른 사람의 눈을 통해 사물을 보게 된다. 이런 관점의 변화가 훌륭한 집단적 의사결정을 이끌어낸다. 이런 이상적인 변화는 좋은 아이디어들이 자유롭게 이동하고, 살고, 죽고, 그리고 원래의 장점을 기초로 빠르게 발전하는 개방적인 환경에서 발생한다.

대부분의 사람은 초기에 이런 과정이 매우 불편하다고 생각한다. 이성적으로는 인정하지만, 정서적으로는 거부감을 느낀다. 자신이 옳다는 자아에 대한 애착에서 벗어나 그동안 보려고 하지 않았던 것들을 보기 위해 노력해야 하기 때문이다. 소수의 사람만 처음부터 이것을 이해하고 좋아한다. 이보다 조금 더 많은 사람은 이 과정을 견디지 못하고 회사를 떠난다. 그리고 대다수는 원칙을 준수하고, 시간이 지나면서 더 발전하고, 결과적으로 다른 방식으로는 일하는 것을 원하지 않게 된다.

이런 방법으로 조직을 운영하는 것이 비효율적이고 어렵게 보일지도 모르지만, 매우 실질적이고 효율적이다. 사실 동료들이 무슨 생각을 하는지 모르는 조직에서 일하는 것이 훨씬 더 어렵고 비효율적이다. 또 사람들이 극단적으로 개방적이지 못하면 자신답게 행동할 수 없다. 브리지워터의 사례를 연구한 하버드대학의 로버트 케건 교수는 대부분의 회사에서 사람들은 두 가지 일을 한다고 말했다. 실제 업무와 자신들이 어떻게 일하는지에 대한 다른 사람들의 생각을 관리하는 일이다. 우리에게 이것은 끔찍한 일이다. 우리는 모든 것을 공개하는 것이 1) 좋게 보이려고 노력하는 욕구를 없애고, 2) 다른 사람들이 무슨 생각을 하고 있는지 추측하는 일에 시간을 낭비하지 않게 만든다는 사실을 알고 있다. 이렇게 함으로써 더 의미 있는 일과 더 의미 있는 관계를 만들 수 있다. 브리지워터의 자기 강화적인 발전의 소용돌이는 다음과 같다.

1. 우리는 대담한 목표를 달성하고 싶은 한 사람의 독립적인 사고에서 시작해, 대담한 목표를 달성하려는 독립적인 사고를 하는 집단으로 발전했다.

2. 이런 독립적 사고의 소유자들이 효율적인 집단의사결정을 내릴 수 있도록 아이디어 성과주의를 만들었다. 아이디어 성과주의는 서로에게 극단적으로 정직하고 투명하다. 그리고 사려 깊은 반대 의견을 제시하고, 의사결정을 위한 의견 충돌을 아이디어 성과주의 방식으로 해결한다는 원칙을 토대로 한다.

3. 우리는 의사결정 원칙들을 문서로 기록했고, 나중에 컴퓨터에 입력해 이를 근거로 의사결정을 내렸다.

4. 자기 강화적인 발전 과정을 통해 우리는 성공과 실패를 경험했고, 성공과 실패는 많은 교훈을 주었다. 이런 교훈들은 우리의 행동 기준이 되는 원칙들에 체계적으로 반영됐다.

5. 이런 발전 과정은 탁월한 업무 성과와 탁월한 관계라는 결과로 나타났고, 우리는 충분히 보상받는 행복한 직원과 고객들을 갖게 되었다.

6. 이 과정을 통해 우리는 자기 강화적인, 오른쪽 위로 향하는 소용돌이 곡선을 강화하는 더 야심찬 목표를 가진 대담하고 독립적 사고를 하는 직원들을 브리지워터로 불러들일 수 있었다.

우리는 40년 이상 브리지워터 성공의 이면에 있는 발전적인 순환고리를 반복했다. 이 과정은 다음 그래프(416페이지)에 잘 나타나 있다.

이런 과정은 정말로 효과가 있다. 내 말을 믿지 않아도 좋다. 그 대신 당신은 두 가지 방법으로 우리의 접근법과 원칙들이 강력한 효과가 있는지 직접 평가할 수 있다. 1) 우리의 접근법과 원칙들이 만들어낸 결과를 보고, 2) 이면에 있는 논리를 살펴본다.

롬바르디와 그린베이 패커스의 사례처럼 우리의 과거 기록은 결과를 분명하게 보여주고 있다. 브리지워터는 침실 두 개짜리 아파트에서 시작해 〈포천〉이 선정한 미국에서 다섯 번째로 중요한 기업으로 성장할 때까지 지난 40년 동안 지속적으로 발전했다. 브리지워터는 세계에서 가장 큰 헤지펀드 회사가 됐고, 역사상 다른 어떤 헤지펀드보다 더 많은 수익을 고객들에게 돌려주었다. 브리지워터는 금융업계에서 100개 이상의 상을 받았고, 나는 3개의 공로상을 받았다(이 상들은 재정적, 심리적 보상을 가져다주었고, 무엇보다 관계적 측면의 보상은 놀라울 정도였다).

이런 결과보다 더 중요한 것은 우리의 원칙을 뒷받침하는 기본적인 인과관계의 논리이다. 40여 년 전에 나에게는 분명해 보였다. 하지만 우리의 원칙을 뒷받침하는 이론은 논란의 대상이었고, 검증되지 않은 이론이었다. 앞으로 설명할 이론을 읽어보고 여러분이 스스로 평가해보기를 바란다.

우리의 접근법이 매우 특이한 것은 이론의 여지가 없다. 어떤 사람들은 브리지워터를 일종의 사이비 종교 집단이라고 설명했다. 진실은 브리지워터는 사이비 종교 집단이 아니기 때문에 성공하고 있다는 것이다. 공동의 가치관을 가진 사람들의 문화(이것은 훌륭한 것이다.)와 사이비 종

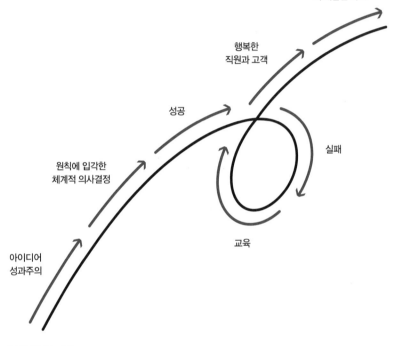

더 독립적인 사고의 소유자들과
더 대담한 목표

행복한
직원과 고객

성공

실패

원칙에 입각한
체계적 의사결정

교육

아이디어
성과주의

대담한 목표를 가진
독립적인 사고의 소유자

교(이것은 끔찍한 것이다.)의 가장 중요한 차이는 독립적인 사고를 할 수 있는가이다. 사이비 종교는 무조건적인 복종을 요구한다. 자신에 대해 생각하고, 다른 사람들의 아이디어에 도전하는 것은 반종교적 행동이다. 하지만 다른 사람들의 아이디어에 도전하는 것은 브리지워터에서 우리가 하는 일의 핵심이다.

누가 미치광이인가?

어떤 사람들은 우리의 접근법이 말도 안 된다고 한다. 하지만 여러분은 어느 접근법이 비정상적이고, 어느 접근법이 합리적이라고 생각하는가?

- 진정성이 있고 투명하게 대하는 접근법 또는 대부분의 사람이 진짜 생각을 숨기는 접근법
- 문제, 실수, 약점 그리고 의견 차이를 공개하고 신중하게 토론하는 접근법 또는 이런 문제들을 드러내지 않고 토론하지 않는 접근법
- 비판하는 권리에 서열이 없는 접근법 또는 주로 위에서 아래로 비판하는 접근법
- 수많은 데이터와 광범위한 비교분석을 통해 만들어진 사람들의 특성에 대한 객관적 접근법 또는 사람들에 대해 임의적으로 평가하는 접근법
- 의미 있는 일과 의미 있는 관계를 달성하기 위해 조직이 높은 기준을 추구하는 접근법 또는 업무의 질과 관계의 질이 동일하게 평가받지 않거나 기준이 높지 않은 접근법

당신은 어떤 종류의 조직이 구성원들을 위해 더 좋은 발전을 가능하게 하고, 깊은 인간관계를 만들고, 더 좋은 결과를 만들어낼 것이라고 생각하는가? 당신이 일하는 조직이나 리더들이 어떤 접근법을 따르는 것을 보고 싶은가? 당신은 정부를 운영하는 사람들이 어느 방식을 따르는 것을 더 좋아하는가? 이 책을 다 읽고 나면 나는 당신이 브리지워터가 조직을 운영하는 방식이 전통적인 방식보다 더 합리적이라는 점에 동의할 것이라고 확신한다. 하지만 가장 기본적인 원칙은 스스로 생각해야 한다는 것을 기억하라.

이 책을 쓴 이유와 최대로 활용하는 방법

당신이 브리지워터 직원이라면 브리지워터의 접근법과 꿈을 이해할 수 있도록 내가 직접 이런 원칙들을 전수할 것이다. 브리지워터는 다음 세대의 리더가 될 당신과 다른 사람들이 무엇을 원하는지 그리고 그것을 성취하기 위해 어떻게 할 것인지를 토대로 발전할 것이다. 이 책은 당신을 돕기 위한 것이고, 어떻게 활용하는지는 당신에게 달려 있다. 이런 문화가 지속될 것인지 아닌지는 당신과 나의 자리를 계승할 경영진에게 달려 있다. 브리지워터가 내가 원하는 대로 유지되도록 집착하지 않는 것이 내가 해야 할 일이다. 가장 중요한 것은 자신만의 독립적인 선택을 하는 것이다. 성인 자녀를 둔 부모처럼 나는 당신이 강하고, 나 없이도 잘해나갈 수 있는 독립적인 생각을 가진 사람이 되기를 바란다. 여기까지 당신을 데려오기 위해 나는 최선을 다했다. 이제는 당신이 앞으로 나서고, 나는 서서히 물러날 시점이다.

당신이 브리지워터 밖에 있는 사람이라면, 이런 원칙들을 당신의 조직에 어떻게 적용할 것인가에 대해 생각하고 있는가? 그렇다면 이 책은 그대로 따라 해야 하는 정확한 공식을 제공하는 것이 아니라, 자신만의 사고를 할 수 있도록 도움을 주기 위한 것임을 알아야 한다. 나는 이 책을 통해 브리지워터의 원칙에 대해 생각해보라고 권하고 있지만, 우리의 원칙을 모두 수용할 필요는 없다. 다른 조직을 운영하는 많은 사람이 브리지워터의 원칙들 가운데 일부를 그대로 채택하고, 다른 원칙들은 자신에 맞게 수정하거나 어떤 원칙들은 받아들이지 않았다. 우리의 원칙들로 무엇을 하든 상관없다. 브리지워터의 원칙들은 필요에 따라 수정할 수 있는 큰 틀을 제공한다. 당신은 동일한 목표를 추구할 수도 있고, 그렇지 않을 수도 있다. 어느 경우이든 당신은 몇 가지 매우 가치 있는 것들을 얻게 될 것이다. 조직을 진정한 아이디어 성과주의 조직으로 만들겠다는 목표를 가지고 있다면, 이 책은 당신에게 매우 귀중한 지침이 될 것이다. 어떤 조직도 진정한 아이디어 성과주의를 완성하는 방법에 대해 브리지워터만큼 고민하고 실천하지 못했기 때문이다. 아이디어 성과주의 조직이 중요하다고 생각하고, 그래서 확고한 결심으로 추진한다면 당신은 장애물과 마주치게 될 것이다. 그 장애물을 스스로 극복한다면 비록 불완전하지만 목표를 달성하게 될 것이다.

우리의 원칙들은 일반적인 규정이지만 모든 규칙에는 예외가 있고, 어떤 규칙도 상식을 대체할 수 없다는 것을 기억하라. 우리의 원칙들은 GPS와 같다. GPS는 당신이 목적지까지 가도록 도와준다. 하지만 무조건 GPS를 따라가다 다리 아래로 떨어진다면, 이것은 GPS가 아닌 당신의 책임이다. 방향을 잘못 알려준 GPS는 소프트웨어 업데이트를 통해 오류를 수정할 수 있다. 이처럼 원칙의 예외가 발생할 때마다 그것에 대해 토론하고, 시간이 지나면서 더 발전하고 개선될 수 있도록 하는 것이 중요하다.

어떤 방법을 선택하든 당신의 조직은 서로 영향을 주고받는 사람들과 문화로 만들어진 기계이다. 그리고 산출된 결과는 조직이 얼마나 잘 운영되고 있는지에 대한 피드백을 제공할 것이다. 피드백에서 얻은 교훈을 통해 사람과 문화를 개선하면 조직은 발전한다.

이런 역동성은 매우 중요하기 때문에 나는 일의 원칙을 '올바른 문화 만들기', '적합한 인재 구하기', '당신의 조직을 만들고 발전시키기'라는 세 부분으로 구성했다. 세 부분에 속한 각각의 장chapter은 상위 원칙으로 시작한다. 이 원칙들을 읽으면 각 장의 중요한 개념을 이해하게 될 것이다.

상위 원칙 아래에는 다양한 유형의 결정을 중심으로 만들어진 수많은 하위 원칙이 있다. 이런 원칙들은 참고를 위한 것이다. 원칙들을 대략적으로 읽어본 후, 의문이 들 때마다 검색엔진이나 백과사전을 이용하는 것처럼 활용해보기를 권한다. 예를 들어 당신이 누군가를 해고해야 한다면, 원칙의 목차에서 그와 관련된 부분을 찾아보고 참고하는 것이다. 이런 과정을 더 쉽게 만들기 위해 브리지워터에서는 코치Coach라고 불리는 도구를 만들었다. 코치는 사람들이 특정한 문제를 입력하면 문제 해결에 도움이 되는 적합한 원칙들을 찾을 수 있도록 해준다.* 나는 조만간 이 책의 마지막 부분에서 읽게 될 다른 관리 도구들과 함께 코치도 대중에게

---

* 원칙Principles은 새로운 원칙들이 추가되면 과거의 원칙은 수정되는 방식으로 계속 발전하는 문서이기 때문에 끊임없이 변할 것이다. 당신은 곧 공개될 원칙 앱Principles App에서 새로운 원칙들을 찾아볼 수 있을 것이다. 이 앱에 대해서는 www.principles.com에서 관련 정보를 볼 수 있다.

공개할 것이다.

나의 목적은 원칙들을 독자에게 납득시키는 것이 아니라, 지난 40여 년의 인생 여정에서 내가 배운 가치 있는 교훈들을 공유하는 것이다. 나의 목표는 매우 다양한 상황에서 마주치게 될 상충적인 관계에 대해 치열하게 생각하도록 하는 것이다. 원칙의 이면에 있는 논리에 관해 생각함으로써 어떤 원칙들이 자신에게 가장 도움이 되는지 스스로 결정할 수 있을 것이다. 이를 통해 나는 가장 기본적인 다음과 같은 일의 원칙을 생각하게 되었다.

● 당신의 열정과 일을 동일한 것으로 만들고, 함께하고 싶은 사람과 일하라.

일은 1) 원하는 삶을 위해 지불하는 돈을 벌기 위해 당신이 하는 것, 또는 2) 당신의 소명이나 일과 열정이 혼합된 어떤 것을 이룩하기 위해 당신이 하는 것이다. 나는 당신에게 있어 일이 1)의 가치를 인정하면서, 가능한 한 2)가 되도록 하라고 하고 싶다. 일의 원칙은 당신의 열정을 따라 사명을 다하기 위해 일을 게임처럼 즐기는 사람들을 위한 것이다.

올바른
문화
만들기

사람은 자신에게 어울리는 문화 속에서 일해야 한다. 이런 기업 문화는 당신의 행복과 업무 효율성에 가장 기본이 되는 것이다. 훌륭한 결과를 만들어내기 위해서는 효율적인 문화 속에서 일해야 한다. 그렇지 않으면 당신에게 동기를 부여해주는 심리적 보상과 물질적 보상을 얻지 못할 것이다. 올바른 문화 만들기에서는 문화와 당신의 욕구를 일치시키는 방법에 대한 나의 생각을 공유할 것이다. 그리고 브리지워터에서 효과가 있었던 기업 문화인 아이디어 성과주의에 대해 설명할 것이다.

3부의 1장에서는 아이디어 성과주의가 무엇인지 알아보고, 왜 극단적 진실과 극단적 투명성이 아이디어 성과주의가 잘 작동하기 위해 반드시 필요한지에 대해 설명할 것이다. 근본적으로 진실하고 극단적으로 투명해지는 것은 내면화하기에 가장 어려운 원칙이다. 이런 원칙들은 대부분의 사람에게 익숙한 것과 매우 다르기 때문이다. 이렇게 행동하는 것은 자주 오해를 받기 때문에, 나는 왜 우리가 이런 방식으로 조직을 운영하고, 실질적으로 어떻게 작동하는지에 대해 가능한 한 분명하게 전달하려고 노력했다.

2장에서는 의미 있는 관계를 구축하는 문화를 만드는 방법과 그 이유에 대해 살펴볼 것이다. 의미 있는 관계는 그 자체로 보람이 있지만, 탁월한 결과를 산출하기 위해 개인들에게 책임을 묻는 극단적 진실과 극단적 투명성의 원칙을 가능하게 만든다.

나는 훌륭한 문화는 훌륭한 사람들처럼 실수가 학습 과정의 일부이고, 지속적인 학습이 조직을 성공적으로 발전하도록 한다는 사실을 인정하는 것이라고 생각한다.

3장에서는 실수를 통한 학습 과정에 대해 설명할 것이다. 물론 아이디어 성과주의는 사람들의 생각을 끌어내고 검증을 거치는 것이 각자의 머릿속에서만 생각을 간직할 때보다 더 좋은 결과를 산출한다는 믿음에 기초하고 있다.

4장은 견해 차이를 해소하고, 조화를 이루는 원칙을 다루고 있다. 사려 깊은 반대를 제시하는 방법을 이해하는 것이 핵심이다. 아이디어 성과주의는 구성원들이 낸 의견의 장점을 신중하고 깊이 있게 검토한다. 실제로 상당수의 의견은 수준 미달이지만, 대부분의 사람은 자신의 아이디어가 좋다고 확신한다. 때문에 아이디어를 잘 선별하는 과정을 이해하는 것이 중요하다.

5장에서는 신뢰도에 가중치를 두는 의사결정 시스템에 대해 설명할 것이다. 의견 차이는 결정이 내려진 이후에도 여전히 사라지지 않는다. 때문에 우리는 보편적으로 공정하다고 인정받고, 분명하게 의사소통이 되며, 지속적으로 지킬 수 있는 원칙들이 필요하다. 이 문제는 6장에서도 다룰 것이다.

당신에게 맞는 방식으로 아이디어 성과주의가 작동하도록 하라

이 책에서 읽은 모든 것이 현실에 적용하기 힘들고, 복잡해 보일지도 모른다. 하지만 당신이 믿을 수 있는 사람들이 개방적인 마음으로 견해 차이를 적극적으로 표현하고 해결하는 것보다 더 좋은 의사결정 방식이 없다고 믿는다면, 조직 운영에 필요한 방법을 찾아낼 것이다. 아이디어 성과주의가 제대로 작동하지 않더라도 개념에 문제가 있는 것은 아니다. 아이디어 성과주의의 효과를 확신하지 못하고, 높이 평가하지 않는 사람들에게 문제가 있는 것이다.

이 책에서 배울 것이 없다고 생각한다면, 먼저 아이디어 성과주의를 경험하는 것이 어떤 것인지 이해해야 한다. 아이디어 성과주의를 이해한다면 과감하게 시도해보기 바란다. 업무와 관계에 있어 아이디어 성과주의가 가져올 엄청난 변화를 이해하는 데에는 그리 오랜 시간이 걸리지 않는다.

아이디어 성과주의 도입하기

1) 솔직한 생각을 공개하라.
2) 사려 깊은 반대 의견을 제시하라.
3) 견해 차이를 해소하는 합의된 방식을 준수하라.

1 극단적 진실과 극단적 투명성을 믿어라

성공의 필수 요건은 진실이며, 실수와 약점을 포함해 모든 것에 극단적으로 투명해지는 것은 발전으로 이끄는 상호이해에 도움이 된다. 이것은 단지 하나의 이론이 아니다. 브리지워터는 이것을 40년 넘게 실천했고, 이론이 어떻게 작동하는지 잘 알고 있다. 하지만 인생의 대부분 일처럼 극단적으로 진실해지고 투명해지는 것에는 장단점이 있다.

동료들을 극단적으로 진실하고 투명하게 대하는 것과 동료들도 당신에게 똑같이 대해주기를 기대하는 것은 중요한 문제들을 감추지 않고 분명하게 보여주어야 가능하다. 또 자신의 생각을 설명할 때 모든 사람이 당신이 주장하는 논리의 장점을 공개적으로 평가할 수 있기 때문에 진실성과 투명성은 좋은 행동과 좋은 생각을 강화시킨다. 상황을 해결할 때 극단적인 투명성은 당신의 상황 대응 능력을 분명하게 보여준다. 반면 그렇지 못하면 무능력을 적나라하게 보여줄 것이다. 그래서 극단적인 투명성은 높은 기준을 유지하는 데 도움이 된다.

극단적 진실과 극단적 투명성은 아이디어 성과주의를 실현하는 데 기초가 된다. 더 많은 사람이 현재 진행 상황을 이해할수록(좋은 것이든 나쁜 것이든) 그만큼 더 효율적으로 일을 처리하는 방법을 결정할 수 있다. 이런 접근법은 교육과 훈련에도 큰 도움이 된다. 모든 사람이 다른 이들의 생각을 들어보는 기회가 있을 때 학습 속도가 빨라지고 효과도 훨씬 커진다. 이를 통해 리더로서 당신은 자신의 배움과 조직의 의사결정 규칙을 개선하는 데 필요한 피드백을 얻을 것이다. 어떤 일이 벌어지는지 직접 보고 그 이유를 이해하는 것은 신뢰를 쌓게 하고, 실효성 있는 아이디어 성과주의에 필요한 증거를 독립적으로 평가할 수 있게 도와준다.

극단적 진실과 극단적 투명성에 적응하기

적응에는 시간이 걸린다. 브리지워터에 합류한 거의 모든 사람은 신중하게 생각할 시간을 가진 이후에 이성적으로 판단해 극단적 진실과 극단적 투명성이 자신들이 원하는 것이라고 믿는다. 그들이 계약서에 서명한 것도 이런 이유이다. 하지만 대부분의 사람들은 극단적 진실과 극단적 투명성에 적응하는 것이 어렵다. 앞서 설명한 것처럼 두 개의 자아가 서로 싸우기 때문이다. 고차원의 자아는 장점을 이해하지만, 저차원의 자아는 투쟁-도피 반응을 보이는 경향이 있다. 극단적 진실과 극단적 투명성에 적응하려면 일반적으로 18개월 정도가 걸리지만, 개인에 따라 다르다. 또한 성공적으로 적응하지 못하는 사람들도 있다.

어떤 사람들은 나에게 이런 방식으로 조직을 운영하는 것이 인간의 본성과 일치하지 않는다고 말한다. 사람들은 가혹한 진실에서 보호받아야 하고, 이런 시스템은 현실에서 작동하기 어렵기 때문이라는 것이다. 우리의 경험과 성공적인 사례들은 그들의 주장이 틀렸다는 것을 입증하고 있다. 브리지워터의 방식이 대부분의 사람에게 익숙하지 않은 것은 사실이다. 하지만 어려운 일을 해냄으로써 더 강해지는 것은 자연의 기본 법칙이다. 우리의 아이디어 성과주의가 모든 사람에게 적합한 것은 아니다. 그러나 성공적으로 적응하는 사람들(도전자 가운데 2/3 정도가 적응에 성공한다.)에게는 아이디어 성과주의가 해방감을 주고, 매우 효율적이다. 때문에 오히려 다른 방식으로 일하는 것에 어려움을 느낀다. 대부분의 사람이 가장 좋아하는 것은 편견이 없다는 것이다.

극단적 진실과 극단적 투명성의 실천

극단적 진실과 극단적 투명성이 어떤 것인지 설명하기 위해 몇 년 전에 직면했던 매우 힘든 상황을 소개하려고 한다. 당시 브리지워터의 경영위원회는 고객을 상대하지 않는 지원 부서를 만들려고 계획했다. 새로운 부서는 거래 확인, 결제, 기록 유지, 회계 등 거래 활동을 지원하는 데 필요한 서비스를 제공하는 것이 목적이었다. 우리는 오랜 시간에 걸쳐 새로운 팀을 만들었고, 브리지워터 대가족의 일부로 긴밀한 유대관계를 가진 열심히 일하는 직원들로 팀을 구성했다. 하지만 그 당시에 우리는 내부에서 할 수 있는 범위를 넘어서는 새로운 능력이 필요하다고 생각했다. 그래서 최고업무책임자인 에일린 머레이는 기존의 팀을 분리해 뉴욕멜런은행Bank of New York/Mellon의 관련 부서와 통합시키는 혁신 전략을 생각해냈다. 처음에는 단지 실험적인 대화였다. 우리는 머레이의 아이디어를 추진할지, 한다면 어떻게 할지 또는 새로운 팀의 구성은 현재 지원팀에게 어떤 의미가 있을지에 대해서는 전혀 생각하지 않았다.

당신이 경영위원회의의 위원이라고 가정해보라. 당신은 지원팀을 다른 회사로 분사시킬 생각을 하고 있다고 언제 말할 것인가? 계획이 분명해질 때까지 기다릴 것인가? 대부분의 조직에서 이런 종류의 전략적 결정은 최종적으로 결정될 때까지 비밀로 할 것이다. 경영자들은 일반적으로 직원들 사이에 불확실성을 조장하는 것이 나쁘다고 생각하기 때문이다. 하지만 우리는 정반대로 생각한다. 조직을 운영하는 책임 있는 유일한 방법은 진실하고 투명한 것이다. 때문에 직원들이 무슨 일이 벌어지고 있는지 알고 문제를 해결하도록 도울 수 있게 해야 한다. 에일린은 즉시 지원팀과 토론회를 열었다. 브리지워터 경영진이 일반적으로 하는 방식대로 에일린은 자신이 모르는 것이 많고, 대답할 수 없는 질문이 많다고 설명했다. 이것은 그 당시에는 가혹한 현실이었고 직원들 사이에 불안감을 야기했지만, 에일린이 공개를 꺼리는 전통적 접근법을 따랐다면 불필요한 소문과 추측들이 사태를 더욱 악화시켰을 것이다.

결과적으로 지원팀은 회사에서 분리됐다. 하지만 우리는 그 팀의 직원들과 훌륭한 관계를 계속 유지하고 있다. 그들은 팀의 이전 과정에 전적으로 협조했을 뿐만 아니라, 크리스마스 파티와 독립기념일 파티에도 참석하면서 여전히 브리지워터 대가족의 일부로 남아 있다. 이런 변화를 통해 이룩한 혁신으로 브리지워터의 지원팀은 상을 받기도 했다. 해결책을 찾지 못하는 동안에도 공개적으로 조직을 운영했기 때문에 지원팀은 우리의 진정성에 믿음을 갖게 되었다. 그리고 그들을 위한 우리의 배려가 더 커지면서 그들도 우리에게 똑같이 보답했다.

사람들이 걱정하지 않도록 현재 벌어지는 상황을 알려주지 않는 것은 아이들이 어른이 되어서야 산타클로스와 이빨 요정 Tooth Fairy의 존재를 알아차리도록 내버려두는 것과 같다. 진실을 감추는 것이 단기적으로 사람들을 행복하게 만들 수도 있다. 하지만 장기적으로는 사람들을 더 현명하거나 믿을 수 있는 사람으로 만들지 못할 것이다. 사람들이 우리의 말을 믿을 수 있다는 것은 큰 자산이다. 이런 이유로 나는 답을 찾지 못할 때나 좋지 않은 소식을 말할 때도 솔직한 것이 언제나 더 좋다고 믿는다. 윈스턴 처칠은 "리더에게 곧 사라질 거짓 희망을 붙들고 있는 것보다 더 나쁜 저주는 없다."고 말했다. 현실에 대응하는 방법을 배우고 싶다면 가혹하고 불확실한 현실에 맞서야 한다. 그들이 얼마나 현실에 잘 대처하는지를 보면서 당신은 많은 것을 배우게 될 것이다.

1.1 진실을 아는 것을 두려워할 필요가 없다는 것을 깨달아라.

당신이 대부분의 사람과 비슷하다면, 있는 그대로의 진실을 마주한다는 것은 불안할 것이다. 이런 문제를 극복하려면 거짓이 진실보다 더 무서운 이유를 이성적으로 이해해야 하고, 실천을 통해 진실과 함께 살아가는 데 익숙해져야 한다.

당신이 병에 걸렸을 때 의사의 진단을 두려워하는 것은 자연스러운 일이다. 암이나 다른 치명적인 질병이라면 어떻게 할까? 진실이 두려운 결과로 나타날 수도 있지만 진실을 알아야 적합한 치료법을 찾을 수 있다. 그렇기 때문에 장기적인 관점에서는 진실을 아는 것이 더 좋다. 자신의 강점과 약점에 대한 고통스러운 진실을 파악하는 것도 마찬가지다. 진실을 알고 진실에 따라 행동하는 것을 브리지워터에서는 빅딜big deal이라고 부른다. 당신은 회사 전체의 임무에 집중하지 못하도록 만드는 감정과 자아로 가득한 중요하지 않은 문제들에 얽매이지 않는 것이 중요하다.

1.2 진실성을 지니고
다른 사람에게도 진실성을 요구하라.

진실성integrity의 어원은 '하나one' 또는 '전체whole'를 의미하는 라틴어 인테그리타스integritas이다. 겉과 속이 다른 사람들(즉, 온전하지 못한not "whole" 사람들)은 진실성이 없고 이중적이다. 그 순간 당신의 생각을 다르게 표현하는 것이 더 쉽지만(갈등이나 창피함을 피하거나 다른 단기적 목표를 달성하기 위해), 진실성을 지니고 이중성을 피함으로써 얻는 2차, 3차 결과는 막대하다. 겉과 속이 다른 사람들은 종종 갈등을 빚고, 자신의 가치를 잃는다. 이런 사람들은 행복해지기 어렵고, 최선의 결과도 얻기 힘들다.

말과 생각을 일치시키고, 생각과 감정을 일치시키는 것은 당신을 더 행복하고 더 성공적인 사람으로 만들 것이다. 어떻게 보이는가보다 무엇이 옳은 것인가에 대해서만 생각하면 당신은 가장 중요한 것에 집중할 수 있다. 이런 생각은 당신이 개방적이고 정직한 사람들과 일에 관심을 갖도록 하고, 그들의 특성과 직무를 자세히 살펴보는 데 도움이 된다. 겉과 속을 일치시킴으로써 당신은 주변에 있는 사람들을 더 공정하게 대하게 될 것이다. 사람들의 생각을 물어보지 않고 그들에 대해 판단하고, 당신의 머릿속에서 재판하는 것은 비윤리적이고 비생산적이다. 숨길 것이 없으면 스트레스가 줄어들고 신뢰가 쌓인다.

a. 직접 말하지 않을 것이라면 어떤 사람에 대해 아무것도 말하지 마라. 면전에서 직접 비난하지 않을 것이라면 사람들을 시험하지 마라.

브리지워터에서 비판은 환영받고 권장하는 일이다. 하지만 사람들 뒤에서 나쁜 말을 하는 것은 결코 용납되지 않는다. 험담은 역효과를 낳고 진실성이 없음을 보여준다. 긍정적인 변화를 이끌어내지도 못할 뿐만 아니라, 험담의 대상이 된 사람과 회사의 분위기를 망가뜨린다. 비방은 브리지워터에서 거짓말 다음으로 나쁜 행동이다. 관리자들은 그들이 방에 없을 때 자신과 함께 일하는 사람들에 대해 이야기해서는 안 된다. 어떤 사람이 자신과 관련 있는 회의에 참석하지 못한다면, 우리는 반드시 회의를 기록한 영상과 다른 관련 정보를 그에게 보내도록 한다.

b. 사람에 대한 충성심이 조직의 행복과 진실에 방해되지 않도록 하라.

어떤 기업에서는 직원들이 고용주의 잘못을 숨기고, 고용주도 똑같이 직원들의 잘못을 숨긴다. 이런 행동은 불건전하며 발전을 가로막는다. 자신의 실수와 약점을 공개하지 않도록 만들고, 거짓을 조장하며, 아랫사람들이 항의할 권리를 없애버리기 때문이다. 이것은 개인의 충성심에 대한 생각에도 똑같이 적용된다. 나는 직원들이 상사와의 개인적 관계 때문에 감당할 능력이 안 되는 일을 계속 하고 있는지 정기적으로 살펴본다. 이들은 자신의 지지 기반을 구축하기 위해 개인에 대한 충성심을 거래하는 부도덕한 관리자이다. 한 사람을 다른 기준들로 판단하는 것은 아이디어 성과주의를 망가뜨리는 은밀한 형태의 부패이다.

나는 진실에 대한 공개적인 탐구에 기초를 둔 더 건전한 형태의 충성심을 믿는다. 분명하고 원칙에 입각한 사고와 극단적인 투명성은 사익을 추구하는 거래를 방지하는 최선의 해법이다. 모든 사람이 동일한 원칙을 지키고 공개적으로 의사결정을 내리면, 조직을 희생시켜 자신의 이익을 추구하는 것이 어려워진다. 도전에 맞서는 사람들은 진실에 대해 공개적인 탐구가 가능한 환경에서 가장 훌륭한 특성을 발휘한다. 반면 실수와 약점이 감춰지는 환경에서는 불건전한 특성이 보상을 받는다.

1.3 모든 사람에게는
무엇이 합리적인지 이해할 권리가 있다.
하지만 당당하게 말할 것이 아니라면 어느 누구도
비판적 의견을 말하지 못하는 환경을 만들어라.

사람들이 최선의 답을 얻기 위해 투쟁하는 특성과 독립성을 가지고 있는지 아닌지는 타고난 본성에 달려 있다. 하지만 모든 사람이 "그것이 사실일까?"라는 질문을 가장 먼저 떠올릴 수 있는 환경을 조성한다면 이런 행동을 장려할 수 있다.

a. 당당하게 말하고 책임을 져라. 그렇지 못하면 떠나라.

아이디어 성과주의에서 개방적이라는 것은 책임을 진다는 의미이다. 당신은 당당하게 말하고, 권리를 위해 싸울 특권이 있을 뿐만 아니라 그렇게 할 의무도 있다. 이것은 원칙에도 적용된다. 다른 모든 것과 마찬가지로 원칙도 질문의 대상이 되고, 토론의 대상이 된다. 다른 사람들에게 사적으로 불평하거나 비방하는 일을 해서는 안 된다. 이런 의무를 실천할 수 없다면 조직을 떠나야 한다. 물론 열린 마음으로 다른 사람들과 진실을 탐구하는 것은 의사결정 기구가 문제를 해결한 이후에도 당신만이 옳다고 고집스럽게 주장하는 것과 다르다. 불가피하게 동의하지 않은 어떤 정책이나 결정을 따라야 하는 경우도 있다.

b. 극단적으로 개방적이 돼라.

서로 의견이 일치하거나, 서로의 입장을 이해하고 어떤 일을 해야 하는지 결정할 때까지 당신의 문제에 대해 토론하라. 나와 함께 일했던 어떤 사람은 "개방적이 되는 것은 매우 단순해. 걸러내지 말고 받아들이는 거야."라고 설명했다.

c. 거짓에 관대해서는 안 된다.

대부분의 사람이 생각보다 거짓말을 많이 한다. 나는 회사에서 모든 사람을 책임지는 자리에 있으면서 이런 사실을 알게 됐다. 브리지워터는 매우 윤리적인 사람들이 일하는 조직이지만, 모든 조직에는 현실적 방법으로 대응해야 하는 부정직한 사람들이 있다. 예를 들면 부정직한 행동을 하다 붙잡힌 경우 자신은 변했으니 앞으로 절대로 같은 잘못을 저지르지 않을 것이라는 말을 믿어서는 안 된다. 이런 사람들은 또다시 부정직한 일을 저지를 가능성이 매우 높다. 정직하지 않은 사람들은 위험하고, 그들을 주변에 두는 것은 현명하지 않다.

동시에 우리는 실용적이어야 한다. 절대 거짓말하지 않는 사람들과만 관계를 유지하려고 한다면 함께 일할 사람이 없을 것이다. 나는 정직성에 대해서는 매우 높은 기준을 적용하지만, 흑백논리나 '한 번 실패하면 두 번째 기회는 없다one strike and you're out.'라는 입장을 고수하지는 않는다. 나는 습관적 거짓말쟁이와 상대하고 있는지, 아니면 기본적으로 정직하지만 불완전한 사람과 상대하고 있는지를 파악하기 위해 사안의 심각성, 환경 그리고 유형을 검토한다. 나는 부정한 행동 자체의 중요성뿐만 아니라(그 사람이 케이크 한 조각을 훔쳤는지, 아니면 중죄를 저질렀는지), 관계의 본질(거짓말을 한 사람이 나의 배우자인지, 그냥 조금 아는 사람인지, 아니면 직원인지)까지 고려한다. 기본적인 원칙은 저지른 범죄에 맞게 벌을 받아야 한다는 것이기 때문에 사례에 따라 다르게 대응하는 것이 합당하다.

1.4 극단적으로 투명해져라.

아이디어 성과주의가 매우 강력하다는 것에 진정으로 동의한다면, 사람들에게 스스로 사물을 이해할 권리를 주는 것이 다른 사람들이 처리한 정보에 의존하는 것보다 더 낫다는 사실을 쉽게 이해하게 된다. 극단적인 투명성은 문제들을 공개하고(사람들이 대응하는 문제와 어떻게 그 문제에 대처하는지가 알려지는 것이 가장 중요하면서도 가장 불편한 문제이다.) 문제를 해결하기 위해 조직이 모든 사람의 재능과 통찰력을 활용하도록 도와준다. 실제로 투명성에 익숙한 사람들에게는 극단적으로 투명한 문화 속에서의 생활이, 실제로 무슨 생각을 하고 있는지 그리고 어떤 일이 벌어지고 있는지 모르고 생활하는 것보다 훨씬 더 편안함을 준다. 그리고 놀라울 정도로 효율적이다. 하지만 분명하게 말하면 극단적인 투명성에도 문제점이 있다. 가장 큰 문제는 초기에 사람들이 불편한 현실을 매우 어렵게 느낀다는 것이다. 잘 관리되지 않으면 사람들이 해야 하는 일보다 더 많은 일에 관여하게 만들고, 모든 정보를 비교 검토할 수 없는 사람들이 잘못된 결론을 낼 수도 있다.

예를 들어 조직의 모든 문제를 밝힌 후 모든 것을 용인하지 않는다면 어떤 사람들은 문제를 감추고 있는 조직보다 자신의 조직을 더 용납할 수 없다는 잘못된 결론에 도달할지도 모른다. 하지만 어느 조직이 탁월한 성과를 달성할 가능성이 높을까? 문제를 밝혀내고 용인해서는 안 된다고 생각하는 조직일까, 아니면 그렇지 않은 조직일까?

극단적 투명성이 완전한 투명성과 같은 것이라고 오해해서는 안 된다. 극단적 투명성은 일반적인 투명성보다 훨씬 더 투명해야 한다는 의미이다. 우리는 건강문제 등과 같은 매우 개인적인 문제들, 지적 재산권과 관련된 민감한 사항 또는 보안 문제 그리고 중요한 거래에 대해서는 일정 기간 비밀을 유지한다. 왜곡되거나 선정적이 될 가능성이 높은 문제 그리고 언론에 유출되면 불리하게 오해받을 가능성이 높은 문제도 보안을 유지한다. 앞으로 설명할 원칙들을 이해하면 당신은 투명성을 유지하는 것이 언제, 그리고 왜 도움이 되는지 알 수 있다. 또 언제, 어떤 이유로 부적절한지에 대한 답을 얻게 될 것이다.

솔직히 말하면 극단적으로 투명해지려는 노력을 시작했을 때 나는 미래에 일이 어떻게 전개될 것인지 전혀 알지 못했다. 단지 투명성을 유지할 방법을 찾기 위해 열심히 노력하는 것이 중요하다는 것만 알고 있었다. 나는 최선을 다했고, 이 원칙이 잘 작동해서 놀랐다. 예를 들면 내가 브리지워터의 모든 회의를 녹화하기 시작했을 때 변호사들은 제정신이 아니라고 말했다. 증권위원회와 같은 규제 당국이 법정에서 우리에게 불리하게 작용할 증거들을 만들고 있기 때문이라는 것이다. 변호사들의 주장에 대해 나는 철저한 투명성은 우리가 잘못할 위험을 줄여주고(잘못에 대해 부적절하게 대응하지 않도록 해주고), 녹화 테이프가 우리를 보호해줄 것이라고 말했다. 일을 잘 처리하고 있다면 우리의 투명성은 나의 이론을 더욱 명확하게 만들어줄 것이다(물론 모든 당사자가 합리적이라고 가정하면 그렇다. 하지만 이런 가정이 언제나 당연한 것은 아니다). 일을 잘 처리하지 못하더라도 투명성은 우리가 마땅히 받아야 할 것들을 얻게 해줄 것이고, 장기적으로 볼 때 우리에게 도움이 될 것이다.

당시에는 확신하지 못했지만 우리의 경험은 나의 이론이 옳다는 것을 증명해주었다. 우리의 투명성 원칙 때문에 브리지워터는 법률이나 규제 문제에 부딪힌 적이 거의 없다. 투명성을 통해 무엇이 진실인지 알아내어 문제를 해결하는 것이, 나쁜 일을 하는 것보다 쉽기 때문이다. 브리지워터는 지난 수십 년 동안 우리에게 반대하는 규제 당국의 제재나 중요한 재판을 경험한 적이 한 번도 없었다.

회사가 성장하면서 당연히 언론도 더 많은 관심을 가지게 됐다. 기자들은 균형 잡힌 이야기보다 외설스럽고 논란을 불러일으키는 이야기가 더 많은 관심을 유발한다는 사실을 잘 알고 있다. 브리지워터는 문제를 투명하게 공유하는 문화로 인해 정보 유출 위험에 노출돼 있기 때문에 특히 이런 종류의 보도에 취약하다. 그렇다면 이런 문제를 피하기 위해 투명해지지 않는 것이 더 좋을까?

나는 우리를 가장 잘 아는 사람들(고객과 직원)의 의견이 가장 중요하기 때문에 투명성이 우리에게 도움이 된다는 사실을 깨달았다. 투명성은 더 좋은 결과를 만들어냈을 뿐만 아니라, 직원들과 고객들 사이에 신뢰를 구축해주었다. 그 결과 사람들은 언론에 잘못 보도된 기사를 무시했다. 우리가 고객들과 이런 문제에 대해 논의했을 때 투명하게 운영하지 않는 것이 자신들을 더 두렵게 만들 것이라고 말했다. 옳은 일을 하기 위해 이런 이해와 지지를 확보하는 것은 매우 귀중한 자산이다. 하지만 우리가 진실성과 투명성의 한계를 넓히려고 부단히 노력하지 않았다면 이런 훌륭한 보상은 얻지 못했을 것이다.

a. 정당성을 강화하려면 투명성을 활용하라.

모든 사람이 결정에 이르는 토론 과정을 이해하고 따를 수 있을 때 (실시간으로 직접 또는 녹화 테이프나 이메일을 통해) 정당성이 확보될 가능성이 높다. 모든 사람이 자신의 생각에 책임을 지고, 누구든지 공유된 원칙에 따라 누가 무엇을 해야 하는지에 대해 자신의 생각을 말할 수 있다. 이런 투명한 과정이 없다면 토론은 권력을 가진 사람들에 의해 비밀리에 진행되고 결정될 것이다. 투명성이 있다면 모든 사람이 동일한 높은 수준의 기준을 지키게 된다.

b. 공유하기 가장 어려운 것을 공유하라.

당신에게 해가 되지 않는 선에서 투명성을 제한하는 것에 마음이 끌릴지도 모른다. 하지만 공유하기 가장 어려운 것들을 공유하는 것이 특히 중요하다. 공유하기 힘든 것을 공유하지 않으면 당신과 공유하지 않는 사람들의 신뢰와 협력을 얻지 못하게 되기 때문이다. 그래서 가장 어려운 것들을 공유해야 하는 결정에 직면했을 때 문제는, 공유할 것인지 아닌지가 아니라 어떻게 공유할 것인가이다.

c. 투명성에 대한 예외를 두지 마라.

나는 사실상 거의 완벽한 투명성을 좋아한다. 모든 사람이 진실을 알아내고 무엇을 할 것인가 결정하기 위해 활용 가능한 정보를 책임 있게 다루기를 바란다. 하지만 이것은 이상에 가깝고 완벽하게 달성하기 어렵다는 것을 알고 있다. 모든 규칙에는 예외가 있다. 그리고 아주 드물게 극단적인 투명성을 유지하지 않는 것이 더 좋은 경우가 있다. 이런 예외적 경우에 당신과 당신이 좋아하는 사람들이 불필요한 위험에 노출되지 않도록 투명성의 문화를 보존하는 방법을 찾아야 할 것이다.

예외에 대해 생각할 때 기대가치로 접근하고, 2차와 3차 결과에 대해 생각하라. 일을 투명하게 했을 때의 비용과 투명성의 위험을 관리하는 비용이 혜택을 초과하는지 스스로에게 물어보라. 대부분의 경우에 혜택이 투명성을 유지하는 비용보다 더 많다. 나는 회사에서 다음과 같은 경우 투명성을 제한하는 것이 좋다는 사실을 발견했다.

1. 정보가 개인적으로 비밀스러운 것으로, 조직 전반에 의미 있는 영향력을 미치지 않는 경우
2. 정보를 공유하고 관리하는 것이 브리지워터 조직의 장기적 이익, 고객 그리고 우리의 원칙을 지키는 능력을 위험에 빠뜨리는 경우(예를 들면 지적 재산권, 투자 논리 또는 법률적 분쟁)
3. 조직 전체에 정보를 공유하는 가치가 매우 낮고 정보 공유가 유발하는 혼선이 상당히 큰 경우(예를 들면 보상)

나는 신중함을 유지하는 동시에 투명성의 한계를 최대한 넓혀야 한다고 생각한다. 우리는 사실상 모든 사람이 볼 수 있도록 거의 모든 것을 녹화하기 때문에(우리의 실수와 약점을 포함해) 충격적이고 비판적 험담을 먹고사는 언론에게는 풍부한 기삿거리를 제공하는 좋은 환경을 가지고 있다. 하지만 동시에 언론에 정보가 유출되는 방법을 찾아낼 수도 있다. 의도적으로 왜곡되고 우리의 채용 노력을 훼손하는 정보가 언론에 유출되었을 때, 우리는 어쩔 수 없이 매우 민감한 정보를 어느 정도 통제하는 절차를 시작했다. 그래서 신뢰도가 매우 높은 사람들에게만 실시간으로 정보를 제공했고, 다른 사람들에게는 시차를 두고 정보를 제공했다. 이런 종류의 정보는 일반적인 기업에서는 극소수의 사람에게만 공유되었지만, 브리지워터에서는 약 100명의 사람들에게 제공됐다. 이런 경우 철저한 투명성이 절대적인 것은 아니기 때문에 나는 실용적인 방법으로 투명성의 한계를 설정했다. 새로운 제도는 우리의 목적에 잘 부합했다. 투명성이 가장 필요한 사람들은 새로운 제도를 즉시 이행했고, 어려운 환경에서도 대부분의 사람에게 투명성에 대한 약속이 그대로 유지될 수 있었다. 사람들은 언제나 투명성을 최대한 유지하려는 나의 의도를 알고 있

다. 그래서 내가 그렇게 하지 못하는 유일한 이유는 회사의 이익 때문이며, 내가 투명해질 수 없다면 그 이유를 알려줄 것이라고 생각한다. 이런 방식이 우리의 문화 속에 자리 잡고 있어 투명성이 기대에 미치지 못할 때조차 신뢰를 만들어간다.

d. 극단적 투명성을 부여받은 사람들은 투명성을 잘 다루고 일을 현명하게 판단하는 책임을 확실하게 인지해야 한다.

회사에 해를 끼칠 목적으로 정보를 사용하는 사람들에게 특권을 줄 수 없다. 그래서 이런 일이 일어나지 않도록 규칙과 절차를 수립해야 한다. 예를 들면 우리는 브리지워터 직원들이 외부에 정보를 유출하지 않는 조건으로 회사 내에서 상당한 투명성을 제공한다. 외부로 정보를 유출하면 비윤리적인 행동으로 해고된다. 여기에 더해 문제를 탐구하고 결정을 내리는 방법에 대한 규칙을 지켜야 한다. 다양한 사람들이 서로 다른 생각을 가지고 있기 때문에 문제를 해결하는 방법을 지키는 것이 중요하다. 예를 들면 어떤 사람들은 작은 문제를 큰 문제로 만들고, 잘못된 이론을 제시하거나, 상황이 어떻게 발전하는지 파악하는 데 어려움을 겪는다. 이들에게 자신들이 얻은 정보를 다루는 투명성과 책임감을 주기 위해 회사가 부담하는 위험을 상기시켜라. 나는 이런 투명성의 진가를 알아보고 잘 대처하지 못하면 투명성을 잃게 될 것이라고 생각하는 사람들이 서로에게 좋은 행동을 요구하게 된다는 사실을 발견했다.

e. 투명성은 잘 다루는 사람들에게 제공하고, 잘 다루지 못하는 사람들에게는 제공하지 않거나 조직에서 제거하라.

투명성에 대한 예외를 언제 적용할지 결정하는 것은 경영진의 권리이자 책임이지, 직원들의 권리는 아니다. 경영진은 극히 드물게 그리고 현명한 방법으로 투명성을 제한해야 한다. 투명성을 제한할 때마다 아이디어 성과주의와 사람들의 신뢰가 훼손되기 때문이다.

f. 조직의 적들에게 민감한 정보를 제공해서는 안 된다.

조직의 내부와 외부에는 조직에 해를 끼치려는 사람들이 존재한다. 조직 내부에 적이 있다면, 이들을 공개적으로 불러내 해결책을 찾아내는 조직의 시스템으로 갈등을 해결해야 한다. 조직 내부에서 적과 함께 일하는 것은 당신과 구성원들에게 해를 끼치기 때문이다. 적군이 조직 외부에 있고 당신에게 손해를 끼칠 정보를 이용하려 한다면 정보를 공유해서는 안 된다.

1.5 의미 있는 관계와 의미 있는 일은 극단적 진실과 극단적 투명성이 뒷받침될 때 상호보완적이다.

가장 의미 있는 관계는 사람들이 중요한 모든 것을 공개적으로 이야기할 때, 그리고 함께 배우고 최고가 되기 위해 서로에게 책임을 물어야 한다는 필요성을 이해할 때 성취될 수 있다. 의미 있는 관계를 구축하면 어려운 시기를 함께 극복할 수 있다. 동시에 어려운 일을 공유하는 것은 사람들을 더 가깝게 만들고, 관계를 강화시킨다. 이런 자기 강화적 순환고리는 당신이 더 야심찬 목표를 추구하는 데 도움이 된다.

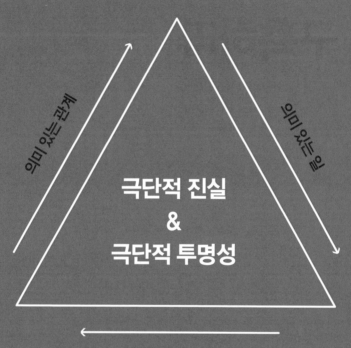

2 의미 있는 일과 의미 있는 관계를 구축하라

의미 있는 관계는 탁월함의 문화를 만들고 유지하는 데 매우 소중하다. 의미 있는 관계가 사람들을 격려해 훌륭한 일을 완수하는 데 필요한 신뢰와 지지를 만들어내기 때문이다. 절대다수의 사람들이 훌륭한 조직을 만드는 데 관심이 있다면 조직을 소중하게 생각할 것이다. 그리고 이것은 더 좋은 성과와 더 좋은 관계를 만들어낼 것이다. 하지만 강요된 관계여서는 안 된다. 동시에 조직 문화는 사람들이 관계를 어떻게 평가하고 서로에게 어떻게 행동하는가에 큰 영향을 미친다. 나에게 의미 있는 관계는 누군가가 도움이 필요할 때 언제나 곁에서 도와주고 직장 내부와 외부에서 함께 즐거운 시간을 보낼 정도로 같이 있는 것을 즐기는 것이다. 나는 함께 일하는 사람들을 좋아하고 가슴 깊이 존경한다.

브리지워터에서 말하는 관계가 가족과 비슷한지, 아니면 팀과 비슷한지에 관해 종종 질문을 받는다. 이 질문은 가족 관계는 무조건적인 사랑과 영원한 관계를 의미하고, 팀 관계는 개인의 기여도에 따라 애착의 강도가 달라짐을 의미한다. 질문에 답하기 전에 나는 양쪽 모두가 좋다는 것을 강조하고 싶다. 나에게 가족과 팀은 모두 의미 있는 관계를 제공하고, 실용주의적인 관계를 맺고 있는 전형적인 회사의 일반적인 관계와 다르다. 하지만 직접 대답을 한다면 나는 브리지워터 가족 구성원들이 탁월한 성과를 내야 하고 그렇지 않으면 해고되는 가족 기업이 되기를 바란다. 내가 가족 기업을 운영한다고 할 때 가족 중 한 사람의 성과가 부진하다면 나는 그를 해고할 것이다. 자신과 맞지 않는 일을 하는 것은 개인의 발전에 방해가 된다. 가족 구성원에게도 도움이 안 되고, 조직 전체의 발전을 가로막아 회사에도 좋지 않다고 생각하기 때문이다. 이것은 엄격한 사랑이다.

브리지워터의 문화가 어떻게 발전했고, 대부분의 기업 문화와 얼마나 다른지에 관해서는 초창기에 우리가 제공한 각종 혜택들을 예로 들어 설명하려고 한다. 회사에 직원이 나와 몇몇 사람뿐이었을 때 나는 직원들에게 의료보험을 제공하지 않았다. 직원들이 스스로 보험에 가입할 것이라고 생각했다. 하지만 나와 인생을 같이하는 사람들이 어려움에 처했을 때 그들을 돕고 싶었다. 함께 일하는 동료가 큰 병에 걸려 적당한 치료를 받지 못한다면 내가 어떻게 해야 할까? 그들을 돕지 않고 가만히 있어야 할까? 당연히 나는 가능한 범위 안에서 최대로 재정적 도움을 줄 것이다. 이후 직원들에게 의료보험을 제공하기 시작했을 때 직원들이 다치거나 병에 걸렸을 경우 내가 보장해주어야 한다고 생각하는 금액만큼 보험에 가입했다.

직원들이 최고의 치료를 받도록 하고 싶었기 때문에 보험을 통해 그들이 어떤 의사에게도 갈 수 있고 비용에 구애받지 않고 치료를 받을 수 있도록 했다. 대신 사소한 것들에 대해서는 보장을 제공하지 않았다. 예를 들면 브리지워터는 자동차 보험금을 초과하는 치과 보험을 지원하지 않왔다. 자동차를 관리하는 것이 개인의 책임인 것처럼, 치아를 관리하는 것도 각자의 책임이라고 생각했기 때문이다. 치과 보험이 필요하면 직원들은 자신들의 돈으로 가입할 수 있다. 가장 중요한 것은 내가 대부분의 기업처럼 비인간적이고 업무적인 방식으로 직원들에 대한 혜택에 접근하지 않고 가족을 대하는 것과 비슷한 방식으로 접근했다는 점이다. 나는 어떤 것에는 매우 관대했지만, 그만큼 책임감을 갖기를 원했다.

나는 직원들을 가족처럼 대하면 직원들도 서로를 가족처럼 대하고, 조직 전체가 가족처럼 행동한다는 사실을 발견했다. 이것은 엄격하게 보상을 주고받는 관계보다 훨씬 더 특별했다. 얼마나 많은 사람이 회사와 조직을 위해 최선을 다하는지, 그리고 얼마나 많은 사람이 이곳에서 일하는 것을 좋아하는지는 내가 알 수 없다. 그러나 이것은 가치를 평가할 수 없을 정도로 귀한 것이다.

브리지워터의 규모가 커지면서 모든 직원과 개인적으로 진실한 관계를 맺는 일도 어려워졌다. 하지만 회사 전체가 서로 의미 있는 관계를 추구하는 방식을 받아들였기 때문에 문제가 되지 않았다. 이런 문화는 그냥 만들어지는 것이 아니다. 우리는 의미 있는 관계를 증진시키기 위해 많은 일을 했다. 예를 들면 직원들이 함께하고 싶은 활동에 대해서는 정해진 한도 내에서 비용을 지불하는 정책을 실행했다(우리는 현재 100개 이상의 운동 클럽과 동호회를 지원하고 있다). 또 각자의 집에서 저녁 파티를 여는 직원들을 위해 음식과 음료 비용을 지원한다. 그리고 직원들이 기념일이나 특별한 행사에 이용할 수 있는 주택을 구매했다. 이곳에 브리지워터 가족들을 초청해 크리스마스, 할로윈, 독립기념일 그리고 다른 파티들도 자주 연다. 결과적으로 책임감을 가지고 의미 있는 관계가 문화의 규범이 되도록 확산시켰다. 그 결과 나는 느긋하게 앉아서 아름다운 문화가 확산되는 것을 지켜볼 수 있었다.

의미 있는 관계에는 전혀 관심이 없고, 단지 일을 잘한 만큼 공평한 보상을 받고 싶은 사람은 어떻게 할까? 무관심도 괜찮을까? 전혀 문제가 되지 않는다. 직원들의 상당수는 일반적으로 의미 있는 관계에 관심이 없다. 조직에 대해 모든 사람이 똑같이 생각하지 않으며, 똑같이 느낀다고 기대하지도 않기 때문이다. 의미 있는 관계 형성에 참여하지 않아도 전혀 문제가 되지 않는다. 브리지워터에는 다양한 사람들이 일하고 있으며, 우리는 그들이 법을 지키고 남에 대한 배려심만 있다면 자기 시간에 무엇을 하든 존중한다. 하지만 이런 사람들에게는 조직이 장기간에 걸쳐 탁월한 성과를 내는 데 필요한 강력한 헌신의 힘을 제공하지 않는다.

의미 있는 관계의 문화를 만들려고 노력하더라도 조직에는 소수의 나쁜 사람들(의도적으로 해를 끼치려는)이 있게 마련이다. 이런 사람들이 존재하는 것은 조직이나 그들 자신에게 좋지 않다. 그래서 조직에 해를 끼치는 사람이 누구인지 찾아내어 제거하는 것이 좋다. 우리는 조직에 대해 진심으로 걱정하는 사람들의 비율이 높을수록 나쁜 사람들의 수도 그만큼 적어진다는 사실을 발견했다. 조직에 대해 염려하는 사람들이 해를 끼치는 사람들로부터 조직을 보호하기 때문이다. 우리는 또 극단적인 투명성이 누가 조직에 도움이 되고 누가 도움이 되지 않는지를 분명하게 구별하는 데 도움이 된다는 사실도 발견했다.

2.1 조직의 공동 목표에 충실하라.
그리고 목표에 따라 일관성 있게 일하지 않는
사람에게 충성하지 마라.

조직의 공동 임무와 이를 달성하는 방식에 동의하지 않는 사람에게 충성하는 것은 파벌을 만들고, 조직의 안정을 해치게 된다. 개인에 대한 충성은 좋은 것이고 또 흔히 있는 일이다. 하지만 개인에 대한 충성이 조직의 이익과 상충될 때 대부분은 좋지 않게 끝나는 경우가 많다.

2.2 어떻게 대우할 것인지 분명히 밝혀라.

훌륭한 관계를 구축하려면 보상 관계가 어떤 것인지 그리고 서로가 어떻게 대할 것(무엇이 관대하고, 무엇이 공정하고, 단지 이용만 하는 것은 무엇인지)인지 분명히 밝혀야 한다. 사람들을 분열시키는 한 가지 중요한 요인은 일에 접근하는 방법이다. 단지 월급을 받기 위해 일하는가, 아니면 월급 이상의 어떤 것을 추구하기 위해 일하는가? 우리는 무엇이 가장 중요한 것인지에 대해 각자의 관점을 가지고 있다. 나는 일을 통해 많은 돈을 벌었지만, 직업을 돈을 버는 수단 그 이상으로 생각한다. 이것이 탁월함 그리고 의미 있는 일과 의미 있는 관계에 대한 나의 가치관을 실현하기 위해 선택한 방법이다. 함께 일하는 사람들이 주로 돈을 버는 일에만 관심이 있었다면, 우리는 가치관을 유지하는 일과 쉽게 돈을 버는 일 사이에서 선택을 할 때마다 갈등을 겪었을 것이다. 내 말을 오해해서는 안 된다. 물론 모든 사람들이 오로지 자기 만족을 위해 일하는 것은 아니다. 직업을 통해 경제적으로 생활이 가능해야 한다. 하지만 우리 모두는 소중하게 생각하는 것이 무엇이고, 원하는 관계가 어떤 것인지 분명한 생각이 있다. 고용주와 직원 모두가 이런 문제에 대해 견해가 일치해야 한다.

당연히 의견 충돌이 발생하고 협상도 하게 될 것이다. 하지만 당신과 직원들은 어떤 것들은 타협의 대상이 될 수 없다는 것을 알고 있어야 한다. 특히 공동의 가치관, 임무에 대한 헌신 그리고 높은 행동 기준을 요구하는 업무 환경을 만들려면 타협의 대상이 될 수 없는 것이 무엇인지 알고 있어야 한다.

브리지워터에서 우리는 사람들이 높은 수준에서 장기적인 관계를 유지하는 방식대로 행동하기를 기대한다. 즉 서로의 관심사에 대한 높은 수준의 배려와 누가 무엇을 책임지고 있는지를 분명히 이해하고 행동하는 것이다. 얼핏 보기에는 간단하고 좋은 것처럼 들리지만 정확하게 어떤 의미일까?

예를 들어 직원 가족 가운데 한 사람이 심각한 병에 걸렸거나, 직원이 비극적으로 사망해 그의 가족이 위험한 상황에 처했다고 가정해보자. 이런 일은 우리가 생각하는 것보다 더 자주 일어나고, 기본적인 합의와 보상(개인 휴가, 장단기 장애보험, 생명보험 등)을 규정하는 관습과 법이 있다. 하지만 이런 것을 제외하고 어떤 종류의 도움을 제공해야 하는지에 대해서는 어떻게 결정할 것인가? 구체적인 상황에서 공정하게 대응하는 방법을 결정하는 원칙들은 무엇일까? 모든 경우에 언제나 똑같이 대응한다는 의미는 아닐 것이다. 이러한 일은 어느 것도 쉽지 않다. 하지만 다음에 설명하는 원칙들은 몇 가지 지침을 제공해줄 것이다.

a. 사람들이 서로에게 더 많은 배려를 하도록 하라.

이것은 필수적이다. 배려심이 있다는 것은 원칙과 정책 그리고 법에 의거해 사람들이 원하는 것을 하도록 허용한다는 뜻이다. 또 자신의 욕망보다 다른 사람들을 우선한다는 의미이다. 논쟁을 하는 당사자들이 모두 이런 방식으로 의견 차이를 좁히기 위해 접근한다면 갈등은 현저하게 줄어들 것이다.

하지만 여전히 판단을 내리고 정책 안에서 경계를 정하여 결정해야 할 것이다. 가장 중요한 행동 지침은 이것이다. 사람들이 당신을 불쾌하게 만들었기 때문에 그들이 권리를 행사하지 못하도록 하는 것은, 그들이 당신을 기분 나쁘게 만드는 것보다 훨씬 더 사려 깊지 못한 행동이다. 다시 말해 자신의 행동이 다른 사람에게 미치는 영향을 깊이 생각하지 않는 것은 배려심이 없는 것이다. 그래서 우리는 상대방을 기분 나쁘게 만드는 행동을 하지 않도록 분별력 있게 판단하기를 기대한다. 어떤 행동들은 분명히 사람들을 불쾌하게 만들 것이다. 그렇기 때문에 그런 행동을 하지 못하도록 정책적으로 금지하는 것이 적절하다고 생각했다. 이와 관련된 구체적인 금지 사항이나 정책은 개별적 사례를 통해 만들어진다. 이런 원칙을 각각의 사례에 적용하는 것은 판례를 적용하는 방식과 동일하다.

b. 사람들이 공정성과 너그러움의 차이를 분명하게 이해하도록 만들어라.

사람들은 가끔 너그러운 것을 공정하지 않은 것으로 오해한다. 예를 들면 브리지워터가 뉴욕에 거주하는 사람들에게 코네티컷의 사무실로 출근하는 통근 버스를 제공했을 때 한 직원은 "매달 휘발유 값으로 수백 달러를 지출하는 사람들에게 보상을 해주는 것이 공정한 것 같다."고 말했다. 이런 사고방식은 일부 사람들을 위한 관대한 조치를 모든 사람을 위한 혜택으로 잘못 생각하는 것이다.

공정성과 너그러움은 다른 것이다. 당신이 두 명의 친구들을 위해 두 개의 생일 선물을 샀다. 그런데 하나가 더 비쌀 경우 더 싼 선물을 받은 친구가 공평하지 않다고 말한다면 당신을 어떻게 답할 것인가? 아마도 "내가 선물을 줘야 하는 의무가 있는 것도 아닌데 불평 좀 그만해."라고 대답할 것이다. 브리지워터는 사람들에게 많은 것을 베풀지만(나도 개인적으로 관대하다.) 정확히 측정해서 균등하게 제공할 의무가 있는 것은 아니다.

너그러움은 좋고, 특혜는 나쁜 것이다. 이 두 가지는 혼동하기 쉽기 때문에 분명하게 구별해야 한다. 특정한 환경에서 무엇이 정당하다고 믿는지, 그리고 무엇이 가장 좋게 평가받을 것인지를 토대로 결정을 내려야 한다. 높은 수준에서 장기적인 관계를 유지하고 개인적인 책임감이 높은 사람들로 구성된 조직을 만들고 싶다면 특권 의식이 스며들게 해서는 안 된다.

c. 경계선이 어디인지 알고 상대방의 입장에서 생각하라.

당사자들 사이의 보상 관계의 공정성과 관대함을 구별하는 기준은 공정하고 적절하고 반드시 필요한 것이 무엇인가를 고려하는 것이다. 앞서 설명한 것처럼 당신은 높은 수준에서 장기적인 관계를 유지하는 사람들과 동일한 방식(상대방의 이익에 대한 상호 배려와 누가 어떤 일을 책임지고 있는지에 대한 분명한 이해)으로 행동하기를 기대할 것이다. 사람들은 상대방의 입장을 고려하여 행동해야 한다. 이것은 다른 사람들에게 자신이 요구하는 것보다 더 많은 배려를 하라는 뜻이다. 상업적 관계에 있는 대부분의 사람이 일반적으로 행동하는 것과 다르다. 사람들은 조직 전체의 이익이나 다른 사람들의 이익보다 자신들의 이익에 더 집중하는 경향이 있기 때문이다. 당사자들이 "내 몫이 더 많아야 합니다." 대신 "당신이 더 많이 가져가야 마땅합니다. 당신이 더 많이 받아야 당연합니다."라고 말한다면 너그럽고 훌륭한 관계가 지속될 가능성이 높다.

d. 일의 대가를 지불하라.

기업과 직원들의 관계는 보상이 전부는 아니지만, 관계가 지속되기 위해서는 경제적인 보상이 균형을 이루어야 한다. 이런 보상 관계를 명확하게 규정하는 정책을 만들고 측정하라. 하지만 너무 과도하게 규정을 바꿔서는 안 된다. 대체로 규정을 준수해야 하지만 직원들이 추가 휴식을 요구하거나, 회사가 직원들에게 추가 근무를 요구하는 특별한 경우가 있다는 사실도 알아야 한다. 회사는 기준 이상의 성과에 대해서는 어떤 방식으로든 보상하고, 기준 이하의 결과에 대해서는 임금을 삭감해야 한다. 이런 주고받기는 시간이 지나면서 대략적으로 균형을 이루게 한다. 합리적인 범위 안에서는 이런 보수의 변동에 대해 누구도 걱정하지 않을 것이다. 하지만 한쪽의 요구가 지속적으로 바뀐다면 새롭고 적절한 관계를 수립하기 위해 새로 고정된 경제적 합의가 필요할 것이다.

2.3 조직의 규모가 의미 있는 관계에 위협이 될 수 있음을 인식하라.

직원 수가 몇 명에 불과할 때는 서로를 잘 알고 좋아했기 때문에 의미 있는 관계를 구축할 수 있었다. 직원이 50명에서 100명으로 늘어나

자 브리지워터는 공동체 조직이 되었다. 하지만 100명을 넘어서면서 과거와 같은 방식으로는 서로에 대해 아는 것이 불가능했고, 공동체 의식은 사라졌다. 그 당시 나는 공동의 사명감을 통해 연대감을 가질 수 있는 100명(50명 정도의 차이는 있을 수 있지만) 정도의 집단(부서)이 의미 있는 관계를 유지할 수 있는 최대 규모라는 것을 깨달았다. 더 큰 기업은 비인간적이 되는 경향이 있고, 이것은 우리가 해결해야 할 또 다른 과제였다.

2.4 대부분의 사람은 자신의 이익을 위해 일하면서 다른 사람의 이익을 위해 일하는 것처럼 행동한다는 사실을 기억하라.

예를 들면 사람들은 대부분 가장 적게 일하면서 돈을 가장 많이 받는 방식으로 일할 것이다. 이런 사실을 확인하려면 사람들을 감독하지 않는 상태로 두고 그들이 한 일에 대해 돈을 청구하도록 해보라. 사람들이 자신의 수입에 영향을 미치는 문제에 대해 당신에게 조언을 할 경우 이해관계의 충돌을 특히 조심해야 한다. 예를 들면 자문 시간에 따라 비용이 발생하는 변호사나 구매하는 금액에 따라 수수료를 받는 영업사원이 조언하는 경우에 이해관계의 충돌이 발생한다. 당신은 내가 만나는 사람들 가운데 얼마나 많은 사람이 나를 정말로 도와주고 싶어 하는지 상상할 수 없을 것이다. 순진해서는 안 된다. 당신의 조직에서 가능한 한 가장 많은 사람이 의미 있는 일과 의미 있는 관계를 구축하도록 노력하라. 동시에 언제나 일정 비율의 사람들은 공동체나 조직에 전혀 관심이 없거나 해를 끼치려고 한다는 사실도 알고 있어야 한다.

2.5 능력 있고 당신이 보지 않을 때에도 당신을 잘 대우할 지조 있는 사람들을 소중하게 생각하라.

이런 사람들은 매우 드물다. 이런 관계를 만드는 데에는 많은 시간이 걸리고, 훌륭한 사람들을 잘 대우할 경우에만 관계 구축이 가능하다.

3 실수는 괜찮지만, 실수에서 배우지 못하는 것은 용납되지 않는 문화를 만들어라

모든 사람은 실수를 한다. 중요한 차이는 성공한 사람은 실수에서 배우지만, 실패하는 사람은 실수에서 배우지 못한다는 것이다. 실수하는 것이 용납되고 실수에서 배울 수 있는 문화를 창조한다면 발전 속도가 빨라지고 실수는 줄어들게 될 것이다. 이는 창의성과 독립적인 사고가 중요한 조직에서 특히 두드러진다. 성공을 위해서는 실패를 하나의 과정으로 수용하는 것이 좋다. 토머스 에디슨은 "나는 실패하지 않았다. 단지 성공하지 못한 천 개의 방법을 발견했을 뿐이다."라고 말했다.

실수는 당신을 고통스럽게 하지만, 자신과 다른 사람들을 실수로부터 보호하려고 노력해서는 안 된다. 고통은 어떤 것이 잘못됐다는 메시지이고, 우리가 또다시 잘못해서는 안 된다고 알려주는 유능한 선생님이다. 자신과 다른 사람들의 약점에 잘 대처하기 위해서 당신은 공개적으로 솔직하게 약점을 인정하고, 약점이 자신을 고통스럽게 만들지 않도록 하는 방법을 찾아야 한다. 이 시점이 되면 많은 사람이 "이 방법은 나에게 맞지 않아. 약점을 공개하고 인정하지 않는 것이 더 좋아."라고 말한다. 하지만 이런 태도는 당신과 조직을 위한 최대 이익에 어긋나고, 당신이 목표를 이루지 못하도록 할 것이다. 1년 전의 당신을 돌아보고 얼마나 어리석었는지 충격받지 않는다면 당신은 많은 것을 배우지 못한 것이다. 하지만 자신의 실수를 받아들이기 위해 일부러 노력하는 사람들은 거의 없다. 또 반드시 그렇게 할 필요도 없다.

앞의 인생의 원칙에서 당시 거래 부분을 책임지고 있던 로스가 고객을 위한 거래를 잊었던 사실을 기억하는가? 고객의 돈은 그대로 계좌에 남아 있었고 실수를 발견했을 때는 이미 큰 손실이 발생한 뒤였다. 이것은 큰 실수였고 완벽하지 않은 것은 용납될 수 없다는 점을 강조하기 위해 나는 로스를 해고할 수도 있었다. 하지만 로스를 해고했다면 아마도 역효과를 불러왔을 것이다. 나는 훌륭한 사람을 잃었을 것이고, 다른 직원들이 자신의 실수를 감추도록 만들었을 것이다. 그리고 부정직할 뿐만 아니라 배우고 성장하는 능력이 결여된 문화를 만들었을 것이다. 이런 어려움을 경험하지 않았다면 로스와 브리지워터는 더 큰 손실을 봤을 것이다.

로스를 해고하지 않을 때의 메시지가 그를 해고한 경우보다 훨씬 더 강력했다. 나는 로스와 직원들에게 실수하는 것은 용납할 수 있지만 실수에서 배우지 못하는 것은 용납할 수 없다는 사실을 입증해 보였다. 문제가 해결된 이후에 로스와 나는 이슈 로그Issue Log를 작성했다. 이슈 로그에는 우리가 추후에 기록된 문제들을 추적해 체계적으로 대응할 수 있도록, 거래를 담당하는 직원들 모두가 자신들이 저지른 실수와 좋지 않은 결과를 모두 기록했다. 이것은 브리지워터가 개발한 가장 강력한 업무 도구 가운데 하나가 되었다. 브리지워터에서 직원들은 "당신이 일을 제대로 처리하지 못했어."와 같은 발언은 비난하기 위한 것이 아니라 도와주려는 의도라는 것을 이해하는 환경에서 일한다.

물론 실수하는 사람들을 관리할 때에는 1) 실수한 뒤 반성을 하고 실수로부터 배우려는 개방적인 자세가 있는 능력 있는 사람들과 2) 실수를 수용하지 않고 실수에서 배우지 못하는 무능한 사람 또는 능력 있는 사람들을 구별하는 방법을 아는 것이 중요하다. 시간이 지나면서 나는 로스처럼 자기성찰을 하는 사람을 고용하는 것이 내가 할 수 있는 가장 중요한 일 가운데 하나라는 것을 알게 됐다.

이런 종류의 사람을 찾는 것은 쉽지 않다. 나는 부모와 학교가 정답을 찾아내는 능력의 가치를 너무 강조한다고 생각했다. 그래서 학교에서 공부를 잘한 우등생들이 실수에서 배우는 일을 가장 못한다고 생각했다. 이들은 실수를 기회가 아니라 실패와 연계시켜 생각하는 경향이 있었다. 이런 태도는 발전을 가로막는 중요한 장애물이다. 실수와 약점을 받아들이는 똑똑한 사람들은 동일한 능력을 가지고 있지만 더 큰 자아라는 장애물을 가진 동료들보다 훨씬 더 좋은 성과를 이룩한다.

3.1 실수는 자연스러운 발전 과정의 일부라는 것을 인정하라.

올바른 길로 가는 과정에서 실수하는 것을 크게 염려하지 않는다면 당신은 많은 것을 배우고 효율성도 높이게 될 것이다. 하지만 실수나 잘못되는 것을 견뎌내지 못한다면 자신도 성장하지 못하고 주변 사람들도 비참하게 만들 것이다. 또 근무 환경도 건전하고 정직하게 진실을 추구하는 것이 아니라, 사소한 험담과 해로운 비판으로 얼룩질 것이다. 진실을 추구하는 것보다 틀리지 않으려는 욕구를 더 중요하게 생각해서는 안 된다. 제프 베조스는 "당신은 계속해서 실패할 의지가 있어야 한다. 실패할 의지가 없다면 무엇인가를 발명하지 않도록 조심해야 할 것이다."라며 실패가 발전 과정의 일부임을 설명했다.

a. 현명하게 실패하라.

모든 사람이 실패를 경험한다. 성공하고 있는 것처럼 보이는 사람도 당신이 관심을 가지고 있는 그 일에만 성공하고 있는 것이다. 그들도 틀림없이 다른 일에서는 많이 실패했을 것이다. 내가 가장 존경하는 사람은 현명하게 실패한 사람이다. 실패는 고통스러운 경험이고, 성공은 즐거운 경험이다. 그래서 나는 현명하게 실패한 사람들을 성공한 사람보다 더 존경한다. 실패한 후 변하고 성공하는 것이 단순히 성공하는 것보다 훨씬 더 큰 의지를 필요로 한다. 한 번에 성공한 사람들은 한계를 경험하지 못한다. 최악의 경우는 실패한 다음에 실패를 인정하지 않고 변하지 않는 사람들이다.

b. 당신이나 다른 사람들의 실수를 창피하게 생각하지 말고 사랑하라.

일반적으로 사람들은 실수를 창피하게 여긴다. 나쁜 결과에 대해 단기적으로 생각하고 실수를 발전 과정의 필수적인 부분으로 생각하지 않기 때문이다. 나는 예전에 최고의 농구 선수인 마이클 조던을 가르쳤던 강사에게 스키 강습을 받았다. 그는 나에게 조던은 실수를 즐겼고, 모든 실수를 발전의 기회로 생각했다고 말했다. 조던은 실수를 작은 조각들을 모두 맞추면 보상을 받는 그림 맞추기와 같다고 생각했다. 당신은 실수에서 얻은 교훈을 통해 미래에 경험할 수도 있는 수천 번의 비슷한 실수에서 벗어날 수 있을 것이다.

3.2 훌륭하게 보이는 것보다
목표 달성에 대해 걱정하라.

불안감을 걷어버리고 목표 달성에 집중하라. 심사숙고하라. 그리고 정확한 비판은 당신이 얻을 수 있는 가장 훌륭한 피드백이라는 사실을 명심하라. 스키 강사가 체중을 옮기지 않아 넘어졌다고 말할 때 강사가 당신을 비난하는 것이라고 반응하는 것은 얼마나 어리석고 비생산적인지 생각해보라. 이것은 상사가 당신이 일하는 과정에 문제가 있다고 지적하는 것과 다를 바 없다. 잘못을 고치고 목표를 향해 나아가라.

a. 비난과 칭찬에 휘둘리지 말고, 정확한지 정확하지 않은지에 집중하라.

비난과 칭찬 또는 긍정적인 피드백과 부정적인 피드백에 대해 걱정하는 것은 학습에 기본이 되는 반복적인 과정을 방해한다. 이미 일어난 일은 과거이고, 미래를 위한 교훈이 아니라면 더 이상 중요하지 않다. 거짓 칭찬에 대한 갈망은 무지몽매한 것이다.

3.3 실수의 유형을 관찰하고
실수가 약점 때문에 발생한 것이 아닌지 파악하라.

모든 사람에게는 약점이 있고, 약점은 반복되는 실수를 통해 드러난다. 성공으로 가는 가장 빠른 길은 약점이 무엇인지 알아내고 약점에 정면으로 맞서는 것이다. 실수를 기록하고 각각의 실수들 사이의 연관관계를 찾아라. 그리고 목표를 달성하는 데 가장 큰 장애가 되는 약점, 즉 가장 큰 도전 과제를 기록하라. 모든 사람은 최소한 하나 이상의 중요한 도전 과제를 가지고 있다. 도전 과제가 여러 개일 수도 있지만, 중요한 도전 과제는 세 개 이상을 넘지 않도록 하라. 이런 장애물과 싸우는 첫 단계는 문제들을 모두 공개하는 것이다.

3.4 고통을 경험할 때 자신을 성찰하라.

고통은 모두 자신의 머릿속에 있다는 것을 기억하라. 발전하고 싶다면 문제가 있는 곳과 고통이 있는 곳으로 가야 한다. 고통과 정면으로 마주침으로써 당신 앞에 있는 모순과 문제점들을 더 분명하게 볼 것이다. 문제들을 심사숙고하고 해결하는 것은 당신에게 지혜를 줄 것이다. 고통과 도전이 클수록 그만큼 도움이 된다.

이런 고통의 시간들은 매우 중요하기 때문에 서둘러 지나쳐서는 안 된다. 그 속에 머물면서 탐구하고 발전을 위한 토대로 만들 수 있어야 한다. 실패를 받아들이는 것은(그리고 실패가 불러오는 고통에 맞서는 것은) 진정한 발전을 위한 첫걸음이다. 이것이 많은 집단에서 용서보다 고백이 먼저인 이유이다. 심리학자들은 이를 '바닥을 쳤다hitting the bottom.'고 부른다. 이 과정을 지속하게 되면 당신은 자신의 실수와 약점에 직면하는 고통을 기쁨으로 변화시키게 될 것이다.

a. 자신을 돌아보고 다른 사람들도 자신을 돌아보도록 만들어라.

고통이 생기면 투쟁-도피 반응을 보이는 것은 동물적인 본능이다. 침착함을 유지하고 자신을 성찰하라. 당신이 느끼는 고통은 갈등 상황 때문이다. 친구의 죽음과 같은 끔찍한 현실에 직면해 그것을 받아들이지 못할 수도 있고, 자신의 판단에 이의를 제기하게 할 약점을 어쩔 수 없이 인정해야 하기 때문일 수도 있다. 고통의 이면에 대해 명확하게 생각할 수 있다면, 당신은 현실이 어떤 것인지 그리고 어떻게 현실에 대응해야 하는지에 대해 더 많은 것을 배우게 될 것이다. 자기성찰은 빠르게 발전하는 사람과 그렇지 못한 사람의 차이를 가장 잘 보여주는 자질이다. **고통＋자기성찰＝발전**이라는 것을 명심하라.

b. 어느 누구도 자신을 객관적으로 볼 수 없다는 것을 깨달아라.

우리는 자신을 객관적으로 보기 위해 노력하지만 모든 사람이 이것을 잘할 것이라고 기대해서는 안 된다. 우리 모두에게는 스스로 보지 못하는 사각지대가 있다. 사람들은 그 자체로 주관적이다. 이런 이유로 모든 사람은 정직한 피드백을 제공하고, 서로에게 책임을 묻고 열린 마음으로 의견 차이를 해소함으로써 자신에 대한 진실을 알도록 도와줄 의무가 있다.

c. 실수를 통한 학습의 장점을 가르치고 강화하라.

사람들이 실수를 공개하고 객관적으로 분석하도록 권장하기 위해 관리자들은 실수를 공개하는 것이 당연하고, 실수를 감추는 것을 처벌하는 문화를 조성해야 한다. 우리는 최악의 실수는 자신의 실수를 인정하지 않는 것이라는 사실을 명백하게 공표하는 방식으로 실수를 공개하는 문화를 만들었다. 브리지워터에서 모든 실수를 기록하는 이슈 로그를 의무적으로 활용하는 것도 이 때문이다.

3.5 어떤 실수가 용납되고,
어떤 실수가 용납될 수 없는지 알아야 한다.
그리고 동료들도
용납할 수 없는 실수는 저지르지 않도록 하라.

시행착오를 통한 학습을 권장하기 위해 용납할 수 있는 실수에 대해 생각할 경우, 실수에 따른 잠재적 손실과 점진적인 학습에서 오는 이득을 비교하라. 사람들에게 어느 정도의 재량권을 줄 것인지 결정할 때 나는 "자동차의 표면이 긁히거나 살짝 찌그러지는 것은 용인하지만, 당신이 자동차를 전파시킬 만큼 큰 위험에 빠지도록 하지는 않을 것이다."라고 말한다.

고통

+

자기성찰

=

발전

4 조화를 이룩하고
유지하라

효율적인 조직이 되려면 구성원들이 여러 측면(공동의 임무가 무엇인지에 서부터 서로 어떻게 대할지 그리고 목표 달성을 위해 누가 언제 무엇을 할지에 대한 실질적인 계획 등에 이르기까지)에서 같은 생각을 가지고 있어야 한다는 사실을 기억하라. 하지만 사람들마다 특성이 매우 다르기 때문에 구성원들의 조화는 그냥 주어지는 것이 아니다. 우리는 자신만의 독특한 방식으로 자기 자신과 세상을 본다. 그래서 무엇이 진실이고 무엇을 해야 하는가를 결정하는 데 지속적인 노력이 필요하다.

구성원들의 협력은 아이디어 성과주의에서 특히 중요하다. 브리지워터에서 우리는 의식적으로, 지속적으로 그리고 체계적으로 지지를 얻어내려고 노력한다. 우리는 협력과 조화를 이룩하는 과정을 '동조화getting in sync'라고 부르는데, 이 과정은 기본적으로 단순한 오해나 근본적인 견해차이 때문에 잘못될 수가 있다. 동조화는 개방적인 생각을 가지고 적극적으로 오해와 견해 차이를 해소해나가는 과정이다.

많은 사람이 차이점을 덮어두는 것이 평화를 유지하는 가장 쉬운 방법이라고 잘못 알고 있다. 이것은 완전히 잘못된 것이다. 갈등을 피하는 것으로 견해 차이를 없앨 수는 없다. 작은 갈등을 억누르는 사람들은 나중에 조직에서 이탈로 이어질 수 있는 더 큰 갈등을 유발하는 경향이 있다. 반면 당면한 작은 갈등을 잘 처리하는 사람들은 좋은 관계를 오래 유지하는 경향이 있다. 사려 깊은 반대(다른 사람들의 관점을 통해 사물을 보기 위해 개방적인 마음과 적극적인 방식으로 의견을 주고받는 과정)는 매우 효과적이다. 양쪽 모두가 자신들이 지금까지 보지 못했던 것들을 보는 데 도움을 주기 때문이다. 하지만 사려 깊은 반대는 쉽지 않다. 상대적으로 능력이 분명하게 드러나는 분야에서 성과주의를 도입하는 것은 간단하지만(가장 빨리 달리는 사람이 이기는 육상 스포츠에서는 결과가 자명하기 때문에) 창의적인 환경에서는 훨씬 더 어렵다(무엇이 가장 좋은지에 관한 견해 차이가 해결되어야 한다). 이런 문제들이 해결되지 않으면 견해 차이를 해소하고 누가 결정권을 가지고 있는지 파악하는 데 혼란이 야기된다. 때때로 사람들이 화를 내거나 대화가 교착 상태에 빠진다. 비생산적으로 장황하게 이야기하는 몇몇 사람의 주도로 논의가 그대로 끝나버리기도 하고, 무엇을 할 것인지에 관한 합의에 도달할 수도 없다.

이런 이유로 구체적 과정과 절차를 따라야 한다. 토론에 참여하는 모든 당사자는 누가 어떤 권리를 가지고 있고, 해법을 찾으려면 어떤 절차를 밟아야 하는지 알고 있어야 한다(우리는 이런 과정을 돕기 위한 도구를 개발했고, 책의 부록에 수록돼 있다). 그리고 모든 당사자는 견해 차이를 해소하는 가장 기본적인 원칙들을 이해하고 있어야 한다. 즉 모든 사람이 개방적인 동시에 적극적으로 자신의 주장을 펼쳐야 한다는 것이다. 사려 깊은 반대는 전투가 아니다. 상대방이 틀렸고 자신이 옳다고 상대에게 확인시키는 것이 목표가 아니라, 무엇이 진실이고 어떻게 할 것인가를 찾는 것이 목표이다. 의사소통에는 서열이 없어야 한다. 아이디어 성과주의에서 의사소통은 아무런 이의 제기 없이 그냥 위에서 아래로 내려오는 것이 아니기 때문이다. 비판도 아래에서 시작돼 위로 향해야 한다.

예를 들면 다음에 소개하는 이메일은 고객들과 회의한 다음 어떤 직원이 나에게 보낸 것이다. 나를 포함해 브리지워터의 모든 고위 경영자는 부하 직원들로부터 일상적으로 비판이나 평가를 받는다.

발신: 짐 H.

수신: 레이, 리오넬 K., 그레그 J., 랜달 S., 데이비드 A.

제목: ABC 미팅에 대한 피드백

ABC와의 오늘 회의에서 레이 당신의 성적은 D 마이너스이다. 회의에 참석한 모든 사람이 +, − 정도의 차이는 있지만 이 평가에 동의하고 있다. 다음 두 가지 이유로 오늘 회의는 실망스러웠다. 1) 동일한 주제를 다뤘던 이전 회의에서 당신은 훌륭했다. 2) 우리는 어제 구체적인 계획을 논의하는 회의를 가졌고, 시간이 2시간으로 제한돼 있어 당신에게 문화와 포트폴리오 구성이라는 두 가지 주제에 집중해달라고 요청했다. 나는 투자 과정을 담당했고, 그레그는 참관인 자격이었고, 랜달은 실행 계획을 담당했다. 내가 측정해보니 당신은 총 62분 동안 이야기했다. 하지만 포트폴리오 구성이라고 생각되는 주제에 대해 무려 50분 동안 두서없이 설명한 후 나머지 12분만 문화에 대해 이야기했다. 당신이 전혀 준비하지 않았다는 것이 분명하게 드러났다. 사전에 잘 준비했다면 처음부터 그렇게 엉망으로 이야기하지 않았을 것이다.

한 젊은 직원과 당시 CEO였던 그레그 젠센 사이의 대화도 이와 비슷한 사례이다. 두 사람 사이의 논의 과정을 지켜본 경영진 가운데 한 사람은 그레그가 그 직원에게 반대 의견과 독립적인 사고를 방해하는 방식으로 말했다고 생각했다. 그녀는 그레그에게 보낸 피드백에서 이런 문제를 제기했다. 그레그는 자신은 그 직원에게 관련된 원칙들을 지키거나, 아니면 공개적으로 원칙에 이의를 제기하는 책임을 상기시켜주었다며 그녀의 주장에 동의하지 않았다. 두 사람은 여러 차례 이메일을 주고받으며 견해 차이를 좁히려고 노력했지만 효과가 없었다. 그래서 이들은 경영위원회에 이 문제를 제기했다. 경영위원회에 보고된 사례는 회사 전체 직원들에게 공개됐고, 모든 직원이 스스로 누가 옳고 누가 틀렸는지를 판단할 수 있었다. 그레그와 문제를 제기한 고위관리자는 이 사례를 훌륭한 학습 경험으로 평가했다. 우리는 이 사례를 비슷한 상황에 대처하기 위한 원칙들을 다시 생각해보는 기회로 활용했고, 두 사람도 도움이 되는 피드백을 많이 얻었다. 우리가 원칙을 만들지 않고, 이와 유사한 사례를 판단하는 데 활용하지 않았다면 권력이 있는 사람들이 서로 합의된 방식이 아니라 자신들이 하고 싶은 방식대로 결정을 내리도록 했을 것이다. 의사결정 방식은 후속 원칙들에 의해 구체화된다. 원칙이 잘 지켜지면 다른 사람들과 견해 차이가 잘 해소되고, 아이디어 성과주의는 생산성 향상과 함께 발전할 것이다. 원칙을 지키지 않으면 아이디어 성과주의는 멈추게 될 것이다.

4.1 갈등은 훌륭한 관계를 위해 필요하다는 것을 인정하라.

왜냐하면 갈등은 사람들의 원칙이 서로 일치하는지 여부를 결정하고 의견 차이를 해결하는 방법이기 때문이다. 모든 사람은 각자의 원칙과 가치관을 가지고 있기 때문에 모든 관계는 사람들이 서로를 어떻게 대해야 하는가에 관한 어느 정도의 협상과 논쟁을 수반한다. 원칙들이 잘 갖추어져 있고 협상을 통해 의견 차이를 해결할 수 있다면 관계는 더 가까워지고, 그렇지 못하면 더 멀어질 것이다. 견해 차이에 대한 공개 토론은 오해를 해소시켜준다. 의견 차이를 해소하기 위한 공개 토론을 정기적으로 실시하지 않으면 큰 충돌이 발생할 때까지 관점의 차이는 더 커질 것이다.

a. 견해 차이를 해소하기 위해 시간과 에너지를 충분히 사용하라. 당신이 할 수 있는 최고의 투자이기 때문이다.

견해 차이를 해소하는 것은 효율성을 높여주기 때문에 장기적으로 시간을 절약해준다. 하지만 어떻게 의견의 일치를 이끌어낼 것인가도 중요하다. 시간 제약을 고려하여 무엇에 관해 누구와 협의할지에 대한 우선순위를 정해야 한다. 가장 신뢰할 수 있고 가장 밀접한 관계에 있는 상대방과 가장 중요한 문제에 최우선 순위를 두어야 한다.

4.2 의견의 일치를 끌어내고, 세련되게 반대할 줄 알아야 한다.

반대 의견을 억누르는 하향식 독재보다 반대의 목소리가 권장되는 아이디어 성과주의를 운영하는 것이 더 어렵다. 그러나 의견이 일치하지 않지만 믿을 수 있는 당사자들이 서로에게 배울 준비가 돼 있다면, 이들은 훨씬 더 빠르게 발전하고 의사결정 과정도 훨씬 더 개선될 것이다.

가장 중요한 것은 다양한 의견의 차이를 어떻게 의사결정으로 이끌어가는가이다. 누가 무엇을 책임지는지 알 수 있도록 의사결정 과정을 명확하게 하는 것이 중요하다(이것이 내가 분쟁 해결사Dispute Resolver라는 도구를 만든 이유이다. 분쟁 해결사는 결정을 내리는 방법을 설명하고, 사람들이 해결을 추구하지 않고 각자의 관점을 고집하고 있는지 아닌지를 분명하게 밝힌다. 분쟁 해결사에 관해서는 부록을 참고하라).

최종적인 의사결정권이 어디에 있는지(토론의 힘이 권위와 비교해 얼마나 더 영향력이 있는지) 아는 것도 반드시 필요하다. 논쟁을 하는 동안 그리고 특히 결정이 내려진 후에 아이디어 성과주의를 믿는 모든 사람은 평정심을 유지하고 그 과정을 존중해야 한다. 아이디어 성과주의를 통해 당신이 개인적으로 원하는 결정을 얻지 못하더라도 화를 내는 것은 용납될 수 없다.

a. 의견이 일치하기 어려운 분야를 공개하라.

다른 사람들과 당신의 견해에 대해 논의하지 않으면 갈등을 해결할 방법이 없다. 견해 차이가 발생하는 부분을 비공식적으로 공개하거나 검토 목록에 올려놓을 수 있다. 개인적으로는 두 가지 모두 하는 것이 좋다고 생각한다. 나는 사람들에게 문제들을 적절한 시기에 담당자에게 전달할 수 있도록 중요도에 따라 반대 의견 목록을 만들라고 적극 권장한다.

가장 반대 의견이 많은 껄끄러운 문제들은 철저한 논의를 거쳐야 하는 가장 중요한 의제들이다. 이런 문제들은 흔히 사람들의 가치관 차이나 중요한 결정에 대한 접근법의 차이와 연관돼 있기 때문이다. 까다로운 의제들은 문제를 공개하고 전제 조건들을 냉정하고 철저하게 검토하는 것이 특히 중요하다. 그렇게 하지 않으면 문제들이 곪아터지고, 부패하게 된다.

b. 쓸데없는 불평과 개선으로 이어지는 불평을 구별하라.

불평은 대부분 전체적인 그림을 이해하지 못하거나 폐쇄적인 관점을 반영하는 것이다. 불평은 새들이 짹짹거리는 소리에 불과하기 때문에 일반적으로 무시하는 것이 가장 좋다. 하지만 일부 건설적인 불평은 중요한 발견으로 이어질 수도 있다.

c. 모든 이야기에는 다른 면이 있다는 것을 기억하라.

지혜는 양쪽을 모두 보고 적절하게 비교 검토하는 능력이다.

4.3 개방적인 사고를 하되 자신의 생각은 단호하게 말하라.

사려 깊은 반대가 효율적으로 작동하려면 개방적인 사고(다른 사람의 눈으로 사물을 보는 것)와 자신의 생각에 대한 적극적인 주장(자신의 눈을 통해 본 것을 분명하게 전달하는 것)이 필요하다. 또 배우고 적응하기 위해서 정보를 유연하게 처리하는 능력도 필수적이다.

대부분의 사람은 자신의 생각을 주장하는 동시에 개방적인 생각을 하는 데 어려움을 겪는다. 어떤 사람들은 자신의 견해 대신 다른 사람의 생각을 기꺼이 받아들인다. 하지만 일반적으로 사람들은 개방적이지 않은 태도로 자신의 생각을 주장하는 경향이 있다. 다른 사람의 생각을 이해하는 것보다 자신의 견해를 이야기하는 것이 더 쉽고, 자신이 옳다는 자아에 대한 애착이 있기 때문이다. 따라서 사람들에게 의사결정은 정보를 받아들이는 것뿐만 아니라, 2단계 과정을 통해 결정을 내리는 것이라는 사실을 상기시키는 것이 중요하다. 또 생각을 바꾼 사람들은 무엇인가를 배웠기 때문에 진정한 승자인 반면, 진실을 보는 것을 거부한 사람들은 패자라는 것을 사람들에게 상기시켜주는 것도 도움이 된다. 연습, 훈련 그리고 지속적인 실행을 통해 누구나 이 두 가지를 잘하게 될 수 있다.

a. 개방적인 사람과 폐쇄적인 사람을 구별하라.

개방적인 생각을 하는 사람은 질문을 통해 배운다. 이들은 알아야 할 것에 비해 자신들이 알고 있는 것이 얼마나 적은지를 깨닫고, 자신들이 틀릴 수도 있다는 사실을 인정한다. 또 자신보다 더 많은 것을 알고 있는 사람들과 가까이 지내는 것에 즐거움을 느낀다. 더 많은 것을 알고 있는 사람들은 무엇인가를 배울 기회를 주기 때문이다.

폐쇄적인 생각을 가진 사람들은 자신들이 아는 것이 없어도 언제나 자신의 지식에 대해 이야기한다. 폐쇄적인 사람들은 일반적으로 자신보다 더 많이 아는 사람들과 같이 있는 것을 불편해한다.

b. 폐쇄적인 사람들과 관계를 맺지 마라.

현명하거나 올바른 것보다 개방적인 것이 더 중요하다. 아무리 많이 알고 있어도 폐쇄적인 사람들은 당신의 시간을 낭비할 뿐이다. 폐쇄적인 사람들과 일해야 한다면 그들이 마음을 열 때까지 도움을 줄 방법이 없다는 것을 알고 있어야 한다.

c. 모르는 것이 창피하다고 생각하는 사람들을 조심하라.

이들은 목표를 달성하는 것보다 겉으로 보이는 모습에 더 관심이 많다. 이런 태도는 시간이 지나면서 실패로 이어질 가능성이 높다.

d. 책임자가 질문과 다른 사람들의 발언에 대해 개방적인지 확인하라.

결정권을 가진 사람은 결정의 배경에 대해 공개적이고 투명하게 설명할 수 있어야 한다. 그래서 모든 사람이 이해하고 평가할 수 있어야 한다. 반대 의견이 있을 경우 의사결정권자의 상사, 또는 의사결정권자보다 경험과 지식이 많다고 인정받는 사람이나 상급자에게 반대 의사를 밝혀야 한다.

e. 의견의 일치는 당사자들 모두의 책임이라는 것을 알아야 한다.

모든 대화에는 이야기해야 할 의무와 들어야 할 의무가 있다. 그리고 잘못된 해석과 오해는 언제나 발생한다. 또 사람들의 사고방식은 서로 다르기 때문에 소통에 어려움이 발생한다(예를 들면 좌뇌형 사고를 하는 사람이 우뇌형 사고를 하는 사람에게 말하는 경우). 당사자들은 오해할 가능성이 있다는 사실을 염두에 두고 견해 차이를 해소하기 위해 토론해야 한다. 당신이 이해하고 있다는 것을 상대방에게 알려주기 위해 당신이 듣고 있는 이야기를 다시 반복해서 말하는 것 같은 단순한 방법이 큰 도움이 될 수 있다. 상대방을 비난하는 대신, 당신이 경청하지 않았거나 소통하지 못하고 있다는 생각에서 출발하라. 잘못된 의사소통 과정을 통해 교훈을 얻고, 같은 실수가 다시 일어나지 않게 하라.

f. 방식보다 본질에 신경 써라.

이것은 어떤 방식이 다른 사람들이나 다른 환경에서 다른 방식보다 더 효과적이지 않다고 말하는 것이 아니다. 나는 종종 사람들이 본질을 흐리게 만들기 위해 비판의 방식이나 강도에 대해 불평을 늘어놓은 것을 보곤 한다. 어떤 사람의 말하는 방식이 문제가 된다고 생각하면 표현 방식은 별개의 문제로 생각하고, 견해 차이를 좁히기 위해 노력하라.

g. 합리적으로 생각하고, 다른 사람들도 합리적이라고 기대하라.

당신의 생각을 주장할 때는 합리적이고 신중해야 한다. 그리고 상대방이 이성을 잃더라도 당신은 저차원의 자아가 자신을 통제하도록 해서는 안 된다. 상대방의 나쁜 행동이 당신의 행동을 정당화시킬 수 없다. 양쪽의 견해 차이가 너무 감정적이어서 논리적이 될 수 없다면 논의를 연기해야 한다. 당장 결정해야 하는 것이 아니라면 때로는 몇 시간 또는 며칠의 휴식 시간을 갖는 것이 최선의 방법인 경우도 있다.

h. 의견을 제시하고 질문하는 것은 비판이 아니다. 두 가지를 똑같이 취급해서는 안 된다.

의견을 제시하는 사람은 실수가 발생할 것이라고 단정 짓지 않았을 수도 있다. 단지 상대방이 모든 위험을 고려했다는 것을 이중으로 확인하고 싶은 것일 수 있다. 어떤 사람이 어떤 것을 간과하지 않았는지 확인하기 위해 질문하는 것은 그 사람이 그것을 간과했다고 말하는 것과 다르다("얼음을 조심하라."와 "너는 부주의하니까 얼음을 조심하지 않는다."는 엄연히 다르다). 하지만 사람들은 건설적인 비판에 대해 마치 그것이 비난인 것처럼 반응한다. 이것은 잘못된 행동이다.

4.4 당신이 주재하는 회의라면 토론을 잘 이끌어라.

회의가 잘 진행되지 못하는 이유는 여러 가지가 있다. 하지만 대부분은 주제에 대한 명확성이 부족하거나 논의하는 안건의 수준에 문제가 있기 때문이다(예를 들면 원칙/도구 수준인지, 현안의 수준인지, 또는 구체적 사실의 수준인지가 명확하지 않은 경우).

a. 누가 회의를 주재하고, 누가 따라가는 사람인지를 분명하게 밝혀라.

모든 회의는 누군가의 목표를 달성하기 위한 것이다. 목표를 정한 사람이 회의를 책임지는 사람이고, 회의에서 원하는 것을 성취하고 어떻게 대응할지를 결정한다. 책임자가 없는 회의는 방향을 잃고 비생산적으로 될 위험성이 높다.

b. 혼란을 피하려면 무엇에 대해 이야기하는 것인지 정확하게 밝혀라.

질문하는 사람과 대답하는 사람이 무엇에 대해 질문하고 답하는 것인지를 명확히 밝히기 위해 구체적인 질문을 다시 반복하는 것이 가장 좋은 방법이 될 수 있다. 이것은 이메일에서 질문을 복사해서 붙여넣기 하는 것처럼 간단한다.

c. 목적과 우선순위에 따라 어떤 방식으로 소통할지 분명하게 밝혀라.

당신의 목표가 다른 의견을 가진 사람들이 진실에 더 가까이 가고, 무엇을 할 것인가를 결정하기 위해 견해 차이를 해소하는 것이라면 목표가 교육인 회의와 다르게 운영해야 한다. 토론에는 시간이 걸리고, 토론 시간은 참여하는 사람들의 수에 따라 기하급수적으로 늘어난다. 따라서 필요한 결정을 내리기 위해서는 적절한 인원을 신중하게 선택해야 한다. 어떤 토론이든 목적에 맞게 당신이 가장 높이 평가하는 사람들로 참석자의 수를 제한하려고 노력하라. 당신과 생각이 일치하는지 아닌지를 근거로 사람들을 선택하는 방법은 최악이다. 집단사고(독립적인 견해를 주장하지 않는 사람들)와 개인사고(다른 사람들의 생각을 받아들이지 않는 것)는 모두 위험하다.

d. 자신의 주장을 명확하게 밝히고 개방적인 태도로 토론을 이끌어라.

서로 다른 견해들을 중재하는 것은 시간이 오래 걸리고 어려워질 수 있다. 상충하는 의견들 사이에 균형을 유지하여 교착 상태를 해소하고 어떻게 시간을 현명하게 사용할 것인가는 회의를 주도하는 사람에게 달려 있다. 내가 자주 받는 질문 가운데 하나는 "경험이 없는 사람이 의견을 제시하면 어떻게 할까?"이다. 당신이 회의를 주도한다면 사람들의 의견을 검토하는 데 들어가는 시간의 잠재적 비용과 그들의 생각을 평가하고 더 잘 이해함으로써 얻을 수 있는 잠재적 이익을 비교해야 한다. 평판을 쌓아가고 있는 사람들의 견해를 검토해보는 것은 그들이 다양한 업무들을 어떻게 다룰 것인지에 관해 좋은 통찰력을 제공해줄 수 있다. 시간이 있다면 당신은 그들의 주장과 논리를 철저히 검토하고 그들의 견해가 옳지 않을 수 있음을 납득시킬 수 있어야 한다. 개방적인 생각을 가지고 그들이 옳은지, 옳지 않은지를 검토하는 것도 당신의 의무이다.

e. 토론의 단계들을 잘 이끌어가라.

문제나 상황을 고려할 때 토론에는 두 개의 단계가 있다. 하나는 토론에서 다루는 사례이고, 다른 하나는 조직 운영과 관련된 원칙들이다. 상황에 잘 대처하고, 원칙의 효율성을 검증하고, 미래에 유사한 상황에 잘 대응하도록 조직의 의사결정 구조를 개선시키기 위해서는 두 단계의 토론을 잘 이끌어가야 한다.

f. 주제에서 벗어나는 토론을 조심하라.

한 주제에 대한 논의를 끝내지 않고 이 주제에서 저 주제로 왔다 갔다 하면서 표류하는 것은 주제가 없는 토론이다. 이런 토론을 피하는 한 가지 방법은 모든 사람이 무엇에 대해 이야기하는지 알 수 있도록 화이트보드에 토론 내용을 기록하는 것이다.

g. 토론의 논리를 강화하라.

의견이 서로 충돌할 경우 사람들의 감정이 격해지는 경향이 있다. 항상 평정심을 유지하고 분석적이 되어야 한다. 감정적인 토론보다 논리적인 토론을 중단시키는 것이 훨씬 더 어렵다. 감정은 사람들이 현실을 보는 방식을 흐리게 할 수 있다는 사실도 기억하라. 예를 들면 사람들은 같은 상황을 다르게 보면서 때때로 "이것은 사실인 것 같아I feel like something is true."라고 말하고, 실제로 사실인 것처럼 토론을 진행한다. 토론을 사실에 기초하려면 "그것이 사실인가?"라고 물어보라.

h. 집단의사결정 때문에 개인의 책임을 잃지 않도록 유의하라.

집단은 종종 개인에게 책임을 부여하지 않은 채 무엇인가를 하도록 결정을 내리는 경우가 많다. 그래서 누가 무엇을 해야 하는지가 분명하지 않다. 개인에게 분명하게 책임을 부여하라.

i. 집요하게 대화를 방해하는 행동을 피하려면 2분 규칙을 활용하라.

2분 규칙은 당신 자신의 생각을 말하기 전에 누군가에게 방해받지 않고 자신의 생각을 이야기할 수 있는 2분의 시간을 주는 것이다. 이를 통해 모든 사람이 오해받거나 목소리가 큰 사람들에 의해 방해받을 걱정 없이 자신의 생각을 명확하게 전달하는 시간을 보장받게 될 것이다.

j. 말재주가 좋은 사람을 조심하라.

언변이 좋은 사람들은 매우 빠르게 그리고 조리 있게 적극적으로 말한다. 이것은 자신의 주장에 대한 다른 사람들의 검토나 반대를 피해가는 한 방법이다. 유창한 언변은 어리석게 보이는 것을 걱정하는 사람들을 상대로 이야기할 때 특히 효과적이다. 언변만 좋은 사람이 되어서는 안 된다. 모든 것을 이해하는 것은 당신의 책임이라는 것을 인정하라. 그리고 모든 것을 이해할 때까지 행동에 나서지 마라. 압박을 받는 것처럼 느낀다면 "내가 좀 머리가 나빠서 미안합니다. 그러니 좀 천천히 이야기해주시면 당신의 말을 이해할 수 있을 것 같습니다."라고 말하라. 그리고 모든 것에 대해 질문하라.

k. 토론에서 결론을 이끌어내라.

토론의 중요한 목적은 결정이나 행동으로 이어지는 합의에 도달하는 것이다. 결론에 이르지 못하는 토론은 시간 낭비다. 서로의 생각을 주고받을 경우 결론을 내리고 토론을 끝내는 것이 중요하다. 동의하면 동의한다고 말하고, 그렇지 않으면 동의하지 않는다고 말하라. 추가적인 조치가 필요한 경우 할 일 목록에 표시하고, 담당자를 지정한 다음에 기한을 정하라. 후속 토론의 기초 자료로 활용할 수 있도록 당신의 결론, 잠정적으로 결정한 의견 그리고 다음 토론을 위해 준비된 의제들을 적어 놓아라. 이런 일을 확실히 처리하기 위해서는 담당자를 지정해 기록하고 후속 조치를 취하도록 해야 한다. 의견의 일치를 보지 못했다는 이유로 화를 낼 필요가 없다. 사람들은 훌륭한 관계를 유지할 수 있고, 어떤 것들에 대해서는 반대할 수도 있다. 모든 것에 동의해야만 하는 것이 아니기 때문이다.

l. 소통의 지렛대를 활용하라.

개방적인 소통은 상당히 중요하다. 하지만 조직 내의 모든 사람과 개별적으로 만나 이야기할 수 없기 때문에 효율적인 방식으로 소통해야 한다. 자주 묻는 게시판에 공개적으로 글을 올리거나, 비디오테이프나 중요한 회의의 녹음 파일을 보내주는 것 같은 쉬운 방법이 도움이 된다(나는 이런 방법을 소통의 지렛대라고 부른다). 당신이 보고 체계에서 더 높은 지위로 올라갈수록 소통과 관련된 문제도 더 많아진다. 당신의 행동에 의해 영향을 받는 사람들의 의견과 질문을 가진 사람들이 그만큼 많아지기 때문이다. 이런 경우에는 더 큰 소통의 지렛대가 필요하고, 질문의 우선순위를 결정해야 한다. 예를 들면 질문 가운데 일부는 그 문제에 대해 잘 알고 있는 사람이 대신 답하게 하거나, 사람들에게 긴급이나 중요도에 따라 질문의 우선순위를 정해달라고 요청하는 것이다.

4.5 훌륭한 협력은 재즈를 연주하는 것과 같다.

재즈에는 각본이 없다. 함께 연주하면서 서로 알아가는 것이다. 어떤 경우에는 가만히 앉아서 다른 사람들이 연주하도록 하고, 어떤 경우에는 당신이 주로 연주한다. 제대로 연주하려면 당신은 함께 연주하는 사람들의 소리를 잘 듣고 있어야 한다. 그래야 그들이 연주하는 것을 이해하고 따라갈 수 있다. 훌륭한 협력도 마찬가지다. 재즈 연주에서 다른 악기들과 협력하는 것처럼 당신의 기술을 합치고 창의적으로 대응하는 동시에,

당신의 목표보다 집단의 목표를 우선하면 훌륭한 음악을 함께 연주하는 결과로 이어진다. 하지만 몇 명과 연주할 것인가에 대해 잘 생각해야 한다. 재능 있는 두 명의 연주자와 아름답게 즉흥적으로 연주할 수 있다. 3중주나 4중주도 마찬가지다. 하지만 10명의 음악가들을 모아놓으면 그들의 재능이 아무리 훌륭하더라도 세심하게 조직하지 않으면 함께 연주하는 것이 어려울 수 있다.

a. 1+1=3

협력을 잘하는 두 사람은 각자가 개별적으로 일할 때보다 3배 정도 효율이 높다. 각자가 상대방이 보지 못하는 것을 볼 수 있고, 서로에게 더 높은 기준을 요구하면서 상대방의 강점을 지렛대로 활용할 수 있기 때문이다.

b. 3명에서 5명 정도가 20명보다 더 좋다.

3명에서 5명의 똑똑하고 상상력이 있는 사람들이 개방적인 사고방식으로 해법을 찾아 최선의 결과를 도출한다. 대규모 집단을 구성하고 싶은 유혹에 빠질 수 있지만 구성원들이 아무리 똑똑하고 재능이 있더라도 너무 많은 사람이 협력하는 것은 비생산적이다. 많은 인원으로 얻을 수 있는 공생의 이점은 특정 지점까지만 증가한다. 이 지점을 넘어서면 인원의 증가는 실제로 효율성의 감소로 이어진다. 이것은 1) 집단이 커지면서 한계이익이 감소하고(2명 또는 3명이 대부분의 중요한 견해들을 다룰 수 있기 때문에 사람을 더 늘린다고 그만큼 더 많은 것을 처리할 수 있는 것은 아니다.), 2) 규모가 큰 집단에서의 상호작용이 소규모 집단보다 덜 효과적이기 때문이다. 물론 최선의 결과는 사람들의 자질과 그들이 가지고 있는 생각

그리고 집단을 어떻게 운영하는지에 달려 있다.

4.6 지지를 확보하면 소중하게 생각하라.

모든 것에 대해 같은 생각을 가진 사람은 이 세상에 없다. 하지만 당신의 가장 중요한 가치와 그 가치를 실현하는 방법을 함께할 수 있는 사람들은 있다. 이런 사람들과 함께 일하고 있는지 확인하라.

4.7 중요한 견해 차이(특히 가치관)를 좁힐 수 없다면 관계를 지속할 가치가 있는지 고민하라.

세상에는 다양한 사람들이 살고 있다. 이 가운데 상당수는 서로 다른 것들을 중요하게 생각한다. 공통된 가치관에 대해 어떤 사람과 생각이 다르다면 계속 관계를 맺을 가치가 있는지 생각해보라. 공통된 가치관이 없다면 해로운 결과나 큰 어려움으로 이어지고, 결과적으로 헤어지게 될 것이다. 이런 결과가 예상된다면 사전에 모든 것을 차단하는 것이 좋다.

5 신뢰도에 가중치를 두는 결정을 하라

일반적인 조직에서 대부분의 결정은 지시하는 경향이 강한 리더에 의해 독재적으로 내려진다. 아니면 모든 사람이 의견을 제시한 후 가장 많은 지지를 받은 의견이 실행되는 민주주의적 방식을 따른다. 이 두 가지 방식은 모두 좋지 않은 결과를 생산한다. 최선의 결정은 신뢰도에 가중치를 두는 아이디어 성과주의 방식에서 나와야 한다. 아이디어 성과주의에서는 가장 능력 있는 사람들이 무엇이 진실이고 어떻게 해야 하는가에 대해 독립적으로 생각하는 유능한 사람들과 견해 차이를 해소하는 방식으로 결정을 내리기 때문이다.

능력이 부족한 의사결정권자보다 능력 있는 의사결정권자들의 생각에 더 큰 비중을 두는 것이 좋다. 우리는 이것을 신뢰도 가중치believability weighting라고 부른다. 그렇다면 누가 무엇에 능력이 있는지는 어떻게 결정할까? 가장 신뢰도가 높은 의견은 1) 논의됐던 문제를 계속해서 성공적으로 해결하고, 2) 결론을 뒷받침하는 인과관계를 논리적으로 설명할 수 있다는 것을 여러 차례 증명한 사람들의 의견이다. 신뢰도 가중치를 적용하는 방식이 지속적으로 올바르게 실행되면 가장 공정하고 효율적인 의사결정 시스템이 될 수 있다. 이 방식은 최선의 결과를 산출할 뿐만 아니라 결정에 동의하지 않는 사람들도 그 결정을 지지할 수 있기 때문에 지속적으로 협력을 유지할 수 있다.

하지만 이렇게 되기 위해서는 신뢰도를 만드는 기준이 객관적이고, 모든 사람의 지지를 받아야 한다. 브리지워터에서는 직원들의 경험과 경력을 기록하고 평가하는 야구카드와 도트 컬렉터 같은 도구들을 활용해 사람들의 신뢰도를 체계적으로 관리하고 측정한다. 각종 회의에서 우리는 정기적으로 도트 컬렉터 앱을 통해 다양한 문제들에 대해 투표한다. 도트 컬렉터는 직원들의 투표와 함께 동일 가중치의 평균값과 신뢰도 가중치의 결과를 보여준다.

일반적으로 동일 가중치의 평균과 신뢰도 가중치의 투표가 일치하면 우리는 문제가 해결됐다고 생각하고 다음 문제로 넘어간다. 만일 두 투표 결과가 일치하지 않으면 다시 문제 해결을 위해 노력한다. 그래도 해결할 수 없으면 신뢰도 투표의 결과를 따른다. 어떤 경우에는 어떤 종류의 결정인가에 따라 한 사람의 책임 당사자Responsible Party가 신뢰도 가중치 투표를 이길 수도 있다. 또 다른 경우에는 신뢰도 가중치 투표가 책임자의 결정을 대체할 수도 있다. 하지만 의견 충돌이 발생할 경우 대부분은 신뢰도 가중치 투표가 우선적으로 고려된다. 책임 당사자가 가중치 투표를 번복할 수 있는 경우에도 결정을 뒤집기 전에 갈등을 해결할 의무는 책임 당사자에게 있다. 내가 브리지워터에서 일했던 지난 40여 년 동안 신뢰도 가중치 결정에 반대되는 결정을 내린 적이 없다. 비록 내 생각이 최고라고 집요하게 주장했지만, 신뢰도 가중치에 입각한 결정을 뒤집는 것은 오만하고 아이디어 성과주의 정신에 반하는 것이라고 생각했다.

이런 과정이 실제로 어떻게 작동하는지 예를 들어 설명해보자. 2012년 봄에 우리 연구팀은 유럽의 채무위기가 심각해지면 어떤 일이 벌어질 것인가에 대한 의견 충돌을 해결하기 위해 신뢰도 가중치에 따른 결정방식을 활용했다. 당시에 이탈리아, 아일랜드, 그리스, 포르투갈, 스페인 정부의 채무는 지불 능력을 훨씬 초과하는 수준에 도달했었다. 우리는 유럽중앙은행이 전례 없는 수준으로 각국 정부의 국채를 매입하거나 아니면 국가 부도나 유로존이 파산에 이를 정도로 채무위기가 악화되도록 방치해야 한다는 것을 알고 있었다. 독일은 구제금융을 단호하게 반대했다. 이 국가들과 유로존의 경제적 운명은 유럽중앙은행 총재인 마리오 드라기 Mario Draghi가 어떤 조치를 취하는가에 달려 있었다. 그렇다면 드라기는 어떤 조치를 취할 것인가?

체스 경기에서 선수들이 자신의 한 수 한 수가 경기에 미치는 영향을 시각적으로 분석하는 것처럼, 우리는 모든 상황에서 상황을 분석했다. 우리는 모든 각도에서 상황을 분석했다. 수많은 토론을 벌인 끝에 우리의 의견은 두 갈래로 나뉘었다. 절반은 유럽중앙은행이 돈을 찍어 각국의 채권을 살 것이라고 생각했고, 다른 절반은 독일의 유로존 탈퇴가 더 큰 위험에 빠뜨릴 것이기 때문에 그렇게 하지 않을 것이라고 생각했다. 신중하고 공개적인 의견 교환은 반드시 필요하지만, 최고의 결정을 내리기 위해 합의된 방식으로 견해 차이를 해소하는 것도 중요하다. 그래서 우리는 교착 상태를 해결하기 위해 신뢰도 가중치 시스템을 활용하기로 했다.

우리는 도트 컬렉터라는 도구도 활용했다. 도트 컬렉터는 사람들의 사고방식 차이에서 의견 불일치의 원인을 찾아내 신뢰도를 근거로 이를 해결할 수 있도록 도와준다. 사람들은 특정한 주제에 대한 전문성, 창의성, 종합하는 능력 등 다양한 분야에서 서로 다른 신뢰도 가중치를 가지고 있다. 이런 점들은 동료의 평가와 다양한 검사 결과를 종합해 결정된다. 이런 특성들을 검토하고 어떤 사고 능력이 현재 상황에 가장 필요한 것인지 파악함으로써 최고의 결정을 내릴 수 있다.

유럽중앙은행의 조치와 관련된 사례의 경우 우리는 주제의 전문성과 종합하는 능력을 기준으로 신뢰도 가중치 투표를 도입했다. 도트 컬렉터를 활용한 결과, 신뢰도가 높은 사람들은 드라기 총재가 독일의 요구를 거부하고 돈을 찍어낼 것이라고 생각한다는 사실이 분명해졌다. 그래서 우리는 그에 따른 대책을 준비했다. 며칠 뒤에 유럽의 정책결정자들은 정부 채권을 무제한으로 사들이겠다는 계획을 발표했고, 우리의 예상은 적중했다.

신뢰도 가중치 결정 방식의 해법이 언제나 최선인 것은 아니다. 하지만 우리는 신뢰도 가중치 투표를 활용하는 방식이 상사의 개인적인 해법이나 동일한 가중치를 주는 투표 방식보다 적중할 확률이 더 높다는 사실을 깨달았다.

가장 중요한 것은 당신이 신뢰도 가중치 방식의 체계화된 절차와 기법을 활용할 것인지 아닌지가 아니라 신뢰도 가중치 결정 방식의 개념을 이해하는 것이다. 결정을 내려야 할 경우 자신과 팀을 냉정하게 평가하고, 누가 가장 올바르게 판단할 가능성이 높은지에 대해 생각하라. 이런 방식을 채택하면 당신은 그렇게 하지 않을 때보다 더 좋은 결정을 내릴 수 있을 것이라고 확신한다.

5.1 효율적인 아이디어 성과주의를 수립하려면 개인의 아이디어 가치를 이해해야 한다.

가치에 서열을 두는 것은 아이디어 성과주의의 취지와 일치할 뿐만 아니라 아이디어 성과주의를 위해 반드시 필요하다. 모든 사람이 항상 모든 것에 관해 토론하고, 모든 목표를 달성하는 것은 불가능하다. 모든 사람을 똑같이 대우하는 것은 진실을 향해 가는 것이 아니라, 멀어질 가능성이 높다. 하지만 모든 견해는 개방적인 관점에서 고려되어야 한다. 물론 그 의견을 주장하는 사람들의 과거 경력과 경험도 적절하게 반영되어야 한다.

우리가 베이브 루스Babe Ruth로부터 야구하는 방법을 배우고 있다고 가정해보자. 야구를 해본 경험이 없는 한 사람이 그가 타격에 대해 말하는 것을 계속해서 방해한다고 생각해보자. 사람들의 경험과 과거 경력을 무시하는 것이 단체의 발전에 도움이 될까, 아니면 해가 될까? 사람들의 신뢰도 수준은 모두 다르기 때문에 모든 견해를 동일하게 취급하는 것은 조직에 해가 될 뿐만 아니라 어리석은 일이다. 가장 생산적인 접근법은 루스가 방해받지 않고 가르치도록 한 후, 그다음에 질문할 시간을 주는 것이다. 하지만 나는 새로운 타자에게 베이브 루스가 위대한 장타자였다는 이유만으로 그의 말을 그대로 받아들이지 말라고 충고할 것이다. 원칙을 그대로 받아들이는 것보다 원칙을 이해하는 것이 중요하기 때문이다. 내가 새로운 타자라면 진실을 발견했다고 확신할 때까지 루스에게 계속 질문할 것이다.

a. 어떤 것을 성공적으로 완수할 수 없다면 다른 사람에게 어떻게 하라고 말할 생각도 하지 마라.

나는 어떤 일에 계속 실패했던 사람들이 지속적으로 성공한 사람들과 의견이 다를 때 어떻게 해야 하는가에 대해 자신들의 의견을 강하게 고집하는 것을 본 적이 있다. 이것은 어리석고 오만한 행동이다. 이들은 의견을 고집하는 대신 질문하고, 비타협적인 태도에서 벗어나기 위해 신뢰도 가중치 투표 방식을 추진해야 한다.

b. 모든 사람은 각자의 의견을 가지고 있으며, 좋지 않은 의견도 많다는 것을 기억하라.

의견은 쉽게 말할 수 있다. 모든 사람이 많은 의견을 가지고 있고, 대부분의 사람은 의견을 공유하고 싶어 한다. 자신의 생각을 주장하며 싸움도 불사한다. 하지만 불행하게도 당신의 의견을 포함해 많은 의견이 가치가 없고 심지어 위험하다.

5.2 당신과 생각이 다른
가장 믿을 수 있는 사람을 찾아라.
그리고 그들의 생각을 이해하려고 노력하라.

당신의 생각에 동의하지 않지만 믿을 수 있는 사람과 열린 마음으로 대화를 하는 것은 당신이 옳을 가능성을 높인다. 또한 무엇인가를 배울 수 있는 가장 빠른 방법이다.

a. 사람들의 의견이 좋을 가능성을 평가하기 위해 그들의 신뢰도에 대해 생각하라.

개방적인 사고를 하는 것은 도움이 되지만, 동시에 통찰력을 갖추어야 한다. 목표를 추구하는 과정에서 내린 결정에 의해 삶의 질이 좌우된다는 것을 기억하라. 훌륭한 결정을 내리는 최선의 방법은 당신보다 더 많은 것을 알고 있는 사람들과 당신의 생각을 비교하는 방법을 배우는 것이다. 따라서 당신의 생각을 누구와 비교할지에 관한 통찰력을 기르고, 그 방법을 숙지하라.

가장 힘든 문제는 당신이 듣게 될 많은 의견 가운데 상당수가 별로 가치가 없다는 것을 깨닫는 것이다. 동시에 효율적으로 결정을 내리기 위해 무엇이 진실인지 정확히 이해하려고 노력하는 것이다. 사람들의 신뢰도에 대해 생각하라. 신뢰도는 사람들의 능력과 그들의 생각에 대해 말하려는 의지가 서로 작용한 결과이다. 그들의 과거 경력을 잘 기억하라.

b. 신뢰할 수 있는 의견들은 1) 최소한 3번 이상 논란이 된 문제를 성공적으로 해결한 사람과 2) 좋은 결과를 이끌어낸 인과관계에 대해 설득력 있게 설명할 수 있는 사람들로부터 나올 가능성이 크다.

이 두 가지를 갖추지 않으면 믿을 수 없는 사람, 하나만 가지고 있으면 어느 정도 믿을 수 있는 사람, 그리고 두 가지 모두를 가지고 있으면 가장 믿을 수 있는 의견을 가진 사람으로 분류하라. 특히 경험이 없는 입장에서 비평하는 사람들이나 논리가 없는 사람들을 조심하라. 이들은 자신은 물론 다른 사람들에게도 위험한 존재이다.

c. 어떤 사람이 논리적이고 검증 가능한 이론을 가지고 있지만 경험이 없다면 확실히 검증하라.

당신이 확률 게임을 하고 있다는 것을 잊지 마라.

d. 결론보다 그 결론으로 이끈 사람들의 논리에 더 많은 관심을 가져라.

회의에서 논의는 결론으로 이끈 논리를 분석하는 것이 아니라, 공통적인 결론을 가진 사람들에 의해 주도되는 것이 일반적이다. 그 결과 자신감 있게 말하는 나쁜 의견들이 과도하게 넘쳐난다.

e. 경험이 적은 사람들도 훌륭한 아이디어를 생각해낼 수 있고, 때로는 경험이 많은 사람들보다 아이디어가 훨씬 더 뛰어난 경우도 있다.

경험이 많은 사람들은 과거 자신들의 방식에 갇혀 있는 경우가 있다. 귀를 열고 다른 사람들의 의견을 잘 청취하면, 경험이 미숙한 사람이 타당성 있는 생각을 말할 때 이를 알아볼 수 있다. 어떤 사람이 노래를 잘하는지 못하는지 알 수 있는 것처럼 많은 시간이 걸리지 않는다. 어떤 사람이 노래를 얼마나 잘 부르는지 알고 싶다면 노래 몇 소절만 들어보면 된다. 추론도 마찬가지다. 어떤 사람이 추론을 잘할 수 있는지 파악하는 데에는 많은 시간이 걸리지 않는다.

f. 모든 사람은 자신의 생각에 얼마나 확신이 있는지에 대해 솔직해야 한다.

의견은 단지 의견일 뿐이다. 단호한 확신이 그 분야에서 훌륭한 과거 실적을 가지고 있는 사람으로부터 나온 것이라면 확실하게 제시되어야 한다.

5.3 당신이 교사, 학생 또는 동료 가운데
어떤 역할을 하고 있는지 생각해보라.

당신이 가르치고 있는지, 질문하고 있는지, 아니면 토론하고 있는지에 대해 생각해보라. 사람들은 효과적으로 대응하는 방법을 모르거나 생각해보지 않았기 때문에 의견이 일치하지 않을 때 격하게 반응하는 경우가 많다. 생각나는 대로 말하고 언쟁을 벌인다. 모든 사람이 모든 것을 이해해야 하는 권리나 의무가 있는 것은 아니지만, 대화에 대한 기본적인 규칙은 지켜야 한다. 이런 규칙들과 규칙을 준수하는 방법은 당신의 신뢰도에 따라 달라진다. 예를 들어 잘 모르는 사람이 더 많이 아는 사람에게 어떻게 하라고 이야기하는 것은 효율적이지 않다. 자신의 생각에 대한 주장과 개방적인 사고 사이에서 대화의 주제는 상대적인 이해의 수준에 기초해 균형을 유지하는 것이 중요하다.

당신의 의견에 반대하는 사람이 당신보다 신뢰도가 더 높은 사람인지 아닌지에 대해 생각해보라. 당신이 신뢰도가 더 떨어진다면 학생이 되어야 하고, 더 열린 마음을 가져야 한다. 그리고 더 많이 아는 사람의 논리를 이해하기 위해 주로 질문해야 한다. 당신이 더 신뢰도가 높은 사람이면 교사로서 지식을 전해주고 질문에 답하는 역할을 주로 해야 한다. 그리고 신뢰도가 비슷한 동료라면 동등하게 서로 생각을 주고받으면 된다. 누가 더 신뢰할 수 있는 사람인지에 대한 의견이 일치하지 않으면 합리적으로 해결하라. 혼자 힘으로 이 문제를 해결할 수 없을 경우 양자가 합의한 제3자에게 도움을 요청하라.

이해력을 높이기 위해 다른 사람의 눈을 통해 사물을 보려고 노력하라. 토론의 당사자들은 토론의 목적이 진실을 파악하는 것이지, 어떤 사람이 옳거나 틀리다는 것을 증명하는 것이 아니라는 것을 유념해야 한다. 그리고 논리와 증거를 기초로 기꺼이 생각을 바꾸어야 한다는 점을 명심하라.

a. 두 가지가 모두 중요하지만 교사가 학생을 이해하는 것보다 학생이 교사를 이해하는 것이 중요하다.

신뢰도가 떨어지는 사람(학생)이 신뢰도가 높은 사람(교사)에게 자신의 생각을 이해시키고, 교사가 하는 이야기를 듣기 전에 교사가 틀린 이유를 증명하겠다고 주장하는 경우를 자주 보아왔다. 이것은 거꾸로 된 것이다. 학생의 생각을 설명하는 것이 도움이 될 수 있다. 하지만 일반적으로 이것은 시간이 많이 걸리고 어려운 데다, 교사가 이야기하고 싶은 것 대신 학생이 알고 있는 것을 강조하는 것이다. 이런 이유로 학생이 먼저 개방적인 사고를 해야 한다는 것이 우리의 원칙이다. 학생이 교사가 제안하는 것을 일단 받아들이면, 학생과 교사 모두 학생의 생각을 이해할 준비가 된 것이다. 이런 방식으로 견해 차이를 줄이는 것이 훨씬 더 시간이 절약되고 효율적이다. 다음 원칙도 여기서 출발한다.

b. 모든 사람에게는 중요한 것들을 이해해야 하는 권리와 책임이 있지만, 겸손함과 개방적인 사고방식으로 그렇게 해야 한다.

신뢰도가 떨어진다면 겸손과 개방적인 사고방식을 가지고 학생으로 출발하라. 이해를 못 하는 사람이 당신이어야 할 이유는 없지만, 다른 사람의 눈을 통해 문제를 볼 때까지 그렇다고 생각하라. 문제를 여전히 이해할 수 없고 교사도 이해하지 못한다고 생각된다면 신뢰할 수 있는 다른 사람에게 도움을 청하라. 여전히 합의에 도달할 수 없다면 당신이 틀렸다고 가정하라. 반대로 믿을 수 있는 많은 사람에게 당신의 생각에 대해 확신을 심어줄 수 있다면, 신뢰할 수 있는 사람들의 도움을 받아 당신의 생각을 결정권자가 받아들이도록 해야 한다. 보고 체계에서 서열이 더 높은 사람들은 최고의 아이디어를 얻기 위해 기대 가치를 기준으로 분류한다는 사실을 기억하라. 또 그들에게 자신의 생각을 이야기하고 싶어 하는 사람들도 더 많다. 그래서 높은 지위에 있는 사람들은 시간 제약으로 인해 확률에 기댈 수밖에 없다. 당신의 생각을 지지하는 신뢰할 수 있는 사람들에 의해 검증받았다면 다른 사람들도 경청할 확률이 높다. 반대로 보고 체계의 상위에 있는 사람들은 하위에 있는 사람들과 어떤 것이 합리적인지에 대해 의견을 일치시키려는 목표를 달성하기 위해 노력해야 한다. 합리적인 것을 지지하는 사람이 많아질수록 사람들은 더 헌신하고 더 유능해질 것이다.

5.4 사람들이 어떻게 의견을 생각해내는지 이해하라.

우리의 뇌는 컴퓨터와 비슷하게 일한다. 데이터를 투입하면 프로그램된 대로 처리한다. 당신의 의견은 데이터와 이에 대한 처리 또는 추론이라는 두 가지 요소로 구성돼 있다. 어떤 사람이 "나는 X를 믿는다."고 말할 때 그들에게 "어떤 데이터를 보고 있는가? 결론을 끌어내기 위해 어떤 추론을 사용하고 있는가?"라고 물어보라. 처리되지 않은 생각이나 의견을 다루는 것은 모든 사람을 혼란스럽게 만든다. 의견이 어디에서 나오는지 이해하는 것은 진실을 찾는 데 도움이 된다.

a. 어떤 사람에게 질문하면 자신의 답을 줄 것이다. 따라서 누구에게 질문할 것인가에 대해 충분히 생각하라.

어떤 사람들은 정보가 없거나 믿을 수 없는 사람들에게 질문하고, 그들이 믿고 있는 답을 받아낸다. 이것은 종종 답을 모르는 것보다 더 나쁜 결과를 가져온다. 이런 실수를 저질러서는 안 된다. 누가 올바른 질문의 대상인지 신중하게 생각하라. 그 사람의 신뢰도에 의심이 간다면 다른 사람을 찾아라.

당신 자신도 마찬가지다. 어떤 사람이 당신에게 질문하면 자신이 답을 주기에 적합한 사람인지 먼저 생각해보라. 신뢰할 수 없다면 질문에 대한 당신의 생각을 공유하거나 말해서는 안 된다. 의견이나 질문을 토론하고 싶은 문제를 담당하는 책임 당사자들에게 보내라. 다른 사람들의 의견이 타당성이 있다고 생각하면 자유롭게 그들을 포함시켜라. 하지만 의사결정권은 궁극적으로 그 문제에 대해 책임을 지는 사람에게 있다는 것을 인정하라.

b. 모든 사람이 무작위로 다른 사람들을 탐구하도록 하는 것은 비생산적이며, 시간 낭비이다.

제발 책임이 없는 사람들에게 질문하지 마라. 더 나쁜 것은 아무한테나 질문하는 것이다.

c. "나는 …라고 생각한다 I think that…."는 표현에 주의하라.

단지 어떤 사람이 그렇게 생각한다는 것이 사실을 의미하지 않는다. "나는 …라고 생각한다."는 표현에 대해 회의적으로 생각하라. 대부분의 사람은 자신을 정확하게 평가할 수 없다.

d. 사람들의 성과를 체계적으로 파악함으로써 신뢰도를 평가하라.

매일 새로운 하루가 시작되는 것은 아니다. 시간이 지나면서 증거들이 쌓이고, 증거를 통해 어떤 사람들이 믿을 수 있는지 알 수 있다. 과거의 성과는 중요하다. 브리지워터에서는 야구카드와 도트 컬렉터 같은 도구들을 활용해 모든 사람의 과거 실적을 검증할 수 있다.

5.5 의견 차이는 효율적으로 해결해야 한다.

의견 차이를 해소하려면 오랜 시간이 걸린다. 그래서 다른 의견들이 적극 권장되는 아이디어 성과주의는 잘 관리되지 않으면 제대로 작동하지 않을 수 있다고 생각할 수 있다. 교사가 생각을 먼저 말하고 질문을 받는 대신 학생들에게 개별적으로 어떻게 생각하는지 물어보고 토론하는 방식으로 학급을 운영한다면 얼마나 비효율적일지 상상해보라. 다른 생각을 가진 사람들은 이런 사실을 명심하고, 효율적으로 이의를 제기하기 위한 도구를 활용하고 원칙을 지켜야 한다.

a. 언제 논쟁을 중단하고 대책에 대한 논의를 시작해야 하는지 알아야 한다.

나는 중요한 문제에 동의한 사람들이 작은 문제에 대해 몇 시간 동안 논쟁하면서 시간을 낭비하는 것을 종종 목격한다. 작은 것을 완벽하게 하는 것보다 중요한 문제를 잘 처리하는 것이 더 중요하다. 하지만 어떤 문제에 대한 중요성에 관해 의견이 다를 경우 토론을 진행해야 한다. 그렇게 하지 않으면 누군가(일반적으로 사장)에게 거부권을 주게 될 것이다.

b. 신뢰도 가중치를 책임 당사자의 결정을 대신하는 것이 아니라 결정의 도구로 활용하라.

신뢰도 가중치 방식의 의사결정은 책임 당사자의 결정에 문제를 제기하거나 결정을 보완하는 방법이지 결정을 무효로 만들기 위한 것이 아니다. 브리지워터에는 현재 시스템이 존재하기 때문에 모든 사람의 의견을 제시할 수 있다. 하지만 사람들의 신뢰도는 과거 실적, 검사 결과 그리고 다른 자료에 근거한 증거를 통해 가중치가 주어진다. 책임 당사자들은 자신들이 책임을 지는 조건 아래에서만 신뢰도 가중치 투표를 무시할 수 있다. 신뢰할 수 있는 사람들의 합의 대신 자신의 의견을 선택하는 경우 의사결정권자는 결과에 의해 옳고 그름이 입증될 대담한 선언을 하는 것이다.

c. 모든 사람의 의견을 면밀히 살펴볼 시간이 없기 때문에 신뢰할 수 있는 사람을 현명하게 선택하라.

최고의 결과를 성취하려고 노력하고, 공개적으로 다른 의견을 주장하고, 자신의 추론을 기꺼이 검증할 수 있도록 신뢰할 수 있는 3명을 선택하는 것이 가장 좋다. 물론 3명이라는 숫자는 절대적인 것이 아니다. 더 많을 수도 있고 적을 수도 있다. 이상적인 사람의 수는 활용할 수 있는 시간, 결정의 중요성, 당신과 다른 사람들의 의사결정 능력을 얼마나 객관적으로 평가할 수 있는지 그리고 많은 사람에게 결정의 이유를 이해시키는 것을 얼마나 중요하게 생각하는가에 달려 있다.

d. 당신이 결정의 책임자일 경우 다수의 신뢰도 가중치 결정을 당신의 믿음과 비교하라.

양자가 서로 일치하지 않을 때 의견 차이를 해소하기 위해 열심히 노력해야 한다. 신뢰도에 가중치를 둔 합의에 반대되는 결정을 내리려고 한다면 결정을 내리기 전에 매우 신중하게 생각해야 한다. 당신이 틀릴 가능성도 있다. 하지만 설사 당신이 옳더라도 절차를 무시했다는 이유로 존경심을 잃을 수도 있다. 견해 차이를 해소하기 위해 열심히 노력해야 하고, 그래도 합의를 이끌어낼 수 없다면 당신이 동의하지 않는 것이 무엇인지 정확하게 말할 수 있어야 한다. 그리고 잘못됐을 경우의 위험을 이해하고 다른 사람들에게 그 이유와 논리를 명확하게 설명할 수 있어야 한다. 이런 것을 할 수 없다면 당신의 판단을 유보하고 신뢰도 가중치 투표를 실시하라.

5.6 모든 사람에게는 중요한 문제를 이해하기 위해 노력할 권리와 책임이 있다는 것을 인정하라.

당신과 생각이 다른 사람이 당신과 같은 방식으로 생각할 때까지 천천히 문제를 해결하도록 요구하는 선택에 직면하는 순간이 올 것이다. 아니면 타당성이 없는 생각에 동의해야 하는 선택에 직면하게 되는 순간도 있을 것이다. 중요한 어떤 것에 대해 서로 생각이 다를 경우에는 첫 번째 선택을 따르기를 권한다. 중요한 결정이 아니라면 두 번째 방법을 따르라. 당신의 대화 상대가 조급해질 수 있기 때문에 첫 번째 방법이 곤란해질 때도 있다. 이런 상황을 피하려면 단순하게 "내가 머리가 나쁘다. 하지만 이걸 이해해야 하니까 천천히 진행하자."고 말하는 것이 좋다.

사람들이 언제나 자유롭게 질문해야 하고, 열린 마음으로 토론에 참여해야 한다는 의무를 기억하라. 합의에 도달하지 못하거나 논점을 이해할수 없다면 당신의 주장을 기록하여 다른 사람들에게 전달하고, 그들이 결정하도록 하라. 물론 당신은 아이디어 성과주의 방식의 조직에서 일하고있다는 사실을 기억하고, 자신의 신뢰도에 주의를 기울여야 한다.

a. 최선의 답을 찾는 것이 목적인 의사소통에는 관련성이 높은 사람들을 포함시켜야 한다.

참고로 가장 관련성이 높은 사람들은 관리자, 직접 보고받는 상사 그리고 양측이 인정하는 전문가들이다. 이들은 논의 중인 문제에 대해 가장 많은 정보를 알고 있고, 결과에 가장 큰 영향을 준다. 그래서 견해 차이를 해소하는 데 있어 가장 중요한 당사자들이다. 합의를 이루지 못하면 문제를 적절한 사람들에게 보고함으로써 논의를 격상시킬 수 있다. *

b. 교육이나 단결이 목적인 의사소통에서는 최선의 답을 구하는 것보다 폭넓은 범위의 사람들을 포함시켜야 한다.

경험이 적고 신뢰도가 낮은 사람들은 문제를 결정하는 데 반드시 필요하지 않을 수도 있다. 하지만 문제와 관련되어 있는 그들과 견해 차이가존재한다면 장기적으로 이해의 부족은 조직의 사기와 효율성을 떨어뜨릴 가능성이 높다. 이것은 신뢰할 수 없고 자신의 생각을 강하게 주장하는 사람들일 경우(최악의 조합)이다. 그들과 견해 차이를 해소하지 못하면

---

* 가장 적합한 사람들은 양자가 모두 보고하는 사람(조직도에서 피라미드의 가장 높은 곳에 있는 사람) 또는 훌륭한 중재자라고 양측이 모두 인정하는 사람이다.

그들의 잘못된 정보가 은밀하게 유통될 것이다. 반대로 당신이 기꺼이 도전을 즐긴다면 공개적으로 비판하는 환경이 조성될 것이다.

c. 당신이 모든 것에 대해 판단할 필요가 없다는 점을 인식하라.

누가 어떤 것에 대해 책임을 지고 있는지, 당신은 그 문제에 대해 얼마나 많은 것을 알고 있는지 그리고 당신의 신뢰도는 어떤지 생각해보라. 당신이 전혀 모르는 것에 대해 의견을 주장하지 마라.

5.7 의사결정 체계가 당신의 방식보다 공정한지에 대해 더 많은 관심을 가져라.

조직은 공동의 가치관과 목표를 가진 공동체이다. 조직의 사기와 조직을 원활하게 운영하는 것이 옳음에 대한 당신의 욕구보다 언제나 우선되어야 한다. 당신이 틀릴 수도 있기 때문이다. 의사결정 체계가 지속적으로 잘 관리되고 객관적 기준에 토대를 두고 있는 아이디어 성과주의는 조직 구성원 개인의 행복보다 더 중요하다. 그 사람이 당신이어도 마찬가지다.

6 견해 차이를 극복하는 방법을 배워라

양쪽이 모두 만족하는 방식으로 해결되는 분쟁은 거의 없다. 당신의 집 마당으로 넘어온 나무 때문에 이웃과 언쟁을 벌이고 있다고 상상해보라. 나무를 제거할 책임이 누구에게 있을까? 장작은 누구의 것일까? 손해에 대해서는 누가 배상해야 할까? 혼자 이 문제를 해결하지 못할 경우에는 무엇이 진실이고, 어떻게 대응해야 하는지 결정하기 위해 법이 정한 절차와 규정을 따라야 한다. 법적인 판결이 나오면 당신이 원하는 것을 얻지 못해도 모든 것이 끝난다. 인생은 그런 것이다.

브리지워터에서 우리의 원칙과 정책도 기본적으로 동일하게 작동한다. 조금 덜 공식적이지만 법원에서 하는 방식과 비슷하게 분쟁을 해결하는 방법을 제공한다. 사람들에게 독립적으로 생각하고, 진실이라고 믿는 것을 위해 투쟁하라고 독려만 할 수 없기 때문에 이런 절차는 아이디어 성과주의에서 반드시 필요하다. 여기에 더해 의견 차이를 극복하고 앞으로 나아가는 방법도 제시해야 한다.

브리지워터에서는 다른 기업보다 사려 깊은 논쟁이 많이 벌어지기 때문에 이런 절차를 잘 관리하는 것이 매우 중요하다. 의견이 서로 다른 사람들은 대부분의 경우 해법을 찾는다. 하지만 무엇이 진실이고 무엇을 해야 하는지에 대해서는 합의하지 못하는 경우가 많다. 이런 경우에 우리는 신뢰도 가중치 투표 절차에 따라 판단을 내린다. 아니면 책임 당사자가 투표 결과에 반대해 자신의 방식대로 하기를 원하고, 그렇게 할 능력이 있다면 우리는 그것을 수용하고 그대로 진행한다.

우리의 아이디어 성과주의에 참여하는 사람들은 분쟁을 조정하기 위해 법정의 절차와 판결을 따르는 것처럼 우리의 정책과 절차 그리고 그에 따른 결과를 준수해야 한다. 이를 위해서는 자신의 주장과 자신을 분리해야 하고, 자신의 생각대로 결정이 내려지지 않더라도 화를 내지 않아야 한다. 합의된 방법을 지키지 않는다면 다른 의견을 가진 사람들이나 아이디어 성과주의에 대해 불만을 제기할 권리도 없다. 매우 드물지만 우리의 원칙, 정책 그리고 절차가 의견 차이를 해소하지 못하는 경우 브리지워터의 모든 사람에게는 절차를 더 분명하게 만들고 개선시키기 위해 해당 사례에 대해 이의를 제기해야 하는 책임이 있다.

6.1 원칙은 합의에 의해 무시될 수 없다는 점을 기억하라.

원칙은 법과 비슷하다. 당신과 다른 사람이 법을 어기기로 합의했다고 해서 법을 어길 수는 없다. 공개적으로 주장하고 책임을 져라. 그렇지 않으면 조직을 떠나야 한다는 사실을 기억하라. 원칙이 문제나 갈등을 해결하는 적절할 방법을 제공하지 못한다고 생각하면, 당신은 원칙을 바꾸기 위해 싸워야 한다.

a. 동일한 행동 기준이 모든 사람에게 적용되게 하라.

갈등이 발생할 때마다 양쪽이 모두 동일한 수준의 정직성을 가지고 있고, 개방적인 사고를 하며 똑같이 배려심이 있다고 생각해야 한다. 판정을 내리는 사람들은 양쪽 모두에게 동일한 기준을 적용하고, 기준과 일치하는 피드백을 제공해야 한다. 하지만 다양한 이유 때문에 피드백이 적절하게 균형 잡히지 않은 사례(책임을 분산시키기 위해 강자에게 더 높은 기준을 적용하는 것)를 종종 보아왔다. 이것은 잘못된 것이다. 잘못을 한 사람이 가장 강한 비난을 받아야 한다. 이런 방식으로 조직을 운영하지 않으면 사람들은 문제가 자신들 때문에 발생한 것이라고 생각하지 않는다. 또는 양쪽에게 똑같이 책임이 있다고 생각한다. 물론 잘못에 대한 책임은 효과를 최대화하기 위해 감정적인 방법이 아니라 조용하고 분명하게 전달되어야 한다.

6.2 사람들이 불만을 제기하고 조언하고 공개적으로 토론할 권리를 결정권과 혼동하지 마라.

모든 사람이 모든 사람에게 보고해야 하는 것은 아니다. 책임과 권한은 능력에 대한 평가를 기초로 개인에게 주어진다. 사람들에게는 결과를 성취하는 데 필요한 권한이 주어지고, 원하는 결과를 얻기 위해 자신의 능력에 대한 책임을 져야 한다. 동시에 자신이 보고해야 하는 사람과 자신에게 보고하는 사람들로부터 가혹한 검증을 받을 것이다. 우리가 권장하는 도전과 탐구는 모든 결정을 비판하기 위한 것이 아니라 업무의 질을 개선하기 위한 것이다. 독립적인 사고와 솔직한 토론의 궁극적 목표는 결정권자에게 대안적 관점을 제공하는 것이다. 이것은 의사결정 권한

이 이런 관점을 검증하는 사람들에게 이전된다는 의미는 아니다.

a. 어떤 결정이나 의사결정권자에게 이의를 제기할 때 폭넓은 맥락에서 생각하라.

개인들의 결정을 가능한 한 넓은 맥락에서 보는 것이 중요하다. 예를 들면 이의 제기를 받은 책임 당사자가 미래에 대한 계획을 가지고 있고, 논란이 되는 결정이 전체적인 계획의 작은 부분을 포함하고 있다면 그 결정은 더 큰 계획의 전체적인 맥락에서 평가하고 토론되어야 한다.

6.3 중요한 갈등을 미해결 상태로 두지 마라.

단기적으로 갈등을 피하는 것은 쉽지만, 장기적으로 그 결과는 상당히 파괴적이 될 수 있다. 갈등은 해결되는 것이 중요하다. 피상적인 타협이 아니라 중요하고 정확한 결론을 통해 해결되어야 한다. 대부분의 경우 이런 과정은 결정의 질을 높이고 갈등을 공개적으로 해결하는 문화를 퍼뜨리기 위해 관련 당사자들(경우에 따라서는 조직 전체)에게 투명하게 공개되어야 한다.

a. 중요한 문제에 대한 합의가 구속력이 있을 때 작은 문제들이 분열을 조장하도록 해서는 안 된다.

크고 중요한 문제를 중심으로 합의하고 단결했던 거의 모든 집단은 덜 중요한 작은 문제로 다투게 되고 결국 적으로 변한다. 이런 현상은 작은 차이에 대한 자기도취 때문이다. 개신교와 가톨릭을 예로 들어보자. 두 종교 모두 예수를 믿지만 이들 가운데 일부는 수백 년 동안 싸움을 멈추지 않았다. 사람들은 양자의 차이를 명확하게 알지 못한다. 또한 그 차이를 알고 있는 사람들의 대부분은 하나로 묶어주는 중요한 것에 비해 차이점이 사소하다고 생각한다. 예전에 나는 한 가족이 추수감사절 저녁에 누가 칠면조를 자를 것인가를 놓고 돌이킬 수 없는 싸움을 하는 것을 본적이 있다. 이런 작은 차이에 집착하지 마라. 어느 누구도, 어떤 것도 완벽하지 않다. 당신은 운이 좋아서 대체로 좋은 관계를 유지하고 있다고 생각하라. 큰 그림을 보라.

b. 논쟁에 갇혀 있지 마라. 윗사람에게 넘기거나 투표로 해결하라.

개방적 사고와 자신의 생각에 대한 적극적인 주장을 통해 대부분의 의견 충돌을 해결할 수 있다. 의견 충돌을 해결하지 못하거나 일대일 논쟁이라면 양자가 합의한 믿을 수 있는 사람에게 중재를 요청하라. 모든 조건이 동일하다면 중재자는 보고 체계에서 높은 지위에 있는 사람이어야 한다. 만약 집단이 합의에 도달하지 못할 경우 회의를 책임지고 있는 사람이 신뢰도 가중치 투표를 해야 한다.

6.4 일단 결정이 내려지면
개인적으로 동의하지 않더라도
모든 사람의 결정을 지지해야 한다.

원하는 것을 얻지 못한 사람들이 단체를 위해 일하지 않고 계속해서 싸움만 하는 의사결정 집단은 실패할 확률이 높다. 기업이나 조직 그리고 정치 체제와 국가에서도 이런 현상이 벌어진다. 나는 사람들이 좋아하지 않는데도 좋아하는 것처럼 행동하거나, 미래에 그 문제를 다시 논의해서는 안 된다고 말하는 것이 아니다. 내가 말하고자 하는 것은 모든 단체는 효율적이 되기 위해서 원칙에 따라 움직여야 한다는 것이다. 동의하지 않는 소수의 사람도 일단 결정이 내려진 이후에는 집단의 단결이 개인의 욕망보다 중요하다는 사실을 인정해야 한다. 단체가 개인보다 더 중요하다. 다시 말해 정해진 결정을 훼손하는 방향으로 행동해서는 안 된다.

a. 한 차원 더 높은 관점에서 사물을 보라.

당신은 더 높은 단계로 올라가 시스템의 일부로 당신 자신과 다른 사람들을 조망해야 한다. 바꿔 말하면 자신의 사고방식에서 벗어나 자신의 생각을 다양한 관점들 가운데 일부로 생각해야 한다. 그리고 당신만의 독단적인 방식이 아니라 아이디어 성과주의에 입각해 다양한 관점에서 다양한 생각을 냉정하게 관찰해야 한다. 더 높은 단계에서 사물을 본다는 것은 단순히 다른 사람의 관점으로 본다는 것이 아니다. 객관적인 관찰자로서 사물을 냉정하게 지켜보는 것처럼 모든 상황, 당신 자신 그리고 그 상황에 처해 있는 다른 사람들을 볼 수 있어야 한다. 이것을 잘할 수 있다면 지금의 상황을 여러 상황들 가운데 또 다른 하나로, 모든 사람의 눈을 통해 보게 될 것이다. 그리고 상황에 대처하는 방법을 결정하는 원칙을 갖게 될 것이다.

사람들은 자신의 눈으로 사물을 보는 것에서 벗어나는 것이 어렵다고 알고 있다. 이를 위해 나는 상황과 원칙을 연결해주는 코치Coach 같은 도구들과 정책들을 개발했다. 연습을 통해 사람들은 더 높은 관점에서 사물을 보는 방법을 배울 수 있다. 물론 어떤 사람들은 결코 배우지 못할 수도 있다. 당신은 자신과 주변 사람들이 어떤 유형인지 알아야 한다. 혼자 힘으로는 잘할 수 없다면 다른 사람들에게 도움을 요청하라. 많은 사람이 더 높은 관점에서 사물을 볼 수 없고, 그렇게 할 수 있는 사람과 할 수 없는 사람들을 구별하지 못한다는 사실을 인정하라. 그리고 이런 무능력으로부터 조직과 자신을 보호하기 위해 적절한 보호난간을 갖추지 않거나 갖출 수 없는 사람들을 제거하라. 물론 지속적으로 싸움을 벌이지 않고, 아이디어 성과주의를 훼손시키지 않는다면 어떤 문제에 대해 동의하지 않아도 괜찮다. 아이디어 성과주의에 맞서 싸우려고 한다면 당신은 조직에서 떠나야 한다.

b. 아이디어 성과주의가 무정부 상태로 변질되도록 해서는 안 된다.

아이디어 성과주의 조직에서는 일반적인 조직보다 더 많은 의견 충돌이 발생하기 마련이다. 하지만 극단적인 경우로 치닫는다면 논쟁과 흠집 내기가 아이디어 성과주의의 장점을 훼손할 수 있다. 브리지워터에서 나는 일부 사람들, 특히 젊은 직원들이 원하는 주제는 무엇이든 그리고 원하는 사람은 누구든지 그들과 논쟁할 자격이 있다고 잘못 생각하는 사례를 목격했다. 심지어 그런 권리가 원칙에서 나온다고 주장하면서 단체로 아이디어 성과주의를 위협하는 사례도 보았다. 이런 사람들은 나의 원칙과 조직 내부의 한계를 잘못 이해하고 있는 것이다. 이들은 의견 충돌을 해소하는 방법을 제공하는 체제의 규칙을 따라야 하고, 체제를 위협해서는 안 된다.

c. 군중의 지배를 허용하지 마라.

신뢰도 가중치 시스템을 유지하는 목적 가운데 일부는 의사결정 과정에서 감정을 배제하기 위한 것이다. 군중은 감정적이 되기 쉽고, 통제권을 가지려고 노력한다. 군중에 의한 통치는 금지되어야 한다. 모든 사람이 자신의 생각을 말할 권리가 있지만, 모두에게 판정을 내릴 권리가 있는 것은 아니다.

6.5 아이디어 성과주의가 조직의 행복과 충돌하면 불가피하게 어려움을 겪게 될 것이라는 사실을 기억하라.

이것은 단지 현실성의 문제이다. 나는 좋은 것은 반드시 효과가 있어야 하고, 조직을 잘 운영하는 것이 가장 중요하다고 믿는다.

a. 원칙이 중단되는 매우 극단적인 상황이라면 계엄령을 선포하라.

모든 원칙은 공동체의 행복을 위해 존재하지만, 원칙을 준수하는 것이 공동체의 행복을 위협하는 순간이 올 수도 있다. 예를 들면 브리지워터 내부에서 어떤 일들을 극단적으로 투명하게 하다 보니 이것이 언론에 유출된 경우가 발생했다. 브리지워터의 직원들은 잘못과 약점에 대한 투명성이 오히려 브리지워터에 대한 왜곡되고 해로운 이미지를 만드는 데 이용되고 있다는 사실을 알고 있었다. 그래서 이 문제를 해결할 때까지 투명성의 수준을 낮춰야 했다. 나는 단지 투명성의 수준을 낮추는 것에 그치지 않고, 모든 상황을 설명한 후 계엄령을 선포했다. 계엄령은 투명성과 관련된 원칙의 잠정적인 중단을 의미했다. 이렇게 하면 모든 사람이 계엄령은 예외적 사례이며, 통상적인 조직 운영의 방식이 중단되는 시점에 있다는 사실을 알게 될 것이다.

b. 조직의 이익을 위해 아이디어 성과주의의 중단을 요구하는 사람들을 조심하라.

이런 주장이 승리할 경우 아이디어 성과주의는 약화될 것이다. 이런 일이 일어나지 않도록 하라. 사람들이 아이디어 성과주의의 규칙을 존중한다면 갈등은 없을 것이다. 지난 수십 년 동안의 경험을 통해 나는 이런 사실을 알게 됐다. 하지만 자신들이 원하는 것을 아이디어 성과주의보다 우선함으로써 아이디어 성과주의를 위협하는 사람들도 있다는 사실을 알고 있다. 이들을 아이디어 성과주의 체제의 적으로 간주하고, 조직에서 제거하라.

6.6 권력을 가진 사람들이 원칙에 따라 조직을 운영하지 않으면, 원칙에 입각한 조직 운영 방법은 실패할 것이다.

궁극적으로는 권력이 지배한다. 이것은 어떤 체제도 마찬가지다. 예를 들면 권력을 가진 사람들이 개인적 목표보다 체제의 원칙들을 더 가치 있게 평가했을 때 정부의 조직이 제대로 작동했다는 사실은 지속적으로 입증되고 있다. 사람들이 체제를 훼손할 정도의 권력을 가지고 있고, 체제를 유지하고 싶은 욕망보다 원하는 것을 가지고 싶은 욕구가 더 클 경우 체제는 실패할 것이다. 이런 이유로 원칙을 지지하는 권력은 개인적

이익보다 원칙에 입각한 조직 운영을 소중하게 생각하는 사람들에게만 허용되어야 한다. 그리고 절대다수가 원칙에 기초한 체제를 바라고, 이를 위해 투쟁하도록 하려면 사람들을 합리적이고 사려 깊은 방식으로 대우해야 한다.

적합한
인재
구하기

지금까지 우리는 조직 문화에 관해 이야기했다. 하지만 사람들은 문화를 더 악화시키거나 더 좋게 바꿀 수 있기 때문에 조직의 구성원들이 문화보다 훨씬 더 중요하다. 문화와 사람은 공생 관계이다. 문화는 특정한 사람들을 끌어들이고, 사람들은 그들의 가치관과 좋아하는 것을 토대로 문화를 발전시키고 강화한다. 올바른 가치관을 가진 훌륭한 사람들을 선택하고 그들과 의견이 일치한다면 당신은 그들과 함께 아름다운 재즈를 연주하게 될 것이다. 하지만 잘못된 사람을 선택하면 모두 함께 폭포 아래로 떨어질 것이다.

애플의 성공에 가장 핵심 요인이라고 간주되는 스티브 잡스는 "내 성공의 비밀은 세계적인 최고의 인재들을 채용하기 위해 가능한 한 모든 노력을 했다는 것이다."라고 말했다. 이에 관해서는 다음 장에서 설명할 것이다. '누구'인가가 '무엇'보다 더 중요하다는 것을 기억하라. 성공한 기업이나 조직을 운영하는 사람은 누구나 똑같은 말을 할 것이다.

하지만 대부분의 조직이 훌륭한 인재를 채용하지 못한다. 면접관들은 지원자가 어떤 사람이고, 업무와 직장생활에 얼마나 잘 적응할 것인지에 초점을 맞추는 대신 자신이 좋아하고 자신과 비슷한 사람들을 선택하기 때문이다. 8장에서 설명하는 것처럼 올바른 사람을 고용하기 위해서는 사람들의 가치관, 능력, 기술을 조직의 문화와 발전에 정확하게 일치시키는 과학적인 채용 과정이 필요하다. 당신과 지원자들 양쪽 모두 서로에 대해 알아야 한다. 당신은 지원자들이 조직에 대해 물어보도록 하고, 그들에게 조직이 어떤 곳이고 어떤 나쁜 점들이 있는지 모두 알려주어야 한다. 그리고 서로에게 기대할 수 있는 것이 무엇인지 명확하게 이야기해야 한다. 양측이 모두 동의한 후에도 함께 일하고 관계를 맺을 때까지 한동안 자신이 조직에 잘 맞는지, 잘 맞지 않은지 알지 못한다. 채용이 된다고 면접과 평가 과정이 끝나는 것이 아니라 9장에서 설명하는 교육, 시험, 분류 그리고 가장 중요한 조직과 조화를 이루는 과정이 시작된다.

자신의 약점을 포함해 객관적으로 자신을 평가하는 능력이 개인의 성공에 가장 큰 영향을 미치는 요인이라고 생각한다. 또 건강한 조직은 저차원의 자아와 싸우는 것처럼 서로 심하게 경쟁하지 않는다. 당신의 목표는 이런 특징을 이해하고, 탁월한 성과를 내기 위해 필요한 도구와 정보를 가지고 있는 사람을 고용하는 것이다. 하지만 사람들을 지나치게 세부적으로 관리해서는 안 된다. 교육을 시키고 배울 시간을 주었는데도 일을 못 하면 해고하라. 일을 잘할 수 있으면 더 잘하도록 격려하라.

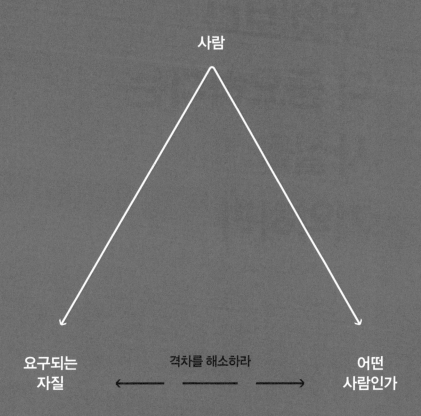

사람

요구되는
자질

격차를 해소하라

←——— ——— ———→

어떤
사람인가

7 '누구'인가가 '무엇'보다 더 중요하다는 사실을 기억하라

사람들은 종종 무엇을 해야 하는지에 대한 결정권을 누구에게 맡길 것인가라는 더 중요한 문제를 무시하고, 무엇을 해야 하는가에만 집중하는 실수를 저지른다. 이것은 잘못된 것이다. 그 일을 잘하기 위해 필요한 자질이 무엇이고, 그 일을 책임질 사람이 어떤 사람인지 알고 있다면 일이 어떻게 진행될지 충분히 예측할 수 있다.

이와 관련된 한 가지 사례가 있다. 가장 유능한 경영진 가운데 한 사람이 다른 직책으로 옮기기 위해 업무 이전 계획을 준비하고 있었다. 그는 업무 과정과 책임 소재를 기록한 문서가 가득 들어 있는 서류철을 들고 경영위원회 회의에 참석했다. 문서에는 그가 책임지고 있었던 분야의 모든 일에 대한 자세한 설명이 기록돼 있었다. 그는 누가 후임자로 오더라도 문제가 없도록 가능한 한 최대한 업무를 체계화하고 자동화했다고 설명했다. 그의 발표는 매우 인상적이었다. 하지만 누가 자신의 자리를 대신할 것인지 그리고 상황을 다르게 판단하고 다른 계획을 준비하려면 어떻게 할 것인지에 대한 해결책을 준비하지 않았다는 사실이 밝혀졌다. 그가 만든 조직을 누가 관리 감독하고, 문제를 찾아내고, 지속적으로 개선하고, 문제를 해결할 것인가? 동일하게 탁월한 성과를 내기 위해 후임자는 어떤 자질을 갖추고 있어야 하는가? 다시 말해 후임자를 지명할 때 우리가 고려해야 하는 중요한 직무들은 어떤 것인가? 그런 사람을 어디에서 찾을 수 있을 것인가?

돌이켜 생각하면 이런 종류의 질문들은 너무도 명백한 것처럼 보이지만, 사람들은 이런 것들을 간과한다. 업무를 잘하려면 어떤 것이 필요하고, 함께 일하는 사람들이 어떤 특성을 가지고 있는지 알지 못하는 것은 부품들이 어떻게 작동하는지 모르고 기계를 가동하는 것과 비슷하다.

젊었을 때 나는 "당신보다 더 훌륭한 사람을 채용하라."는 말의 의미를 몰랐다. 수십 년 동안 사람들을 채용하고 관리하고 해고한 이후에야 진정으로 성공하기 위해서는 오케스트라의 지휘자처럼 사람들을 지휘해야 한다는 것을 깨달았다. 모든 사람이 그렇지는 않지만 단원들 가운데 상당수는 나보다 악기를 훨씬 더 잘 연주할 수 있다. 진정으로 훌륭한 지휘자라면 자신보다 더 훌륭한 지휘자를 찾아내고 고용할 수 있어야 한다는 사실도 알게 됐다. 나의 최종 목표는 가만히 앉아 구경만 하면 될 정도로 잘 작동하는 기계를 만드는 것이다.

사람들을 선택하고 교육하고 평가하고 분류하는 일의 중요성은 아무리 강조해도 지나치지 않다. 당신이 해야 하는 일은 간단하다.

1. 목표를 기억하라.

2. 목표를 달성할 수 있는 사람들에게 일임하거나(이것이 가장 좋다.) 목표 달성을 위해 무엇을 해야 하는지 지시하라(이것은 세부 관리로 첫 번째 방법보다 좋지 않다).

3. 당사자들이 책임지도록 하라.

4. 교육을 시키고 배울 시간을 주었는데도 일을 수행할 수 없다면 조직에서 제거하라.

7.1 가장 중요한 결정은
책임 당사자로 누구를 선택하는가이다.

목표를 잘 실행할 수 있는 책임 당사자에게 임무를 맡기고, 목표 달성에 대한 개인적 책임을 분명하게 밝혀두면 그들은 아마도 탁월한 결과를 만들어낼 것이다.

당신도 마찬가지다. 관리자^{manager-you}로서의 당신이 생각할 때 근로자로서의 당신^{worker-you}에게 맡겨진 임무가 적합하다고 확신하지 못한다면, 믿을 수 있는 사람의 감독을 받지 않고 독자적으로 일을 해서는 안 된다. 세상에는 잘하지 못하는 일을 하려고 시도하는 무능한 사람들이 많다. 그리고 당신도 그들 가운데 한 사람일 가능성이 있다. 이것이 현실이다. 이런 현실을 받아들이고 훌륭한 결과를 만들어내는 방향으로 현실에 대응하라.

a. 가장 중요한 책임 당사자들이 가장 높은 수준에서 목표, 결과 그리고 조직을 책임지고 있다는 사실을 이해하라.

나에게 모든 분야(목표 달성을 위해 계획하고, 고용하고, 문제를 해결하는)를 책임질 수 있는 사람을 소개해 달라. 그러면 모든 것이 잘될 것이라고 안심할 수 있을 것이다. 이런 사람들을 잘 선택하고, 잘 관리하는 것이 가장 중요하다. 고위 관리자들은 더 높은 수준의 사고를 할 수 있어야 하고, 목표와 임무 사이의 차이를 이해해야 한다. 그렇지 않으면 당신이 책임 당사자들의 일을 대신해야 할 것이다. 목표를 이해하고 평가하는 능력은 대체적으로 선천적이지만, 경험과 함께 조금씩 개선된다. 어떤 검사도 완벽하지는 않지만 능력을 검증해볼 수 있다.

7.2 결과를 책임지는 사람은 최종적인 책임 당사자이다.

실패의 결과를 당신이 감당해야 한다면 최종적인 책임 당사자는 당신이다. 예를 들어 당신의 질병에 대한 치료 방법을 찾아내는 일을 의사에게 위임할 수 있지만, 의사가 잘못할 경우 그 책임은 당신이 감당해야 한다. 그렇기 때문에 올바른 방법을 선택하는 책임은 당신에게 있다. 집을 지으려고 한다면 건축가에게 가서 "내가 어떤 집을 지을 수 있는지 보여주세요."라고 말할 것인가? 아니면 건축가에게 "당신은 어떤 집에서 살고 싶은가요?"라고 말할 것인가? 최종적인 책임 문제는 돈과 관련이 있을 때 더욱 크게 드러난다. 다른 사람에게 재무에 대한 감독 책임을 위임하면 그들은 자신의 돈처럼 당신의 돈을 책임지지 않을 것이다. 또 그들이 잘못을 해도 자신들을 해고하지 않을 것이다. 최종적인 책임 당사자만이 그렇게 할 수 있다.

누군가를 책임 있는 지위에 임명할 때 보상이 책임과 연계돼 있고, 결과를 감내해야 한다는 점을 확실히 해야 한다. 예를 들면 그들이 책임을 지는 분야에서 당신의 실적에 따라 그들의 성과도 좋거나 나빠지도록 보상 체계를 만들어라. 훌륭한 경영을 위해서는 이런 체계가 반드시 필요하다.

a. 모든 사람에게는 보고할 관리자가 있어야 한다.

기업을 소유하고 있는 사람들도 윗사람이 있다. 이들의 경우 기업의 목표를 위해 사용되는 돈의 주인인 투자자들이다. 기업 소유주가 스스로 자금을 조달했다면 고객과 직원을 행복하게 만들어야 한다. 기업의 소유주들도 목표를 달성하고 비용을 만족스러운 수준으로 낮추는 책임에서 벗어날 수 없다. 특별한 업무라고 해도 누군가는 항상 그들에게 책임을 물어야 한다.

7.3 결과 뒤에 있는 힘을 기억하라.

대부분의 사람은 주변을 보면서 결과를 만들어낸 힘에 대해 생각하지 않는다. 대부분의 경우 결과를 만든 힘은 특별한 방식으로 일하는 특유의 자질을 갖춘 사람들이다. 사람을 바꾸면 발전하는 방식이 바뀐다. 창조자를 비창조자로 대체하면 창의적인 것들이 사라진다. 사람들은 "애플은 창의적인 기업이다."처럼 조직을 의인화하는 경향이 있다. 하지만 결과에서 인간성을 제거함으로써 그 결과를 만들어내기 위해 누가 무엇을 했는지를 잊어버린다. 결정은 기업이 아니라 사람이 내리는 것이기 때문에 이런 사고방식은 잘못된 것이다. 그렇다면 당신의 조직에서 기업을 특별하게 만드는 결과와 문화 뒤에 있는 사람들은 누구인가? 그들이 누구인지, 현재의 성공을 위해 그들이 어떻게 함께 일하고 있는지에 대해 생각해보라.

8 잘못된 채용의 대가는 막대하므로 올바른 사람을 채용하라

앞에서 초창기 브리지워터의 복불복 방식의 채용 관행에 대해 설명한 것을 기억하는가? 브리지워터 출범 초기에 우리는 좋아하는 사람을 채용했다. 하지만 상당수가 우리와 맞지 않았다. 우리는 그들을 좋아했기 때문에 포기하지 않았지만, 상황이 더 악화될 뿐이었다. 그래서 대부분의 기업처럼 이력서를 보고 후보들의 목록을 만든 다음 누가 회사에 어울리는 사람인지 알아보기 위해 면접을 진행하여 직원을 채용했다. 하지만 과학적으로 만들어진 성격검사와 달리 면접 질문을 통해서는 지원자가 어떤 특성을 가진 사람인지 알려주는 답변을 끌어내기 어려웠다.

기본적으로 우리가 한 일은 편향적인 관점으로 직원을 찾아내는 것이었다. 직선적인 사고를 하는 사람들은 직선적 사고를 하는 사람을 채용하고 싶어 했고, 수평적 사고를 하는 사람들은 수평적 사고를 하는 사람을 채용하는 경향이 있었다. 우리가 선택한 유형의 사람들이 모든 업무를 잘할 것이라고 생각했다. 하지만 우리의 독특한 업무 환경에서 누가 성공하고, 누가 실패할지를 정확하게 예측할 수 없었다. 그 결과 우리는 채용 과정에서 많은 실수를 범했다.

우리는 실수와 실패로부터 두 가지 방식으로 채용 결과를 개선할 수 있다는 교훈을 얻었다. 1) 우리가 찾고 있는 사람에 대한 기준을 분명하게 밝히고, 2) 매우 세밀한 단계로 사람들의 능력을 평가하는 수단을 개발하는 것이다. 우리는 아직도 채용 분야에서 많은 실수를 저지르고 있지만, 이 두 가지 방식을 준수하면서 실수 확률을 크게 낮췄다. 우리는 지속적으로 채용 절차를 개선하려고 노력하고 있다.

우리는 높은 수준에서 독립적으로 생각하고, 개방적이고 적극적으로 자기 주장을 펼치는 사람을 찾고 있다. 또 다른 어떤 것보다 진실과 탁월함을 추구하는 것을 높이 평가하고, 이를 통해 자신과 조직의 빠른 발전을 이룩하는 사람을 원한다. 우리는 일을 단지 생계의 수단으로 생각하지 않기 때문에, 모든 잠재력을 살펴보고 단순한 직원이 아니라 인생을 함께할 사람을 찾고 있다. 브리지워터와 함께 일하는 사람들은 사려 깊고, 힘들지만 옳은 일을 하려는 책임감이 있어야 한다. 우리는 너그러운 본성과 높은 수준의 공정함을 지닌 사람을 원한다. 가장 중요한 것은 자아를 내려놓고 솔직하게 자신을 평가할 수 있어야 한다.

이와 동일한 특성을 가진 사람을 찾든지, 다른 특성을 가진 사람 찾든지 간에 채용은 신중하게 접근해야 하는 위험한 도박이라는 점을 이해해야 한다. 새로운 직원의 고용과 교육에 많은 시간과 노력 그리고 자원이 투입된 이후에야 그들이 조직에 잘 맞는지 맞지 않는지가 분명하게 드러나기 때문이다. 교육과 재교육에 몇 달 또는 몇 년이 걸리고, 많은 돈이 낭비될 수 있다. 이런 비용 가운데 일을 잘하지 못하는 사람들이 서로 부딪히면서 발생하는 직원들의 사기 저하와 점진적인 기준의 약화 등을 포함한 일부 비용은 눈에 보이지 않는다. 반면 잘못된 결과에 따른 비용은 쉽게 돈으로 측정할 수 있다. 따라서 어떤 사람에게 제안할 준비가 됐다고 생각할 때마다 잘못될지도 모르는 중요한 것들에 대해 마지막으로 한 번 더 생각해보라. 그리고 이런 위험을 더 정확하게 평가하고, 자신이 옳을 확률을 높이기 위해 다른 어떤 것을 할 수 있는지도 생각해보라.

8.1 사람을 계획에 맞춰라.

당신에게 필요한 사람들의 유형은 조직의 설계에 달려 있기 때문에, 조직을 구성할 때에는 계획이 사람보다 선행한다. 조직을 설계하면서 일을 잘하기 위해 개인들에게 요구되는 특성에 대한 명확한 심상 지도를 만들어라. 성공에 필요한 자질을 갖추지 못한 사람들에게 책임을 부여하는 것은 헛수고다. 이것은 모든 사람을 좌절시키고 화나게 만들어 결국에는 주변 상황을 악화시킨다.

사람을 계획에 맞추기 위해서는 채용부터 성과평가까지 적용될 수 있는 일관된 기준을 가지고 있는 기준 명세서spec sheet를 작성하는 일을 먼저 시작하라. 브리지워터의 기준 명세서는 야구카드와 동일한 기준을 활용한다. 사람에 맞추기 위해 업무를 계획해서는 안 된다. 이것은 시간이 흐르면 대부분 실패로 드러난다. 이런 일은 당신이 해고하는 것을 꺼리는 일을 잘 못하는 사람이 그 사람이 할 수 있는 다른 일을 찾아보려는 경향이 있을 때 흔히 발생한다. 관리자들은 종종 자신의 강점과 약점을 객관적으로 보지 못하고, 자신에게 맞지 않는 역할을 하는 경우가 있다.

a. 당신이 찾고 있는 가치관, 능력 그리고 기술이 어떤 것인지 심사숙고하라.

가치관은 행동에 동기를 부여하고, 사람들 사이의 조화 가능성을 결정하는 뿌리 깊은 신념이다. 사람들은 자신의 가치관을 위해 싸우고, 자신과 가치관이 다른 사람들과 싸운다. 능력은 생각하고 행동하는 방법이다. 어떤 사람들은 잘 배우고 일을 빠르게 처리한다. 어떤 사람들은 한 차원 높은 관점에서 사물을 보는 능력이 있다. 어떤 사람들은 세부적인 것에 초점을 맞추지만, 어떤 사람들은 창의적이거나 논리적이거나 아니면 매우 체계적으로 생각한다. 기술은 외국어를 말하거나 컴퓨터 프로그램 언어를 사용하는 것처럼 학습을 통해 배운 것이다. 가치관과 능력은 크게 변하지 않지만, 대부분의 기술은 제한된 시간 안에 배울 수 있다(소프트웨어 활용법은 학습이 가능하다). 또 가치가 변한다(현재 가장 수요가 많은 프로그램 언어가 몇 년 뒤에 쓸모없어질 수도 있다).

각각의 역할에 맞추려면 어떤 특성의 조합이 중요한지, 좀 더 폭넓게는 성공적 관계를 맺을 수 있는 사람에게 어떤 가치관과 능력이 필요한지 아는 것이 중요하다. 장기적 관계를 염두에 두고 사람을 선발할 경우 가치관이 가장 중요하다. 능력은 그다음이며, 기술이 가장 덜 중요하다. 하지만 사람들은 기술과 능력을 먼저 선택하고, 가치관을 간과하는 실수를 저지른다. 브리지워터는 '세 개의 C'라고 부르는 성격character, 상식common sense, 창의력creativity을 가진 사람들을 가장 소중하게 생각한다.

직원들이 공동체 의식과 사명감으로 뭉쳐 있고 능력이 있다면, 당신은 매우 특별한 조직을 갖게 될 것이다. 어떤 사람들은 조직의 임무와 공동체를 소중히 여길 것이고, 어떤 사람들은 그렇지 않을 것이다. 브리지워터에서는 의미 있는 일과 의미 있는 관계, 극단적 진실과 극단적 투명성, 자신의 약점을 포함한 가혹한 현실을 탐구하려는 의지, 주인 의식, 탁월함을 추구하는 욕구 그리고 훌륭하지만 어려운 일들을 하려는 의지가 문화를 유지하는 핵심 공유 가치이다. 때문에 우리는 이 모든 것을 간절히 원하는 능력 있는 사람들을 진심으로 찾고 있다.

b. 과학적이고 체계적인 방식으로 사람을 찾아라.

사람들을 선택하는 과정은 체계적으로 구축하고, 증거에 근거해야 한다. 당신은 결과를 목표와 비교할 수 있고, 결과를 만들어내는 체계가 발전할 수 있도록 명확한 목표가 제시된 고용 구조를 만들어야 한다.

일반적으로 기업들은 반쯤은 무작위적인 기준에 의해 임의로 선발된 사람들이 지원자들의 이력서를 검토하는 방식으로 사람들을 고용한다. 이로 인해 기업들은 임의의 사람들이 지원자들에게 임의의 질문을 하고, 그들이 지원자들을 얼마나 좋아하는지에 대한 합의를 근거로 누구를 채용할지 선택하는 결과로 이어진다. 하지만 이런 모든 절차가 체계적이고 목적에 맞게 진행되어야 한다. 예를 들면 어떤 질문을 해야 하고, 지원자들의 다양한 답변에 대해 당신이 원하는 방식으로 지원자들을 차별화할 수 있는 방법을 깊이 생각해야 한다. 또 그들의 답변이 후속 행동과 성과를 어느 정도 암시하는지에 대해 배울 수 있도록 모든 답변을 기록하고 저장해두어야 한다. 이것은 채용 과정에서 인간적 측면이나 노하우가 완전히 배제되어야 한다는 의미가 아니다. 개인적 가치관과 단체정신이 중요하지만, 자료에 비해 충분히 평가할 수 없다는 의미이다. 눈의 반짝거림과 얼굴 표정이 대신 말하는 경우도 있다. 하지만 주관적 해석이 중요한 분야에서도 좀 더 객관적으로 데이터와 과학적 접근 방식을 활용할 수 있다. 예를 들면 당신은 데이터를 해석하는 사람들의 과거 실적을 평가하는 데이터를 수집할 수 있다.

c. '딸깍' 소리를 들어라: 역할과 사람 사이에서 올바른 조화를 찾아라.

당신의 목표는 올바른 사람들을 적합한 계획에 따라 배치하는 것이라는 사실을 기억하라. 우선 역할의 책임과 이를 실행하는 데 필요한 특성을 이해하고, 개인이 그런 특성을 가지고 있는지 여부를 확인하라. 이 과정을 잘 실행하고 있다면, 채용하려는 사람이 역할에 잘 맞아 들어갈 때 '딸깍' 소리를 듣게 될 것이다.

d. 단지 그저 그런 사람이 아니라 빛나는 사람을 찾아라.

너무나 많은 사람이 단지 '그저 그런 사람들 가운데 한 명one of those'이기 때문에 고용된다. 만일 당신이 배관공을 찾고 있다면 그 사람이 뛰어난 배관공의 자질을 가지고 있는지 확인하지 않고, 첫 번째로 면접을 본 경험이 풍부한 배관공을 충원하려고 할 것이다. 그러나 평범한 배관공과 뛰어난 배관공의 차이는 엄청나다. 지원자 경력을 살펴볼 때 어떤 방식으로든 그들이 특별하다는 것을 입증한 경험이 있는지 확인해야 한다. 가장 확실한 증거는 훌륭한 동료들 사이에서 기록한 뛰어난 성과이다. 특정한 업무에 어떤 사람을 고용하는데 마음에 흡족하지 않다면 채용해서는 안 된다. 아마도 두 사람 모두가 서로를 비참하게 만들 것이다.

e. 누군가를 취업시킬 때 연줄을 이용하지 마라.

누군가의 취업을 돕기 위해 개인적인 영향력을 이용하는 것은 성과주의를 훼손하기 때문에 용납될 수 없다. 이것은 구직자들에게도 도움이 되지 않는다. 그들이 실제로 노력해서 얻은 것이 아니라는 메시지를 전달하기 때문이다. 채용하는 사람의 입장에서도 권위가 손상된다. 또 친구를 위해 원칙을 타협했다는 사례를 남겼기 때문에 당신에게도 좋지 않다. 영향력을 이용한 취업은 은밀한 형태의 부패로 용인되어서는 안 된다. 이런 점에서 브리지워터에서 할 수 있는 최선은 당신이 보증할 정도로 잘 아는 누군가를 위해 추천서를 써주는 것이다. 브리지워터는 나의 회사이지만, 나는 결코 이 정책에서 벗어난 적이 없다.

8.2 사람들은 서로 다르게 창조됐고,
관점과 사고방식에 차이가 있기 때문에
각자에게 적합한 일이 다르다는 사실을 기억하라.

몇몇 사고방식은 어떤 목적에는 도움이 되지만 다른 목적에는 잘 맞지 않는다. 따라서 자신의 사고방식과 다른 사람의 사고방식을 이해하고, 이를 가장 잘 활용하는 방법을 알아내야 한다. 어떤 자질은 특정한 일에 더 적합하다. 예를 들면 매우 내성적인 사람을 영업사원으로 고용하고 싶은 사람은 없을 것이다. 이것은 내성적인 사람이 영업을 할 수 없다는 의미가 아니라, 사교적인 사람이 영업 활동에 더 만족하고 잘할 확률이 높다는 것이다. 선천적으로 특정 유형의 사고를 잘하지 못한다 해도 당신이 그 분야에서 완전히 배제되는 것은 아니다. 하지만 그 분야에 필요한 사고를 하는 사람과 함께 일하거나(이것이 가장 좋다.) 다른 방식으로 생각하는 방법을 배울 필요가 있다(이것은 힘들거나 거의 불가능하다).

특히 집단에서 이런 차이를 고려하지 않고 서로를 대하는 것을 가끔 보게 된다. 이것은 장님이 코끼리의 일부분을 만지고 코끼리가 어떻게 생겼는지 말하는 것과 같다. 사람들이 누구도 완전무결하지 않다는 것을 깨달을 정도로 열린 생각을 가졌다면, 세상이 얼마나 더 좋아질지 생각해보라. 자신의 생각을 주장하는 사람과 다른 사람의 의견에 대해 생각하는 사람들 모두가 서로의 차이를 받아들여야 한다. 이런 차이는 현실적이기 때문에 차이가 존재하지 않는 척하는 것은 어리석은 일이다.

a. 인성평가를 활용하는 방법과 해석하는 방법을 배워라.

인성평가는 능력, 선호도 그리고 유형 측면에서 한 사람의 전체적인 특성을 빠르게 파악하는 데 매우 유용한 수단이다. 인성평가는 면접보다 더 객관적이고 믿을 수 있다.

b. 사람들은 자신과 비슷한 사람을 고르는 경향이 있다는 것을 기억하라. 그래서 당신이 찾는 사람을 발견할 수 있는 면접관을 선택하라.

당신이 미래에 대한 포부가 있는 사람을 찾고 있다면 이를 발견할 수 있는 면접관을 선택하라. 다양한 자질을 가진 사람을 찾고 싶다면 그런 자질을 갖춘 면접관들의 집단을 구성해 사람들을 평가하게 하라. 판단을 신뢰할 수 없는 면접관들을 선택해서는 안 된다. 다시 말해 면접관들이 믿을 수 있는 사람들인지 확인하라.

c. 자신을 객관적으로 보려고 하는 사람을 찾아라.

모든 사람에게는 장점과 단점이 있다. 성공의 열쇠는 자신의 약점을 이해하고, 약점을 성공적으로 보완하는 것이다. 이런 능력이 부족한 사람들은 계속 실패한다.

d. 일반적으로 사람들은 그렇게 많이 변하지 않는다는 것을 기억하라.

사람들은 1-2년 정도의 짧은 시간 동안 변하기 어렵다. 하지만 대부분의 사람은 누군가가 잘못된 행동을 하면 그 사람이 교훈을 얻어 변할 것이라고 생각한다. 이것은 순진한 생각이다. 변할 것이라는 증거가 없다면 사람들이 변하지 않을 것이라고 추정하는 것이 가장 좋다. 당신이 바라는 변화보다 직접 목격한 변화를 믿어야 한다.

8.3 당신이 스포츠 매니저인 것처럼 팀을 생각하라. 성공에 필요한 모든 것을 갖춘 사람은 아무도 없지만 모두가 뛰어나야 한다.

팀은 다양한 역할을 담당하기 위해 다양한 기술이 필요한 프로 스포츠 팀처럼 운영되어야 한다. 개인들은 탁월함을 보여주어야 하고, 성공적인 임무 수행은 절대적이며, 기대에 미치지 못하는 구성원들은 제외될 수도 있다. 이런 높은 기준과 공동의 가치로 팀을 운영할 때 특별한 관계가 구축될 가능성이 높다.

8.4 사람들의 실적에 주의를 기울여라.

사람들의 인성은 당신이 파악하기 전에 이미 확고하게 형성되기 때문에 유년기부터 그들이 거쳐간 모든 곳에 뚜렷한 특징을 남긴다. 그래서 누구든지 조사해보면 그 사람의 특성을 알 수 있다. 당신은 사람들의 가치관, 능력 그리고 일에 대한 숙련도를 파악해야 한다. 그들이 당신이 기대하는 것과 관련된 탁월한 실적을 가지고 있는가? 그들이 당신이 원하는 일을 적어도 세 번은 성공적으로 완수한 경험이 있는가? 그렇지 않다면 당신은 확률이 낮은 내기를 하고 있는 것이다. 그런 내기를 하는 데는 합당한 이유가 있어야 한다. 그렇다고 이것이 당신이나 다른 사람들이 새로운 것을 해서는 안 된다는 의미는 아니다. 당연히 새로운 일을 해야 한다. 하지만 적절한 주의를 기울이고, 보호난간을 설치한 상태에서 시도하라. 즉 당신 자신을 포함해 경험이 풍부한 사람이 경험이 없는 사람을 관리하고 감독하도록 하라.

a. 추천서를 확인하라.

과거 실적에 대한 정보만 보고 지원자를 전적으로 신뢰해서는 안 된다. 지원자를 잘 아는 믿을 수 있는 사람들과 이야기하고, 문서로 된 증거 자료를 살펴보라. 그리고 그들의 상사, 동료, 부하 직원들에게 과거 실적에 관한 평가를 요청하라. 가능하다면 그들이 선택한 경로와 그들이 그 경로를 따라 어떻게 발전해왔는지에 대한 분명하고 객관적인 기록을 확보하는 것이 좋다. 나는 다른 곳에서 성공적이었다고 주장하는 사람들 가운데 상당수가 브리지워터에서 비효율적으로 일하는 경우를 자주 목격했다. 조금 더 면밀하게 조사해본 결과 그들이 설명한 것만큼 성공적이지 않았거나, 다른 사람의 성과를 대신 인정받은 것으로 드러났다.

b. 학교 성적은 지원자가 당신이 찾고 있는 가치관과 능력을 지니고 있는지에 대해 많은 것을 알려주지 못한다.

대체로 기억력과 두뇌의 회전 속도는 측정하기가 가장 쉽기 때문에 학교 성적을 결정짓는 능력이 되는 경향이 있다. 그래서 학교 성적은 기억력 같은 자질을 검증하는 좋은 척도이다. 또 지시를 이해하고 따르는 의지와 능력뿐 아니라 성공하기 위한 결단력을 측정하는 좋은 기준이기도 하다. 하지만 개인의 상식, 비전, 창의성, 의사결정 능력을 평가하는 데 학교 성적의 가치는 제한적이다. 따라서 지원자가 원하는 특성을 가지고 있는지 확인하려면 학교 성적 이외의 것들을 살펴봐야 한다.

c. 개념적 사고를 잘하는 사람을 채용하는 것이 최선이다. 하지만 좋은 경험과 좋은 실적 또한 매우 중요하다는 것을 이해하라.

세상에는 온갖 종류의 일들이 있고, 이런 일을 다루기 위해 모든 유형의 사람이 필요하다. 나는 주로 최선의 해결책을 찾아낼 영리하고 열린 생각을 가진 기업가 유형을 찾아내려고 하지만 실망하는 경우가 많다. 하지만 때로는 한 분야에 수십 년을 종사한 내가 전적으로 의지할 수 있는 뛰어난 장인을 발견하기도 했다. 내 머릿속에는 한 분야에서 전문성을 갖추려면 1만 시간이 걸린다는 말콤 글래드웰Malcolm Gladwell의 규칙이 떠오른다. 그리고 야구 선수가 얼마나 안타를 잘 칠 수 있는지를 판단하기 위해서는 타율을 살펴보는 것이 중요하다는 생각도 자주 한다. 재능 있는 새로운 사람이 검증된 스타와 비교해 얼마나 잘할지 알 수 있는 한 가지 방법은 서로 논쟁하도록 한 후 얼마나 자신의 생각을 잘 뒷받침하는지 살펴보는 것이다.

d. 비현실적인 이상주의자를 조심하라.

현실에서 사람들이 어떻게 행동하는지 이해하지 못한 채 사람들의 행동 방식에 관한 도덕적 개념만을 가지고 있는 이상주의자들은 도움이 되기보다는 해가 된다. 거시 경제학자이자 사업가 그리고 자선활동가로서 나는 모든 분야에서 지속적으로 이런 일이 벌어지는 것을 목격했다. 비현실적인 이상주의자들은 그들의 선의만큼 위험하고 파괴적인 반면, 현실적인 이상주의자들은 세상을 더 좋은 곳으로 만든다는 믿음을 갖게 됐다. 실용적인 이상주의자가 되려면 현실주의자가 되어야 한다. 현실주의자는 사람들의 관심이 어디에 있는지 그리고 결과를 생산하는 조직을 어떻게 만들지뿐만 아니라 비용 대비 이익을 측정하는 방법을 알아야 한다. 이런 조치들이 없으면 낭비가 이익을 제한하거나 없애버릴 것이다. 하지만 현실주의적 조치들이 있다면 이익을 계속 창출할 수 있다.

e. 다른 곳에서 성공한 사람이 당신이 부여한 임무에서도 성공할 것이라고 가정하지 마라.

아무리 채용을 잘해도 일부 신규사원들은 기대에 못 미칠 것이다. 당신이 관심을 가지고 있는 사람들이 어떻게 일하는지 파악하고, 이를 통해 성공적인 결과를 만들어내는 방법을 찾아라. 그들의 과거 경력은 당신이 그들의 특성을 파악하는 데 도움이 될 경우에만 가치가 있다.

f. 당신의 사람들이 인격을 갖추고 있고, 능력이 있는지 확인하라.

능력은 있지만 인격이 좋지 않은 사람은 대체적으로 파괴적이다. 이들은 당신에게 해를 끼칠 수 있을 정도로 영리하고, 틀림없이 기업 문화를 훼손시킬 것이다. 내 생각에 대부분의 조직은 근시안적으로 업무의 결과에만 초점을 맞추기 때문에, 능력을 과대평가하고 인격을 과소평가하고 있다. 이 때문에 사람들은 좋은 시기와 나쁜 시기를 함께 극복하는 데 도움이 될 훌륭한 관계의 힘을 간과한다.

내 말을 오해하지 마라. 나는 인격을 위해 능력을 희생해야 한다고 말하는 것이 아니다. 인격은 훌륭하지만 능력이 부족한 사람도 문제를 일으킨다. 임무를 완수할 능력은 없지만 호감이 가는 사람들을 해고하는 일은 매우 어렵다. 이것은 더 이상 키울 수 없다고 해서 충성스러운 개를 총으로 쏴 죽이는 것과 비슷하기 때문이다. 하지만 해고해야 한다. 궁극적으로 당신과 함께 일하는 사람들은 훌륭한 인격과 뛰어난 능력을 모두 갖추고 있어야 한다. 훌륭한 사람들을 찾기 어려운 것도 이 때문이다.

8.5 업무에만 적합한 사람을 채용해서는 안 된다. 인생을 함께하고 싶은 사람을 고용하라.

직장을 옮기는 것은 사람들이 서로를 알아가고 조직을 이해하는 데 많은 시간이 걸리기 때문에 비용이 많이 들고 비효율적이다. 당신과 함께 일하는 사람들과 회사 모두 예상할 수 없는 방식으로 발전할 것이다. 따라서 장기적인 임무를 함께하고 싶은 사람들을 고용하라. 훌륭한 사람들은 언제나 활용할 곳이 있게 마련이다.

a. 훌륭한 질문을 많이 하는 사람을 찾아라.

현명한 사람들은 자신이 모든 답을 알고 있다고 생각하는 것과 반대로 가장 깊이 생각할 수 있는 질문을 한다. 훌륭한 답보다 훌륭한 질문이 미래의 성공을 암시하는 더 좋은 지표이다.

b. 지원자들에게 당신의 약점을 보여줘라.

유력한 지원자들에게 진정한 모습, 특히 나쁜 모습을 보여줘라. 가장 어려운 문제들을 포함해 현재 적용되는 원칙들을 보여줘라. 이런 방식을 통해 그들이 진짜 도전을 견뎌낼 의지가 있는지 검증할 수 있다.

c. 당신과 화합할 수 있지만 당신에게 도전할 사람들과 재즈를 연주하라.

취향과 스타일을 공유하지만 서로 격려해주고 도전할 수 있는 사람들이 필요하다. 음악에서든 스포츠에서든 아니면 기업에서든 최고의 팀은 이 모든 것을 동시에 한다.

8.6 보상을 고려할 때 안정과 기회를 제공하라.

사람들이 재정적인 스트레스를 받지 않도록 충분한 급여를 지급하라. 하지만 뚱뚱해지고 편안해질 정도로 많이 주면 안 된다. 당신은 직원들이 그저 돈을 더 많이 벌기 위해 일하는 것은 바라지 않을 것이다. 대신 힘들고 창의적인 일을 통해 꿈을 실현하는 기회를 잡기 위해 일하기를 원할 것이다.

a. 일이 아니라 사람을 위해 돈을 지불하라.

비슷한 일을 하고, 비슷한 경력과 자격을 갖춘 사람들이 얼마를 받는지 알아보라. 그리고 거기에 약간의 추가 보수를 주고 다른 혜택을 추가하라. 그러면 사람들은 기대 이상의 성과를 달성하는 동기를 부여받게 될 것이다. 단지 직책만을 근거로 급여를 주지 마라.

b. 성과측정지표를 최소한 느슨하게라도 보상과 연계시켜라.

측정지표에서 훌륭한 업무 관계를 구성하는 모든 요인을 완전하게 반영하지 못하겠지만 당신은 많은 지표를 만들어야 한다. 성과지표를 보상과 연결하면 사람들을 대우하는 방법을 명확하게 이해하는 데 도움이 된다. 그리고 지속적으로 훌륭한 피드백을 제공하며, 정기적으로 사람의 행동 방식에 영향을 미치게 될 것이다.

c. 적정 금액보다 많이 지급하라.

다른 사람들을 관대하게 대하거나 최소한 적정 금액 이상을 지불함으로써 나는 일과 관계 두 가지 모두를 발전시켰다. 그리고 대부분의 사람들에게 동일하게 보답했다. 그 결과 우리는 서로에 대한 배려, 존중 그리고 헌신이라는 형태로 돈보다 더 특별한 것을 얻었다.

d. 당신 또는 다른 어떤 사람이 가장 큰 조각을 가질 수 있도록 파이를 정확히 자르는 방법보다 더 크게 만드는 것에 집중하라.

가장 좋은 협상은 내가 "당신이 더 가져가세요."라고 말하면 상대방이 "아닙니다. 당신이 더 가져가야 합니다."라고 말하는 사람들과의 협상이다. 이런 방식으로 일하는 사람들은 관계를 더 좋게 만들고 파이를 더 크게 만든다. 그리고 이런 관계는 장기적으로 모두에게 이익이 된다.

8.7 훌륭한 협력관계에서 돈보다 더 중요한 것은 배려와 관대함이다.

많은 것을 소유하지 않은 사람이 조금 나눠 주는 것이 많은 것을 주는 부유한 사람보다 더 너그러울 수 있다. 어떤 사람들은 관대함에 응답하지만 다른 사람들은 돈에 반응한다. 첫 번째 유형의 사람들과 함께 일하고 싶다면 그들을 언제나 관대하게 대하라. 내가 아무것도 없었을 때 나는 다른 사람들이 제공하는 높은 수준의 보상보다 나의 관대함을 고마워하는 사람들에게 더 너그러울 수 있었다. 이런 이유로 그들은 나를 떠나지 않았다. 나는 이런 사실을 결코 잊어버리지 않았고, 기회가 왔을 때 그들을 부자로 만들어주었다. 그리고 내가 그들의 너그러움을 가장 필요로 할 때 그들은 자신들의 방식으로 나에게 관대함을 베풀었다. 우리는 돈보다 더 가치 있는 것을 얻었고, 돈도 벌었다.

돈의 유일한 목적은 당신이 원하는 것을 얻게 해주는 것이라는 점을 기억하라. 그리고 당신이 가치 있게 생각하는 것이 무엇인지 깊이 생각한 후 돈보다 그것을 중요하게 생각하라. 당신은 훌륭한 관계를 얼마에 팔 것인가? 세상에는 당신이 가치 있는 관계를 끊도록 만들 만큼의 돈이 없다.

a. 관대하게 대하고, 다른 사람들에게도 관대함을 기대하라.

당신이 다른 사람들에게 관대하지 않고, 그들도 당신에게 관대하지 않다면 좋은 관계를 유지하지 못할 것이다.

8.8 훌륭한 사람들을 찾아내는 것은 어렵다. 이들이 떠나지 않게 하는 방법을 생각하라.

의미 있는 관계를 구축하고, 지속적으로 견해 차이를 해소하는 것과 같은 제안들을 잘 따라 하고 있는지 확인하라. 가장 중요한 것은 사람들이 그들에게 어떤 일이 일어나고 있는지에 대해 공개적으로 말하도록 적극 권장해야 한다는 것이다. 또 그들의 개인적 발전이 적절하게 계속되도록 하는 것도 중요하다. 활동적인 멘토의 세심한 조언은 적어도 1년 동안 지속되어야 한다.

어떤 사람의 특성을 알면
그들에게
무엇을 기대할 수 있는지
알게 된다.

9 사람들을 끊임없이 교육하고 검증하고 평가하고 분류하라

직원들과 당신의 계획은 조직과 제도를 개선하는 방향으로 발전해야 한다. 개인들이 올바른 방향으로 발전하면 그 결과는 기하급수적이다. 사람들의 능력과 자질이 점점 더 향상되면서 그만큼 더 독립적으로 생각하고 탐구할 수 있게 되고, 조직을 발전시키는 데도 도움이 된다. 구성원들이 더 빠르게 발전할수록 조직 성과도 그만큼 빠르게 향상된다.

직원들의 개인적 발전을 위해 가장 먼저 해야 하는 일은 그들의 강점과 약점을 솔직하게 평가하는 것이다. 그리고 교육이나 개인의 강점과 선호도를 활용하는 다른 직무에 배치하는 방식으로 어떻게 약점을 보완할 수 있는지에 대한 계획을 세워야 한다. 신입 사원들은 브리지워터에서 이런 대화들이 얼마나 솔직하고 직접적으로 진행되는지를 보고 큰 충격을 받기도 한다. 하지만 이런 대화는 사적인 문제나 서열에 관한 것이 아니기 때문에 어느 누구도 비판에서 자유롭지 못하다. 일반적으로 이과정은 관리자와 부하 직원들 모두에게 어려운 일이다. 하지만 장기적으로 사람들을 더 행복하게 만들고, 브리지워터를 더 성공적인 조직으로 만들었다. 사람들은 자신에게 어울리고 자기계발에 도움이 되는 일들을 하면서 발전한다고 느낄 때 가장 행복하다는 사실을 기억하라. 따라서 사람들의 약점을 아는 것은 그들의 강점을 파악하는 것만큼 (당신과 그들에게 모두) 가치 있는 일이다.

사람들이 발전할 수 있도록 도움을 준다고 하더라도 당신은 그들이 훌륭하게 업무를 수행할 수 있는지 없는지를 지속적으로 평가해야 한다. 업무를 객관적으로 평가하는 것은 쉽지 않다. 부하 직원들과 의미 있는 관계를 맺고 있기 때문에 성과가 기준에 미치지 못하더라도 정확하게 평가하는 것에 부담을 느끼기 때문이다. 같은 이유로 당신을 불쾌하게 만드는 직원을 더 나쁘게 평가하고 싶은 유혹에 빠질지도 모른다. 아이디어 성과주의에는 객관성이 반드시 필요하다. 브리지워터의 많은 관리 도구는 특정 관리자의 편견과 상관없이 직원들과 그들의 성과를 공정하게 평가하도록 개발됐다. 따라서 이런 도구와 자료들은 관리자와 직원이 평가에 대한 의견이 달라서 생기는 갈등을 해소하기 위해 다른 사람들을 참여시킬 경우에 반드시 필요하다.

몇 년 전 우리 직원 중 한 명은 부장 대행으로 일하고 있었다. 이전 부장은 회사를 떠났고, 당시 최고 경영자였던 그레그는 과거에 차장을 맡았던 그 직원이 부장 역할을 수행할 능력이 있는지 평가하고 있었다. 당사자는 자격이 있다고 생각했지만, 그레그와 다른 사람들은 그렇게 생각하지 않았다. 하지만 이것은 CEO가 결정할 수 있는 간단한 문제가 아니었다. 우리는 좀 더 증거에 입각한 결정을 내리고 싶었다. 지속적인 피드백을 수집하는 도트 컬렉터 시스템을 이용해 우리는 종합적인 판단 능력, 그가 모르는 분야에 대한 정보 그리고 적절한 수준의 관리 능력 등을 포함해 직무에 필요한 구체적인 특성과 관련된 수백 개의 자료를 모았다. 그리고 모든 데이터를 화면에 띄워놓고 우리 모두가 함께 직무 능력을 세밀하게 분석했다. 그런 다음 그 직원에게 증거 자료를 검토하도록 하고 만약 자신이 인사 결정권자의 위치에 있다면 어떻게 할 것인지에 대해 생각해보라고 했다. 한발 물러나 객관적인 증거를 살펴본 후 이 직원은 브리지워터에서 자신의 강점에 더 잘 어울리는 다른 역할을 맡기 위해 자리를 옮기는 데 동의했다.

사람들이 업무와 관련된 기술을 습득하도록 도와주는 것은 쉽다. 일반적으로 적절한 훈련을 제공하는 문제이기 때문이다. 능력을 향상시키는 것은 훨씬 더 어렵다. 하지만 시간이 지나면서 개인이 책임지고 일할 수 있는 범위를 확대시키기 위해서는 능력의 향상이 반드시 필요하다. 그리고 다른 사람의 가치관을 바꾸는 것은 결코 기대해서는 안 된다. 모든 관계에서는 서로가 잘 맞는지 아닌지를 결정해야 할 때가 있다. 이런 결정은 개인 생활과 높은 기준을 유지하는 조직에 모두 공통적으로 해당된다. 브리지워터에서 문화의 기본적인 요인들은 타협의 대상이 될 수 없다. 때문에 주어진 시간 안에 기준을 충족시키지 못하면 그 사람은 조직에서 떠나야 한다.

모든 리더는 1) 목표 달성을 위해 좋아하지만 무능한 사람들을 해고하는 것과 2) 착하지만 무능한 사람들을 유지하면서 목표를 달성하지 못하는 것 사이에서 선택해야 한다. 이런 힘든 결정을 내릴 수 있는지 없는지가 성공과 실패를 결정짓는 가장 강력한 요인이다. 브리지워터에서는 선택의 여지가 없다. 비록 당시에는 어려울지 몰라도 당신은 탁월함을 선택해야 한다. 그것이 모든 사람에게 최선이기 때문이다.

9.1 당신과 직원들 모두
개인적 발전 과정을 경험해야 한다.

아무도 이 과정에서 예외일 수 없다. 성공적인 발전 과정은 장점과 단점을 솔직하게 평가하는 능력에 달려 있다(가장 중요한 것은 단점을 평가하는 능력이다). 일반적으로 관리자들이 장단점에 대한 솔직한 피드백을 주는 것은 부하 직원들이 평가 결과를 듣는 것만큼 어렵다. 하지만 장기적 관점에서 사람들을 더 행복하게 하고 조직을 더 성공적으로 만든다.

a. 개인적 발전은 상대적으로 빠르게 진행되어야 하고, 자신의 강점과 약점을 발견하는 자연스러운 결과여야 한다. 따라서 진로는 처음에 계획되는 것이 아니다.

개인의 발전 과정은 자신들의 강점과 약점 그리고 좋아하는 것과 싫어하는 것도 함께 발견하는 것이다. 사람들은 성공 가능성이 높은 일을 부여받을 때 발전하지만, 그 과정에서 최선을 다해야 한다. 이로써 개인의 진로는 우리가 파악하고 있는 그 사람의 특성에 따라 발전할 것이다.

지도를 받는 동안 개인에게는 스스로 배우고 생각할 수 있는 충분한 자유가 주어져야 하고, 돌이킬 수 없는 실수를 저지르지 않도록 예방 조치를 취해야 한다. 평가와 피드백은 자신의 문제가 추가적인 학습에 의해 해결될 수 있는지, 아니면 변할 가능성이 거의 없는 타고난 능력 때문인지를 판단하도록 도움이 되어야 한다. 일반적으로 새로운 직원이 어떤 사람인지 대략적으로 파악하기 위해서는 6개월에서 12개월 정도가 걸리고, 문화를 받아들이고 적응하는 데는 18개월이 걸린다. 이 기간 동안에 정기적인 소규모 평가와 몇 차례의 중요한 평가를 실시해야 한다. 이런 평가 결과에 따라 좋아하는 것과 싫어하는 것 그리고 장점과 약점에 맞춘 새로운 임무를 맡겨야 한다. 이것은 반복적인 교육과 시험 그리고 업무 조정에 대한 오랜 경험을 통해 개인에게 더 적합한 역할과 책임이 주어진다. 개인적 발전은 자신에 대한 이해를 향상시키고 다양한 업무에 대한 친밀도를 높임으로써 개인에게 도움이 되는 도전적이고 보람 있는 과정이다. 회사를 그만두는 경우는 다른 어떤 일을 하더라도 자신이 훌륭한 성과를 낼 수 없고, 행복할 수 없다는 것을 알기 때문이다.

b. 교육이 개인의 발전 과정을 이끈다.

교육을 받는 사람들은 열린 마음을 가져야 한다. 교육생들은 자신들이 무엇을 잘하고 무엇을 잘못하는지 그리고 무엇을 해야 하는지를 발견하려고 노력하는 동안 자아를 잠시 접어두어야 한다. 교육을 시키는 사람도 개방적인 사고방식을 가지고 있어야 한다. 교육생의 특성에 대한 생각을 서로 비교하기 위해 믿을 수 있는 최소 두 명의 교사가 한 명을 가르치는 것이 가장 좋다. 이런 교육은 도제 관계이다. 도제 관계는 스키 강사가 학생과 함께 스키를 타는 것처럼 교사와 교육생이 경험을 공유할 때 형성된다. 이런 교육 과정은 교육생의 현재 위치와 왜 이런 위치에 있는지 그리고 현재 상황을 개선하기 위해 무엇을 할 수 있는지와 관련된 투명성과 발전을 촉진시킨다. 이 과정은 구성원의 개인적인 발전뿐만 아니라 조직의 발전을 앞당긴다.

c. 직원들이 약간의 실수를 하더라도 물고기를 주지 말고, 물고기 잡는 법을 가르쳐라.

직원들이 실수를 해도 때로는 기다리면서 내버려둘 필요가 있다(심각한 실수가 아니라면 말이다). 그래야 배울 수 있다. 계속해서 직원들에게 업무를 지시해야 한다면 이것은 좋지 않은 징조이다. 세부적 관리가 필요하다면 이것은 관리를 받고 있는 사람이 무능함을 드러내는 것이고 관리자에게도 좋지 않다. 아주 작은 일까지 관리하는 대신 교육을 시키고 검증해야 한다. 사람들에게 결정을 내리는 방법에 관한 생각을 말하고 직접적인 지시를 내리지 마라. 당신이 할 수 있는 가장 효과적인 일은 사람들과의 견해 차이를 해소하고, 그들이 어떻게 일하고, 왜 그렇게 일하는지를 살펴보는 것이다.

d. 경험은 책이 가르쳐줄 수 없는 내재화된 학습을 만들어낸다.

암기 위주의 학습과 직접 경험을 통한 내재화된 학습 사이에는 큰 차이가 있다. 의대에서 수업 시간에 수술 방법을 배운 학생과 이미 여러 차례 수술을 집도한 의사가 수술을 배우는 방법은 같지 않다. 책을 통한 학습에 뛰어난 사람들은 머릿속에 저장된 지시를 따라 하기 위해 자신들이 배운 것을 기억에서 불러내는 경향이 있다. 경험으로 익힌 사람들은 거리를 걸어가는 것처럼 무의식에서 흘러나오는 생각을 활용한다. 이러한 차이에 대한 이해는 반드시 필요하다.

9.2 지속적인 피드백을 제공하라.

대부분의 교육은 업무 수행과 성과에 대한 평가에서 시작된다. 피드백은 칭찬과 비판의 균형을 맞추는 것이 아니라, 실제 상황을 기준으로 무엇이 성공적이고 무엇이 성공적이지 않은지를 반영해야 한다. 당신이 목표를 달성할 책임이 있다는 것을 명심하고 의도한 대로 조직을 움직이도록 하라. 그렇게 하려면 당신이 관리하는 직원들의 기대를 충족시켜야한다. 직원들의 장점과 단점이 분명하게 드러나면 조직이 더 잘 작동하고, 개인의 발전을 촉진시키도록 업무를 더 적절하게 조정할 수 있다.

9.3 관대하게 평가하지 말고 정확하게 평가하라.

극단적으로 솔직해지는 것은 쉽지 않다. 정직함에 익숙하지 않은 새로운 직원들은 솔직한 평가를 공격처럼 느낄 수 있다. 더 높은 곳으로 올라가 더 큰 그림을 보라. 그리고 당신이 평가하고 있는 사람도 더 큰 그림을 볼 수 있도록 조언하라.

a. 정확성과 호의는 결국 같다.

호의적인 것처럼 보이지만 정확하지 않은 것은 당사자에게 해롭다. 그리고 종종 조직에 있는 다른 사람들에게도 해를 끼친다.

b. 전체적인 관점에서 칭찬과 비판을 하라.

이것은 현재 논의 중인 약점이나 실수가 교육생에 대한 전체적인 평가를 나타내는 것인지 아닌지를 분명히 밝히는 데 도움이 된다. 어느 날 나는 새로운 연구원 중 한 사람에게 그가 얼마나 일을 잘하고 있고, 그의 사고방식이 얼마나 확고한지 이야기해주었다. 이것은 매우 긍정적인 평가였다. 며칠 후 나는 그가 업무와 관련이 없는 것에 대해 장황하게 잡담을 늘어놓는 것을 들었다. 그래서 그렇게 규칙적으로 시간을 낭비할 경우 그와 우리 조직의 발전에 끼치는 손실에 대해 경고했다. 얼마 후에 나는 그 친구가 자신이 해고당할 뻔했다고 생각했다는 사실을 알게 됐다. 업무에 집중할 필요가 있다는 지적은 그에 대한 나의 전체적인 평가와 아무런 관련이 없다. 우리가 잠깐 동안 함께 앉아 있었을 때 나 자신에 대해 더 잘 설명했다면, 그는 나의 충고를 전체적인 맥락에서 이해할 수 있었을 것이다.

c. 의미가 아니라 정확성에 대해 생각하라.

비판적인 피드백을 받는 사람은 피드백의 사실 여부가 아니라 의미에 집착하는 경우가 많다. 이것은 잘못된 것이다. 나중에 설명하겠지만 '무엇이 사실인지'와 '무엇을 할 것인가'를 뒤섞어 생각하는 것은 나쁜 결정으로 이어진다. 무엇이 사실인지 이해하려고 노력하고 있다는 것을 분명히 보여주는 방식으로 피드백을 제공함으로써 다른 사람들이 그것을 정확하게 이해할 수 있도록 하라. 무엇을 할 것인가에 대해 생각하는 것은 별개의 문제이다.

d. 정확하게 평가하라.

사람들은 당신의 가장 중요한 자원이고, 진실은 탁월한 성과의 토대이다. 따라서 개인에 대한 평가를 가능한 한 정확하게 하라. 여기에는 상당한 시간과 신중한 논의가 필요하다. 책임 당사자들의 성과에 대한 평가는 그들이 당신의 방식대로 일하는가가 아니라 훌륭한 방식으로 일하는가를 근거로 이뤄져야 한다. 솔직하게 말하고, 열린 마음으로 듣고, 믿을 수 있고, 정직한 사람들의 의견을 고려하고, 그 사람에게 무슨 일이 일어나고 있고, 그 이유가 무엇인지에 관해 의견의 일치를 이루려고 노력하라. 물론 당신이 틀릴 수도 있기 때문에 자신의 평가를 너무 과신해서는 안 된다는 사실을 명심하라.

e. 실패뿐만 아니라 성공을 통해서도 배워라.

극단적 진실은 당신이 언제나 부정적이어야 한다는 의미가 아니다. 성공적인 성과를 거둔 사례와 그 원인에 대해 언급하라. 이렇게 하는 것은 성공적인 결과로 이어진 행동들을 강화하고 학습자들을 위한 역할 모델을 만들어낸다.

f. 대부분의 사람은 자신이 한 일과 하고 있는 일이 실제보다 훨씬 더 중요하다고 생각한다.

모든 사람에게 조직의 성공에 개인적으로 몇 퍼센트나 공헌하고 있는지 물어보면 합계가 300% 정도가 될 것이다.* 이것이 바로 특정한 결과가 누구의 공헌인지를 정확하게 파악해야 하는 이유이다. 그렇지 않으면 당신은 누가 무엇을 책임지고 있는지 결코 알지 못할 것이다. 더 나쁜 것은 훌륭한 성과 뒤에 자신들이 있다고 거짓 주장을 하는 사람들을 믿는 실수를 저지를 수도 있다는 것이다.

9.4 엄격한 사랑이 가장 어렵지만 중요한 유형의 사랑이다. 엄격한 사랑은 거의 환영받지 못하기 때문이다.

누군가에게 줄 수 있는 가장 큰 선물은 성공에 필요한 능력이다. 사람

---

* 브리지워터에서 이 실험을 실시했는데 수치가 301%로 나타났다.

들이 얻으려고 노력하는 것을 주지 말고, 노력할 수 있는 기회를 주는 것이 그들을 더욱 강하게 만든다. 칭찬을 하는 것은 쉽지만 칭찬은 사람들이 자신의 능력을 최대로 발휘하는 데 도움이 되지 않는다. 누군가의 실수와 약점을 지적하는 것은 더 어렵고 환영받지 못한다(이를 통해 사람들은 무엇을 해야 하는지 배운다). 그러나 장기적으로 훨씬 더 가치 있고 소중하다. 신입 사원들은 언젠가 당신이 하는 일에 대해 고맙게 생각할 것이다. 하지만 처음에는 이것을 이해하기 힘들 것이다. 이 과정을 효과적으로 진행하기 위해서는 당신의 논리와 그 이면에 있는 배려를 분명하게 반복적으로 설명해야 한다.

a. 대부분의 사람이 칭찬을 선호하지만, 정확한 비평이 더 가치 있다는 것을 깨달아라.

"고통 없이는 얻는 것도 없다."라는 말을 들어봤을 것이다. 심리학자들은 가장 강력한 개인의 변화는 사람들이 절대로 다시 겪고 싶지 않은 실수로 인한 고통의 경험(이른바 '바닥을 치는hitting the bottom' 경험)에서 나온다는 사실을 보여주었다. 무엇을 잘하고 있는지 명확하게 알려주는 것도 중요하지만 약점을 지적하고 반성하도록 하는 것이 훨씬 중요하다.

문제 해결에는 많은 시간이 필요하다. 순조롭게 진행되는 일들은 관심을 갖지 않아도 되지만, 문제는 원인을 찾아내 이해하고 대처해야만 한다. 우리는 훌륭한 결과를 칭찬하는 대신 어떤 부분을 개선해야 하는지에 집중한다. 이것이 브리지워터가 훌륭한 회사로 성장한 비결이다.

9.5 사람들에 대한 당신의 평가를 숨기지 마라.

적절한 사람들에게 적절한 업무를 맡길 수 있도록 당신과 직원들이 어떤 사람인지를 파악하려는 목표를 가지고 사람들을 탐구하라.

a. 구체적인 사실들을 근거로 종합적으로 판단하라.

'종합적으로 다룬다synthesizing.'는 것은 많은 데이터를 정확한 그림으로 변환시킨다는 의미이다. 너무 많은 사람이 구체적인 자료를 연계시키지 않고 사람들을 평가한다. 브리지워터에는 모든 세부 사항에 대한 자료가 있기 때문에 회의 테이프 등 구체적인 자료를 토대로 진단을 내리고 유형을 파악할 수 있다. 이런 도구들이 없더라도 측정지표나 검사 그리고 다른 사람들의 의견 등 다양한 자료들을 이용해 그 사람이 어떤 일을 했고 어떤 특성을 지닌 사람인지에 관해 더 완전한 그림을 그릴 수 있다.

b. 점dot들을 잘 맞춰라.

사람에 대한 모든 관찰 결과는 사람들이 어떻게 행동하는지에 관해 가치 있는 무엇인가를 알려준다. 앞서 설명했듯이 나는 이런 관찰 결과를 '점dot'이라고 부른다. 하나의 점은 그 사람이 무엇을 결정하고, 무엇을 말하고, 어떤 생각을 했는지에 대한 당신의 추론과 연결된 하나의 자료data이다. 대부분의 경우 우리는 은연중에 이런 추론과 판단을 한 후 자신만 간직하고 있다. 하지만 이런 자료들을 체계적으로 수집하고 시간이 흐른 후 장기적 관점에서 분석한다면 한 사람에 대한 종합적인 그림을 완성할 때 매우 귀중한 자료가 될 수 있다.

c. 너무 무리하게 점을 짜 맞추지 마라.

점은 단지 점일 뿐이라는 것을 기억하라. 중요한 것은 어떻게 점들을 더하는가이다. 각각의 점을 야구에서 타석으로 생각하라. 위대한 타자들도 여러 번 삼진 아웃을 당한다. 그래서 타석에 한 번 나간 것을 기초로 그들을 평가하는 것은 어리석은 일이다. 이것이 바로 출루율과 타율 같은 통계가 존재하는 이유이다. 다시 말해 어떤 한 사건에는 가능성 있는 다양한 설명이 존재할 수 있다. 반면 반복적으로 발생하는 어떤 행동 유형은 근본 원인에 대해서 많은 것을 알려줄 수 있다. 하나의 유형을 파악하기 위해 필요한 관찰의 수는 대체적으로 각각의 관찰 이후에 얼마나 서로의 의견이 잘 일치하는가에 따라 달라진다. 어떤 사람이 어떻게 그리고 왜 특정한 방식으로 행동했는지에 대한 심도 깊은 논의는 더 큰 그림을 이해하는 데 도움이 될 것이다.

d. 성과를 모든 측면에서 기록하기 위해 성과조사, 측정지표, 공식 심사 등과 같은 평가 도구를 사용하라.

토론할 자료가 없다면 성과에 대해 객관적이고 개방적이며 감정이 배제된 대화를 할 수 없다. 또 발전을 추적하는 것도 힘들다. 이것이 내가 도트 컬렉터를 만든 이유 가운데 하나이다. 나는 당신도 직원들의 업무 성과를 측정할 수 있는 방법들에 관해 생각해볼 것을 적극 추천한다. 예를 들면 직원들이 한 일과 하지 않은 일을 체크리스트에 기록할 수 있다. 그러면 직원들이 업무의 몇 퍼센트를 완수했는지 계산하는 데 활용할 수 있다. 측정지표는 일이 계획대로 진행되고 있는지를 알려준다. 또 측정지표는 객관적인 평가 수단으로 직원들의 생산성을 향상시킨다.

9.6 사람의 특성을 파악하는 과정은 공개적이고 발전적이며 반복적이어야 한다.

개인의 가치관, 능력, 기술에 대한 평가를 명확히 하고 공유하라. 당신의 평가에 대해 당사자와 다른 사람들의 의견을 들어보라. 교육과 검사 계획을 수립하고 당신이 관찰한 것을 근거로 결론을 재평가하라. 이것을 지속적으로 실행하라. 수개월에 걸친 토론과 현실적인 검증 후에 그 사람이 어떤 특성을 가지고 있는지에 대해 좋은 아이디어를 얻게 될 것이다. 시간이 지나면 이런 과정을 통해 그 사람에게 맞는 적절한 역할과 교육이 무엇인지 더 분명해질 것이다. 아니면 그 사람이 다른 곳에서 좀 더 적합한 직업을 찾아야 할 시기가 됐다는 사실이 드러날 것이다.

a. 측정 기준을 분명하고 공정하게 만들어라.

영구적으로 작동하는 시스템을 구축하려면 명확한 규칙을 수립하고 그 규칙을 기준으로 사람들이 어떻게 업무를 수행하고 있는지 추적하는 측정 기준을 만들어야 한다. 그리고 이 측정 기준의 값을 근거로 공식에 따라 산출된 사전 결과들이 필요하다. 규칙이 더 명확할수록 어떤 사람이 무엇을 잘못했는지에 대한 논쟁은 줄어들 것이다. 예를 들어 우리는 고객의 돈을 관리하는 방법과 상충되지 않는 방식으로 직원들이 자신의 투자를 관리할 수 있는 규칙을 가지고 있다. 이러한 규칙들은 명확하기 때문에 위반 사례가 발생할 경우 논쟁의 여지도 없다.

모든 사람이 다른 사람들의 기록을 볼 수 있게 해주는 측정 시스템을 갖추면 평가가 더 객관적이고 공정하게 될 것이다. 사람들이 더 높은 점수를 받도록 일함으로써 평가에 대한 논쟁은 줄어들 것이다. 물론 대부분의 사람은 중요성이 서로 다른 여러 가지 업무를 하고 있기 때문에 다양한 측정 기준을 사용하고 적절한 가중치를 적용해야 한다. 더 많은 데이터를 수집할수록 피드백은 더 빠르고 정확해진다. 내가 즉각적으로 피드백을 제공하는 도트 컬렉터 같은 도구를 만든 것도 이 때문이다. 브리지워터에서 사람들은 종종 회의 중에 얻은 피드백을 통해 실시간으로 회의의 방향이나 주제를 수정한다.

당신만의 측정 기준을 갖추게 되면 결과를 산출하는 알고리즘과 연결할 수 있다. 이 시스템은 X를 할 때마다 Y만큼의 돈(또는 보너스)을 벌 것이라고 알려주는 것처럼 간단할 수도 있지만, 더 복잡한 일이 될 수도 있다(예를 들어 가중치를 적용한 평가 점수의 조합을 예상되는 보상이나 보너스 점수를 제공하는 다양한 알고리즘과 연결시키는 것이다).

측정 기준과 알고리즘을 연결하는 것은 정확하지 않을 것 같지만 초기의 조잡한 형태도 상당히 효과가 있을 것이다. 그리고 시간이 지나면 아주 멋지게 발전할 것이다. 일부 오류가 있더라도 공식에 따라 정형화된 결과는 보다 정확한 평가와 보상을 제공하기 위해 적절하게 사용될 수 있다. 시간이 흐르면 이런 평가 시스템은 당신이 혼자 할 수 있는 것보다 더 많은 부분을 관리하는 훌륭한 시스템으로 발전할 것이다.

b. 사람들이 자신의 성과에 대해 객관적으로 생각하도록 권장하라.

자신을 더 높은 수준에서 볼 수 있는 것은 개인적인 발전과 목표를 성취하는 데 필수적이다. 따라서 당신과 당신에게 보고하는 사람들은 자신들의 성과에 대한 증거를 함께 살펴봐야 한다. 이 일을 잘하려면 많은 증거와 객관적인 시각을 가져야 한다. 필요하다면 서로가 동의한 다른 사람에게 증거에 따른 결과를 보여주고 그의 생각을 물어보라.

c. 전체 그림을 보라.

누군가를 비평하는 목적은 반복되는 유형을 살펴보고 전체 그림을 이해하는 것이다. 어느 누구도 모든 면에서 좋은 결과를 얻을 수는 없다(예를 들어 사람이 매우 꼼꼼하다면 민첩하지 않을 수도 있거나, 민첩하기 때문에 꼼꼼하지 않을 수도 있다). 비평을 통해 얻어진 평가는 구체적이어야 한다. 즉 평가는 그들이 어떤 사람들이 되어야 하는지에 대한 것이 아니라 그들이 현재 어떤 사람들인가에 대한 것이어야 한다.

d. 성과평가를 위해서는 구체적인 사례부터 시작하여 유형을 찾고, 평가받는 사람과 함께 증거를 살펴봄으로써 의견을 일치시켜라.

피드백은 지속적이어야 하는 반면, 평가는 정기적으로 진행된다. 평가의 목적은 그 사람이 어떤 특성을 가지고 있는가에 대한 누적된 증거를 모으는 것이다. 이런 증거는 업무 성과와 관련돼 있기 때문이다. 피드백이 잘 진행되면 작은 조각들이 모여 전체를 만드는 것처럼 지속적인 평가가 될 것이다. 평가는 사람이 어떻게 업무를 수행하는지를 이해하기 위해 지속적으로 파악해야 하기 때문에 예외적인 것들을 포함해서는 안 된다. 만약 일이 잘 진행되지 않는다고 생각한다면 사례별로 저조한 실적에 대한 근본 원인을 찾아내고, 해결하기 위해 노력해야 한다. 사람들이 자신의 약점을 찾아내는 것은 어려운 일이다. 자신이 어떤 사람인지 그리고 그 업무에 적합한지에 대한 진실을 알기 위해서는 구체적인 사례에 대한 다른 사람들의 적절한 조사(트집 잡기가 아니라)가 필요하다.

어떤 경우에는 파악하는 데 오랜 시간이 걸리지 않고, 어떤 경우에는 훨씬 더 어려울 수 있다. 하지만 시간이 지나고 충분한 사례가 있다면 사람들에 대한 성과 기록(과거 기록을 나타내는 궤적에서 어쩌다 보이는 작은 움직임이 아니라, 그들의 책임으로 발생한 상승과 하강의 정도)은 그들에게서 무엇을 기대할 수 있는지에 대한 분명한 그림을 보여줄 것이다. 성과와 관련된 문제가 있다면 이것은 업무 설계의 문제(그 사람에게 너무 많은 책임을 부과했을 수도 있다.)이거나, 아니면 적응 또는 능력의 문제일 것이다. 문제가 그 사람의 무능력 때문이라면 이런 무능은 그 일을 하는 데 있어서 타고난 약점(예를 들면 키가 160센티미터인 사람이 농구 팀에서 센터를 할 수 없는 것처럼) 때문이거나 부적절한 교육 때문일 것이다. 훌륭한 평가와 1년 동안 지속되는 의견 조율 과정은 이런 특성들을 고려해야 한다. 평가는 시간 경과에 따른 발전이 아니라 절대적인 기준에 따라야 한다는 점을 분명히 하라. 가장 중요한 것은 단지 결과가 아니라, 업무를 처리한 방법이다. 평가의 목표는 그 사람의 특성을 근거로 무엇을 신뢰할 수 있고 무엇을 신뢰할 수 없는지를 명확히 밝히는 것이다. 이런 결과를 통해 무엇을 할 것인지를 결정할 수 있다.

e. 사람을 평가할 때 저지르기 쉬운 두 가지 큰 실수는 평가에 대한 과신과 평가 결과에 동의를 받지 못하는 것이다.

만약 그에 대한 어떤 것이 사실이라고 믿고 있다면, 평가를 받는 사람에게 그것이 사실이라는 당신의 평가에 동의하도록 만드는 것은 당신의 책임이다. 물론 어떤 경우에는 동의를 얻는 것이 불가능할 수도 있다(예를 들어 당신은 누군가가 부정직하다고 생각하지만 당사자가 그렇지 않다고 주장하는 경우). 하지만 진실과 투명성의 문화 속에서는 자신의 의견을 공유하고, 다른 사람들도 그들의 생각을 표현하도록 해야 한다.

f. 지위에 관계없이 평가에 대한 동의를 얻어라.

대부분의 조직에서 평가는 관리자가 피평가자를 평가하는 일방적 방향으로만 진행된다. 피평가자들은 관리자들의 평가가 스스로에 대한 평가보다 나쁜 경우에 평가에 동의하지 않는다. 대부분의 사람이 실제보다 자신이 더 낫다고 믿기 때문이다. 대부분의 기업에서 피평가자들도 관리자들에 대한 의견을 가지고 있지만, 이를 표현하지 않기 때문에 오해와 분노가 점점 더 심해지고 있다. 이런 비뚤어진 행동은 조직의 효율성과 사람들과의 관계를 망가뜨린다. 세련된 방식으로 동의를 받아냄으로써 이런 문제들을 방지할 수 있다.

부하 직원들은 당신이 그들의 적이 아니라고 믿어야 한다. 즉 당신의 유일한 목표는 진실에 가까워지는 것이고, 그들이 자기기만과 영구적인 거짓에서 벗어날 수 있도록 그들을 도우려고 노력하는 것이다. 누군가가 부당하게 대우받고 있다고 믿는다면 이런 노력은 효과가 없다. 때문에 정직하고 투명한 방법으로 진행되어야 한다. 평등한 동반자로서 진실에 도달하는 것은 두 사람 모두의 책임이다. 모두가 동등한 참가자가 되면 어느 누구도 자신이 궁지에 몰렸다고 생각하지 않을 것이다.

g. 실수와 근본 원인에 대한 솔직한 대화를 통해 당신의 직원들에 대해 배우고, 그들도 당신에 대해 알 수 있도록 하라.

평가 결과를 부하 직원들에게 명확하게 전달하고, 그들의 교육과 미래 진로를 함께 설정할 수 있도록 열린 마음으로 답변에 귀를 기울여야 한다. 사람들의 약점을 파악하고 소통하는 것은 관리자가 해야 하는 가장 어려운 일 가운데 하나이다. 피드백을 받는 당사자가 피드백을 주는 사람과 공감하는 것이 중요하다. 하지만 진실을 알려면 두 사람 모두 훌륭한 인성이 필요하기 때문에 양자가 공감하는 것은 쉬운 일이 아니다.

h. 사람들이 일을 잘하고 있는지 확인하기 위해 모든 사람이 하는 모든 일을 항상 지켜볼 필요는 없다.

사람들의 특성을 파악하고 표본을 추출하라. 통계적으로 신뢰할 수 있는 수준의 다양한 사례들에 대한 정기적인 표본 추출은 그 사람이 어떤 특성을 가지고 있고, 무엇을 기대할 수 있는지를 알려줄 것이다. 그들의 행동 가운데 어떤 것이 사전 승인이 필요할 정도로 중요한지 그리고 어떤 행동을 나중에 검토할 것인지 선택하라. 하지만 반드시 감사를 실시하라. 사람들은 스스로에게 너무 많은 여유를 주는 경향이 있고, 확인하지 않는다고 생각하면 속임수를 쓸 수도 있기 때문이다.

i. 변화가 어렵다는 것을 인식하라.

변화를 필요로 하는 것은 어떤 것이든 어려울 수 있다. 하지만 배우고 성장하고 발전하기 위해서는 반드시 변화해야 한다. 변화에 직면할 때 다음과 같이 스스로에게 물어보라. 내가 개방적인 사고를 하고 있는가? 아니면 변화에 저항하고 있는가? 어려움에 정면으로 맞서고, 변화가 어디서 오는 것인지 탐구하라. 그렇게 하면 많은 것을 배우게 된다는 사실을 깨닫게 될 것이다.

j. 자신의 약점에 대한 탐구로 인해 받는 고통을 견뎌내도록 도움을 주라.

감정은 대체로 의견 충돌이 있을 때, 특히 주제가 누군가의 약점인 경우에 격화되는 경향이 있다. 편하게 의사소통이 진행되도록 침착하게 천천히 그리고 분석적인 방식으로 말하라. 배움과 개인적인 발전은 고통을 동반한다는 것을 일깨워주고, 사물을 폭넓은 관점에서 보도록 하라. 그리고 진실을 아는 것이 훨씬 더 좋은 곳으로 향하는 길로 인도한다는 사실을 상기시켜라. 평정심을 되찾았을 때 그들에게 자신을 돌아보라고 요청하고 며칠 후에 후속 대화를 진행하라.

궁극적으로 사람들의 성공을 돕기 위해 당신은 두 가지를 해야 한다. 우선 그들이 자신의 실패를 분명하게 받아들여 변화를 위한 동기를 부여받게 하라. 그리고 그들에게 일하는 방식을 바꾸는 방법을 보여주거나, 자신이 약한 분야에 강점을 가진 사람에게 의존하는 방법을 알려주라. 두 번째 방법을 고려하지 않고 첫 번째 방법을 추진하는 것은 당신이 도우려는 사람의 사기를 저하시킬 수 있다. 반면 두 가지 방식을 모두 실행하여 사람들이 그 혜택을 경험할 경우 조직에 활기를 불어넣을 것이다.

9.7 사람들이 어떻게 일하는지 파악하고, 그 방식이 좋은 결과로 이어질지를 판단하는 것이 과거에 무엇을 했는지를 파악하는 것보다 더 중요하다.

사람들의 특성을 파악하는 것은 미래에 그들이 얼마나 임무를 잘 처리할 가능성이 있는지를 보여주는 가장 좋은 지표이다. 브리지워터에서는 이것을 골프의 표현을 빌려 "샷shot보다 스윙swing에 더 많은 관심을 기울인다."고 말한다. 좋은 결과와 나쁜 결과는 개인이 상황에 어떻게 대처했는가와 관계없는 환경에서 발생할 수도 있다. 때문에 추론과 결과 모두를 근거로 사람들을 평가하는 것이 더 바람직하다. 나는 사람들이 궁지에서 벗어날 수 없을 정도로 매우 철저하게 그들의 생각을 검증한다. 이를 통해 다른 사람의 논리를 어떻게 평가하는지에 관해 많은 것을 알게 됐고, 나 자신도 더 논리적으로 생각하는 방법을 배웠다. 결과와 그 이면에 있는 논리가 모두 나쁠 때 그리고 이런 일이 여러 번 발생할 경우 나는 사람들이 더 이상 그런 사고방식으로 일하지 않기를 원한다.

가령 포커 선수인 당신은 많은 포커 게임에서 어떤 경우에는 이기고 어떤 경우에는 질 것이다. 어느 날 밤에는 실력은 없지만 운이 좋은 사람보다 돈을 더 많이 따지 못할 수도 있다. 따라서 한 번의 결과를 가지고 그 선수의 자질을 판단하는 것은 실수가 될 것이다. 대신 시간을 가지고 그들이 얼마나 일을 잘하는지 그리고 그들이 만들어내는 결과를 살펴보라.

a. 만일 어떤 사람이 일을 잘하지 못한다면 불충분한 학습 때문인지, 부족한 능력 때문인지 판단하라.

사람들의 성과는 다음에 설명하는 그림(565페이지)처럼 학습과 능력 두 가지 요인으로 구성돼 있다고 생각하라. 경험이나 교육 부족으로 인한 약점은 고칠 수 있지만, 능력 부족으로 인한 약점은 고칠 수 없다. 관리자들이 흔히 저지르는 실수 중 하나가 바로 이런 원인들을 구별하지 못하는 것이다. 관리자들은 잔인하거나 비판적으로 보이는 것을 싫어하기 때문이다. 또 관리자들은 온정적 방식으로 평가받은 사람들이 뒤처지는 경향이 있다는 것을 알고 있다. 이것이 관리자로서의 당신이 어쩔 수 없이 실질적이고 현실적이 되어야 하는 여러 상황 가운데 하나이다.

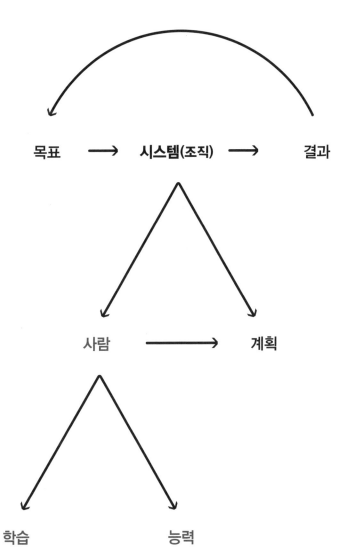

b. 능력을 평가하지 않고, 필요한 기술을 습득할 수 있는지 알아보기 위해 저성과자를 교육시키고 시험하는 것은 일반적인 실수이다.

기술은 쉽게 검증할 수 있기 때문에 판단하기 쉽다. 반면 능력은, 특히 우뇌를 사용하는 능력은 평가하기 매우 어렵다. 어떤 사람이 성과가 낮은 이유에 대해 생각할 때 그것이 능력의 문제인지 아닌지를 구체적으로 생각하라.

9.8 약점에 관해
당신과 다른 누군가의 의견이 일치하면
약점이 사실일 가능성이 크다.

합의에 도달하면 진실에 도달했다는 좋은 신호이다. 합의에 이르는 것이 훌륭한 성과인 것도 이 때문이다. 그리고 평가를 받는 사람도 그 과정에서 동등한 참여자가 되어야 한다. 당사자들이 동의한다면 공식적으로 기록하라. 이 정보는 미래의 성공을 위한 중요한 요인이 될 것이다.

a. 사람들을 판단할 때 '의심의 여지가 전혀 없는' 수준까지 도달할 필요가 없다는 점을 기억하라.

사람에 대한 완벽한 이해는 불가능하다. 완벽에 도달하려는 것은 시간을 낭비하고 발전을 가로막는다. 대신 그 사람이 어떤 사람인지에 대해 높은 수준의 신뢰도가 있는 상호 합의된 대략적인 이해에 도달하려고 노력하라. 필요하다면 시간을 더 투자해 이해의 수준을 높여라.

b. 그 사람이 어떤 사람인지 그리고 업무에 적합한지 아닌지를 알아내는 데는 18개월 이상 걸리지 않는다.

당신은 6개월에서 12개월에 걸친 긴밀한 접촉, 수많은 검사, 의견 조율을 통해 그 사람의 능력을 대략적으로 평가할 수 있다. 좀 더 확실한 평가는 18개월 정도의 시간이 걸린다. 물론 이런 일정은 업무, 사람, 사람들과의 접촉 그리고 의견을 얼마나 잘 조율하는가에 따라 달라질 것이다.

c. 근무 기간 동안 지속적으로 사람들을 평가하라.

사람들에 대해 더 많이 알게 될수록 그들을 더 잘 교육시키고, 더 잘 지도할 수 있다. 가장 중요한 것은 당신이 그들의 핵심 가치관과 능력을 정확하게 평가하여 그들이 당신의 능력을 보완할 수 있도록 하는 것이다. 하지만 처음 평가에 그대로 머물지 마라. 현재 알고 있는 것을 과거에 알고 있었다면 그들에게 그 일을 맡겼을지 스스로에게 물어보라. 그렇지 않다고 생각하면 그들을 내보내라.

d. 입사 지원자를 평가할 때와 동일한 엄격한 기준으로 직원을 평가하라.

면접관들은 잘 알지도 못하면서도 입사 지원자들을 자유롭고 자신 있게 비판한다. 하지만 더 많은 증거가 있는데도 비슷한 약점을 가진 직원들을 비판하지 않는 것은 이해할 수 없다. 이것은 그들이 비판을 해로운 것으로 생각하고 외부 사람들보다 동료 직원을 더 보호하고 싶어 하기 때문이다. 진실이 모든 사람에게 최선이라고 믿는다면 왜 온정적인 평가가 실수인지, 왜 솔직하고 지속적인 평가가 중요한지 알아야 한다.

9.9 사람들을 교육하고 인도하라.
안 되면 떠나게 하라. 사람들을 재활시키지 마라.

교육은 사람들의 능력을 개발하고 발전하는 것을 돕기 위한 계획의 일환이다. 재활은 사람들의 가치관이나 능력에 커다란 변화를 만들려는 시도이다. 가치관과 능력은 바꾸기 어렵기 때문에 일반적으로 재활은 비현실적이다. 부적절한 가치관과 부족한 능력을 지닌 사람들은 조직에 치명적인 영향을 미칠 수 있기 때문에 해고되어야 한다. 재활을 시도하려면 일반적으로 장기간에 걸쳐 전문가가 수행하는 것이 가장 좋다.

사람들이 짧은 시간 안에 과거보다 훨씬 더 나아질 것으로 기대한다면 당신은 심각한 실수를 하고 있는 것이다. 특정한 방식으로 반복적으로 행동하는 사람들은 아마도 계속해서 그렇게 할 확률이 높다. 행동은 사람들의 특성을 반영하기 때문이다. 일반적으로 사람들은 천천히 변하기 때문에 기껏해야 느린 발전을 기대할 수밖에 없다. 대신 사람들을 바꾸거나 계획을 변경해야 한다. 사람들의 약점을 받아들이기 위해 계획을 바꾸는 것은 일반적으로 좋지 않기 때문에 사람들을 특성에 따라 분류하는 것이 더 좋다. 때때로 훌륭한 사람들도 짧은 시간에 책임 당사자로 성장할 수 없기 때문에 그들의 역할을 못 하는 경우도 있다. 이들 가운데 일부는 다른 위치에 더 잘 어울릴지도 모른다. 이 경우에는 회사 내에 다른 임무를 할당받아야 한다. 하지만 이들 가운데 일부는 역할을 부여받지 못하고 회사를 떠나야 할 것이다.

a. 사람을 사물처럼 수집하지 마라.

사람을 해고하거나 다른 일을 맡기는 것보다 그 사람에게 적합하지 않은 일을 계속하게 하는 것이 훨씬 더 좋지 않다. 일에 적합하지 않은 사람을 해고하지 않아서 드는 막대한 비용에 대해 생각해보라. 즉 나쁜 성과에 대한 비용, 교육시키는 데 낭비되는 시간과 노력 그리고 1년 후에 누군가를 해고하는 것보다 5년이나 10년 정도 함께 일한 사람을 해고하는 더 큰 고통 등을 생각해보라. 적합하지 않은 일을 계속하는 것은 그들을 거짓의 현실 속에 살게 하고, 개인적인 발전을 가로막기 때문에 당사자들에게도 끔찍한 일이다. 또 성과주의를 훼손하고 모든 사람이 그 대가를 지불해야 하기 때문에 조직에도 좋지 않다. 이것은 돈을 지불하는 일이기 때문에 모두에게 끔찍하다. 당신 자신을 다른 어떤 사람의 인질로 만들지 마라. 언제나 다른 어떤 사람이 있게 마련이다. 절대로 자신의 기준을 훼손시키거나 스스로 압박감을 느끼지 않도록 하라.

b. 기꺼이 '사랑하는 사람들에게 총을 쏘라.'

좋아하는 사람을 해고하는 것은 매우 괴롭다. 당신과 의미 있는 관계를 가지고 있지만 일을 잘하지 못하는 사람을 해고하는 일은 좋은 관계를 끝내야 하기 때문에 어렵고 힘들다. 하지만 회사의 장기적인 성과를 위해서는 반드시 필요한 일이다. 비록 그들의 일처리가 훌륭하지 않더라도 당신에게는 그들이 필요한 상황이어서 변화를 추진하는 것이 어려울 수도 있다. 하지만 이런 사람들은 회사의 근무 환경을 망치고 그들이 정말로 필요할 때 당신을 실망시킬 것이다. 좋아하는 사람을 해고하는 것은 어렵지만 필요한 일들 가운데 하나이다. 이것을 하는 가장 좋은 방법은 '당신이 사랑하는 사람들을 총으로 쏘는 것'이다. 그들에게 도움이 되는 방식으로 신중하게 실행하라.

c. 누군가가 역할을 하지 못할 때 더 잘 맞는 역할이 있는지, 아니면 해고해야 하는지를 고민하라.

특정 업무를 잘하지 못한다면 그들이 가지고 있는 몇 가지 자질 때문일 수 있음을 깨달아라. 그런 자질들이 어떤 것인지 이해하고, 그들이 다른 새로운 업무에도 어울리지 않는다는 것을 확인할 필요가 있다. 또 승진할 능력이 없다는 것을 알게 되면, 그들이 다른 누군가의 자리를 차지하게 해서는 안 된다.

당신이 인생을 함께하고 싶은 사람들을 선택하려고 한다는 사실을 기억하라. 모든 사람은 시간이 지나면서 발전한다. 관리자들은 새로 고용한 직원들이 잘 적응하지 못하면 그들을 평가해 새로운 역할을 맡길 준비가 돼 있다. 관리자들은 면접 과정에서 드러난 것 이상으로 신입 사원들의 강점과 약점 그리고 문화에 대한 적응에 대해 더 좋은 아이디어를 생각해낸다. 누군가가 일에 실패할 때마다 왜 실패했는지 그리고 동일한 원인들이 왜 새로운 업무에서 같은 문제를 일으키지 않는지를 이해하는 것이 매우 중요하다.

d. 실패 후 사람들을 다른 역할로 물러나도록 하는 것에 주의하라.

"주의하라."는 표현에 주목하라. 나는 절대로 안 된다고 말하지 않았다. 왜냐하면 상황에 따라 다르기 때문이다. 한편으로 당신은 사람들이 최대한 능력을 발휘하고 새로운 업무를 시도해보기를 바란다. 단지 새로운 것을 시도하다 실패했다는 이유로 훌륭한 직원을 해고하려는 사람은 없다. 하지만 다른 한편으로는 업무에서 배제된 사람들을 보게 되면 대체적으로 당신은 그들을 뒤로 물러나게 한 것을 후회하게 될 것이다.

여기에는 다음과 같은 세 가지 이유가 있다. 1) 당신은 발전할 수 있는 다른 어떤 사람을 위해 자리를 양보하는 것이고, 발전할 수 없는 사람보다 발전할 수 있는 사람들을 확보하는 것이 더 좋기 때문이다. 2) 물러난 사람이 계속해서 자신이 할 수 없는 일을 하고 싶어 할 수 있고, 그래서 그들이 적합하지 않은 일을 맡게 될 위험이 있기 때문이다. 3) 더 이상 발전할 수 없는 사람들이 업무로 다시 돌아오면서 구속감과 분노를 경험할지도 모르기 때문이다. 일반적으로 이들을 유지하는 것이 단기적으로 볼 때 바람직한 결정으로 여겨지지만, 장기적 관점에서는 잘못된 것이다. 이것은 상당히 어려운 결정이다. 당신은 이 상황에 처한 사람들이 어떤 사람들인지 깊이 이해하고, 결정에 앞서 비용을 신중히 따져볼 필요가 있다.

9.10 인사이동의 목표는 조직 전체에 도움이 되는 방향으로 그 사람을 가장 잘 활용하는 것이다.

인사이동은 영향을 받는 두 명의 관리자들이 모두 새 역할이 최선이라는 데 합의해야 한다. 그렇지 않으면 결정권을 더 높은 사람에게 위임해야 할 것이다. 그 직원을 뽑아오려는 관리자는 혼란을 유발하지 않을 책임이 있다. 어떤 사람이 이동에 관심 있는지 알아보기 위해 비공식적인 대화는 문제가 안 된다. 하지만 관리자와 합의하기 전에 적극적으로 이동을 권유해서는 안 된다. 이동 시점은 당사자들과 협의하여 기존 관리자가 결정해야 한다.

a. 새로운 업무로 옮기기 전에 사람들이 스윙 swing을 완성하도록 하라.
긴급한 이유가 존재하지 않는 한(예를 들어 어떤 사람이 즉시 충원이 필요한 어떤 일에 딱 들어맞는다면) 항상 스윙swing에 따른 마무리 동작follow though 이 있어야 한다. 상황이 빠르게 발전하고 있고, 사람들이 솔직하게 이야 기할 것으로 예상되는 회사에서 직원들이 새로운 역할로 옮겨갈 기회가 생기는 것은 당연하다. 하지만 너무 많은 사람이 끝까지 책임을 다하지 않고 이 일에서 저 일로 옮겨 다닌다면 그 결과로 발생하는 불연속성, 무 질서, 불안정성은 관리자와 기업 문화 그리고 이동하는 사람들에게도 좋 지 않을 것이다. 직원들이 일을 완수하는 능력을 제대로 검증받지 못하 기 때문이다. 새로운 역할에 관해 논의를 하려면 한 업무에서 1년 정도가 지나야 한다. 하지만 새로운 업무로 옮기는 기간은 환경에 따라 달라질 수 있다.

9.11 기준을 낮추지 마라.

모든 관계는 앞으로도 함께할지를 결정하는 시점에 도달하게 된다. 이것은 개인 생활이나 기준이 매우 높은 조직에서도 공통적으로 발생하 는 일이다. 브리지워터에서 우리는 문화의 기본 원칙을 양보할 수 없다는 것을 알기 때문에 허용할 수 있는 시간 안에 극단적 진실과 극단적 투명 성을 통해 탁월함의 요건을 충족시켜야 한다. 그렇지 못하면 조직을 떠나 야 한다.

엄격한 사랑은

가장 어렵지만

가장 중요한 유형의

사랑이다.

당신의 조직을 만들고 발전시키기

대부분의 사람이 폭풍처럼 쏟아져 들어오는 일들에 갇혀 있다. 하지만 성공한 사람들은 폭풍을 넘어서 일의 원인과 결과를 볼 수 있다. 성공한 사람들은 이렇게 한 차원 더 높은 관점에서 객관적으로 자신과 다른 사람들을 조직이나 체제의 일부로서 볼 수 있다. 또 누가 무엇을 잘할 수 있고 잘할 수 없는지, 그리고 최고의 결과를 만드는 방법으로 모든 사람이 어떻게 조화를 이룰 수 있는지에 대해 이해하고 있다. 당신은 이미 조직의 두 가지 중요한 구성 요소(문화와 사람)에 접근하는 최고의 방법을 배웠다. 따라서 여기서는 조직을 관리하고 발전시키기 위한 원칙에 대해 살펴보려고 한다.

다음 장에서는 조직을 하나의 기계로 개념화하기 위해 보다 높은 수준의 사고를 적용하기 위한 고차원의 원칙들에 대해 살펴볼 것이다. 이것은 단순한 사고방식의 실험이 아니다. 기계적인 방식으로 팀을 관리하고, 역할과 책임 그리고 업무의 흐름을 설계할 때 중요할 뿐만 아니라 실질적인 영향을 미친다. 10장에서는 이런 접근 방식을 가장 높은 수준에서 조직의 설계에 적용할 것이다.

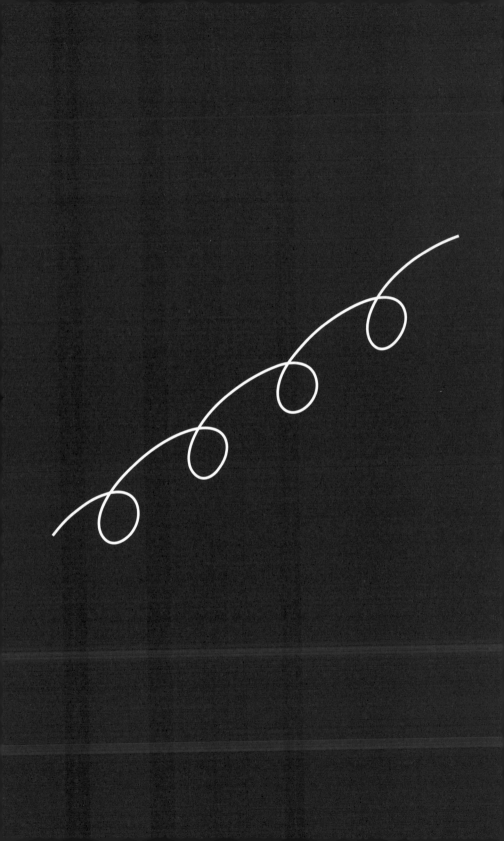

일단 기계를 만들고 작동시키는 방법을 알고 나면 다음 목표는 기계를 발전시키는 방법을 찾아내는 것이다. 이것은 1) 목표 설정하기, 2) 당면한 문제와 맞서기, 3) 근본 원인을 찾기 위해 문제를 진단하기, 4) 문제를 해결하기 위한 변화를 계획하기, 5) 필요한 일을 실행하기 등 5단계의 과정을 통해 찾아낼 수 있다. 당신이 알고 있는 조직에 대해 생각해보라. 그러면 성공의 정도에는 차이가 있지만 이런 5단계의 발전 과정을 경험하고 있음을 알게 될 것이다. 한때는 위대했지만 초기의 탁월함이 사라지고, 사람과 조직의 설계를 바꾸는 방식에 적절하게 대응하지 못해 쇠퇴한 조직들이 세계 곳곳에 넘쳐난다. 스스로를 지속적으로 재창조하면서 새로운 단계의 위대함을 이룩한 조직은 소수에 불과하다.

다음 장들에서는 조직 내에서 5단계 과정이 작동하는 방식과 이를 최대한 활용하기 위해 해야 할 일을 설명할 것이다. 효율적으로 일을 진행하려면 당신은 공학자가 기계를 보는 것처럼 조직을 분석하고, 목표와 결과를 비교하고, 더 좋은 결과를 얻기 위해 사람과 계획을 지속적으로 수정해야 한다. 가장 중요한 것은 구성원들을 잘 지휘해야 한다는 것이다. 구성원을 얼마나 잘 이끌어가느냐가 당신의 성공을 결정할 것이다.

마지막으로 두 장에 걸쳐 아이디어 성과주의가 계획한 대로 운영되도록 만드는 방법에 대해 설명할 것이다. 15장은 아이디어 성과주의가 의도한 대로 작동하도록 만드는 도구와 체계화의 중요성에 대해 다룰 것이다. 그리고 16장에서는, 초창기에 조직이 효율적으로 운영되도록 만드는 지배구조의 중요성을 과소평가했지만, 브리지워터의 경영 일선에서 물러나면서 지배구조에서 아이디어 성과주의가 어떻게 작동해야 하는지에 대해 배운 중요한 원칙들을 소개할 것이다.

10 목표를 달성하려면 기계를 작동시키는 것처럼 조직을 관리하라

어떤 일을 하든 당신의 업무는 높은 수준에서 목표를 설정하고, 목표 달성을 도와주는 기계를 만드는 것이다. 나는 실제 결과를 브리지워터가 만들어내야 하는 결과와 지속적으로 비교하고 개선하는 방법을 찾아냄으로써 브리지워터라는 기계를 만들었다. 나는 인생의 원칙 부분에서 설명했던 목표 설정에 대한 고차원적 원칙들이 개인과 조직에도 동일하게 적용된다는 것 이외에는 조직의 목표를 설정하는 방법에 대해서는 구체적으로 이야기하지 않을 것이다. 그러나 조직을 운영하는 데 있어 당신과 조직 구성원들이 고차원의 목표와 가치관에서 저차원의 목표(비용 효율적으로 제품을 생산하는 것이나 높은 고객 만족도를 실현하는 것 또는 가난한 사람들을 돕는 것 등)들을 이끌어내는 방법들을 분명하게 밝혀야 한다.

아무리 설계를 잘했더라도 기계에는 문제가 발생할 수 있다. 당신이나 다른 능력 있는 기술자들은 근본 원인을 진단하기 위해서 기계의 덮개 밑을 살펴보고 문제점을 찾아내야 한다. 이런 문제를 진단하는 당신이나 아니면 다른 누군가는 기계의 부품(설계와 사람들)들이 어떤 것인지 그리고 결과를 산출하기 위해 그 부품들이 어떻게 작동하는지 알고 있어야 한다. 설계를 포함한 거의 모든 것은 사람으로부터 나오기 때문에 가장 중요한 것은 사람이다. 기계에 대해 더 높은 수준의 명확한 이해가 없다면(모든 부품이 어떤 것이고, 어떻게 작동하는지 알 수 없다면) 문제를 진단하지 못하고, 잠재력도 발휘할 수 없게 될 것이다.

브리지워터에서 조직의 고차원적인 목표(투자에 대한 수익과 세계 경제, 시장을 보다 폭넓게 이해하는 데 있어 협력관계와 관계의 질적 측면)는 고객을 위해 탁월한 성과를 창출하는 것이다. 브리지워터는 탁월함에 대한 약속을 지켰다. 우리의 성장과 변화의 속도는 빨라지고 있는데, 매우 높은 기준을 유지하는 것은 언제나 도전이었다. 앞으로 여러 장에 걸쳐서 고객 서비스 결과가 하락한 사례를 살펴보고, 우리가 조직을 개선하기 위해 어떻게 5단계 발전 과정을 적용했는지 설명할 것이다. 하지만 이에 앞서 조직을 만들고 발전시키는 데 필요한 몇 가지 높은 수준의 원칙들을 공유하려고 한다.

10.1 더 높은 관점에서
당신 자신과 조직을 내려다보라.

더 높은 수준의 사고는 더 높은 차원의 사람들이 하는 일이 아니다. 이 것은 단순하게 말하면 사물을 위에서 아래로 보는 것이다. 우주 공간에서 자신과 주변 세계의 사진을 보는 것이라고 생각할 수 있다. 이 관점에서 보면 대륙, 국가 그리고 바다의 관계를 볼 수 있다. 그런 다음에 국가, 도시, 이웃 그리고 주변 환경으로 좁혀 들어가면 조금 더 세밀하게 볼 수 있다. 이러한 거시적인 관점을 갖는 것은 단지 눈으로 집을 구경할 때 얻을 수 있는 것보다 더 큰 통찰력을 가져다준다.

a. 결과를 목표와 지속적으로 비교하라.

모든 결과는 기계의 작동 결과를 반영하기 때문에 당신은 항상 목표 달성과 기계(사람과 설계)에 대한 평가를 동시에 하려고 노력해야 한다. 기계에 문제가 있을 경우 설계의 결함 때문인지, 아니면 책임을 지는 방법상의 문제인지를 진단해야 한다. 샘플 크기가 중요하다. 어떤 문제는 일회성의 불완전함일 수도 있고, 어떤 문제는 반복적인 문제로 나타나는 근본 원인의 증상일 수 있다. 많은 문제를 살펴보면 어떤 문제인지 분명해질 것이다.

b. 위대한 관리자는 본질적으로 조직 엔지니어라는 것을 이해하라.

위대한 관리자는 철학자, 연예인, 실천가 또는 예술가가 아니다. 그들은 엔지니어이다. 그들은 조직을 기계처럼 여기고, 조직을 유지하고 개선하기 위해 열심히 일한다. 그들은 기계가 어떻게 작동하는지 보여주고 설계를 평가하기 위해 공정 흐름 그래프를 만든다. 또한 그들은 기계의 개별 부품(가장 중요한 것은 사람이다.)과 기계 전체가 얼마나 잘 작동하고 있는지를 파악하기 위해 측정지표를 만든다. 그리고 조직의 사람들과 설계를 모두 개선하기 위해 지속적으로 변화를 추구한다.

관리자들은 이것을 무작위로 하지 않는다. 항상 인과관계를 염두에 두고 체계적으로 진행한다. 그리고 관련된 사람들에 대해 깊이 생각하지만, 그들에 대한 감정이나 그들을 불편하지 않게 하려는 의도가 조직의 지속적인 발전에 방해가 되는 것을 용납하지 않는다. 그렇게 하지 않으면 팀원들이나 팀에도 도움이 되지 않는다.

물론 조직에서 위로 올라갈수록 비전과 창의력은 더 중요해진다. 하지만 조직을 잘 관리하거나 지휘하는 능력과 기술도 가지고 있어야 한다.

젊은 기업가들은 비전과 창의성으로 회사를 창업한 후 경영 능력을 개발한다. 다른 사람들은 경영 능력으로 시작해 위로 올라가면서 미래에 대한 비전을 개발한다. 하지만 위대한 음악가처럼 모든 위대한 관리자는 창의성과 기술적 능력을 모두 가지고 있다. 그리고 어떤 수준의 관리자도 조직 엔지니어로서의 능력 없이는 성공을 기대할 수 없다.

c. 훌륭한 측정지표를 만들어라.

측정지표는 계기판에 숫자로 표시하고, 경고 표시등을 켜서 기계가 어떻게 작동하는지를 보여준다. 측정지표는 객관적인 평가 수단이며, 생산성에 유리한 영향을 미친다. 측정지표가 좋은 경우에는 사람들이 무엇을 하고 있고, 얼마나 잘하고 있는지에 대한 완전하고 정확한 정보를 얻을 수 있다. 따라서 측정지표를 통해 거의 모든 것을 관리할 수 있다.

측정지표를 구성할 때 상황을 파악하기 위한 가장 중요한 질문들을 생각보라. 그리고 어떤 숫자들이 질문에 대한 답을 제시해줄 것인지 머릿속에 그려보라. 당신이 가지고 있는 숫자를 보고 목적에 맞추려고 노력하지 마라. 당신이 필요한 것을 얻을 수 없기 때문이다. 대신 가장 중요한 질문으로 시작하고, 질문에 대한 답이 될 측정지표를 생각해보라.

단 한 개의 측정지표가 잘못된 정보를 줄 수 있다는 것을 유념하라. 유형을 정립하기 위해서는 충분한 증거가 필요하다. 물론 측정지표에 포함되는 정보는 정확성을 검증받아야 한다. 각각의 평가자들이 주는 평균 점수를 보면 비판적이 되기를 꺼린다는 것을 감지할 수 있다. 더 높은 평균 점수를 주었다면 아마도 점수를 쉽게 주는 평가자일 것이다. 반대의 경우도 마찬가지다. 직원들이 동료들을 최악에서부터 최고까지 평가하는 '강제 순위' 평가 방식이 도움이 될 수도 있다. 강제로 등급을 매기는 것은 상대평가와 같다. 이때에도 부서나 팀에 대한 독립적 등급의 측정 지표가 유용하다.

d. 당신에게 다가오는 일에 너무 많은 주의를 기울이고, 조직에 충분한 주의를 기울이지 않는 것을 조심하라.

개인의 업무에 관심을 집중하면 불가피하게 정체 상태에 빠지게 될 수 있다. 그 대신 당신이 조직을 구축하고 관리하는 것에 주의를 기울인다면 계속해서 보상을 받을 것이다.

e. 반짝이는 물체에 현혹되지 마라.

어떤 프로젝트나 계획이 아무리 완벽하다 하더라도 중요하거나 긴급한 것들이 갑자기 나타나면 더 매력적으로 보이기 마련이다. 이 반짝이는 물체들은 당신의 기계적인 사고방식을 방해하는 덫이 될지도 모른다. 따라서 반짝이는 것들을 경계하고 유혹에 넘어가지 않도록 하라.

10.2 당신이 다루는 모든 사례에 대한 접근법에는 두 가지 목적이 있다는 것을 기억하라.

1) 목표에 더 가까이 가는 것, 2) 조직(사람과 설계)을 교육시키고 실험하는 것이다.

두 번째 목적이 견고한 조직을 만드는 방법이라는 점에서 첫 번째 목적보다 더 중요하다. 대부분의 사람은 첫 번째 목적에 더 집중하는데, 이것은 큰 실수이다.

a. 모든 것은 사례 연구이다.

어떤 유형의 사례인지 그리고 어떤 원칙들이 그 사례에 적용되는지 생각해보라. 스스로 실행하고, 다른 사람들이 그렇게 하도록 도와줌으로써 비슷한 상황들이 반복될 경우 그에 대한 당신의 대처 능력은 향상될 것이다.

b. 문제가 발생하면 다음 두 단계로 토론을 진행하라. 1) 기계적 단계(왜 그런 결과가 생성됐는가)와 2) 구체적 사례 단계(그것에 대해 무엇을 할 것인가)

구체적 사례에 대해서만 토론하는 실수를 저지르지 마라. 이것은 당신이 세부적인 것까지 관리하고 있는 것이다. 즉 이것은 직원들 수준에서 사고하는 것이고, 직원들은 당신이 그렇게 하는 것이 문제가 안 된다고 잘못 생각할 것이다. 기계적 단계의 토론을 할 때 일이 어떻게 진행되어야 하는지에 대해 명확하게 생각하고, 왜 그렇게 진행되지 않았는지 검토하라. 만약 당신이 서둘러 무엇을 할지 결정하고, 직원들에게 무엇을 해야 하는지 말해야 한다면, 반드시 당신이 무엇을 하고 있고, 왜 하고 있는지 설명하라.

c. 규칙을 만들 때 이면에 있는 원칙들을 설명하라.

당신은 직원들이 공동체의 규칙에 말로만 복종하는 것을 원하지 않을 것이다. 직원들은 스스로 규칙을 준수하고, 다른 사람들에게도 규칙을 지키도록 책임을 묻는 높은 수준의 윤리 의식을 가지고 있어야 한다. 또 동시에 완벽한 규칙을 만들기 위해 노력해야 한다. 이런 목표는 공개 토론을 통해 검증된 건전한 원칙들로 달성된다.

d. 정책은 원칙을 자연스럽게 확장한 것이어야 한다.

원칙은 계층적인 구조를 가지고 있다. 일부 원칙은 매우 중요하며, 일부 원칙은 덜 중요하다. 하지만 모든 원칙은 개별적인 결정의 지침이 되는 정책에 영향을 미친다. 정책들이 서로 일관성 있고, 근간이 되는 원칙들과 일치하도록 깊이 생각하는 것은 충분히 가치 있는 일이다.

기준이 되는 명확한 정책이 없는 경우(예를 들면 출장을 가는 것이 업무인 직원이 출장 때문에 건강이 위험해지는 상황에 직면할 경우 어떻게 할 것인가.) 우리는 더 높은 수준의 원칙을 고려하지 않고, 갑자기 해결책을 제시할 수 없다. 정책 결정자들도 사법 제도가 판례를 만드는 방식과 똑같이 정책을 만든다. 점진적이고 반복적으로 구체적인 사례들에 대처하면서 법을 해석해 적용하는 것이다.

이것이 내가 조직을 운영하려는 방법이다. 한 사례가 발생하면 나는 문제를 처리하는 방법에 대한 기본 원칙을 제시하고, 이런 원칙에 동의하는지, 아니면 더 좋은 원칙을 만들기 위해 수정해야 하는지 알아보기 위해 사람들과 논의한다. 대체로 이런 방식을 통해 브리지워터의 모든 원칙과 정책이 만들어졌다.

e. 좋은 원칙과 정책은 언제나 좋은 지침을 제공하지만, 모든 규칙에는 예외가 있다는 것을 기억하라.

모든 사람이 원칙과 정책을 알아야 할 권리가 있지만, 정책과 원칙을 바꿀 권리가 있다는 의미는 아니다. 사실 원칙과 정책이 자신들의 믿음과 충돌한다면 그것에 도전하는 것이 최선의 접근법이다. 정책의 변경은 정책을 만든 사람(또는 정책을 발전시키는 데 책임이 있는 사람)의 승인을 받아야 한다. 브리지워터에서 어떤 사람이 중요한 정책에 대해 예외를 두기를 원한다면 그것을 대신할 정책을 만들어 경영위원회에 상정해야 한다. 예외가 빈번하게 발생하는 정책은 효과가 없기 때문에 이런 경우는 극히 이례적이어야 한다. 경영위원회가 공식적으로 안건을 심의한 다음 제안을 거부하거나 수정하거나 채택할 것이다.

10.3 관리, 세부적 관리 그리고 관리하지 않는 것의 차이를 이해하라.

훌륭한 관리자는 행동하기보다는 조정이나 지휘를 한다. 오케스트라의 지휘자처럼 악기를 연주하는 대신 아름답게 함께 연주할 수 있도록 구성원들을 지휘한다. 이와 대조적으로 세부적 관리자는 직원들에게 어떤 일을 해야 하는지 정확하게 이야기하거나, 관리자 스스로가 직접 일을 한다. 관리하지 않는다는 것은 관리자의 감독과 개입 없이 직원들이 스스로 일을 하게 하는 것이다. 성공하려면 이러한 차이를 이해하고 적절한 수준에서 관리해야 한다.

a. 관리자들은 자신이 책임지고 있는 일이 잘 되도록 해야 한다.

관리자들은 위에서 설명한 대로 1) 다른 사람들을 잘 관리하거나, 2) 책임이 없는 직원들이 업무를 잘 수행하지 못할 때 직접 그들의 일을 하거나, 3) 잘 관리할 수 없는 업무는 윗사람에게 위임하는 방식으로 업무를 관리할 수 있다. 첫 번째 선택이 가장 좋고, 두 번째 선택은 사람과 조직의 설계에 변화가 필요하다는 신호이다. 세 번째 선택은 어렵지만 반드시 해야 하는 의무이다.

b. 당신에게 보고하는 사람들을 관리하는 것은 함께 스키를 타는 것과 같다.

관리자는 스키 강사처럼 스키를 타는 사람들과 긴밀하게 접촉해야 한다. 그래서 일하는 과정에서 직원들의 강점과 약점을 평가할 수 있어야 한다. 직원들이 시행착오를 통해 배우는 동안에도 서로 토론해야 한다. 시간이 지나면 관리자는 그들이 혼자서 일을 처리할 수 있는지 없는지를 결정할 수 있을 것이다.

c. 훌륭한 스키 선수는 초보 스키 선수보다 더 좋은 코치가 될 것이다.

신뢰도는 경영진에게도 적용된다. 실적이 좋을수록 코치로서의 가치도 그만큼 높아진다.

d. 세부 사항을 위임할 수 있어야 한다.

관리자가 계속해서 세부적인 일에 빠져 있으면 관리나 교육에 문제가 있거나, 잘못된 사람에게 일을 시키고 있는 것이다. 관리자가 실제로 아무 일도 할 필요를 못 느낀다면 훌륭한 징후이다. 관리자는 자신이 핵심 사안에 직접 관여해야 하는 필요성을 나쁜 신호로 해석해야 한다. 이와 동시에 중요한 문제와 너무 멀리 떨어져 있어 기본적으로 관리하지 않을 경우 세부 사항을 위임하고 있다고 생각하는 것은 위험하다. 훌륭한 관리자는 그 차이를 알고 있다. 이들은 가능한 한 탁월하게 스스로 일을 처리할 수 있는 사람을 고용하고, 훈련시키고, 감독하려고 노력한다.

10.4 구성원들이 어떤 사람이고 무엇이 그들을 움직이게 하는지 파악하라. 사람이 가장 중요한 자원이기 때문이다.

각 개인의 가치관, 능력 그리고 기술 등 전체를 파악할 수 있는 신상명세서를 만들어라. 이런 자질이 행동을 이끌어내는 진정한 원동력이다. 따라서 사람의 자질을 자세하게 파악하면 그 사람이 어떤 일을 잘할 수 있고 잘할 수 없는지, 어떤 일을 피해야 하는지 그리고 어떤 교육을 받아야 하는지 알 수 있다. 사람들이 변하면 신상명세서도 바뀌어야 한다. 그 사람을 잘 알지 못하면 그에게서 무엇을 기대해야 하는지도 알 수 없다. 기대하는 결과를 얻지 못한다면 당신은 계기판에 의존해 비행하면서 자신을 탓할 수밖에 없다.

a. 당신과 조직에 중요한 사람들의 기분을 정기적으로 확인하라.

핵심 인물들을 잘 관찰하고, 그들에게 자신들을 힘들게 하는 것은 무엇이든 공개하라고 적극 권장하라. 당신이 모르고 있는 문제일 수도 있고, 문제를 제기하는 사람이 잘못 알고 있을 수도 있다. 어떤 경우이든 문제들을 공개하는 것은 반드시 필요하다.

b. 직원들에 대한 신뢰도가 어느 정도인지 확인하라. 추정하지 마라.

관리자는 잘 모르는 사람들에게 책임을 위임해서는 안 된다. 사람들에 대해 알아가고, 그들을 얼마나 믿을 수 있는지 파악하는 데는 시간이 걸린다. 때때로 새로운 사람들은 관리자가 자신들의 업무수행 방식을 신뢰하지 않을 때 불쾌하게 생각한다. 이것은 자신의 관점을 형성할 만큼 충분한 시간과 경험을 가지고 있지 않은 관리자의 현실적인 생각이다. 하지만 새로운 사람들은 이것을 자신들의 능력에 대한 비난으로 생각한다.

c. 신뢰를 기초로 관리자의 개입을 다양화하라.

관리는 의심스러운 징후를 포착하기 위해 모든 사항을 살펴보고 조사하는 일로 구성된다. 당신이 본 것을 토대로 의심스러워 보이는 사람들과 분야를 더 깊이 조사하고, 더 많은 일을 해서 신뢰가 가는 분야에 대한 개입은 줄여야 한다. 브리지워터에서는 다양한 도구(이슈 로그, 측정지표, 일일 보고, 점검 목록 등)들이 성과와 관련된 객관적 자료를 생산하고 있다. 관리자들은 정기적으로 자료를 검토하고 수시로 확인해야 한다.

10.5 책임을 명확하게 부여하라.

기대에 대한 혼란을 없애기 위해 임무 완수와 목표 달성의 실패는 개인의 실패로 보도록 하라. 팀에서 가장 중요한 사람은 임무를 완수하기 위해 책임을 부여받은 사람이다. 책임자는 무엇을 해야 하는지를 볼 수 있는 혜안과 목표를 확실히 성취하도록 만드는 규율을 모두 가지고 있어야 한다.

a. 누가 어떤 책임을 지고 있는지 기억하라.

너무도 당연한 말일 수 있지만, 사람들은 종종 자신의 책임을 다하지 못할 때가 있다. 조직에 있는 간부들조차 때로는 축구를 배우는 어린 아이처럼 행동한다. 팀에 도움이 되기 위해 공을 쫓아 뛰어다니지만 어떤 역할을 해야 하는지 잊어버린다. 이것은 성과를 향상시키기보다 저하시킬 수 있다. 따라서 사람들은 팀이 어떻게 운영되는지를 기억하고 자신들의 역할을 잘해내야 한다.

b. 업무 누락에 주의하라.

업무 누락은 일반적으로 환경의 변화나 일시적인 필요성 때문에 충분한 생각과 동의 없이 업무가 변할 때 발생한다. 업무 누락은 종종 적합하지 않은 사람이 업무를 잘못 처리하거나, 누가 무엇을 해야 하는지에 대한 혼란으로 이어진다.

10.6 당신의 조직에서 무엇을 기대할 수 있는지 알아내기 위해 깊이 탐구하라.

당신에게 보고하는 사람들을 지속적으로 세밀하게 살펴보면서 문제와 실수를 공개하는 것이 모든 사람에게 유익하다는 것을 이해시켜라. 당신이 원하는 것을 성취하려면 문제와 실수를 표면화하는 것이 반드시 필요하다. 목표를 달성하려면 일을 잘하는 사람들조차도 실수를 공개해야 한다. (조금 더 재량권이 주어지겠지만) 조직에 대한 탐구는 단순히 위에서 시작해 아래로 향해서는 안 된다. 당신을 위해 일하는 사람들도 당신이 능력을 최대한 발휘할 수 있도록 지속적으로 당신에게 도전해야 한다. 그런 과정에서 그들도 당신과 마찬가지로 해결책을 찾을 책임이 있다는 것을 알게 될 것이다. 선수가 되는 것보다 구경꾼으로 남아 있는 것은 훨씬 더 쉽다. 이들을 경기장으로 투입하는 것은 팀 전체의 전력을 강화시키는 데 도움이 된다.

a. 이해의 수준을 최대한 높여라.

관리자가 정보에 입각한 결정을 내리기 위해서는 주변에 있는 사람들과 업무 과정 그리고 문제들을 충분히 이해해야 한다. 그렇지 않으면 당신은 사람들이 말하는 이야기와 변명들을 믿게 될 것이다.

b. 너무 거리를 두지 마라.

당신은 함께 일하는 사람들을 속속들이 알고 있어야 하고, 정기적으로 피드백을 주고받으며 유용한 토론을 해야 한다. 근거 없는 소문 때문에 방해받고 싶지 않다면 적합한 사람들로부터 정보를 빠르게 얻을 수 있어야 한다. 따라서 당신의 업무 설계에는 이런 일을 하는 시간을 포함시켜야 한다. 그렇게 하지 않으면 관리에 실패할 위험이 있다. 나는 내가 개발한 도구들을 통해 사람들이 어떤 일을 하고 있고, 어떤 특성을 지니고 있는지를 관찰하여 문제들에 대해 추가적인 조치를 취하고 있다.

c. 일일 보고서를 직원들이 무엇을 하고 있고, 어떤 생각을 하고 있는지에 대한 최신 정보를 얻는 도구로 활용하라.

나는 보고하는 모든 사람에게 10-15분 정도 시간을 내서 그날 무엇을 했는지 그리고 그와 관련된 문제와 생각에 대해 간략한 보고서를 작성하도록 요구한다. 보고서를 읽고 그에 대한 사람들의 견해를 들어보는 방식으로 그들이 어떻게 일하고 있는지, 기분이 어떤 상태인지 그리고 어떤 문제를 해결해야 하는지를 대략적으로 판단할 수 있다.

d. 문제가 생기기 전에 문제가 발생할 가능성을 파악하라.

예상치 못한 문제가 발생한다면 아마도 당신이 사람들과 업무 과정에서 배제돼 있거나 혹은 사람들과 업무 과정이 어떻게 다양한 결과를 가져올 것인지를 충분히 예견하지 못했기 때문일 것이다. 위기가 서서히 다가올 조짐이 보일 때 예상치 못한 일이 발생하지 않도록 긴밀하게 연락을 주고받아야 한다.

e. 당신에게 보고하는 사람들보다 지위가 낮은 사람들도 관찰해보라.

당신에게 보고하는 사람들의 부하 직원들을 모르거나 그들이 어떻게 행동하는지 관찰할 수 없다면 당신의 직속 부하 직원이 사람들을 어떻게 관리하는지 알 수 없다.

f. 당신에게 보고하는 사람들이 자신의 문제를 당신에게 자유롭게 이야기하도록 하라.

이것은 윗사람에게 책임을 묻는 훌륭하고 유용한 방법이다.

g. 사람들의 답이 옳다고 가정하지 마라.

대부분 사람들의 대답은 틀린 이론이거나 그럴듯한 의견일 수 있다. 따라서 의심스럽다는 생각이 들면 재확인할 필요가 있다. 일부 관리자들은 이것을 사람들을 믿지 못하는 것으로 생각해서 확인하기를 꺼린다. 관리자들은 이것이 신뢰를 얻거나 혹은 신뢰를 잃는 과정이라는 것을 이해해야 한다. 이런 사실을 이해한다면 사람들이 훨씬 더 정확하게 말하는 법을 배우게 될 것이다. 또한 당신도 누가 믿을 수 있는 사람인지 알게 될 것이다.

h. 듣는 방법을 배워라.

시간이 지나면서 누군가가 어떤 것에 대해서 나쁘게 생각하고 있거나, 원칙을 적절하게 적용하지 못하고 있음을 암시하는 단서를 듣게 될 것이다. 예를 들어 익명인 '우리we'라는 말을 들을 경우, 이것은 누군가가 실수의 주체를 밝히지 않으려는 단서일 가능성이 있다.

I. 탐구는 개인적으로 하지 말고, 투명하게 진행하라.

이것은 탐구의 품질을 보장하는 데 도움이 되고(다른 사람들이 자기 자신의 평가를 할 수 있기 때문에), 진실과 투명성의 문화를 강화할 것이다.

j. 탐구를 즐겁게 받아들여라.

어느 누구도 자신을 객관적으로 볼 수 없기 때문에 자기 자신에 대한 탐구를 즐겁게 받아들이는 것이 중요하다. 탐구의 대상이 될 경우 침착함을 유지하는 것이 필수이다. 감정적인 저차원의 자아는 "내 말을 듣지 않고 나를 기분 나쁘게 만들다니 당신은 바보야."라고 반응할 것이다. 반면 고차원의 자아는 "내가 일을 잘하고 있다는 것을 확인하기 위해 사려 깊은 의견을 교환하고, 완전히 솔직해질 수 있다는 것은 훌륭한 일이다."라고 생각할 것이다. 고차원 자아의 말에 귀를 기울이고, 이것이 탐구하는 사람에게 얼마나 어려운 일이 될 수 있는지를 잊어서는 안 된다. 이런 어려운 탐구를 경험하는 것은 조직이 잘되고, 당신을 탐구하는 사람과의 관계가 좋아지도록 하는 것 외에도 당신의 인성과 평정심을 길러줄 것이다.

k. 일방적으로 사물을 보고 생각하는 사람들은 다른 방식으로 사물을 보고 생각하는 사람들과 관계를 맺고 의사소통을 하는 데 어려움을 겪는다는 사실을 기억하라.

후각을 잃은 사람에게 장미 향기에 대해 설명한다고 상상해보라. 아무리 정확하게 설명해도 언제나 실제 경험보다 못할 것이다. 사고방식의 차이도 마찬가지다. 이런 차이들은 사각지대와 같다. 사각지대가 있으면 그 안에 있는 것을 보기 어렵다. 사각지대 문제를 해결하려면 큰 인내심과 개방적인 사고뿐만 아니라, 더 많은 것을 알려줄 수 있는 다른 사람의 견해를 듣는 것도 필요하다.

l. 의심이 가는 것은 모두 해결하라.

의심스러운 모든 상황을 해결하는 것은 가치 있다. 왜냐하면 1) 작지만 부정적인 상황이 심각한 근본적인 문제의 징조가 될 수 있고, 2) 작은 인식의 차이를 해결하면 더 심각한 견해 차이를 방지할 수 있고, 3) 탁월함을 높이 평가하는 문화를 만드는 과정에서 아무리 사소한 문제들이라도 언급하고 지적해야 할 필요성을 지속적으로 강화하기 때문이다(그렇게 하지 않을 경우 평범함을 용인하는 사례를 만들 위험이 있다).

우선순위 때문에 문제들을 무시하고 넘어가면 이것이 오히려 함정이 될 수 있다. 작은 문제들을 간과하고 다루지 않을 경우 사소한 문제들에 대해서는 그냥 넘어가도 된다는 잘못된 인식을 심어준다. 작은 문제들이 방의 반대편으로 가려 할 때 밟고 지나가야 하는 작은 쓰레기 조각들이라고 상상해보라. 물론 방의 반대편에 있는 것이 중요할 수도 있지만, 당신이 반대편으로 가면서 쓰레기를 줍는 것은 해가 되지 않을 것이다. 그리고 탁월함의 문화를 강화함으로써 작은 문제들을 지적하는 것이 조직 전체에 반향을 불러일으킬 긍정적인 2차, 3차 결과를 만들어낼 것이다. 모든 쓰레기를 다 치울 수는 없겠지만, 쓰레기를 밟고 지나가는 것보다 쓰레기 한두 개를 치우는 것이 생각만큼 어려운 일이 아니라는 것을 잊어서는 안 된다.

m. 일을 완수하는 방법은 다양하다는 것을 인정하라.

책임 당사자들이 업무를 어떻게 수행하고 있는지에 대한 평가는 그들이 당신의 방식으로 일하고 있는지 아닌지를 근거로 해서는 안 된다. 어떤 한 방법으로 성공한 사람이 다른 방식으로 성공할 것이라는 기대는 섣부른 것이다. 이것은 홈런왕인 베이브 루스가 자신의 스윙을 개선하겠다고 고집을 부리는 것과 같다.

10.7 주인처럼 생각하고, 함께 일하는 사람들도 똑같이 행동하기를 기대하라.

자신의 행동에 대한 결과를 경험하지 못하면 결과에 대한 소유의식은 감소할 것이다. 당신이 직원이고 상사를 기쁘게 해주는 대가로 임금을 받는다면, 당신의 사고방식은 어쩔 수 없이 이런 인과관계에 길들여질 것이다. 당신이 관리자라면 자신이 하는 일에 대해 완전한 주인의식을 가지고 대충대충 일하지 않도록 보상과 처벌 구조를 만들어야 한다. 여기에는 사무실 밖에서도 업무를 책임지는 것 같은 단순한 일도 포함돼 있다. 사람들이 자신의 행복이 공동체의 행복과 직접적으로 연관돼 있다는 것을 알게 되면 이런 소유권 관계는 서로에게 이득이 된다.

a. 휴가를 간다고 해서 책임을 소홀히 해서는 안 된다.

주인처럼 생각하는 것은 어떤 일이 발생하는가와 상관없이 당신이 확실하게 책임을 진다는 것을 의미한다. 휴가 기간이라도 일이 중단되지 않도록 하는 것은 당신의 책임이다. 휴가를 가기 전에 업무를 조정하고 계획을 세우면, 휴가 동안에 어떤 일이 일어나고 있는지 파악하여 책임을 다할 수 있다. 이것은 많은 시간이 걸리지 않는다. 먼 곳에서라도 점검하는 데 1시간도 채 걸리지 않을 수 있고, 매일 점검할 필요도 없기 때문에 편리한 시간에 잠깐 동안 업무를 보면 된다.

b. 당신 자신과 직원들에게 어려운 일을 시켜라.

이것은 자연의 기본 법칙이다. 강해지고 싶으면 최대한 노력해야 한다. 당신과 직원들은 서로가 건강을 유지할 수 있도록 헬스 트레이너처럼 행동해야 한다.

10.8 핵심 인물 위험을 인지하고 대응하라.

모든 핵심 인물에게는 자신을 대신할 사람이 최소한 한 명은 있어야 한다. 후계자처럼 자신을 대신할 사람을 지명하여 이들에게 업무를 가르치고, 도와라.

10.9 모든 사람을 똑같이 대우하지 말고, 능력에 맞게 대우하라.

우리는 종종 사람들을 차별적으로 대우하는 것은 공정하지 않고, 적절하지 않다고 말한다. 하지만 사람들을 적절하게 대우하기 위해서는 차별적으로 대우해야 한다. 이것은 사람들과 그들이 처한 상황이 서로 다르기 때문이다. 당신이 양복을 만드는 사람이라면 모든 고객에게 동일한 사이즈의 양복을 만들어주지 않는 것과 같다. 하지만 사람들을 동일한 규정에 따라 대우하는 것은 중요하다. 이 때문에 나는 사람들 사이의 다양한 차이점들이 반영될 수 있도록 브리지워터의 원칙들을 구체적으로 만들려고 노력했다. 예를 들어 어떤 사람이 여러 해 동안 브리지워터에서 일했다면 이것은 그 사람을 어떻게 대우할 것인가에 영향을 미치는 요인이 된다. 마찬가지로 모든 부정직함은 용납될 수 없지만, 그렇다고 모든 부정직한 행위를 똑같이 취급하여 모두 똑같이 부정직한 사람으로 대우해서는 안 된다.

a. 자신이 압박받지 않도록 하라.

지난 몇 년 동안 많은 사람이 회사를 그만두면서 소송을 제기하거나, 언론을 통해 망신을 주겠다며 온갖 방법으로 나를 협박했다. 어떤 사람들은 그렇게 하도록 내버려두는 것이 더 쉽다고 조언했지만, 나는 이것은 근시안적 대응이라는 것을 깨달았다. 양보는 당신의 가치관을 훼손시킬 뿐만 아니라, 게임의 법칙이 변했음을 암시한다. 그리고 똑같은 상황을 계속해서 경험하도록 만든다. 옳은 일을 위해 싸우는 것은 단기적으로 힘들 수 있다. 하지만 나는 기꺼이 맞서 싸울 것이다. 내가 걱정하는 것은 사람들이 나에 대해 어떻게 생각하느냐가 아니라 올바른 일을 하는 것이다.

b. 당신을 위해 일하는 사람들에게 관심을 가져라.

당신이 좋아하고 존경하는 사람과 함께 일하지 않는다면 아마도 당신에게 맞지 않는 일일 가능성이 크다. 나를 정말로 필요로 하는 사람이 있다면 나는 누구에게든 힘이 되어줄 것이다. 조직 전체가 이런 방식으로 운영된다면 매우 강력하고, 일하는 보람이 있는 조직이 될 것이다. 개인적으로 어려움을 겪고 있을 때 사적인 만남은 반드시 필요하다.

10.10 위대한 리더십은 일반적으로 알려진 것과 매우 다르다.

나는 내가 하는 일이나 내가 좋다고 생각하는 것을 설명하기 위해 리더십 leadership이라는 용어를 사용하지 않는다. 대부분의 사람이 '훌륭한 리더십'이라고 생각하는 것은 효율적이지 않다고 생각하기 때문이다. 사람들은 훌륭한 리더는 다른 사람들에게 자신감을 심어주고, 자신을 따르도록 동기를 부여하는 영향력 있는 사람이라고 생각한다. 이런 리더들은 자신을 '따르라follow'고 강조한다. 일반적인 리더는 질문과 의견의 불일치를 위협적인 것으로 간주하고, 사람들이 지시를 따르는 것을 선호한다. 이러한 관점에서 보면 리더는 의사결정이라는 막중한 책임을 지고 있다. 하지만 이런 리더들은 겉으로 보이는 만큼 모든 것을 다 알고 있지 못하기 때문에 이들에 대한 실망과 분노가 서서히 나타난다. 그 결과 한때 카리스마 넘치는 리더를 사랑했던 사람들은 종종 그를 제거하고 싶어 한다.

'리더'와 '추종자' 사이의 이런 전통적인 관계는 내가 생각하는 효율성과는 정반대이다. 리더가 해야 하는 가장 중요한 일은 최대한의 효율성을 추구하는 것이다. 불확실성, 실수 그리고 약점에 대해 솔직해지는 것이 완벽한 척하는 것보다 훨씬 더 현실적이다. 또 자신을 잘 따르는 사람들보다 자신의 생각에 도전하는 사람들을 주변에 두는 것이 더 중요하다. 신중한 토론과 의견의 차이는 리더의 능력을 검증하고, 그들이 놓치고 있는 것에 관심을 기울이게 만들기 때문에 실질적으로 도움이 된다.

리더들이 해서는 안 되는 일 중 하나는 사람들을 교활하게 조종하는 것이다. 때때로 리더들은 사람들이 원하지 않는 일을 시키기 위해 감정을 이용해 동기를 부여하기도 한다. 하지만 아이디어 성과주의에서 지적인 사람들을 다룰 때에는 비도덕적인 감정의 이용보다 이성에 호소하는 것이 중요하다.

가장 유능한 리더는 1) 열린 생각으로 최선의 답을 찾고, 2) 해결책을 찾아내는 과정에 사람들을 참여시킨다. 이것이 견해 차이를 해소하고 교훈을 얻는 방법이다. 진정으로 위대한 리더는 개방적인 사고를 가지고 탐구를 통해 불확실성에 대처할 준비가 되어 있는 사람이다. 다른 모든 조건이 같다면 나는 닌자처럼 민첩하게 행동하는 리더가 근육질의 액션 영웅처럼 행동하는 리더를 항상 이길 것이라고 생각한다.

a. 약하면서 동시에 강해져라.

전체적인 관점에서 보기 위해 질문을 하는 것은 때때로 약하고 우유부단한 것으로 오해받는다. 물론 그렇지 않다. 이것은 현명해지기 위해 반드시 필요하고, 강해지고 결단력을 갖추기 위한 전제 조건이다. 언제나 현명한 사람들의 조언을 구하고, 당신보다 더 나은 사람이 이끌어가도록 하라. 최선의 결정을 내리기 위해 지도부는 모든 것을 이해할 수 있도록 도와야 한다. 열린 생각을 가진 동시에 자신의 견해를 주장하면서, 함께 일하는 사람들과 의견의 조화를 이루려고 노력하라. 때로는 모든 사람 또는 대다수의 사람이 당신의 생각에 동의하지 않을 것이라는 사실도 인정하라.

b. 사람들이 당신을 좋아하는지 아닌지에 대해 염려할 필요가 없다. 그리고 그들이 당신에게 무엇을 해야 하는지 알려주기를 기대하지 마라.

무슨 일을 하든지 거의 모든 사람은 당신이 무엇인가를 잘못하고 있다고 생각한다는 사실을 인정하고, 최선의 결정을 내리는 데 집중하라. 사람들은 자신의 의견을 믿어주기를 바라고, 그렇지 않으면 화를 내는 것은 인간의 본성이다. 자신들의 생각이 옳다고 믿을 이유가 없을 때조차 그렇다. 따라서 조직을 잘 이끌고 있다면 사람들이 당신의 의견에 동의하지 않아도 놀랄 필요가 없다. 중요한 것은 당신이 옳은 결정을 내릴 가능성을 평가하는 데 있어서 논리적이고 객관적이어야 한다는 점이다.

어느 정도 개방적인 생각을 가지고 있다면 당신이 보통 사람보다 더 잘 알고 있다고 믿는 것은 비논리적이거나 오만한 것이 아니다. 사실 평범한 사람들의 생각이 당신이나 통찰력 있는 사람들의 생각보다 더 옳다고 믿는 것이 비논리적이다. 당신은 노력을 통해 평균 이상의 자리에 올랐고, 통찰력이 있는 사람들이 보통 사람들보다 더 많은 정보를 가지고 있기 때문이다. 반대 경우가 사실이라면 당신과 보통 사람은 각자가 하고 있는 일을 해서는 안 된다. 다시 말해 당신이 그들보다 더 나은 통찰력을 가지고 있지 않다면 리더가 돼서는 안 된다. 반대로 당신이 더 나은 통찰력을 가지고 있다면 인기 없는 일을 하더라도 걱정할 필요가 없다.

그렇다면 당신과 함께 일하는 사람들을 어떻게 대해야 할까? 그들을 무시하거나(이것은 사람들의 분노와 그들의 생각을 무시하는 결과로 이어질 것이다.), 그들이 원하는 것을 맹목적으로 하거나(이것은 좋은 생각이 아니다.), 혹은 사람들이 반대 의견을 말하고 공개적이고 합리적인 조율을 통해 모든 사람이 당신의 사고방식의 장점을 알도록 하는 것 가운데 하나를 선택하는 것이다. 가장 좋은 아이디어가 채택된다면 공개적으로 반대의사를 표명하고, 토론의 승패를 기꺼이 받아들여라. 나는 아이디어 성과주의가 다른 시스템보다 더 나은 결과를 만들어낼 뿐만 아니라, 적합하지만 평판이 좋지 않은 결정에 대해 더 많은 지지를 확보해줄 것이라고 믿고 있다.

c. 명령하지 말고 사람들이 따르도록 노력하라. 의견 조율을 통해 이해를 구하고, 다른 사람들을 이해하려고 노력하라.

자기 중심적이거나 그렇게 조직을 운영하는 것이 편리하다는 믿음으로 사람들이 따르기를 원한다면 당신은 장기적으로 큰 대가를 치르게 될 것이다. 생각하는 사람이 당신 혼자라면 그 결과는 매우 고통스러울 것이다. 권위적인 관리자는 부하 직원들의 개발을 돕지 않는다. 이는 자신에게 보고하는 사람들을 계속해서 의존적이 되도록 만든다. 또한 장기적으로 모든 사람에게 도움이 되지 않는다. 너무 많은 명령을 내리면 당신을 원망하게 될 것이고, 감시하지 않으면 명령을 따르지 않을 것이다. 똑똑한 사람들에 대한 가장 큰 영향력은 동일한 것을 바라도록 무엇이 사실이고, 무엇이 최선인지에 대한 견해 차이를 지속적으로 조율하는 것이다.

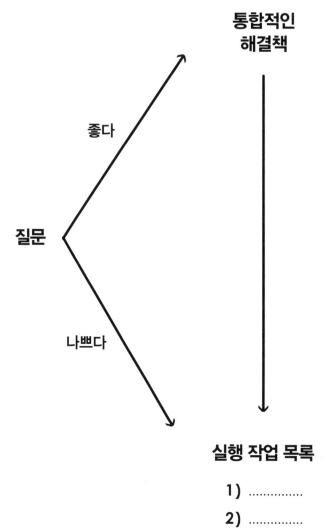

통합적인
해결책

좋다

질문

나쁘다

실행 작업 목록

1) ....

2) ....

3) ....

10.11 자신과 구성원들에게 책임을 부여하고, 사람들이 당신에게 책임을 지우는 것을 고마워하라.

책임을 부여하는 것은 사람들이 다른 방법으로 무엇인가를 할 수 있는지 없는지를 평가할 수 있도록 그들과 그들이 속한 환경을 잘 이해하고, 그 문제에 관한 의견 차이를 해소한다는 의미이다. 그리고 그들이 원하는 일을 제대로 할 수 없다면 해고한다는 의미이기도 하다. 책임을 묻는 것은 사람들을 세부적으로 관리하는 것도 아니고, 그들이 완벽하기를 기대하는 것도 아니다. 특히 많은 일을 책임지고 있는 사람에게 다른 모든 일을 완벽하게 처리하도록 하는 것은 공정하지 않을 뿐만 아니라, 비현실적이다. 사람들은 책임을 묻는 것에 대해 화를 낼 수 있고, 당신도 그들에게 항상 무엇을 하라고 지시하고 싶지 않을 것이다. 사람들이 당신이 하고 있는 일의 가치를 이해할 수 있도록 함께 논의하라. 하지만 결코 책임에서 벗어나도록 해서는 안 된다.

a. 다른 사람과 어떤 일을 특정 방식으로 진행하기로 합의했다면 다른 방식이 동의를 얻지 못하는 한 합의한 방식대로 하라.

사람들은 흔히 해야 하는 일보다 자신들이 좋아하는 일에 무의식적으로 끌린다. 사람들이 우선순위를 잊고 있다면 다시 지시해야 한다. 사람들로부터 진행 상황에 대한 최신 정보를 자주 보고 받는 것이 중요한 것도 이 때문이다.

b. 누군가가 '계약'을 위반해서 발생한 실패와 처음부터 계약이 없었던 실패를 구별하라.

당신이 기대치를 확실하게 밝히지 않았다면 임무를 실행하지 않은 것에 대해 사람들에게 책임을 물을 수 없다. 어떤 것을 말하지 않아도 암묵적으로 이해됐다고 가정하지 마라. 상식이라고 해서 실제로 모든 사람이 알고 있는 것은 아니기 때문에 분명하게 알려야 한다. 어느 누구도 책임을 지지 않는 상태가 되면 조직의 설계를 바꾸는 것을 고려하라.

c. 일에 휘말리지 않도록 하라.

이것은 관리자가 문제를 인식하지 못한 채 부하 직원의 업무를 떠맡게 될 때 발생한다. 이런 현상은 관리자가 다른 사람의 책임까지 떠안게 되는 것이기 때문에 업무가 이전되는 현상과 어느 정도 유사하다. 다른 사람의 업무를 떠맡는 현상은 목표를 달성하기 위해 한시적으로 용인할 수 있다. 하지만 이는 조직의 일부가 제대로 작동하지 않아서 개선이 필요하다는 신호이다. 이런 현상은 관리자가 다른 사람이 더 잘할 수 있는 일을 자신이 하지 않도록 책임의 범위를 적절하게 설정하지 못할 때 발생한다. 관리자가 조직을 운영하는 것보다 일을 완수하는 데 더 집중할 때 이런 문제가 존재하게 된다.

d. 목표와 일을 혼동하는 사람들을 조심하라. 양자를 구별할 수 없다면 책임을 맡길 수 없기 때문이다.

목표를 볼 수 있는 사람들은 종합적으로 판단할 수 있다. 이런 능력은 다음과 같은 방법으로 알아볼 수 있다. "XYZ 목표가 어떻게 진행되는가?"라는 질문을 할 경우 훌륭한 답변은 XYZ가 전반적으로 어떻게 진행되는지에 대한 총괄적 판단을 제시한다. 필요하다면 목표 달성을 위해 어떤 일을 했는지에 대해 설명함으로써 판단을 뒷받침한다. 반면 일만을 보고 목표를 보지 못하는 사람들은 그들이 완수한 일만 설명할 것이다.

e. 목적이 불분명하고 비생산적인 '이론적으로 해야 한다 theoretical should.**'에 대해 주의하라.**

이런 현상은 사람들이 실제로 할 수 있는지 없는지를 모를 때 다른 사람들이나 자신이 어떤 것을 할 수 있어야 한다고 가정할 경우 발생한다 (○○가 XYZ를 할 수 있어야 한다고 말하는 것처럼). 정말로 일을 성취하기 위해서는 관련 분야에서 성공한 경험이 있는 책임 당사자가 필요하다는 사실을 기억하라. 이와 유사한 문제들은 사람들이 "우리가 XYZ를 해야 한다."는 말처럼 주체가 없고, 모호하게 이야기하는 방식으로 문제의 해법을 말할 때 발생한다. 모호한 '우리'보다 그 일을 할 사람이 누구인지 지정하고, 무엇을 할 것인지를 결정하는 것이 그들의 책임이라는 것을 인식하는 것이 중요하다. 책임이 없는 사람들이 "우리가 …해야 한다."라고 말하는 것은 의미가 없다. 대신 이들은 무엇을 해야 하는지에 대해 책임 당사자들에게 말해야 한다.

10.12 계획을 명확하게 전하고 계획에 따라 진행되고 있는지를 알려주는 명확한 측정지표를 가지고 있어야 한다.

구성원들은 부서 내부의 계획에 대해 알아야 한다. 합의된 방법에서 벗어나기로 결정한다면 반드시 당신의 생각을 관련 당사자들에게 이야기해야 한다. 또한 새로운 방향에 대해 명확하게 이해할 수 있도록 그들의 견해를 물어보라. 이렇게 하면 사람들이 계획을 믿거나, 반대로 신뢰성이 부족하다고 생각하면 변화를 제안할 것이다. 측정지표는 목표가 무엇이고, 누가 책임을 다하고 있는지 그리고 누가 목표에 미달인지를 명확하게 보여준다. 부서의 목표와 과제 그리고 할당받은 책임은 최소한 분기에 한 번 혹은 자주할 경우 매달 한 번 정도 부서 회의에서 검토받아야 한다.

a. 전진하기 전에 뒤돌아보고 전체 상황을 파악하라.

새로운 계획을 추진하기 전에 시간을 가지고 지금까지 조직이 어떻게 움직여왔는지 되돌아보라. 때때로 사람들은 현재의 상황을 넓은 시각에서 보고 미래를 전망하는 데 어려움을 겪는다. 그리고 누가 또는 무엇이 일을 성공적으로 만들고 실패하게 만드는지 잊어버린다. 사람들에게 어떻게 우리가 현재까지 왔는지에 대해 이야기하도록 하거나, 당신이 직접 이야기함으로써 성공했거나 실패한 일들을 강조하라. 그리고 더 큰 그림과 중요한 목표에 대한 관심을 유발한다. 구체적인 목표와 과제를 책임지는 사람을 구체적으로 명시하고, 합의에 도달하도록 도와라. 다양한 단계와 수준에서 이 모든 과제를 연계시키려면 사람들이 계획을 이해하고, 피드백을 주고, 신뢰해야 한다.

10.13 책임을 충분히 감당할 수 없을 때 윗사람에게 위임하라.

당신의 직원들이 적극적으로 업무를 위임하도록 만들어라. 위임은 당신이 어떤 상황을 성공적으로 처리할 수 없을 때 책임 당사자로서의 일을 다른 누군가에게 넘기는 것을 의미한다. 그러면 당신이 업무를 위임하는 사람(당신이 보고하는 상사)은 당신과 함께 문제를 해결할 것인지, 자신이 통제할 것인지, 다른 누군가에게 맡길 것인지, 아니면 다른 일을 할 것인지를 결정할 수 있다.

위임을 실패가 아니라 책임으로 보는 것이 중요하다. 모든 책임 당사자는 자신들이 처리할 수 있는지 없는지를 판단할 수 없는 상황에 직면하게 될 것이다. 중요한 것은 책임 당사자들이 문제를 상사에게 알리고 어떻게 대처할 것인가에 대한 의견을 조율하는 것이다. 당신이 감당할 수 없는 책임을 다른 사람에게 위임하지 않는 것보다 더 큰 실패는 없다.

당신의 직원들이 사전 대비책을 가지고 있는지 확인하라. 그들이 합의된 마감 시한을 지킬 수 없을 때 솔직히 말하도록 요구하라. 이런 방식의 의사소통은 현재 다루는 문제와 그 문제를 담당하는 사람의 특성에 대한 이견을 조율하는 데 반드시 필요하다.

11 문제를 파악하고 용인하지 마라

목표를 향해 가다 보면 불가피하게 문제에 직면하게 된다. 성공하고 싶다면 문제를 파악하고 결코 용인해서는 안 된다. 문제는 증기기관차 엔진에 투입된 석탄과 같다. 석탄을 태움으로써(해결책을 고안하고 실행하는 것) 우리를 앞으로 나아가게 만든다. 문제를 발견하는 것은 조직을 발전시키는 기회이다. 문제를 발견하고 절대로 용납하지 않는 것이 우리가 해야 하는 가장 중요하지만 가장 싫어하는 일 가운데 하나이다.

많은 사람이 문제를 찾아내는 것을 어려워한다. 대부분의 사람은 성공적인 일들을 축하하고 싶어 하고, 문제는 감추고 싶어 한다. 이러한 사람들은 우선순위를 거꾸로 정한 것으로, 조직에 더 큰 해를 끼칠 수 있다. 칭찬받기 위해 발전을 위태롭게 해서는 안 된다. 무엇이 문제인지를 발견한 것을 칭찬해야 문제를 개선할 수 있다. 해결하기 어려운 문제들을 생각하는 것은 당신을 불안하게 만들 수도 있다. 하지만 골치 아픈 문제에 대해 생각하지 않고 대처하지 않는 것은 당신을 더욱 힘들게 만들 것이다.

어떤 것이 잘못될 수 있다는 불안감을 느끼는 것은 큰 도움이 된다. 이런 불안감은 조직이 생산한 결과를 측정하고, 결과를 지속적으로 관리하고 검증하는 사람들에게 동기를 부여한다. 또한 모든 측면에서 문제를 찾아내는 시스템과 측정 기준을 개발하는 원동력이 된다. 끊임없이 걱정하고 이중으로 확인하는 것은 품질 관리에서 중요하다. 문제들을 계속 용인하면 더 큰 문제로 발전하기 때문에 작은 문제들이 생기지 않도록 확인하는 것이 중요하다. 이해를 돕기 위해 초기에 탁월함을 유지하는 데 실패했지만, 문제를 인식한 뒤 근본 원인을 파악하고 탁월한 결과를 얻기 위해 변화를 추진했던 우리의 사례에 대해 이야기할 것이다.

브리지워터를 시작했을 때 모든 책임은 나에게 있었다. 내가 투자와 경영에 대한 모든 결정을 내렸다. 이후에 나를 지원하고, 궁극적으로 내가 없어도 탁월하게 운영될 수 있는 조직을 만들었다. 브리지워터가 성장하면서 단호하고 간단한 기준도 정했다. 즉 우리가 고객에게 제공하는 분석은 내가 직접 했을 경우와 언제나 동일한 품질을 유지해야 한다는 것이다. 이것은 고객들이 우리에게 어떻게 생각하느냐고 물었을 때 단순히 어떤 사람의 생각을 묻는 것이 아니라, 투자를 책임지고 있는 나와 CIO들이 어떻게 생각하고 있는지를 알고 싶어 하기 때문이다.

이런 목표를 달성하기 위해 브리지워터의 고객 서비스 부서는 고객들로부터 받은 질문을 자체적으로 처리하거나 전문 지식을 가진 직원에게 질문의 난이도에 따라 업무를 이관한다. 고객 자문위원(브리지워터와 고객 사이의 연결 역할을 하는 전문가)은 업무를 누구에게 연결할 것인지 판단하기 위해 질문을 충분히 이해해야 하고, 답변이 탁월한지 확인하기 위해 고객에게 전달하기 전에 답변을 검토해야 한다. 나는 언제나 동일한 방식으로 일이 처리되도록 최고의 투자 전략가들 중 몇 명이 직접 고객들에게 제안서를 작성해 전달하고, 동료들의 업무를 관리하는 견제와 균형 시스템을 만들었다. 그리고 일이 어떻게 진행되고 있는지 감독하고, 필요한 변화를 추진하기 위해 참고할 수 있는 측정지표를 제공하여 이 시스템을 평가했다.

2011년에 경영권 이전의 일환으로 나는 이 과정에 대한 감독권을 다른 사람들에게 넘겼다. 그리고 몇 달 후 고객 서비스 부서에 있는 한 사람이 문제들을 발견하기 시작했다. 문제는 한 제안서에서 시작됐다. 두 명의 투자자문위원이 몇 가지 오류가 있는 제안서가 고객에게 전달된 사실을 찾아냈다. 사소한 실수였지만 나에게는 중요한 문제였다. 내가 조사를 촉구하자 새로운 관리팀이 다른 제안서들을 조사하기 시작했고, 이런 엉터리 제안서가 이번 한 번뿐이 아니었다는 사실이 밝혀졌다. 이것은 품질관리체계가 광범위하게 고장 났다는 징후였다. 설상가상으로 책임 당사자들이 이러한 문제들을 인지하거나 파악하지 못했다는 사실도 드러났다. 그리고 내가 조사를 추진하지 않았다면 어느 누구도 조사하지 않았을 것이라는 점이 가장 심각한 문제로 드러났다.

초기에 문제를 인식하고 결코 용인하지 않는 원칙의 실패는 관심의 부족 때문에 발생한 것이 아니다. 대부분의 사람이 목표가 달성되는 과정을 평가하는 것보다 목표의 완수에 더 많은 관심을 기울였기 때문이다. 이들은 장인이라기보다 아무 생각 없이 찬성하는 거수기에 가까웠다. 또 탁월성을 검증하는 고위 임원들은 다른 업무에 집중하고 있었다.

이 사건은 모두에게 실망스러운 일이었다. 오랫동안 브리지워터의 성공 원인이었던 높은 기준들이 무너지고 있음을 보여주었기 때문이다. 이런 현실에 직면하는 것은 고통스럽지만 궁극적으로는 조직이 건전하다는 증거였다. 조직의 구조적 결함 때문이든, 아니면 자신과 다른 사람들의 무능력 때문이든 이 같은 문제가 존재하는 것은 부끄러운 일이 아니다. 약점을 사실로 인정하는 것은 약점을 그냥 받아들이는 것과 다르다. 약점을 인정하는 것은 약점을 극복하기 위한 첫 단계이다. 수치심과 창피함에서 비롯된 것이든, 아니면 약점을 극복하지 못하는 자신의 무능력에 대한 좌절감에서 비롯된 것이든, 우리가 느끼는 고통은 체육관에 가도록 동기를 부여하는 축 늘어진 뱃살을 보고 느끼는 감정과 비슷하다. 다음에 소개하는 원칙들은 당신을 가로막는 문제들을 파악하고, 용납하지 않는 방법에 대해 구체적으로 알려줄 것이다.

11.1 걱정하지 않으면 걱정해야 한다. 걱정하면 걱정할 필요가 없다.

어떤 일이 잘못될까 봐 걱정하는 것은 당신을 보호해주는 것이다. 반대로 걱정하지 않으면 문제에 노출된다.

11.2 상황이 좋은지, 나쁜지를 파악하는 시스템을 만들고 감독하라. 안 되면 당신이 직접 하라.

이런 시스템은 일반적으로 훌륭한 측정지표와 적합한 인재들을 통해 만들어진다. 적합한 인재들은 철저하게 조사하고, 열등한 제품과 일을 용납하지 않으며, 모든 것을 종합적으로 판단할 수 있는 사람들이다.

a. 사람들에게 문제를 파악하는 일을 부여하고, 조사할 시간을 주고, 비난의 두려움 없이 문제를 알릴 수 있도록 독립적인 보고 라인을 구축하라.

이런 절차가 제대로 작동하지 않으면 당신이 알아야 하는 모든 문제를 제기하는 사람들을 믿을 수 없게 된다.

b. '끓는 물 속 개구리' 증후군에 유의하라.

끓는 물이 든 냄비에 개구리를 넣으면 개구리는 즉시 튀어나올 것이다. 하지만 개구리를 상온의 물에 넣고 천천히 끓이면 개구리는 냄비 안에 있다 죽게 될 것이다. 이것이 진실이든 아니든 나는 관리자들에게 이와 비슷한 현상이 일어나는 것을 보았다. 사람들은 새로운 시각으로 보면 충격적이어서 도저히 용납할 수 없는 일에도 서서히 익숙해지는 경향이 있다.

c. 집단사고를 조심하라. 아무도 걱정하지 않는 것처럼 보인다는 사실이 잘못된 것이 아무것도 없다는 의미는 아니다.

당신이 용납할 수 없는 어떤 것을 발견했을 경우 다른 사람들도 그것에 대해 알고 있을 것이다. 그리고 문제를 제기하지 않는다고 해서 그것이 문제가 아니라고 생각하지 마라. 이것은 쉽게 빠지는 치명적인 함정이다. 나쁜 점을 볼 때마다 책임 당사자에게 알리고, 어떤 조치를 취하도록 책임을 부여하라.

d. 문제를 파악하기 위해 결과가 당신의 목표와 얼마나 일치하는지 비교하라.

이것은 조직이 생산한 결과와 당신이 예상했던 결과를 시각화한 것과 비교해 목표에서 얼마나 벗어났는지 알 수 있도록 한다는 뜻이다. 결과

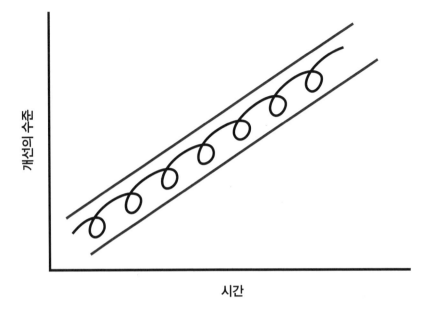

개선의 수준

시간

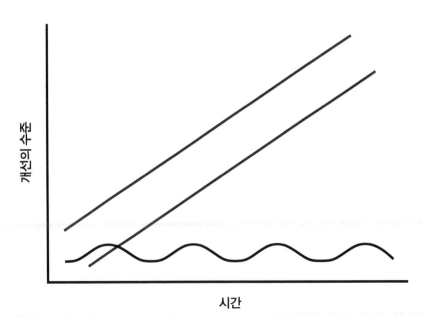

개선의 수준

시간

가 특정 범위 안에서 개선될 것으로 예상한다면 왼쪽의 첫 번째 그림과 같을 것이다. 그리고 두 번째 그림처럼 끝날 수도 있다.

문제에 대처하기 위해서는 근본 원인을 찾아야 한다. 근본 원인을 발견하지 못하면 두 번째 그림과 같은 결과가 계속될 것이다.

e. '수프를 맛보라.'

자신을 요리사로 생각하고 손님들에게 내보내기 전에 수프를 맛보라. 너무 짠가, 아니면 너무 싱거운가? 관리자들도 그렇게 해야 한다. 아니면 조직의 누군가에게 관리자들이 책임지고 있는 모든 결과를 대신 점검하도록 해야 한다. 이런 업무를 위임받은 사람들은 '맛 검사관taste tester'이라고 불린다.

f. 가능한 한 많은 사람이 문제를 찾도록 하라.

사람들이 당신에게 문제를 가져오도록 격려하라. 모든 사람이 책임감을 느끼고 솔직하게 말하는 것을 두려워하지 않는다면, 문제를 발견했을 때 쉽게 고칠 수 있어서 심각한 피해를 유발하지 않을 것이다. 가장 중요한 업무에 가장 가까이 있는 사람들과 의견의 일치를 유지하라.

g. 코르크 병마개를 열어라.

사람들이 자유롭게 소통하도록 하는 것은 당신의 책임이다. 솔직하게 말할 기회를 제공함으로써 자유로운 소통을 적극 권장하라. 사람들이 당신에게 정기적으로 정직한 피드백을 줄 것이라고 기대해서는 안 된다. 분명하게 정직한 피드백을 요청하라.

h. 특정 업무에 가장 가까운 사람이 그 일을 가장 잘 알고 있다는 사실을 깨달아라.

이런 사람들에게는 적어도 당신이 이해해야 하는 그들만의 시각이 있다. 그들의 눈을 통해 사물을 볼 수 있도록 하라.

11.3 문제에 대해 매우 구체적으로 이야기하라. 일반화로 시작해서는 안 된다.

예를 들면 "고객 자문위원들이 분석가들과 잘 소통하지 못하고 있다." 라고 말하지 마라. 구체적으로 이야기하라. 어느 고객자문위원이 어떤 방식으로 소통을 잘못하고 있는지 이름을 밝혀라. 구체적 사실로 시작하고, 유형을 이야기하라.

a. 익명의 '우리'와 '그들'이라는 표현을 사용하지 마라. 개인적인 책임을 감추기 때문이다.

사건은 저절로 발생하지 않는다. 특정의 사람들이 구체적인 일을 했거나 하지 않았기 때문에 발생한다. 모호함으로 개인적인 책임을 약화시켜서는 안 된다. 수동적 일반화나 거창한 '우리' 대신에 "해리가 이 문제를 잘 대응하지 못했다."처럼 구체적인 행동을 구체적인 사람과 연결시켜라. 또 "우리는 … 해야만 한다."거나 "우리는…" 등의 표현을 피하라. 어떤 조직에서나 사람이 가장 중요한 구성 요소이기 때문에 그리고 개인이 일하는 방식에 대해 책임을 지고 있기 때문에 실수는 실명으로 개인과 연결되어야 한다. 어떤 사람이 잘못된 절차를 만들었거나 잘못된 결정을 내렸다는 것을 얼버무리고 넘어가는 것은 발전을 느리게 할 수 있다.

11.4 어려운 일을 수정하는 것을 두려워하지 마라.

어떤 경우에 사람들은 용납할 수 없는 문제들을 받아들인다. 그 문제들을 고치는 것이 너무 어렵다는 것을 알고 있기 때문이다. 하지만 용납할 수 없는 문제를 해결하는 것이 고치지 않는 것보다 훨씬 더 쉽다. 왜냐하면 문제를 고치지 않으면 더 많은 스트레스, 더 많은 일 그리고 해고당할 수도 있는 나쁜 결과로 이어질 수 있기 때문이다. 따라서 관리의 첫 번째 원칙들 가운데 하나를 기억하라. 즉 당신의 조직에 대한 피드백을 살펴보고 문제를 해결하거나, 필요하다면 문제를 상사에게 위임하는 것이다. 문제를 표면화하고 훌륭한 문제 해결사의 손에 맡기는 것보다 더 쉬운 대안은 없다.

a. 준비된 좋은 해결책이 있는 문제들은 그런 해법이 없는 문제들과 완전히 다르다는 것을 이해하라.

확인되지 않은 문제는 최악이다. 준비된 해결책이 없지만 확인된 문제는 조금 낫지만 직원들의 사기에는 더 나쁘다. 준비된 좋은 해법이 있는 확인된 문제가 그나마 더 좋다. 그리고 해결된 문제가 가장 좋다. 문제가 어떤 범주에 속하는지 아는 것은 정말 중요하다. 해결책의 진행 상태를 파악하기 위해 활용하는 측정지표들은 누가 봐도 계획의 연장이라는 것을 알 수 있도록 명확하고 직관적이어야 한다.

b. 인식한 문제를 기계적인 방식으로 생각해보라.

다음 세 단계를 통해 이런 사고를 잘할 수 있다. 우선 문제를 주목하라. 그리고 그 문제를 제기할 책임 당사자가 누구인지 결정하라.

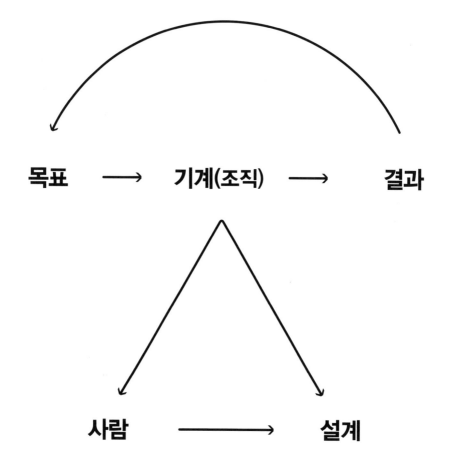

마지막으로 문제에 대해 논의하려면 언제가 적당한 시점인지 정하라. 다시 말해 무엇을, 누가, 언제 할 것인가를 정하는 것이다. 그리고 끝까지 밀고 나가라.

12 근본 원인을 찾기 위해 문제를 진단하라

문제와 마주칠 경우 당신의 목표는 문제의 근본 원인(구체적인 사람이나 문제를 일으키는 구조)을 구체적으로 찾아내고, 사람이나 설계에 문제를 일으키는 유형이 있는지 확인하는 것이다. 그렇다면 제대로 된 문제 진단에 실패하는 가장 일반적인 이유는 무엇일까?

가장 흔히 저지르는 실수는 조직이 작동하는 방식을 진단하고, 이를 개선하기 위해 문제를 활용하는 것이 아니라 일회성으로 문제를 다루는 것이다. 사람들이 근본 원인을 찾아내지 않고 문제를 고치는 것은 지속적인 실패의 원인이 된다. 철저하고 정확한 진단은 시간이 더 걸리지만, 미래에 커다란 이득을 가져다줄 것이다.

사람들이 저지르는 두 번째 흔한 실수는 진단을 개인화하지 않는 것이다. 문제를 실패한 사람과 연결하지 않고, 실패의 원인이 무엇인지 조사하지 않는 것은 개인이나 조직의 발전으로 이어지지 않는다.

세 번째로 큰 실패의 원인은 하나의 진단을 통해 배운 것을 과거의 진단에서 배운 내용과 연결시키지 않는 것이다. 특정 문제의 근본 원인(해리가 부주의했다.)이 더 큰 유형의 일부(해리가 자주 부주의한 실수를 저지른다.)

인지 아닌지(해리가 부주의할 가능성이 낮다.)를 결정하는 것이 중요하다.

고객 서비스 부서의 경우 문제의 근본 원인을 찾지 못하면 기준이 계속 낮아질 것이라는 사실을 알고 있었다. 브리지워터의 다른 임원들도 이 사실에 동의했다. 그래서 고객 서비스 부서와 함께 일련의 문제 진단 회의를 열고, 모든 단계의 관련자들을 소집해 무엇이 잘못됐는지 조사하여 알아내도록 했다. 나는 일이 어떻게 진행됐어야 했는지에 대한 나의 생각을 먼저 제시하고, 새로운 관리자들에게 실제로 어떤 일이 일어났는지에 대한 설명을 요구했다. 나쁜 결과는 그냥 발생하는 것이 아니라, 사람들이 결정을 내리거나 결정을 내리기 못하기 때문에 발생한다. 훌륭한 진단은 항상 나쁜 결과를 유발한 사람들에게 도대체 어떤 문제가 있는지를 파악하는 단계까지 도달해야 한다. 이것은 불편할 수도 있지만, 누군가가 일에 적합하지 않다면 같은 실수가 계속 일어나지 않도록 그 자리에서 물러나야 한다. 물론 어느 누구도 완벽하지 않고, 누구나 실수를 한다. 따라서 진단하는 데 있어 사람들의 과거 성과와 그들의 구체적인 강점과 약점을 살펴보는 것이 중요하다.

이러한 회의를 통해 몇 가지 문제점들이 분명해졌다. 고객 서비스 부서를 운영하기 위해 최고경영자들이 참여시킨 몇몇 새로운 관리자들이 품질 관리 과정을 감독하는 데 필요한 적절한 기술이나 통합 능력 또는 관리 노력이 없었다는 것이다. 그리고 최고경영자들은 고객 서비스 분야에 대한 관심이 적어 모든 것이 잘되고 있는지 충분히 확인하지 않았다. 이것이 우리가 직면하고 있는 현실이었다. 보기 좋은 그림은 아니었지만 변화를 추진하는 다음 단계로 나아가기 위해 우리가 분명하게 알고 있어야 했던 현실이었다. 다음에 설명하는 원칙들은 기본적인 개요와 정확히 진단하기 위한 구체적인 방법을 포함하고 있다.

12.1 진단을 잘하려면 다음과 같은 질문을 하라.

1. 결과가 좋은가, 나쁜가?

2. 누가 결과를 책임질 것인가?

3. 결과가 나쁘다면 책임 당사자가 무능한 것인가, 아니면 계획이 잘못된 것인가?

위의 중요한 질문들을 명심하고 판단의 기준으로 삼는다면 진단을 잘 해낼 것이다. 다음에 소개하는 내용은 위의 질문에 대한 답을 구하기 위한 일종의 안내 지침으로, 각 단계에서 찾고 있는 종합적 분석에 도움을 주기 위해 간단한 양자택일 형식의 질문을 활용하고 있다. 당신은 이런 지침을 다음 단계로 나아가기 위해 필요한 답으로 생각하고, 마지막 진단까지 도달해야 한다. 예시한 질문과 형식을 똑같이 따라 할 수도 있지만, 반드시 그렇게 할 필요는 없다. 당신의 상황이나 환경에 따라 다음 질문 과정을 신속하게 진행할 수도 있고, 예시된 질문과 다르게 더 세밀하게 질문할 수도 있다.

결과가 좋은가, 아니면 나쁜가?

그리고 누가 결과에 책임을 질 것인가? 결과가 나쁘거나 구체적으로 누구에게 책임이 있는지에 대해 신속하게 합의를 이루지 못했다면, 당신은 사소하거나 아무 상관이 없는 세부적인 것들에 대한 쓸모없는 토론에 빠져 있을 가능성이 높다.

결과가 나쁘다면 책임 당사자가 무능한가, 아니면 계획이 잘못된 것인가?

목표는 종합적인 분석 결과에 도달하는 것이다. 하지만 이런 목표에 도달하기 위해 해당 사례에서 조직이 어떻게 작동됐는지 조사하고, 그 결과로부터 종합적인 분석을 이끌어낼 필요가 있다.

조직이 어떻게 작동됐어야 했는가?

당신은 누가 무엇을 했어야만 하는지에 대한 심상지도를 가지고 있거나, 아니면 다른 사람들의 심상지도를 활용해야 할 것이다. 어떤 경우이든 당신은 누가 무엇을 책임지고 있는지 그리고 원칙에 따라 일이 어떻게 진행됐어야 하는지에 대해 알고 있어야 한다. 간단하게 생각하라. 이 단계에서 빠지기 쉬운 일반적인 함정은 조직 전체의 수준(누가 무엇에 대해 책임을 지고 있는가.)에서 보는 것이 아니라, 절차적인 세부 사항에 대해 깊이 파고드는 것이다. 당신은 머릿속에 있는 생각을 몇 마디 짧은 발언으로 분명하게 말할 수 있어야 한다. 그리고 이런 발언들은 구체적인 사람과 연결되어야 한다. 이 단계에서 세부적인 내용을 조사하려고 하면 핵심에서 벗어나게 될 것이다. 일단 심상지도를 완성했다면 핵심 질문은 다음과 같다.

조직이 계획대로 작동했는가? 네, 또는 아니요.

그렇지 않다면 무엇이 계획대로 작동하지 않았는가? 무엇이 잘못됐는가?

이 문제는 근접 원인proximate cause이라고 불리는데, 이 단계는 심상지도를 명확하게 제시하면 쉽게 도달할 수 있다. 근접 원인을 찾는 것은 '네/아니요' 질문을 통해서도 할 수 있다. 이 단계는 단지 심상지도의 주요 구성 요소를 참고해 어느 책임 당사자가 잘못했는지를 정확하게 찾아내기 위한 것이기 때문이다.

조직이 어떻게 작동됐어야 하는지에 대한 당신의 심상지도는 다음과 같은 두 단계로 구성되어야 한다. 해리는 1) 자신의 업무를 제시간에 완수했어야 한다. 또는 2) 자신이 할 수 없는 업무를 위임했어야 한다. 당신은 이 두 단계만을 정확하게 지적하면 된다. 1) 그가 그 일을 제시간에 완수했는가? 네/ 아니요. 그렇지 않다면 2) 그가 윗사람에게 업무를 위임했는가? 네/아니요.

이처럼 단순해야 한다. 하지만 누군가가 그들이 무엇을 했는지에 대해 세부적으로 설명하는 경우에 회의는 종종 까다롭고 이해할 수 없는 토론이 되기 십상이다. 회의의 결과를 정확하고 분명한 종합적인 분석으로 이끌어가는 것은 당신의 임무라는 것을 기억하라.

문제가 의미 있는 것인지 아닌지를 종합적으로 판단해야 한다. 즉 유능한 사람도 같은 상황에서 동일한 실수를 저질렀을 것인지, 아니면 깊이 연구할 만한 가치가 있는 어떤 것의 징후인지를 생각해봐야 한다. 사소하거나 예외적인 문제에 너무 집중하지 마라. 아무것도 완벽하지 않다. 하지만 조직의 구조적인 문제에 대한 단서를 간과해서는 안 된다. 이런 결정을 내리는 것이 당신의 일이다.

왜 일이 원래 계획대로 되지 않았을까?

책임 당사자가 능력이 있는지 없는지, 아니면 문제가 계획이나 설계와 관련이 있는 것인지 아닌지를 결정하기 위해 근본 원인을 종합적으로 판단해야 한다. 세부 사항에 빠지지 말고, 종합적 판단을 유지하기 위해서는 다음과 같이 노력하라.

- 실패를 5단계 과정과 연결하도록 노력하라. 어느 단계가 잘 되지 않았는가? 궁극적으로 모든 것은 5단계 과정에 속한다. 하지만 좀 더 구체적이어야 할 필요가 있다.
- 실패의 원인을 구체적인 주요 특성이나 특성의 집합에서 찾으려고 노력하라. '책임 당사자가 제대로 관리하지 않았는가? 문제를 잘 인식하지 못했는가? 잘 실행하지 못했는가?' 등과 같은 '예/아니요' 질문을 하라.
- 자신에게 다음과 같은 질문을 하는 것도 중요하다. 다음에 X를 잘해도 결과가 여전히 나쁠까? 이것은 당신이 결과를 논리적으로 사례에 연결하고 있다는 것을 확인하는 좋은 방법이다. 이 문제를 다음과 같은 방식으로 생각해보라. 만일 정비사가 자동차의 그 부품을 교체하면 문제를 해결할 수 있을까?
- 근본 원인이 설계나 계획의 잘못이라면 거기서 멈추지 마라. 누가 결함이 있는 설계에 책임이 있는지 그리고 그들이 잘 설계할 능력이 있는지 물어보라.

근본 원인이 반복되는 유형인가? (네/아니요.)

모든 문제가 일회성 결함일 수 있다. 아니면 반복적으로 나타날 근본 원인의 징후일 수도 있다. 당신은 원인이 일회성인지, 반복적인 것인지를 판단해야 한다. 다시 말해 해리가 신뢰성 때문에 임무를 수행하지 못한 경우:

- 해리는 대체적으로 신뢰성에 문제가 있는가?
- 그렇다면 그 역할에 신뢰성이 필요한가?
- 해리의 실패는 교육 때문인가, 아니면 능력 때문인가?

결과적으로 사람/조직은 어떻게 발전해야 하는가?

필요한 대로 문제에 대한 단기 해결책을 찾았는지 확인하라. 장기적 해법을 위한 조치를 취하고, 누가 그러한 조치를 담당할 것인지 결정하라. 구체적으로는 다음과 같다.

- 지정하거나 명확하게 해야 할 책임이 있는가?
- 다시 조정해야 할 조직의 체계가 있는가?
- 역할에 적합한 사람들을 재평가해야 하는가?

예를 들어 당신이 1) 문제가 반복되는 유형이고, 2) 책임 당사자가 역할에 필요한 특성을 갖추고 있지 않고, 3) 책임 당사자가 교육이 아니라 능력 때문에 요구되는 특성을 갖추지 못하고 있다고 판단한다면 가장 중요한 질문에 대한 답을 결정할 수 있을 것이다. 즉 그 당사자는 능력이 없으며, 그 역할에서 배제되어야 한다는 것이다. 다음의 원칙들은 진단을 잘하는 방법을 구체적으로 설명하고 있다.

a. 누가, 무엇을 다르게 해야 하는지 자신에게 물어보라.

나는 종종 사람들이 어떤 특정한 결과의 원인이 되는 시스템을 이해하려 하지 않고 결과에 대해 불평하는 것을 듣는다. 대부분의 경우에 이러한 불만은 어떤 결정의 긍정적 측면이 아니라 부정적인 측면을 보는 사람들로부터 나온다. 그리고 이들은 책임 당사자가 결정을 내리기 위해 어떻게 양쪽 측면을 고려했는지는 모른다. 궁극적으로 모든 결과는 사람과 시스템으로부터 나오기 때문에 "누가 무엇을 다르게 해야 하는가?"라고 자문하는 것은 미래에 지금보다 더 나은 결과를 만들어야 한다는 사실(결과에 대해 떠들기만 하는 것보다)을 깨닫는 방향으로 당신을 이끌 것이다.

b. 5단계 과정 가운데 어느 단계에서 실패가 발생했는지 찾아내라.

어떤 사람이 계속해서 실패한다면 그것은 교육이나 능력의 부족 때문이다. 어느 쪽이 원인일까? 5단계 과정 중에서 어느 단계에서 실패했는가? 각각의 단계는 다른 능력을 필요로 한다. 그래서 실패한 단계에서 어떤 능력이 부족한지를 알 수 있다면 문제를 진단하는 데 많은 도움이 될 것이다.

c. 적합한 원칙을 적용했는지 확인하라.

현재 문제에 어떤 원칙들이 적용되는지 확인하고, 그 원칙들이 도움이 됐는지 아닌지를 알아보라. 비슷한 사례에 대응할 경우 어떤 원칙들이 가장 적합한지 스스로 생각해보라. 이것은 현재 문제를 해결하는 데 도움이 될 뿐만 아니라, 유사한 다른 문제의 해결에도 도움이 될 것이다.

d. 나중에 뒷말이 나오지 않도록 하라.

현재 당신이 알고 있는 것이 아니라 결정을 내렸을 당시 합리적으로 알 수 있었던 것을 근거로 과거의 결정을 평가하라. 모든 결정에는 찬성과 반대가 따른다. 적절한 전후 사정을 고려하지 않은 채 과거의 선택을 평가할 수 없다. 스스로에게 "그 상황에서 훌륭한 사람은 무엇을 알고 있고, 무엇을 했을 것인가?"라고 물어보는 방식으로 평가하라. 또 그들이 어떻게 생각하고, 어떤 유형의 사람들이고, 그 상황에서 어떤 교훈을 얻었는지 등 결정을 내린 사람에 대한 깊은 이해심을 가져라.

e. 누군가가 처한 상황의 수준과 그들이 그 상황에 대처하는 접근법의 수준을 혼동해서는 안 된다.

하나가 좋으면 다른 하나는 나쁠 수 있다. 그리고 어떤 것이 좋은 것인지 혼동하기 쉽다. 이러한 혼동은 새로운 일을 하면서 빠르게 발전하며, 아직 문제를 해결하지 못한 조직에서 특히 흔하게 발생한다. 나는 언제나 브리지워터가 형편없지만 동시에 훌륭한 조직이라고 말한다. 브리지워터는 거의 40년 동안 많은 문제점을 해결하며 놀라운 결과를 만들어왔다. 엉망인 상황을 보고 끔찍할 것이라는 생각으로 좌절하는 것은 쉽다. 하지만 진정한 도전은 엉망인 상황에서 만들어낼 장기적인 성공을 관찰하고, 이런 상황이 혁신의 발전 과정에 얼마나 필요한 것인지 이해하는 것이다.

f. 다른 누군가가 무엇을 해야 하는지 모르고 있다는 사실을 아는 것이 당신이 무엇을 해야 하는지를 알고 있다는 의미는 아니다.

문제점을 지적하는 것은 정확한 진단과 훌륭한 해결책을 찾아내는 것과 별개의 문제이다. 앞서 설명한 것처럼 훌륭한 문제 해결사의 기준은 1) 문제를 처리하는 방법을 논리적으로 설명할 수 있고, 2) 과거에 유사한 문제를 성공적으로 해결한 경험이 있다는 것이다.

g. 근본 원인은 행위가 아니라 이유라는 것을 기억하라.

근본 원인은 동사가 아닌 형용사로 묘사된다. 그래서 근본 원인을 찾으려면 지속적으로 '왜'라는 질문을 하라. 대부분의 일이 누군가가 그 일을 특정한 방식으로 하거나, 하지 않기로 결정했기 때문에 성공하거나 실패한다. 대부분의 근본 원인은 반복적으로 구체적 행동을 하는 특정한 사람들에게서 찾을 수 있다. 물론 평상시에 믿을 수 있는 사람도 가끔씩 실수를 저지를 수 있고, 그런 사람의 경우 용서받을 수 있다. 하지만 문제가 사람의 탓이라면 왜 그런 실수를 저질렀는지 물어봐야 한다. 사람의 결점을 진단하는 데 있어 당신은 그 사람이 하나의 장비인 것처럼 정확하게 해야 한다. 근본 원인을 발견하는 과정은 다음과 같이 진행될 수도 있다.

그 문제는 잘못된 프로그래밍 때문이었다.

왜 프로그래밍이 잘못되었을까?

해리가 프로그래밍을 잘못했기 때문이다.

해리는 왜 프로그램을 잘 만들지 못했나?

시간이 없어서 제대로 교육을 받지 못했기 때문이다.

왜 교육을 잘 받지 못했나?

관리자는 해리가 교육을 잘 받지 않았다는 것을 알고도 그 일을 하도록 했는가? 아니면 교육이 미흡했다는 것을 모르고 있었나?

이런 질문들이 얼마나 개인적인 것인지 생각해보라. 질문 과정은 "해리가 프로그램을 잘못했기 때문이다."에서 멈춰서는 안 된다. 사람들과 조직의 설계에서 어떤 점이 실패로 이끌었는지를 이해하기 위해서는 더 깊이 들어가야 한다. 이것은 진단하는 사람과 책임 당사자 모두에게 어려운 일이고, 종종 사람들이 원인과 상관없는 세부 사항들에 대해 문제를 제기하는 결과를 초래하기도 한다. 사람들은 종종 자신을 보호하려고 소모적인 논쟁에 뛰어들기 때문에 경계심을 늦춰서는 안 된다.

h. 자질 문제와 능력 문제를 구분하는 충분한 자질을 갖추고 있다면 특정 역할에서 그 사람이 어떤 성과를 낼 것인지 상상해보라.

충분한 자질을 가지고 있을 때 유사한 역할에서 그 사람이 어떤 성과를 기록했는지 돌이켜 생각해보라. 동일한 문제가 발생했다면 업무수행 능력의 문제들 가운데 하나일 가능성이 높다.

i. 관리자들은 일반적으로 다음 다섯 가지 이유 중 하나 때문에 목표 달성에 실패한다는 것을 명심하라.

1. 관리자들이 전혀 다른 생각을 하고 있다.
2. 관리자들이 품질 저하를 인식하는 데 어려움을 겪고 있다.
3. 관리자들이 상황에 익숙해져 있어 얼마나 나빠졌는지를 보지 못한다.
4. 관리자들이 자신의 일에 대한 자부심이 너무 강해(또는 자아가 너무 강해) 문제를 해결할 수 없다는 사실을 인정하지 못한다.
5. 관리자들이 실패를 인정함으로써 생기는 부정적인 결과를 두려워한다.

12.2 지속적인 진단을 통해 새로운 종합적 판단을 유지하라.

의미 있는 나쁜 결과들을 주의 깊게 살펴보지 않으면 당신은 그런 결과들이 어떤 것의 증상인지 또는 시간이 지나면서 어떻게 변하고 있는지 이해할 수 없을 것이다. 다시 말해 결과가 더 좋아지고 있는 것인지, 아니면 더 나빠지고 있는 것인지 알 수 없다.

12.3 진단은 결과를 산출해야 한다는 점을 명심하라.

결과가 없는 진단은 의미가 없다. 진단은 적어도 근본 원인을 이론적으로 설명해야 하고, 더 많은 것을 파악하기 위해 필요한 정보가 무엇인지 명확하게 규정해야 한다. 그리고 문제를 해결하기 위한 계획이나 설계로 직접 이어져야 한다.

a. 같은 사람이 같은 일을 하면 같은 결과를 기대할 수밖에 없다는 것을 기억하라.

아인슈타인은 동일한 일을 반복적으로 하면서 다른 결과를 기대하는 것은 미친 짓이라고 말했다. 이 함정에서 빠져나오는 것은 매우 힘들기 때문에 애초에 함정에 빠져서는 안 된다.

12.4 문제가 있는 부서 또는 하위 부서에 대한 80/20의 이해를 위해 '드릴다운 Drill Down' 기법을 사용하라.

드릴다운(문제를 여러 개로 세분화하면서 분석하는 기법)은 부서나 한 분야의 가장 큰 문제에 대한 근본 원인을 파악하는 과정이다. 이를 통해 그 분야를 탁월하게 변화시키는 계획을 세울 수 있다. 드릴다운은 진단이 아니라 광범위하고 심층적인 조사와 분석이다. 이것은 모든 문제의 원인을 밝히기 위한 것이 아니다. 80%의 부적절한 결과를 만들어내는 20%의 원인을 파악하기 위한 것이다.

드릴다운은 두 단계로 진행되고, 설계와 실행 단계가 이어진다. 잘 진행되면 두 개의 드릴다운 단계를 4시간 안에 끝낼 수 있다. 드릴다운은 한 번에 너무 많은 방향으로 진행되지 않도록 독립적이고 개별적으로 수행하는 것이 매우 중요하다. 이제 각 단계에 따른 지침과 사례를 통해 드릴다운 과정을 살펴보자.

1단계: 문제의 목록을 만들어라.

신속하게 모든 문제의 핵심 목록을 만들어라. 이 방법만이 효과적인 솔루션을 찾을 수 있는 유일한 방법이다. 때문에 매우 구체적으로 작성해야 한다. 일반화하거나 복수형 '우리'나 '그들'을 사용해서는 안 된다. 문제를 겪고 있는 사람들의 이름을 적시하라.

- 정밀 조사를 받는 분야의 모든 관련 직원이 드릴다운에 참여하도록 하라. 그러면 직원들의 통찰력을 활용하여 도움을 얻을 수 있고, 해결책에 대해 직원들이 주인의식을 갖게 될 것이다.
- 희귀한 사례나 사소한 문제에 집중하지 마라. 완벽한 것은 없다. 하지만 이러한 문제들이 근본적인 문제의 징후가 아닌지 확인하라.
- 아직 해결책을 찾으려고 노력하지 마라. 1단계에서는 문제를 나열하는 데 주력해야 한다.

2단계: 근본 원인을 찾아내라.

각각의 문제들에 대해 문제를 유발한 행동의 이면에 있는 근본 원인을 찾아내라. 대부분의 문제는 다음 두 가지 이유 중 하나 때문에 발생한다. 1) 책임 당사자가 누구인지 분명하지 않거나, 2) 책임 당사자가 자신의 임무를 제대로 완수하지 못하고 있기 때문이다.

근접 원인과 근본 원인을 구분해야 한다. 근접 원인은 문제를 야기한 원인이나 행동이다. 이러한 이유나 행동의 이면에 있는 특성들에 대해 이야기하기 시작하면 근본 원인에 가까워진다. 근본 원인을 찾아내기 위해 다음의 사례들처럼 '왜'라는 질문을 계속하라.

문제:

그 팀은 계속해서 늦게까지 일하고 있어 곧 지칠 것이다.

왜?

우리는 팀에 주어진 요구를 충족시킬 충분한 능력이 없기 때문이다.

왜?

우리는 추가로 직원을 증원하지 않고 새로운 임무를 위임받았기 때문이다.

왜?

관리자가 임무를 수용하기 전에 업무의 양을 파악하지 못했기 때문이다.

왜?

관리자가 문제를 예상하고 계획을 세우는 일을 잘하지 못하기 때문이다.

[근본 원인]

관련된 당사자들 가운데 어느 누구도 드릴다운 과정에서 배제해서는 안 된다. 이들의 아이디어를 활용할 수 없는 것은 물론, 사업 전략에 대한 참여 권리를 박탈함으로써 주인의식을 감소시킬 것이기 때문이다. 동시에 사람들은 스스로를 비판하는 것보다는 방어적이라는 점을 기억하라. 사람들을 행복하게 만드는 것이 아니라, 진실과 탁월함을 추구하는 것이 관리자로서 당신이 할 일이다. 예를 들어 일부 사람들을 해고하고 더 좋은 사람들로 대체하거나, 그들이 원하지 않을 수도 있는 임무를 부여하는 것이 올바른 방법인 경우도 있다. 모든 사람의 목표는 가장 좋은 해결책을 얻는 것이지, 가장 많은 사람을 행복하게 하는 방법을 찾는 것이 아니다.

1단계에서 찾아낸 다양한 문제들이 동일한 근본 원인에서 비롯된 것일 수도 있다. 짧은 시간에 드릴다운 과정을 진행하기 때문에 근본 원인에 대한 진단은 잠정적일 수 있다. 하지만 기본적으로는 주의해야 할 것에 대한 경고이다. 2단계가 끝나면 잠시 휴식을 취한 후 계획을 세워라.

3단계: 계획을 수립하라.

이제 집단에서 한 발 물러나 근본 원인을 다루는 계획을 세워라. 계획은 목표를 달성하기 위해 누가, 무엇을 할 것인지를 시간에 따라 시각화하는 영화 시나리오와 같다. 계획은 여러 가지 가능성을 반복적으로 검토하고 목표 달성 가능성과 그에 따른 비용과 위험을 비교하는 방식으로 수립된다. 계획에는 구체적 업무, 결과, 책임 당사자, 추적이 가능한 측정 지표 그리고 일정이 포함돼 있어야 한다. 그리고 핵심 인물들이 계획에 대해 철저하게 논의하도록 하라. 모든 사람이 계획에 동의할 필요는 없지만, 책임 당사자들과 다른 주요 관계자들의 동의는 반드시 필요하다.

4단계: 계획을 실행하라.

합의된 계획을 실행하고 진행 상황을 투명하게 추적하라. 적어도 한 달에 한 번 원래 계획과 최근까지의 진행 상황 그리고 나머지 기간 동안의 예상 상황을 보고한다. 그리고 계획에 따라 결과를 성공적으로 산출하도록 사람들에게 공개적으로 책임을 부여하라. 현실을 반영하기 위해 필요에 따라 계획을 수정하라.

12.5 진단은 발전과 훌륭한 관계의 기초가 된다.

당신과 다른 사람들이 열린 마음을 가지고 견해 차이를 해소한다면 좋은 해결책을 찾을 수 있다. 뿐만 아니라 서로에 대해 더 잘 이해하게 될 것이다. 이것은 당신이 직원들을 평가하고, 그들이 성장하도록 도와줄 수 있는 기회이다. 그 반대도 마찬가지이다.

13 문제 해결을 위한 조직의 개선 방법을 고안하라

일단 목표 달성에 방해가 되는 문제들을 성공적으로 진단했다면 문제 해결을 위한 방법을 고안해야 한다. 문제 해결책에 대한 계획은 깊고 정확한 이해를 기초로 해야 한다(이것이 진단이 중요한 이유이다). 나는 문제를 직시하고 창의적 사고를 촉진하기 위해 고통을 이용하는 본능적인 과정으로 해결책을 찾아낸다.

이것이 바로 고객 서비스 부서를 책임지고 있는 팀(당시 고객 서비스 부서의 책임자는 데이비드 맥코믹 공동 CEO였다.)이 해결책을 만들어낸 방법이다. 맥코믹은 진단을 마치자마자 변화를 계획하고, 실행에 옮기기 위해 신속하게 움직였다. 기준을 떨어뜨린 팀원들을 해고하고 적임자를 적절한 업무에 배치하기 위해 어떤 새로운 계획을 실행할 수 있는지에 대해 심사숙고했다.

그는 고객 서비스 부서를 담당하는 책임 당사자로 매우 높은 기준을 갖춘 투자 전략가 중 한 사람(그는 기준이 하락하는 사례를 보면 솔직하게 말하는 사람이었다.)을 선택했고, 가장 경험이 많은 관리자 가운데 한 사람과 팀을 구성했다. 이 관리자는 올바른 업무 과정을 만드는 방법과 모든 일이 계획대로 정확하게 진행되는지를 확인하는 방법을 알고 있었다.

하지만 이것만이 전부가 아니었다. 새로운 조직이나 시스템을 만들 경우 충분히 생각할 시간을 갖고, 당신이 가장 높은 수준에서 문제들을 보고 있는지를 확인하는 것이 중요하다. 맥코믹은 이 부서에서 발생했던 품질 저하가 다른 곳에서도 일어났을 가능성이 있기 때문에 한 부서의 관점에서 문제를 보는 것이 실수일 수 있다는 것을 알고 있었다. 그는 전체 부서에 걸쳐 탁월함을 확산시킬 수 있는 지속적인 문화를 만들 방법을 창의적으로 생각해야 했다. 이런 과정을 거쳐 '품질의 날Quality Day'이 탄생했다. 품질의 날 행사는 1년에 두 번 개최되는데, 고객 서비스 부서 직원들이 서로 모의 프레젠테이션과 제안서를 검토해보고 좋은 점과 나쁜 점에 대해 직접적인 피드백을 주는 회의다. 더 중요한 것은 독립적인 사고를 하는 사람들을 참여시켜 비판을 제기함으로써 품질을 보장하는 방법이 예상대로 작동하고 있는지에 대해 한 걸음 물러나 평가하는 기회가 됐다는 점이다.

물론 부서를 변화시키려는 맥코믹의 전체 계획에는 더 많은 세부 사항이 있었다. 하지만 중요한 것은 모든 세부 사항을 고려한 계획이 고차원적인 구상 수준에서 어떻게 실행되는가이다. 전체적인 그림이 있어야만 구체적인 실행 계획을 만들 수 있다. 구체적인 세부 사항은 당신의 업무가 될 것이다. 세부 사항을 적어 놓고 잊지 않도록 하라.

가장 좋은 계획은 실제 문제에 대한 깊이 있는 이해에서 비롯된다. 하지만 무언가를 시작할 때는 실제 문제가 아니라 예상되는 문제를 토대로 계획을 세워야 하는 경우가 종종 발생한다. 이를 위해 체계적으로 문제를 추적하는 시스템인 이슈 로그와 사람들의 특성을 분석해놓은 도트 컬렉터가 유용하다. 무엇이 잘못될 수 있는가에 대한 막연한 추측에 의존하는 대신, 자신과 다른 사람들의 과거 기록을 살펴보고 그것을 근거로 모든 과정을 설계할 수 있다.

내가 아는 가장 재능 있는 계획가들은 시간이 지나면서 미래상을 제시했다. 그리고 작은 팀에서 조직 전체에 이르기까지 다양한 사람들에게 이를 전파하며, 자신들이 만들어낼 결과를 정확하게 예측했다. 이들은 계획과 체계화에 뛰어나다. 따라서 이 장에서 설명하는 최우선의 원칙은 당신의 조직을 설계하고 체계화하는 방법이다. 가장 중요한 문제들일수록 설계하기에 가장 어렵기 때문에 이 과정에는 창의성이 중요하다. 따라서 당신은 이런 문제를 해결하기 위한 독창적인 방법을 고안하고, 특히 사람들과 그들의 업무에 관해서는 기꺼이 어려운 선택을 해야 한다. 다음의 원칙들은 조직과 조직을 잘 설계하는 방법에 대한 설명이다.

13.1 당신의 시스템을 구축하라.

각각의 업무나 현재 다루고 있는 사례에 집중하면 이들을 하나씩 처리하는 데 얽매일 수밖에 없다. 대신 당신이 하고 있는 일과 그 일을 하는 이유를 살펴보라. 그리고 해당 사례에서 관련 원칙들을 추론하는 과정을 체계화함으로써 당신의 시스템을 만들어라. 일반적으로 시스템을 구축하는 일은 당면한 문제를 해결하는 것보다 두 배 정도의 시간이 걸린다. 하지만 미래에는 학습과 효율성이 복합적으로 작용할 것이기 때문에 단순한 문제 해결보다 몇 배의 효과가 있다.

13.2 원칙과 원칙의 실행 방법을 체계화하라.

가치관에서 일상적 의사결정에 이르기까지 훌륭한 원칙을 가지고 있지만 이런 원칙들이 규칙적으로 적용되도록 만든 체계적인 방법이 없다면 큰 도움이 되지 않는다. 따라서 가장 중요한 원칙들을 습관으로 만들고, 다른 사람들도 그렇게 하도록 도와야 한다. 브리지워터의 문화와 다양한 도구들은 원칙을 습관으로 만들기 위해 고안됐다.

a. 의사결정을 할 때 심사숙고해서 기준을 정한 후 훌륭한 의사결정 시스템을 구축하라.

나는 투자결정을 할 때마다 나 자신이 결정을 내리는 과정을 관찰하고, 그 기준에 대해 생각한다. 이런 상황들에서 또 다른 상황이 발생하면 어떻게 대응할 것인지 스스로에게 물어보고 원칙들을 기록한다. 그리고 적용된 원칙들을 알고리즘으로 만든다. 나는 경영에 대해서도 동일한 방식을 적용하고 있고, 다른 모든 결정을 내릴 때도 동일하게 하는 습관을 가지고 있다.

알고리즘은 연속적인 기반 위에서 실행되는 원칙이다. 나는 체계적이고, 증거에 기초한 의사결정이 근본적으로 경영의 질을 향상시킬 것이라고 믿고 있다. 인간인 관리자는 서투른 기준을 사용해 자발적으로 정보를 처리하고, 비생산적인 정서적 편견의 영향을 받는다. 이 모든 것이 차선의 결정을 내리는 원인이다. 훌륭한 의사결정 원칙을 활용해 고품질 데이터를 처리하는 시스템이 있다면 어떨지 상상해보라. 자동차에 장착된 GPS처럼 모든 안내 지시를 따라가든 따르지 않든 그 자체로 매우 귀중한 정보가 될 것이다. 나는 이런 도구들이 미래에 필수품이 될 것이라고 믿는다. 그리고 머지않아 온라인에서 실험적인 형태의 시스템이 등장할 것으로 생각한다.

13.3 좋은 계획은 영화 시나리오와 비슷하다는 것을 기억하라.

당신이 쓴 시나리오가 어떻게 진행되는지를 분명하게 보여줄수록 당신이 세운 계획대로 실행될 가능성도 그만큼 높아진다. 누가, 무엇을, 언제 할 것인지 그리고 시나리오가 만들어낼 결과를 분명하게 시각적으로 보여주라. 이것이 당신 조직의 심상지도이다. 그러나 계획을 시각적으로 보여주는 일을 잘하는 사람도 있고, 그렇지 못한 사람도 있다는 사실을 인정하라. 가장 유능한 사람이 계획을 세울 수 있도록 자신과 다른 사람들의 능력을 정확하게 평가해야 한다.

a. 무엇을 위해 계획하는지 깊이 있게 이해하기 위해 잠시 자신을 힘들게 만들어라.

당신이 다루고 있는 분야를 더 잘 이해하기 위해 관심 있게 지켜보고 있는 분야의 업무 과정에 직접 참여하거나, 간접적(보고서와 작업 설명서 읽기 등)으로 자신을 개입시켜라. 그러면 설계 과정에서 당신이 배운 것을 적용할 수 있고, 그 결과 시스템을 적절하게 개선할 수 있을 것이다.

b. 대안 시스템과 그 결과를 구체적으로 마음속에 그려보고 선택하라.

훌륭한 설계자는 조직과 조직이 만드는 결과들을 다양한 시각적 방식을 통해 반복적으로 머릿속에 그려볼 수 있다. 예를 들면 이들은 우선 해리, 래리, 샐리가 다양한 도구와 차별적인 보상이나 벌칙을 통해 어떤 방식으로 일할 수 있는지 상상한다. 그리고 해리를 조지로 대체하는 등 사람을 바꿔 각각의 시나리오에 따라 매달 또는 분기마다 제품, 사람, 재무상태가 어떻게 변하는지를 면밀히 따져본다. 그리고 선택한다.

c. 1차 결과만 보지 말고 2차, 3차 결과를 고려하라.

1차 결과가 바람직할 수 있지만 2차와 3차 결과는 그 반대일 수도 있다. 일반적으로 1차 결과에만 초점을 맞추는 것은 잘못된 결정으로 이어질 수 있다. 예를 들어 나에게 비가 오지 않았으면 좋겠느냐고 물을 경우 2차, 3차 결과를 고려하지 않았다면 그렇다고 대답할 것이다.

d. 조직이 스위스 시계처럼 정확하게 움직이도록 상설 회의를 활용하라.

정기적으로 회의를 개최하는 것은 중요한 상호작용과 할 일을 간과하지 않도록 한다. 그리고 비효율적인 협력의 필요성을 없앤다. 또 조직의 운영을 개선함으로써 전반적인 효율성을 높여준다(반복이 개선으로 이어지기 때문이다). 각 회의에서 동일한 피드백 질문을 하는 표준화된 회의 안건(예를 들면 '회의가 얼마나 효율적인가'와 같은 질문)과 자주 다루지 않는 것들을 포함하고 있는 표준화되지 않은 회의 안건(예를 들면 분기별 예산 검토)으로 나누는 것이 도움이 된다.

e. 사람이 불완전하다는 사실을 감안하는 것이 훌륭한 조직이라는 점을 기억하라.

사람들이 실수할 때조차 좋은 결과를 만들어내는 방식으로 조직을 설계하라.

13.4 설계는 반복적인 과정이라는 것을 인식하라. 나쁜 '지금'과 좋은 '그때' 사이는 '문제를 해결해가는' 기간이다.

문제를 해결해가는 기간은 무엇이 좋고 나쁜지를 판단하면서 반복을 통해 배우고, 이상적인 시스템 설계를 향해 나아가면서 다양한 절차와 사람들을 시험해보는 시기이다. 훌륭한 미래 설계에 대한 생각을 가지고 있어도 좋은 '그때' 상태에 도달하기 위해서는 당연히 약간의 실수와 학습이 필요하다. 사람들은 종종 이런 종류의 반복적인 과정에 대해 불평한다. 불완전한 것이라도 하는 것이 더 논리적이지만, 사람들은 불완전한 어떤 것을 하는 것보다 아무것도 하지 않는 것에 더 만족을 느끼기 때문이다. 이런 사고방식은 말도 안 되기 때문에 신경을 쓸 필요가 없다.

a. '정화 폭풍cleansing storm'의 힘을 이해하라.

자연에서 정화 폭풍은 좋은 시기에 누적된 과도한 성장을 한 번에 쓸어버리는 거대하고 드문 사건이다. 숲은 건강함을 유지하기 위해 정화 폭풍이 필요하다. 이런 폭풍이 없다면 약한 나무들이 더 많아지고, 다른 성장을 억누르는 과도한 성장이 누적될 것이다. 기업도 마찬가지다. 힘든 시기에는 감원을 강요해 가장 강하고 필수적인 직원(기업)들만이 생존하게 된다. 당시에는 끔찍해 보이지만 어려운 시기에는 좋은 기회가 될 수도 있다.

13.5 업무가 아닌 목표 중심으로 조직을 구축하라.

각 부서에 명확한 핵심 업무를 부여하고 목표 달성을 위한 적절한 자원을 제공하는 것은 보다 간편하게 자원 할당을 진단할 수 있고, 업무 누락을 줄일 수 있다. 예를 들면 브리지워터에서는 고객 서비스 부서(고객들에 대한 지원이 목표)와 별개로 마케팅 부서(상품 판매가 목표)가 있다. 이 두 부서는 비슷한 일을 하고 있어서 함께 일하면 여러 가지 이점이 있을 수 있다. 하지만 마케팅과 고객 서비스는 서로 다른 분명한 목표를 가지고 있다. 두 부서가 통합되면 부서장, 영업 직원, 고객 자문위원, 분석가 등이 상반되는 피드백을 주고받게 될 것이다. 고객들이 상대적으로 관심을 덜 받는 이유를 물으면 판매 증대에는 성과 보수가 있기 때문이라고 답할지도 모른다. 또 왜 판매를 하지 않느냐고 물으면 고객을 돌보아야 한다고 답변할 수도 있다.

a. 하향식 조직을 구축하라.

조직은 건물과는 반대이다. 조직의 토대는 가장 윗부분에 있기 때문에 직원들을 고용하기 전에 관리자들을 먼저 채용한다. 관리자들은 조직을 설계하고 이를 보완할 사람들을 선택하는 데 도움을 줄 수 있다. 부서를 관리하는 사람들은 전략적으로 생각할 수 있어야 할 뿐만 아니라, 일상 업무를 운영할 수 있어야 한다. 관리자들이 무슨 일이 일어날지 예측하지 못하면 일상 업무는 위태롭게 운영될 것이다.

b. 모든 사람은 높은 기준을 가진 믿을 만한 사람에 의해 감독받아야 한다는 것을 기억하라.

철저한 감독이 없다면 부적절한 품질 관리, 불충분한 교육 그리고 탁월한 업무에 대한 부실한 평가가 발생할 가능성이 있다. 사람들이 일을 잘할 것이라고 믿지 마라.

c. 각 피라미드의 꼭대기에 있는 사람들이 자신에게 직접 보고하는 사람들을 관리하고, 그들의 업무에 대해 깊은 이해력을 가지고 있는지 확인하라.

몇 년 전에 브리지워터의 누군가가 시설물 관리부(건물, 부지, 식당, 사무용품을 관리하는 사람들)가 두 가지 분야(컴퓨터도 시설이고 전기를 사용한다는 등 여러 가지 이유로)에서 중복되기 때문에 기술부의 부장에게도 보고해야 한다고 주장했다. 하지만 청소 용역과 식사를 담당하는 사람들이 기술 관리자에게 보고하도록 하는 것은 기술자들이 시설을 관리하는 사람에게 보고하도록 하는 것만큼 부적절한 것이다. 이런 기능들은 넓은 의미에서 '설비'로 간주되지만, 각각의 기술들이 다른 것처럼 기능이 현저하게 다르다. 이와 유사하게 우리는 고객 계약을 담당하는 직원들을 거래처 계약을 담당하는 직원들과 동일한 관리자 아래에 배치하는 문제에 대해서도 이야기했다. 만약 계약이라는 일반적인 분류 때문에 두 부서를 하나로 합쳤다면 큰 실수가 됐을 것이다. 각각의 부서는 특별한 지식과 기술을 요구하기 때문이다.

d. 조직을 설계하는 5단계 과정은 성공으로 가는 길이고, 사람들마다 잘하는 단계가 각각 다르다는 것을 기억하라.

각각의 단계를 담당하는 사람들을 타고난 성향을 근거로 배치하라. 예를 들면 큰 그림을 잘 그리는 사람은 목표 설정 업무를 맡아야 하고, 비판을 잘하는 사람은 문제를 찾아내는 업무를 담당해야 한다. 사람들에 대해 기꺼이 탐구하는 사람들은 진단 업무를 그리고 상상력이 풍부한 설계자는 개선을 위한 계획을 수립하는 업무를 담당해야 한다. 신뢰할 수 있는 업무 감독관은 계획이 잘 진행되고 있는지 확인하는 업무를 책임져야 한다. 물론 어떤 사람들은 이런 업무 가운데 한 가지 이상을 담당할 수 있다. 일반적으로 사람들은 두세 가지 업무를 잘할 수 있지만, 모든 것을 잘할 수 있는 사람은 없다. 팀은 이런 다양한 능력을 가진 사람들로 구성되어야 하고, 구성원들은 누가 어떤 단계를 책임지고 있는지 알아야 한다.

e. 조직을 사람에게 맞추어서는 안 된다.

관리자들은 종종 조직의 구성원들을 기정사실로 인식하고, 조직을 사람들에게 맞춰 일을 잘할 수 있게 만들려고 노력한다. 하지만 이것은 반대로 일하는 것이다. 관리자들은 가장 좋은 조직을 구상하고 여기에 맞춰 사람을 선택해야 한다. 업무는 사람들이 무엇을 하고 싶어 하는지, 아니면 어떤 사람을 활용할 수 있는지가 아니라 무슨 일을 해야 하는가를 근거로 설계되어야 한다. 특정 업무에 가장 적합한 사람들은 언제든지 외부에서 찾을 수 있다. 먼저 최적의 업무 흐름work flow을 설계한 다음 이를 조직도에 표시하고, 각각의 부서가 상호작용하는 방법과 각각의 업무에 어떤 자질이 요구되는지 구체적으로 명시하라. 이 모든 과정이 완료된 후 자리를 채울 사람들을 선택하라.

f. 규모에 유의하라.

할당되는 자원에 대해 정당성을 확보하려면 목표의 규모가 적절해야 한다. 예를 들면 어떤 조직은 영업과 분석 조직을 모두 갖출 정도로 규모가 크지 않을 수도 있다. 브리지워터는 대부분의 사람이 모든 일에 관여하는 단세포 조직에서 다세포 조직으로 성공적으로 발전했다. 조직이 성장하면서 집중하는 능력을 효율적으로 유지했기 때문이다. 일시적으로 자원을 공유하거나 순환시키는 것은 업무를 통합하는 것과 다르기 때문에 문제가 되지 않는다. 반면에 사람들의 수와 복잡성이 증가하면 조직의 효율성은 감소한다. 그래서 가능한 한 모든 것을 단순하게 유지해야 한다. 그리고 조직 규모가 커질수록 정보기술 관리와 각 부서들 사이의 소통도 그만큼 중요해진다.

g. 중력에 기초한 가장 논리적인 분류에 따라 각각의 부서와 하위 부서를 조직하라.

어떤 부서나 집단은 자연스럽게 서로를 향해 끌린다. 중력으로 인한 끌림은 공동의 목표, 공유된 능력과 기술, 업무 흐름, 물리적 위치 등을 근거로 나타난다. 이런 자석과 같은 끌림을 고려하지 않고 자신의 조직 구조를 강요하는 것은 비효율적인 결과를 초래할 가능성이 높다.

h. 목표 달성에 필요한 자원을 통제할 수 있도록 부서를 가능한 한 자급적 조직으로 만들어라.

이것은 부서의 목표 달성과 관계가 없는 회사의 공동 자원에서 각 부서에 필요한 자원을 조달하는 관료주의를 만들고 싶지 않기 때문이다.

i. 깊이 있는 소통과 상호이해를 유지하기 위해 고위 관리자에 대한 하위 관리자의 비율과 하위 관리자에 대한 직원들의 비율을 제한하라.

일반적으로 관리자와 직원의 비율은 1:10을 넘지 않아야 하며, 1:5에 가까운 것이 더 좋다. 물론 적절한 비율은 직접 보고하는 사람들이 얼마나 많은지, 업무의 복잡성 정도 그리고 한 번에 여러 개의 프로젝트를 추진하거나 사람을 다루는 관리자의 능력에 따라 달라질 것이다. 상하 간 계층의 수, 관리자와 직원의 비율이 효율적인 조직의 규모를 결정할 것이다.

j. 조직 설계에 경영권 승계와 교육을 고려하라.

이것은 내 인생에서 더 일찍 생각했었다면 좋았을 것이라고 생각한 주제이다. 조직이 지속적으로 결과를 만들어내려면 당신이 없어도 잘 작동할 수 있는 영구적인 조직을 만들어야 한다. 여기에는 당신이 그 자리에서 물러나는 것 이상의 구조적인 문제들이 포함돼 있다. 새로운 리더를 선택하고, 교육시키고, 지배구조를 확립하는 것에 더해 가장 중요한 것은 기업의 문화와 가치를 보존하는 일이다. 후계 구도를 확립하는 데 있어 가장 좋은 접근법은 GE, 3G 그리고 중국의 정치국 같은 조직처럼 피라미드 모양의 '후계 구도succession pipeline'를 만드는 것이다. 차세대 리더들은 후계 구도 속에서 현재 리더의 의사결정과 사고방식을 경험하고, 이를 통해 모든 것을 학습하고 능력을 검증받을 수 있다.

k. 당신의 업무에만 관심을 기울이지 마라. 당신이 그 자리에서 떠나면 그 일이 어떻게 수행될 것인가에 관심을 가져라.

나는 앞서 핵심 인물의 위험에 대해 설명했다. 핵심 인물 위험은 조직의 최고 리더처럼 가장 넓은 영역을 책임지고 있는 사람들에게 적용된다. 당신이 핵심 인물 위험의 대상이라면 당신을 대신할 사람들을 지정하고, 그들이 검증받을 수 있도록 한동안 당신의 일을 대행하게 해야 한다. 검증 결과는 당신이 교통사고를 당할 경우를 대비해 적절한 사람들이 참고할 수 있도록 문서로 잘 기록해두어야 한다. 조직의 모든 핵심 인물들이 이런 대응 방안을 마련한다면 매우 강력한 예비 팀farm team을 갖게 될 것이다. 예비 팀을 구성하지 못했더라도 최소한 조직의 취약성을 분명히 알게 되고, 이에 대응하는 계획을 세우게 될 것이다. 관리자는 편안히 앉아서 일이 진행되는 것을 지켜보는 조정자 같은 사람이라는 것을 기억하라. 당신만큼 업무를 잘하거나 더 잘하는 사람을 고용하기 위해 항상 노력한다면, 당신은 자유롭게 다른 일을 하면서 후계 구도를 구축하게 될 것이다.

여기에 더해 후계자에 대한 명확한 미래상을 정립하는 것은 유익하고 생산적인 경험이다. 당신의 업무에 대해 꼼꼼하게 생각함으로써 사람들에게 좋은 평판과 나쁜 평판을 받는 것을 알게 됨은 물론, 최고의 인재를 후계자로 지명하는 방법에 대해 생각하기 시작할 것이다. 또 후계자가 될 사람들이 아무런 간섭을 받지 않고 당신의 일을 대신하도록 함으로써 그들을 검증해야 한다는 사실을 알게 될 것이다. 때문에 당신은 검증에 앞서 그들을 적절하게 교육해야 한다. 물론 이런 검증 과정은 당신의 학습과 적응에도 도움을 주고, 더 좋은 결과로 당신을 이끌 것이다.

l. 임무 수행에 필수적인 업무가 정확하게 진행되는지 확인하려면 '이중 확인'보다 '이중 업무'를 활용하라.

이중 확인double-checking은 두 사람이 같은 일을 해서 두 개의 독립적인 해법을 제시하는 이중 업무double-doing보다 오류 확률이 훨씬 더 높다. 이 중 업무는 더 좋은 결과를 보장해줄 뿐만 아니라, 사람들의 성과와 능력의 차이를 확인할 수 있다. 나는 많은 자금을 운용하는 재무 같은 중요한 분야에는 이중 업무 원칙을 활용한다. 감사는 담당자가 업무에 관해 알고 있을 경우에만 효과가 있다. 따라서 이중 확인도 이중 업무를 할 수 있는 사람에 의해서만 가능하다는 것을 기억하라. 이중 확인 업무를 맡은 사람이 그 일을 할 수 없다면, 어떻게 업무를 정확하게 평가할 수 있겠는가?

m. 자문위원을 현명하게 활용하되, 자문에 중독되어서는 안 된다.

때때로 외부 자문위원을 고용하는 것이 조직 설계에 가장 적합한 경우가 있다. 외부 자문을 구하면 문제를 해결하는 데 필요한 정확한 전문적 지식을 얻을 수 있다. 외부 인력을 활용하면 관리에 대해 걱정할 필요가 없다. 이것이 외부 인력을 활용하는 가장 큰 장점이다. 만약 어떤 일이 전문적인 지식을 요구하지만 비정규직이라면 자문위원이나 외부 인력을 활용하는 것이 더 좋다.

동시에 직원들에게 업무를 맡기기 위해 만성적으로 자문위원들을 활용하는 것에 주의해야 한다. 이것은 장기적으로 비용이 많이 들 뿐만 아니라, 조직의 문화를 훼손시킨다. 또 자문위원들에게 일반적으로 그들이 하지 않는 업무를 해달라고 요청하지 않도록 주의하라. 자문위원들은 십중팔구 평소 자신들이 일하는 일상적인 방식으로 되돌아갈 것이다. 보통 자문위원들의 고용주가 그런 방식을 요구하기 때문이다. 자문위원의 활용 여부를 평가하려면 다음 요인들을 고려하라.

1. **품질 관리:** 당신을 위해 일하는 사람이 직원이라면 업무 품질에 대한 책임은 당신에게 있다. 하지만 당신을 위해 일하는 사람이 다른 회사의 고용원이라면 당신은 그들의 기준에 따라 회사를 운영하는 것이다. 따라서 그 회사의 기준이 당신의 기준과 비슷하거나, 아니면 더 높은지 확인하는 것이 중요하다.

2. **경제학:** 정규직이 필요하다면 대부분의 경우 임시 직원을 고용하는 것이 비용 측면에서 더 효과적이다. 하지만 자문위원들의 일일 비용은 정규직 사원의 연간 비용보다 훨씬 더 많다.

3. **지식의 제도화:** 당신 주위에 있는 내부인은 외부인들은 얻을 수 없는 당신의 기업 문화에 대한 평가와 지식을 지속적으로 배우게 될 것이다.

4. **보안:** 외부인이 업무를 수행하게 되면 보안 위험이 크게 증가한다. 특히 그들이 일하는 것을 볼 수 없고, 민감한 문서를 책상 위에 두지 않는 것과 같은 적절한 주의 조치를 따르고 있는지 감시할 수 없는 경우 보안 위험이 커진다.

당신은 외부 인력을 활용할 것인지, 아니면 내부 역량을 개발할 것인지를 고려해야 한다. 임시직이나 자문위원들은 신속한 문제 해결에는 좋지만, 장기적 관점에서 보면 회사의 능력을 강화시키지 못한다.

13.6 서로 교차하지 않는 직선으로 피라미드 형태의 조직도를 만들어라.

전체 조직은 연속적으로 내려가는 피라미드처럼 보여야 한다. 하지만 계층 구조를 최소화하기 위해 각 단계의 수를 제한해야 한다.

a. 부서 또는 하위 부서 사이에 문제가 발생했을 때 각 피라미드의 정상에 있는 사람을 참여시켜라.

조직도를 수많은 작은 피라미드로 구성된 큰 피라미드라고 생각하라. 피라미드의 정상에 있는 사람은 다른 부분에 있는 당사자들 사이에 문제가 발생할 경우 일반적으로 타협에 필요한 지식을 가지고 있다. 그러므로 정보에 근거한 결정을 내릴 수 있는 피라미드의 정상에 있는 사람을 참여시키는 것이 바람직하다.

b. 각 부서를 감독하는 책임자와 합의하지 않았다면 다른 부서 사람들을 위해 일하거나 다른 부서의 사람들이 당신을 위해 일하지 않도록 하라.

이와 관련해 논쟁이 발생하면 피라미드의 정상에 있는 사람이 해결해야 한다.

c. '부서 실수'를 주의하라.

이런 현상은 지원 부서가 지원을 제공하는 의무를 '어떻게 지원 업무를 제공할 것인지를 결정하는 권한'으로 오인할 때 발생한다. 예를 들면 시설부가 우리가 어떤 시설을 갖추어야 하는지를 결정해야 한다고 생각하는 것이 이런 종류의 실수이다. 지원 부서는 자신들이 지원하는 사람들의 목표를 이해하고, 가능한 선택에 대한 피드백을 제공하는 것이다. 지원 부서는 미래에 대한 목표를 결정하는 곳이 아니다.

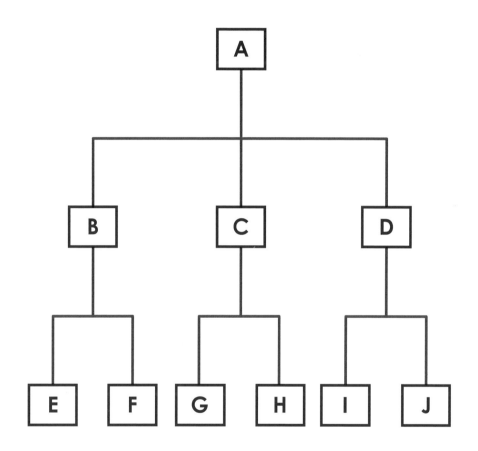

13.7 필요하면 보호난간을 설치하라.
난간이 없는 것보다는 있는 것이 좋다.

심지어 당신이 생각하기에 가장 적합한 사람들을 발견할 때조차 그들 주변에 보호난간을 설치하고 싶을 때가 있을 것이다. 어느 누구도 완벽하지 않고, 모든 사람은 강점과 약점을 가지고 있다. 아무리 열심히 찾아봐도 당신이 원하는 모든 것을 가진 사람을 찾을 수 없을 것이다. 당신의 조직과 당신이 선택한 사람들을 살펴보고 탁월한 업무 결과를 보장하기 위해 어느 곳에 인력이나 절차를 보강할 것인지 생각해보라.

보호난간의 설치는 일반적으로 일을 잘하는 사람들을 돕기 위한 것이라는 사실을 기억하라. 훌륭한 사람들이 더 좋은 성과를 이룩하도록 돕는 것이지, 실패한 사람들을 기준에 도달하도록 도와주는 것이 아니다. 업무에 필요한 핵심 능력이 없는 사람을 도와주고 싶다면 그 사람을 해고하고 일을 더 잘하는 다른 사람을 찾아야 한다.

좋은 보호난간은 일반적으로 보완할 필요가 있는 한 팀원의 약점을 또다른 팀원의 강점으로 보완해주는 형태를 취한다. 훌륭한 보호관계는 지나치게 경직되어서는 안 되지만, 견고해야 한다. 이상적인 관계는 춤을 추면서 서로 밀고 당기는 두 사람의 관계처럼 작동한다. 물론 보호난간의 설치가 필요한 사람에게 일을 맡기는 것은 선천적으로 일을 잘하는 사람에게 일을 맡기는 것만큼 좋지 않다.

a. 사람들이 자신의 사각지대를 인식하고 보완할 것이라고 기대하지 마라.

나는 과거에 같은 실수를 저질렀음에도 불구하고 사람들이 잘못된 의견을 고수하는 탓에 잘못된 결정을 내리는 것을 끊임없이 목격했다. 그렇게 하는 것이 비논리적이고 해로운 것이라는 것을 알고 있음에도, 여전히 같은 실수를 저지른다. 나는 사람들이 자신의 사각지대를 인식하게 되면 이러한 함정을 피할 것이라고 생각했지만, 사실은 그렇지 않았다. 특정 분야에서 좋은 아이디어를 제안할 능력이 없기 때문에 자신의 생각을 말하지 않는 경우는 극히 드물다. 사람들이 스스로 자제할 것이라고 믿지 마라. 선제적으로 보호난간을 설치하라. 아니면 그들이 해서는 안되는 결정을 할 수 없는 역할을 맡기는 것이 더 좋다.

b. 클로버 잎 형태의 구조를 만들어라.

어떤 임무를 맡을 한 사람의 뛰어난 책임자를 찾을 수 없는 상황에서는 (이것이 언제나 최선이지만) 탁월한 결과를 산출하는 데 관심이 있고, 기꺼이 논쟁하며, 필요할 경우 갈등 해소를 상사에게 위임하는 믿을 수 있는 두세 명의 사람을 찾아라. 그리고 이들이 서로를 견제하고, 균형을 맞출 수 있는 구조를 만들어라. 최적화된 시스템은 아니지만 클로버 잎 형태의 시스템은 당신이 점검하고 해결해야 하는 문제를 효과적으로 분류할 수 있게 한다.

13.8 전략적 비전을 동일하게 유지하는 동시에, 상황에 따라 적절한 전술적 변화를 추구하라.

브리지워터의 가치와 전략적 목표(극단적인 진실과 극단적 투명성을 통해 탁월한 결과와 의미 있는 일 그리고 의미 있는 관계를 만들어내는 것)는 설립 이후 동일하게 유지돼왔다. 하지만 브리지워터가 1인 기업에서 1,500명이 넘는 조직으로 성장하면서 지난 40여 년 동안 사람, 시스템 그리고 도구들은 크게 변했다. 그리고 새로운 세대가 구세대를 대체하는 과정에서 이런 시스템과 도구들은 가치와 전략적 목표를 유지하면서 계속 변화하고 있다.

이런 변화는 가족과 공동체에서 일어나는 것과 동일하게 조직에서도 발생한다. 전략적 목표와 가치를 동일하게 유지하려면 전통을 강화하는 것뿐만 아니라, 가치와 전략적 목표가 리더 후계자와 전체 직원들에게 확실히 스며들도록 하는 것이 바람직하다.

a. 전략보다 임시방편을 우선하지 마라.

사람들은 당장 해결해야 할 긴급한 문제들이 너무 많기 때문에 장기적으로 전략적 문제들을 다룰 수 없다고 말한다. 하지만 원칙을 무시하고 임시방편으로 대응하는 것은 도살장으로 향해가는 것과 같다. 효율적인 관리자들은 임박한 문제와 아직 영향을 미치지 않은 문제에 모두 관심을 기울인다. 이들은 최종적인 목표를 달성하지 못하는 것에 대해 걱정하기 때문에 전략적 경로를 따라 가야 하는 책임감을 느낀다. 그리고 목표에 도달할 때까지 그 과정을 확고하게 지속한다. 현명한 관리자들도 당장은 답을 갖고 있지 않을 수도 있고, 스스로 답을 제시하지 못할 수도 있다. 하지만 궁극적으로 창의성과 다양한 특성의 조합을 통해 발전을 향한 상향 순환고리를 만들어낸다.

b. 큰 그림과 세부 사항을 모두 고려하고 이들 사이의 관계를 이해하라.

관련이 없는 세부 사항에 집착하는 것을 피하라. 각각의 단계에서 무엇이 중요하고 무엇이 중요하지 않은지 결정해야 한다. 예를 들어 당신이 집을 설계하고 있다고 상상해보라. 우선 큰 그림을 그려야 한다. 즉 집은 어떤 부지에 지을 것인지, 물은 어디에서 끌어올 것인지, 전기는 어떻게 연결할 것인지 등에 대해 생각해야 한다. 그다음에 방을 몇 개로 할 것인지, 문은 어느 쪽으로 낼 것인지 그리고 창문은 어디로 낼 것인지에 대해서도 생각해야 한다. 계획을 세울 때는 이런 모든 것에 대해 생각하고, 모든 것을 연결해야 한다. 하지만 이것이 실제 현장에 가서 직접 문에 부착할 경첩을 선택해야 한다는 의미는 아니다. 경첩이 달린 문이 필요하다는 것과 그 문이 집의 전체 설계도와 어떻게 맞아 떨어지는지를 파악하면 된다.

13.9 다른 사람들의 부정직함에 노출되지 않도록 통제권을 가지고 있어야 한다.

사람들이 자신의 이익이 아니라 당신의 이익을 위해 일하고 있다고 생각해서는 안 된다. 기회가 주어지면 당신이 상상하는 것보다 더 많은 사람들이 부정직한 행동을 할 것이다. 당신과 공평하게 나눈 것과 자신이 더 많이 가지는 것 중에서 선택하라는 제안을 받았을 때 대부분의 사람은 후자를 선택할 것이다. 아주 작은 부정행위도 용납할 수 없다면 행복과 성공은 당신의 통제력에 달려 있다. 나는 이 교훈을 반복을 통해 힘들게 배웠다.

a. 사람들에게 조사할 것임을 알리고 조사하라.

사람들에게 조사할 것이라고 알리고 조사를 실시해 놀라지 않도록 하라. 조사를 받는 사람은 보안에 대한 통제를 사적인 것으로 받아들여서는 안 된다. 이것은 은행이 직원들을 믿지 않아서 서랍에 있는 돈을 세는 행위를 부정직하다고 생각해서는 안 되는 것과 같다. 이런 개념을 직원들에게 설명하고 이해할 수 있도록 하라.

하지만 아무리 훌륭한 통제 장치라도 절대로 완벽할 수는 없다. 이런 이유로 신뢰성은 여러 특성 가운데 높이 평가받아야 하는 자질이다.

b. 경찰이나 감사관이 없는 한 법은 의미가 없다는 것을 기억하라.

감사를 하는 사람들은 감사를 받는 부서 밖의 사람들에게 보고해야 한다. 그리고 감사를 받는 사람들에게 감사 절차를 알려서는 안 된다(이는 극단적 투명성의 원칙에 대한 몇 가지 예외 중 하나이다).

c. 별 생각 없는 거수기 역할을 주의하라.

어떤 사람의 역할이 다른 사람들이 하는 일이나 대규모의 거래를 검토하거나 감사하는 일이라면 단순히 거수기 역할을 할 위험성이 있다. 특히 비용에 대한 승인에서 거수기 역할을 할 위험성이 크다. 감사관을 조사하는 방법이 있다는 점을 확실히 알려라.

d. 당신 대신 구매하는 사람들이 돈을 현명하게 쓰지 않을 것이라는 점을 알아라.

이것은 1) 그들의 돈이 아니고, 2) 정확한 가격이 얼마인지 알 수 없기 때문이다. 예를 들어 누군가가 컨설팅 프로젝트를 위해 12만 5,000달러의 가격을 제안한다면 시장가격이 얼마인지 알아본 후 더 좋은 가격으로 협상하는 것은 불쾌하고 힘든 일이다. 하지만 협상하기를 꺼리는 그 사람도 자신의 집을 페인트칠하기 위해 누군가를 고용할 경우 열심히 협상할 것이다. 이것이 적절한 통제가 필요하거나 이런 업무를 전문으로 하는 조직이 필요한 이유이다. 소매가 있고 도매가 있다면, 당신은 가능하다면 항상 도매가격으로 지불하고 싶을 것이다.

e. 나쁜 행동을 방지하기 위해 '공개 교수형'을 활용하라.

신중하게 통제 장치를 설계하고, 아무리 엄격하게 시행하더라도 악의적이고 극도로 태만한 사람들은 때때로 통제를 피하는 방법을 찾아낸다. 따라서 누군가가 규칙과 통제를 위반하는 것을 발견하면 모두가 확실하게 그 결과를 볼 수 있도록 하라.

13.10 가능한 한 가장 명확한 보고 라인과 책임 소재를 정하라.

이것은 부서 내부와 부서 사이에 모두 적용된다. 이중 보고는 혼동을 야기하고, 우선순위를 복잡하게 만들며, 명확한 목표에 대한 집중력을 약화시키고, 감독과 책임의 한계를 흐리게 한다. 특히 감독관들이 서로 다른 두 부서에 속할 때 그렇다. 이중 보고를 필요로 하는 상황이라면 관리자들에게 알려야 한다. 다른 부서의 직원에게 그 직원의 관리자와 상의하지 않고 일하도록 요청하는 것은 엄격히 금지된다(요구한 일을 끝마치는 데 1시간이 걸리지 않는 경우는 예외이다).

하지만 관리자들이 상호보완적으로 합의하고, 반드시 필요한 강점만을 결합한다면 공동 부서장을 임명하는 것이 효과적일 수도 있다. 이 경우 이중 보고가 적절하게 조정된다면 협력이 잘될 수 있다.

a. 직책이 아니라 사람의 능력과 업무 흐름 설계에 따라 책임을 부여하라.

누군가가 '인사', '채용', '법무', '프로그래밍' 등을 책임지고 있다는 것이 반드시 그가 이런 기능과 관련된 모든 일을 하는 데 적합하다는 의미는 아니다. 예를 들어 인사 담당자들이 고용, 해고 및 복리 후생에 도움을 주고 있다고 해서 누가 고용되고 해고되는지 그리고 직원에게 어떤 혜택이 제공되는지를 결정하는 책임을 그들에게 부여하는 것은 잘못된 일이다.

b. 지렛대의 힘을 창출하는 방법에 대해 지속적으로 고민하라.

조직 내에서 지렛대의 힘을 이용하는 것은 자본시장에서 차입금이라는 지렛대를 활용하는 것과 다르지 않다. 더 적은 비용이나 힘으로 더 많은 것을 성취할 수 있는 방법을 찾는 것이다.

브리지워터에서는 보통 50:1의 비율로 일한다. 이것은 내가 직원들과 한 시간을 함께 일하면 직원들은 프로젝트를 진행하기 위해 약 50시간을 일한다는 의미이다. 나는 직원들과의 회의에서 미래 비전과 실행 가능한 업무에 관해 이야기하고, 직원들은 우리가 논의한 업무를 추진한다. 그리고 우리는 다시 진행 상황을 검토하고, 직원들은 나의 피드백에 기초해 업무를 진행한다. 우리는 이 과정을 계속해서 반복한다. 나와 함께 일하는 사람들은 그들을 위해 일하는 사람들과 비슷한 관계를 구축하고 있다. 이들의 업무 시간 비율은 일반적으로 10:1에서 20:1 사이이다. 나는 시간당 나의 생산량을 최대로 높일 수 있도록, 나만큼 일을 잘할 수 있는 사람(이상적으로는 나보다 더 잘하는 사람)을 찾으려고 항상 노력하고 있다.

기술은 지렛대의 힘을 제공하는 또 다른 훌륭한 수단이다. 교육과 관런해서 지렛대의 힘을 활용하려면 가장 일반적인 질문과 답변을 오디오, 비디오 또는 서면 지침서로 만들어 누군가에게 정리하도록 하고 정기적으로 매뉴얼을 업데이트해야 한다.

원칙은 그 자체가 또 다른 형태의 지렛대이다. 원칙이야말로 당신이 문제에 직면할 때마다 똑같은 노력을 할 필요가 없도록 상황에 대한 다양한 이해를 종합해 만든 것이기 때문이다.

c. 소수의 똑똑한 사람들을 찾아 최고의 기술을 제공하는 것이 자격이 없는 평범한 사람들을 많이 보유하는 것보다 훨씬 더 낫다는 것을 인식하라.

훌륭한 사람들과 훌륭한 기술은 모두 생산성을 향상시킨다. 이 두 가지를 잘 설계된 조직에 투입하면 생산성을 기하급수적으로 향상시킬 수 있다.

d. 레버리저 Leverager 를 활용하라.

레버리저는 개념적인 것에서 실용적인 것으로 효과적으로 이동할 수 있고, 개념을 실현하기 위해 가장 많은 일을 할 수 있는 사람이다. 개념화와 관리에는 실행에 필요한 시간의 10% 정도만 소요되기 때문에, 훌륭한 레버리저가 있다면 당신이 생각하는 가장 중요한 일에 더 많은 시간을 할애할 수 있다.

13.11 대부분의 일이
예상보다 더 많은 시간과 비용이 든다.

사람들은 잘못되는 일은 계획에 포함하지 않기 때문에 사실상 계획대로 되는 일은 아무것도 없다. 내 경험에 비춰보면 나는 일들이 당초 계획보다 보통 1.5배 정도 시간이 더 걸리고, 비용도 1.5배 정도 더 들어갈 것으로 추정한다. 당신과 동료들이 얼마나 업무를 잘 처리하는가에 따라 희망하는 목표가 결정될 것이다.

14 계획을
실행하라

조직도 성공하기 위해서는 개인과 마찬가지로 결과가 나올 때까지 밀고 나가야 한다. 이것이 5단계 과정에서 다섯 번째 단계이다. 최근에 나는 1980년대와 1990년대의 작업 파일을 정리하다 연구 자료로 가득한 상자들을 발견했다. 손으로 쓴 수천 페이지에 달하는 글들이 들어 있었는데, 내가 쏟아부은 노력의 일부를 보여주는 자료들이었다.

40주년 기념식에서 나는 우리가 작성한 거의 1만 개에 달하는 브리지워터의 일일 보고서Daily Observations들의 사본을 선물 받았다. 각각의 보고서는 시장과 경제에 관한 우리의 깊은 생각과 연구를 담고 있었다. 나는 또 너무 바빠서 출간하지 못한 800페이지 분량의 원고와 고객들을 위한 수많은 메모, 편지, 연구 보고서 그리고 이 책의 다양한 버전의 원고들도 우연히 발견했다.

내가 이 모든 일을 한 이유가 무엇일까? 사람들은 목표를 달성하기 위해 왜 그렇게 열심히 일할까?

내 생각에 우리는 다양한 이유로 열심히 일한다. 내가 열심히 일하는 것을 중요하게 여기는 이유는 노력한 결과들을 구체적으로 그려볼 수 있고, 그 결과 목표를 달성하기 위해 노력하면서 성공의 전율을 경험할 수 있기 때문이다. 마찬가지로 끝까지 완수하지 못한 비극적 결과도 상상할 수 있다.

또 내가 사랑하는 사람들을 실망시키지 않겠다는 책임감 때문에 일에 대한 동기를 부여받기도 한다. 하지만 이런 이유는 내 경우에만 해당될 것이다. 다른 사람들은 일을 하는 이유를 공동체와 일에 대한 애착으로 설명한다. 어떤 사람들은 인정을 받기 위해 일하고, 어떤 사람들은 금전적 보상을 얻기 위해 일한다. 모든 것이 완전히 수긍할 수 있는 동기이지만, 조직의 문화와 일치하는 방식으로 조화를 이루어야 한다.

중요한 것은 일하기 위해 사람들을 불러 모으는 방법이다. 대부분의 사람들은 이것을 '리더십'이라고 한다. 조직이 결과를 산출할 수 있도록 리더가 해야 하는 가장 중요한 일은 무엇일까? 성공에 필요한 일을 기꺼이 할 사람들을 뽑는 것이다. 새로운 멋진 아이디어를 생각해내는 것이 더 매력적일 수도 있지만, 대부분의 성공은 문제를 찾아내고 대응하거나 오랫동안 열심히 일하는 것 같은 일상적이고 종종 지겹다고 생각하는 것에서 나온다.

브리지워터의 고객 서비스 부서가 바로 이런 경우이다. 최초의 문제가 발견된 이후로 수년 동안 끈질긴 노력을 통해 고객 서비스 부서는 브리지워터의 다른 팀들에게 본보기가 되었다. 우리의 고객 만족도 수준은 꾸준히 높은 상태로 유지되고 있다.

이 모든 과정에서 가장 역설적인 것은 우리가 제안서에서 발견한 문제들을 고객들 중 어느 누구도 알아채지 못했다는 것이다. 기준 미달인 서비스를 고객들에게 제공한 나쁜 사건이었지만, 문제를 고칠 수 있어서 다행이었다. 하지만 이 문제는 탁월함을 제공한다는 브리지워터의 명성을 손상시키면서 훨씬 더 악화될 수도 있었다. 그런 일이 발생한다면 신뢰 회복은 매우 어려워진다.

14.1 당신과 조직이 흥미를 느끼는 목표를 위해 일하라.

당신의 업무가 이런 목표와 어떻게 연결되는지 생각해보라. 목표에 집중하고 목표 달성에 흥미를 느끼며, 목표 달성을 위해 어느 정도 원하지 않는 일을 해야 할 필요성을 인정한다면, 당신은 올바른 관점을 가지고 적절한 동기를 부여받을 것이다. 목표에 대해 흥미가 없다면 일을 그만두라. 개인적으로 나는 현실로 만들고 싶은 새롭고 아름다운 것들을 상상하기를 좋아한다. 상상하는 재미와 이런 아이디어들을 현실에서 펼쳐 보이고 싶은 욕망이 나의 꿈을 실현시키기 위해 힘든 현실을 견디도록 해준다.

a. 조직적이고 일관된 방식으로 다른 사람들에게 동기를 부여하라.

집단이 결과를 만들어내도록 관리하는 것은 감정적으로나 이성적으로도 할 수 있고, 회유와 위협을 통해서도 가능하다. 우리는 각자 일하는 이유를 가지고 있지만, 공동체에 대한 동기부여에는 독특한 도전 과제와 중요한 장점들이 존재한다. 중요한 도전 과제는 목표를 추구하는 이유와 목표를 달성하는 최선의 방법에 대한 합의를 이끌어내야 한다. 예를 들면 당신은 한 집단이 다른 집단과 완전히 다른 방식으로 동기부여와 보상을 받게 될 경우(예를 들면 동일한 환경에서 한 집단이 많은 상여금을 받고,

다른 집단은 상여금을 받지 못하는 것처럼) 이런 차이가 문제를 일으키는 것을 원하지 않을 것이다.

단체로 일하는 것의 주요한 장점은 성공에 필요한 모든 자질을 포함하도록 집단을 구성하는 것이 한 사람으로부터 모든 자질을 찾아내는 것보다 쉽다는 점이다. 5단계 과정과 마찬가지로 어떤 사람들은 어느 한 단계에서 뛰어나지만, 다른 사람들은 그 단계에서 형편없이 일할 수 있다. 하지만 모두가 서로의 장점과 단점을 분명히 알고 있고, 집단이 그런 현실에 대응하도록 구성돼 있다면 어느 경우이든 중요하지 않다.

b. 생각하기 전에 행동하지 마라. 시간을 할애해 실행 계획에 대해 생각해보라.

계획을 세우기 위해 사용한 시간은 실행하는 데 들어가는 시간에 비교하면 사실상 거의 아무것도 아닐 것이다. 하지만 계획은 실천을 훨씬 더 효과적으로 만들어줄 것이다.

c. 창의적이고 획기적인 해결책을 찾아라.

사람들은 곤란한 문제에 직면하거나 할 일이 너무 많을 때 흔히 더 열심히 일해야 한다고 생각한다. 하지만 어떤 일이 힘들고, 시간이 걸리고, 좌절감을 주는 것처럼 보인다면 한 발 뒤로 물러나 더 좋은 방법이 있는지에 대해 다른 사람들과 의논해보라. 물론 해야 할 많은 일이 지루하고 힘들겠지만, 종종 당신이 보지 못하는 더 좋은 해결책을 발견하게 될 것이다.

14.2 모든 사람이 할 일이 너무 많다는 것을 인정하라.

할 수 있다고 생각하는 것보다 더 많은 일을 하는 방법을 찾는 것은 우리 모두가 고민하는 문제이다. 오랫동안 열심히 일하는 것을 제외하고 다음 세 가지 방식으로 이 문제를 해결할 수 있다. 1) 우선순위를 정하고 거절하는 방식으로 할 일을 줄이거나, 2) 업무를 위임할 적임자를 찾거나, 3) 생산성을 향상시키는 것이다.

어떤 사람들은 아주 적은 일을 하면서 많은 시간과 노력을 들이는 반면, 어떤 사람들은 똑같은 시간에 더 많은 일을 한다. 많은 일을 할 수 있는 사람과 그렇지 못한 사람들은 창의성과 특성 그리고 지혜에 의해 구별된다. 창의성이 뛰어난 사람들은 좀 더 효과적으로 일하는 방법을 찾아낸다(예를 들면 좋은 사람, 좋은 기술 그리고 좋은 계획을 통해 일한다). 다양한 특성을 갖춘 사람들은 도전과 요구에 더 잘 대응할 수 있다. 그리고 지혜가 많은 사람들은 적절하게 우선순위를 정하고, 현실적으로 계획하며, 합리적으로 선택하기 위해 한 차원 높은 수준에서 자기 자신과 도전을 관조하면서 평정심을 유지할 수 있다.

a. 좌절하지 마라.

지금 당장 나쁜 일이 없더라도 조금 더 기다리다 보면 나쁜 일이 발생할 것이다. 이것이 현실이다. 인생에 대한 나의 접근법은 인생은 원래 그렇다는 것이다. 중요한 것은 인생에서 내가 할 일을 찾아내고, 인생이 달라졌다면 얼마나 좋을까라고 한탄하면서 시간을 보내지 않는 것이다. 윈스턴 처칠은 "성공은 열정을 잃지 않고, 실패에서 실패로 나아가는 과정으로 만들어진다."라고 말했다. 당신은 성공과 실패 사이를 오가는 과정을 즐기게 될 것이다. 왜냐하면 이것이 당신의 진로를 결정하기 때문이다. 인생에는 할 수 있는 일이 너무 많고, 재미있는 일도 많다. 때문에 좌절할 필요가 없다.

다음에 소개하는 원칙들에는 모든 문제에 대한 해결 방법이 간략하게 설명돼 있다. 그리고 이런 원칙들을 통해서 자기 자신을 발견하게 될 것이다. 창의적으로 생각하고 어려운 일을 해내는 성격이라면 거의 모든 것을 성취할 수 있다.

14.3 체크리스트를 활용하라.

사람들에게 업무를 부여할 때 일반적으로 체크리스트를 활용하는 것이 바람직하다. 체크리스트에서 항목을 하나씩 지우는 방법은 할 일을 알려주고 완료된 작업을 확인하는 역할을 한다.

a. 체크리스트와 개인 책임을 혼동하지 마라.

사람들은 체크리스트에 있는 일뿐만 아니라, 자신에게 맡겨진 모든 일을 잘 해내야 한다.

14.4 휴식과 원기 회복을 위한 시간을 가져라.

계속 일만 한다면 당신은 지쳐 쓰러져 더는 일을 하지 못할 것이다. 다른 업무를 완수하기 위해 시간을 할당하는 것처럼 당신의 일정에 휴식 시간을 끼워 넣어라.

14.5 성공을 축하하라.

당신과 당신의 팀원들이 열심히 노력해 성공적으로 목표를 달성했을 때 아낌없이 축하하라!

15 업무 방식을 확립하기 위해 도구와 규칙을 활용하라

말만으로는 충분하지 않다. 이것은 내가 사람들이 자신에게 가장 이익이 되는 일들을 하려고 노력하는 것을 지켜보면서 얻은 교훈이다. 내가 브리지워터의 직원들과 이런 원칙들을 공유하고 세련되게 수정한 이후 거의 모든 사람이 원칙과 훌륭한 결과 사이의 연관성을 발견하고, 원칙에 따라 조직을 운영하고 싶어 했다. 하지만 무엇인가를 하고 싶은 것과 실제로 할 수 있는 것에는 큰 차이가 있다. 사람들이 이성적으로 하고 싶은 것을 실행할 것이라고 생각하는 것은 단지 사람들이 살을 빼는 것이 좋다는 이유로 살을 뺄 것이라고 가정하는 것과 같다. 적절한 습관이 생길 때까지 변화는 일어나지 않는다. 조직에서는 도구와 규칙의 도움을 통해 이러한 변화가 이루어진다.

이런 과정이 당신이 이 책이나 다른 책을 읽을 때 어떻게 적용되는지 잠깐 생각해보라. 당신이 원했지만 실패한 행동 변화를 설명하는 책을 얼마나 많이 읽어보았는가? 당신을 도와줄 도구와 규칙들이 없다면, 이 책을 읽은 후 얼마나 많은 행동의 변화가 일어날 것으로 생각하는가? 아마도 행동 변화가 거의 일어나지 않을 것이다. 책을 읽는 것에서 많은 것을 배울 수 없는 것처럼(자전거 타는 방법과 언어를 배우는 것 등) 실천하지 않고 행동을 변화시키는 것은 거의 불가능하다. 이것이 내가 이 책의 부록에서 설명한 도구들을 공개하여 활용할 수 있도록 한 이유이다.

15.1 도구에 내재된 체계화된 원칙들은 아이디어 성과주의에 특히 중요하다.

아이디어 성과주의는 최고경영자와 경영진의 독재적이고 자의적인 결정을 따르는 대신, 합의된 원칙에 따라 운영되어야 하고 증거에 기초한 공정한 시스템이어야 한다. 조직의 운영을 책임지는 사람들은 원칙 위에 있는 것이 아니라 평가와 선택을 받고, 필요할 경우 조직의 다른 모든 사람처럼 규정에 따라 증거에 입각한 방식으로 교체되어야 한다. 이들의 장점과 단점도 다른 모든 사람과 똑같이 평가의 대상이 되어야 한다. 이를 위해서는 객관적인 데이터 수집이 필요하다. 그리고 수집된 데이터를 기초로 합의된 방식의 의사결정을 내리기 위한 훌륭한 도구들이 필요하다. 여기에 더해 우리의 도구들은 각각의 능력을 향상시키는 공생적 방식으로 사람과 도구가 서로 협력할 수 있도록 도와준다.

a. 진정한 행동 변화를 이끌어내려면 내면화되거나 습관화된 학습이 필요하다는 것을 이해하라.

다행스럽게도 기술 덕분에 책이 지식을 전달하는 주요한 방법이었던 과거보다 내면된 학습이 훨씬 더 수월해졌다. 내 말을 오해해서는 안 된다. 책은 강력한 발명품이다. 요하네스 구텐베르크의 인쇄술은 사람들이 지식을 축적할 수 있도록 도와주면서 지식의 전파를 쉽게 만들었다.

하지만 경험에 의한 학습은 훨씬 더 강력하다. 지금은 기술이 경험/가상 학습을 만듦으로써 학습의 질적 측면에 있어 구텐베르크의 인쇄술만큼 또는 훨씬 커다란 변화의 직전에 있다고 믿고 있다.

우리는 브리지워터에서 내면화된 학습을 만들기 위해 오랫동안 노력해왔고, 그 결과 학습 방법은 많이 발전했다. 우리는 사실상 모든 회의를 녹화했기 때문에 실제로 모든 사람이 회의에 참석한 효과를 얻을 수 있는 가상 학습 사례를 만들 수 있었다. 사람들은 마치 회의에 참석한 것처럼 회의 진행 상황을 본 후 사례에서 언급한 문제에 대한 생각을 물어본다. 어떤 경우에는 회의를 지켜보면서 실시간으로 반응을 입력한다. 이들의 생각은 기록으로 남고, 우리의 사고방식을 더 잘 이해하도록 도와주는 전문가 시스템을 이용하는 사람들의 생각과 비교된다. 이런 정보를 활용해 브리지워터는 학습과 업무를 사람들의 사고방식에 맞게 조정할 수 있다. 이것은 직원들이 원칙에 따라 학습하고 일할 수 있도록 도와주기 위해 브리지워터가 개발한 수많은 도구와 규칙들 중 하나이다.

b. 도구를 활용해 데이터를 수집하고, 데이터 처리를 통해 결론과 행동을 결정하라.

회사에서 일어나는 거의 모든 중요한 일을 데이터로 저장할 수 있다. 그리고 컴퓨터에게 이 데이터를 분석해 합의된 방식으로 활용하도록 명령을 내리는 알고리즘을 만들 수 있다고 상상해보라. 이런 방식으로 당신과 컴퓨터가 개인과 모든 사람을 관찰하고, GPS가 교통 유형과 도로를 파악해 안내하는 것처럼 맞춤형 안내를 제공할 수 있다. 하지만 반드시 컴퓨터 알고리즘이 안내하는 지침을 따를 필요는 없다. 일반적으로 이런 시스템은 코치와 같은 역할을 한다. 컴퓨터 코치는 팀에 관해 연구하고 배울 수 있다. 사람들이 무엇을 하는지에 대한 데이터를 수집하고, 보다 통찰력이 있는 행동이나 그렇지 못한 행동을 할 경우 학습 과정을 통해 배우고 발전할 수 있도록 수집된 데이터를 활용할 수 있다. 모든 사람이 이런 알고리즘 이면에 있는 논리에 접근 가능하다. 때문에 누구든지 논리의 우수성과 공정성을 평가할 수 있고, 논리를 만드는 데 도움을 줄 수 있다.

c. 도구와 규칙에 의해 실행되는 분명한 원칙을 수립함으로써 신뢰와 공정성이 있는 환경을 조성하라. 원칙의 이면에 있는 논리와 데이터를 추적하여 결론을 평가할 수 있도록 하라.

모든 조직에서 비효율적이라고 평가받는 일부 사람들은 언제나 시스템의 판단이 틀렸다고 주장한다. 이런 일이 발생할 경우 데이터와 규칙에 입각하여 명확하게 설계된 기준을 가진 시스템은 논쟁의 여지를 줄여주고, 시스템이 공정하다는 믿음을 줄 것이다. 비록 시스템이 완벽하지는 않더라도 권위 있는 개인들의 덜 구체적이고, 덜 공개적인 결정보다 독단적이지 않을 것이다. 그리고 편견에 대한 검증도 더 쉬울 것이다.

나의 이상적인 목표는 모든 사람이 좋은 의사결정을 위한 기준에 기여하고, 이 기준이 믿을 수 있는 사람들에 의해 평가받고 선택받는 과정을 만드는 것이다. 사람들이 열린 마음과 자기 주장의 균형을 유지하면서 자신의 현재 위치를 이해하는 동시에 자신의 결정이 신뢰할 만하지 않다는 것을 이해한다면, 사람들을 평가하고 관리하는 기준에 대한 공개 토론이 아이디어 성과주의를 만들고 강화하는 데 매우 효과적일 것이다.

브리지워터는 이러한 목표를 달성하는 초기 단계의 도구들을 보유하고 있다. 그리고 인력 관리 시스템이 투자 관리 시스템만큼 효율적으로 운영될 수 있도록 도구들을 발전시키기 위해 노력하고 있다. 완벽하지는 않지만 사람에 대해 배우고, 지도하고, 분류하는 증거 기반의 접근 방식은 대부분의 조직이 여전히 의존하고 있는 임의적이고 주관적인 관리 시스템보다 훨씬 공정하고 효과적이다. 나는 인간과 컴퓨터 지능을 결합한 발전의 힘이 의사결정을 획기적으로 향상시키는 알고리즘을 만드는 방향으로 대부분의 조직을 이끌어갈 것이라고 믿고 있다.

이 책의 부록에는 아이디어 성과주의 접근법을 뒷받침하고 지속적으로 아이디어 성과주의를 운영하기 위해 필요한 행동들을 강화하는 많은 도구와 규칙에 대해 자세히 설명되어 있다. 이런 도구들은 1) 직원들이 어떤 특성을 가진 사람들인지 파악하고, 2) 그들의 특성을 공유하고, 3) 개인적인 교육과 발전을 제공하며, 4) 구체적인 상황에서 관리와 지침을 제공하고, 5) 관리자들이 직원들에게 적절한 역할을 부여하거나, 특성과 필요한 자질을 근거로 직원들을 해고하는 것을 돕기 위해 만든 것이다.

당신만의 아이디어 성과주의를 만들기 위해 브리지워터와 똑같은 도구와 규칙을 사용할 필요는 없다. 브리지워터의 도구와 규칙들은 많은 발전을 이루었지만, 당신에게 맞는 아이디어 성과주의에 필요한 내재화된 학습을 개발하는 방법을 찾아야 한다. 하지만 당신 회사의 도구와 규칙들이 우리만큼 훌륭하거나 자동화되어 있을 필요는 없다. 예를 들면 업무 관리나 어떤 절차를 수행하는 데 필요한 조치들을 알려주기 위해 양식이나 본보기를 제공하는 것이 스스로 방법을 찾아내기를 기대하는 것보다 훨씬 더 좋은 결과를 산출할 수도 있다. 도구와 규칙을 어떻게 사용할 것인가에 관한 결정은 당신에게 달려 있다. 내가 여기서 강조하는 핵심은 도구와 규칙이 중요하다는 것이다.

16 지배구조를
간과하지 마라

훌륭한 지배구조가 없다면 지금까지 내가 말한 것은 아무런 소용이 없다. 지배구조는 사람과 과정이 잘 작동하지 않을 때 이를 제거하는 감독 시스템이다. 지배구조는 조직의 원칙과 이익이 개인이나 파벌의 원칙과 이익보다 우선하도록 보장하기 위해 권력을 견제하고 균형을 유지하는 과정이다. 권력은 올바른 가치관을 가지고 있고, 다른 사람의 권력을 견제하고 균형을 맞추는 중요한 역할을 하는 능력 있는 사람들에게 주어져야 한다.

나는 최선이라고 생각하는 일을 해온 기업가이자 창업자였지만, CEO의 역할에서 물러난 이후에야 이런 지배구조의 중요성을 깨달았다. 나 자신에 대한 이중 견제가 필요해 견제 장치를 만들었지만(내가 보고해야 하는 상위 기구인 경영위원회를 만들었다.) 상황을 바꿀 주주로서의 힘을 가지고 있었다. 어떤 사람들은 내가 모든 권력을 가지고 있지만 전체의 이익을 위해 이중 견제에 대한 필요성을 인정하는, 아이디어 성과주의 방식으로 권력을 행사했기 때문에 인자한 폭군이라고 말할지도 모른다. 회사의 규모를 고려할 때 나는 브리지워터에 적합한 지배구조를 만들지 못했다.

예를 들어 브리지워터에는 CEO를 감독하는 이사회가 존재하지 않고, 내부 규정과 사람들이 호소할 법률체계, 그리고 법을 집행하는 시스템도 없다. 이런 것들이 필요하지 않았기 때문이다. 나는 다른 사람들의 도움으로 규칙을 만들고 이를 적용했다. 하지만 사람들은 나와 다른 사람들의 판단에 이의를 제기하고, 이를 뒤집을 권리를 가지고 있다. 우리의 원칙들은 초창기 미합중국에서 연방규약the Articles of Confederation의 역할과 비슷했다. 우리의 정책은 법과 비슷했지만, 분쟁을 해결하고 법을 집행하기 위해 사법제도나 헌법 같은 공식적인 제도를 만들지 않았다. 그 결과 내가 CEO 자리에서 물러나고 권력을 다른 사람들에 이양했을 때 결정권에 혼란이 발생했다. 지배구조에 관한 세계 최고의 전문가들과 논의를 거친 후 우리는 이런 원칙에 기초한 새로운 시스템을 만들었다. 하지만 나는 스스로를 지배구조에 대한 전문가라고 생각하지 않는다. 다만 다음에 설명하는 원칙들은 앞서 설명한 원칙만큼 신뢰성을 보증할 수 없다는 것을 확실하게 밝히고 싶다. 이 책을 쓰는 시점에서도 이 원칙들은 여전히 새로운 것들이기 때문이다.

16.1 성공하려면 모든 조직에 견제와 균형이 있어야 한다.

이 책에서 견제는 다른 사람들이 성과를 잘 내고 있는지 확인하는 사람들을 의미하고, 균형은 권력의 균형을 의미한다. 가장 자비로운 리더들도 시간이 갈수록 독재자로 변하는 경향이 있다. 많은 사람을 관리하면서 시간이 부족한 상황에서 어려운 결정을 신속하게 내려야 하기 때문이다. 또 때로는 토론에서 인내심을 잃고 명령을 내리기도 한다. 대부분의 리더는 자신의 이익보다 조직의 이익을 우선으로 생각한다고 믿을 정도로 박애주의자가 아니다.

a. 아이디어 성과주의에서도 실력이 책임과 권한을 부여하는 유일한 결정적 요소가 될 수 없다.

적절한 수준의 기득권도 인정되어야 한다. 예를 들면 기업주들이 성과주의에 따라 가장 신뢰할 수 있는 기업 내부 사람들이 가지고 있는 기득권과 상충할 수 있는 기득권을 가지고 있을지도 모른다. 그렇다고 해서 기업주들이 경영진에게 모든 것을 넘기도록 해서는 안 된다. 이런 갈등은 해결되어야 한다. 아이디어 성과주의의 목적은 가장 좋은 결과를 만들어내는 것이고, 기업주는 이를 평가할 권리와 권한을 가지고 있다. 때문에 당연히 그들이 결정을 내릴 것이다. 나는 단지 그들에게 현명하게 선택하라고 충고할 뿐이다.

b. 어느 누구도 시스템보다 더 강력하거나, 대체할 수 없을 정도로 중요하지 않다는 것을 확실히 밝혀라.

아이디어 성과주의에서는 지배체제가 그 어떤 개인보다 강력하다는 것이 특히 중요하다. 기업은 지배체제를 통해 리더들에게 지시하고 통제하는 것이지 그 반대가 아니다. 중국의 지도자 왕치산Wang Quishan은 나에게 율리우스 카이사르Julius Caesar가 반란을 일으켜 동료 폼페이우스 장군을 쫓아내고 상원으로부터 로마의 통제권을 빼앗은 후에 자신을 종신 황제로 임명했던 로마의 역사에 주목하라고 했다. 카이사르가 암살당하고 상원에 의한 통치가 회복된 후에도 로마는 이전의 상태로 돌아가지 못했다. 카이사르 암살 이후 이어진 내전의 시대는 외국과의 다른 어떤 전쟁보다 더 큰 피해를 안겨주었다.

c. 개인에 대한 충성을 조심하라.

팀과 부서가 공동의 목적에 강한 유대감을 느끼는 것은 좋은 일이다. 하지만 상사나 부서장에 대한 충성이 전체 조직에 대한 충성과 상충되어서는 안 된다. 개인에 대한 충성은 비생산적이고, 아이디어 성과주의의 가치에 어긋난다.

d. 견제와 균형 시스템이 잘 작동하도록 조직의 구조와 규칙을 명확하게 설계하라.

모든 조직은 견제와 균형을 유지하는 그들만의 방식을 가지고 있다. 오른쪽의 그림은 약 1,500명의 직원들로 구성된 브리지워터에서 견제와 균형 시스템이 어떻게 작동하는지에 대한 나의 개념을 설명하고 있다. 브리지워터가 준수하는 원칙들은 보편적인 것이다. 나는 모든 조직은 어떤 형태로든 기본적인 조직구조를 갖추어야 한다고 생각한다.

조직도를 보면 1명에서 3명 정도의 회장들이 직원들의 지원을 받는 7-15명의 이사들과 함께 일하고 있다. 이들의 주된 목적은 1) 회사를 경영하는 사람들이 능력이 있는지 그리고 2) 회사가 합의된 원칙과 규칙에 따라 운영되고 있는지를 평가하는 것이다. 이사회는 CEO를 선정하고 교체할 수 있는 권한을 지니고 있지만, 회사의 세부적인 경영과 경영진 업무에 관여하지 않는다. 하지만 비상사태가 발생할 경우에는 보다 더 적극적인 역할을 할 수 있다(이사회는 최고경영자들이 원하는 수준에서 그들을

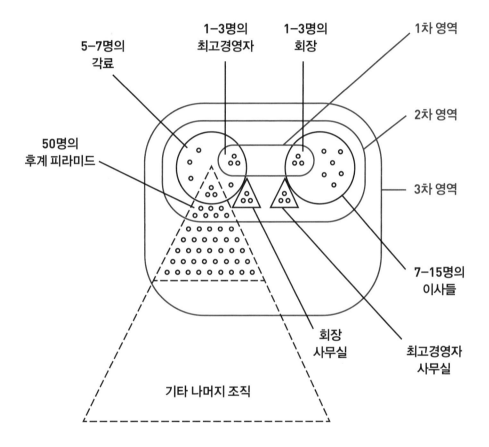

5-7명의
각료

1-3명의
최고경영자

1-3명의
회장

1차 영역

2차 영역

3차 영역

50명의
후계 피라미드

7-15명의
이사들

회장
사무실

최고경영자
사무실

기타 나머지 조직

도와줄 수 있다). 브리지워터의 아이디어 성과주의는 이상적으로 모든 것을 포함하고 있기는 하지만 권위, 신뢰, 정보에 대한 접근성 그리고 의사 결정권이 있는 다양한 집단들이 필요하다. 이런 집단들은 조직도에서 세 개의 영역으로 표시돼 있다.

e. 보고 체계를 분명하게 하라.

이는 조직 전반에 걸쳐 중요하지만, 이사회(감독을 하는 사람들)의 보고 계통과 경영진(경영을 하는 사람들)의 보고 계통은 특히 서로 독립적이어야 한다. 하지만 이사회와 경영진 사이의 협력은 반드시 필요하다.

f. 결정권을 명확하게 하라.

의견 차이가 있을 때 결정을 내려야 한다면 이를 해결하는 방법에 대해 의심의 여지가 없도록 각 개인의 투표가 얼마나 큰 비중을 차지하는지를 명확하게 하라.

g. 평가를 실시하는 사람들에게 1) 평가를 받을 사람의 상태에 대한 정보를 충분하게 얻을 수 있는 시간을 주고, 2) 그들이 평가할 능력이 있는지를 확인하고, 3) 효율적인 평가를 방해하는 이해관계의 충돌이 없는지 확인하라.

평가를 잘하려면 일정 수준 이상의 이해력이 필요하다. 하지만 이런 이해력을 갖추려면 시간이 걸린다. 어떤 사람들은 다른 사람들에게 책임을 물을 수 있는 능력과 용기를 지니고 있다. 반면 대부분의 사람은 그렇지 못하다. 이런 능력과 용기는 필수적이다. 그리고 평가를 수행하는 사람은 해고에 대한 권고를 포함해 책임을 묻는 것에 방해가 되는 이해관계의 충돌(평가를 수행하는 사람들이 평가를 받는 사람의 부하 직원인 경우 등)

이 없어야 한다.

h. 의사결정권자는 결정에 필요한 정보에 접근할 수 있어야 하며, 정보를 안전하게 처리할 수 있을 만큼 충분히 신뢰할 수 있어야 한다.

이것은 모든 사람이 정보에 대한 접근권을 가져야 하고, 신뢰할 수 있어야 한다는 의미가 아니다. 민감한 정보에 접근할 수 있고 이사회에 대해 권고를 할 수 있는 소위원회의 설치도 가능하다. 훌륭한 판단을 위해 소위원회에는 충분한 정보를 제공하는 것이 좋다. 하지만 매우 민감한 세부사항까지 공개해서는 안 된다.

16.2 아이디어 성과주의에서는 훌륭한 리더 집단이 한 명의 CEO보다 좋다.

한 사람에 대한 의존도는 너무 큰 핵심 인물 위험을 초래하고, 전문 지식의 범위를 제한하며(어느 누구도 모든 것을 다 잘하지 못하기 때문이다.), 적절한 견제와 균형체제를 만들 수 없다. 또 일반적으로 할 일이 너무 많기 때문에 CEO 한 사람에게 큰 부담을 안기게 된다. 이것이 회사를 이끌어가는 2명이나 3명의 협력체제인 공동 CEO 모델을 브리지워터에 도입한 이유이다.

브리지워터에서 최고경영자들은 주로 이사회 의장이나 회장들을 통해 관리 감독을 받는다. 아이디어 성과주의에서는 부하 직원들이 CEO에게 책임을 묻기도 한다. 2명이나 3명의 CEO를 두는 공동 CEO 체제가 해결해야 하는 문제는 좋은 협력체제를 갖추어야 한다는 것이다. CEO들이 서로 협력할 수 없다면 이사회 의장이나 회장들에게 보고해 문제를 해결해야 한다. 경영을 감독하는 CEO가 1명 이상인 것과 같은 이유로 브리지워터에는 현재 3명의 최고투자책임자들이 일하고 있다.

16.3 원칙, 규칙 그리고 견제와 균형을 갖춘 어떤 지배 체제도 훌륭한 협력관계를 대체할 수 없다.

합의된 원칙을 기초로 본능적으로 공동체의 이익을 위해 일하고 싶은 능력 있는 사람들이 권력을 가지고 있지 않다면, 지금까지 설명한 모든 원칙과 규칙 그리고 견제와 균형은 가치가 없게 된다. 기업의 리더들은 긴밀하게 협력하고, 효율적인 업무관계를 맺기 위해 지혜와 권한 그리고 능력을 갖추어야 한다. 이런 관계에는 사려 깊은 반대와 아이디어 성과주의에 의한 결정은 어떤 것이든 끝까지 완수하기 위해 헌신한다는 특징이 있다.

우리는 다음 세 가지를
성취하기 위해
다른 사람들과 함께 일한다.

1) 혼자 할 수 있는 것보다
더 크고 더 좋은 방식으로
주어진 임무를 완수하는 영향력
2) 훌륭한 공동체를
함께 건설하는 수준 높은 관계
3) 우리 자신과
다른 사람들을 위해 필요한 것과
원하는 것을 살 돈

일의 원칙: 종합 정리

앞에서 설명한 세 가지 목표의 중요성은 사람마다 상대적으로 다르기 때문에 원하는 것을 적절히 조합하는 것은 자신의 몫이다. 중요한 것은 세 가지가 상호보완적이라는 점이다. 임무를 완수하고 싶다면 임무를 수행하기 위해서 헌신하는 사람들과 의미 있는 관계를 구축하고, 임무에 필요한 재정적 자원을 확보하는 것이 큰 도움이 될 것이다. 마찬가지로 홀륭한 직장 공동체를 만들고 싶다면 공동의 임무와 자금이 필요하다. 그리고 가능한 한 가장 많은 돈을 벌고 싶다면 명확한 목표와 긴밀한 관계가 필요할 것이다. 운이 좋게도 나는 지금까지 살아오면서 이 세 가지에서 상상할 수 있는 것 이상을 얻었다. 나는 이 중에서 큰 도움이 되었던 아이디어 성과주의를 알려주기 위해 노력했고, 어떤 도움을 얻을 수 있는지는 당신이 결정할 문제이다. 아이디어 성과주의의 목표는 의미 있는 일과 의미 있는 관계이다. 그리고 이 두 가지 목표를 달성하는 방법은 극단적 진실과 극단적 투명성이다.

　지금까지 혼란스러울 만큼 수많은 원칙에 대해 이야기했기 때문에 여기서는 반드시 알아야 하는 중요한 핵심만 강조할 것이다. 그것은 의사결정에 대한 모든 접근법 중에서 아이디어 성과주의가 가장 훌륭하다는 것이다.* 너무 분명해서 말할 필요조차 없지만, 다시 강조하면 사람들로부터 무엇을 기대할 수 있고 무엇을 기대할 수 없는지를 파악하고, 최고의 아이디어가 성공할 수 있도록 무엇을 해야 하는지를 아는 것이 최선의 의사결정 방법이다. 아이디어 성과주의에 따른 의사결정은 거의 모든 경우에 있어 전통적인 독단적 의사결정이나 민주적인 의사결정보다 뛰어나다.

이것은 단순한 이론이 아니다. 이상향 같은 완벽한 것은 없지만, 훌륭한 것은 있다. 아이디어 성과주의적인 접근법의 결과가 지난 40여 년 동안 브리지워터에서 훌륭한 성과를 만들어냈다는 것은 의심의 여지가 없다. 우리의 접근법은 대부분의 조직에서 동일한 효과를 낼 수 있기 때문에 나는 이에 대해 분명하고 자세하게 설명하고 싶다. 우리와 똑같은 방식으로 아이디어 성과주의를 따라 할 필요는 없다. 하지만 다음과 같은 중요한 질문에 대해서는 생각해봐야 할 것이다. 당신은 아이디어 성과주의 방식으로 일하고 싶은가? 그렇다면 가장 좋은 방법은 무엇일까?

아이디어 성과주의의 성공을 위해서는 다음의 세 가지를 실행해야 한다. 1) 모두가 이해할 수 있도록 솔직한 생각을 말한다. 2) 가능한 한 최고의 집단적 해법을 찾으려면 수준 높은 토론을 주고받을 수 있는 사려 깊은 반대가 필요하다. 3) 해결되지 않은 견해 차이를 극복하기 위해 아이디어 성과주의적인 방법(신뢰도에 가중치를 둔 의사결정 방법 등)을 준수해

---

* 나는 아이디어 성과주의가 언제나 최고라고 말하는 것은 아니다. 경우에 따라서 그렇지 않은 사례들도 있기 때문이다. 내가 하고 싶은 말은 잘 실행할 수 있다면 아이디어 성과주의가 거의 모든 경우에 있어 최선이라는 의미이다.

야 한다. 아이디어 성과주의가 특정한 방식으로 정확히 작동할 필요는 없지만, 대체적으로 이와 같은 3단계를 따라야 한다. 이 책에서 설명한 모든 원칙을 전부 기억할 필요는 없다. 일단 아이디어 성과주의를 추구하고 문제에 부딪히면 이를 해결하는 원칙을 만드는 방식으로 어떤 것이 효과가 있는지 찾으면 된다.

내 경우에는 의미 있는 일과 의미 있는 관계를 원했고, 이를 위해서는 극단적으로 진실하고 극단적으로 투명해져야 한다고 생각했다. 그리고 이를 추구하는 과정에서 선택을 강요하는 문제들과 마주쳤다. 이 문제들에 대해 어떻게 선택했는지를 기록하는 과정에서 나는 원칙들을 보다 세밀하게 구체화할 수 있었다. 이런 원칙들이 나와 함께 일하는 동료들과 브리지워터의 아이디어 성과주의를 만들도록 나를 이끌었다. 아이디어 성과주의를 실천하다 장애물에 직면할 때면 나의 원칙들을 참고하고 싶어질 수도 있다. 나 역시 같은 장애물들을 많이 만났고, 해결책을 찾기 위해 씨름하면서 원칙들을 작성했고, 이에 대한 나의 생각을 자세히 설명했다. 이제 당신만의 원칙을 작성하라.

물론 조직이 일하는 방법에 영향을 미치는 사람들의 능력은 다양하고, 나는 당신의 환경에 대해 알지 못한다. 하지만 당신이 아이디어 성과주의 방식으로 일하고 싶다면, 자신만의 일하는 방식을 발견할 수 있다. 아마도 조직을 만드는 것을 도와주는 것일 수도 있고, 당신에게 맞는 조직을 선택하는 것일 수도 있다. 아니면 단순히 아이디어 성과주의 방식으로 사람들을 상대하는 것이 될 수도 있다. 어떤 위치에 있든 당신은 열린 생각을 가지고, 자신의 의견을 주장하는 방법과 무엇을 할지 결정할 때 당신과 다른 사람의 신뢰도에 대해 생각해야 한다.

다른 어떤 것보다 내가 당신에게 바라는 것은 다음과 같다. 1) 당신은 당신의 일과 열정을 동일한 것으로 만들 수 있다. 2) 앞에서 언급한 보상을 만들어내는 공동 임무를 완수하기 위해 다른 사람들과 함께 전력을 다해 노력할 수 있다. 3) 당신은 힘든 노력과 그에 따른 보상을 모두 즐길 수 있다. 4) 당신은 빠르게 발전하고 의미 있는 방법으로 발전에 공헌할 수 있다.

인생에서
무엇을 얻고 싶고
무엇을 주고 싶은지는
당신의 결정에 달려 있다.

마치는 글

처음에 말했듯이 나의 목표는 나에게 효과가 있었던 원칙들을 다른 사람들에게 알려주는 것이다. 이 원칙들을 가지고 무엇을 할 것인가는 당신에게 달려 있다. 물론 나는 이런 원칙들이 당신이 목표를 대담하게 잘 계획하고, 고통스러운 실수를 잘 헤쳐나가며, 자기성찰을 통해 기대를 뛰어넘는 결과를 만들어내기 위해 체계적으로 지켜야 하는 자신만의 원칙을 수립하는 데 도움이 되기를 바란다. 또 나의 원칙들이 개인적으로 일하거나, 다른 사람들과 함께 일할 때 당신만의 원칙을 만들어가는 데도 도움이 되기를 희망한다.

당신의 인생 여정과 발전 과정은 투쟁이 될 것이기 때문에 나는 이런 원칙들이 당신이 어려움을 극복하고 발전하는 데 도움이 되기를 기대한다. 아마도 나의 원칙들이 당신만의 원칙을 만들고, 아이디어 성과주의에서 무엇이 가장 좋은지 찾아낼 수 있도록 영감을 줄 것이다. 내가 세상을 그런 방향으로 단 1도라도 기울게 할 수 있다면 큰 기쁨이 될 것이다.

사람들이 하고 싶은 것을 실제로 행동으로 옮기도록 도와주기 위해서는 도구와 규칙이 필요하다. 앞으로 이런 도구와 규칙은 더 많이 개발되고 발전할 것이다. 때문에 나는 우리가 만든 다양한 도구들이 곧 활용될 수 있도록 할 것이다. 나는 인생의 원칙과 일의 원칙을 사람들에게 전해주기 위해 최선을 다했다고 생각한다. 물론 죽을 때까지 우리의 투쟁은 끝나지 않을 것이다. 나의 가장 최근 투쟁은 내가 가진 가치 있는 모든 것을 후대에 전수하려는 노력이다. 때문에 나의 원칙들을 독자들에게 전달했다는 점에서 일종의 안도감을 느낀다. 또한 이 책을 마무리하면서 경제의 원칙과 투자의 원칙을 후대에 전해줄 수 있어서 만족감을 느낀다.

브리지워터의
아이디어 성과주의를 위한
도구와 규칙

다음은 현재 브리지워터에서 사용 중인 여러 도구와 규칙에 대한 간략한 설명이다. 나는 이 가운데 상당 부분을 원칙 앱 Principles app을 통해 세계의 더 많은 사람과 공유할 계획이다. 독자들은 이에 앞서 브리지워터의 도구들을 스스로 시험해볼 수 있을 것이다.

코치 Coach

내가 코치를 만든 이유는 사람들이 직면한 상황에 적절하게 적용하기 위해 기억해야 할 원칙들이 너무 많고, 책에서 원칙을 찾는 것보다 조언을 구하는 것이 더 쉽기 때문이다. 코치의 플랫폼은 공통적인 상황들이나 반복적으로 발생하는 여러 상황(예를 들면 어떤 사람의 평가에 대한 의견 불일치, 누군가가 거짓말을 했거나 비윤리적인 행위를 한 것 등)으로 가득하다. 코치 앱은 직원들이 이런 상황들에 대처하는 것을 돕기 위해 관련 원칙들과 연결돼 있다. 코치를 사용하는 과정에서 사람들은 코치 시스템이 제공하는 조언의 질에 관해 피드백을 주고, 코치 시스템은 점점 더 좋은 조언을 할 수 있도록 만들었다. 시간이 지나면서 코치 시스템은 애플의 시리Siri처럼 점점 더 유능해졌다.

도트 컬렉터 Dot Collector

도트 컬렉터는 회의에서 사용하는 앱app인데, 사람들이 자신의 생각을 표현하고 실시간으로 다른 사람의 생각을 볼 수 있게 해준다. 또한 집단적으로 아이디어 성과주의에 기초한 결정을 내리도록 도와준다. 도트 컬렉터는 사람들의 생각을 겉으로 끄집어내어 분석하며 더 좋은 결정을 내릴 수 있도록 돕기 위해 실시간으로 정보를 활용한다. 구체적으로 살펴보면 다음과 같다.

- 참여자들은 수십 개의 특성에 대해 긍정적이거나 부정적인 '도트'를 부여함으로써 서로에 대한 평가를 기록한다. 격자로 표시되는 이 동적인 도트들은 실시간으로 업데이트되어 대화에 참여하는 모든 사람이 회의가 진행되는 동안 서로의 생각을 볼 수 있다. 이렇게 하는 것은 사람들이 자신의 생각만으로 가득한 머릿속에 갇혀 있지 않고 모든 사람의 의견을 살피는 것으로 관점을 변화시키는 데 도움을 준다. 모든 사람의 눈으로 사물을 보면 대부분의 사람은 자신의 관점이 다양한 관점 가운데 하나라는 것을 인식하게 된다. 그 결과 당면한 문제에 대한 해결책을 결정하는 가장 좋은 기준이 무엇인지 스스로에게 물어보게 된다. 이런 방식으로 도트 컬렉터는 열린 사고로 아이디어 성과주의에 입각한 집단의사결정을 촉진한다.
- 도트 컬렉터는 GPS와 같은 방식으로 조언을 제공함으로써 사람들이 더 나은 결정을 내리도록 도와준다. 회의실에 있는 모든 사람이 어떤 특성을 지니고

있는지에 대한 정보를 통해 도트 컬렉터는 사람들에게 개인화된 조언을 제공할 수 있다. 개인화된 조언은 자신의 의견이 옳지 않을 가능성이 높을 때 특히 중요하다. 우리는 잘못될 가능성이 높은 시기에 사람들을 도와주는 것이 매우 가치 있다는 사실을 발견했다.

- 도트 컬렉터는 문제의 다양한 측면에 대한 사람들의 답변 유형들에 해결되어야 하는 중요한 견해 차이가 있음을 암시해주는 사례들을 강조해서 보여준다. 예를 들어 특정 문제에 대해 신뢰도 가중치를 적용한 다수의 의견과 당신의 의견이 다를 경우 도트 컬렉터는 당신에게 자동으로 경고를 보낸다. 그리고 증거에 기초한 방식으로 의견의 불일치를 해결하는 데 필요한 적절한 조치들로 안내할 것이다.

- 도트 컬렉터는 신뢰도에 가중치를 둔 투표를 가능하게 한다. 도트 컬렉터는 사람들이 찬성이나 반대에 투표할 때 숫자로 표시하는 투표 방식과 신뢰도에 가중치를 주는 후위 시스템 back-end system의 투표 방식을 모두 제공한다. 이를 통해 우리는 단순히 과반수뿐만 아니라 가장 신뢰도가 높은 사람들이 어느 쪽에 투표했는지도 알 수 있다. 복잡하게 들릴지 모르지만, 이것은 단지 누가 어떤 분야에서 신뢰도가 더 높은지를 기억하지 않고도 신뢰도를 추적하도록 도와주는 도구일 뿐이다.

야구카드 Baseball Cards

회의에서는 사람들에 대한 '점 dots'을 수집하는 것 외에 다양한 방법(평가, 검사 그리고 사람들의 선택 등)으로 사람들에 대한 데이터를 수집한다. 이 모든 점은 사람들의 특성으로 점묘화를 그리기 위해 검증을 거친 이론에 근거한 컴퓨터 알고리즘을 통해 분석된다. 이러한 분석은 일반적으로 객관성과 신뢰성을 확보하기 위해 회사 내부의 사람들에게 공유되고 검증받는다. 이런 과정을 거친 후 우리는 한 사람의 강점과 약점 그리고 그 이면에 있는 증거를 보여주는 간단한 방법으로 야구카드에 사람들의 특성을 기록한다(프로야구 선수들의 기록을 보여주는 야구카드와 똑같은 방식이다).

사람들은 이런 자료 없이 누가 무엇을 잘하는지 잘 못하는지를 모른 채 서로 소통하는 경향이 있다. 때문에 나는 우리가 야구카드를 만들고 정기적으로 참고할 필요가 있다는 사실을 깨달았다. 예를 들면 야구카드는 사람들이 자신의 생각을 표현하는 회의에서 유용하다. 우리는 야구카드에 대한 보완 도구로 신상명세서People Profile라는 또 다른 도구를 개발했다. 신상명세서는 개인의 특징에 관해 문자 기반의 요약된 정보를 제공하기 위해 야구카드에서 자료를 가져온다(시간이 지나면서 야구카드는 점점 복잡해졌다). 야구카드는 직원들에게 한 사람의 특성에 관한 브리지워터의 최고 분석을 기록한 체계화된 종합 분석을 제공하는 도구가 되었다. 우리는 평가받는 사람들과 협력해 이런 분석을 평가를 받는 사람 자신의 인식과 비교한다. 그 사람의 자기 인식과 평가 과정에 대한 의견 일치를 추구하는 방법을 통해 평가에 대한 신뢰와 평가 과정 모두가 개선되었다.

사람들과 그들의 특성에 맞는 업무를 연결하기 위해 나는 콤비네이터Combinator를 개발했다. 이것은 야구카드에서 가져온 데이터를 기반으로 사람들의 주요 특성을 보고 그들을 서로 비교할 수 있게 해주는 도구이다. 어떤 역할을 담당할 특정 유형의 사람을 찾으려고 한다면 이미지에 맞는 몇 사람의 이름을 입력하면 콤비네이터가 그들이 어떤 특성을 가지고 있는지에 정확한 데이터를 보여준다. 콤비네이터는 당신이 찾고 있는 사람의 유형을 근거로 직무명세서를 만드는 데 활용할 수 있다. 이렇게 만든 직무명세서는 회사 안팎에 모두 적용할 수 있다.

이슈 로그 Issue Log

이슈 로그는 우리의 실수를 기록하고 이를 통해 배우는 중요한 도구이다. 우리는 이슈 로그를 활용해 모든 문제를 공개하고 체계적인 개선책을 마련하기 위해 문제 해결사들에게 맡긴다. 이것은 쓰레기를 걸러내는 여과 장치와 같다. 잘못된 모든 문제는 분류가 쉽도록 문제의 심각성과 책임자를 구체적으로 명시해 이슈 로그에 기록한다. 이슈 로그는 또 문제를 진단하기 위한 방법과 문제와 관련된 정보를 제공한다. 이런 방식을 통해 발생하는 문제의 수와 유형을 측정할 수 있기 때문에(그리고 문제를 수정하고 해결하는 데 공헌하는 사람들을 찾아낼 수 있기 때문에) 이슈 로그는 성과에 대한 효율적인 측정지표를 제공하기도 한다.

이슈 로그는 습관과 인식을 바꾼 도구의 모범 사례이다. 이슈 로그를 사용하면서 사람들이 처음 경험했던 공통적인 문제는 공개적으로 잘못을 지적하는 것이었다. 본능적으로 어떤 사람들은 다른 사람의 실수를 지적하는 것이 실수를 저지른 사람에게 상처를 주는 것이라고 생각했기 때문이다. 일단 공개적으로 실수를 지적하는 것에 익숙해진 이후에 사람들은 이슈 로그의 이점을 알게 됐고, 좋은 습관으로 자리 잡게 되었다. 이제 브리지워터의 사람들 대부분은 이슈 로그 없이는 일을 할 수 없게 됐다.

고통 버튼 Pain Button

나는 '고통+자기성찰=발전'이라는 공식을 믿는다. 바꾸어 말하면 고통은 배울 것이 있다는 중요한 신호이고, 고통을 잘 성찰하면 언제나 중요한 무엇인가를 배울 것이다. 이것이 내가 고통 버튼을 만든 이유이다.

고통을 경험하는 순간은 고통이 어떤 것인지 기록하기에 가장 좋은 시기이다. 하지만 그 순간에는 명확하게 생각하기 어렵기 때문에 성찰하기에는 나쁜 시점이다. 그래서 고통 버튼 앱은 사람들이 느끼는 감정(분노, 실망, 좌절 등)을 느낀 그대로 기록하고, 나중에 성찰을 위한 질문을 이용해 다시 생각해볼 수 있도록 고안된 것이다. 고통 버튼은 고통을 경험한 사람들이 그 상황에 대처하기 위해 무엇을 할 것인지를 구체적으로 생각하게 하여 미래에는 고통이 완화되도록 하는 것이다(예를 들면 고통을 유발한 사람과 깊이 있는 대화를 하는 것 등).

고통 앱에는 고통의 빈도와 원인, 대응 조치를 시행했는지 그리고 대응 조치가 생산적이었는지를 보여주는 기능이 일부 포함돼 있다. 이런 방법으로 우리는 고통과 고통에 대한 진단 그리고 개선을 위한 계획 사이에 일종의 생체제어피드백biofeedback을 받는다. 이에 따라 문제가 감소하거나 제거되고, 개선 계획에 대한 후속 조치들과 결과들이 나타난다. 이 도구는 모든 사람이 볼 수 있는 발전을 향한 순환고리의 본보기이다. 자신의 고통 버튼 항목은 다른 사람들과 공유하거나 비밀로 유지할 수 있다. 어떤 사람들은 고통 버튼을 주머니 속에 있는 심리학자라고 표현했다. 하지만 이 앱은 언제나 이용 가능하고 훨씬 더 저렴하기 때문에 심리학자보다 더 훌륭하다.

분쟁 해결사 Dispute Resolver

분쟁을 해결하기 위해서는 명확한 해법이 필요하다. 사람들이 반대 의견을 자유롭게 주장하고, 이에 대한 견해 차이를 해소하는 방법이 필요한 아이디어 성과주의에는 분쟁에 대한 해법이 반드시 필요하다. 분쟁 해결사는 아이디어 성과주의 방식으로 분쟁을 해결하는 방법을 제공하는데, 해결 과정으로 이끌어가기 위해 일련의 질문을 활용한다. 분쟁 해결사의 특징 가운데 하나는 의견의 불일치를 더 높은 경영진에게 보고할 가치가 있는지의 결정을 도와주는 믿을 수 있는 사람들을 찾아내는 것이다. 이 앱은 또 다른 사람과 견해 차이가 있다면 개인적으로 감추고 공개하지 않는 대신, 다른 사람들에게 표현하고 견해 차이를 조율하는 것이 자신들의 책임이라는 것을 모든 사람에게 명확하게 알려준다. 분쟁 해결사 같은 앱이 있든 없든, 당신은 진정한 아이디어 성과주의를 보장하기 위해 분쟁 해결을 위한 명확하고 공정한 시스템이 있어야 한다. 그렇지 않다면 더 큰 권력을 가진 사람이 지위가 낮은 사람을 짓누르게 될 것이다. 우리는 또 일상 업무를 완료하고 감독하며 업무의 진행 상황과 관련해 견해 차이를 해소하는 데 도움이 되는 다양한 도구를 제공하고 있다.

데일리 업데이트 툴 Daily Update Tool

여러 해 동안 나는 보고하는 사람들에게 10분에서 15분 정도 시간을 할애해 그날 무엇을 했는지, 자신과 관련된 문제들 그리고 자신의 생각에 관해 짧은 글을 이메일로 쓰라고 요청했다. 그들의 이메일을 읽고 이에 대한 다른 사람들의 생각을 물어보는 방식으로 나는 그들이 어떻게 일하고 있고, 기분이 어떤지 그리고 어떤 문제를 해결해야 하는지를 알 수 있었다. 최근 몇 년 동안 나는 데일리 업데이트를 게시판으로 만드는 소프트웨어를 개발했다. 이 소프트웨어는 수십 개에 달하는 이메일을 주제별로 분류해 처리하는 것보다 훨씬 쉽게 이메일을 추적하고 기록하고 응답할 수 있도록 해주었다. 사람들은 이 앱을 통해 매일 유용한 정보(그들의 기분이 어떤지, 얼마나 많은 일을 하는지, 그들이 확대하고 싶은 문제가 무엇인지 등)를 쉽게 제공할 수 있다. 나와 동료들은 이 간단한 도구가 같은 생각을 유지하는 데 큰 도움이 된다는 것을 발견했다. 데일리 업데이트는 또 회사 차원에서 무슨 일(직원들의 사기, 작업량, 구체적인 문제, 누가 무엇을 하는지 등)이 일어나고 있는지를 매일 매일 파악할 수 있는 귀중한 정보를 제공한다.

콘트랙트 툴 Contract Tool

모든 사람이 이런저런 일을 해야 한다고 말하지만 회의실을 떠난 뒤에 합의 사항을 지키지 않아 실제로 아무 일도 일어나지 않은 경우를 자주 보았다. 암묵적인 계약은 가치가 없다. 사람들이 서로에게 하는 약속은 명확하게 행동에 옮길 수 있어야 하고, 서로에게 책임을 물을 수 있을 정도로 확고해야 한다. 콘트랙트 툴은 사람들이 서로에 대한 약속을 만들고 감시할 수 있게 해주는 간단한 앱이다. 이 앱은 어떤 것을 요청한 사람들과 그것을 제공해야 하는 사람들 모두가 요청 사항이 어떻게 진행되고 있는지 쉽게 알 수 있도록 한다.

업무 과정 흐름도 Process Flow Diagram

엔지니어가 자신이 설계하는 것의 업무 흐름을 이해하기 위해 흐름도를 사용하는 것처럼, 관리자에게는 조직을 하나의 시스템으로 시각화하는 데 도움이 되는 업무 과정 흐름도가 필요하다. 업무 과정 흐름도는 누가 누구에게 보고하는지를 보여주는 조직도에 참고 자료가 되거나 반대로 조직도가 업무 과정 흐름도를 보완해줄 수도 있다. 이상적으로는 업무 과정 흐름도는 상황을 높은 수준에서 파악하고, 필요하다면 더 낮은 수준으로 내려올 수 있는 방식으로 만들어져야 한다(예를 들면 조직도에서 어떤 사람을 볼 때 그 사람의 야구카드를 보면 그 사람에 관한 다른 정보도 볼 수 있도록 만들어야 한다). 브리지워터에서 우리는 모든 부서를 위해 업무 과정 지도를 만들었다. 이 지도는 모든 역할과 그 역할에 대한 책임 분명하게 보여주고, 부서들 사이에서 업무 흐름이 어떻게 의도한 결과에 도달하는지를 알려준다.

정책과 절차 편람 Policy and Procedures Manuals

이것은 사람들이 업무 편람을 보고 싶을 때 참고할 수 있도록 정책과 절차를 설명해놓은 안내서이다. 정책과 절차 편람은 조직의 학습을 체계적으로 정리해 법제화한 현행 문서이다.

측정지표 metrics

"측정할 수 없는 것은 관리할 수 없다."라는 격언이 있다. 당신은 기계가 어떻게 작동하는지를 측정함으로써 기계를 보다 쉽게 관리할 수 있다. 특히 당신의 생각을 구현해주고, 당신을 위해 일하는 알고리즘의 도움을 받으면 훨씬 더 쉽게 일을 할 수 있다.

좋은 측정지표는 긴급한 질문에 답변하는 데 필요한 정보가 무엇인지를 먼저 파악한 다음, 그 정보를 얻는 방법을 알아내는 방식으로 구할 수 있다. 정보를 수집하고, 그 의미를 알아내기 위해 정보를 조합하는 방식을 통해서는 얻을 수 없다. 훌륭한 측정지표를 만드는 데 도움이 되는 네 가지 단계는 다음과 같다.

1. 당신의 회사가 성취하려는 목표가 무엇인지 파악한다.
2. 목표를 달성하기 위한 과정을 이해한다(인력과 설계를 포함한 기계(조직)).
3. 측정하기에 가장 좋은 위치에 있는 핵심 부품을 찾아내고, 그 목표를 달성하기 위해 기계(조직)가 어떻게 작동하고 있는지 파악한다.
4. 일의 진행 과정을 조정하고 결과를 바꿀 수 있는 핵심 측정 기준과 연계된 지렛대를 만드는 방법을 연구한다.

이런 목적을 위해 우리는 직원들이 업무 과정 흐름도와 절차 편람에 따라 측정 기준을 만들도록 권장하고 있다. 측정지표의 효과에 대한 검증은 측정지표가 누가 그리고 무엇이 잘되거나 잘못되고 있는지를 조직의 가장 말단에 있는 사람들에게 알려줄 수 있는지 없는지에 달려 있다. 우리는 CEO가 담당하는 회사 차원에서 가장 중요한 업무부터 부, 팀 그리고 각각의 역할을 책임지는 개인들까지 포괄하는 측정지표를 만드는 것이 목표이다.

참고문헌

- Aamodt, Sandra, and Sam Wang. *Welcome to Your Brain: Why You Lose Your Car Keys but Never Forget How to Drive and Other Puzzles of Everyday Life.* New York: Bloomsbury Publishing, 2009.

- Beauregard, Mario, and Denyse O'Leary. *The Spiritual Brain: A Neuroscientist's Case for the Existence of the Soul.* San Francisco: HarperOne, 2007.

- Campbell, Joseph. *The Hero with a Thousand Faces.* Princeton: Princeton University Press, 1949.

- Dalai Lama XIV. *Beyond Religion: Ethics for a Whole World.* Boston: Houghton Mifflin Harcourt, 2011.

- Dawkins, Richard. *River Out of Eden: A Darwinian View of Life.* New York: Basic Books, 1995.

- Duhigg, Charles. *The Power of Habit: Why We Do What We Do in Life and Business.* New York: Random House, 2012.

- Durant, Will, and Ariel Durant. *The Lessons of History.* New York: Simon & Schuster, 1968.

- Eagleman, David. *Incognito: The Secret Lives of the Brain.* New York: Pantheon Books, 2011.

- Gardner, Howard. *Changing Minds: The Art and Science of Changing Our Own and Other People's Minds.* Cambridge: Harvard Business Review Press, 2006.

- Gazzaniga, Michael S. *Who's in Charge?: Free Will and the Science of the Brain.* New York: Ecco Books, 2011.

- Grant, Adam. *Originals: How Non-Conformists Move the World.* New York: Viking, 2016.

- Haier, Richard J. *The Intelligent Brain.* Chantilly, VA: The Great Courses Teaching Company, 2013.

- Hess, Edward D. *Learn or Die: Using Science to Build a Leading-Edge Learning Organization.* New York: Columbia Business School Publishing, 2014.

- Kahneman, Daniel. *Thinking, Fast and Slow.* New York: Farrar, Straus & Giroux, 2011.

- Kegan, Robert. *The Evolving Self: Problem and Process in Human Development.* Cambridge: Harvard University Press, 1982.

- Kegan, Robert. *In Over Our Heads: The Mental Demands of Modern Life.* Cambridge: Harvard University Press, 1998.

- Kegan, Robert, and Lisa Laskow Lahey. *An Everyone Culture: Becoming a Deliberately Developmental Organization.* Cambridge: Harvard Business Review Press, 2016.

- Lombardo, Michael M., Robert W. Eichinger, and Roger P. Pearman. *You: Being More Effective in Your MBTI Type.* Minneapolis: Lominger Limited,

2005.

- Mlodinow, Leonard. *Subliminal: How Your Unconscious Mind Rules Your Behavior.* New York: Pantheon Books, 2012.

- Newberg, Andrew, MD, and Mark Robert Waldman. *The Spiritual Brain: Science and Religious Experience.* Chantilly, VA: The Great Courses Teaching Company, 2012.

- Norden, Jeanette. *Understanding the Brain.* Chantilly, VA: The Great Courses Teaching Company, 2007.

- Pink, Daniel H. *A Whole New Mind: Why Right-Brainers Will Rule the Future.* New York: Riverhead Books, 2005.

- Plekhanov, G. V. *On the Role of the Individual in History.* Honolulu: University Press of the Pacific, 2003. (Original work published 1898)

- Reiss, Steven. *Who Am I? The 16 Basic Desires That Motivate Our Actions and Define Our Personalities.* New York: Berkley, 2002.

- Riso, Don Richard, and Russ Hudson. *Discovering Your Personality Type: The Essential Introduction to the Enneagram, Revised and Expanded.* New York: Mariner Books, 2003.

- Rosenthal, Norman E, MD. *The Gift of Adversity: The Unexpected Benefits of Life's Difficulties, Setbacks, and Imperfections.* New York: TarcherPerigee, 2013.

- Taylor, Jill Bolte. *My Stroke of Insight: A Brain Scientist's Personal Journey.* New York: Penguin Books, 2009.

- Thomson, J. Anderson, with Clare Aukofer. *Why We Believe in God(s): A Concise Guide to the Science of Faith.* Charlottesville: Pitchstone Publishing, 2011.

- Tokoro, M., and K. Mogi, eds. *Creativity and the Brain.* Singapore: World Scientific Publishing, 2007.
- Wilson, Edward O. *The Meaning of Human Existence.* New York: Liveright Publishing Corporation, 2014.

감사의 말

이 책에 소개된 인생의 원칙과 일의 원칙은 오랜 세월에 걸쳐 현실과 조우한 결과이다. 가장 중요한 것은 밥 프린스, 그레그 젠슨, 지젤 바그너, 댄 번스타인, 데이비드 맥코믹, 에일린 머레이, 조 도브리치, 폴 콜먼, 롭 프리드, 로스 월러, 클라우드 아마데오, 랜달 샌들러, 오스만 날반토글루, 브라이언 크라이터, 톰 신차크, 톰 월러, 재닌 라카넬리, 프란 셰인 그리고 리사 사피안과 함께 일하면서 이런 현실과 부딪혔다는 점이다. 그래서 이들은 내가 가장 고마움을 전하고 싶은 사람들이다.

밥, 그레그 그리고 나는 시간이 흘러도 변하지 않는 보편적인 경제와 시장의 법칙을 발견하기 위해 노력하면서 성인이 된 후 인생의 상당 부분을 함께 보냈다. 이 과정에서 우리는 일반적으로는 사려 깊고, 가끔은 치열하고, 때로는 행복한 의견을 매일 주고받았다. 우리의 논의는 주로 경제와 시장에 관한 것이었고, 매우 귀중한 경제 원칙과 투자 원칙의 발견으로 이어졌다. 동시에 우리 자신과 사람들이 서로를 어떻게 대해야 하는지에 관해 많은 것을 가르쳐주었다. 우리는 이런 교훈을 훨씬 더 가치 있는 인생과 일의 원칙으로 받아들였다. 조금 더 최근에 우리는 나를 대신해 공동 최고경영자의 책임을 맡게 된 에일린 머레이와 데이비드 맥코믹과 함께 일했다. 원칙을 만드는 데 도움을 주고 이를 받아들이고 소중하게 생각해준 것에 대해 데이비드와 에일린에게 감사를 전한다.

처음에 브리지워터를 1세대에서 2세대 조직으로 변화시키는 일에 대해 생각했을 때, 나는 브리지워터의 다른 사람들을 돕기 위해 흩어져 있는 원칙들을 모아 하나의 책으로 만들기로 결심했다. 정리가 안 된 수많은 원칙을 쌓아놓는 것으로 시작한 일이 이렇게 아름다운 책으로 탄생하게 된 것은 그 누구보다 나를 도와주는 책임을 맡았던 마크 커비의 위대한 노력 덕분이다. 전체 원고를 세련되게 수정하는 데 도움을 준 아서 골드왜그와 마이크 쿠빈에게도 감사의 말을 전한다. 친구로서 마이크는 일을 도와주었다. 또 기꺼이 시간을 내서 이 책을 읽고 귀중한 제안을 해준 아리아나 허핑턴, 토니 로빈슨, 놈 로젠탈 그리고 크리스니타 니콜로바에게도 고마움을 전한다.

매일 나에게 큰 힘을 준 사람들은 '레이의 천사들(매릴린 코필드, 페트라 코겔, 크리스티 메롤라 그리고 크리스티나 드로사키스)', '레이의 레버리저(잭 위더, 데이브 알퍼트, 젠 곤요, 그리고 애드류 스턴라이트 그리고 과거의 레버리저인 엘리스 왁센버그, 데이비드 매너스-웨버, 존 우디)' 그리고 '레이의 연구원들(스티븐 크리거, 가드너 데이비스, 브랜든 로울리 그리고 과거의 연구원인 마크 디너)'이다. 나는 또 투자의 원칙을 시작하고 만드는 데 도움을 준 다음 세대 주자들인 제이슨 로텐버그, 노아 예칠리, 카렌 카르니올-탐부어, 브루스 스타인버그, 래리 코프스키, 밥 엘리어트, 람센 베트파르하드, 케빈 브레넌, 케리 라일리, 그릭 제이콥 클라인에게도 감사를 전한다. 고객들에게 우리 원칙의 전형을 보여준 제프 가드너, 짐 하스켈, 폴 포돌스키, 로브 징크, 마이크 콜비, 리오넬 칼리프, 조엘 위든, 브라이언 롤러, 톰 바흐너, 짐 화이트, 카일 델라니, 이안 왕, 파라그 샤 그리고 빌 마호니에게도 고맙다는 말을 전한다. 일의 원칙을 알고리즘으로 변화시킬 수 있도록 그 누구보다 열심히 도와준 데이브 페루치에게 감사를 전하고 싶다. 또 많은 사람이 이해할 수 있도록 나의 알고리즘을 상식으로 바꾸는 것을 도와주고 있는 제프 테일러, 스티브 엘판바움, 스튜어트 프리드만 그리고 젠 힐리에게도 감사한다. 항상 나의 관심과 지시는 다양했지만 이 팀들은 내 일을 자신들의 일처럼 해주었고, 내가 앞으로 계속 나아갈 수 있도록 도와주었다. 이들의 도움이 없었다면 지금의 업적을 이룩하지 못했을 것이다. 나를 참아주고 사심 없이 지지해준 것에 대해 감사를 전한다.

이 책의 훌륭한 디자인은 모두 필 카라바기오의 관대함과 재능 덕분이다. 내가 이 책의 최초 버전을 온라인에 PDF 파일로 올려놓은 후, 필은 예술적 감각이 있는 책 디자이너 로드리고 코랄의 도움으로 멋지게 디자인한 인쇄본을 선물로 가지고 나를 찾아왔다. 똑똑한 기업가인 필은 나의 원칙들이 자신에게 많은 도움이 됐기 때문에 고마움을 전하고 싶어 했다. 나는 책의 아름다움에 놀랐다. 그리고 나의 원칙들이 자신에게 어떤 의미가 있었는지에 대한 그의 설명은 내가 이 책을 출판하는 데 더 가까이 가도록 만든 또 다른 선물이었다. 책을 출판하기로 결심하자 필은 독자들의 손에 들리게 될 이 책을 더욱 아름답게 만들기 위해 로드리고와 함께 끊임없이 노력했다. 이것은 또 다른 선물이었다. 이 글을 빌려 필에게 감사한다.

6년 전에 사이먼 앤드 슈스터의 편집장인 조피 페라리-애들러가 온라인으로 나의 원칙들을 읽고 매우 가치가 있다는 사실을 발견했다. 그리고 다른 사람들에게 도움을 주기 위해 이 책을 공유하는 것이 왜 중요한지에 대해 설명했다. 그는 나의 원칙들이 책으로 출판되는 과정에서 소중한 협력자였다. 책을 출판하기로 결정하면서 나는 가능한 최고의 출판 대리인을 찾기 위해 다른 사람들의 의견을 구했다. 그 결과 짐 레빈을 만나게 되었다. 짐은 자신의 귀중한 시간, 기술 그리고 공감을 제공해주었고, 나는 그가 고객들에게 존경받는 이유를 알게 됐다. 짐은 모든 출판 과정을 안내해주었고 사이먼 앤드 슈스터의 회장인 존 카프를 소개시켜주었다. 처음부터 존은 나의 책이 그가 원하는 것이 아니라 내가 원하는 책이 되기를 바랐고, 그렇게 할 수 있도록 도와주었다.

　마지막으로 아내 바버라, 아들 데번, 폴, 매트 그리고 마크에게 나와 나의 원칙을 받아들이고 지켜준 것에 대해 감사하고 싶다. 그리고 이런 원칙을 만들고 책을 출판할 수 있도록 시간과 공간을 허락해준 것에 대해서도 진심으로 고마움을 전한다.

― 레이 달리오

ISBN 979-11-5784-263-6 03320
₩ 35,000